Prüfung kreditwirtschaftlicher Zinsänderungsrisiken

Europäische Hochschulschriften

European University Studies
Publications Universitaires Européennes

Reihe II **Rechtswissenschaft**

Series II Law

Série II Droit

Band/Volume **5641**

Daniel Mantzel

Prüfung kreditwirtschaftlicher Zinsänderungsrisiken

Kriterien für einen hypothesengestützten Prüfungsansatz

PL ACADEMIC RESEARCH

Bibliografische Information der Deutschen Nationalbibliothek
Die Deutsche Nationalbibliothek verzeichnet diese Publikation in der Deutschen Nationalbibliografie; detaillierte bibliografische Daten sind im Internet über http://dnb.d-nb.de abrufbar.

Zugl.: Lüneburg, Univ. Leuphana, Diss., 2013

Lün 4
ISSN 0531-7312
ISBN 978-3-631-65567-2 (Print)
E-ISBN 978-3-653-04771-4 (E-Book)
DOI 10.3726/ 978-3-653-04771-4

PL Academic Research ist ein Imprint der Peter Lang GmbH.
Peter Lang – Frankfurt am Main · Bern · Bruxelles · New York · Oxford · Warszawa · Wien

Diese Publikation wurde begutachtet.

www.peterlang.com

Vorwort

Die gestiegenen Anforderungen an das Risikomanagement von Kreditinstituten stellen auch die jeweiligen Wirtschaftsprüfer der Institute vor stetig steigende Herausforderungen, da für die Prüfer nach dem Kreditwesengesetz eine gesonderte Prüfungspflicht zum Risikomanagement besteht. Ausgehend von den Grundlagen des Risikomanagements, einschließlich der bankaufsichtsrechtlichen Vorgaben, sowie den theoretischen Überlegungen zum Prüfungsansatz sind durch die Prüfer dafür konkrete Kriterien zur Umsetzung in der Praxis aufzustellen. Mit Fokus auf die Risikosteuerungs- und -controllingprozesse des Zinsänderungsrisikos im Anlagebuch werden in dieser Arbeit auf Basis der aufsichtsrechtlichen Anforderungen und des theoretisch fundierten hypothesengestützten heuristischen Prüfungsansatzes entsprechende Kriterien für die Prüfungspraxis abgeleitet. Somit greift die Arbeit mit der Schaffung beziehungsweise Bewahrung gleicher Wettbewerbsbedingungen zwischen den Instituten ein unverändert aktuelles Problem auf und soll die in der wissenschaftlichen Literatur bestehende Lücke reduzieren.

Die vorliegende Arbeit entstand im Rahmen meiner Promotion als externer Doktorand am Lehrstuhl für Bank- und Finanzwirtschaft an der Leuphana Universität Lüneburg sowie parallel zu meiner Tätigkeit in der Prüfung und der Beratung zum Risikomanagement deutscher Kreditinstitute bei der PricewaterhouseCoopers AG Wirtschaftsprüfungsgesellschaft.

Mein Dank gilt an erster Stelle meinem Doktorvater, Herrn Prof. Dr. Ulf G. Baxmann, der mich über die Jahre hinweg ermutigt hat und durch zahlreiche konstruktive Diskussionen ein Gelingen meiner Arbeit erst ermöglichte. Ferner danke ich Herrn Prof. Dr. Ulrich Döring für die Übernahme des Zweitgutachtens sowie Herrn Prof. Dr. Egbert Kahle für seine Mitwirkung im Rahmen der Disputation. Des Weiteren möchte ich allen Kommilitonen und Arbeitskollegen danken, die mich über die Jahre hinweg durch ihre Hinweise und Anregungen bei meiner Arbeit unterstützt haben.

Für die Hinweise zur Rechtschreibung und Grammatik aus der Durchsicht meines Manuskriptes danke ich Frau Christa Bröderdörp-Krause sowie meiner Frau Janett Mantzel, wobei verbliebene Fehler ausschließlich dem Verfasser zuzurechnen sind.

Für ihre Geduld und Unterstützung über die vielen Jahre hinweg gilt ein besonderer Dank meinen Eltern Lisa und Helge Mantzel sowie meiner Frau Janett Mantzel. Ihnen sei daher diese Arbeit gewidmet.

Zarrentin am Schaalsee, im Mai 2014 Daniel Mantzel

Inhaltsübersicht

Inhaltsverzeichnis

Abkürzungsverzeichnis

Abs.	Absatz
AG	Aktiengesellschaft
AktG	Aktiengesetz
ALCO	Asset und Liability Committee
Anm. d. Verf.	Anmerkung des Verfassers
AT	Allgemeiner Teil der MaRisk
Aufl.	Auflage
AufsichtsRL	Aufsichtsrichtlinie
BA	Bankenaufsicht
BaFin	Bundesanstalt für Finanzdienstleistungsaufsicht
BAKred	Bundesaufsichtsamt für das Kreditwesen
Basel I	Internationale Konvergenz der Eigenkapitalmessung und Eigenkapitalanforderungen (erste Baseler Eigenkapitalvereinbarung von 1988)
Basel II	Internationale Konvergenz der Eigenkapitalmessung und der Eigenkapitalanforderungen, Überarbeitete Rahmenvereinbarung (zweite Baseler Eigenkapitalvereinbarung von 2004 / 2006)
Basel III	Ein globaler Regulierungsrahmen für widerstandsfähigere Banken und Bankensysteme (dritte Baseler Eigenkapitalvereinbarung von 2010 / 2011)
Baseler Ausschuss	Basel Committee on Banking Supervision (Baseler Ausschuss für Bankenaufsicht)
BFuP	Zeitschrift Betriebswirtschaftliche Forschung und Praxis
BGB	Bürgerliches Gesetzbuch
BGBl.	Bundesgesetzblatt
BIS / BIZ	Bank für internationalen Zahlungsverkehr
BP	Base-Point (Basispunkt)
BPV	Base-Point-Value (Barwert einer Parallelverschiebung um einen Basispunkt)
BS WP / vBP	Berufssatzung für Wirtschaftsprüfer / vereidigte Buchprüfer

BT	Besonderer Teil der MaRisk
BTO	Besonderer Teil Organisation der MaRisk
BTR	Besonderer Teil Risikosteuerungs- und -controllingprozesse der MaRisk
CAPM	Capital Asset Pricing Model
CEBS	Committee of European Supervisors
COSO	Committee of Sponsoring Organizations of the Treadway Commission
CRD	EU-Richtlinie Capital Requirement Directive
CRR	EU-Verordnung Capital Requirement Regulation
DRS	Deutscher Rechnungslegungs Standard
DSGV	Deutscher Sparkassen- und Giroverband
EBA	European Banking Authority (Europäische Bankenaufsichtsbehörde)
EG	Europäische Gemeinschaft
EU	Europäische Union
EZB	Europäische Zentralbank
FinDAG	Finanzdienstleistungsaufsichtsgesetz
Fn.	Fußnote
FSB	Financial Stability Board
GenG	Genossenschaftsgesetz
GewO	Gewerbeordnung
GuV	Gewinn- und Verlustrechnung
HGB	Handelsgesetzbuch
HGrG	Haushaltsgrundsätzegesetz
Hrsg.	Herausgeber
hrsg.	herausgegeben
IAASB	International Auditing and Assurance Standards Board
IASB	International Accounting Standard Board
ICAAP	Internal Capital Adequacy Assessment Process
IDW	Institut der Wirtschaftsprüfer in Deutschland e. V.
i. e. S.	im engeren Sinne
IFAC	International Federation of Accountants
IOSCO	International Organisation of Securities Commissions
IRB	Internal Ratings Based Approach (auf internen Rating basierender Ansatz nach SolvV)

ISA	International Standards on Auditing(internationale Grundsätze zur Wirtschaftsprüfung)
IT	Informationstechnologie
IWF	Internationaler Währungsfonds
Jg.	Jahrgang
KGaA	Kommanditgesellschaft auf Aktien
KonTraG	Gesetz zur Kontrolle und Transparenz im Unternehmensbereich
KWG	Gesetz über das Kreditwesen
LiqV	Liquiditätsverordnung
MaH	Mindestanforderungen an das Betreiben von Handelsgeschäften
MaIR	Mindestanforderungen an die Ausgestaltung der Internen Revision
MaK	Mindestanforderungen an das Kreditgeschäft
MaRisk	Mindestanforderungen an das Risikomanagement
o. Aufl.	ohne Auflage
o. J.	ohne Jahresangabe
o. O.	ohne Ortsangabe
o. S.	ohne Seitenangabe
o. V.	ohne Verfasser
PH	Prüfungshinweis
plc	public limited company
PrüfbV	Prüfungsberichtsverordnung
PS	Prüfungsstandard
RGBl.	Reichsgesetzblatt
Rn.	Randnummer
RORAC	Return on risk adjusted capital
RS	Rundschreiben
SolvV	Solvabilitätsverordnung
Sp.	Spalte
SREP	Supervisory Review and Evaluation Process
SRP	Supervisory Review Process
SWOT	Stärken-Schwächen-Chancen-Risiken-Analyse
Tz.	Textziffer
VaR	Value at Risk
VÖB	Bundesverband Öffentlicher Banken e. V.

WiSt	Zeitschrift Wirtschaftswissenschaftliches Studium
WISU	Zeitschrift das wirtschaftsstudium
WP	Wirtschaftsprüfer
WPg	Zeitschrift Die Wirtschaftsprüfung
WpHG	Wertpapierhandelsgesetz
WPK	Wirtschaftsprüferkammer
WPO	Wirtschaftsprüferordnung
zeb / ITM	IT-System zur Messung von Zinsänderungsrisiken
ZfB	Zeitschrift für Betriebswirtschaft
zfbf	Zeitschrift für betriebswirtschaftliche Forschung
ZfgK	Zeitschrift für das gesamte Kreditwesen
ZIRIS der ParcIT	IT-System zur Messung von Zinsänderungsrisiken
ZKA	Zentraler Kreditausschuss (nunmehr Deutsche Kreditwirtschaft)

Abbildungsverzeichnis

1. Einleitung

1.1 Problemstellung

„Statt den [sic!] nun von der Politik diskutierten, höheren und komplizierteren Eigenkapitalnormen können allenfalls die Prüfungen des Risikomanagements im Rahmen der qualitativen Aufsicht der Dynamik der Märkte halbwegs standhalten. Gerade dort aber, wo nicht alles mit dem Zollstock nachgemessen werden kann und dementsprechend die behördlichen Bewertungsspielräume besonders hoch sind, wird die Bewahrung gleicher Wettbewerbsbedingungen ... zu einer Gratwanderung."[1] Die steigende Komplexität von Finanzprodukten und die Dynamik der Finanzmärkte führen zu einem Hinterherhinken der Entwicklung der Vorgaben der Bankenaufsicht und erfordert, wie von *Paul* geäußert, eine deutlich flexiblere Aufsicht.[2] So ist die Forderung nach einer solchen flexiblen Ausgestaltung der Aufsicht statt immer detaillierter aufsichtlicher Normen auch ein Ausdruck der hohen Innovationsrate im Finanzsektor.

Beispielhaft für diese Entwicklung stehen die Erfahrungen aus der sogenannten Subprimekrise vor allem der Jahre 2007 bis 2009, die in Form von Liquiditätsengpässen im Interbankenmarkt sowie deutlichen Verlusten bei Verbriefungsprodukten,[3] auch für deutsche Kreditinstitute,[4] nachhaltig spürbare Auswirkungen hatte und staatliche Stützungsmaßnahmen einzelner Institute[5] erforderlich machte. Ein

---

1 Paul (2011b), S. 477, wobei *Paul* an anderer Stelle diese Aussage in Verbindung mit Äußerungen des ehemaligen BAKred-Präsidenten Wolfgang Artopoeus setzt. Vgl. Paul (2011b), S. 465. Ähnliche Aussagen finden sich auch bei Sanio (2007a), S. 8. Gleichwohl wurde ebenfalls eine Verschärfung der Eigenkapitalanforderungen als ein Ergebnis der Krise beschlossen. Vgl. Paul (2011a), S. 1 f.

2 Vgl. Sanio (2007b), S. I.

3 Vgl. Weber (2008), S. 3 ff.

4 Im Rahmen dieser Arbeit werden grundsätzlich der Begriff „Kreditinstitut" im Sinne des § 1 Abs. 1 Satz 1 KWG und der Oberbegriff „Institut" im Sinne des § 1 Abs. 1b KWG synonym verwendet, wobei die Anforderungen des § 25a Abs. 1 KWG sich an alle Institute, das heißt auch an Finanzdienstleistungsinstitute, richten. Siehe Kapitel 2.3.3.1.3. Aufgrund der Themenstellung dieser Arbeit werden allerdings Besonderheiten der Finanzdienstleistungsinstitute nicht weiter diskutiert.

5 An dieser Stelle sei vor allem auf die Auswirkungen auf die deutschen Landesbanken, wie beispielsweise die Landesbank Sachsen und Westdeutsche Landesbank Girozentrale, sowie die Deutsche Industriebank AG (IKB) verwiesen. Vgl. Mußler (2008),

Ergebnis der Fehleranalyse der Subprimekrise ist unter anderem, dass das Risikomanagement vieler Institute nicht in der Lage war, das Ausmaß der potentiellen Gefahren aus den vorhandenen, aber intransparenten Konzentrationen, einschließlich intransparenter Vertragsverhältnisse, abzuschätzen.[6]

Gerade die Erkenntnis, dass einheitliche gesetzliche Regelungen nicht alle Aspekte der Risiken und des Risikomanagements der Kreditinstitute abzudecken vermögen, ist die wesentliche Triebkraft zur Ergänzung der Säule I des Baseler Rahmenwerkes (Basel II)[7] durch die Säulen II und III. Vom regelbasierten Vorgehen der Säule I unterscheiden sich die Säule II mit dem internen Überwachungsprozess (SRP)[8] sowie die Säule III des Baseler Rahmenwerkes mit den Vorgaben zur Offenlegung deutlich.[9] Ebenso erfordert die Erkenntnis der Unvollkommenheit der Risikomessverfahren der Säule I einen Kompromiss zwischen weitergehender notwendiger Regulierung und einer zumutbaren Belastung der Institute durch die Aufsicht.[10] Ferner ginge durch eine ausschließlich regelbasierte Normierung der aufsichtlichen Vorgaben, wie dies in der Säule I erfolgt, zumindest partiell der seitens der Aufsicht gesetzte Anreiz zur eigenständigen Weiterentwicklung des internen Risikomanagements der Institute verloren.[11]

S. 14 sowie Braunberger (2009), S. 18. In Großbritannien kam es bei der Northern Rock Building Society plc im Zuge der Subprimekrise sogar zu einem panikartigen Abzug von Einlagen. Vgl. o. V. (2007a), S. 4, Hellmann (2007), S. 8 und o. V. (2007b), o. S.

6 Vgl. Eller / Waitz / Kurfels (2008), S. 32. So spricht *Weber* von einer asymmetrischen Informationsverteilung zwischen Originator und Endinvestor als eine Ursache der Subprimekrise. Vgl. Weber (2008), S. 9. Sowohl in den USA als auch in Großbritannien wurde die zu hohe Risikonahme der Investmentbanken als Hauptursache der Krise der Jahre 2007 und 2008 identifiziert. In der Europäischen Union waren die Vernetzung der Institute und die zu geringen Kapitalpolster ausschlaggebend. Vgl. Hüther (2013), S. 25 ff. auch zu einer detaillierten Darstellung der eingeleiteten oder diskutierten wesentlichen Regulierungsmaßnahmen.

7 Siehe Kapitel 2.3.1.1.

8 Supervisory Review Process – SRP, übersetzt mit interner Überwachungsprozess, umfasst den Internal Capital Adequacy Assessment Process (ICAAP) und den Supervisory Review and Evaluation Process (SREP). Siehe Kapitel 2.3.1.1.

9 Vgl. CEBS (Hrsg.) (2006a), S. 9.

10 Vgl. Kolbeck (1995), S. 994.

11 Vgl. Paul (2011b), S. 465. So kann eine verbesserte Risikomessung der Zinsänderungsrisikoposition beispielsweise zur Optimierung der Risiko-Rendite-Steuerung des Instituts und damit einer besseren Allokation des Eigenkapitals gegenüber Wettbewerbern beitragen. Siehe Kapitel 2.1.2.4. und 2.1.4.

Mit der Säule II von Basel II, der Aufnahme in das europäische Recht in der Bankenrichtlinie und Kapitaladäquanzrichtlinie[12] sowie der damit verbundenen Umsetzung in das deutsche Aufsichtsrecht im Rahmen des § 25a Abs. 1 KWG und dem hierzu gehörenden Rundschreiben 10 / 2012 (BA) vom 14. Dezember 2012 Mindestanforderungen an das Risikomanagement (MaRisk) setzt die Aufsicht den eingeschlagenen Weg von einer reinen normengestützten hin zu einer ebenfalls prinzipiengestützten Aufsicht fort.[13] Zentrales Element der MaRisk ist die Umsetzung des Internal Adequacy Assessment Process (ICAAP), wonach die Institute unter anderem angemessene Leitungs-, Steuerungs- und Kontrollprozesse einzurichten sowie Strategien und Prozesse zu implementieren haben, die die Abdeckung der eingegangenen Risiken vor allem durch das vorhandene Eigenkapital sicherstellen sollen.[14]

Flexible Anforderungen in Form von prinzipienorientierten Mindestanforderungen wie die MaRisk, die der Dynamik der Märkte Rechnung tragen sollen, setzen allerdings auch generell Anreize zur Nutzung von Regulierungslücken durch die Institute.[15] Andererseits hat die Aufsicht mittels der Mindestanforderungen der Heterogenität der deutschen Institute, die von kleinen und mittleren Instituten mit regionalen Tätigkeitsschwerpunkten, Spezialkreditinstituten mit besonderen Geschäftsaktivitäten[16] bis hin zu international tätigen Großbanken reicht, Rechnung

---

12 Siehe Kapitel 2.3.2.1.

13 Siehe Kapitel 2.3.1.1., 2.3.3.1.3. und 2.3.3.3.1.

14 Siehe Kapitel 2.3.1.1. und 2.3.3.3.1. Auf die Zielsetzung der MaRisk, Schieflagen der Institute ex ante zu verhindern, sowie das Scheitern in der näheren Vergangenheit unter anderem bei der Commerzbank AG, Hypo Real Estate, Deutsche Industriebank AG (IKB) und einzelner Landesbanken weist beispielsweise *Wohlert* hin. Vgl. Wohlert (2012), S. 106.

15 Vgl. Ackermann (2008), S. 20. So plädiert *Kolbeck* hingegen aufgrund fehlender intersubjektiver Nachprüfbarkeit für eine möglichst weitgehende Vermeidung qualitativer Verwaltungsvorschriften aufgrund fehlender Rechtsicherheit. Vgl. Kolbeck (1995), S. 997. Allerdings lässt sich hier entgegenhalten, dass auch starre Normen mit erhöhter Rechtssicherheit durch die Institute umgangen werden können und in der Vergangenheit auch wurden. So gab es im Zuge der Subprimekrise keine Verletzung der Normen der quantitativen Bankenaufsicht. Vgl. Hartmann-Wendels (2009), S. 544.

16 Beispielhaft seien hier die Bausparkassen und Pfandbriefbanken als zwei Ausprägungen von Instituten mit besonderer Ausrichtung des Geschäftsbetriebs erwähnt.

zu tragen und ein Marktumfeld, welches möglichst frei von Wettbewerbsverzerrungen ist, zu schaffen.[17]

Der als Jahresabschlussprüfer bestellte Wirtschaftsprüfer hat gemäß § 29 Abs. 1 Satz 2 KWG in Verbindung mit § 25a Abs. 1 Nr. 1 und 3 KWG die Angemessenheit des Risikomanagements im Rahmen seiner Berichterstattung zu beurteilen.[18] Der Wirtschaftsprüfer stellt durch seine Prüfungen eine wichtige Verbindung zwischen den Kreditinstituten und der Aufsicht dar.[19] Die Aufsicht selber erwartet vom Jahresabschlussprüfer[20] „nicht einfach nur routinemäßige Berichte, sondern präzise Ausführungen, die in eindeutigen Bewertungen [des Risikomanagements, Anm. d. Verf.] enden.“[21] Für die Prüfung des Risikomanagements hat der Jahresabschlussprüfer einen risikoorientierten Prüfungsansatz anzuwenden,[22] der auf Grundlage des an die Aufsicht gerichteten bankaufsichtsrechtlichen Überwachungsprozesses (Supervi-sory Review and Evaluation Process – SREP)[23] auszurichten ist.[24]

Bei allen angeführten Vorteilen der prinzipienorientierten Aufsicht bringt *Paul* das grundlegende Problem des SRP auf den Punkt: „Doch wie lässt sich dieser [SRP, Anm. d. Verf.] operationalisieren, prüfbar machen?“[25] So besteht aufgrund der Ermessenspielräume dieses Ansatzes die Gefahr, dass verschiedene Prüfer für gleiche Sachverhalte unterschiedliche Maßstäbe bei den Instituten ansetzen könnten und eben nicht mit gleichem Maß messen. Die Schaffung und Bewahrung gleicher Wettbewerbsbedingungen stellt eine große Herausforderung bei der

---

17 Vgl. Sanio (2007a), S. 8 f. *Paul* spricht in diesem Zusammenhang auch von der Einheitlichkeit der Verwaltung. Vgl. Paul (2011b), S. 465. Beispielhaft sei auf die Problematik der Überregulierung und die Unterschiede in der Regulierung einzelner Staaten verwiesen. Vgl. Böhnke (2013), S. 35 f. und Weimer (2013), S. 38 ff.

18 Vgl. § 10 Abs. 1 PrüfbV.

19 Vgl. PwC (Hrsg.) (2007), Seite I.

20 Im Rahmen dieser Arbeit wird der Begriff Jahresabschlussprüfer im Sinne des § 29 KWG für die Person beziehungsweise Gesellschaft verwendet, die aufgrund von Bestellung beziehungsweise gesetzlichen Auftrags die Abschlussprüfung bei einem Kreditinstitut durchführt. Insofern sind unter dem Begriff Jahresabschlussprüfer die Wirtschaftsprüfer, die Wirtschaftsprüfungsgesellschaften sowie die Prüfungsverbände der Sparkassen und Genossenschaftsbanken zu verstehen. Synonym wird auch der Begriff Abschlussprüfer verwendet.

21 Sanio (2007b), S. I. So ähnlich vgl. bei König (2012c), S. I.

22 Vgl. AT 1 Tz. 5 MaRisk, Schneider (2008), S. 442 sowie § 2 PrüfbV.

23 Siehe Kapitel 2.3.1.1.

24 Vgl. 124 der Bankenrichtlinie und AT 1 Tz. 2 MaRisk und siehe Kapitel 2.3.2.1.

25 Paul (2011b), S. 464.

Umsetzung der qualitativen Aufsicht dar.[26] Damit hängt der Erfolg beziehungsweise Misserfolg der Aufsicht von der Umsetzung der Prüfungsaufgabe durch den Wirtschaftsprüfer, im Detail von der Lücke[27] zwischen Erwartung der Aufsicht an den Prüfer und dessen auf Basis des Prüfungsansatzes getroffenem Prüfungsurteil, ab. Ein klar strukturierter und kommunizierter Prüfungsansatz des Jahresabschlussprüfers kann zum Abbau einer derartigen Erwartungslücke beitragen, sodass die Informationsasymmetrie zwischen der Aufsicht und dem Wirtschaftsprüfer verringert werden würde.[28]

Die Institute sind insgesamt einer Vielzahl an Risiken[29] ausgesetzt, die jeweils wiederum zu deren Bewältigung geeignete Risikomanagementprozesse, die nachfolgend als Risikosteuerungs- und -controllingprozesse bezeichnet werden,[30] erfordern. Das Zinsänderungsrisiko stellt für die meisten deutschen Institute die nach dem Adressenausfallrisiko bedeutendste Risikoart[31] dar. Nicht zuletzt gilt der Wettbewerbsdruck auf dem deutschen Bankenmarkt als eine Ursache der von den deutschen Instituten im internationalen Vergleich stärkeren Abhängigkeit von den Zinsüberschüssen und insbesondere der in diesem Zusammenhang stehenden Fristentransformation. Darüber hinaus hat auch der Zusammenbruch der Allgemeinen

26 Vgl. Paul (2011b), S. 464 f.

27 So handelt es sich beispielsweise weder um eine vollständige Prüfung aller denkbaren Prüfungsobjekte noch werden bestimmte Sachverhalte, wie das Vorhandensein strafbarer Handlungen der Geschäftsleitung des Instituts, von vornherein durch den Prüfer unterstellt und gezielt danach gesucht. Vgl. Bähre (1985), S. 46.

28 Siehe Kapitel 3.3.2.

29 Siehe Kapitel 2.1.3.

30 Die Wahl des Begriffes Risikomanagementprozess im AT 4.3.2 MaRisk hätte zu einer Überschneidung zwischen der weiten Definition im Sinne des § 25a KWG und der engen Definition von Risikomanagement geführt, sodass im Rahmen der MaRisk der Risikomanagementprozess oder auch Regelkreis des Risikomanagements durchgehend als Risikosteuerungs- und controllingprozesse im Sinne des AT 4.3.2 MaRisk in dieser Arbeit bezeichnet werden. Siehe Kapitel 2.3.3.3.2. sowie vgl. Hannemann / Schneider (2010), S. 220 und Fn. 295.

31 So ist auf die Umfrage der Deutschen Bundesbank aus dem Jahr 2009 unter 150 Instituten zu verweisen, von denen lediglich 2 Institute das Marktpreisrisiko, einschließlich der Zinsänderungsrisiken im Anlagebuch, als nicht wesentlich eingestuft haben. Die übrigen 148 Institute haben zumindest die Zinsänderungsrisiken im Anlagebuch als wesentlich eingestuft. Vgl. Deutsche Bundesbank (Hrsg.) (2010), S. 13. Ferner zur besonderen Bedeutung der Zinsänderungsrisiken im Anlagebuch auf Basis der verschiedenen aufsichtlichen Vorgaben vgl. Apweiler (2012), S. 512.

Hypothekenbank Rheinboden AG die Auswirkungen eines fehlerhaften Zinsänderungsrisikomanagements deutlich vor Augen geführt.[32]

Im Hinblick auf einen Vergleich zwischen den Vorgaben der Säule I und der Säule II von Basel II sind die Zinsänderungsrisiken im Anlagebuch besonders hervorzuheben, da diese zwar für die Mehrzahl der Institute eine große Bedeutung haben, allerdings im Gegensatz zu den Adressenausfallrisiken, Marktpreisrisiken im Handelsbuch und operationellen Risiken nicht Bestandteil der Säule I sind.[33] Die Begrenzung der Zinsänderungsrisiken im Anlagebuch[34] erfolgt mit Bezug auf das vorhandene Eigenkapital des jeweiligen Instituts im Rahmen der qualitativen Bankenaufsicht.[35]

1.2 Zielsetzung und Aufbau der Arbeit

Zur Beurteilung der Risikosteuerungs- und -controllingprozesse des Zinsänderungsrisikos durch den Jahresabschlussprüfer ist eine Analyse und Einordnung der aufsichtlichen Anforderung notwendig. Über das Verständnis der Anforderungen an die Risikosteuerungs- und -controllingprozesse des Zinsänderungsrisikos hinaus ist zudem im Rahmen des von der Aufsicht geforderten risikoorientierten Prüfungsansatzes ein geeignetes Prüfungsverfahren festzulegen, wobei insbesondere der Soll-Ist-Vergleich als Kern des funktionalen Erkenntnisobjektes der Prüfungslehre[36] im Mittelpunkt der Betrachtungen dieser Arbeit steht.

Die zentralen Forschungsziele der Arbeit lassen sich wie folgt zusammenfassen:

1. Auf Basis der für die qualitative Bankenaufsicht maßgeblichen Anforderungen sowie der Grundlagen der Bankbetriebslehre sind im Hinblick auf die Funktion des Risikomanagements zentrale Kriterien zur Prüfung der Risikosteuerungs- und -controllingprozesse des Zinsänderungsrisikos im Anlagebuch abzuleiten.
2. Die im Rahmen der Prüfungslehre diskutierten Theorieansätze sind hinsichtlich der geforderten risikoorientierten Prüfung zu analysieren. Ziel ist es dabei,

32 Vgl. Rassat (2012), S. 23 f.

33 Siehe Kapitel 2.3.3.2.

34 Für eine Differenzierung der Prüfung der Zinsänderungsrisiken nach Handelsbuch und Anlagebuch plädiert auch *Apweiler*. Vgl. Apweiler (2012), S. 511 f.

35 Ergänzende Regelungen sind im Rundschreiben 11 / 2011 (BA) der BaFin zur Umsetzung des Baseler Zinsschocks gebündelt, das allerdings ebenfalls keine konkrete Eigenkapitalunterlegung fordert. Siehe Kapitel 2.3.3.4.

36 Vgl. Lück (1991), S. 23. sowie Kapitel 3.1.2.1.

generell das Prüfungsvorgehen als auch die notwendigen Eigenschaften der abzuleitenden Kriterien herauszuarbeiten.
3. Die Prüfungskriterien zu den Risikosteuerungs- und -controllingprozessen der Zinsänderungsrisiken im Anlagebuch sind auf ihre Eignung für den Prüfungsansatz zu beurteilen.

Die Arbeit hat daher sowohl die Bankbetriebslehre als eine spezielle Betriebswirtschaftslehre[37], im Einzelnen zu den Fragen zur Auslegung der aufsichtlichen Anforderung an die Risikosteuerungs- und -controllingprozesse des Zinsänderungsrisikos, als auch den funktionalen Teil der Prüfungslehre[38], hinsichtlich der Fragestellung zur Ausgestaltung des Prüfungsansatzes, zu berücksichtigen.

Ausgehend vom Prüfungsobjekt Risikosteuerungs- und -controllingprozess des Zinsänderungsrisikos im Anlagebuch sowie vom Wandel der Bankenaufsicht von einer normengestützten hin zu einer prinzipiengestützten Aufsicht soll die theoretische Grundlage eines erweiterten Prüfungsansatzes zur aufsichtsrechtlichen Prüfung erarbeitet werden. Die Ableitung der Anforderungen zu Risikosteuerungs- und -controllingprozessen des Zinsänderungsrisikos im Anlagebuch wird ergänzend zur Gewinnung eines Verständnisses der Zusammenhänge eine funktionale Untersuchung der Phasen des Regelkreislaufs des Risikomanagements, im Einzelnen der Identifizierung, Beurteilung, Steuerung sowie Überwachung und Kommunikation[39], vorangestellt.

Zum Prüfungsvorgehen sind die bisher entwickelten Ansätze der Prüfungslehre systematisch aufzuarbeiten und hinsichtlich der Zielsetzung der Prüfung nach §§ 29 Abs. 1, 25a Abs. 1 Satz 3 Nr. 1 b KWG zu untersuchen. Im Mittelpunkt einer jeden Prüfung steht der Vergleich zwischen dem Soll-Objekt und dem Ist-Objekt[40],

---

37 Die Betriebswirtschaftslehre lässt sich in die allgemeine Betriebswirtschaftslehre sowie die spezielle Betriebswirtschaftslehre, auch Wirtschaftszweiglehre, einteilen. Die allgemeine Betriebswirtschaftslehre befasst sich mit betriebswirtschaftlichen Problemen, die allen Betrieben gemein sind. Die spezielle Betriebswirtschaftslehre hat hingegen Problemstellungen zum Gegenstand, die für bestimmte Branchen von Unternehmen spezifisch sind. Vgl. Wöhe / Döring (2010), S. 44 f.

38 Zur Diskussion hinsichtlich der Einordnung der Prüfungslehre im Hinblick auf die allgemeine oder spezielle Betriebswirtschaftslehre sowie zu deren Erkenntnisobjekt vgl. Lück (1991), S. 18 ff. und Abschnitt 3.1.

39 Diese gelten als zentrale Elemente des Rundschreibens MaRisk. Vgl. Ahnert (2008), S. 51, AT 4.3.2. Tz. 1 MaRisk und siehe Kapitel 2.3.3.3.2.

40 Vgl. Apweiler (2012), S. 499.

wobei generell neben der Beachtung des ökonomischen Prinzips[41] auch das notwendige Vertrauen in den Nutzen der Prüfungsergebnisse beim Empfänger zu erlangen ist.[42] Ebenfalls sollen mit der theoretischen Aufarbeitung die Umsetzungsmöglichkeiten aufgezeigt werden, um einen Beitrag zur Verringerung der Erwartungslücke zwischen dem Anspruch der Beurteilung der Angemessenheit und Wirksamkeit der Risikosteuerungs- und -controllingprozesse der Zinsänderungsrisiken im Anlagebuch und den durch die Prüfungshandlungen tatsächlich zu erlangenden Erkenntnissen zu den Prozessen zu verdeutlichen.[43]

Die Arbeit konzentriert sich auf die Erarbeitung eines Prüfungsansatzes der Risikosteuerungs- und -controllingprozesse der Zinsänderungsrisiken im Anlagebuch, sodass eine vollumfängliche Betrachtung der Prüfung des Jahresabschlusses beziehungsweise des Risikomanagements nach § 25a Abs. 1 KWG nicht zur Zielsetzung gehört. Gleichwohl ist im Hinblick auf die Prüfungsziele der Risikosteuerungs- und -controllingprozesse des Zinsänderungsrisikomanagements im Anlagebuch auch eine Einordnung in den gesamten Prüfungsprozess vorzunehmen. Ebenfalls sind psychologische und soziale Aspekte in der Person des Prüfers sowie anderer Prozessbeteiligter im Hinblick auf das Prüfungsvorgehen zu berücksichtigen und bei der Ableitung des Prüfungsansatzes grundlegend zu beachten.[44]

---

41 Vgl. Wöhe / Döring (2010), S. 33 f. zur Ableitung des Erkenntnisobjektes der Betriebswirtschaftslehre über das ökonomische Prinzip (Wirtschaftslichkeitsprinzip).

42 Vgl. Richter (2003), S. 5.

43 Siehe Kapitel 3.2.3.

44 Siehe Kapitel 3.1.2.2. und 3.1.2.3.

2. Grundlagen des Risikomanagements, der aufsichtsrechtlichen Normen sowie der Aufsicht der Kreditinstitute

2.1 Grundlagen des Risikomanagements der Kreditinstitute

2.1.1 Überblick der Risikobegriffe

2.1.1.1 Risikobegriffe in der Betriebswirtschaftslehre

In der Betriebswirtschaftslehre findet sich eine Vielzahl von Definitionen und Systematisierungen des Begriffs Risiko. *Nagel* spricht von kasuistisch geprägten Risikobegriffen in der betriebswirtschaftlichen Literatur.[45] Je nach spezifischer Forschungsorientierung und Zielsetzung wurden zum Teil stark voneinander abweichende Risikodefinitionen und damit Systematisierungen gebildet, wobei die neuere Literatur sich auf die Beschreibung der Eigenschaften des Risikos beschränkt.[46] Des Weiteren wird in der Literatur allgemein zwischen extensiven, informations- und entscheidungsorientierten sowie ursache- und zielorientierten Risikobegriffen unterschieden.[47]

In der frühen betriebswirtschaftlichen Literatur wurde ausgehend vom traditionellen Unternehmermodell[48] das Risiko als jedwede wirtschaftliche Aktivität inne-wohnende Gefahr des Misslingens definiert. Insofern wird die wirtschaftliche Aktivität untrennbar mit dem Eingehen von Risiken verknüpft.[49] Diese Definition

---

45 Vgl. Nagel (1997), S. 8.

46 Vgl. Nagel (1997), S. 8 ff.

47 Vgl. Brösel / Schorcht (2005), S. 7 f. Die ursache- beziehungsweise zielorientierten Risikobegriffe sind die Begriffe, die in der Betriebswirtschaftslehre die weiteste Verbreitung haben. Beide Begriffe sind strenggenommen miteinander verknüpft, da die zielorientierte Interpretation eine ursachenbezogene Differenzierung voraussetzt. Vgl. Hannemann / Schneider (2010), S. 79.

48 *Imboden* unterstellt für dieses Modell die vollkommene Voraussicht über das zukünftige Geschehen, das Streben nach Gewinnmaximierung und die roboterartige Ausführung der Entscheidungen des Unternehmers im Unternehmen als grundlegende Prämissen. Vgl. Imboden (1983), S. 5.

49 Vgl. Imboden (1983), S. 42 ff.

erscheint aufgrund der allgemeinen Abgrenzung sowie des fehlenden Ursache-Wirkungs-Zusammenhangs für eine Steuerung im Rahmen eines Risikomanagements als nicht geeignet und musste daher weiter präzisiert werden. Weiterhin sind die Prämissen des dem Begriff zugrunde liegenden Unternehmermodells, insbesondere die vollkommene Voraussicht über das zukünftige Geschehen, infrage zu stellen.

Bei informationsorientierten Risikobegriffen werden die verfügbaren Informationen als Basis der Entscheidungsfindung in den Mittelpunkt gestellt. Die Treiber als Ursache des Risikos sind Unsicherheiten, Unbestimmtheiten und Unvollständigkeiten, die aus der fehlenden Übereinstimmung zwischen Modell[50] und Realität (Unsicherheit), dem unzureichenden Informationsgehalt beziehungsweise der mangelnden Präzision (Unbestimmtheit) und der in der Praxis unvollständigen Information (Unvollständigkeit) resultieren.[51]

Die entscheidungstheoretischen betriebswirtschaftlichen Ansätze differenzieren zwischen Entscheidungen unter Sicherheit, Entscheidungen unter Risiko und Entscheidungen unter Unsicherheit. Zentrales Element ist dabei die Entscheidung mit den jeweiligen Ergebnissen der Handlungsalternativen.[52] Bei Entscheidungen unter Sicherheit ist das Eintreten des Ergebnisses der Handlungsalternativen sicher, da vollkommene Information vorliegt.[53] Für die Ergebnisse der Handlungsalternativen zu Entscheidungen unter Risiko lassen sich Wahrscheinlichkeiten bestimmen, die auf das Intervall von null bis eins normiert sind.[54] Hinsichtlich der Bestimmung der Wahrscheinlichkeit lassen sich objektive und subjektive Wahrscheinlichkeiten differenzieren.[55] Für Entscheidungen unter Unsicherheit lassen sich für den Eintritt eines Ereignisses keine Wahrscheinlichkeiten ermitteln oder sind zumindest unbekannt.[56] Im Wesentlichen stellen die

---

50 Ein Modell ist generell die vereinfachte Abbildung eines realen Systems, das die Elemente und die Eigenschaften der Realität sowie die zwischen Elementen und Eigenschaften bestehenden Relationen wiedergibt. Die Wiedergabe muss dabei trotz Vereinfachungen eine Strukturähnlichkeit zwischen realem System und Modell aufweisen. Vgl. Bamberg / Coenenberg (2006), S. 13.

51 Vgl. Neubeck (2003), S. 16.

52 Für eine weitergehende Diskussion des Entscheidungsfeldes als Menge aller die Entscheidung beeinflussenden Zustände des Umfelds sowie des Zielsystems vgl. Bamberg / Coenenberg (2006), S. 15 ff. und Johanning / Ams (2008), S. 266.

53 Es handelt sich hierbei oftmals um eine sehr deutliche Vereinfachung der Entscheidungssituation. Vgl. Bamberg / Coenenberg (2006), S. 43.

54 Ein Ergebnis mit einer Eintrittswahrscheinlichkeit von eins entspricht der Entscheidung unter Sicherheit.

55 Vgl. Bamberg / Coenenberg (2006), S. 76 f.

56 Vgl. Bamberg / Coenenberg (2006), S. 127.

entscheidungstheoretischen Ansätze auf die fehlerhafte Entscheidung als Ursache des Risikos ab und untersuchen das Risiko insbesondere vor dem Hintergrund der unvollkommenen Informationen aufgrund beschränkter Rationalität.[57]

Im Gegensatz zum reinen Ursachenbezug lässt sich Risiko weitergehend wirkungsbezogen als die Möglichkeit der Abweichung von der Erreichung eines Ziels beziehungsweise Möglichkeit der Nichtrealisation geplanter Zielgrößen definieren (zielorientierter Risikobegriff).[58] Die zugrunde liegende Prämisse ist der wirtschaftlich handelnde Mensch, der seine Entscheidungen vor dem Hintergrund von Zielen, hier Unternehmenszielen, trifft und somit sich der Gefahr einer Zielabweichung beziehungsweise Planverfehlung aussetzt.[59] Ein zielorientierter Risikobegriff umfasst ausschließlich die unerwarteten Gefahren von Planabweichungen.[60] Weiterhin können die positive Zielverfehlung als Chance und die negative Zielverfehlung als Risiko im engeren Sinne aufgefasst werden.[61] *Schulte* definiert hierzu: „*Risiko resultiert ursachenbezogen aus der Unsicherheit zukünftiger Ereignisse* – wobei dies regelmäßig mit einem unvollständigen Informationsstand einhergeht – *und schlägt sich wirkungsbezogen in einer negativen Abweichung von einer festgelegten Zielgröße nieder.*“[62]

Zu dieser Unterteilung von Chancen und Risiken im engeren Sinne ist anzumerken, dass eine sinnvolle Interpretation nur im Zusammenhang mit einer Unternehmenszielsetzung möglich ist.[63] Ferner muss keinesfalls eine Symmetrie zwischen Chance und Risiko im engeren Sinne bestehen. Im Einzelfall lässt sich auch ein Risiko im engeren Sinne beobachten, dem keine konkret zuzuordnende Chance gegenübersteht.[64]

---

57 Vgl. Brösel / Schorcht (2005), S. 7 f. Die Schwierigkeit dieses Ansatzes besteht in der Identifikation der konkreten Entscheidung als Ursache, sofern das Risiko über einen gegebenenfalls langen Zeitraum schlagend werden kann. Zudem können Risiken auf Portfolioebene auftreten, die auf eine Vielzahl von Entscheidungen zurückzuführen sind, sodass eine Verkettung von Fehlentscheidung ursächlich war.

58 Vgl. Steden (2002), S. 50 f.

59 Vgl. Mayer (2003), S. 10.

60 Vgl. Nagel (1997), S. 12 f.

61 Vgl. Schulte (1997), S. 11 f. und hieran angelehnt bei Wolf / Runzheimer (2003), S. 30 f.

62 Schulte (1997), S. 12, kursive Hervorhebungen im Original fett.

63 Vgl. Schulte (1997), S. 11 f. *Schulte* spricht in diesem Zusammenhang ausschließlich von subjektiven Zielsetzungen, die zu einer Subjektivität des Risikos führen. Hierbei bleibt fraglich inwieweit Unternehmensziele objektivierbar sind.

64 So sei an dieser Stelle auf die Vielzahl der operationellen Risiken verwiesen, die unmittelbar aus dem Geschäftsbetrieb resultieren und somit nur mit übergreifenden Unternehmenszielen, insbesondere der Gewinnerzielungsabsicht, zu verknüpfen sind.

2.1.1.2 Risikobegriff im Handels- und Aktienrecht

Im Handelsrecht, insbesondere im Handelsgesetzbuch, findet sich eine Vielzahl von Bezugnahmen auf den Begriff Risiko beziehungsweise Umschreibungen des Begriffs[65], ohne dass der Gesetzgeber eine konkrete Definition des Begriffs vorgibt.[66] Der Begriff Risiko wird, wie ein Vergleich zwischen dem § 252 Abs. 1 Nr. 4 HGB und dem § 289 Abs. 1 Satz 4 HGB zeigt, im Handelsrecht unterschiedlich verwendet.

Die Bewertungsvorschrift des § 252 Abs. 1 Nr. 4 HGB fordert, dass bei der Bewertung von Vermögensgegenständen und Schulden im Rahmen des Jahresabschlusses alle „vorhersehbaren Risiken …, die bis zum Abschlussstichtag entstanden sind, zu berücksichtigten"[67] sind. Der § 252 Abs. 1 Nr. 4 HGB gibt das Imparitätsprinzip als spezifische Ausprägung des allgemeinen Prinzips kaufmännischer Vorsicht wieder. Vorhersehbare Risiken im Sinne des § 252 Abs. 1 Nr. 4 HGB sind bei der Aufstellung des Jahresabschlusses zu berücksichtigen, da mit dem Eintritt des Verlustes mit deutlich erhöhter Wahrscheinlichkeit zu rechnen ist.[68] Bei der Beurteilung der vorhersehbaren Risiken sind auch nach dem Bilanzstichtag erlangte Informationen zu beachten, soweit die Ursache des Risikos noch vor dem Stichtag lag. Insofern ist die Betrachtung des Risikos von Verlusten nach § 252 Abs. 1 Nr. 4 HGB eng mit der Bewertung zum Bilanzstichtag verknüpft.[69]

Der § 289 Abs. 1 Satz 4 HGB fordert die Darstellung von Chancen und Risiken, die sich positiv beziehungsweise negativ auf die Finanz-, Vermögens- oder Ertragslage auswirken können. Zu den Risiken gehören insbesondere die bestandsgefährdenden Risiken, die gegebenenfalls im Lagebericht anzugeben sind. Ergänzend ist nach § 289 Abs. 2 HGB auch auf die Ziele des Risikomanagements, auf dessen Methoden sowie im Hinblick auf die eingesetzten Finanzinstrumente auf die einzelnen Risikoarten einzugehen.[70]

Darüber hinaus fand mit dem Gesetz zur Kontrolle und Transparenz im Unternehmensbereich (KonTraG)[71] der Begriff „gefährdende Entwicklung" als

---

65 Beispielhaft seien hier folgende Grundlagen genannt: §§ 252 Abs. 1 Nr. 4, 289 Abs. 1 Satz 4 und 5, 315 Abs. 1 Satz 5 und 6, 317 Abs. 2 Satz 2, 322 Abs. 6 Satz 2 HGB.

66 Vgl. Ellrott (2012), Rn. 52.

67 § 252 Abs. 1 Nr. 4 HGB.

68 Vgl. Winkeljohann / Büssow (2012), Rn. 35 ff.

69 Vgl. Winkeljohann / Büssow (2012), Rn. 37.

70 Vgl. Ellrott (2012), Rn. 53 f. und 65 ff.

71 BGBl I vom 30.04.1998, S. 786 ff. Generell gehen die Anforderungen der in dieser bearbeiteten Vorgabe nach § 25a Abs. 1 KWG zum Risikomanagement deutlich über die Vorgaben des KonTraG zur Früherkennung sowie Steuerung und Kommunikation

Umschreibung für bestimmte Risiken in den § 91 Abs. 2 AktG Einzug. Allerdings bildete sich mit der Umsetzung des KonTraG in der betriebswirtschaftlichen Literatur für den Teilbereich des Handelsrechtes aus dem unbestimmten Rechtsbegriff eine einheitliche Risikodefinition heraus. Dabei wird unter Risiko allgemein die Möglichkeit ungünstiger, zukünftiger Entwicklungen auf ein Unternehmen verstanden.[72] *Bitz* erweitert diesen Risikobegriff des KonTraG zielorientiert „als die Möglichkeit der Gefahr von Verlusten im Rahmen der Geschäftstätigkeit, d. h. [das heißt, Anm. d. Verf.] des negativen Abweichens der Unternehmensentwicklung von geplanten Größen, … ursachenbezogen resultierend aus der generellen Unsicherheit zukünftiger Ereignisse verbunden mit einem unvollständigen Informationsstand.“[73] Insofern folgt der Risikobegriff nach dem KonTraG dem zielorientierten Begriff der Betriebswirtschaftslehre.[74]

2.1.1.3 Risikobegriff im Aufsichtsrecht

Weder im KWG noch in anderen Regelwerken zur Bankenaufsicht findet sich eine Definition des Begriffes Risiko.[75] Insofern ist es notwendig, auf Basis der bisher diskutierten Risikobegriffe einen mit dem Aufsichtsrecht vereinbaren Risikobegriff festzulegen.

Im Aufsichtsrecht wird ebenso eine unternehmerische Planungsgrundlage[76] gefordert, sodass sich Risiko als Planungs- beziehungsweise Zielabweichung interpretieren lässt. Ferner ist die Abweichung ausschließlich Resultat des Eintretens unerwarteter Ereignisse.[77] Synonym zum vorher diskutierten Risikobegriff des

---

der bestands- beziehungsweise entwicklungsgefährdenen Risiken hinaus. Vgl. Gammelin / Buchhart (2004), S. 178.

72 Vgl. IDW PS 340.

73 Bitz (2000), S. 235. Vgl. auch Gelhausen (2012), Rn. 9.

74 Siehe Kapitel 2.1.1.1. Zur inhaltlichen Auslegung in der Prüfung siehe die zugehörigen berufsständischen Regelungen in Kapitel 3.3.1.1.

75 Vgl. Hannemann / Schneider (2010), S. 78. Dies führt zu gegebenenfalls unterschiedlichen Definitionen des Risikos, unter anderem als negative Abweichung vom Erwartungswert oder als negative Abweichung vom Ist-Zustand. Vgl. Wohlert (2012), S. 110.

76 Hierzu sei auf den Strategieprozess mit den Schritten Planung, Umsetzung, Beurteilung und Anpassung der Strategien als Teil der Vorgaben der MaRisk beispielhaft verwiesen. Vgl. AT 4.2 Tz. 3 MaRisk.

77 Nichtsdestoweniger sind erwartete Verluste, sofern diese nicht durch eine Risikoprämie abgedeckt werden, beim internen Kapital zu berücksichtigen. Vgl. Hannemann / Schneider (2010), S. 151 ff.

Handelsrechtes nach § 289 Abs. 1 Satz 4 HGB und ebenfalls aus den Zielen der Aufsicht lässt sich die Unterscheidung von Risiko als Möglichkeit des Eintritts negativer Ereignisse von der Chance als Möglichkeit des Eintritts von Ereignissen mit positiven Auswirkungen auf das Kreditinstitut differenzieren.[78]

2.1.1.4 Risikobegriff im Rahmen dieser Arbeit

Da der Risikobegriff vom Gesetzgeber nicht konkret gefasst wurde, ist eine nähere Auslegung notwendig. Dabei kommt die extensive Definition, das heißt als jedweder wirtschaftlichen Aktivität innewohnenden Gefahr des Misslingens, aufgrund ihrer fehlenden Ausrichtung hinsichtlich Steuerungsimpulsen nicht infrage. Ferner sind der informations- und entscheidungsorientierte Risikobegriff nur bedingt geeignet, da zum einen die Unsicherheit aus fehlenden Informationen grundsätzlich minimiert werden muss, aber unter wirtschaftlichen Gesichtspunkten niemals zu vermeiden sein wird, und zum anderen neben der Entscheidung über Handlungsalternativen, beispielsweise über die Vergabe oder Nichtvergabe eines Kredites, auch die Bewältigung der bestehenden Risiken zu berücksichtigen sind.

Insgesamt ist ein zielorientierter Risikobegriff unter Hinzunahme der Aspekte aus der generellen Unsicherheit zukünftiger Ereignisse sowie der Unvollständigkeit der Informationen zu wählen. Insbesondere die Abweichung von der Unternehmensplanung ist dabei als entscheidendes Kriterium zu sehen, da Kreditinstitute nicht alle Risiken vermeiden werden, sondern aus der gezielten Risikoübernahme unter anderem ihren Gewinn generieren.[79] Insofern wird der Begriff „Risiko“ im Rahmen dieser Arbeit als Gefahr einer negativen Abweichung[80] von einem Planwert, im Sinne eines Erwartungswertes, definiert, wobei die Gefahr aus der Unsicherheit zukünftiger Ereignisse und der Unvollständigkeit der vorliegenden Informationen resultiert.[81]

---

78 Vgl. Hannemann / Schneider (2010), S. 79 f., wobei betont wird, dass alternativ jede Abweichung vom Plan als Risiko definiert werden kann.

79 Hierunter sind insbesondere die Fristen-, Losgrößen- und räumliche Transformation zu sehen, die verschiedene Aspekte von Risiken von einem einzelnen Wirtschaftssubjekt auf ein oder mehrere Kreditinstitute überträgt. Daneben erzielen Kreditinstitute auch weitere Erträge aus Dienstleistungen, wie Beratungs- und Zahlungsverkehrsleistungen, die nicht primär eine Risikoübernahme beinhalten. Vgl. Niethammer (1990), S. 191 ff.

80 Die positive Abweichung wird mit dem Begriff „Chance“ bezeichnet.

81 Siehe Kapitel 2.1.1.1.

2.1.2 Risikomanagementprozess

Ausgehend vom zielorientierten Risikobegriff sowie den Abgrenzungen der Risikoarten sind auf Basis der bisherigen Ansätze in der betriebswirtschaftlichen Literatur der Risikomanagementprozess der Institute[82] und die Zielsetzung des Risikomanagements[83] näher zu analysieren. Dabei steht im Gegensatz zu einem einfachen Schadensfall-(vermeidungs-)management, auch als einfaches Risikomanagement bezeichnet, ein erweitertes Konzept im Vordergrund, das neben den Risiken im Sinne von negativen Zielabweichungen auch die Dimension der Chancen berücksichtigt und in die Geschäftsprozesse des Instituts integriert ist.[84]

Eine zentrale Aufgabe des Risikomanagements ist die Beurteilung der eingegangenen Risiken vor dem Hintergrund der Kapitalausstattung und unter Berücksichtigung der implementierten Verfahren zur Bewältigung der Risiken. Des Weiteren gehört zu den Aufgaben, in Erweiterung zu einer integrierten Rendite-Risiko-Steuerung, die Schaffung eines optimalen Verhältnisses zwischen erzielter Rendite und eingegangenen Risiken.[85] Das Risikomanagement als Unternehmensprozess nimmt dabei im Kreditinstitut zusammen mit einem Ertragsmanagement eine verbindende Stellung zwischen dem strategischen Controlling und dem operativen Controlling ein.[86]

---

82 Generell hat im Risikomanagement des einzelnen Instituts die Risiken nachgelagerter Konzerngesellschaften Berücksichtigung zu finden, soweit diese für den Konzern wesentlich sind. Vgl. Gelhausen (2012), Rn. 40 sowie zur Risikoidentifikation Rn. 44. Vor dem Hintergrund der Zielsetzung der Arbeit wird nachfolgend generell das Risikomanagement auf Institutsebene behandelt. Siehe Kapitel 2.3.3.3.2. zu den Anforderungen aus den aufsichtlichen Vorgaben auf Gruppenebene.

83 Das Risikomanagement umfasst aus funktionaler Sicht die Entscheidungsfunktion (Risikosteuerung) sowie die Koordinations- und Informationsfunktion (Risikocontrolling). Vgl. Lücke (2011), S. 19 und Fn. 83. In Anlehnung an die Wortwahl der BaFin wird für die Prozesse zur Umsetzung dieser Funktionen in den Instituten im Rahmen dieser Arbeit statt des Begriffs Risikomanagementprozess auf den Begriff „Risikosteuerungs- und -controllingprozess" abgestellt. Siehe Kapitel 1.1.

84 Vgl. Hoeve / Schweizer (2001), S. 108 f.

85 Vgl. Schierenbeck / Lister / Kirmsse (2008), S. 526.

86 Vgl. Hoeve / Schweizer (2001), S. 111. Hinsichtlich der Organisation des Risikomanagements lassen sich das Separations- und Integrationskonzept differenzieren. Vgl. Gelhausen (2012), Rn. 24. Die Einrichtung von gesonderten Prozessen zum Risikomanagement neben den bisherigen Geschäftsprozessen wird als Separationskonzept verstanden. Das Konzept geht mit der Einrichtung einer separaten Aufbauorganisation, wie beispielsweise einer gesonderten Abteilungen zur Messung und Überwachung der Risiken, einher. Vgl. Gelhausen (2012), Rn. 25. Soweit Bestandteile des Risikomanagements in die bisherigen Geschäftsprozesse integriert sind, handelt es

Die Risikosteuerungs- und -controllingprozesse lassen sich in einem idealtypischen Regelkreislauf in einzelne Phasen zerlegen,[87] wobei der Regelkreislauf permanent durchlaufen wird.[88] Dabei finden sich in der Literatur sowohl hinsichtlich der Differenzierung und Abgrenzung der Phasen als auch in der Bezeichnung der Phasen deutliche Unterschiede.[89] Während *Romeike* die Strategie als separate Phase des Regelkreislaufes sieht,[90] wird die Strategie an anderer Stelle als Grundlage oder Klammer des operativen Prozesses angesehen.[91]

---

sich um ein Integrationskonzept. So sind Maßnahmen des Risikomanagements häufig integrale Bestandteile des Steuerungsinstrumentariums. Vgl. Gelhausen (2012), Rn. 26. In der Praxis sind häufig Teilaspekte beider Konzepte in der Organisation des Risikomanagements vorhanden. Vgl. Gelhausen (2012), Rn. 27.

87 Vgl. als Aussage zum Zinsmanagement in Nöll (2011), S. 29. So kann zum Beispiel die Risikoidentifizierung bei einem Institut nur einmal jährlich oder anlassbezogen im Rahmen der Einführung neuer Produkte erfolgen und insofern von einem kürzeren Turnus der Risikobeurteilung, -steuerung und -überwachung abweichen.

88 Vgl. Gelhausen (2012), Rn. 29.

89 *Oehler / Unser* unterscheiden in Abgrenzung zum zeitlichen Ablauf ergänzend nach sachlogischen Aspekten die Funktion der Risikoanalyse und Risikopolitik. Dabei werden Risikobewertung und Risikosteuerung der Risikopolitik, Risikoidentifikation, Risikomessung und Risikokontrolle der Risikoanalyse zugeordnet. Vgl. Oehler / Unser (2002), S. 20. Zu anderen Abgrenzungen vgl. Spellmann (2002), S. 28 mit einem fünf Phasen umfassenden Ansatz im Sinne eines idealtypischen zeitlichen Ablaufs, Schulte / Horsch (2004) S. 18 ff. und Nöll (2011), S. 29 mit einer ähnlichen idealtypischen zeitlichen Abfolge von drei beziehungsweise vier Phasen. Einen Ansatz mit den Phasen Risikoidentifikation, Risikobewertung einschließlich der Risikoquantifizierung, Risikosteuerung und Erfolgskontrolle der Risikostrategien wird ebenfalls von *Büschgen / Börner* vorgeschlagen. Vgl. Büschgen / Börner (2003), S. 267 f. Ein vierteiliger Ansatz mit Risikoidentifikation, Risikoanalyse beziehungsweise Risikobewertung, Risikobewältigung als Steuerung sowie Risikoüberwachung und Risikokommunikation, die nachfolgend als Kernprozesse des Risikomanagements im engeren Sinne angesehen werden, findet sich bei Gelhausen (2012), Rn. 30.

90 Vgl. Romeike (2005), S. 26. Generell betont auch *Romeike* die Klammer- beziehungsweise Grundlagenfunktion des strategischen Risikomanagements für den operativen Risikomanagementprozess. Vgl. Romeike (2005), S. 24. Allerdings führt er noch zusätzlich mit an, dass die operativen Prozesse Auswirkungen auf das strategische Risikomanagement, insbesondere auf die Zielsetzungen in den Strategien, haben können. Vgl. Romeike (2005), S. 31. In diesem Zusammenhang ist auf die regulatorischen Anforderungen in den MaRisk zum Strategieprozess hinzuweisen, der die Überprüfung der strategischen Zielereichung zum Inhalt hat. Vgl. AT 4.2 Tz. 4 MaRisk.

91 So zum Beispiel für das Zinsrisikomanagement in Nöll (2011), S. 29.

Abbildung 1: Operativer Risikomanagementkreislauf

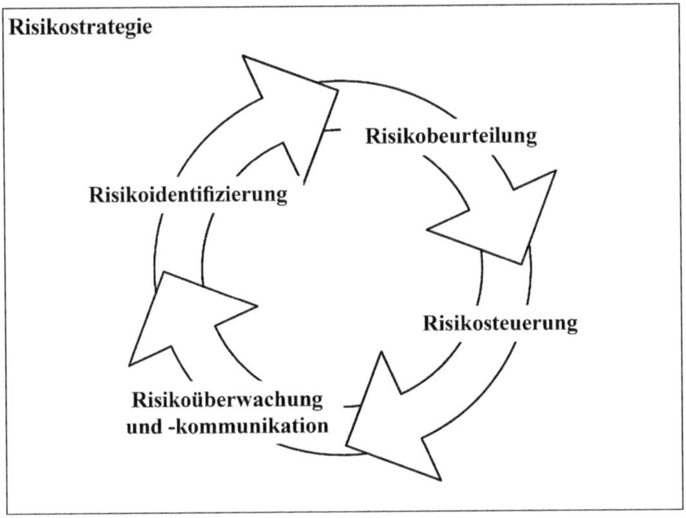

Quelle: In Anlehnung an Nöll (2011), S. 29.

Der Regelkreis des Risikomanagements orientiert sich an einem idealtypischen zeitlichen Ablauf.[92] Die Phasen des Regelkreises bauen dabei aufeinander auf.[93] Im Einzelnen sind die Phasen des Risikomanagementregelkreises sowie die Grundlage des Kreislaufes näher zu analysieren.

2.1.2.1 Strategien als Grundlage des operativen Risikomanagements

Die Ziele des Risikomanagements sowie die organisatorischen Grundlagen der Risikosteuerungs- und -controllingprozesse sind Gegenstand des strategischen Risikomanagements.[94] Die Risikomanagementziele des jeweiligen Instituts umfassen die Vorgaben für eine unternehmenszielkonforme Risikopositionierung, die in der Risikostrategie niedergelegt sind.[95] Diese Zielvorgaben für das Risikomanagement sind aus den in der Geschäftsstrategie festgelegten Unternehmenszielen

92 Vgl. Oehler / Unser (2002), S. 20 mit den Phasen Risikoidentifikation und -messung, Risikobewertung, Risikosteuerung und Risikokontrolle.

93 Vgl. Gelhausen (2012), Rn. 29.

94 Vgl. Romeike (2005), S. 24.

95 Vgl. Oehler / Unser (2002), S. 30.

des Instituts abzuleiten,[96] wobei sich die Unternehmensziele näher in leistungswirtschaftliche, finanzielle und soziale Ziele unterteilen lassen.[97]

Abbildung 2: Ableitung der Risikomanagementziele

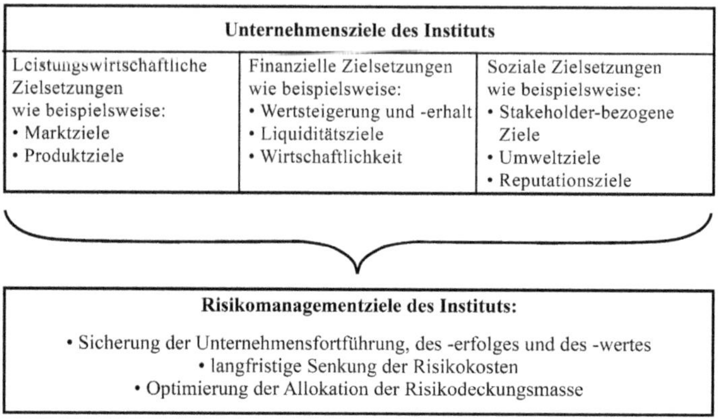

Quelle: In Anlehnung an Romeike (2005), S. 23.

Neben den Zielen des Risikomanagements sind die organisatorischen Grundlagen für die Ausgestaltung des Risikomanagementprozesses, insbesondere die jeweiligen Verantwortlichkeiten der folgenden Phasen im Institut, festzulegen sowie die Basis der Risikokultur und des Risikobewusstseins aller Mitarbeiter im Institut zu schaffen.[98]

2.1.2.2 Risikoidentifikation

Die Phase der Identifikation[99] soll die Risiken eines Instituts anhand der Risikenquellen, im Sinne potentieller Ursachen für negative Abweichungen von der erwarteten Ertrags- bzw. Liquiditätslage,[100] sowohl für die jeweiligen einzelnen Geschäfte beziehungsweise Prozesse als auch auf aggregierter Ebene aufdecken.[101] Insofern ist

96 Vgl. Romeike (2005), S. 23 sowie Gelhausen (2012), Rn. 37.
97 Vgl. Romeike (2005), S. 23.
98 Vgl. Gelhausen (2012), Rn. 38 und Rn. 139. So zum Beispiel auch für die Wahrnehmung der Aufgaben zur Risikoidentifizierung durch alle Mitarbeiter. Vgl. Gelhausen (2012), Rn. 46.
99 Identifikation und Identifizierung werden synonym in dieser Arbeit verwendet.
100 Siehe Kapitel 2.1.1.4. zum zielorientierten Risikobegriff. Zur Differenzierung der Risiken vgl. Kapitel 2.1.3.
101 Vgl. Schulte / Horsch (2004), S. 17.

die Risikoidentifikation eine Untersuchung aller betrieblichen Prozesse und Bereiche,[102] ob jeweils hieraus wesentliche Risiken resultieren. Gerade diese vollständige Erfassung der Risiken ist dabei für die folgenden Phasen des Kreislaufs von entscheidender Bedeutung,[103] da nicht erkannte Risiken weder quantifiziert, gesteuert noch überwacht und kommuniziert werden.

Das Aufdecken von neuen Risiken hat möglichst frühzeitig zu erfolgen[104], um die Risiken in den folgenden Phasen des Regelkreislaufs rechtzeitig zu berücksichtigen und insbesondere entsprechende Steuerungsmaßnahmen einleiten zu können.[105] Um zwischen wesentlichen und unwesentlichen Risiken zu unterscheiden, hat das Institut quantitative Wesentlichkeitsgrenzen auf Institutsebene „in Abhängigkeit von den wirtschaftlichen Verhältnissen und der Risikoneigung individuell durch die Geschäftsleitung zu definieren, den Mitarbeitern zu kommunizieren und ... zu dokumentieren."[106]

Ferner sind in der Phase die jeweiligen aufgedeckten Risiken durch eine ursachenbezogene Kategorisierung voneinander abzugrenzen.[107] Hierzu hat das Institut eine für die Kategorisierung zweckmäßige Definition der Risiken festzulegen.[108] Das Ergebnis der Risikoinventur ist ein Risikoprofil beziehungsweise eine Risikolandschaft[109], die die Risiken, denen das Institut ausgesetzt ist, und deren Einstufung hinsichtlich der Wesentlichkeit wiedergibt.

---

102 Die Identifikation hat dabei als systematische und laufende Risikoanalyse zu erfolgen, da sich die Situationen der Institute ständig ändern. Vgl. Gelhausen (2012), Rn. 45.

103 Vgl. Dauber (2009), S. 104.

104 Vgl. Romeike (2005), S. 26.

105 Grundlegend bedeutet frühzeitig mindestens, dass die Einleitung von Maßnahmen zur Bewältigung des Risikos noch möglich ist. Vgl. Gelhausen (2012), Rn. 137.

106 Gelhausen (2012), Rn. 56. Auf Konzernebene können hiervon abweichende Grenzen bestehen.

107 Vgl. Schulte / Horsch (2004), S. 17. In diesem Zusammenhang kann eine weitergehende Systematisierung beispielsweise die Risikoart Marktpreisrisiken als Zinsänderungsrisiko, zinsinduzierte Kurswertrisiken, im Sinne von produktbezogenen Ausprägungen des Zinsänderungsrisiko, und zinsinduzierte Kurswertrisiken von Wertpapieren in der Währung Euro für eine weitergehende währungsspezifische Differenzierung näher abstufen. Vgl. Schulte / Horsch (2004), S. 18 und Hull (2009), S. 162.

108 Vgl. Oehler / Unser (2002), S. 20.

109 Vgl. Gelhausen (2012), Rn. 43 und 50.

Zur Identifikation sind generell Top-down-Ansätze und Bottom-up-Ansätze zu unterscheiden.[110] Top-down-Ansätze versuchen Risiken auf einer übergeordneten Ebene zu identifizieren.[111] Die Bottom-up-Ansätze setzen auf Ebene der einzelnen Geschäfte beziehungsweise Prozesse an.[112] *Romeike* unterteilt zudem die Methoden der Identifizierung in Kollektivmethoden[113], die sich vorwiegend zur Erfassung allgemein bekannter Risiken eignen, und Suchmethoden[114], die auch bislang unbekannte Risiken aufdecken können.[115] Größere Bedeutung haben in der Praxis im Einzelnen die Szenariotechniken im Sinne einer Analyse potenzieller Einflussfaktoren, die Befragungen mittels strukturierter Fragebögen zur Erlangung einer subjektiven Risikoeinschätzung bekannter Risiken sowie die Risiko-Workshops, die durch den Einsatz von Experten auch neue Entwicklungen erkennen und die Risiken im Hinblick auf deren Wesentlichkeit einschätzen sollen.[116] Zudem kann die laufende Beobachtung von Frühwarnindikatoren, das heißt von finanziellen und nicht-finanziellen Kennzahlen, weitergehende Signale für neu auftretende Risiken anzeigen.[117]

2.1.2.3 Risikobeurteilung

Die Phase der Risikobeurteilung fokussiert sich auf die Messung und Bewertung der Risiken[118] und bildet die Grundlage der Steuerungsmaßnahmen der folgenden

---

110 Vgl. Romeike (2005), S. 26. Generell sind die Verfahren zur Informationsgewinnung in der Strategie festzulegen. Vgl. Gelhausen (2012), Rn. 46.

111 *Romeike* spricht hier von einer Managementperspektive. Der Vorteil dieses Ansatzes ist die zügige Erfassung, wobei gegebenenfalls einzelne Risiken oder übergreifende Effekte nicht vollständig erkannt werden. Vgl. Romeike (2005), S. 26.

112 Somit können die Risiken mittels Bottom-up-Ansatz möglichst vollständig erfasst werden. Allerdings ist dies mit einem deutlich höheren Aufwand bei der Durchführung verbunden. Vgl. Romeike (2005), S. 26.

113 Im Einzelnen sind dies beispielsweise Checklisten, SWOT-Analysen, Self-Assessments und Befragungen. Vgl. Romeike (2005), S. 27.

114 Dies sind analytische Methoden, wie zum Beispiel morphologische Verfahren, Fehlermöglichkeitsanalysen, Einflussanalysen und Kreativitätsmethoden, wie Brainstorming und Delphi-Methode. Vgl. Romeike (2005), S. 27. Eine andere Übersicht dieser Verfahren findet sich in Gelhausen (2012), Rn. 50. Die Fehlermöglichkeitsanalysen im Sinne einer Analyse potentieller Einflussfaktoren wird auch als Szenariotechnik bezeichnet. Vgl. Günther / Serafin (2008d), S. 60.

115 Vgl. Romeike (2005), S. 26 f.

116 Vgl. Günther / Serafin (2008d), S. 60.

117 Vgl. Gelhausen (2012), Rn. 46 f.

118 Vgl. Spellmann (2002), S. 28 f., wobei *Spellmann* die Messung (Quantifizierung) und Bewertung als eigenständige Phasen auffasst. Messung und Bewertung werden auch

Phase.[119] Das Vorgehen bei der Risikomessung[120] für die jeweiligen Risiken ist nach technischen und wirtschaftlichen Gesichtspunkten zu untersuchen. So ist bei fehlenden Erfahrungswerten eine Risikomessung generell nicht möglich. Ferner können bei einzelnen Risiken eine Messung aufgrund des hiermit verbundenen Aufwands unter Kosten-Nutzen-Aspekten wirtschaftlich nicht sinnvoll sein.[121] Die einzelnen Methoden zur Messung von Risiken[122] können nach Top-down- und Bottom-up-Ansatz sowie nach quantitativen und qualitativen Ansätzen näher differenziert werden.[123]

Abbildung 3: Methoden zur Risikomessung

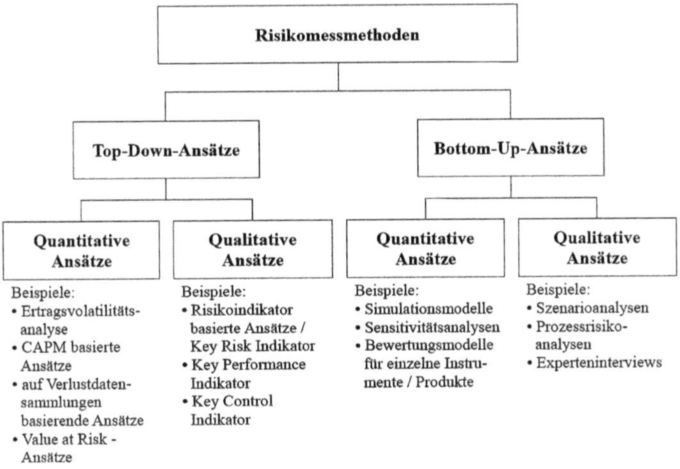

Quelle: In Anlehnung an Romeike (2005), S. 28.

---

von *Oehler / Unser* getrennt betrachtet, wobei die Messung der Risikoanalyse und die Bewertung der Risikopolitik zugeordnet werden. Vgl. Oehler / Unser (2002), S. 16. *Schulte / Horsch* bezeichnen die Phase der Risikobeurteilung als Risikoanalyse im engeren Sinne und damit als Teil der Risikoanalyse im weiteren Sinne. Vgl. Schulte / Horsch (2004), S. 18.

119 Vgl. Gelhausen (2012), Rn. 51.

120 Hierzu wird synonym der Begriff Risikoquantifizierung verwendet.

121 Vgl. Schulte / Horsch (2004), S. 18 f. Insbesondere ist eine regelmäßige umfangreiche Risikomessung für als unwesentlich eingestufte Risiken nicht erforderlich. Vgl. Gelhausen (2012), Rn. 53.

122 Hinsichtlich der Messverfahren für Zinsänderungsrisiken wird auf die Darstellung im Kapitel 2.1.4. verwiesen.

123 Vgl. Romeike (2005), S. 28.

Zur Phase der Risikobeurteilung gehören außerdem die sachgerechte Bewertung und Einstufung der ermittelten Risikomaßzahl.[124] Erst der Vergleich mit einem Richtwert sowie gegebenenfalls ergänzend angewendete Messverfahren erlauben den verantwortlichen Personen eine sachgerechte Entscheidung in der anschließenden Phase der Risikosteuerung zu treffen.[125]

Die Grenzen der Risikomessung bestehen in der Praxis regelmäßig durch die Vielzahl der verschiedenen Risiken, Unvollkommenheiten bei Markt- und Geschäftsdaten, finanzielle beziehungsweise zeitliche Begrenzungen des Risikomessvorgangs sowie subjektive Einflüsse der Risikoabschätzung bei fehlenden Erfahrungswerten.[126] Ferner ist die Offenlegung der Risikoursachen als Quelle des Risikos eine unmittelbare Voraussetzung für dessen Beurteilung.[127]

2.1.2.4 Risikosteuerung

Die Phase der Risikosteuerung zielt unter Berücksichtigung der strategischen Unternehmensziele darauf ab, durch Maßnahmen die Risikoposition des Instituts zu verändern oder die Position zu akzeptieren.[128] Durch die Maßnahmen beeinflusst die Steuerung die Eintrittswahrscheinlichkeit beziehungsweise bei Erfolgsrisiken[129] die potentielle Verlusthöhe des jeweiligen Risikos.[130] Im Einzelnen

---

124 Vgl. Spellmann (2002), S. 29. Dieses wird auch als Risikomaß bezeichnet.

125 Vgl. Spellmann (2002), S. 29. In diesem Zusammenhang weisen *Schulte / Horsch* auf die Beurteilung der Risikotragfähigkeit als Maßstab hin, wobei zudem auch die Risikoneigung zu berücksichtigen ist. Vgl. Schulte / Horsch (2004), S. 19 ff.

126 Vgl. Gelhausen (2012), Rn. 60.

127 Vgl. English (2002), S. 76.

128 Vgl. Romeike (2005), S. 29. Jede Phase des Risikomanagementregelkreises setzt aktives Handeln von beteiligten Personen voraus. Insofern ist das Akzeptieren von Risikopositionen als aktive Entscheidung anzusehen, den jeweiligen Risiken nicht durch Maßnahmen zu begegnen und somit bewusst einzugehen. Hiervon abzugrenzen sind die Risiken, die nicht oder zumindest nicht bewusst durch das Institut gesteuert werden und insofern regelmäßig kein Gegenstand der Risikosteuerung sind. Ein Beispiel der nicht gesteuerten Risiken sind die nicht vom Institut identifizierten Risiken. Vgl. Romeike (2005), S. 30 und insbesondere Abbildung 10. Im Hinblick auf eine weitergehende Darstellung des dualen Steuerungsansatzes, der sowohl Rentabilitäts- und Risikoaspekte umfasst, vgl. Spellmann (2002), S. 35 f. So ist die von *Spellmann* zusätzlich aufgezählte Maßnahme der Risikoabgeltung zu verstehen, bei der Verluste aus Risiken durch Prämien abgedeckt werden. Vgl. Spellmann (2002), S. 33 f.

129 Siehe Kapitel 2.1.3.

130 Vgl. Romeike (2005), S. 29 f. und Gelhausen (2012), Rn. 37.

zielen die Maßnahmen auf die Vermeidung, Verminderung beziehungsweise Diversifikation, Überwälzung von Risiken ab. Der Prozess umfasst ebenso das Akzeptieren beziehungsweise bewusste Eingehen von Risiken innerhalb von geeigneten Begrenzungen (Limiten), um im Rahmen der Risiko-Rendite-Steuerung die hiermit verbundenen Chancen zu nutzen.[131]

Abbildung 4: Idealtypischer Steuerungsprozess zur Risikobewältigung

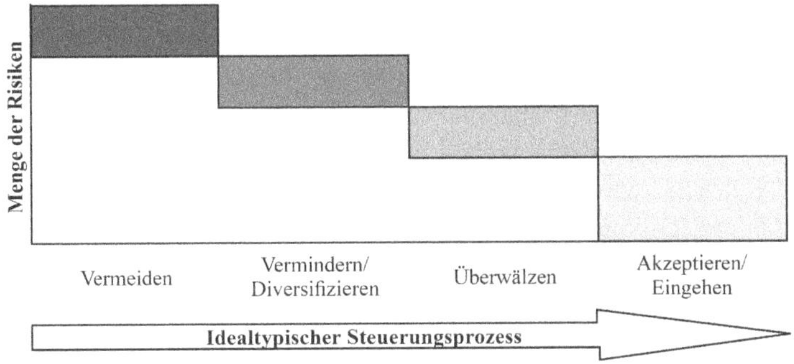

Quelle: In Anlehnung an Romeike (2005), S. 30.

Die Vermeidung von Risiken bedeutet bestimmte Aktivitäten, Geschäfte oder Geschäftsfelder von vornherein auszuschließen.[132] Die Verminderung der Risiken erfolgt durch personelle,[133] technische[134] beziehungsweise organisatorische[135] Maßnahmen.[136] Auf Portfolioebene können Risiken zudem durch die Streuung der einzelnen Geschäfte beziehungsweise Aktivitäten, das heißt die Diversifikation, reduziert werden.[137] Unter der Risikoüberwälzung ist der Risikotransfer

---

131 Vgl. Romeike (2005), S. 30 und Gelhausen (2012), Rn. 6 und Fn. 20 sowie Kapitel 2.1.1.4.

132 Vgl. Romeike (2005), S. 30.

133 Personelle Maßnahmen umfassen insbesondere alle Steuerungsmaßnahmen zur Quantität und Qualität der personellen Ausstattung des Instituts.

134 Unter technischen Maßnahmen sind vor allem die Weiterentwicklung bestehender Technologien zu verstehen. Vgl. Romeike (2005), S. 30.

135 Organisatorische Maßnahmen sind insbesondere Notfallplanungen, die die Wirkung schlagend gewordener Risiken reduzieren sollen. Vgl. Romeike (2005), S. 30.

136 Vgl. Romeike (2005), S. 30.

137 Vgl. Spellmann (2002), S. 34. Diversifikation beziehungsweise Risikostreuung heißt, dass schlagend gewordene Risiken eines abgegrenzten Teilbereichs, beispielsweise eines Portfolios, durch eingetretende Chancen eines anderen Teilbereichs ganz oder teilweise ausgeglichen werden. Vgl. Schulte / Horsch (2004), S. 21.

auf Dritte, insbesondere alle Formen von Versicherungen, zu verstehen. Aus den transferierten Erfolgsrisiken eintretende Verluste werden durch entsprechende Leistungen eines Dritten dabei ganz oder zumindest teilweise kompensiert.[138] Das akzeptierte Risiko als verbleibende Restgröße wird im Rahmen der vorgegebenen Limite in der Risikoüberwachung nachgehalten.[139]

2.1.2.5 Risikoüberwachung und -kommunikation

Im Rahmen der Phase der Risikoüberwachung und -kommunikation wird die Wirksamkeit der Steuerungsmaßnahmen kontrolliert.[140] In diesem Zusammenhang ist die Kontrolle der Einhaltung der strategischen Zielvorgaben Gegenstand der Phase.[141] Durch die Zielvorgaben in der Strategie ist der Entscheidungsraum hinsichtlich des Akzeptierens von Risiken eingeschränkt.[142] Die Kontrolltätigkeit im Rahmen der Risikomanagementphase erstreckt sich ebenfalls auf die Methoden der Risikomessung, die hinsichtlich Genauigkeit und Aktualität sowie allgemein neuer Messmethoden beziehungsweise neu erkannter Risiken zu überprüfen sind.[143] Außerdem ist die organisatorische Umsetzung des Risikomanagements sowie der ergriffenen Steuerungsmaßnahmen unter Kosten-Nutzen-Aspekten aus betriebswirtschaftlicher Sicht zu überprüfen.[144]

Ferner umfasst die Phase die Kommunikation der Überwachungsergebnisse an die Entscheidungsträger als regelmäßige und anlassbezogene Berichterstattung. Die jeweiligen Erkenntnisse der Überwachung gehen zudem in die Strategie,

---

138 Vgl. Spellmann (2002), S. 33.

139 Siehe Kapitel 2.1.2.5.

140 Vgl. Schulte / Horsch (2004), S. 21. Bei *Gelhausen* ist auch die Sicherstellung der dauerhaften Wirksamkeit der eingerichteten Prozesse und deren Anpassung an die sich ändernden Unternehmenssituationen Bestandteil der Überwachung. Vgl. Gelhausen (2012), Rn. 67.

141 Vgl. Spellmann (2002), S. 30.

142 Vgl. Spellmann (2002), S. 30 sowie allgemein zur Verbesserung des Risikomanagementprozesses vgl. Büschgen / Börner (2003), S. 268.

143 Vgl. Schulte / Horsch (2004), S. 21 f. Die Überprüfung der Methoden erfolgt im Rahmen der Modellvalidierung, die regelmäßig und anlassbezogen durchzuführen ist. Die Voraussetzungen der Validierung sind ein klarer Risikobegriff als Grundlage, die eindeutige Zuordnung der Verantwortung und die klare Definition der Schnittstellen im Prozess sowie die Definition der Anlässe (Trigger). Trigger können zum Beispiel neue Produkte oder sich ändernde Parameter sein. Vgl. Keese / Glühmann / Steiner (2012), S. 550 ff.

144 Vgl. Schulte / Horsch (2004), S. 22 und Ullrich (2009), S. 539.

insbesondere in die Zielvorgaben, ein.[145] Hierzu sind im Institut die Berichtswege und -abläufe festzulegen.[146] Der regelmäßige Turnus der Berichterstattung der Risiken ist in Abhängigkeit von der Häufigkeit der Änderungen des jeweiligen Risikos zu wählen.[147] Zudem sind im Hinblick auf beispielsweise auftretende Limitüberschreitungen Eskalationskriterien und Eskalationsprozesse festzulegen.[148] Die Kommunikationsstrukturen des Instituts sollten flexibel genug sein, um neben der regelmäßigen Berichterstattung auch auf ungewöhnliche Situationen ad-hoc reagieren zu können.[149]

2.1.3 Einordnung des Zinsänderungsrisikos

In der Bankbetriebslehre werden die Risiken der Kreditinstitute nach unterschiedlichen Kriterien systematisiert. Obgleich keine dieser Systematisierungen absolut trennscharf ist, können diese dennoch als ein erstes Ordnungskriterium dienen. Ferner ist darauf hinzuweisen, dass einzelne Risiken je nach Ursache unterschiedlichen Risikoarten zuzuordnen sein können. Sofern die Ursache für den Risikoeintritt in der Praxis beispielsweise aufgrund unvollständiger Informationen nicht zu ermitteln ist, kann daher im Einzelfall eine eindeutige Zuordnung nicht vorgenommen werden.[150] Ferner weist *Baxmann* darauf hin, dass eine abschließende Aufzählung und damit eine eindeutige Systematisierung der Risiken der Kreditinstitute nicht möglich ist.[151]

Büschgen unterteilt die bankbetrieblichen Risiken in der ersten Ebene nach ihrer Beziehung der Risikoursache zum bankbetrieblichen Leistungsprozess in Risiken des externen und des internen Leistungsbereichs, die in der folgenden Abbildung 4 ergänzt um die wirkungsbezogene Ebene dargestellt sind.[152]

---

145 Vgl. Romeike (2005), S. 31 und Büschgen / Börner (2003), S. 268.
146 Vgl. Gelhausen (2012), Rn. 63.
147 Vgl. Gelhausen (2012), Rn. 64.
148 Vgl. Gelhausen (2012), Rn. 65.
149 Vgl. Gelhausen (2012), Rn. 64.
150 Siehe Kapitel 2.1.1.1. So seien hierfür beispielhaft das Credit Spread Risiko sowie das Aktienkursrisiko, die jeweils dem Adressenausfall- oder dem Marktpreisrisiko zugeordnet werden können, genannt.
151 Vgl. Baxmann (2009), S. 4.
152 Vgl. Eisele (2004), S. 23 f.

Abbildung 5: Bankbetriebliche Risikoarten

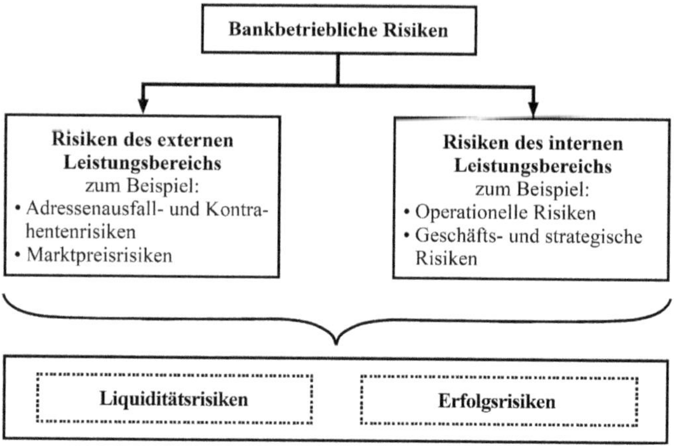

Quelle: In Anlehnung an Eisele (2004), S. 23.

Die Risiken des externen Leistungsbereichs stehen direkt mit den Transformationsfunktionen der Kreditinstitute in Verbindung. Diese Risiken werden in der Literatur auch synonym als finanzielle Risiken oder Finanzrisiken[153] bezeichnet, da diese unmittelbar den liquiditätsmäßig-finanziellen Bereich betreffen.[154] Die Risiken des internen Leistungsbereichs resultieren aus den internen Prozessen des Instituts.[155]

Die Risiken lassen sich weitergehend nach ihrem Wirkungszusammenhang in Erfolgsrisiken und Liquiditätsrisiken unterscheiden:[156]

- Die Erfolgsrisiken wirken unmittelbar auf die Gewinn- und Verlustrechnung der Kreditinstitute, das heißt, unter den Erfolgsrisiken wird die Gefahr verstanden, dass ein geplanter Gewinn oder sogar ein Verlust eintritt.[157] Durch den Eintritt von Erfolgsrisiken wird das Eigenkapital des Kreditinstitutes vermindert

153 *Reuse* bezeichnet die Risiken des externen Leistungsbereichs auch als Finanzrisiken. Vgl. Reuse (2012a), S. 10.

154 Vgl. Eisele (2004), S. 23.

155 Über die genannten operationellen Risiken, Geschäftsrisiken und strategischen Risiken hinaus kommen auch die Rechtsrisiken als eigene Risikoart in Frage. Vgl. Büschgen / Börner (2003), S. 268 f.

156 Vgl. Baxmann (2009), S. 5.

157 Vgl. Bieg / Krämer / Waschbusch (2011), S. 2 f.

oder gar aufgezehrt.[158] Wesentliche Ursachen der Erfolgsrisiken im externen Leistungsbereich sind die Adressenausfallrisiken und die Marktpreisrisiken.[159]

- Die Liquiditätsrisiken ergeben sich im Wesentlichen aus Schwankungen der Zahlungsströme, die sich als Konsequenz von den Erfolgsrisiken ergeben können.[160] Insofern beziehen sich die Liquiditätsrisiken auf die Gefahr, dass aufgrund der zeitlichen Struktur beziehungsweise des Umfangs der Zahlungsströme nicht alle Zahlungsverpflichtungen des Kreditinstituts erfüllt werden können.[161]

Die einzelnen Risikoarten sind darüber hinaus nicht isoliert zu betrachten, sondern können in Verbindung miteinander stehen.[162] So kann der Eintritt von Liquiditätsrisiken höhere Refinanzierungskosten und damit Erfolgsrisiken nach sich ziehen. Ferner können als Folge eines Risikoeintritts einer der genannten Risikoarten weitere für Kreditinstitute bedeutende Risiken, wie zum Beispiel die Reputationsrisiken, auftreten. So zeigte die im Jahr 2007 eingetretene sogenannte Subprimekrise, die von Kreditausfällen auf dem amerikanischen Hypothekenmarkt ausgelöst wurde, am Beispiel der Nothern Rock Building Society plc in Großbritannien, dass Liquiditäts- und Erfolgsrisiken aufgrund des Engagements in hochverzinsten verbrieften Subprimehypotheken in der Öffentlichkeit zu einem Vertrauens- und Reputationsverlust führen können. Innerhalb weniger Tage verlor die Bank laut Pressemitteilungen mehr als 2 Milliarden Pfund an Einlagen und musste durch staatliche Maßnahmen gestützt werden.[163]

Nach *Rolfes* wird unter den Marktpreisrisiken die Gefahr von Verlusten beziehungsweise Liquiditätseinbußen verstanden, die aus der Veränderung der Marktpreise von Handelsobjekten[164] entstehen.[165] Zum Marktpreisrisiko werden

158 Vgl. Eisele (2004), S. 23. Daher können die Erfolgsrisiken auch als (Eigenkapital-) Verlustrisiken bezeichnet werden.

159 Auch Risiken des internen Leistungsbereichs wirken direkt und indirekt auf die Gewinn- und Verlustrechnung der Kreditinstitute ein. Allerdings ergeben sich die Risiken des internen Leistungsbereichs grundsätzlich indirekt, da diese Risiken immer als Begleiterscheinung der Unternehmensprozesse, mit denen Gewinne erzielt werden sollen, auftreten.

160 Vgl. Eisele (2004), S. 24.

161 Vgl. Eisele (2004), S. 24.

162 Zu Interrisikodiversifikationen siehe Kapitel 2.1.5.

163 Vgl. o. V. (2007e), S. 1.

164 Im Einzelnen können dies Marktsätze (beispielsweise Zinsen), Marktkurse (beispielsweise Währungen oder Aktien) oder Marktpreise (beispielsweise Rohstoffe) sein. Vgl. Schierenbeck / Lister / Kirmsse (2008), S. 103 und Bieg / Krämer / Waschbusch (2011), S. 32 f.

165 Vgl. Rolfes (2008), S. 305.

allgemeine Marktpreisrisiken, im Einzelnen Zinsänderungsrisiken, Währungsrisiken und sonstige Preisrisiken, sowie besondere Marktpreisrisiken, im Einzelnen Eventrisiken im Sinne der Gefahr von negativen Ereignissen aus der Bonität Dritter, und eine Residualgröße gezählt.[166] Abgrenzungsprobleme des besonderen Marktpreisrisikos ergeben sich insbesondere zum Adressenausfallrisiko, da Marktpreise durch Veränderungen der Bonität unmittelbar beeinflusst werden.[167]

Das Zinsänderungsrisiko als Gefahr von Verlusten beziehungsweise Liquiditätseinbußen aus der Änderung von Marktzinssätzen ist in Anlehnung an *English* wie folgt zu definieren: „Das Zinsänderungsrisiko von Banken bestimmt, wie sich Veränderungen der Marktzinssätze auf die Finanzlage der Banken auswirken."[168] In Anlehnung an die Principles for the Management and Supervision of Interest Rate Risk[169] des Baseler Ausschusses für Bankenaufsicht ist das Zinsänderungsrisiko ursachenbezogen[170] näher in Prolongationsrisiko (Repricing risk), Zinsstrukturkurvenrisiko (Yield curve risk), Basisrisiko (Basis risk) sowie Optionsrisiko (Optionality risk) zu unterscheiden.[171]

- Unter dem Prolongationsrisiko[172] wird die Gefahr verstanden, dass aufgrund unterschiedlich langer Zinsbindungen die Zinserträge sinken oder die Zinsaufwendungen steigen, sodass der Zinsüberschuss sich insgesamt verringert.

---

166 Vgl. Schierenbeck (2003a), S. 5 und Reuse (2012a), S. 11.

167 Vgl. Reuse (2012a), S. 10 f.

168 Reuse (2012a), S. 76.

169 Vgl. Basel Committee on Banking Supervision (Hrsg.) (2004), S. 1 ff. und siehe Kapitel 2.3.1.2.

170 *Schierenbeck / Lister / Kirmsse* unterscheiden wirkungsbezogen das Zinsänderungsrisiko näher in zinsinduziertes Marktwertrisiko, das die Gefahr von zinsinduzierten Marktwertänderungen der Geschäfte erfasst, sowie ein Zinsspannenrisiko, das die Gefahr einer Verringerung der Bruttozinsspanne und damit einer Verringerung des Zinsüberschusses abbildet. Vgl. Schierenbeck / Lister / Kirmsse (2008), S. 294 f. und so ebenfalls bei Schulte / Horsch (2004), S. 168 ff. Der Bruttozinsspanne im Return-on-Investment Schema steht der Überschuss aus dem zinsabhängigen Geschäft in der Gewinn- und Verlustrechnung gegenüber. Vgl. Schierenbeck (2003b), S. 425. Im Kapitel 2.1.4. wird das zinsinduzierte Marktwertrisiko in der barwertigen Perspektive und das Zinsspannenrisiko im Rahmen der ergebnisorientierten Perspektive des Zinsänderungsrisikos berücksichtigt.

171 Vgl. Basel Committee on Banking Supervision (Hrsg.) (2004), S. 5 f., Reuse (2012a), S. 16 f. sowie Reuse (2012a), S. 15 ff. Eine ähnliche Darstellung findet sich bei English (2002), S. 77 f.

172 Dies wird auch als Fristeninkongruenzrisiko bezeichnet, da die Risikoursache in der nicht laufzeitkongruenten Ausleihe und Einlage besteht. Vgl. Hindelang (2009), S. 155.

Gleiches gilt für Geschäfte mit variablem Zinssatz im Bezug auf unterschiedliche Anpassungszeitpunkte der jeweiligen Zinssätze.

- Das Prolongationsrisiko resultiert somit unmittelbar aus Laufzeitunterschieden bei Festzinspositionen beziehungsweise zeitlichen Unterschieden bei der Anpassung von variabel verzinsten Positionen, die bei einer Parallelverschiebung der Zinskurve zu einem Verlust führen.[173]
- Das Zinsstrukturkurvenrisiko entsteht aus Veränderungen der Form der Zinskurve, die über eine parallele Verschiebung hinaus gehen und einen Verlust zur Folge haben.[174] Beispiele für eine derartige Veränderung der Zinskurve zur Ermittlung des Zinsstrukturkurvenrisikos sind die Zu- oder Abnahme der Steigung oder Drehung der Marktzinskurve.[175]
- Das Basisrisiko bezieht sich auf die Gefahr von Verlusten aufgrund unterschiedlicher Zahlungsusancen, Anpassungsusancen oder nicht vollständig perfekten Korrelationen zwischen den jeweils den Geschäften zugrunde liegenden Referenzzinssätzen.[176] Sofern sich die Korrelation zwischen den Marktzinskurven verändert, kann trotz näherungsweise geschlossener Positionierung, das heißt einer festgeschriebenen Marge, sich die Zinsspanne des Instituts verringern.[177]
- Darüber hinaus können im Portfolio der Institute Optionsrisiken vorhanden sein, die im Rahmen des Risikomanagements zu erfassen sind.[178] Beispiele für solche Optionen sind Sonderkündigungsrechte bei Spareinlagen und Krediten, bei denen das Institut in der Regel Stillhalter ist.[179]

Alternativ zur vorangegangenen ursachenbezogenen Unterteilung schlägt *Reuse* eine wirkungsbezogene Definition der Risikoarten innerhalb des

---

173 Vgl. Basel Committee on Banking Supervision (Hrsg.) (2004), S. 5. Die Parallelverschiebung der Zinskurve und damit die Messung des Prolongationsrisikos wird von der Aufsicht im Rahmen des standardisierten Zinsschocks gefordert. Siehe Kapitel 2.3.3.4.

174 Vgl. Reuse (2012a), S. 16.

175 Vgl. Basel Committee on Banking Supervision (Hrsg.) (2004), S. 5.

176 Vgl. Basel Committee on Banking Supervision (Hrsg.) (2004), S. 5 f. Dies kann beispielsweise aus der unterschiedlichen Berechnungsmethodik der Referenzzinssätze resultieren.

177 Vgl. Reuse (2012a), S. 16.

178 Es ist in diesem Zusammenhang auf das asymmetrische Chancen-Risiko-Profil von Optionen hinzuweisen. Vgl. Basel Committee on Banking Supervision (Hrsg.) (2004), S. 6. Eine weitergehende Darstellung typischer Optionen des Zinsgeschäftes findet sich bei Lorenz (2012), S. 291 ff.

179 Vgl. Reuse (2012a), S. 17.

Zinsänderungsrisikos vor, die sich aus den grundlegenden Methoden zur Quantifizierung der Zinsänderungsrisiken ergeben.[180]

2.1.4 Ansätze zur Quantifizierung des Zinsänderungsrisikos

Die Zinsänderungsrisiken können aus der ergebnisorientierten Perspektive (earnings perspective oder auch GuV-Zinsänderungsrisiko) sowie aus der wertorientierten oder auch barwertigen Perspektive (economic value perspective oder auch barwertiges Zinsänderungsrisiko) betrachtet werden. Jede dieser Perspektiven kann insofern Gegenstand der Quantifizierung der Zinsänderungsrisiken sein.[181]

Die ergebnisorientierte Perspektive gibt den Einfluss auf das Ergebnis einer bestimmten Periode, wie beispielsweise den Zinsüberschusses eines Geschäftsjahres, wieder.[182] Dieser Ansatz ist auf die Werte der externen Rechnungslegung überleitbar und weist somit eine hohe Transparenz und damit ebenfalls Akzeptanz auf. Nachteilig sind allerdings der Einfluss von bestehenden Gestaltungsspielräumen der Rechnungslegung auf das Ergebnis sowie die begrenzten Möglichkeiten, Risiken aus der Zinsstruktur einzuschätzen und zu bewerten. Auch sind die Auswirkungen der Zinsänderungsrisiken auf das Ergebnis lediglich für einen begrenzten Zeithorizont ermittelbar. Eine ausschließlich ergebnisorientierte Betrachtung ist für eine Zinsbuchsteuerung als nicht ausreichend einzuschätzen.[183]

Die barwertige Perspektive erfasst für die betrachteten Geschäfte alle erwarteten zukünftigen Zahlungsströme und ermittelt den Einfluss der Zinsänderungsrisiken auf Grundlage der Änderungen des Barwertes dieser Zahlungsströme. Die barwertige Perspektive gibt somit ein aggregiertes Bild der Auswirkungen der Zinsänderungsrisiken auf das Institut wieder, da unabhängig von der Rechnungslegung die diskontierten zukünftigen Zahlungsströme aller Geschäfte die Grundlage des Barwertes bilden. Insofern berücksichtigt diese Perspektive auch Effekte, die erst

180 Im Einzelnen wird das ertragsorientierte Zinsspannenrisiko, Abschreibungsrisiko und Bilanzstrukturrisiko sowie das wertorientierte Barwertänderungsrisiko genannt. Vgl. Reuse (2012a), S. 18 und siehe Kapitel 2.1.4.

181 Vgl. Reuse (2012a), S. 18. Die barwertige Perspektive ist nach Auffassung des Baseler Ausschusses als die wichtigere Steuerungsgrundlage des Zinsänderungsrisikos anzusehen, da auch langfristige Effekte vollumfänglich berücksichtigt werden. Vgl. Basel Committee on Banking Supervision (Hrsg.) (2004), S. 7.

182 Vgl. Basel Committee on Banking Supervision (Hrsg.) (2004), S. 6 f.

183 Vgl. Österreichische Nationalbank / Finanzmarktaufsicht (Hrsg.) (2008), S. 27.

über einen längeren Zeitraum wirken. In diesem Zusammenhang sind bereits festgeschriebene negative Zinsmargen, das heißt stille Lasten des Zinsbuchs, als negative Barwerte berücksichtigt worden.[184]

Zudem kann die barwertige Perspektive als richtungsweisender Indikator der zukünftigen Ergebnisse angesehen werden, wobei eine Aufteilung der Ergebnisauswirkungen auf einzelne Perioden nicht möglich ist. Eine Überleitung in die ergebnisorientierte Perspektive ist nur begrenzt möglich und stellt regelmäßig höhere Anforderungen an die personellen und technischen Ressourcen des Instituts.[185]

Vor dem Hintergrund der Stärken und Schwächen der ergebnisorientierten und barwertigen Perspektive sollte das Zinsänderungsrisikomanagement beide Perspektiven miteinander im Rahmen eines integrierten Zinsänderungsrisikomanagements vereinen.[186] In der Literatur wurden verschiedene Ansätze zur Erfassung der ergebnisorientierten und barwertigen Perspektive der Zinsänderungsrisiken[187] entwickelt, deren wesentlichste Vertreter in dieser Arbeit kurz vorgestellt werden.

Abbildung 6: Messansätze des Zinsänderungsrisikos

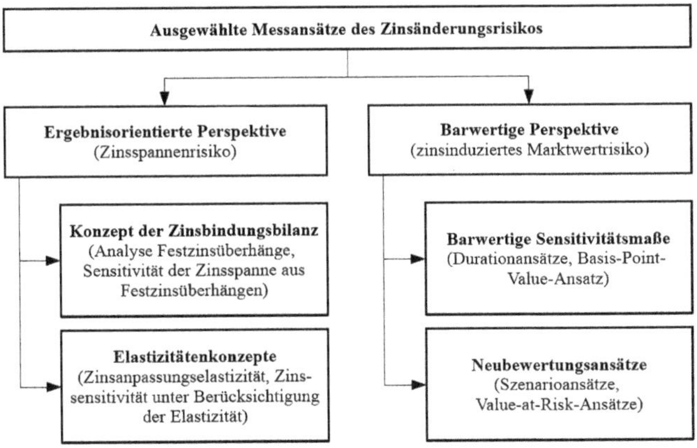

184 Vgl. Basel Committee on Banking Supervision (Hrsg.) (2004), S. 6 f.

185 Vgl. Österreichische Nationalbank / Finanzmarktaufsicht (Hrsg.) (2008), S. 27 f.

186 Vgl. Österreichische Nationalbank / Finanzmarktaufsicht (Hrsg.) (2008), S. 30 f. Für eine umfassende Darstellung des integrierten Steuerungsansatzes siehe Österreichische Nationalbank / Finanzmarktaufsicht (Hrsg.) (2008), S. 41 ff. So auch bei Steinwachs (2012), S. 137 ff., wobei hier die Problematik der Überleitung der barwertigen Ergebnisse in die ergebnisorientierte Perspektive hervorgehoben wird.

187 Die Arbeit von *Nöll* weist ergänzend auf die Bedeutung eines integrierten Kredit- und Zinsmanagements als Management des Verbindlichkeitsportfolios hin und untersucht verschiedene Modelle zur integrierten Betrachtung. Vgl. Nöll (2011), S. 109 ff.

Im folgenden Abschnitt sind die vorgenannten Ansätze zur Messung der Zinsänderungsrisiken[188] mit ihren wesentlichen Merkmalen zu diskutieren.[189] Darüber hinaus werden in der Literatur als Bestandteil einer integrierten Risiko-Rendite-Steuerung weitergehende risikoadjustierte Performance-Kennzahlen erörtert.[190]

2.1.4.1 Ergebnisorientierte Messansätze

2.1.4.1.1 Konzept der Zinsbindungsbilanz

Die einfachste Form der Quantifizierung der Zinsänderungsrisiken ist die Ermittlung von Festzinsüberhängen der verzinslichen Vermögensgegenstände, Verbindlichkeiten und außerbilanziellen Geschäfte auf Basis einer Zuordnung der jeweilig verzinsten Beträge (Nominalvolumen) nach Restlaufzeit[191] zu vordefinierten Laufzeitbändern (Zinsbindungsbilanz).[192] Sofern die Differenz der Seiten

---

188 Die hier vorgestellten Ansätze sind im Wesentlichen den quantitativen Top-down- und Bottom-up-Messkonzepten als Bestandteil der Risikobeurteilung zuzuordnen. Siehe Kapitel 2.1.2.3.

189 *Steinwachs* betont allerdings, dass die Zinsbindungsbilanz und das Durationskonzept in der aktuellen Praxis der Institute nicht bedeutend sind. Vgl. Steinwachs (2012), S. 91 f. Gleichwohl werden diese der Vollständigkeit halber vorgestellt, da nicht ausgeschlossen werden kann, dass diese bei einzelnen Instituten vorkommen können.

190 Beispielsweise ist der Return on risk adjusted capital (RORAC) eine dieser Kennzahlen. Zur weiteren Darstellung vgl. Österreichische Nationalbank / Finanzmarktaufsicht (Hrsg.) (2008), S. 83 ff., Schierenbeck / Lister / Kirmsse (2008), S. 44 ff. und 526 ff., Spellmann (2002), S. 40 ff., Theiler (2012), S. 303 ff. sowie einschließlich der Frage zur Risikokapitalallokation bei Kretschmer / Kuhn (2006), S. 168 ff. Für einen Überblick zu den Grundlagen der Marktzinsmethode insgesamt vgl. Schierenbeck (2003b), S. 43 ff. und Spellmann (2002), S. 36 ff. Soweit Konzepte die Messung der Risiken auf Basis von laufzeitabhängigen Marktzinsen vornehmen, können diese auch im Hinblick auf die Aufspaltung von Konditions- und Strukturbeitrag und somit für eine weitergehende Identifikation von Konzentrationen im Zinsergebnis verwendet werden. Vgl. für das Elastizitätenkonzept Büschgen / Börner (2003), S. 293.

191 Die Restlaufzeit bezieht sich auf die verbleibende Zeit bis zum nächsten Zinsanpassungstermin des einzelnen Geschäftes (Zinsbindung).

192 Im einfachsten Fall dieser Zuordnung wird zwischen zwei Laufzeitbändern mit variabel verzinslichen Positionen und fest verzinslichen Positionen unterschieden. Generell steigt mit der Anzahl der Laufzeitbänder, das heißt einer exakteren Ermittlung der Überhänge einer bestimmten Restlaufzeit, auch die Genauigkeit des Zinsbindungsbilanzkonzeptes. Vgl. Österreichische Nationalbank / Finanzmarktaufsicht (Hrsg.) (2008), S. 32. Für eine ausführliche Darstellung des Konzepts vgl. Schierenbeck / Lister / Kirmsse (2008), S. 326 ff. In der Literatur wird teilweise zwischen der

der Zinsbindungsbilanz in einem Laufzeitband ungleich null ist, entsteht entweder ein Aktiv- oder Passivfestzinsüberhang in diesem Laufzeitband.[193] Die potentielle Veränderung des Zinsüberschusses und damit indirekt der Bruttozinsspanne des Instituts ergibt sich aus der Multiplikation der Summe aller Festzinsüberhänge mit einer bestimmten angenommenen Änderung der Zinssätze und der bis zum Ende des Betrachtungshorizonts verbleibenden Zeitdauer.[194]

Die Zinsbindungsbilanz ist oftmals leicht zu implementieren, da die Informationen zu Zinssatz und Nominalvolumen der Geschäfte sowie deren Laufzeit in der Rechnungslegung regelmäßig bereits vorhanden sind.[195] Allerdings unterstellt das Zinsbindungsbilanzkonzept, dass sich die variabel verzinsten Positionen vollständig korreliert zu den Marktzinssätzen verhalten.[196] Gerade diese Annahme steht häufig im Widerspruch zur Realität, da die Reagibilität variabel verzinster Produkte auf eine Zinsänderung regelmäßig aufgrund nicht vollständiger Korrelationen mit den Marktzinssätzen Einfluss auf das Risikoprofil der Institute hat.[197]

Das Zinsbindungsbilanzkonzept ist zudem ein statischer Ansatz, der zukünftige Entwicklungen der Bilanz und der Volumina der außerbilanziellen Geschäfte beispielsweise aufgrund von Änderungen im Verhalten Dritter[198] sowie neue oder veränderte Geschäftsaktivitäten nicht berücksichtigt. Darüber hinaus können aufgrund der Ausgestaltung der variabel verzinsten Produkte Unterschiede bei

---

Zinsbindungsbilanz als Darstellung der gesamten Festzinsposition zum Bilanzstichtag und der Zinsablaufbilanz als Darstellung der offenen Festzinsposition je Laufzeitband unterschieden. Vgl. Hindelang (2009), S. 158. Für die Zwecke dieser Arbeit ist aber die Darstellung der Effekte über die Laufzeit und damit die Abbildung des Fristentransformationsrisikos unumgänglich, sodass mit der Zinsbindungsbilanz immer die Zinsabläufe in den Laufzeitbändern (Zinsablaufbilanz) gemeint sind.

193 Vgl. Schulte / Horsch (2004), S. 174.

194 Vgl. Österreichische Nationalbank / Finanzmarktaufsicht (Hrsg.) (2008), S. 32. Für längere Zeiträume als das aktuelle Geschäftsjahr sind die Abläufe nach Laufzeitbändern entsprechend des Betrachtungszeitraumes zu berücksichtigen.

195 Vgl. Österreichische Nationalbank / Finanzmarktaufsicht (Hrsg.) (2008), S. 32. Alternativ sind auch Zinsbindungsbilanzkonzepte auf Basis von Zahlungsströmen denkbar, die sich der barwertigen Perspektive annähern. Vgl. Österreichische Nationalbank / Finanzmarktaufsicht (Hrsg.) (2008), S. 32.

196 Beziehungsweise wird zumindest unterstellt, dass die variablen Positionen der Aktiv- und Passivseite die gleiche durchschnittliche Reagibilität auf Zinssatzänderungen aufweisen. Vgl. Büschgen / Börner (2003), S. 292.

197 Vgl. Österreichische Nationalbank / Finanzmarktaufsicht (Hrsg.) (2008), S. 33.

198 Hier sind insbesondere nicht institutionelle Kunden, wie Privatanleger, zu nennen.

den Zinszahlungen sowie aus nicht oder nicht vollständig abgebildeten Optionen resultieren.[199]

Die ergebnisorientierte Risikomessung im Zinsbindungsbilanzkonzept stellt regelmäßig auf einen festen kurz- bis maximal mittelfristigen Zeithorizont ab, sodass bei Änderungen der Marktzinssätze die Auswirkungen in der langen Frist nicht vollumfänglich abgebildet werden. So können zum Beispiel bei einem Betrachtungshorizont von zwei Jahren die Risiken aus einem festverzinslichen Kredit mit einer festen Restlaufzeit von fünf Jahren und der dazugehörigen Refinanzierung mit einer begebenen festverzinslichen Anleihe mit sieben Jahren nicht erfasst werden.[200]

2.1.4.1.2 Elastizitätenkonzepte

Die Analyse der Zinselastizitäten dient der Ermittlung von Zinsänderungsrisiken variabel verzinster Positionen im Hinblick auf die Reagibilität auf Änderungen der Marktzinssätze in der ergebnisorientierten Perspektive.[201] Die variabel verzinslichen Positionen werden durch die Änderungen der Marktzinssätze kurzfristig beeinflusst, die sich wiederum im Zinsergebnis des Instituts niederschlagen. Insofern begegnen die Zinselastizitätenkonzepte der Kritik an der Zinsbindungsbilanz, die die variabel verzinslichen Positionen ausblendet.[202]

---

199 Das heißt, dass auch das Basisrisiko sowie die Risiken aus Optionen nicht im Zinsbindungsbilanzkonzept erfasst werden. Vgl. Österreichische Nationalbank / Finanzmarktaufsicht (Hrsg.) (2008), S. 33.

200 Vgl. Österreichische Nationalbank / Finanzmarktaufsicht (Hrsg.) (2008), S. 33.

201 Vgl. Schulte / Horsch (2004), S. 175. Ein Mittel der Darstellung ist die Zinselastizitätenbilanz, die neben den Festzinspositionen auch die Volumen der variabel verzinslichen Positionen umfasst und die Auswirkungen einer Parallelverschiebung um 1 %-Punkt wiedergibt. Durch Gegenüberstellung der durchschnittlichen Elastizitäten der Aktivseite mit denen der Passivseite lässt sich ein Elastizitätenüberhang ermitteln, der die Wirkung von Zinssatzänderungen auf die Bruttozinsspanne aus Elastizitäten widerspiegelt. Vgl. Büschgen / Börner (2003), S. 293 und Hartmann-Wendels / Pfingsten / Weber (2010), S. 662. Ein Beispiel einer solchen Bilanz findet sich bei Hartmann-Wendels / Pfingsten / Weber (2010), S. 664 f.

202 Vgl. Österreichische Nationalbank / Finanzmarktaufsicht (Hrsg.) (2008), S. 38. Strenggenommen sind einige Produkte, wie beispielsweise eine variabel verzinsliche Anleihe mit dreimonatiger Zinsanpassungsfrist und zehnjähriger Laufzeit, zwischen zwei Zinsanpassungsterminen festverzinslich. Allerdings ist zur Unterscheidung von anderen Produkten mit langer Laufzeit in der Regel die Zinsbindung bei variabel verzinslichen Positionen gegenüber der Gesamtlaufzeit kurz und wird vernachlässigt.

Die Elastizität ist die Korrelation zwischen der Änderung des produkt- beziehungsweise positionsspezifischen Zinses und des korrespondierenden Marktzinssatzes:[203]

$$\varepsilon_i = \frac{\Delta PZ_i^T}{\Delta r^T} \qquad (1)$$

mit ε = Elastizität, PZ = Zinssatz der Position i, r = Marktzinssatz, i = Position, T = Betrachtungszeitraum

In der Praxis werden zur Ermittlung der Elastizitäten ergänzend Regressionsanalysen historischer Daten eingesetzt, da ex ante nicht für alle Produkte die zukünftige Elastizität bekannt ist.[204] Darüber hinaus können zur Verbesserung der Aussagekraft Zeitverzögerungen bei Anpassungsprozessen sowie eine Differenzierung zwischen Verhalten bei Marktzinsanstiegen sowie -rückgängen berücksichtigt werden.[205]

Wie bei der Zinsbindungsbilanz ist ebenso mit den Elastizitätenkonzepten eine grundlegende Auseinandersetzung mit den Annahmen des Modells erforderlich. Eine besondere Herausforderung bei der Ermittlung von Elastizitäten ist die Berücksichtigung von strukturellen Veränderungen der Korrelation zwischen Marktzinssätzen und Produktzinssätzen. Diese können in der Praxis auch als Brüche kurzfristig auftreten.[206] Die Institute müssen insofern eine laufende

---

203 Vgl. Österreichische Nationalbank / Finanzmarktaufsicht (Hrsg.) (2008), S. 38. Zur Formel 1 vgl. Schierenbeck / Lister / Kirmsse (2008), S. 330 und Spellmann (2002), S. 173.

204 Kleine Änderungen der Marktzinssätze können zu einer Verfälschung von direkt aus Differenzenquotienten abgeleiteten Elastizitäten führen. Zudem besteht eine hohe Abhängigkeit vom Beobachtungszeitpunkt, sodass Regressionsanalysen als Ermittlungsmethode sinnvoll sind. Vgl. Schulte / Horsch (2004), S. 186.

205 Vgl. Österreichische Nationalbank / Finanzmarktaufsicht (Hrsg.) (2008), S. 39.

206 Für einen Überblick zur Diskussion der fehlenden zeitlichen Stabilität von Elastizitäten und der verschiedenen Lösungsansätze, wie dynamische Elastizitäten, multiplen Regressionen zur Ableitung oder die Verwendung von gleitenden Durchschnitten bei Mischung verschiedener historischer Refinanzierungszinssätze, die ohne Elastizitäten auskommen, vgl. Hartmann-Wendels / Pfingsten / Weber (2010), S. 666 und Steinwachs (2012), S. 102 ff. *Steinwachs* weist zudem darauf hin, dass als Erkenntnis der Finanzmarktkrise das träge Anpassungsverhalten der gleitenden Durchschnitte anpassungsbedürftig ist. Vgl. Steinwachs (2012), S. 140.

Qualitätssicherung der eingesetzten Modelle implementieren. Die Güte eines Elastizitätenmodells mit mehreren Marktzinssätzen, im Sinne einzelner Risikofaktoren, kann beispielsweise mittels statistischer Testverfahren überprüft werden.[207]

Die Aussagen des Elastizitätenmodells sind generell nur bis zum Eintritt einer Zinssatzänderung gültig beziehungsweise hinreichend genau. Insofern ist die Elastizität regelmäßig nur für kurzfristige Zeiträume zu ermitteln.[208] Auch erfassen Elastizitätenkonzepte im Grundmodell die gegebenenfalls mit Zinssatzänderungen verbundenen Volumenänderungen nicht und sind insofern statische Betrachtungen.[209] Soweit Produkte mit nicht linearen Risikoprofilen, insbesondere Produkte mit optionalen Komponenten, im Bestand sind, ist ein multivariates Elastizitätenmodell um nicht lineare Korrelationen zu ergänzen, was allerdings die Komplexität der Ermittlung deutlich erhöht. Generell gilt wie beim Zinsbindungsbilanzkonzept, dass die Auswirkungen des Zinsänderungsrisikos auf die Bruttozinsspanne nur für einen begrenzten Zeitraum betrachtet werden und somit unmittelbare Auswirkungen auf beispielsweise die Bewertung von Wertpapieren nicht vollständig reflektiert werden.[210]

---

207 Vgl. Österreichische Nationalbank / Finanzmarktaufsicht (Hrsg.) (2008), S. 39 f.

208 So wird bei der Ermittlung der Elastizitäten häufig eine Parallelverschiebung der verschiedenen Zinssätze um 1 %-Punkt unterstellt, sodass beispielsweise Drehungen der Zinskurve oder Änderungen des Anstieges der Zinskurve zur Ungenauigkeit führen und eine Neuberechnung erforderlich machen. Auch das Auftreten neuer festverzinslicher Produkte kann das Marktzinsniveau beziehungsweise die Korrelation der Marktzinssätze zu variabel verzinslichen Produkten beeinflussen. Vgl. Österreichische Nationalbank / Finanzmarktaufsicht (Hrsg.) (2008), S. 40.

209 Vgl. Hartmann-Wendels / Pfingsten / Weber (2010), S. 666.

210 Vgl. Österreichische Nationalbank / Finanzmarktaufsicht (Hrsg.) (2008), S. 40, Hartmann-Wendels / Pfingsten / Weber (2010), S. 666 und Steinwachs (2012), S. 95 im Hinblick auf die nicht erfassten Kurswertveränderungen beziehungsweise der Vernachlässigung des Abschreibungsrisikos. Bei deutschen Kreditinstituten wurden Elastizitätenkonzepte teilweise durch das Konzept der gleitenden Durchschnitte abgelöst. Vgl. Hartmann-Wendels / Pfingsten / Weber (2010), S. 675 und Kapitel 2.1.4.2.1. *Steinwachs* räumt den dynamischen Elastizitätenmodellen eine gewisse Bedeutung in der Praxis ein, da seitens der Bankenaufsicht gesetzte Anforderungen durch diese erfüllt werden und zudem auch die laufende Rechtsprechung des Bundesgerichtshofs auf die Transparenz und Einfachheit verweist. Vgl. Steinwachs (2012), S. 93 ff.

Die Elastizitätenmodelle können durch Einbeziehung von Festzinseffekten und strukturellen Effekten von einem statischen in einen dynamischen Ansatz überführt werden.[211] Der Festzinseffekt berücksichtigt Zinsänderungen aus prolongiertem festverzinslichen Geschäft sowie die Anpassung im Neugeschäft auf Basis der Entwicklung der Marktzinssätze. Die potentiellen Veränderungen der Ergebnisse beziehungsweise Elastizitäten aufgrund von langfristigen Entwicklungen einzelner Geschäftsfelder oder Änderungen des Kundenverhaltens werden im Rahmen der strukturellen Effekte erfasst. Beide Effekte können beispielsweise durch Szenarien zur Entwicklung analysiert werden.[212]

2.1.4.2 Barwertige Messansätze

2.1.4.2.1 Barwertige Sensitivitätsmaße

Die Grundlage der Sensitivitätsmaße ist eine barwertige Betrachtung der zukünftigen diskontierten Zahlungsströme[213] eines Geschäftes oder eines Portfolios. Insofern ist das Vorgehen unabhängig von der jeweiligen Rechnungslegung.[214] Der Barwert wird von Höhe und Zeitpunkt der Zahlungsströme, dem zur Diskontierung verwendeten Zinssatz[215] und der Methode[216] beeinflusst.

---

211 Für einen Gesamtüberblick und eine nähere Darstellung der dynamischen Zinselastizitäten-analyse vgl. Spellmann (2002), S. 179 ff.

212 Vgl. Österreichische Nationalbank / Finanzmarktaufsicht (Hrsg.) (2008), S. 39.

213 Vgl. Schulte / Horsch (2004), S. 229. Unabhängig von der Methode sind die Zahlungsströme dann zu modellieren, wenn Unsicherheiten in der Zinsbindung beziehungsweise der Kapitalbindung der Produkte bestehen. Vgl. auch zu einer näheren Diskussion einzelner Produkttypen Steinwachs (2012), S. 99 ff. Gleiches trifft im Übrigen ebenfalls auf Produkte mit Leistungsstörungen, wie zum Beispiel einzelwertberichtigte Kredite sowie implizite Optionen zu, die gegebenenfalls durch das Institut durch geeignete Annahmen zu erfassen beziehungsweise durch geeignete Modelle zu bewerten sind. Vgl. Steinwachs (2012), S. 105 ff.

214 Vgl. Österreichische Nationalbank / Finanzmarktaufsicht (Hrsg.) (2008), S. 36. Das heißt insbesondere von der Frage des Anfalls von Aufwand und Ertrag.

215 Die Zinssätze setzen sich aus einem laufzeitabhängigen risikolosen Zinssatz sowie einem bonitäts- und laufzeitabhängigen Risikoaufschlag (Credit Spread) zusammen. Vgl. Österreichische Nationalbank / Finanzmarktaufsicht (Hrsg.) (2008), S. 37. Der Aufschlag kann als Differenz zwischen risikobehafteter und risikoloser Zinskurve abgeleitet werden. Vgl. Österreichische Nationalbank / Finanzmarktaufsicht (Hrsg.) (2008), S. 37.

216 Üblich ist die stetige Verzinsung auf Basis der Renditen von Nullkupon-Anleihen (Zerobondzinssätze). Vgl. Österreichische Nationalbank / Finanzmarktaufsicht (Hrsg.) (2008), S. 37.

Sensitivitätsmaße liefern als Verfahren zur indirekten Risikomessung ausschließlich Informationen über die Risikoposition im Sinne der jeweiligen Reagibilität der Einzelposition oder des Portfolios auf Marktpreisschwankungen.[217]

Durationskonzepte wurden bereits Ende der dreißiger Jahre des letzten Jahrhunderts entwickelt und sollten marktwertorientiert die Zinsreagibilität von festverzinslichen Wertpapieren abbilden.[218] Die Duration in der Grundform (Macaulay Duration)[219] ist die anhand der Barwerte der Zahlungsströme gewichtete Restlaufzeit[220] eines einzelnen Geschäftes oder Portfolios:[221]

$$D=\frac{\sum_{t=1}^{n} t \cdot BW_t}{\sum_{t=1}^{n} BW_t} \quad \text{mit} \quad BW_t=\frac{CF_t}{(1+r)^t} \tag{2}$$

mit: D = Macaulay Duration, t = Zeitindex, CF_t = Zahlungsstrom zum jeweiligen Zeitpunkt, BW_t = Barwert von CF_t, r = Zinssatz
n = Anzahl der Laufzeitbänder

Die Duration erfasst neben den Zinsänderungsrisiken auch Wiederanlagerisiken bzw. -chancen aus zwischenzeitlichen Zins- und Tilgungszahlungen und kann

217 Im Rahmen eines Szenarioansatzes können diese Maße in Verbindung mit den in Kapitel 2.1.4.2.2. dargestellten Parameteränderungen der Zinskurve näherungsweise für eine direkte Risikobewertung im Sinne von eines parametrischen Ansatzes eingesetzt werden. Vgl. Spellmann (2002), S. 162. Darüber hinaus zur Diskussion der näherungsweisen Verknüpfung der Sensitivitätsmaße und dem VaR-Konzept vgl. Schierenbeck / Lister / Kirmsse (2008), S. 313 ff.

218 Vgl. Schierenbeck / Lister / Kirmsse (2008), S. 301.

219 Bei einer nicht-flachen Zinsstrukturkurve ist der Diskontierungsfaktor auf Basis eines laufzeitabhängigen Zinssatzes zu bestimmen. Diese Duration wird dann ebenfalls als effektive Duration bezeichnet. Vgl. Hartmann-Wendels / Pfingsten / Weber (2010), S. 667 f.

220 Eine alternative Bezeichnung ist die mittlere Bindungsdauer der Festzinsposition, die zugleich auch den englischen Begriff „Duration" zu deutsch Zeitdauer erklärt. Vgl. Büschgen / Börner (2003), S. 292.

221 Zur Formel 2 vgl. Hartmann-Wendels / Pfingsten / Weber (2010), S. 667 f. und Schierenbeck / Lister / Kirmsse (2008), S. 301.

somit als Grundlage für Risikoimmunisierungsstrategien von Anlageportfolien dienen.[222]

Die modifizierte Duration ist eine Maßzahl der relativen Sensitivität eines Portfolios auf Änderungen der Marktzinssätze. Die modifizierte Duration lässt sich nach der Formel 3 aus der Macaulay Duration unmittelbar ableiten oder durch Ableitung der Barwertfunktion[223] nach Zinssatzänderung gemäß der Formel 4 ermitteln.[224]

$$MD = \frac{D}{(1+r)} \qquad (3)$$

beziehungsweise

$$MD = -\frac{1}{BW} \cdot \frac{\partial BW}{\partial r} \qquad (4)$$

mit: MD = modifizierte Duration, D = Macaulay Duration, BW = Barwert aller Zahlungsströme, r = Zinssatz

Eine Weiterentwicklung der Duration ist das Key Rate Duration Konzept, bei dem einzelne laufzeitspezifische Schlüsselzinssätze (Key Rate) definiert werden. Die Veränderung der einzelnen Key Rate kann im Rahmen von Szenarien zu komplexen Zinsstrukturänderungen frei modelliert werden, um neben parallelen auch komplexe Veränderungen der Zinsstruktur abzubilden. Die Anzahl der Key Rates ist durch das Institut frei wählbar. Zwischen den modellierten Key Rates liegende Zinssätze sind beispielsweise durch lineare Interpolation zu ermitteln.[225]

Allgemein ergibt sich die laufzeitspezifische Key Rate Duration wie folgt:[226]

---

222 Vgl. Büschgen / Börner (2003), S. 292 f. Eine weitergehende Darstellung für eine Immunisierungsstrategie auf Grundlage des Durationskonzepts findet sich bei Hartmann-Wendels / Pfingsten / Weber (2010), S. 670 ff.

223 Die Barwertfunktion ist in einer Grundform mit diskreter Verzinsung im Rahmen der Formel 2 in diesem Kapitel dargestellt. Ein Beispiel einer modifizierten Duration mit stetiger Verzinsung findet sich bei Hull (2010), S. 167 in Formel 3.

224 Vgl. zu Formel 3 und 4 Schierenbeck / Lister / Kirmsse (2008), S. 303.

225 Vgl. Schierenbeck / Lister / Kirmsse (2008), S. 308.

226 Vgl. zu Formel 5 Schierenbeck / Lister / Kirmsse (2008), S. 310. Alternativ kann die Key Rate Duration mittels partieller Ableitung der Barwertfunktion nach der laufzeitspezifischen Key Rate ermitteln, sofern der zeitliche Anfall der Zahlungsströme und der Key Rate identisch sind. Dieses Vorgehen vermeidet den in Formel 5

$$KRD_t = -\frac{\frac{\Delta BW}{BW}}{\Delta KR_t} \quad (5)$$

mit: KRD = laufzeitspezifische Key Rate Duration, BW = Barwert aller Zahlungsströme, KR_t = laufzeitspezifische Key Rate, t = Zeitindex

Die absolute Änderung des Barwertes einer Position oder eines Portfolios bei einer Parallelverschiebung der Zinskurve um einen hunderstel Prozentpunkt (ein Basispunkt – BP) wird als Basis-Point-Value (BPV) beziehungsweise Basis-Point-Value-Sensititvität bezeichnet.[227] Die BPV kann näherungsweise ebenso aus der nach Formel 3 berechneten modifizierten Duration[228] mit einer Änderung des Zinssatzes um einen BP ermittelt werden:[229]

$$BPV_t = -\frac{\partial BW}{\partial r_t^{zero}} \cdot 1\ BP \approx -MD \cdot BW \cdot \Delta r_t^{zero} \quad (6)$$

$$\text{mit } \Delta r_t^{zero} = 1BP$$

mit: BPV_t = laufzeitspezifischer BPV, BW = Barwert, r_t^{zero} = laufzeit-abhängiger Zerobondzinssatz, MD = modifizierte Duration, t = Zeitpunkt, 1BP = 0,01 Prozent (1 Basispunkt)

unterstellten linearen Zusammenhang zwischen Barwertänderung und Änderung der Key Rate. Vgl. Schierenbeck / Lister / Kirmsse (2008), S. 309 f.

227 Vgl. Österreichische Nationalbank / Finanzmarktaufsicht (Hrsg.) (2008), S. 83.

228 Es besteht ein enger Zusammenhang zwischen Duration und Sensitivität des Barwertes auf Zinssatzänderungen, der durch die Ableitung der Barwertfunktion nach dem Zinssatz gezeigt werden kann. Vgl. Hartmann-Wendels / Pfingsten / Weber (2010), S. 668 f. Der Zusammenhang kann auch aus der Umstellung der Formel 4 nach der Änderung des Barwertes gezeigt werden.

229 Vgl. zu Formel 6 Hartmann-Wendels / Pfingsten / Weber (2010), S. 669.

Das grundlegende Problem der Sensitivitätsmaße ist, dass die Konvexität der Barwertfunktion durch die Sensitivitätsmaße nur linear approximiert wird. Die Kursverluste werden insofern durch die Sensitivitätsmaße in Abhängigkeit der unterstellten Veränderungen des Zinssatzes systematisch überschätzt.[230]

Ergänzend ist für die Duration anzuführen, dass geschlossene zinsvariable Positionen und gegebenenfalls daraus resultierende Basisrisiken nur in sehr geringem Umfang über den jeweiligen Barwert als Gewichtungsfaktor berücksichtigt werden. Zudem eignen sich Durationsmaße vor allem für Produkte mit enger Beziehung zum Kapitalmarkt[231], während Produkte mit Marktunvollkommenheiten, wie verhaltensabhängige Einlagen von Privatkunden, nicht adäquat abgebildet werden.[232] Vor dem Hintergrund dieser Schwäche haben Durationskonzepte bei deutschen Kreditinstituten nicht den Verbreitungsgrad erlangt, wie dies vergleichsweise in der Vermögensverwaltung der Fall ist.[233] Das Konzept der Key Rate Duration kann als einziges der betrachteten Sensitivitätsmaße neben der Parallelverschiebung auch nichtparallele Veränderungen der Zinsstruktur berücksichtigen. Nachteilig sind allerdings die erhöhten Anforderungen unter anderem im Hinblick auf die zu treffenden Annahmen für die Key Rate Duration.[234]

2.1.4.2.2 Neubewertungsansätze in der Risikomessung

Die zur Risikomessung modellierten Barwertänderungen umfassen alle zukünftigen Zahlungsströme und bilden somit den gesamten Effekt des modellierten

---

230 Es wird jeweils die Tangente der Barwertfunktion durch die linearen Sensitivitätsmaße gebildet, sodass die Barwertfunktion aufgrund der Konvexität durchgehend oberhalb der Tangente liegt. Vgl. Hartmann-Wendels / Pfingsten / Weber (2010), S. 669 f. und Schulte / Horsch (2004), S. 210. Die Konvexität kann über einen ergänzenden Korrekturterm in der Gleichung berücksichtigt werden, der die Komplexität deutlich erhöht. Vgl. Hull (2010), S. 170 f.

231 Die Durationsmaße wurden unter der Annahme vollkommener Märkte entwickelt und sind insofern von den gegebenen Marktunvollkommenheiten abhängig. Vgl. Hartmann-Wendels / Pfingsten / Weber (2010), S. 675.

232 Diese Schwäche bei der Abbildung der zinsvariablen Positionen wird wiederum durch das Elastizitätenkonzept berücksichtigt. Vgl. Hartmann-Wendels / Pfingsten / Weber (2010), S. 675.

233 Vgl. Hartmann-Wendels / Pfingsten / Weber (2010), S. 675.

234 Vgl. Hartmann-Wendels / Pfingsten / Weber (2010), S. 676.

Zinsänderungsrisikos direkt ab (Neubewertungsansätze[235]).[236] Allgemein sind bei den Verfahren zur Risikomessung mittels Neubewertung die Szenario- und Simulationsansätze[237] sowie die analytischen Ansätze[238] zu unterscheiden. Wie die barwertigen Sensitivitätsmaße ist auch bei den Neubewertungsansätzen die Barwertermittlung von Höhe und Zeitpunkt der Zahlungsströme, dem zur Diskontierung verwendeten Zinssatz und der Methode abhängig und insoweit unabhängig von der Rechnungslegung.[239]

Die Ausgestaltung der Ansätze zur Risikomessung kann entsprechend den zugrunde gelegten Annahmen entweder statisch oder dynamisch sein. Eine statische Betrachtung der Risiken berücksichtigt ausschließlich die im Bestand befindlichen Geschäfte und das in der Vergangenheit beobachtete Verhalten, während ein dynamischer Ansatz zukünftige potentielle Änderungen der Geschäftsaktivitäten, insbesondere des Neugeschäfts und generellen Änderungen der Bilanzstruktur, sowie potentielle Änderungen im Kundenverhalten einbezieht.[240]

Die einfachste Form der Risikomessung mittels Neubewertung ist der Szenarioansatz, bei dem unter Berücksichtigung einer historisch beobachteten oder hypothetischen Änderung von Risikofaktoren eine Berechnung des Barwertes eines einzelnen Geschäftes oder Portfolios erfolgt. Die Änderung des Barwertes spiegelt dabei die Wertveränderung im jeweiligen Szenario wider.[241] Um generell ein aussagekräftiges Ergebnis zu erhalten, müssen die jeweils im Szenario

---

235 Eine zeitliche Einordnung von Sensitivitätsmaße über Szenarioansätze bis hin zu VaR-Ansätzen findet sich bei Steinwachs (2012), S. 93.

236 Vgl. Österreichische Nationalbank / Finanzmarktaufsicht (Hrsg.) (2008), S. 36.

237 Diese werden auch als nicht-parametrische Ansätze bezeichnet. Wesentliche simulative Verfahren zur Ermittlung des Zinsänderungsrisikos sind die Szenario-Berechnungen, die historische Simulation und die Monte-Carlo-Simulation. Vgl. Spellmann (2002), S. 157.

238 Unter den analytischen oder auch parametrischen Ansätzen zur Neubewertung sind die verschiedenen Formen des Varianz-Kovarianz-Ansatzes zu verstehen. Vgl. Spellmann (2002), S. 116.

239 Siehe Kapitel 2.1.4.2.1. Zur Reduktion der Anzahl der Risikofaktoren und damit der Komplexität der Messmodelle wird in der Praxis eine Zuordnung der Zahlungsströme zu vordefinierten Laufzeitbändern, ein sogenanntes Mapping, vorgenommen. Vgl. Gruber (2006), S. 253 f., insbesondere für eine Darstellung der verschiedenen Möglichkeiten der Zuordnung von Zahlungsströmen zu den Laufzeitbändern.

240 Vgl. Österreichische Nationalbank / Finanzmarktaufsicht (Hrsg.) (2008), S. 34 f. und 39.

241 Im Wesentlichen werden die Szenarien als Simulationsverfahren mit vorgegebenen Parameteränderungen ermittelt. Vgl. Spellmann (2002), S. 162.

berücksichtigten Risikofaktoren eine Ursache-Wirkungs-Beziehung zum modellierten Zinsänderungsrisiko aufweisen. Im Einzelnen können im Hinblick auf die berücksichtigten Risikofaktoren Marktparameterszenarien, Szenarien zur bilanziellen Entwicklung und zur Änderung von verhaltensabhängigen Annahmen unterschieden werden.[242]

Marktparameterszenarien beziehen sich auf Änderungen von bestimmten Zinssätzen oder der Zinskurve[243] insgesamt.[244] Szenarien zur bilanziellen Entwicklung liegen neben potentieller Zinssatzänderungen weitergehend Annahmen zu zukünftig möglichen Änderungen bestimmter bilanzieller und außerbilanzieller Positionen zugrunde, die sich aus neuen oder veränderten Geschäftsaktivitäten, neuen Produkten oder Änderungen von Volumenprognosen und Planungen ergeben. Darüber hinaus können auch ergänzende Annahmen, wie bestimmte Zinserwartungen, Veränderungen bei der Unternehmensstrategie oder der Wettbewerbssituation, berücksichtigt werden.[245] Die Szenarien zu Verhaltensannahmen sollen Zusammenhänge zwischen der Entwicklung auf den Zinsmärkten, der Bilanzstruktur und dem Verhalten Dritter aufzeigen. Grundlegende Annahmen sind daher die Zielstruktur der Bilanz, das erwartete Verhalten Dritter unter bestimmten Marktbedingungen sowie eine gegebenenfalls mögliche Reaktion des Instituts.[246] Das Zinsänderungsrisiko ist die negative Abweichung des im Rahmen des jeweiligen Szenarios ermittelten Barwerts von einem Barwert unter konstanten Marktbedingungen.[247]

Die Szenarien können insbesondere als Stresstests ebenfalls Extremsituationen, wie beispielsweise Börsencrashs, Hochinflationsphasen und anderweitige tiefgreifende strukturelle Marktänderungen widerspiegeln.[248] Da den Szenarien generell keine Eintrittswahrscheinlichkeit zugeordnet werden kann, ist der Szenarioansatz als Risikomaß grundsätzlich für eine Risiko-Rentabilitätssteuerung ungeeignet.[249]

---

242 Vgl. Österreichische Nationalbank / Finanzmarktaufsicht (Hrsg.) (2008), S. 35.

243 Es sind neben Parallelverschiebungen der Zinskurve auch andere nichtparallele Veränderungen einzubeziehen. Vgl. Österreichische Nationalbank / Finanzmarktaufsicht (Hrsg.) (2008), S. 38.

244 Vgl. Österreichische Nationalbank / Finanzmarktaufsicht (Hrsg.) (2008), S. 35.

245 Vgl. Österreichische Nationalbank / Finanzmarktaufsicht (Hrsg.) (2008), S. 35.

246 Vgl. Österreichische Nationalbank / Finanzmarktaufsicht (Hrsg.) (2008), S. 35.

247 Vgl. Österreichische Nationalbank / Finanzmarktaufsicht (Hrsg.) (2008), S. 36.

248 Vgl. Schierenbeck / Lister / Kirmsse (2008), S. 98 und Spellmann (2002), S. 163.

249 Vgl. Spellmann (2002), S. 163.

Fortgeschrittene Verfahren[250] zur Risikomessung mittels Neubewertung basieren auf dem Value-at-Risk-Konzept. Der Value-at-Risk (VaR) ist „definiert als der geschätzte, maximale Wertverlust einer Einzelposition oder eines Portfolios, der innerhalb eines festgelegten Zeitraums, mit einer bestimmten Wahrscheinlichkeit … eintreten kann.“[251] Der festgelegte Zeitraum wird auch als Halteperiode oder Haltedauer bezeichnet und gibt die zur Schließung einer Risikoposition erforderliche Zeitdauer wieder.[252] Die bestimmte Wahrscheinlichkeit ist das Sicherheitsniveau oder auch Konfidenzniveau[253], mit dem das Risiko gemessen werden soll.[254] Grafisch lässt sich der VaR anhand der Dichtefunktion auch als α-Quantil[255] darstellen:

---

250 Für die Risikomessung als Branchenstandard bei Kreditinstituten hat sich der VaR inzwischen durchgesetzt. Dabei ist insbesondere die historische Simulation aufgrund ihres günstigen Verhältnisses zwischen Messergebnis sowie Implementierungsaufwand und Ressourcenbelastung bei den Kreditinstituten weit verbreitet. Vgl. Steinwachs (2012), S. 128 f.

251 Schierenbeck / Lister / Kirmsse (2008), S. 16. Ein kohärentes Risikomaß muss die Eigenschaften Monotonie, Translationsinvarianz, Homogenität und Subadditivität erfüllen. Die Subadditivität erfüllt der VaR allerdings nicht und ist insofern nicht kohärent. Vgl. Hull (2010), S. 193 f. Der VaR als einseitiges Risikomaß für den Verlust enthält darüber hinaus keine Informationen über potentielle Schäden, die im nicht einbezogenen α-Quantil auftreten können. Diesen grundlegenden Schwächen des VaR begegnen die in der Literatur weitergehend diskutierten Risikomaße wie Lower Partial Moments der ersten und zweiten Ordnung sowie der Expected Shortfall. Eine weitergehende Diskussion findet sich in Lücke (2011), S. 74 ff., Spellmann (2002), S. 53 ff., Johanning / Ams (2008), S. 267 ff. und Hull (2010), S. 191 ff. Nichtsdestoweniger konnte insbesondere der Expected Shortfall bislang den VaR in der Praxis nicht verdrängen. Vgl. Hull (2010), S. 193. Für die Ablösung des VaR durch den Expected Shortfall wird allerdings in der neueren Literatur verstärkt plädiert. Vgl. Theiler (2012), S. 302 f., Kübler (2012), S. 284 und Tallau (2012), S. 879 f.

252 Vgl. Lücke (2011), S. 79.

253 Zur Diskussion der Höhe des Konfidenzniveaus siehe Hull (2010), S. 199 f. und Lücke (2011), S. 76 ff. Eine Übersicht potentieller Konfidenzniveaus und der korrespondierenden Einstufungen von Ratingagenturen findet sich bei Hortmann / Seide (2006), S. 325.

254 Der barwertig ermittelte VaR der Neubewertungsansätze spiegelt den maximal erwarteten Eigenkapitalverlust wider, den das Institut unter den Annahmen des Modells über die Haltedauer und das gegebene Konfidenzniveau erleiden wird. Vgl. Schierenbeck / Lister / Kirmsse (2008), S. 16.

255 Das zugehörige Konfidenzniveau als Sicherheitsniveau ist entsprechend (1-α). Eine andere Definition des Konfidenzniveaus mit α statt (1-α) haben

Abbildung 7: Wahrscheinlichkeitsdichtefunktion und VaR

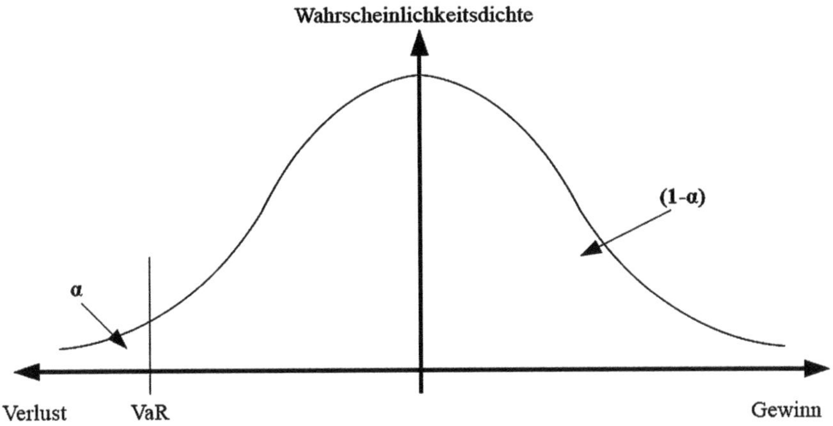

Quelle: In Anlehnung an Spellmann (2002), S. 55.

Die Dichtefunktion beziehungsweise Verteilungsfunktion[256] des Zinsänderungsrisikos kann entweder mittels historischer Simulation, Monte-Carlo-Simulation oder analytisch mittels Varianz-Kovarianz-Ansatz ermittelt werden.[257]

Die historische Simulation verwendet zur Ermittlung der Verteilungsfunktion historisch beobachtete Änderungen der Marktzinssätze.[258] Hierfür werden entsprechend der Halteperiode[259] die diskreten Änderungen der Marktzinssätze im historischen

Hartmann-Wendels / Pfingsten / Weber gewählt. Vgl. Hartmann-Wendels / Pfingsten / Weber (2010), S. 338 f.

256 Die gesamte Verteilungsfunktion ist das Integral der Dichtefunktion als Integration der Wahrscheinlichkeitsdichte über das Intervall [-∞;+∞]. Vgl. Spellmann (2002), S. 51 f.

257 Vgl. Schierenbeck / Lister / Kirmsse (2008), S. 95 und Schulte / Horsch (2004), S. 216.

258 Vgl. Spellmann (2002), S. 159 f.

259 Die Ermittlungszeiträume der Zinssatzänderungen in der beobachteten Historie dürfen sich allerdings nicht überlappen, da ansonsten der Effekt der Autokorrelation auftreten kann. Insofern ist die Halteperiode bei begrenzten Historien nicht beliebig erweiterbar. Vgl. ergänzend zu einer Alternative mittels Bootstrapping-Verfahren Spellmann (2002), S. 161 f.

Beobachtungszeitraum ermittelt[260] und die Barwertänderungen einer Einzelposition oder eines Portfolios bei Eintritt dieser Marktzinsänderungen berechnet. Aus der nach der Höhe der simulierten Ergebnisse gebildeten diskreten Dichtefunktion wird der dem Konfidenzniveau entsprechende Einzelwert als historischer VaR entnommen.[261] Im Hinblick auf mehrere modellierte Risikofaktoren sind die Korrelationen der Faktoren zueinander bereits implizit in der Historie vorhanden und müssen insofern nicht gesondert geschätzt und berücksichtigt werden.[262]

Die historische Simulation[263] weist den Vorteil der Einfachheit des Modells und somit bessere Verständlichkeit gegenüber komplexeren Neubewertungsansätzen beim Adressaten der Ergebnisse auf. Ferner können gegenüber dem einfachen analytischen Ansatz nichtlineare Risiken im Modell[264] berücksichtigt werden. Gleichzeitig ist allerdings die Anforderung an die historische Datenbasis zum Beobachtungszeitraums, insbesondere bei einer dynamischen Portfoliosteuerung[265], hoch und eine Modellierung von der Historie abweichenden Korrelationen nicht möglich.[266] Insofern weisen die Ergebnisse der historischen Simulation im Hinblick auf die zugrunde liegenden Zusammenhänge der einzelnen Risiken eine besondere Intransparenz und auch Unflexibilität bei der Modellierung auf.[267]

---

260 Zudem ist darauf hinzuweisen, dass auch zwischen der Länge des Beobachtungszeitraums und der Aussagekraft für die Zukunft ein Zusammenhang besteht. So nimmt mit der Zunahme des Beobachtungszeitraums regelmäßig dessen Aussagekraft ab. Bei zu kurzen Zeiträumen ist hingegen die Abbildung der verschiedenen Beziehungen und Ereignisse des Risikofaktors nicht gewährleistet. Vgl. Spellmann (2002), S. 160.

261 Vgl. Schierenbeck / Lister / Kirmsse (2008), S. 89 und Schulte / Horsch (2004), S. 222 f.

262 Vgl. Spellmann (2002), S. 160.

263 Ein umfassendes Beispiel einer historischen Simulation findet sich bei Steinwachs (2012), S. 115 ff.

264 So ist zum Beispiel über die Erweiterung der historischen Simulation durch ein Black-Scholes-Optionspreismodell möglich, um nichtlineare Risiken aus Optionen zu berücksichtigten. Schierenbeck / Lister / Kirmsse (2008), S. 99 und auch Spellmann (2002), S. 160.

265 Vgl. Steinwachs (2012), S. 118. So sind beispielsweise die Zeitreihen von allen relevanten Zinskurven vorzuhalten, um neue Risikopositionen sachgerecht modellieren zu können.

266 Vgl. Schierenbeck / Lister / Kirmsse (2008), S. 99. Dies gilt beispielsweise auch bei einem Trend einer zunehmenden Volatilität einzelner Risikofaktoren, die die historische Simulation in der historischen abgeleiteten Verteilung nicht fortschreibt. Das Modell unterstellt somit implizit Stationarität. Vgl. Schierenbeck / Lister / Kirmsse (2008), S. 96. Zur Bedeutung der Volatilität der Risikofaktoren vgl. Steinwachs (2012), S. 112.

267 Vgl. Spellmann (2002), S. 161.

Die Monte-Carlo-Simulation[268] ist das komplexeste Verfahren zur Ableitung einer Wahrscheinlichkeitsdichtefunktion und damit eines VaR.[269] Die Veränderung der einzelnen Risikofaktoren wird auf Basis von Wahrscheinlichkeitsverteilungen mittels Ziehung von Zufallswerten in jedem Simulationsdurchlauf neu ermittelt. Zudem muss für die Abhängigkeiten der Risikobeiträge zum Gesamtrisikoarten-VaR noch die Korrelation zwischen den Risikofaktoren im Rahmen der Ziehung der Zufallszahlen oder über Korrelationsmatrizen gesondert berücksichtigt werden.[270] Bei der Monte-Carlo-Simulation wird analog der historischen Simulation eine diskrete Dichtefunktion gebildet, wobei die Monte-Carlo-Simulation aufgrund des Vorgehens mit der Ziehung von Zufallswerten deutlich mehr Werte enthält und näherungsweise stetig ist.[271]

Den Stärken Flexibilität und Fähigkeit zur Simulation der verschiedenen Risiken stehen die erforderliche Definition der Abhängigkeiten zwischen den einzelnen simulierten Risiken und vor allem das mit der Komplexität erhöhte Kommunikationsbedürfnis sowie erhöhte Modellrisiko der Monte-Carlo-Simulation gegenüber.[272] Im Vergleich zur historischen Simulation muss die verfügbare historische Datenbasis lediglich zur Schätzung einer Verteilungsannahme genügen, da die konkreten Parameteränderungen über die Zufallszahlen simuliert werden.[273] Auch die Monte-Carlo-Simulation kann nichtlineare Risiken modellieren.[274]

Im Gegensatz zu den eben vorgestellten Simulationsansätzen wird der potentielle Wertverlust bei einem Varianz-Kovarianz-VaR[275] analytisch unter Annahme einer Normalverteilung für die Risikofaktoren[276] entsprechend der nachfolgenden Formel ermittelt:[277]

---

268 Eine umfassende Darstellung zur Methodik findet sich bei Steinwachs (2012), S. 121 ff.

269 Vgl. Österreichische Nationalbank / Finanzmarktaufsicht (Hrsg.) (2008), S. 81.

270 Vgl. Schierenbeck / Lister / Kirmsse (2008), S. 100.

271 Vgl. Österreichische Nationalbank / Finanzmarktaufsicht (Hrsg.) (2008), S. 81 f. und so auch im Vergleich zu historischen Simulation Spellmann (2002), S. 161 f. Eine weitergehende Darstellung zur Monte-Carlo-Simulation, einschließlich der Diskussion des Ermittlungsverfahrens, findet sich bei Steinwachs (2012), S. 121 ff.

272 Vgl. Schierenbeck / Lister / Kirmsse (2008), S. 99 f.

273 Vgl. Schierenbeck / Lister / Kirmsse (2008), S. 100.

274 Vgl. Spellmann (2002), S. 160.

275 Es gibt ferner beispielsweise noch den Portfolio-Normal-Ansatz, Asset-Normal-Ansatz, Delta-Normal-Ansatz und Delta-Gamma-Ansatz. Vgl. Spellmann (2002), S. 116 ff.

276 Vgl. Steinwachs (2012), S. 118.

277 Zu Formel 7 vgl. Schierenbeck / Lister / Kirmsse (2008), S. 321.

$$\mathrm{VaR}=\sqrt{\begin{bmatrix}\mathrm{VaR}_1^{DF} & \mathrm{VaR}_2^{DF} & \ldots & \mathrm{VaR}_t^{DF}\end{bmatrix}\begin{bmatrix}1 & \rho(DF_{1,}DF_2) & \ldots & \rho(DF_{1,}DF_t)\\ \rho(DF_{2,}DF_1) & 1 & \ldots & \rho(DF_{2,}DF_t)\\ \ldots & \ldots & \ldots & \ldots\\ \rho(DF_t,DF_1) & \rho(DF_t,DF_2) & \ldots & 1\end{bmatrix}\begin{bmatrix}\mathrm{VaR}_1^{DF}\\ \mathrm{VaR}_2^{DF}\\ \ldots\\ \mathrm{VaR}_t^{DF}\end{bmatrix}} \quad (7)$$

mit VaR = Value at Risk des Portfolios, VaR_t^{DF} = Value at Risk des Zahlungsstroms,
DF = Diskontierungsfaktor laufzeitkongruenter Nullkuponanleihen, ρ = Korrelationskoeffizient

Der VaR der einzelnen Zahlungsströme kann unter Berücksichtigung der impliziten Haltedauer und des Konfidenzniveaus als Vorstufe des Varianz-Kovarianz-Ansatzes vereinfacht wie folgt berechnet werden:[278]

$$\mathrm{VAR}_t^{DF}=\mathrm{BW}_t\left(e^{(\pm z\cdot\sigma_t^{DF})}-1\right) \text{ mit } z=N^{-1}(1-\alpha) \quad (8)$$

$$\text{unter der Annahme } \Delta DF_t \sim N\left(\mu_t^{DF}=0,\sigma_t^{DF}\right)$$

mit: VaR_t^{DF} = Value at Risk des Zahlungsstroms, BW = Barwert des Zahlungsstroms,
μ_t^{DF} = geschätzter Mittelwert der Änderungen des DF über die Haltedauer, σ_t^{DF} = geschätzte Standardabweichung der Änderungen des DF über die Haltedauer, DF = Diskontierungsfakto als Risikoparameter, N = Normalverteilung, t = Zeitpunkt, $(1-\alpha)$ = Konfidenzniveau

Die analytischen Ansätze sind aufgrund der im Modell separierbaren statistischen Zusammenhänge transparent. Das Grundmodell[279] ist mit geringem Aufwand implementierbar und zudem leicht verständlich.[280] Allerdings sind die restriktiven

278 Zu Formel 8 vgl. Schierenbeck / Lister / Kirmsse (2008), S. 321 und Steinwachs (2012), S. 120.

279 So wurden im oben angeführten Beispiel in Formel 8 die Abweichung des Mittelwertes mit null approximiert und eine Normalverteilung unterstellt.

280 Vgl. Schierenbeck / Lister / Kirmsse (2008), S. 99. Insbesondere bei Erweiterungen zur Abbildung nichtlinearer Risiken steigt die Komplexität deutlich an. Vgl. zu den komplexeren Verfahren Spellmann (2002), S. 116 ff.

Annahmen zur Verteilungsfunktion gleichzeitig ebenfalls eine bedeutende Schwäche, was die Modellierung nicht normalverteilter Risiken[281] betrifft. Der Varianz-Kovarianz-Ansatz in der einfachsten Form kann lediglich lineare Risiken abbilden und ist insofern für komplexe Produkte und Optionen nicht geeignet.[282] Es wird ferner im Hinblick auf die geschätzten Verteilungen und Korrelationen angenommen, dass diese analog der Annahme in der historischen Simulation so in Zukunft gültig sind.[283]

Zur Beurteilung der Prognosegüte der Neubewertungsmodelle kann ein Backtesting-Verfahren eingesetzt werden, das in einem ex post Vergleich zwischen maximal erwartetem Verlust unter dem gewählte Konfidenzniveaus (1-α) und den tatsächlich eingetretenen Wertveränderungen besteht. Die Anzahl der Überschreitungen des prognostizierten Verlustes sollte dabei über einen längeren Beobachtungszeitraum nicht statistisch signifikant vom gewählten α abweichen.[284]

Allgemein sind die Ergebnisse der Neubewertungsansätze[285] von der Qualität der der Berechnung zugrunde liegenden Daten zur Ableitung der Annahmen abhängig. Ferner gehen lange Betrachtungszeiträume insbesondere bei dynamischen Szenarien mit höherer Unsicherheit einher. Bei einzelnen Ansätzen

---

281 Einen Überblick der Diskussion zur Normalverteilungsannahme bietet Schierenbeck / Lister / Kirmsse (2008), S. 97 und Spellmann (2002), S. 146 ff. Ferner wird die Annahme der Normalverteilung für das Zinsänderungsrisiko auch bei Steinwachs (2012), S. 121 verworfen.

282 Vgl. Österreichische Nationalbank / Finanzmarktaufsicht (Hrsg.) (2008), S. 81 und Schierenbeck / Lister / Kirmsse (2008), S. 86 und 99.

283 Das heißt, es wird Stationarität wie auch bei der historischen Simulation unterstellt. Vgl. Schierenbeck / Lister / Kirmsse (2008), S. 96.

284 Vgl. auch zu einer weitergehenden Darstellung Hull (2010), S. 203 ff.

285 Die Mischung der Ergebnisse verschiedener Ansätze kann im Hinblick auf die Aggregation eine besondere Herausforderung sein. Vgl. Schierenbeck / Lister / Kirmsse (2008), S. 100. Eine weitergehende umfassende Gegenüberstellung der Stärken und Schwächen der VaR-Ansätze findet sich bei Schierenbeck / Lister / Kirmsse (2008), S. 99 sowie mit einer weitergehenden Differenzierung der analytischen Ansätze bei Spellmann (2002), S. 165 ff. Ergänzend ist zum VaR noch auf das Problem der fehlenden Aussagekraft zur Risikoneigung hinzuweisen, das von *Oehler / Unser* am Beispiel der stochastischen Dominanz untersucht wurde. Da mit dem VaR nur ein Punkt der Wahrscheinlichkeitsdichtefunktion, nicht aber der gesamte Verlauf der Funktion betrachtet wird, können sich gegebenenfalls aus der Gesamtsicht eine andere Bewertung zu Dominanz verschiedener Dichtefunktionen als Wahl zwischen verschiedenen einzugehenden Risiken ergeben. Vgl. Oehler / Unser (2002), S. 27 ff.

kann zudem die Darstellung des kausalen Zusammenhangs zwischen den modellierten Risikofaktoren und dem Zinsänderungsrisiko mit erhöhten Anforderungen an die personellen und technischen Ressourcen des Instituts verbunden sein.[286] Allerdings ist festzustellen, dass sich die VaR-Ansätze grundlegend als zentrales Risikomaß für das Zinsänderungsrisiko durchgesetzt haben.

2.1.5 Behandlung von Risikokonzentrationen im Risikomanagement

Im Zusammenhang mit der Definition und der Abgrenzung der einzelnen Risikoarten sind auch Konzentrationen im Risikomanagement grundlegend zu erklären. Dies erscheint umso mehr notwendig, als dass die wesentlichen Risikoarten aufgrund eines fehlenden integrierenden Risikomodells zunächst isoliert betrachtet werden.[287] Die Deutsche Bundesbank hat in einer ihrer früheren Definition zu Konzentrationen vor allem auf geographische oder sektorale Geschäftsschwerpunktbildung als Ursache für Konzentrationen abgestellt.[288] Diese Definition ist allerdings inzwischen als zu eng abzulehnen. So definiert das CEBS[289] Konzentrationen wirkungsbezogen als Gefährdungen, die innerhalb oder zwischen Risikokategorien so hohe Verluste erzeugen können, dass die Stabilität des Instituts oder dessen Fähigkeit zum Betreiben des Kerngeschäftes bedroht wird, oder dass das Gesamtrisikoprofil des Instituts sich hierdurch wesentlich ändert.[290] Dieser Definition wird im Rahmen der Arbeit gefolgt.

Dabei werden in der Literatur in diesem Zusammenhang die konkretisierenden Begriffe Konzentrationsrisiken und Risikokonzentrationen weitergehend diskutiert, wobei eine allgemeingültige Definition für beide Begriffe jedoch nicht existiert.[291] Gemein ist allerdings beiden Begriffen, dass beide jeweils auf die Risiken abzielen, die sich aus den Konzentrationen ergeben.[292] Da es sich hierbei jedoch

---

286 Vgl. Österreichische Nationalbank / Finanzmarktaufsicht (Hrsg.) (2008), S. 36.

287 Vgl. Brzozowska / Stübner (2010), S. 11.

288 Vgl. o. V. (2006), S. 36.

289 Dessen Aufgaben sind inzwischen in der EBA aufgegangen. Siehe Kapitel 2.2.2.3.

290 Vgl. CEBS (Hrsg.) (2010a), S. 5 sowie Hannemann / Schneider (2010), S. 87.

291 Vgl. Bräuning (2011), S. 10. Ferner finden sich hierzu umfangreiche Darstellungen bei Hannemann / Schneider (2010), S. 87 ff. sowie bei o. V. (2006), S. 35 ff.

292 Vgl. Bräuning (2011), S. 10. Es wurde darüber hinaus im Konsultationsverfahren hingewiesen, dass sprachlich der Begriff Konzentrationsrisiko eigentlich richtig wäre. Vgl. Horn (2009), S. 1.

nicht um eine neue eigene Risikoart handelt, sondern diese aus den bisher bereits identifizierten Risikoarten erwächst, wurde insbesondere von der Kreditwirtschaft der Begriff Risikokonzentration präferiert, dem die Aufsicht im Rahmen der MaRisk-Novellierung im Jahr 2009 dann folgte.[293]

Die Identifikation von Risikokonzentrationen erfolgt über einen Top-Down-Ansatz,[294] der auf den identifizierten Risikotreiber als Ursache der Risiken, denen das Institut jeweils ausgesetzt ist, beruht. Im folgenden Schritt sind den Risikotreiber die Risikoarten zuzuordnen, die vom Institut definiert wurden. Im dritten Schritt sind mittels institutsindividueller Kriterien, wie beispielsweise auf Grundlage des Herfindahl-Indexes als Konzentrationsmaß, die Risikokonzentrationen zu identifizieren, bei denen ein Risikotreiber einen risikoartenübergreifenden Einfluss auf mehrere Risikoarten hat (Inter-Risikokonzentration) oder eine Konzentration in nur einer Risikoart verursacht (Intra-Risikokonzentration).[295]

Exemplarisch sind in der folgenden Abbildung Intra-Risikokonzentrationen mit Bezug zum Marktpreisrisiko aufgeführt.

Abbildung 8: Intra-Risikokonzentrationen wesentlicher Risikoarten

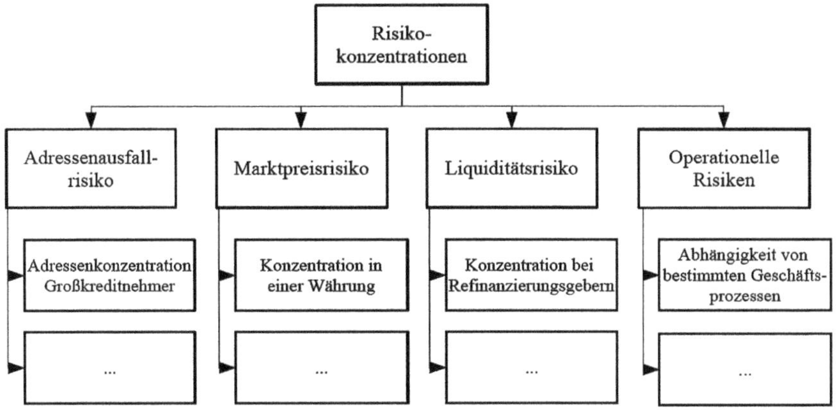

Quelle: In Anlehnung an o. V. (2006), S. 37.

293 Vgl. Hannemann / Schneider (2010), S. 87 f. sowie ZKA (Hrsg.) (2009), S. 2 f.
294 Siehe Kapitel 2.1.2.2.
295 Vgl. DSGV (Hrsg.) (o. J.), S. 210 f. sowie Erläuterung zu AT 2.2 Tz. 1 MaRisk.

Im Hinblick auf das Marktpreisrisiko, das in Form der Zinsänderungsrisiken im Anlagebuch im Mittelpunkt der Arbeit steht, ist als ein weiteres Beispiel allgemein die Veränderung der Risikobereitschaft der Marktteilnehmer zu nennen. So können die veränderten eingepreisten Risikoprämien zu einem deutlichen Anstieg der Korrelationen zwischen bisher gering korrelierten Produkten beziehungsweise Marktsegmenten führen.[296]

Ferner werden, soweit die Beurteilung der Marktpreisrisiken mittels Value-at-Risk-Ansätzen erfolgt, regelmäßig auch Diversifikationseffekte berücksichtigt. Sofern diese im Einzelfall jedoch nicht eintreten, kann dies als Konzentration im Marktpreisrisiko erhöhend wirken. Zudem ist im Rahmen der Value-at-Risk-Ansätze eine Konzentration am Rand der Verlustverteilung regelmäßig nicht zu erkennen, da die Modellierung der sogenannten Fat-Tails bei diesem Messansatz häufig schwierig ist oder aufgrund des Konfidenzniveaus nicht erfasst wird.[297]

Sofern in Abgrenzung hierzu die Konzentration zwischen verschiedenen Risikoarten auftritt, handelt es sich um eine Inter-Risikokonzentration. Beispiele für die Ausprägungen von Inter-Risikokonzentrationen sind für das Adressenausfallrisiko und Marktpreisrisiko sowie für das Marktpreisrisiko und Liquiditätsrisiko in der nachfolgenden Abbildung genannt.[298]

Abbildung 9: Inter-Risikokonzentrationen zum Marktpreisrisiko

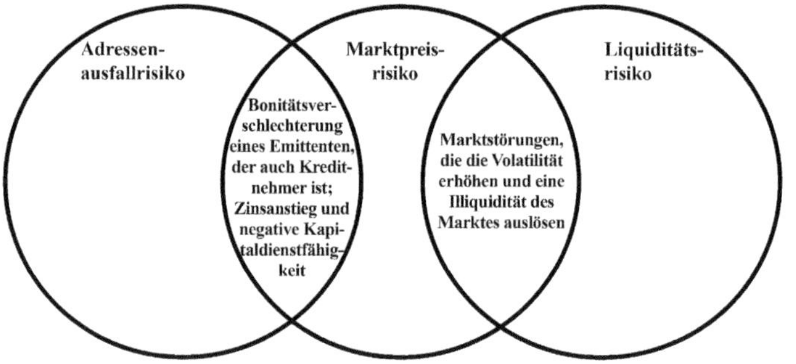

296 Vgl. Hannemann / Schneider (2010), S. 88. Hinsichtlich einer weitergehenden Darstellung zur Berücksichtigungen von Konzentrationen des Adressenausfallrisikos im Rahmen des Expected Shortfalls vgl. Zeillinger (2012), S. 386 ff.

297 Vgl. Stegner (2011), S. 234 f. Ferner ist aufgrund der stark verdichteten Informationen eines VaR-Ansatzes der Einsatz weitergehender Kennzahlen, insbesondere Sensitivitäts- und Szenariokennzahlen, erforderlich. Vgl. Kühn (2011), S. 134.

298 Zu den Beispielen vgl. Hannemann / Schneider (2010), S. 89.

Gemein ist diesen Beispielen von Inter-Risikokonzentrationen, dass diese von einem zentralen Risikotreiber als gemeinsame Ursache hervorgerufen werden und sich auf verschiedene Risiken erhöhend auswirken. Als eine weitere Möglichkeit für Inter-Risikokonzentrationen ist die unterschiedliche buchhalterische Behandlung, beispielsweise von Handels- und Anlagebuchpositionen, hervorzuheben.[299] Diese kann im Einzelfall zu unterschiedlichen handelsrechtlichen Ergebnissen führen, die wiederum in Abhängigkeit von der jeweiligen Modellierung Einfluss auf die konkrete Risikotragfähigkeit und damit auf den Fortbestand des Instituts haben können. Generell ist eine abschließende Aufzählung möglicher Inter-Risikokonzentrationen wie auch der Intra-Risikokonzentrationen analog der Risiken der Institute nicht möglich.[300]

2.2 Überblick zur Bankenaufsicht in Deutschland

2.2.1 Notwendigkeit und Zielsetzung der Bankenaufsicht

Der Bankensektor gehört in Deutschland sicherlich vor dem Hintergrund der historischen Ereignisse, wie exemplarisch die Bankenkrise im Jahr 1931,[301] zu den am stärksten regulierten Branchen. Allerdings überlässt kaum ein Staat heute die Banken- und Finanzdienstleistungsbranche sich selbst.[302] Neben diesem empirischen Befund sind jedoch für den ordnungspolitischen staatlichen Eingriff die Gründe für diese gewerbeaufsichtsrechtliche Sonderbehandlung darzulegen, da dieser Eingriff in die geschäftspolitischen Handlungsspielräume kein Selbstzweck sein darf.[303] Insofern sind für die Bankenaufsicht[304] funktionale Ziele als Zweckbestimmung festzulegen.

---

299 Vgl. CEBS (Hrsg.) (2010a), S. 6 und Hannemann / Schneider (2010), S. 90.

300 Siehe Kapitel 2.1.3.

301 Vgl. für eine weitergehende Darstellung Blaich (1990), S. 83 ff. und Hardach (1995), S. 925 ff.

302 Vgl. Waschbusch (2000), S. 8.

303 Vgl. Waschbusch (2000), S. 8 f.

304 *Niethammer* definiert Bankenaufsicht als eine von einer staatlichen Stelle ausgeübte Tätigkeit, die bestimmte Unternehmen (Kreditinstitute) laufend beobachtet und gegebenenfalls auf deren Geschäftstätigkeit einwirkt. Dabei erfüllen die bestimmten Unternehmen die Legaldefinition des § 1 Abs. 1 KWG. Vgl. Niethammer (1990), S. 23 f. Die Bankenaufsicht versteht sich insofern nicht nur als Gefahrenabwehr, sondern auch als präventiv handelnde Aufsicht. Vgl. Niethammer (1990), S. 87.

Auf der anderen Seite stellt jeder staatliche Eingriff, wie eben eine staatliche Beaufsichtigung, eine Störung des natürlichen Marktmechanismus[305] dar, der somit die wohlfahrtssteigernde Wirkung der Bankentätigkeit eher behindert. Dass dennoch in allen marktwirtschaftlich organisierten Ländern staatliche Bankenaufsichten eingerichtet wurden, lässt sich auf ein mögliches Misstrauen der Entscheidungsträger gegenüber der Funktionsfähigkeit von Märkten beziehungsweise der Ablehnung des Ergebnisses der natürlichen Marktprozesse zurückführen.[306] Insofern kann eine Regulierung des Bankensektors auch mit dessen Besonderheiten begründet werden, die in einem unregulierten Markt zu einem Marktversagen oder zumindest zu einer höheren Wahrscheinlichkeit eines Marktversagens führen würden.[307]

Die funktionale Zielsetzung der deutschen Bankenaufsicht ist zentral[308] im § 6 Abs. 2 KWG normiert:[309]

---

305 Zwar schreibt das Grundgesetz die Marktwirtschaft als Wirtschaftsgrundordnung nicht vor, allerdings ist unstrittig, dass die Bankenaufsicht in Grundrechte wie die Berufs- und Gewerbefreiheit eingreift und insofern einer besonderen Rechtfertigung bedarf. Vgl. Niethammer (1990), S. 67 ff.

306 Die Nachzeichnung des typischen Verlaufs einer solchen Systemkrise sowie ein Überblick zur Literatur hierzu finden sich bei Paul (2011b), S. 457 ff.

307 Vgl. Burghof / Rudolph (1996), S. 17 f., Steden (2002), S. 20 ff. und 36 ff., Treu / Rohde (2007), S. 578 f. Ferner wäre ein Marktversagen durch natürliche Monopole im Bankensektor denkbar, die sich aus der Annahme ergeben, dass bei Banken steigende Produktionsmengen zu sinkenden Durchschnittskosten führen. Bislang sprechen theoretische und empirische Befunde gegen diese Annahme, so dass sich hieraus kein Regulierungsbedarf ergibt. Für die Bankenregulierung an sich ist allerdings der Charakter eines natürlichen Monopols und damit eine Verstaatlichung zu begründen, da die Prüfung und Kontrolle einer Bank mit hohen Fixkosten verbunden ist und die Nutzung der Sicherheit aus der Regulierung für andere Marktteilnehmer kaum zusätzliche Kosten entstehen lässt. Insofern sinken die Durchschnittskosten je mehr Marktteilnehmer die Sicherheit aus der Regulierung nutzen. Vgl. Burghof / Rudolph (1996), S. 30 f. und Fn. 71.

308 Des Weiteren wird unter anderem im Rahmen der Eigenkapitalvorschriften im § 10 Abs. 1 KWG auf die Erfüllung der Verpflichtungen gegenüber den Gläubiger hingewiesen sowie im § 47 Abs. 1 KWG die Verhängung von einem Moratorium mit der Abwehr schwerwiegender Gefahren für die Gesamtwirtschaft begründet. Vgl. Niethammer (1990), S. 34. Im Rahmen des AT 4.1 Tz. 8 MaRisk wird neben dem Gläubigerschutz auch das Ziel der Unternehmensfortführung genannt. Vgl. AT 4.1 Tz. 8 MaRisk und siehe Kapitel 2.3.3.3.2.

309 Diese wird auch als Solvenzaufsicht bezeichnet. Vgl. Hannemann / Schneider (2010), S. 68.

„Die Bundesanstalt hat Mißständen[sic!] im Kredit- und Finanzdienstleistungswesen entgegenzuwirken, welche die Sicherheit der den Instituten anvertrauten Vermögenswerte gefährden, die ordnungsmäßige Durchführung der Bankgeschäfte oder Finanzdienstleistungen beeinträchtigen oder erhebliche Nachteile für die Gesamtwirtschaft herbeiführen können."[310]

Die Banken refinanzieren sich unter anderem über eine Vielzahl an Gläubigern mit jeweils relativ geringen Beträgen (Kleinanlegern), für die jeweils eine eigene Überwachung der Institute vor dem Hintergrund der oftmals fehlenden eigenen Kenntnisse und Erfahrungen sowie deren verhältnismäßig kleinen Anlagebeträge weder zweckmäßig noch praktisch umsetzbar erscheint.[311] Insofern liegt zwischen Instituten und insbesondere deren Kleinanlegern eine Informationsasymmetrie vor.[312] Zusätzlich lässt sich die geringe Verhandlungsmacht des einzelnen Kleinanlegers gegenüber den Instituten anführen.[313]

Die Bankenaufsicht soll resultierend aus der Informationsasymmetrie stellvertretend für die Kleinanleger sicherstellen, dass die Banken keine Maßnahmen zu Lasten ihrer Gläubiger eingehen, die sich nachteilig auf die anvertrauten Vermögenswerte auswirken. Insofern sollen die Kleinanleger in die Stabilität der Institute sowie die Einhaltung von Mindeststandards vertrauen können.[314]

Ein Banken-Run, das heißt der schnelle Abzug von Einlagen von Gläubigern eines oder mehrerer Institute ohne Rücksicht auf mögliche negative Folgen für andere Marktteilnehmer oder das gesamte Bankensystem[315], kann durch negative Nachrichten zur Solvenz eines Kreditinstitutes oder einer Gruppe von

310 § 6 Abs. 2 KWG.

311 Vgl. Hartmann-Wendels / Pfingsten / Weber (2010), S. 388.

312 Vgl. Burghof / Rudolph (1996), S. 32.

313 Vgl. Bieg / Krämer / Waschbusch (2011), S. 59. Zudem wird noch ein mögliches Vertrauen auf Solidarität der Geschäftspolitik der Banken angeführt, wobei die Ursache dieses Vertrauens und die Auswirkungen der Krise seit dem Jahr 2007 sowie deren Einfluss auf die Reputation nicht näher diskutiert werden. Ferner wird von *Bieg / Krämer / Waschbusch* noch auf das Verhältnis der übernommenen Verlustrisiken und dem zur Risikoabdeckung stehendem Kapital hingewiesen, wobei dieses Argument ebenfalls im Hinblick auf den Funktionsschutz angeführt werden kann. Vgl. Bieg / Krämer / Waschbusch (2011), S. 59 f.

314 Vgl. Hartmann-Wendels / Pfingsten / Weber (2010), S. 388. Ferner ist für die unmittelbare Sicherung der Einlagen zudem die Einlagensicherung zuständig. Vgl. zu einer weitergehenden Darstellung zur Einlagen- beziehungsweise Institutssicherung der einzelnen Bankengruppen bei Hartmann-Wendels / Pfingsten / Weber (2010), S. 452 ff.

315 Vgl. Burghof / Rudolph (1996), S. 31.

Kreditinstituten ausgelöst werden, wobei lediglich die Glaubwürdigkeit der Nachricht bei den Gläubigern des Instituts nicht jedoch der tatsächliche Wahrheitsgehalt entscheidend ist. Ein Banken-Run auf ein für das Gesamtsystem von untergeordneter Relevanz anzusehendes Institut ist dabei regelmäßig nicht als gefährdend für das gesamte Bankensystem anzusehen.[316] Sofern ein Banken-Run allerdings auf mehrere Institute übergreift, kann die Stabilität der Finanzmärkte und des Bankensystems gefährdet werden.

Die Bankenaufsicht soll entsprechend der funktionalen Zielsetzung nach § 6 Abs. 2 KWG das systemische Risiko im Sinne des Risikos der Destabilisierung der Märkte für Bankgeschäfte beziehungsweise Finanzdienstleistungen und des Risikos nachteiliger Entwicklungen für die Gesamtwirtschaft[317] im Sinne eines Funktionsschutzes reduzieren.[318] So sind Kreditinstitute als Intermediäre zum einen Kapitalsammelstelle und zum anderen für die Kreditversorgung von Unternehmen innerhalb der Volkswirtschaft zuständig. Daher wird die staatliche Regulierung von Banken mit der Vermeidung einer Störung dieser Intermediationsfunktion und der damit einhergehenden negativen volkswirtschaftlichen Auswirkungen auf die Geld- und Gütermärkte begründet.[319]

---

316 Vgl. Niethammer (1990), S. 162. Hierzu ist ergänzend die Rolle der Einlagensicherung hervorzuheben, die explizit die Einlagen von Kleinanlegern bei deutschen Instituten sicherstellen soll und insofern auch diese Verluste vermeiden soll. So ist der Einlagensicherung ein Beitrag zur Reduktion des Risikos eines Bank-Runs beizumessen. Vgl. Niethammer (1990), S. 136.

317 Hinsichtlich einer umfassenderen Darstellung der verschiedenen von Kreditinstituten wahrgenommenen Transformationsfunktionen, wie Fristen-, Losgrößen- und Risikotransformation, und deren Funktion in der Volkswirtschaft vgl. Niethammer (1990), S. 191 ff.

318 Vgl. Hartmann-Wendels / Pfingsten / Weber (2010), S. 388. *Hartmann-Wendels / Pfingsten / Weber* nennen neben dem Gläubigerschutz und der Bekämpfung systemischer Risiken weitere in der Literatur angeführte Gründe für die Regulierung von Banken wie die Überwachung der passiven Geldschöpfung, Tendenzen zur Monopolbildung und eine grundlegende Instabilität des Bankensektors sowie der Schutz der Anleger vor unseriösen Praktiken. Vgl. Hartmann-Wendels / Pfingsten / Weber (2010), S. 390 f.

319 Vgl. o. V. (2011c), S. 6 f. und Bieg / Krämer / Waschbusch (2011), S. 60. In der Literatur wird zudem darauf hingewiesen, dass sich das Ziel des Gläubigerschutzes dem Ziel der Sicherung der Funktionsfähigkeit (Funktionsschutz) unterordnet. Vgl. Niethammer (1990), S. 145. In diesem Zusammenhang ist auch auf die Diskussion des Schutzes von Individualinteressen einzelner Gläubiger bei Amtspflichtverletzungen der Aufsicht zu sehen. Für eine umfassende Darstellung vgl. Niethammer (1990), S. 150 ff.

Neben der Informationsasymmetrie der Gläubiger[320] und der hieraus resultierenden Gefahr eines Banken-Runs ist ebenso die Verflechtung der Banken im Interbankengeschäft mit Ansteckungs- und Dominoeffekten[321] als systemisches Risiko[322] zu sehen.[323] Insgesamt soll und kann die Aufsicht das Ausscheiden einzelner Marktteilnehmer, beispielsweise durch Insolvenz, nicht ausschließen oder gänzlich verhindern. Stattdessen ist vor dem Hintergrund der überwiegenden Refinanzierung durch Fremdkapital zu vermeiden, dass die Institute bei der Abwägung eigener Handlungen den Folgen für das Gesamtsystem nicht ausreichend Rechnung tragen.[324]

Zusammenfassend lassen sich die Ziele der Aufsicht somit im Schutz der Gläubiger der Kreditinstitute vor Vermögensverlusten (Gläubigerschutz) und der Stabilisierung der Finanzmärkte sowie der Gesamtwirtschaft (Bekämpfung systemischer Risiken) umreißen.

2.2.2 Überblick über die Institutionen der Bankenaufsicht

In Deutschland besteht im Hinblick auf die Wahrnehmung der Bankenaufsicht eine Aufgabenteilung zwischen der Bundesanstalt für Finanzdienstleistungsaufsicht (BaFin)[325] und der Deutschen Bundesbank.[326] Die Zusammenarbeit der beiden Aufsichtsbehörden ist im § 7 KWG sowie der Richtlinie zur Durchführung und

320 Vgl. Burghof / Rudolph (1996), S. 32.

321 Vgl. Burghof / Rudolph (1996), S. 22 f. sowie Niethammer (1990), S. 163. Neben den Interbankenverpflechtungen ist noch ergänzend auf mögliche Risiken aus der Gleichartigkeit der von den Instituten gehaltenen Portfolien (Parallelverhalten) als eine weitere mögliche Ursache einer systemischen Krise hinzuweisen. Vgl. Niethammer (1990), S. 164.

322 Vgl. Hartmann-Wendels / Pfingsten / Weber (2010), S. 388.

323 Ferner äußern *Burghof / Rudolph* die gegenüber anderen Branchen verhältnismäßig geringe Eigenkapitalquote als einen Krisen-verstärkenden Faktor, da die Gläubiger ohne Schutz einer Bankenaufsicht sensibler auf Verluste reagieren würden. Vgl. Burghof / Rudolph (1996), S. 33 und Vogel (1990), S. 18 ff.

324 Vgl. Hartmann-Wendels / Pfingsten / Weber (2010), S. 388 f. Gerade das Problem eines (nahezu) unbegrenzten Rettungsschirmes für die Institute und der damit einhergehenden Versuchung zum Eingehen größerer Risiken ist in der Krise wieder ins Blickfeld gerückt. Vgl. Jahn (2008), S. 11 zum unbegrenzten Versicherungsschutz großer Institute.

325 Siehe Kapitel 2.2.2.1.

326 Vgl. Hartmann-Wendels / Pfingsten / Weber (2010), S. 455 und siehe Kapitel 2.2.2.2.

Qualitätssicherung der laufenden Überwachung der Kredit- und Finanzdienstleistungsinstitute durch die Deutsche Bundesbank (AufsichtsRL)[327] näher geregelt.[328]

Darüber hinaus ist gerade in den letzten Jahren die Bedeutung der internationalen und europäischen Aufsichtsgremien gestiegen.[329] Auf internationaler Ebene ist der Baseler Ausschuss für Bankenaufsicht (Basel Committee of Banking Supervision)[330] hervorzuheben, der unter anderem für die Erarbeitung des Regelwerkes Basel II und Basel III verantwortlich war.[331] Daneben ist das im Jahr 2009 aus dem Financial Stability Forum hervorgegangene Financial Stability Board der G20-Staaten für die internationale Finanzmarktstabilität[332] und auf europäischer Ebene die Europäische Bankenaufsichtsbehörde (EBA) zu nennen, die auch die Aufgaben des Committee of European Supervisors (CEBS) übernommen hat.[333]

2.2.2.1 Bundesanstalt für Finanzdienstleistungsaufsicht

Die BaFin[334] übt nach § 7 KWG gemeinsam mit der Deutschen Bundesbank die Aufsicht über die Kreditinstitute aus, wobei der BaFin alleine Sanktionen sowie andere eingreifende Maßnahmen nach dem KWG vorbehalten sind.[335] Der BaFin obliegt insbesondere die Zulassung von Kreditinstituten,[336] der Erlass von

---

327 Die Richtlinie der BaFin regelt Einzelheiten der laufenden Aufsicht durch die Deutsche Bundesbank näher und wurde auf Grundlage von § 7 Abs. 2 Satz 2 KWG erlassen. Vgl. AufsichtsRL, Präambel.

328 Vgl. § 7 KWG und Hartmann-Wendels / Pfingsten / Weber (2010), S. 455.

329 Vgl. Hartmann-Wendels / Pfingsten / Weber (2010), S. 463 f.

330 Im Folgenden wird der Ausschuss auch kurz als Baseler Ausschuss bezeichnet.

331 Vgl. Hartmann-Wendels / Pfingsten / Weber (2010), S. 463 f. Für einen weitergehenden Überblick der weiteren internationalen und europäischen Gremien vgl. Hartmann-Wendels / Pfingsten / Weber (2010), S. 463 ff.

332 Vgl. Financial Stability Board (Hrsg.) (2012), o. S., Financial Stability Board (Hrsg.) (2009), S. 1 und siehe Kapitel 2.2.2.3.

333 Vgl. Artikel 8 Abs. 1 Buchstabe l der Verordnung (EU) Nr. 1093 / 2010 und siehe Kapitel 2.2.2.3.

334 Ferner bestehen weitere Verpflichtungen der BaFin zur Zusammenarbeit unter anderem mit der europäischen Kommission, europäischen Behörden zur Bankenaufsicht und weiteren Stellen. Vgl. §§ 7a, 7b, 7c und 8 KWG.

335 Vgl. § 7 Abs. 1 KWG und Tolkmitt (2007), S. 84. Einzelheiten der Organisation der BaFin als Finanzdienstleistungsaufsicht sind im Finanzdienstleistungsaufsichtsgesetz (FinDAG) vom 22. April 2002 (BGBl. I S. 1310), das zuletzt durch Artikel 19 des Gesetzes vom 6. Dezember 2011 (BGBl. I S. 2481) geändert worden ist, geregelt. Vgl. §§ 1 ff. FinDAG.

336 Vgl. § 32 Abs. 1 Satz 1 KWG.

Anordnungen zur Erreichung der aufsichtlichen Ziele,[337] das Anordnen von Sonderprüfungen nach § 44 Abs. 1 Satz 2 KWG auch ohne besonderen Anlass sowie Sanktionen gegenüber Kreditinstituten bei festgestellten Verstößen.[338]

2.2.2.2 Deutsche Bundesbank

Zu den Aufgaben der Deutschen Bundesbank gehört als Lender of Last Ressort in Finanzkrisen dem Bankensektor die zur Bewältigung von Engpässen erforderliche Liquidität bereitzustellen.[339] Die Wahrnehmung der Funktion Lender of Last Ressort ist dabei ebenfalls eine Konsequenz aus der Bankenkrise von 1931, bei der die damalige Reichsbank diese Funktion nicht wahrgenommen hatte und somit zur Krise maßgeblich beitrug.[340] Ferner ist die Deutsche Bundesbank beim Erlass von bankaufsichtlichen Regelungen regelmäßig beteiligt[341] und ihr obliegt die laufende Aufsicht über die Kreditinstitute, das heißt die Überwachung der Einhaltung der Solvabilitäts- und Liquiditätsverordnung,[342] die laufende Auswertung der Prüfungsberichte des Jahresabschlussprüfers,[343] die Durchführung von Vor-Ort-Prüfungen im Rahmen von Zulassungsprüfungen interner Modelle nach SolvV und LiqV oder auf sonstige Anordnung der BaFin nach § 44 Abs. 1 Satz 2 KWG[344] sowie die regelmäßigen und anlassbezogenen Aufsichtsgespräche mit den Vertretern der Kreditinstitute.[345]

---

337 Vgl. § 6 Abs. 3 KWG.

338 Siehe Kapitel 2.2.4.2.2. So kann die BaFin unter bestimmten Gegebenheiten beispielsweise die Abberufung von Geschäftsleitern nach § 36 Abs. 1 Satz 1 KWG anordnen oder die Erlaubnis nach § 35 KWG entziehen. Vgl. §§ 35 und 36 KWG.

339 Vgl. Deutsche Bundesbank (Hrsg.) (2006a), S. 87 f.

340 Vgl. Deutsche Bundesbank (Hrsg.) (2006a), S. 20.

341 Hoheitliche Aufgaben, wie der Erlass von Verordnungen, soweit sie hierzu ermächtigt ist, und die Anordnung von Verwaltungsakten und Allgemeinverfügungen liegen ausschließlich bei der BaFin. In bestimmten Fällen, wie bei der SolvV und LiqV, ist allerdings ein Einvernehmen mit der Deutschen Bundesbank herzustellen. Vgl. Deutsche Bundesbank (Hrsg.) (2006a), S. 186. Aufgrund der Erfahrungen der zurückliegenden Krisen soll ein Eskalationsmechanismus zwischen der BaFin und der Deutschen Bundesbank zur Verbesserung der Zusammenarbeit installiert werden. Vgl. Boegl (2012), S. 38 f.

342 Vgl. Deutsche Bundesbank (Hrsg.) (2006a), S. 90 ff.

343 Vgl. Deutsche Bundesbank (Hrsg.) (2006a), S. 189.

344 Vgl. Deutsche Bundesbank (Hrsg.) (2006a), S. 187.

345 Diese Gespräche werden entweder mit der BaFin gemeinsam oder in Abstimmung mit der BaFin von der Deutschen Bundesbank alleine mit den Vertretern der Institute

2.2.2.3 Einbindung in die internationale Bankenaufsicht

Mit der Mindestharmonisierung der Aufsicht auf EU-Ebene sowie der gegenseitigen Anerkennung von aufsichtlichen Maßnahmen anderer nationaler Aufsichtsbehörden wird den zunehmenden grenzüberschreitenden Aktivitäten von Kreditinstituten Rechnung getragen.[346] Auf internationaler Ebene ist die Deutsche Bundesbank wie auch die BaFin in eine Vielzahl an Gremien eingebunden und wirkt somit bei der Entwicklung aufsichtsrechtlicher Regelungen mit.[347]

Die Zielsetzung der grenzüberschreitenden Aufsicht ist die Sicherstellung des Allgemeininteresses, das den Gläubiger- und Funktionsschutz umfasst, sowie die Beseitigung beziehungsweise Vermeidung von Wettbewerbsverzerrungen. Dabei sind beide Ziele in einem engen Zusammenhang zu sehen.[348]

Aufgrund der grenzüberschreitenden Tätigkeit von Kreditinstituten ist es notwendig, die nationale Aufsicht auch grenzüberschreitend zu harmonisieren, um Schwachstellen sowie Regulierungslücken in der Bankenaufsicht zu beseitigen. Nur so ist zu verhindern, dass international tätige Institute ihre Geschäftstätigkeit in weniger stark regulierte Staaten verlagern, um die Anforderungen einzelner nationaler Aufsichtsbehörden zu umgehen oder zumindest deren Wirksamkeit zu verringern.[349] Sofern gleiche Sachverhalte beziehungsweise gleiche Risiken in unterschiedlichen Staaten seitens der Bankenaufsicht anders behandelt werden, besteht ein Anreiz die Geschäftsaktivitäten in die Staaten mit geringeren Anforderungen zu verlagern, da die geringere Regulierung in der Regel Kostenvorteile, wie beispielsweise ein für die Unterlegung gleicher Geschäfte geringeres notwendiges Eigenkapital, mit sich bringt (Regulierungs- beziehungsweise Aufsichtsarbitrage). Es ergeben sich somit für Institute in weniger regulierten Märkten Wettbewerbsvorteile zu Lasten der stärker regulierten Institute, die im Endeffekt zu einer ineffektiven Aufsicht sowie volkswirtschaftlichen Nachteilen führen.[350]

Ein zentrales Gremium zur Zusammenarbeit der wichtigsten nationalen Zentralnotenbanken sowie nationalen Aufsichtsbehörden bildet der Baseler Ausschuss für Bankenaufsicht (Basel Committee on Banking Supervision). Der Ausschuss

---

geführt. Vgl. Deutsche Bundesbank (Hrsg.) (2006a), S. 194 f. und siehe Kapitel 2.2.4.2.3.

346 Vgl. Deutsche Bundesbank (Hrsg.) (2006a), S. 99.

347 Siehe Kapitel 2.2.2.3.

348 Vgl. Waschbusch (2000), S. 32 f.

349 Vgl. Waschbusch (2000), S. 33 f.

350 Vgl. Begründung und Aufgaben der EBA in Verordnung (EU) Nr. 1093 / 2010, S. 13 und 23.

verfügt selber über keine gesetzgeberischen Kompetenzen, sodass seine Richtlinien, Standards und Empfehlungen bei den Mitgliedsstaaten keine unmittelbare Bindungswirkung entfalten und von den Staaten in nationales beziehungsweise EU-weites Recht umzusetzen sind.[351] Insofern agiert der Ausschuss nicht als eine supranationale Aufsicht, sondern soll mit seiner Tätigkeit den Informationsaustausch zwischen den nationalen Behörden dienen und mit seinen Standards, Richtlinien und Empfehlungen[352] eine Angleichung der Aufsicht auf internationaler Ebene bewirken.[353] Eine Herausforderung des Ausschusses ist die Gewährleistung einer lückenlosen Aufsicht. Dieses Ziel soll durch die Tätigkeit nationaler Aufsichtsbehörden sichergestellt werden, sodass auch die Aktivitäten ausländischer Kreditinstitute vollumfänglich überwacht werden. Ferner hat die Beaufsichtigung der Institute adäquat auf Grundlage einheitlicher Standards zu erfolgen.[354]

Auf Ebene der G20-Staaten koordiniert das Financial Stability Board (FSB) die Zusammenarbeit und Umsetzung internationaler Empfehlungen der nationalen Aufsichtsbehörden.[355] Dem FSB gehört neben den nationalen Aufsichtsbehörden und Ministerien auch die EZB, die Europäische Kommission, die Bank für internationalen Zahlungsausgleich (BIS), der Weltwährungsfonds IWF und die Weltbank an. Ferner sind ebenfalls internationale Normensetzer wie beispielsweise der Baseler Ausschuss für Bankenaufsicht, das International Accounting Standard Board (IASB) sowie die International Organisation of Securities Commissions (IOSCO) vertreten.[356] Die Bundesrepublik Deutschland wird im FSB durch das Bundesministerium der Finanzen, die Deutsche Bundesbank und die BaFin vertreten.[357] Der Umsetzungsstand der von den G20-Staaten verabschiedeten Empfehlungen wird auf internationaler Ebene durch das FSB nachgehalten. Die Mitglieder des FSB haben sich in diesem Zusammenhang zu einer regelmäßigen Überprüfung verpflichtet, um international gleiche Bedingungen unter den Instituten zu schaffen.[358]

---

351 Vgl. Basel Committee on Banking Supervision (Hrsg.) (2009), S. 1.

352 Der Ausschuss hat hierzu weit über 100 Dokumente zu einer Vielzahl an aufsichtlichen Themen veröffentlicht. Vgl. Basel Committee on Banking Supervision (Hrsg.) (2009), S. 1.

353 Vgl. Basel Committee on Banking Supervision (Hrsg.) (2009), S. 1.

354 Vgl. Basel Committee on Banking Supervision (Hrsg.) (2009), S. 1 f.

355 Vgl. Financial Stability Board (Hrsg.) (2009), S. 1.

356 Vgl. Financial Stability Board (Hrsg.) (2009), S. 8 ff.

357 Vgl. Financial Stability Board (Hrsg.) (2009), S. 8.

358 Vgl. Financial Stability Board (Hrsg.) (2009), S. 2 f. Zur konkreten Umsetzung der Überprüfung vgl. Financial Stability Board (Hrsg.) (2011b), S. 1 ff. sowie zu den Ergebnissen für die Bundesrepublik Deutschland Financial Stability Board (Hrsg.) (2011a), S. 1 ff.

Für die Regulierung der Kreditinstitute auf Ebene der Europäischen Union (EU) ist seit dem 1. Januar 2011 die European Banking Authority (EBA) verantwortlich,[359] die mit der Verordnung (EU) Nr. 1093 / 2010[360] errichtet wurde.[361] Die EBA ist Bestandteil des Europäischen Systems der Finanzaufsicht und zuständig für die mikroprudenzielle Aufsicht.[362] Ferner hat die EBA die Aufgaben des Committee of European Supervisors (CEBS) übernommen,[363] das insbesondere bei der Umsetzung der internationalen Regelungen, wie beispielsweise das Regelwerk Basel II, in europäisches Recht eine unterstützende Funktion innehatte.[364] Die EBA trägt allgemein zur Festlegung von Aufsichtsnormen und Aufsichtspraktiken durch Stellungnahmen an die Organe der EU bei und hat Empfehlungen und technische Normen zur Regulierung und Durchführung der Beaufsichtigung auf EU-Ebene auszuarbeiten.[365] Die EBA hat konkret unter anderem hinsichtlich der Festlegung von europäischen Regulierungsvorschriften und Aufsichtspraktiken sowie der Messung und Bewertung von Systemrisiken auf europäischer Ebene einen Beitrag zu leisten, die Marktentwicklungen auf europäischer Ebene zu bewerten und zu überwachen und den Schutz von Einlagen zu fördern.[366] Die EBA ist zudem für den Meinungsaustausch der verschiedenen europäischen nationalen Aufsichtsbehörden und die kohärente Anwendung der europäischen Vorgaben zuständig.[367]

Auf Basis des Artikels 124 der Bankenrichtlinie[368] ist es der EBA möglich, auch für deutsche Institute unmittelbar geltende technische Standards zur Regulierung

---

359 Vgl. Verordnung (EU) Nr. 1093 / 2010, S. 12 ff.

360 Verordnung (EU) Nr. 1093 / 2010 des europäischen Parlaments und des Rates vom 24. November 2010 zur Errichtung einer Europäischen Aufsichtsbehörde (Europäische Bankenaufsichtsbehörde), zur Änderung des Beschlusses Nr. 716 / 2009 / EG und zur Aufhebung des Beschlusses 2009 / 78 / EG der Kommission.

361 Vgl. EBA (Hrsg.) (2012), o. S.

362 Vgl. König (2012a), S. 17.

363 Vgl. Artikel 8 Abs. 1 Buchstabe l der Verordnung (EU) Nr. 1093 / 2010.

364 Vgl. Hartmann-Wendels / Pfingsten / Weber (2010), S. 464.

365 Vgl. Verordnung (EU) Nr. 1093 / 2010, S. 22.

366 Vgl. Artikel 8 Abs. 1 Buchstaben a, f, h, i und l der Verordnung (EU) Nr. 1093 / 2010. Für eine vollständige Übersicht der Aufgaben der EBA vgl. Artikel 8 bis 10 der Verordnung (EU) Nr. 1093 / 2010 sowie Verordnung (EU) Nr. 1093 / 2010, S. 22 ff.

367 Vgl. Verordnung (EU) Nr. 1093 / 2010, S. 22 ff.

368 Siehe Kapitel 2.3.2.1.

zu erlassen. Insofern wird die Tätigkeit der EBA im Rahmen der Beaufsichtigung deutscher Institute in Zukunft erheblich an Bedeutung gewinnen.[369]

Neben der mikroprudenziellen Aufsicht auf Einzelinstitutsebene wurde in der EU zur Prävention makroökonomischer Fehlentwicklungen eine makroprudenzielle Aufsicht mit dem European Systemic Risk Board geschaffen.[370] Die mikro- und makroprudenzielle Aufsicht sind dabei eng verzahnt.[371] Des Weiteren ist derzeit geplant, bei der Europäischen Zentralbank eine weitergehende Aufsicht für bestimmte größere europäische Kreditinstitute einzurichten, die parallel zu den nationalen Aufsichtsbehörden tätig werden soll.[372]

2.2.3 Rolle der Wirtschaftsprüfer in der Bankenaufsicht

Seinen Ursprung hat der Wirtschaftsprüfer als Teil des wirtschaftlichen Prüfungs- und Treuhandwesens in den Buchrevisoren, die bereits im späten Mittelalter für große Handelshäuser tätig wurden. Seit dem 18. Jahrhundert wurden zunächst für die Konkursabwicklung später auch für die Gründungsprüfung von Aktiengesellschaften die Zuhilfenahme von Revisoren üblich.[373]

Die erste umfassende Regulierung aller Banken in Deutschland, die Verordnung des Reichspräsidenten über Aktienrecht, Bankenaufsicht und über eine Steueramnestie vom 19. September 1931[374] führte neben einer einheitlichen Bankenaufsicht auch für alle Aktiengesellschaften die Pflichtprüfung des Jahresabschlusses[375] ein.[376] Die gleichzeitige Einführung von Bankenaufsicht und Pflichtprüfung des Jahresabschlusses

369 Vgl. Rassat (2012), S. 87 und Hannemann / Schneider (2010), S. 33. Eine kritische Analyse zur Rechtsnatur der Handlungen der EBA sowie der Möglichkeiten zu deren Durchsetzung findet sich bei Manger-Nestler (2012), S. 528 ff.

370 Vgl. Boegl (2012), S. 37.

371 Vgl. König (2012a), S. 17 f., Lautenschläger (2013), S. 449 und Lautenschläger (2012), S. 28 f.

372 Vgl. König (2012a), S. 18, Waschbusch (2013), S. 87, o. V. (2012b), S. 1030, Schäuble (2013), S. 14 sowie mit einem Vorschlag für die Beaufsichtigung ausschließlich in Verbindung mit einer EU-Lizenz bei Morschbach (2012), S. 694.

373 Vgl. Naumann (2012b), Rn. 1 f.

374 Vgl. RGBl. I S. 439.

375 Der Wirtschaftsprüfer oder synonym der Abschlussprüfer hat die zentrale Aufgabe, die Zuverlässigkeit der im Jahresabschluss und Lagebericht veröffentlichten Angaben von Unternehmen zu beurteilen und hierüber mittels Testat zu berichten. Vgl. Wolz (2003), S. 3. und Naumann (2012a), Rn. 6.

376 Vgl. Bähre (1985), S. 38 f.

wirkt bis heute nach. Die deutsche Bankenaufsicht konnte sich von ihrer Gründung an auf die Prüfungsergebnisse der Wirtschaftsprüfer stützen[377] und so die Ergebnisse für ihre eigene Zielsetzung nutzen. Auf die Errichtung einer eigenen umfangreichen Prüfungsaufsicht wurde daher weitgehend verzichtet. Als weitere Gründe für diesen Verzicht der Prüfungsaufsicht wurden der Widerspruch der Schaffung einer Mammutbehörde in Zeiten damals angespannter Haushaltslage sowie die negativen Folgen einer Konkurrenzsituation um qualifiziertes Personal für die Entwicklung des Standes der Wirtschaftsprüfer sowie das behördliche Besoldungsgefüge genannt.[378] Zur Ausübung des eigenen Prüfungsrecht für die regelmäßigen Prüfungen sowie für Sonderprüfungen im Einzelfall bedient sich die Aufsicht daher neben eigenen Prüfern und der Deutschen Bundesbank auch des Berufsstands der Wirtschaftsprüfer.[379]

Da bereits auf Basis der §§ 340k Abs. 1, 316 Abs. 1 HGB die Kreditinstitute einer regelmäßig jährlichen Prüfungspflicht durch einen Wirtschaftsprüfer oder einen Prüfungsverband unterliegen, kann die BaFin in Konkretisierung des § 29 KWG mittels ergänzender Anforderungen an die Berichterstattung der Jahresabschlussprüfer in der PrüfbV[380] sowie durch inhaltliche Schwerpunkte nach § 30 KWG weitergehende Informationen zur Einhaltung der aufsichtsrechtlichen Vorgaben erlangen.[381] So greift die Aufsicht regelmäßig auf die Prüfungsberichte des Abschlussprüfers zurück und kann somit die Prüfungsergebnisse eines sachverständigen unabhängigen Dritten nutzen, ohne zunächst eigene Prüfungen durchgeführt zu haben.[382] Zudem handelt es sich um eine bewusste Entscheidung des

---

377 Als Gegenbeispiel ist hier die amerikanische Bankenaufsicht anzuführen, die sich bereits Mitte des 19. Jahrhunderts entwickelte und somit ein eigenständiges Prüfungswesen aufbauen musste, da sich der Stand der Wirtschaftsprüfer später entwickelte. Vgl. Bähre (1985), S. 41 und Fn. 21.

378 Vgl. Bähre (1985), S. 42 und Fn. 22.

379 Vgl. Bähre (1985), S. 42. Gleichwohl ist sich die Aufsicht generell auch der Grenzen der aus der Jahresabschlussprüfung zu gewinnenden Informationen bewusst. Vgl. Bähre (1985), S. 47.

380 Zum Gegenstand und Zeitpunkt der Prüfung sowie Berichtsinhalt siehe Kapitel 2.2.4.2.1.

381 Vgl. Hanenberg / Kleinschmidt (2010), S. 9.

382 Vgl. Hanenberg / Kleinschmidt (2010), S. 19. So besteht die Möglichkeit der Bankenaufsicht gemäß § 30 KWG Bestimmungen über den Inhalt der Prüfung im Einzelfall zu treffen und insbesondere auch zusätzliche Prüfungsschwerpunkte festzulegen, die der Abschlussprüfer im Rahmen der Jahresabschlussprüfung zu berücksichtigen hat. Vgl. § 30 KWG. Somit kann eine eigene Prüfung in diesen Fällen dann vermieden werden. Vgl. Hanenberg / Kleinschmidt (2010), S. 19. Ferner hat der Abschlussprüfer die Ergebnisse der Prüfungen nach § 44 Abs. 1 Satz 2 KWG bei seiner Prüfung zu verwerten und im Hinblick auf die Veränderungen zum Bilanzstichtag darzustellen,

Gesetzgebers, anstatt einen regelmäßig bei allen Instituten tätig werdenden staatlichen Prüfungsdienstes einzurichten, sich regelmäßig der Jahresabschlussprüfer der Institute als milderes Mittel zu bedienen und so auch die Mehrbelastungen aus Doppelprüfungen zu reduzieren. Im Vordergrund standen dabei die Abwägung einer loyalen Mitwirkung der Institute gegenüber einer eher totalitär anmutenden Kontrollpräsenz der Aufsicht sowie auch unverändert organisatorische Erwägungen hinsichtlich des Umfangs der aufzubauenden staatlichen Prüfungsbehörde.[383]

Seitens der Aufsicht besteht außerdem ein besonderes Interesse an einer ordnungsgemäßen und aussagekräftigen Bilanzierung der beaufsichtigten Institute.[384] So beziehen sich wichtige aufsichtsrechtliche Kennziffern, wie das haftende Eigenkapital nach § 10 KWG, unmittelbar auf die Ergebnisse der Rechnungslegung, die wiederum originärer Prüfungsgegenstand des Jahresabschlussprüfers sind.[385] Ferner stellen die in diesem Zusammenhang erstellten Prüfungsberichte für die Bankenaufsicht eine wichtige und zum Jahresabschluss ergänzende Informationsquelle zur wirtschaftlichen Lage der Institute dar.[386]

2.2.4 Instrumentarium der Bankenaufsicht

Die Bankenaufsicht verfügt ein Instrumentarium an Maßnahmen, um gegenüber den Instituten ihre Ziele entsprechend verwirklichen zu können.[387] Die Maßnahmen der Aufsicht lassen sich in die Zulassungsaufsicht und die Kontrolle des laufenden Geschäftsbetriebs differenzieren.

2.2.4.1 Zulassungskontrolle der Bankenaufsicht

Vor der ersten Aufnahme der Geschäfte eines Kreditinstituts bedarf es der ausdrücklichen Zulassung durch die BaFin (Geschäftsbetriebserlaubnis).[388] Insofern

sodass die Aufsicht unabhängig von eigenen Prüfungshandlungen auch durch den Abschlussprüfer über den Sachstand zur Abarbeitung der Prüfungsfeststellungen informiert wird. Vgl. § 3 Abs. 3 PrüfbV.

383 Vgl. Bähre (1985), S. 42 f.

384 Vgl. Deutsche Bundesbank (Hrsg.) (2006a), S. 97.

385 Vgl. Deutsche Bundesbank (Hrsg.) (2006a), S. 96 und König (2012c), S. I.

386 Vgl. Deutsche Bundesbank (Hrsg.) (2006a), S. 96.

387 Zur Diskussion der Wettbewerbsverzerrungen durch die Bankenaufsicht vgl. Steden (2002), S. 69 ff. Die Kosten der Aufsicht und deren Umlage auf die Institute sind im Finanzdienstleistungsaufsichtsgesetz vom 22. April 2002 geregelt. Vgl. Steden (2002), S. 44 ff.

388 Vgl. Büschgen / Börner (2003), S. 304. Die Einführung der Zulassungskontrolle war unter anderem eine Konsequenz aus der Bankenkrise des Jahres 1931. Die hiermit

wird die Gewerbefreiheit[389] im Hinblick auf die gewerbsmäßige Erbringung von Bank- beziehungsweise Finanzdienstleistungen grundlegend eingeschränkt.[390]

Die Inhalte des Erlaubnisantrages sind Regelungsgegenstand des § 32 KWG.[391] Eine Versagung der Zulassung darf lediglich aus den in § 33 Abs. 1 bis 3 KWG genannten Gründen erfolgen.[392] Die Gründe für das Versagen der Erlaubnis sind unter anderem ein unzureichendes Anfangskapital[393] oder unzuverlässige[394] beziehungsweise fachlich ungeeignete Geschäftsleiter.[395] Die Erlaubnis ist insbesondere auch dann zu versagen, wenn die erforderlichen organisatorischen Vorkehrungen zum ordnungsmäßigen Betreiben von Bankgeschäften nicht geschaffen wurden oder Tatsachen die Annahme der BaFin rechtfertigen, dass eine wirksame Aufsicht über das Institut beeinträchtigt ist.[396] Über die Erteilung oder Versagung der Zulassung hat die BaFin spätestens sechs Monate nach Einreichung der vollständigen

getroffene Entscheidung, die Gewerbefreiheit einzuschränken, um die Gewähr einer ordnungsgemäßen Geschäftsführung zu sichern, wurde auch in das KWG von 1961 übernommen. Vgl. o. V. (2011c), S. 3 f. Ein vorsätzlicher oder auch nur fahrlässiger Verstoß gegen die Erlaubnispflicht ist strafbewehrt. Vgl. § 54 KWG und o. V. (2011c), S. 13.

389 Vgl. § 1 Abs. 1 GewO.

390 Vgl. o. V. (2011c), S. 6. Unter Gewerbsmäßigkeit wird ein auf Dauer und mit Gewinnerzielungsabsicht angelegter Geschäftsbetrieb verstanden. Als Maßstab dient der Umfang der Geschäfte, die einen in kaufmännischer Weise eingerichteten Geschäftsbetrieb erfordern. Vgl. o. V. (2011c), S. 7.

391 Vgl. Büschgen / Börner (2003), S. 304 und § 32 KWG. Im Hinblick auf Einzelheiten zum Erlaubnisantrag, insbesondere zu den erforderlichen Angaben und Unterlagen, wird auf die Darstellung in o. V. (2011c), S. 18 ff. verwiesen.

392 Vgl. Büschgen / Börner (2003), S. 304 und § 33 Abs. 4 KWG.

393 Zur Definition des Begriffs Anfangskapital, der sich im Wesentlichen auf bilanzielle Eigenkapitalgrößen stützt, vgl. o. V. (2011d), S. 7 f.

394 Beispiele für eine zu vermutende Unzuverlässigkeit sind Vermögensdelikte wie beispielsweise Betrug oder Untreue, Buchungsmanipulationen, die unterlassene Beseitigung schwerwiegender Mängel in der Buchführung, Steuerhinterziehung, das Betreiben unerlaubter Geschäfte, Zweifel aus dem Verhalten wie schwerwiegende Verfehlungen aus dem privaten Bereich, Manipulationen von aufsichtlichen Meldungen und die Verletzung von Anzeigepflichten. Vgl. o. V. (2011d), S. 14 f.

395 Vgl. § 33 Abs. 1 Nr. 1 Buchstabe d, Nr. 2 und Nr. 4 KWG sowie für einen vollständigen Überblick zu den Ablehnungsgründen vgl. o. V. (2011d), S. 7 ff.

396 Vgl. § 33 Abs. 1 Nr. 7 und § 33 Abs. 3 KWG.

Antragsunterlagen zu entscheiden,[397] wobei die Erlaubnis gegebenenfalls unter Auflagen erteilt werden kann.[398]

Eine erteilte Erlaubnis zum Betreiben von Bankgeschäften nach § 32 Abs. 1 Satz 1 KWG kann durch die BaFin als letztes und schwerwiegendstes Mittel der Bankenaufsicht nach § 35 KWG ebenfalls wieder entzogen werden.[399] Bei einer Aufhebung oder dem Erlöschen der Erlaubnis darf das Institut keine Neugeschäfte mehr abschließen und hat das Altgeschäft abzuwickeln. Die Entziehung der Erlaubnis kommt insbesondere dann in Frage, wenn das Institut den Geschäftsbetrieb für mehr als sechs Monate eingestellt hat,[400] Gründe für die Versagung der Erlaubnis nach § 33 Abs. 1 oder Abs. 3 KWG eingetreten sind[401] oder das Insolvenzverfahren über das Vermögen des Instituts eröffnet wurde.[402]

2.2.4.2 Kontrolle des laufenden Geschäftsbetriebes durch die Bankenaufsicht

Eine Bankenaufsicht kann ohne eine ausreichende Informationsbasis ihrer gesetzlichen Aufgabe, dem Entgegenwirken von Missständen bei Kreditinstituten nach § 6 Abs. 2 KWG, nicht nachkommen.[403] Die Bankenaufsicht bedient sich daher zur Erhebung von Informationen über die Kreditinstitute Informationen aus dem

397 Vgl. § 33 Abs. 5 KWG.

398 Vgl. § 32 Abs. 2 KWG und zu Einzelheiten einer möglichen Einschränkung vgl. o. V. (2011c), S. 29 f.

399 Vgl. Albert (2011), S. 4 f.

400 Vgl. § 35 Abs. 2 Nr. 1 KWG sowie Albert (2011), S. 17.

401 Vgl. § 35 Abs. 2 Nr. 3 KWG. Relevanz hat diese Vorschrift insbesondere im Bezug auf eine Unterschreitung des erforderlichen Mindestkapitals sowie der persönlichen und fachlichen Zuverlässigkeit der Geschäftsleiter auf Grundlage der gesamten Tätigkeit. Alternativ kann im Fall der Unzuverlässigkeit oder fehlenden fachlichen Eignung ebenfalls eine Abberufung des betroffenen Geschäftsleiters nach § 36 Abs. 1 KWG in Frage kommen. Vgl. o. V. (2011d), S. 7. Zudem kann eine Verletzung des Vier-Augen-Prinzips in der Geschäftsführung als auch bei mangelhaften organisatorischen Vorkehrungen zum ordnungsgemäßen Betreiben der Geschäfte zu einem Entzug der Erlaubnis führen. Vgl. Albert (2011), S. 28 und S. 30 f.

402 Vgl. § 35 Abs. 2 Nr. 4 KWG. Die im Gesetz geforderte Entziehung der Erlaubnis bei Insolvenz führt dazu, dass ein Institut in diesem Fall lediglich das Altgeschäft abwickeln darf und Neugeschäft grundsätzlich nicht mehr zulässig ist. Vgl. Albert (2011), S. 43 f.

403 Vgl. Bähre (1985), S. 38.

Meldewesen an die Deutsche Bundesbank,[404] dem Jahresabschluss der Kreditinstitute, dem Prüfungsbericht des Jahresabschlussprüfers, Sonderprüfungen nach § 44 Abs. 1 Satz 2 KWG sowie Erkenntnissen aus dem regelmäßigen und anlassbezogenen aufsichtlichen Dialog mit den Instituten.[405] Darüber hinaus greift die Aufsicht auch auf Ad-hoc-Berichtspflichten zurück, um die für die Erfüllung ihrer Aufgaben notwendigen Informationen zu erheben.[406]

2.2.4.2.1 Prüfung des Geschäftsbetriebes durch den Jahresabschlussprüfer nach § 29 KWG und PrüfbV

Neben den verschiedenen Meldungen und Anzeigen der Institute erlangt die Aufsicht einmal jährlich weitergehende Erkenntnisse aus dem Prüfungsbericht des Jahresabschlussprüfers des Instituts, der eine der wichtigsten Informationsquellen darstellt.[407] So sollen die Prüfungsberichte der Jahresabschlussprüfung der Aufsicht Einblicke in die Struktur der Institute, den Umfang der Geschäftsaktivitäten, die Entwicklung der Vermögens-, Liquiditäts- und Ertragslage sowie zur Risikosituation geben.[408]

Bei der handelsrechtlichen Jahresabschlussprüfung der Banken handelt es sich um eine Prüfungspflicht nach § 340k HGB in Verbindung mit § 316 HGB. § 340k Abs. 1 HGB ist dabei auf Kreditinstitute anzuwenden.[409] Hinsichtlich des Begriffs Kreditinstitut wird im § 340 Abs. 1 HGB auf § 1 Abs. 1 KWG sowie die Ausnahmevorschrift des § 2 Abs. 1, 4 und 5 KWG verwiesen.[410] Gemäß § 1 Abs. 1

404 Die erforderlichen Informationen werden als weitere wesentliche Säule direkt bei den Instituten erhoben. Dies umfasst insbesondere die Meldepflichten zur Eigenmittelausstattung nach § 10 KWG, zur Liquidität nach § 11 KWG sowie weitere Melde- und Anzeigepflichten des KWG. Vgl. o. V. (2011b), S. 4. Eine Diskussion der Struktur- und Verhaltensnormen findet sich bei Lücke (2011), S. 45.

405 Vgl. Hanenberg (2009), S. 714.

406 Vgl. Hanenberg (2009), S. 714. *Struwe / Thelen-Pischke* verweisen hierzu auf einen Zusammenhang zwischen zum Teil extremen Marktbewegungen und den Ad-hoc-Berichtspflichten der Institute, um die notwendigen Informationen für die Aufsicht zeitnah zu erheben. Vgl. Struwe / Thelen-Pischke (2010b), S. 43.

407 Vgl. Becker (2011a), S. 4.

408 Vgl. Becker (2011a), S. 4.

409 Sofern Anforderungen aus dem Handelsrecht mit den Anforderungen an Kreditinstitute verglichen werden, bezieht sich das Handelsrecht nachfolgend ausschließlich auf die Regelungen, die auf große Kapitalgesellschaften anzuwenden sind. Erleichterungen für mittelgroße beziehungsweise kleine Kapitalgesellschaften bleiben aufgrund der Nichtanwendbarkeit bei Kreditinstituten im Rahmen dieser Arbeit unberücksichtigt.

410 Vgl. § 340 Abs. 1 HGB.

KWG sind Kreditinstitute Unternehmen, „die Bankgeschäfte gewerbsmäßig oder in einem Umfang betreiben, der einen in kaufmännischer Weise eingerichteten Geschäftsbetrieb erfordert.“[411] Gemäß § 340a Abs. 1 HGB sind dabei unabhängig von der tatsächlichen Rechtsform und Größe des Instituts die Vorschriften, die für große Kapitalgesellschaften gelten, anzuwenden.[412] Zudem hat nach § 340k Abs. 1 HGB die Prüfung bis zum Ende des fünften Monats nach dem Abschluss des Geschäftsjahres zu erfolgen,[413] sodass neben den behandelten inhaltlichen Pflichten der Prüfung auch eine zeitliche Restriktion besteht.

Damit die Prüfungsberichte des Jahresabschlussprüfers regelmäßig der Aufsicht den Einblick in die erforderlichen Informationen gewähren, hat der Gesetzgeber die grundlegenden Prüfungs- und Berichtspflichten im § 29 KWG kodifiziert.[414] Der § 29 KWG regelt über die Anforderungen an die Prüfung und Berichterstattung einzelner Anforderungen des KWG und aus sonstigen gesetzlichen Anforderungen an Kreditinstitute hinaus ebenfalls die Anzeigepflichten des Jahresabschlussprüfers gegenüber der Aufsicht.[415] Im Hinblick auf die ordnungsgemäße Geschäftsorganisation gibt der § 29 Abs. 1 Satz 2 KWG unter anderem vor, dass der Abschlussprüfer bei der Prüfung festzustellen hat, ob das Institut die Vorgaben nach § 25a Abs. 1 Satz 3 KWG sowie des Rundschreibens MaRisk eingehalten hat.[416]

§ 29 Abs. 4 Satz 1 KWG ermächtigt das Bundesministerium der Finanzen im Einvernehmen mit dem Bundesministeriums der Justiz und nach Anhörung der Deutschen Bundesbank durch eine Rechtsverordnung den Gegenstand der Prüfungen nach § 29 Abs. 1 und Abs. 2 KWG, den Zeitpunkt der Prüfungsdurchführung als auch den Inhalt des Prüfungsberichtes durch weitergehende Bestimmungen festzulegen, um zum einen Missstände, die die Sicherheit der dem Institut anvertrauten Vermögensgegenstände gefährden können, erkennen zu können[417] und zum anderen eine einheitliche Beurteilungsgrundlage der von den Instituten durchgeführten Geschäfte zu erhalten.[418]

---

411 § 1 Abs. 1 Satz 1 KWG. Hinsichtlich der abschließenden Aufzählung der Bankgeschäfte wird auf den § 1 KWG verwiesen.

412 Vgl. § 340a Abs. 1 HGB.

413 Vgl. § 340k Abs. 1 HGB.

414 Vgl. Becker (2011a), S. 4 f. und Denter (2012), S. 558.

415 Vgl. § 29 KWG. Die weitergehende Rechtsverordnung ist die Verordnung über die Prüfung der Jahresabschlüsse der Kreditinstitute und Finanzdienstleistungsinstitute (PrüfbV).

416 Vgl. § 29 Abs. 1 Satz 2 KWG, Apweiler (2012), S. 502 sowie Burghardt (2012), Rn. 619.

417 Vgl. § 29 Abs. 4 Satz 1 KWG.

418 Vgl. § 29 Abs. 4 Satz 1 KWG.

Die näheren Anforderungen zur Prüfung nach § 29 Abs. 1 und Abs. 2 KWG sowie die darüber zu erstellenden Berichte konkretisiert die Verordnung über die Prüfung der Jahresabschlüsse der Kreditinstitute und Finanzdienstleistungsinstitute[419], im Folgenden Prüfungsberichtsverordnung (PrüfbV).[420] Dabei umfassen die näher in der PrüfbV geregelten Bestimmungen den Gegenstand der Prüfung, den Zeitpunkt der Durchführung der Prüfung[421] und den Inhalt des Prüfungsberichtes des Jahresabschlussprüfers.[422]

Die PrüfbV vom 23. November 2009 löste die bislang geltende PrüfbV vom 17. Dezember 1998 ab, da neben dem nunmehr stärkeren prinzipienorientierten Ansätzen der Regulierung, unter anderem als Ausfluss von Basel II und der Bankenrichtlinie,[423] auch ein verändertes Informationsinteresse der Aufsicht zu berücksichtigen war.[424] Darüber hinaus zeigten die Erfahrungen aus der Finanzmarktkrise, dass insbesondere eine risikoorientiertere Ausrichtung der Berichtsdarstellung und die Wichtigkeit der Beurteilung der zu prüfenden Sachverhalte herauszustellen sind.[425]

Der § 2 PrüfbV fordert vom Abschlussprüfer eine risikoorientierte Prüfung und Berichterstattung und gibt somit den grundlegenden Prüfungsansatz vor.[426]

„§ 2 Risikoorientierung und Wesentlichkeit

---

419 Zuletzt erlassen von der BaFin mit Datum 23.11.2009 im Einvernehmen mit dem Bundesministerium der Justiz sowie nach Anhörung der Deutschen Bundesbank. Vgl. Eingangsformel zur PrüfbV.

420 Vgl. § 29 Abs. 4 Satz 2 1. Halbsatz KWG sowie Eingangsformel der PrüfbV. Zwar richtet sich die PrüfbV an den Jahresabschlussprüfer, dennoch weisen *Struwe / Thelen-Pischke* in Struwe / Thelen-Pischke (2010a), S. 33 daraufhin, dass auch für die Institute sich aus der PrüfbV mittelbar Konsequenzen ergeben. So wird zum einen auf den erhöhten Abstimmungsbedarf aufgrund der stärker wertenden anstatt beschreibenden Berichterstattung zwischen Prüfer und Institut hingewiesen. Zum anderen ergibt sich zudem ein höherer Erklärungsbedarf gegenüber dem Aufsichtsrat. Vgl. Struwe / Thelen-Pischke (2010a), S. 33.

421 Die Berichterstattung erstreckt sich gemäß § 3 PrüfbV auf das am Bilanzstichtag endende Geschäftsjahr des Kreditinstitutes. Insofern hat die Prüfung mindestens das Geschäftsjahr zu umfassen. Der Prüfungszeitpunkt ergibt sich somit unmittelbar aus dieser Anforderung. Vgl. § 5 Abs. 1 PrüfbV.

422 Vgl. § 29 Abs. 4 Satz 2 2. Halbsatz KWG, § 1 PrüfbV und Burghardt (2012), Rn. 615.

423 Siehe Kapitel 2.3.1.1. und 2.3.2.1.

424 Vgl. Hanenberg / Kleinschmidt (2010), S. 7.

425 Vgl. Hanenberg / Kleinschmidt (2010), S. 7 f.

426 Vgl. Hanenberg / Kleinschmidt (2010), S. 11 f.

Den Grundsätzen der risikoorientierten Prüfung und der Wesentlichkeit ist Rechnung zu tragen. Dabei sind insbesondere die Größe des Instituts, der Geschäftsumfang, die Komplexität der betriebenen Geschäfte sowie der Risikogehalt zu berücksichtigen."[427]

Der Berufsstand der Wirtschaftsprüfer gibt dieses Prinzip bereits im Rahmen der IDW PS 200 und IDW PS 261 vor und wendet das grundlegende Konzept einer risikoorientierten Prüfung bereits an.[428] Die Risikoorientierung knüpft an die Vorgabe aus dem Prinzip der doppelten Proportionalität[429] der Säule II an[430] und steht in einem engen Zusammenhang mit dem Rundschreiben MaRisk.[431]

Neben der Risikoorientierung der Prüfung ist im § 2 PrüfbV auch der Grundsatz der Wesentlichkeit geregelt. Die Beschränkung der Berichterstattung auf ausschließlich wesentliche Sachverhalte stellt dabei einen in der Berichterstattung bereits seit Längerem praktizierten Grundsatz dar.[432] Die Prüfung kann zudem in eine zeitlich vorgelagerte Vorprüfung und eine nach dem Bilanzstichtag stattfindende Hauptprüfung unterteilt werden, wobei zu jeder der Prüfungen ein separater Teilprüfungsbericht erstellt wird.[433] In jedem Fall sind die Berichte nach Fertigstellung unverzüglich der BaFin und der Deutschen Bundesbank einzureichen.[434]

Art und Umfang der Berichterstattung sind im § 3 PrüfbV geregelt. Die Ausgestaltung des Prüfungsberichtes soll diesen als eine Quelle[435] von Informationen

427 § 2 PrüfbV.

428 Vgl. Hanenberg / Kleinschmidt (2010), S. 12, Denter (2012), S. 560 f. sowie Kapitel 3.1.2.1.3. und 3.3.1.

429 Vgl. zur Begründung des § 2 PrüfbV BaFin (Hrsg.) (2009), S. 4 und o. V. (2010), S. 378. Zum Prinzip der doppelten Proportionalität siehe Kapitel 2.3.1.1. und 2.3.3.3.1.

430 Vgl. Hanenberg / Kleinschmidt (2010), S. 12.

431 Vgl. BaFin (Hrsg.) (2009), S. 4 und Becker (2011a), S. 23.

432 Vgl. Hanenberg / Kleinschmidt (2010), S. 12.

433 Vgl. Burghardt (2012), Rn. 639. Sofern der Prüfer von der Möglichkeit der Aufteilung der Prüfung in zwei Teilprüfungen Gebrauch macht, ist im zweiten Teil über Änderungen der Ergebnisse der ersten Teilprüfung bis zum Bilanzstichtag zu berichten. Vgl. § 3 Abs. 5 Satz 1 und 3 PrüfbV. Alternativ kann der Prüfer auch eine Prüfung mit einem Gesamtprüfungsbericht durchführen, wobei die Wahl zwischen Teilprüfungsberichten oder einem Gesamtprüfungsbericht über mehrere Jahre hinweg stetig erfolgen soll. Vgl. § 3 Abs. 5 Satz 2 PrüfbV und Burghardt (2012), Rn. 640. Die Berichterstattung über die zwei Teilprüfungen kann durch den Abschlussprüfer auch in mehr als zwei Teilprüfungsberichte (Bände) untergliedert werden. Jeder Teilprüfungsbericht ist nach seiner Fertigstellung bei der Deutschen Bundesbank und BaFin einzureichen. Vgl. BaFin (Hrsg.) (2009), S. 5.

434 Vgl. § 26 Abs. 1 Satz 3 KWG, § 3 Abs. 5 PrüfbV sowie Burghardt (2012), Rn. 642.

435 Vgl. Hanenberg (2009), S. 714.

hinsichtlich der Einhaltung der Anforderungen der Säule II für die Aufsicht nutzbar machen.[436] Entsprechend der Bedeutung und dem Risikogehalt der jeweiligen Vorgänge im Institut ist der Umfang der Berichterstattung somit risikoorientiert und flexibel zu gestalten.[437] Bei der Berichterstattung sind neben der allgemeinen Vorgabe des § 3 Abs. 1 PrüfbV zur Berichterstattung ebenso die weitergehenden spezifischen Vorgaben der PrüfbV zu beachten.[438] So ist beispielsweise auf eine Sonderprüfung nach § 44 Abs. 1 Satz 2 KWG, einschließlich der vom Institut zwischenzeitlich behobenen Feststellungen sowie der geplanten oder in Umsetzung befindlichen Maßnahmen, im Prüfungsbericht einzugehen.[439] Insofern gibt die PrüfbV über die Mindestbestandteile der Berichterstattung implizit auch Prüfungshandlungen für den Abschlussprüfer vor.[440]

Für die Prüfung und Berichterstattung der Risikosteuerungs- und -controllingprozesse[441] ist der § 10 Abs. 1 PrüfbV anzuwenden:

> „Der Abschlussprüfer hat die Angemessenheit des Risikomanagements gemäß § 25a Absatz 1 Satz 3 des Kreditwesengesetzes sowie die weiteren Anforderungen an die Ordnungsmäßigkeit der Geschäftsorganisation gemäß § 25a Absatz 1 Satz 6 Nummer 1 des Kreditwesengesetzes unter Berücksichtigung der Komplexität und des Umfangs der von dem Institut eingegangenen Risiken zu beurteilen. Dabei ist insbesondere auf Adressenausfallrisiken, Marktpreisrisiken einschließlich der Zinsänderungsrisiken des Anlagebuchs, Liquiditäts- und operationelle Risiken gesondert einzugehen."[442]

Dabei gibt die Norm keine konkreten Kriterien zur Beurteilung vor, sondern verweist auf den § 25a Abs. 1 Satz 3 KWG.[443] Gleichwohl wird der Prüfung des Risikomanagements als Teil der ordnungsgemäßen Geschäftsorganisation durch den Jahresabschlussprüfer[444] von Seiten der Aufsicht ein hoher Stellenwert

---

436 Vgl. Struwe / Thelen-Pischke (2010b), S. 43.

437 Vgl. § 3 Abs. 1 PrüfbV.

438 Vgl. § 3 Abs. 1 und Abs. 2 Satz 1 PrüfbV.

439 Vgl. § 3 Abs. 2 PrüfbV, BaFin (Hrsg.) (2009), S. 4 f. sowie Burghardt (2012), Rn. 639 und Rn. 660. Eine beispielhafte Gliederung des Prüfungsberichtes sowie ein Überblick zum Inhalt finden sich in Burghardt (2012), Rn. 645 ff.

440 Vgl. Quick / Umlauf (2012), S. 54.

441 Insbesondere hat der Prüfer auch über wesentliche Änderungen zu berichten. Vgl. BaFin (Hrsg.) (2009), S. 9.

442 § 10 Abs. 1 Satz 1 und 2 PrüfbV.

443 Vgl. § 10 Abs. 1 Satz 1 PrüfbV.

444 So bezeichnete *Sanio* als damaliger Präsident der BaFin die Jahresabschlussprüfung als wichtiges Bindeglied zwischen Instituten und Aufsicht. Vgl. Sanio (2007b), S. I.

eingeräumt.[445] Die Verfahren und Prozesse des Risikomanagements, insbesondere die Marktpreisrisiken einschließlich der Zinsänderungsrisiken im Anlagebuch, sind ausführlich und prägnant unter Einbeziehung der operativen Umsetzung darzustellen.[446] Die Schwerpunkte der Prüfung hat der Abschlussprüfer beispielsweise aus den Erkenntnissen seiner Analysen zur Geschäftstätigkeit und des Umfeldes, den Ergebnissen des Vorjahres und aus Prüfungsberichten Dritter abzuleiten. Im Prüfungsbericht hat der Jahresabschlussprüfer die Ergebnisse der Prüfung der Anforderungen des § 25a Abs. 1 Satz 3 KWG und der MaRisk umfassend darzustellen.[447] *Hanenberg / Kleinschmidt* zählen als mögliche Prüfungs- und Berichtsgegenstände beispielhaft Angaben bezüglich der Zuständigkeit, zur Anzahl von Stresstests sowie deren Überprüfungsintervalle und die Ableitung der Parameter für die Risikotragfähigkeitsrechnung auf.[448]

Gemäß § 6 Abs. 1 PrüfbV hat der Abschlussprüfer unter anderem zur Einrichtung eines angemessenen Risikomanagements als Teil der Geschäftsorganisation in einer zusammenfassenden Schlussbemerkung im Rahmen der Berichterstattung Stellung zu nehmen.[449] Dies beinhaltet, dass vom Abschlussprüfer seitens der Aufsicht gefordert wird, in einer zusammenfassenden Schlussbemerkung alle wesentlichen Prüfungsfeststellungen aufzuführen[450] und die Schlussbemerkung als eigenständige Informationsquelle eine gesammelte Beurteilung zum eingerichteten Risikomanagement wiedergibt.[451]

2.2.4.2.2 Prüfung des laufenden Geschäftsbetriebes nach § 44 KWG

Der BaFin räumt der Gesetzgeber im § 44 Abs. 1 Satz 2 KWG[452] das Recht zum Anordnen von gesonderten Prüfungen der Institute (Sonderprüfung) ein, ohne das

---

Auf den Prüfungsbericht als wichtige Informationsquelle weist auch die Präsidentin der BaFin *König* hin. Vgl. König (2012c), S. I.

445 Vgl. Sanio (2007b), S. I.

446 Vgl. Hanenberg / Kleinschmidt (2010), S. 24 sowie auch Becker (2011a), S. 24.

447 Vgl. Burghardt (2012), Rn. 650. Hinsichtlich der weitergehenden berufsständischen Vorgaben siehe Kapitel 3.3.1.2. undVgl. IDW PS 525, Rn. 1 ff.

448 Vgl. Hanenberg / Kleinschmidt (2010), S. 24.

449 Vgl. § 6 Abs. 1 Satz 1 PrüfbV.

450 Vgl. § 6 Abs. 1 Satz 4 PrüfbV.

451 Vgl. Struwe / Thelen-Pischke (2010b), S. 53.

452 Der § 44 KWG regelt generell die Auskunfts- und Informationsrechte der BaFin gegenüber den Instituten, um auch aus eigener Initiative heraus die notwendigen Kenntnisse zur Beaufsichtigung der Institute erlangen zu können. Vgl. o. V. (2011b), S. 4.

hierfür ein besonderer Anlass vorliegen muss.[453] Mit der Durchführung der Prüfung können alternativ zu einer eigenen Prüfung der BaFin ebenso die Deutsche Bundesbank oder qualifizierte Dritte, wie beispielsweise Wirtschaftsprüfer, beauftragt werden.[454]

Die BaFin intern differenziert die Sonderprüfungen nach antragsgetriebenen, aufsichtsgetriebenen und turnusmäßigen Prüfungen.

- Antragsgetriebene Sonderprüfungen sind Prüfungen aufgrund von Anträgen zu internen Messansätzen für die Eigenkapitalunterlegung nach SolvV und werden aufgrund eines Antrags des betroffenen Instituts angeordnet.
- Die aufsichtsgetriebenen Prüfungen werden von der Aufsicht entweder aufgrund konkreter Verdachtsmomente der Aufsicht[455] oder als routinemäßige Stichprobe[456] angeordnet.
- Die turnusmäßigen Sonderprüfungen sind Prüfungen, die regelmäßig aufgrund verschiedener gesetzlicher Vorgaben, wie beispielsweise dem Pfandbriefgesetz, anzuordnen sind.[457]

Die im KWG von 1961 zunächst verankerte Erforderlichkeit der aufsichtsgetriebenen Prüfung wurde im Jahr 1976 als ein Ergebnis aus der Sonderprüfung und dem Zusammenbruch der I. D. Herstatt KGaA wieder aufgegeben. Die gesetzliche Erforderlichkeit wirkte negativ diskriminierend[458] und erschwerte somit die Anordnung von Sonderprüfungen.[459] Ohne Nennung eines Anlasses können Personen

---

Eine vollständiger Überblick zu den Auskunfts- und Informationsrechten sowie der jeweiligen Verpflichteten findet sich bei o. V. (2011b), S. 6 f.

453 Vgl. § 44 Abs. 1 Satz 2 KWG.

454 Vgl. Fette (2012), S. 541, o. V. (2011b), S. 15 sowie § 4 Abs. 3 FinDAG.

455 Eine wesentliche Grundlage ist die durch die BaFin und die Deutsche Bundesbank vorgenommene Risikoklassifizierung, bei der alle Institute in eine Matrix mit den Kriterien Qualität des Instituts sowie Systemrelevanz eingeordnet werden. Vgl. auch zu einer näheren Darstellung des Vorgehens BaFin (Hrsg.) (2012b), S. 162 ff.

456 Die Prüfung von aufgrund der Qualität als problematisch eingestuften Instituten beziehungsweise der systemrelevanten Institute bildeten im Jahr 2011 den Schwerpunkt der Sonderprüfungen der Aufsicht. Gleichwohl wurden ebenso einige Institute von hoher Qualität beziehungsweise fehlender Systemrelevanz in die Sonderprüfungen als Stichprobe einbezogen. Vgl. BaFin (Hrsg.) (2012b), S. 166.

457 Vgl. BaFin (Hrsg.) (2012b), S. 164.

458 Es ging darüber hinaus ein deutlicher Vertrauensverlust gegenüber dem Institut mit der Anordnung einher. Vgl. o. V. (2011b), S. 4 f.

459 Insofern wurde das ursprünglich im KWG von 1934 / 1939 enthaltene Prüfungsrecht ohne besonderen Anlass wieder hergestellt. Vgl. Bähre (1985), S. 47.

außerhalb der Aufsicht nicht zwischen den anlassbezogenen und den nicht anlassbezogenen Prüfungen unterscheiden. Hierzu wurde von der Aufsicht zu den nicht anlassbezogenen Prüfungen eine allgemeine Prüfungsroutine der Institute eingeführt.[460]

Der Ablauf einer Sonderprüfung gliedert sich nach der Anordnung durch die BaFin in eine vorgelagerte Phase mit der Anforderung verschiedener Unterlagen des Instituts, der Vor-Ort-Prüfung sowie dem Abschluss der Prüfung. Die Anforderung von Unterlagen erfolgt einige Wochen nach der Zustellung der Prüfungsanordnung und vor der Vor-Ort-Prüfungsphase durch den jeweils von der BaFin bestellten Prüfer, wobei die Anforderungen alle zu prüfenden Bereiche des Instituts umfassen.[461] Die Vor-Ort-Prüfung beinhaltet vor allem Prüfungsgespräche mit der Geschäftsleitung und den betroffenen Mitarbeitern, in denen die bislang aus den angeforderten Dokumenten gewonnenen Erkenntnisse vertieft und überprüft sowie weitere Nachweise erlangt werden.[462] Nach Abschluss der Vor-Ort-Prüfung werden gegebenenfalls weitere ergänzende Informationen durch den Prüfer erfragt.[463] Im Rahmen eines Gesprächs zur Klärung der Sachverhalte werden offene Fragen und aufgetretene Feststellungen diskutiert.[464]

Mit der Übersendung des Prüfungsberichts[465], der die Ergebnisse der Prüfung enthält, ist die eigentliche Prüfung abgeschlossen. Zum Prüfungsbericht müssen die Institute bei Feststellungen des Prüfers gesondert gegenüber der BaFin und der Deutschen Bundesbank Stellung nehmen.[466] Auch schließt sich oftmals an die Sonderprüfung eine ergänzende Phase zur institutsinternen Bewertung und anschließenden Behebung der getroffenen Feststellungen an,[467] wobei die Umsetzung der

---

460 Vgl. Bähre (1985), S. 47 f. Einen Überblick zu den Anpassungen des § 44 KWG findet sich bei o. V. (2011b), S. 4 f.

461 Vgl. Fette (2012), S. 542. Die zu prüfenden Bereiche werden in der Anordnung der BaFin benannt.

462 Vgl. Fette (2012), S. 543 und 547.

463 Vgl. Fette (2012), S. 547.

464 Vgl. Fette (2012), S. 547 und 554.

465 Eine Schlussbesprechung, wie es diese beispielsweise bei der Jahresabschlussprüfung gibt, findet bei Sonderprüfungen generell nicht statt. Hintergrund ist, dass die abschließende Beurteilung der Feststellungen und die anschließende Übersendung des Prüfungsberichts an das Institut nicht durch den eigentlichen Prüfer, sondern ausschließlich durch die BaFin erfolgt. Vgl. o. V. (2011b), S. 16 sowie siehe Kapitel 3.2.4. zum Vorgehen in der Jahresabschlussprüfung.

466 Vgl. Fette (2012), S. 547 und 554.

467 Vgl. Fette (2012), S. 555 f.

ergriffenen Maßnahmen zudem vom Wirtschaftsprüfer sowie im Einzelfall von der Aufsicht überprüft werden.[468]

2.2.4.2.3 *Aufsichtlicher Dialog*

Die in Artikel 12 Abs. 1 AufsichtsRL[469] verankerten Aufsichtsgespräche (aufsichtlicher Dialog) bilden ein wichtiges, eigenständiges Instrument der Bankenaufsicht.[470] Die Gespräche mit den Vertretern der Kreditinstitute, die regelmäßig sowie anlassbezogen angesetzt werden können, sollen die aus den Prüfungsberichten des Jahresabschlussprüfers gewonnene Erkenntnisse zu den Ergebnissen der Abschlussprüfungen, der wirtschaftlichen Lage, der Risikosituation sowie gegebenenfalls der Handhabung bestimmter Geschäfte vertiefen und ergänzen.[471] Ebenfalls können die vom Institut zur Beseitigung von festgestellten Mängeln eingeleiteten und umgesetzten Maßnahmen Gegenstand des Gesprächs sein.[472]

Sofern die Aufsicht die Erörterung von bestimmten Sachverhalten oder Themen für erforderlich hält, können anlassbezogene Aufsichtsgespräche ergänzend durchgeführt werden.[473] Insbesondere bei größeren Instituten mit komplexeren Geschäftsfeldern und prozessen macht die Aufsicht von dieser Möglichkeit Gebrauch.[474] Nicht zuletzt bietet der Dialog mit der Aufsicht den Instituten die Gelegenheit, eigene Anliegen und Fragestellungen mit der Aufsicht zu diskutieren sowie auf gegebenenfalls bestehende unterschiedliche Einschätzungen zwischen Aufsicht und Institut hinzuweisen.[475]

---

468 Vgl. Fette (2012), S. 557.

469 Richtlinie zur Durchführung und Qualitätssicherung der laufenden Überwachung der Kredit- und Finanzdienstleistungsinstitute durch die Deutsche Bundesbank (Aufsichtsrichtlinie - AufsichtsRL) der BaFin vom 21. Februar 2008.

470 Vgl. Deutsche Bundesbank (Hrsg.) (2006a), S. 194.

471 Vgl. Deutsche Bundesbank (Hrsg.) (2006a), S. 194 sowie Artikel 12 Abs. 2 AufsichtsRL.

472 Vgl. Deutsche Bundesbank (Hrsg.) (2006a), S. 194.

473 Vgl. Deutsche Bundesbank (Hrsg.) (2006a), S. 194 f sowie Artikel 12 Abs. 3 AufsichtsRL.

474 Vgl. Deutsche Bundesbank (Hrsg.) (2006a), S. 194 f.

475 Vgl. Deutsche Bundesbank (Hrsg.) (2006a), S. 195.

2.3 Aufsichtsrechtliche Normen zur Regulierung des Zinsänderungsrisikos

2.3.1 Normen des Baseler Ausschusses

2.3.1.1 Rahmenwerk Basel II

Die Baseler Eigenkapitalvereinbarung von 1988 (Basel I) wurde insbesondere in den G10-Staaten für die international tätigen Institute in nationales Recht umgesetzt.[476] Jedoch waren die pauschalen und unter anderem für das Kreditrisiko nicht mehr zeitgemäßen Regelungen des Eigenkapitalakkords grundlegend zu überarbeiten.[477] Seit Ende der neunziger Jahre erarbeitete der Baseler Ausschuss das Rahmenwerk International Covergence of Capital Measurement and Capital Standards, A Revised Framework vom 26. Juni 2004, kurz als Basel II bezeichnet. Basel II als Weiterentwicklung von Basel I hat als zentrales Ziel die Stabilität der nationalen und internationalen Finanzmärkte zu stärken. Zur Umsetzung dieses Zieles enthält Basel II wesentlich risikosensitivere und mehr qualitative Elemente als der vorherige Eigenkapitalakkord, die den technologischen Entwicklungen und den wissenschaftlichen Fortschritten im Bereich des Managements von Risiken Rechnung tragen.[478] Außerdem setzt Basel II lediglich einen regulatorischen Rahmen, innerhalb dessen die einzelnen Staaten und letztendlich die einzelnen Kreditinstitute ihre jeweiligen Regulierungen und Vorgaben präzisieren sollen.[479] Dies ist ein weiterer wesentlicher Unterschied zum starren Regelwerk, das Basel I vorgab. Insofern ist neben den nationalen Aufsichtsbehörden jedes Kreditinstitut in die Verantwortung genommen, zum Erhalt und zur Stärkung des Bankensystems beizutragen.[480]

---

476 Vgl. Basel Committee on Banking Supervision (Hrsg.) (2009), S. 2.

477 Vgl. Loch / Thelen-Pischke (2004), S. 732.

478 Vgl. Paul (2004), S. 6 sowie Paul (2011a), S. 13 f.

479 Vgl. Schulte-Mattler / Kenne (2004), S. 37.

480 Vgl. Meister (2003), S. 26 f. Aufgrund der Zukunftsorientierung der Säule II von Basel II waren im Zuge der Überarbeitungen von Basel II wesentliche inhaltliche Änderungen bei ICAAP und SREP bislang nicht notwendig. Vielmehr wurde der Fokus auf die bei den Instituten festgestellten Umsetzungsschwächen gelegt und insofern einzelne Ergänzungen, wie zu Stresstests und zur Kapitalplanung, näher aufgegriffen. Vgl. auch zur Entwicklung von Basel III in Luz / Maaß (2011), S. 412.

Im Rahmen der Veröffentlichung der Erweiterung und Überarbeitung des bisherigen Rahmenwerks unter anderem im Zuge von Basel III[481] wurden die Regelungen zur Eigenkapitalunterlegung, insbesondere die Anforderungen an die Zusammensetzung und Höhe des vorzuhaltenden aufsichtlichen Mindestkapitals,[482] sowie die Anforderungen an die Liquidität[483] grundlegend überarbeitet. Weitere neue beziehungsweise erweiterte Vorgaben betreffen die Vergütungssysteme für Vorstände, die Regulierung von Ratingagenturen, die Anpassung der Großkredit- und Millionenkreditverordnung sowie erweiterte Offenlegungsanforderungen der Säule III.[484] Die finale Umsetzung in deutsches Recht über europäische Regelungen[485] soll sukzessive ab dem Jahr 2013 erfolgen.[486]

Grundlegend gliedert sich der Ansatz des Baseler Ausschusses in drei Säulen, die mit dem neuen Rahmenwerk Basel II eingeführt wurden.

---

481 Vgl. hierzu Basel Committee on Banking Supervision (Hrsg.) (2010), o. S., Basel Committee on Banking Supervision (Hrsg.) (2011), o. S. und Hüther (2013), S. 27 ff. Ein Überblick zu den Vorgaben von Basel II.5, als erweiterte Vorgaben der Säule I hinsichtlich der Messung der Marktpreisrisiken im Handelsbuch, von Basel III und den jeweiligen Umsetzungen auf europäischer und nationaler Ebene findet sich bei Gruber (2012), S. 7 sowie König (2012a), S. 15 ff.

482 Vgl. Gruber / Hümmer (2006), S. 5 ff. Die Vorgaben zur Verbesserung der Risikomessung der Säule I betreffen im Einzelnen die Anforderungen für Institute mit internen Marktpreisrisikomodellen (Stressed VaR, Incremental Risk Charge). Ferner wurde die Definition des regulatorischen Kapitals grundlegend überarbeitet und eine schrittweise Anhebung der Anforderungen an das vorzuhaltende Kapital, insbesondere das Kernkapital, über zusätzliche Kapitalpuffer (antizyklischer Kapitalpuffer und Kapitalerhaltungspuffer) vereinbart. Vgl. Gruber (2012), S. 5 ff.

483 Für eine Darstellung der Liquidity Coverage Ratio und Net Stable Funding Ratio als neue Kennziffern zur Liquidität vgl. Beyer / Schäffler (2012), S. 31 ff.

484 Vgl. Gruber (2012), S. 5.

485 Im Einzelnen erfolgte eine erste Umsetzung von Basel III als CRD II und CRD III auf europäischer Ebene bereits zu bestimmten Kapitalinstrumenten, Großkrediten, Zweckgesellschaften sowie zu Handelsbuch- und Verbriefungspositionen. Die Umsetzung der CRD IV-Pakets ist ab dem Jahr 2013 geplant. Vgl. Paul (2011a), S. 14 f. sowie Europäische Kommission (Hrsg.) (2012a), o. S. Im Folgenden wird sich auf die qualitative Aufsicht und deren Verankerung in Säule II von Basel II fokussiert. Zwischenzeitliche Entwicklungen werden, soweit die Zinsänderungsrisiken im Anlagebuch betroffen sind, einbezogen.

486 Vgl. Paul (2011a), S. 14.

Abbildung 10: Säulen von Basel II

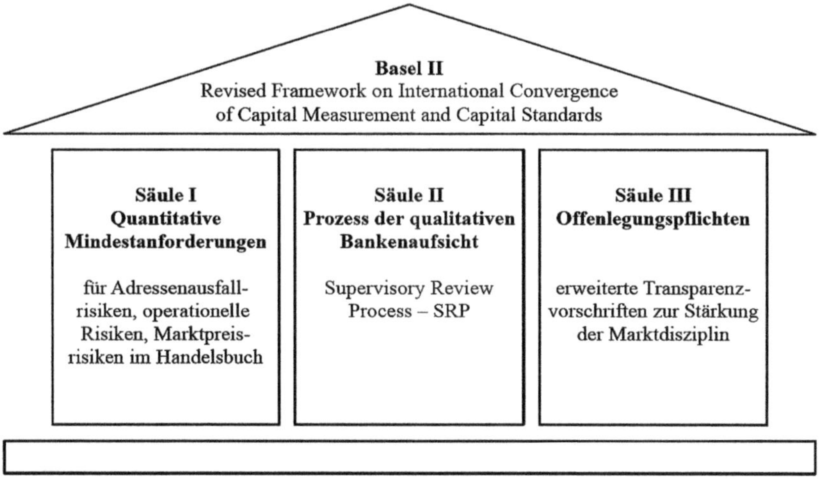

Quelle: In Anlehnung an Paul (2011a), S. 15.

Die Säule I[487] bildet das Herzstück der überarbeiteten Vereinbarungen, die aufbauend auf Basel I als regelbasierter Regulierungsansatz erweiterte Verfahren zur Messung des Adressenausfallrisikos, des Marktpreisrisikos des Handelsbuchs und des operationellen Risikos vorgibt. Die Kreditinstitute haben zukünftig die Möglichkeit bei der Messung der Adressenausfallrisiken zwischen dem Standardansatz, dem IRB-Basisansatz und dem fortgeschrittenen IRB-Ansatz zu wählen. Die IRB-Ansätze beruhen dabei auf bankinternen Verfahren zur Ermittlung einzelner Parameter zur Messung der Adressenausfallrisiken.[488]

Die operationellen Risiken sind ab Basel II erstmalig mit regulativem Eigenkapital im Rahmen der Säule I zu unterlegen. Hierzu kann jedes Kreditinstitut zwischen dem Basisindikatoransatz, Standardansatz, alternativen Standardansatz und den fortgeschrittenen Messansätzen wählen. Als einzige Ansätze nutzen die fortgeschrittenen Messansätze bankintern entwickelte Modelle, an die jedoch hohe Anforderungen seitens der Aufsicht geknüpft werden. So müssen diese Systeme

487 Die Umsetzung der Säule I in deutsches Aufsichtsrecht erfolgte über die Bankenrichtlinie und Kapitaladäquanzrichtlinie im § 10 KWG sowie der SolvV. Vgl. Gschrey (2009), S. 21 sowie siehe Kapitel 2.3.2.1., 2.3.3.1. und 2.3.3.2.

488 Vgl. o. V. (2004a), S. 76 ff.

unter anderem besondere Vorschriften hinsichtlich ihrer Ausgestaltung, der Verlustdatensammlung und der Funktionstrennung beachten.[489]

Neben der Säule I kommt vor allem der Säule II[490] als aufsichtliches Überprüfungsverfahren von Basel II eine besondere Bedeutung zu. Mit dem Internal Capital Adequacy Assessment Process (ICAAP) und dem Supervisory Review and Evaluation Process (SREP) als Elemente des aufsichtlichen Überprüfungsverfahrens, im Englischen Supervisory Review Process (SRP) genannt, werden sowohl erweiterte Mindestanforderungen an das Risikomanagement der Kreditinstitute als auch an eine qualitative Ausrichtung der Bankenaufsicht gestellt.[491] Die Säule II soll dabei grundlegend ferner die Risiken abdecken, die nicht in der Säule I berücksichtigt werden.[492]

Der qualitative, prinzipiengestützte Regulierungsansatz der Säule II unterscheidet sich grundlegend von dem regelbasierten Ansatz der Säule I. Der SRP stellt auf flexible Prinzipien statt auf starre Regeln ab, die den Instituten mehr Gestaltungsspielräume bei der Umsetzung im Risikomanagement geben.[493] Generell erscheint darüber hinaus aufgrund der vielfältigen konzeptionellen Detailanforderungen an das Risikomanagement ein reiner regelbasierter Ansatz für alle Kreditinstitute unmöglich.[494]

Unter einem Prinzip ist allgemein „eine Richtschnur oder Idee [zu verstehen, Anm. d. Verf.], die einer Sache zu Grunde liegt oder nach der etwas seine Wirkung entfalten soll.“[495] Die Aufsicht richtet mit dem SRP als prinzipiengestützter Regulierungsansatz den Fokus verstärkt auf die Qualität der Strukturen des Risikomanagements.[496] Gleichzeitig muss die Aufsicht mit jedem Regulierungsansatz bei den Instituten und Prüfern die notwendige Sicherheit hinsichtlich der konkreten

---

489 Vgl. Paul (2004), S. 12 f. sowie zur Kritik an der fehlenden Risikosensitivität des Basisindikatoransatzes und Standardansatzes vgl. Paul (2011a), S. 19.

490 Die Umsetzung der Säule II erfolgte in Deutschland über die europäische Bankenrichtlinie im § 25a Abs. 1 und Abs. 1a KWG sowie in den MaRisk. Vgl. Gschrey (2009), S. 21 und siehe Kapitel 2.3.2.1. und 2.3.3.1.3.

491 Vgl. Lüders / Maifarth (2004), S. 28.

492 Vgl. Österreichische Nationalbank / Finanzmarktaufsicht (Hrsg.) (2008), S. 12 sowie Paul (2011a), S. 19.

493 Vgl. Sanio (2009), S. 27.

494 Vgl. Sanio (2009), S. 26 f.

495 Sanio (2009), S. 27.

496 So weist *Sanio* in diesem Zusammenhang noch auf die im internationalen Vergleich ausgeprägte Heterogenität des deutschen Bankensektors, insbesondere der Privat-, Groß- und Landesbanken, der Genossenschaftsbanken und Sparkassen, hin. Vgl. Sanio (2009), S. 27.

Erwartungen schaffen und damit einen verlässlichen Rahmen zur Ausgestaltung des Risikomanagements setzen, da nur so ein an den Regularien ausgerichtetes Verhalten aller Beteiligungen möglich ist.[497]

Der SRP als aufsichtliches Überprüfungsverfahren umfasst insgesamt vier grundlegende Prinzipien oder auch Grundsätze, von denen sich zwei als ICAAP an die Institute und zwei als SREP an die Aufsicht richten.[498] Der erste Grundsatz fordert von den Instituten die Einführung von Verfahren zur Beurteilung der Eigenkapitalausstattung im Verhältnis zu den eingegangenen Risiken sowie der Implementierung von Strategien, um das erforderliche Kapitalniveau zu erhalten.[499] Die Ausgestaltung ist als institutsindividueller Ansatz unabhängig vom Vorgehen der Säule I.[500] Das Verfahren soll dabei die intern für erforderlich gehaltene Kapitalausstattung beziehungsweise angestrebten internen Kapitalziele reflektieren.[501] Insofern hat das Institut die Methoden, die Annahmen, die Risiken sowie das interne Kapital[502] grundsätzlich eigenverantwortlich und losgelöst vom regelbasierten

---

497 Vgl. Sanio (2009), S. 27. Die Orientierung der Aufsicht bewegt sich grundlegend zwischen einer engen Regelbindung, wie vor allem in der Säule I umgesetzt, und der Einräumung diskretionärer Handlungsspielräume, die tendenziell in der Säule II stärker berücksichtigt sind.

498 Vgl. Basel Committee on Banking Supervision (Hrsg.) (2006), Rn. 725. Diese werden auch als Prinzip der doppelten Proportionalität bezeichnet, da sich dieses sowohl an die Institute als auch an die Aufsicht richtet. Vgl. Paul (2011a), S. 22 und siehe Kapitel 2.3.3.3.

499 Vgl. Basel Committee on Banking Supervision (Hrsg.) (2006), Rn. 725 f.

500 Sofern das Institut zur Ermittlung der aufsichtlichen Kapitalanforderung nach Säule I ein sogenanntes internes Modell anwendet, ist dieses Modell verpflichtend auch Bestandteil des ICAAP. Insofern sind in diesem Fall die Verfahren nach Säule I und Säule II identisch. Vgl. Loeper (2004), S. 268. Die notwendige Kapitalausstattung zur Einhaltung der Anforderungen nach Säule I wird nachfolgend als aufsichtliches Kapital oder regulatorisches Kapital bezeichnet. In Abgrenzung hierzu steht für die Kapitalanforderung nach Säule II der Begriff internes Kapital.

501 Vgl. Loeper (2004), S. 266 f. und Basel Committee on Banking Supervision (Hrsg.) (2006), Rn. 726.

502 Die Festlegung kann zum Beispiel nach ökonomischen Gesichtspunkten erfolgen, wobei die Grenzen je nach gewähltem Risikotragfähigkeitskonzept im Leitfaden Aufsichtliche Beurteilung bankinterner Risikotragfähigkeitskonzepte näher von der BaFin dargelegt werden. Vgl. BaFin (Hrsg.) (2011b), Rn. 1 ff. Die Zusammensetzung des aufsichtlichen Kapitals ergibt sich aus § 10 KWG. Vgl. insbesondere § 10 Abs. 2, 2a, 2b und 2c KWG.

Ansatz der Säule I unter Wahrung der Prinzipien der Säule II festzulegen.[503] Damit gilt für die Verfahren der Säule II grundsätzlich Methodenfreiheit,[504] die durch die Zielsetzungen der Aufsicht, dass die Risikotragfähigkeit als Abdeckung der Risiken durch die interne Kapitalausstattung laufend sicherzustellen ist, begrenzt wird.[505]

Im Rahmen des ICAAP hat das Institut mit geeigneten Verfahren alle wesentlichen Risiken zu identifizieren, zu messen und zur Feststellung der Risikotragfähigkeit der internen Kapitalausstattung gegenüberzustellen.[506] Hierbei sind auch nicht in das aufsichtliche Kapital einbezogene Risiken, wie Zinsänderungsrisiken des Anlagebuchs, zu berücksichtigen. Die Ausgestaltung der Verfahren hat proportional zu Art, Umfang und Komplexität der vom Institut betriebenen Geschäfte zu erfolgen.[507] Die strategischen Ziele zum internen Kapital und der Kapitalausstattung haben das Gesamtrisikoprofil, das heißt alle wesentlichen Risiken des Instituts, und die Geschäftssituation ausreichend zu berücksichtigen. Des Weiteren sind ein möglicher Einfluss von Konjunkturzyklen sowie die Ergebnisse der Stresstests einzubeziehen.[508]

Die Verfahren nach dem ersten Grundsatz des SRP zum ICAAP haben die Elemente

1. Einbindung der Geschäftsleitung und des Aufsichtsorgans in die Überwachung,
2. Beurteilung der Kapitalausstattung in Bezug auf die eingegangenen Risiken (Risikotragfähigkeit),
3. Überwachung und Berichterstattung sowie

---

503 Vgl. Loeper (2004), S. 267 f. Zudem weist der Ansatz der Säule II gegenüber dem Ansatz der Säule I, der eine reine Stichtagsbetrachtung ist, einen Bezug zur zukünftigen Entwicklung von internem Kapital und den Risiken auf und geht insofern über eine ausschließliche Stichtagsbetrachtung hinaus. Vgl. Günther / Serafin (2008a), S. 9 f.

504 Bei kleinen Instituten ist auch denkbar, für die Quantifizierung des internen Kapitals vereinfachend auf die Verfahren der Säule I zurückzugreifen und diese lediglich um Messverfahren von Risiken zu ergänzen, die nicht oder nicht vollumfänglich in der Säule I erfasst werden. Dies gilt regelmäßig für das Zinsänderungsrisiko im Anlagebuch. Vgl. Loeper (2004), S. 269 f.

505 Vgl. BaFin (Hrsg.) (2011b), Rn. 3.

506 Vgl. Basel Committee on Banking Supervision (Hrsg.) (2006), Rn. 731. Der ICAAP ist daher als integrierter Prozess aus strategischen Zielen, Risikotragfähigkeit sowie Risikosteuerungs- und -controllingprozessen zu verstehen. Vgl. Luz / Maaß (2011), S. 414.

507 Vgl. Loeper (2004), S. 268.

508 Vgl. Basel Committee on Banking Supervision (Hrsg.) (2006), Rn. 726.

4. Überprüfung der Verfahren und Prozesse, insbesondere der Einbindung in das interne Kontrollsystem, zu umfassen.[509]

Zur Überwachung durch die Geschäftsleitung und das Aufsichtsorgan gehört die Beurteilung der internen Kapitalsituation, das heißt der internen Kapitalausstattung in Bezug auf Art und Umfang der Risiken des Instituts unter Berücksichtigung des Entwicklungsstandes der Verfahren des Risikomanagements und des Risikoprofils.[510] Zudem sind auch der zukünftige Kapitalbedarf aufgrund der strategischen Ziele, eine mögliche negative Entwicklung von Eigenkapitalpositionen, das erforderliche Kapitalniveau und die Kapitalquellen bei der Beurteilung zu berücksichtigen.[511]

Die Risikotoleranz, als maximal gewolltes einzugehendes Risiko, ist von der Geschäftsleitung[512] festzulegen sowie ein Regelwerk zur Beurteilung der Risiken einzuführen. Das Institut hat darüber hinaus die Risikotragfähigkeit als systematische Gegenüberstellung von Risiken und interner Kapitalausstattung zu entwickeln und einen Überwachungsprozess zu implementieren.[513] Zudem sind die Verfahren und Abläufe des ICAAP ausreichend zu dokumentieren und die institutsweite Funktionsfähigkeit der Prozesse durch Einbindung in das interne Kontrollsystem sicherzustellen. Dabei stehen die Unabhängigkeit des Risikocontrollings, das als zentrale Organisationseinheit die Risikotragfähigkeit ermittelt, sowie die Prüfung der Prozesse durch die Interne Revision im Mittelpunkt.[514] Als Grundlage zur Beurteilung der internen Kapitalausstattung hat das Institut als Risikosteuerungs- und -controllingprozesse, im Einzelnen für die Identifikation, Messung und Kommunikation der Risiken, geeignete Grundsätze und Verfahren zu implementieren, eine Quantifizierung der Risiken vorzunehmen und Verfahren zur Einhaltung der Ziele zur Kapitalausstattung einzurichten.[515]

---

509 Vgl. Basel Committee on Banking Supervision (Hrsg.) (2006), Rn. 727.

510 Vgl. Basel Committee on Banking Supervision (Hrsg.) (2006), Rn. 728.

511 Vgl. Basel Committee on Banking Supervision (Hrsg.) (2006), Rn. 729.

512 Der Baseler Ausschuss spricht an dieser Stelle von der Zuständigkeit des obersten Verwaltungsorgans, wobei der Ausschuss darauf hinweist, dass je nach Land Unterschiede bei der Bezeichnung der Institutsorgane bestehen können. Insofern benennt der Ausschuss nicht konkrete Organe, sondern skizziert Funktionen im Institut. Vgl. Basel Committee on Banking Supervision (Hrsg.) (2006), Fn. 173.

513 Vgl. Basel Committee on Banking Supervision (Hrsg.) (2006), Rn. 730.

514 Vgl. Loeper (2004), S. 268 f. und Basel Committee on Banking Supervision (Hrsg.) (2006), Rn. 730.

515 Vgl. Basel Committee on Banking Supervision (Hrsg.) (2006), Rn. 731.

Zur Beurteilung der Zinsänderungsrisiken des Anlagebuches, als ein aus Sicht des Baseler Ausschusses regelmäßig wesentliches Risiko,[516] haben die Institute mindestens ein Messverfahren[517] für alle wesentlichen zinssensitiven Positionen einzuführen. Die Dokumentation hat die Annahmen und Wirkungsweisen des Messverfahrens zu enthalten.[518] Die Geschäftsleitung hat die Angemessenheit und die Vollständigkeit der Messung sicherzustellen und dabei die Qualität der zugrunde liegenden Daten sowie die Annahmen des verwendeten Modells zu berücksichtigen.[519]

Die Überwachung und die Berichterstattung sollen es der Geschäftsleitung und dem Aufsichtsorgan ermöglichen, die Auswirkungen der Risikopositionen und Veränderungen des Risikoprofils auf das interne Kapital einzuschätzen sowie die Sensitivität und die Schlüssigkeit der zentralen Annahmen, die laufende Einhaltung der Risikotragfähigkeit und die Übereinstimmung mit den strategischen Zielen zu beurteilen. Darüber hinaus soll ein zukünftiger Anstieg der Kapitalanforderung oder die Notwendigkeit zur Änderung der strategischen Planung und Zielsetzungen erkannt werden.[520] Die Geschäftsleitung hat zudem sicherzustellen, dass die internen Kontrollen in Bezug auf das Risikomanagement angemessen sind.[521] Das Institut hat regelmäßig zu überprüfen, dass die eingesetzten Verfahren ausreichend genau, stabil und begründet sind. Die Überprüfung hat im Einzelnen auch die Beurteilung des Risikotragfähigkeitskonzeptes im Hinblick auf Art, Umfang und Komplexität der Geschäfte, die Risikokonzentrationen, wie beispielsweise Großkredite, die Genauigkeit und die Vollständigkeit der zur Risikomessung verwendeten Daten, die Schlüssigkeit und die Nachvollziehbarkeit der in

---

516 Gleichwohl der Baseler Ausschuss befürwortet, das Zinsänderungsrisiko auch im regulatorischen Kapital in der Säule I zu erfassen, wird die Aufnahme in die Säule I aufgrund der heterogenen Messverfahren der Institute letztendlich verworfen. Vgl. Basel Committee on Banking Supervision (Hrsg.) (2006), Rn. 762 und siehe Kapitel 2.3.3.2. Die Frage einer zukünftigen Einbeziehung der Zinsänderungsrisiken im Anlagebuch in die Säule I wird ebenfalls von der Deutschen Bundesbank ins Spiel gebracht, wobei eine Einigung auf internationaler Ebene die Voraussetzung hierfür bildet. Vgl. o. V. (2012a), S. 65.

517 Die Parameter sind vor allem die Zinsbindung, der Nominalbetrag, der Zinssatz und bei der barwertigen Betrachtung Höhe und Zeitpunkt der Zahlungsströme.

518 Vgl. Basel Committee on Banking Supervision (Hrsg.) (2006), Rn. 739.

519 Vgl. Basel Committee on Banking Supervision (Hrsg.) (2006), Rn. 740.

520 Vgl. Basel Committee on Banking Supervision (Hrsg.) (2006), Rn. 743 und Loeper (2004), S. 269.

521 Vgl. Basel Committee on Banking Supervision (Hrsg.) (2006), Rn. 744.

der Risikomessung verwendeten Szenarien, die Stresstests für außergewöhnliche Situationen sowie die Annahmen und die Parameter zu umfassen.[522]

Da die Messung der Zinsänderungsrisiken im Anlagebuch auf der Grundlage der institutsindividuellen Modelle erfolgt, haben die Institute ergänzend einen standardisierten Zinsschock zu ermitteln und dessen barwertige Ergebnisse im Verhältnis zur regulatorischen Kapitalausstattung zu ermitteln[523] und somit der Aufsicht auch vergleichbare Risikowerte zu melden. Falls der barwertige Verlust mehr als 20 % der aufsichtlichen Kapitalausstattung des Instituts beträgt, ist das Institut als Institut mit erhöhtem Zinsänderungsrisiko zu klassifizieren und löst weitergehende Meldepflichten aus.[524]

Der zweite Grundsatz als Teil des SREP richtet sich an die nationale Aufsicht, die die vom Institut implementierten Strategien und Verfahren zur Beurteilung der Angemessenheit der internen Kapitalausstattung, das heißt die Verfahren des ICAAP, zu überprüfen hat. Es sind darüber hinaus die Prozesse, die die Erhaltung der aufsichtlichen Mindestkapitalausstattung sicherstellen sollen, in die Überprüfung einzubeziehen.[525] Die Aufsicht hat dabei über ein bloßes Nachvollziehen der Berechnung hinaus auch eine qualitative Beurteilung des eingesetzten Verfahrens zur Identifikation, Quantifizierung und Beurteilung der Kapitalausstattung vorzunehmen.[526]

Hinsichtlich der Identifikation ist festzustellen, ob „alle für das Institut materiell relevanten Risiken erfasst sind“[527]. Zur Quantifizierung und Beurteilung der Kapitalausstattung ist durch die Aufsicht die logische Konsistenz der Ermittlung der Risiken und der Unterlegung des internen Kapitals zu prüfen.[528] Hinsichtlich

522 Vgl. Basel Committee on Banking Supervision (Hrsg.) (2006), Rn. 745.

523 Vgl. Basel Committee on Banking Supervision (Hrsg.) (2006), Rn. 763 und siehe Kapitel 2.3.3.4.

524 Der Baseler Ausschuss verwendet noch den Begriff Ausreißerinstitut, der von der BaFin mit dem Rundschreiben 11 / 2011 (BA) abgelöst wurde. Vgl. Basel Committee on Banking Supervision (Hrsg.) (2006), Rn. 764 und siehe Kapitel 2.3.3.4.

525 Vgl. Loeper (2004), S. 271 und Basel Committee on Banking Supervision (Hrsg.) (2006), Rn. 745 f.

526 Vgl. Loeper (2004), S. 272. Umzusetzen ist dies beispielsweise durch Vor-Ort-Prüfungen und Analysen. Vgl. hierzu Basel Committee on Banking Supervision (Hrsg.) (2006), Rn. 746 sowie Kapitel 2.2.4.2. Den Analysen kommt bei der Aufdeckung möglicher Fehler in der Methodik oder in den Annahmen eine besondere Bedeutung zu, da diese erhebliche Auswirkungen auf die Beurteilung der Kapitalausstattung haben können. Vgl. Basel Committee on Banking Supervision (Hrsg.) (2006), Rn. 747.

527 Loeper (2004), S. 272.

528 Vgl. Loeper (2004), S. 272.

der operativen Prozesse ist die tatsächliche Verwendung der intern definierten Risikomessgrößen und Limite sicherzustellen.[529] Außerdem hat die Aufsicht die Einbindung des ICAAP in die Geschäftspolitik, wie zum Beispiel bei der Anpassung der Geschäftsstrategie, und in die internen Risikosteuerungs- und -controllingprozesse zu beurteilen.[530] Die Prüfung erstreckt sich in diesem Zusammenhang auf die Überwachungs- und Überprüfungsprozesse der Strategien durch die Geschäftsleitung und umfasst ebenso die Vorsorge für unerwartete Ereignisse und deren Einfluss auf die Kapitalausstattung.[531]

Weitere Kriterien zur Beurteilung sind die Wirksamkeit der Überwachungsprozesse und der Prozesse zur Berichterstattung, die Funktionstrennung bei den Kontrollen des ICAAP, die Einbindung der Geschäftsleitung sowie die konsistente Festlegung der risikobegrenzenden Limite in der Steuerung.[532] Insgesamt sind die Anforderungen der Aufsicht, insbesondere zu Risikomanagementstandards und Offenlegungsvorschriften, als Mindestanforderungen zu formulieren, die dann wiederum die Grundlage der Beurteilung der Aufsicht bilden.[533]

Der dritte Grundsatz formuliert als Teil des ICAAP die Erwartung der Aufsicht an die Institute, dass diese eine Kapitalausstattung oberhalb des aufsichtlichen Mindestkapitals vorhalten sollen.[534] So führt *Loeper* als Argument für eine höhere Kapitalausstattung die gebremsten Expansionsmöglichkeiten einhergehend mit der erhöhten Gefahr einer Unterschreitung der aufsichtlichen Mindestkapitalanforderung an, wenn das Institut nur knapp oberhalb der Grenze liegt. Darüber hinaus ist die Aufnahme von Eigenkapital im Falle von widrigen Marktbedingungen oder in Unternehmenskrisen schwieriger als unter normalen Bedingungen. Auch ist das Vorhalten einer höheren Eigenmittelquote zur Erreichung eines besseren externen Ratings ein Wettbewerbsfaktor der Institute.[535]

---

529 Vgl. Basel Committee on Banking Supervision (Hrsg.) (2006), Rn. 748.

530 Vgl. Loeper (2004), S. 272 f.

531 Vgl. Basel Committee on Banking Supervision (Hrsg.) (2006), Rn. 749 f.

532 Vgl. Loeper (2004), S. 273. Zudem sind auch Auswirkungen von Konjunkturzyklen und das makroökonomische Umfeld zu berücksichtigen. Vgl. Basel Committee on Banking Supervision (Hrsg.) (2006), Rn. 752.

533 Die Mindestanforderungen sind integraler Bestandteil der Säule II. Vgl. Basel Committee on Banking Supervision (Hrsg.) (2006), Rn. 753 ff. und siehe Kapitel 2.3.3.3.

534 Vgl. Basel Committee on Banking Supervision (Hrsg.) (2006), Rn. 756.

535 Vgl. Loeper (2004), S. 270 und Basel Committee on Banking Supervision (Hrsg.) (2006), Rn. 757 Buchstabe a.

Ergänzend muss die Aufsicht über die Möglichkeit verfügen, dafür Sorge zu tragen, dass die aufsichtliche Kapitalausstattung angemessen ist.[536] So ist ein mögliches Mittel die Anordnung einer höheren aufsichtlichen Mindestkapitalquote, die der BaFin nach § 10 Abs. 1b KWG einräumt wird.[537] Der § 10 Abs. 1b KWG nennt zur Anordnung erhöhter Kapitalanforderungen als Gründe insbesondere:

„1. um solche Risiken zu berücksichtigen, die nicht oder nicht im vollem Umfang Gegenstand [der aufsichtlichen Kapitalanforderungen, Anm. d. Verf.] ... sind,
2. wenn die Risikotragfähigkeit eines Instituts nicht gewährleistet ist,
3. um den Aufbau eines zusätzlichen Eigenmittelpuffers für Perioden des wirtschaftlichen Abschwungs sicherzustellen oder
4. um einer besonderen Geschäftssituation des Instituts ... Rechnung zu tragen.“[538]

Der vierte Grundsatz formuliert die Anforderungen an die Aufsicht, präventiv einzugreifen, um ein Absinken des Eigenkapitals unter die Mindestanforderungen sicherzustellen. So hat die Aufsicht Gegenmaßnahmen vom Institut zu fordern, um die notwendige Kapitalausstattung wiederherzustellen.[539] Bei der Auswahl der Maßnahmen[540] ist dabei von der Aufsicht die unter den jeweiligen Umständen und dem Umfeld des Instituts geeigneteste Maßnahme zu wählen.[541]

---

536 Vgl. Basel Committee on Banking Supervision (Hrsg.) (2006), Rn. 758.

537 Höhere regulatorische Kapitalanforderungen können im Einzelfall angewandt werden, wenn die eingesetzten Verfahren des Risikomanagements unangemessen sind und andere, mildere Maßnahmen keine zeitnahe Abhilfe versprechen. Vgl. Loeper (2004), S. 271.

538 § 10 Abs. 1b KWG.

539 Vgl. Loeper (2004), S. 274 und Basel Committee on Banking Supervision (Hrsg.) (2006), Rn. 758.

540 Im Hinblick auf die Möglichkeiten der BaFin zur Verhängung von Maßnahmen vgl. unter anderem § 10 Abs. 1b KWG zu erhöhten aufsichtlichen Kapitalanforderungen, § 35 KWG zur Aufhebung der Erlaubnis, § 36 KWG zur Abberufung von Geschäftsleitern und §§ 45 bis 48 KWG zu besonderen Maßnahmen, wie der Verhängung von Moratorien.

541 Das kann im Einzelfall anstatt einer erhöhten regulatorischen Kapitalanforderung ebenfalls eine intensivere Überwachung durch die Aufsicht oder die Verbesserung des Risikomanagements sein. Vgl. Basel Committee on Banking Supervision (Hrsg.) (2006), Rn. 759 f. Die Aufsicht setzt ferner zur Abwägung der Maßnahmen zur Beaufsichtigung ein internes Bankenrating mit einer quantitativen und qualitativen Komponente zur Risikoklassifikation ein, das mit allen übrigen Informationen in einem Risikoprofil des Instituts zusammengeführt wird. Vgl. Luz / Maaß (2011), S. 418 ff.

Die Säule III[542] enthält detaillierte Offenlegungspflichten in Bezug auf das Eigenkapital, die Risikoaktiva und das Risikomanagement der Kreditinstitute. Die Inhalte der Veröffentlichungen sollen die Vergleichbarkeit der Institute erleichtern und die Markttransparenz erhöhen. Insbesondere die geforderte grundsätzlich halbjährliche Berichterstattung dürfte an nicht börsennotierte Kreditinstitute neue Anforderungen stellen. Die Art und Weise der Veröffentlichung wird den Kreditinstituten überlassen.[543]

2.3.1.2 Prinzipien zum Zinsänderungsrisikomanagement

Die Principles for the Management and Supervision of Interest Rate Risk mit den fünfzehn vom Baseler Ausschuss formulierten Prinzipien zum Zinsänderungsrisikomanagement wurde nach mehrjährigen Konsultationen im Jahr 2004 verabschiedet und veröffentlicht.[544] Bei der Überarbeitung der Prinzipien wurden die Entwicklungen zur Säule II von Basel II berücksichtigt. Zudem löste das Baseler Zinsänderungsrisikopapier die vorangegangenen Konsultationspapiere des Ausschusses ab.[545]

Die in Prinzipien niedergelegten Vorgaben des Ausschusses differenzieren grundlegend nicht nach der Behandlung der Geschäfte in der Rechnungslegung, sondern erfassen die Zinsänderungsrisiken des Handels- und Anlagebuches auf einer aggregierten Basis.[546] Die Prinzipien basieren auf Erfahrungen aus der Praxis international tätiger Institute und sollen allgemeine Geltung für derartige Institute

---

Im Gegensatz hierzu sieht *Andrae* das Risikoklassifikationssystem sogar als dritten Bestandteil neben ICAAP und SREP, wobei der SREP ein risikoadäquates Vorgehen bei der Ergreifung der Maßnahmen von der Aufsicht erwartet. Vgl. Andrae (2006), S. 16.

542 Die Umsetzung in Deutschland erfolgte im § 26a KWG sowie der SolvV. Vgl. Gschrey (2009), S. 21.

543 Vgl. Dahms / Grelck (2004), S. 157 ff. sowie zu einer weitergehenden Darstellung bei Hillen (2011), 521 ff.

544 Vgl. Basel Committee on Banking Supervision (Hrsg.) (2004), S. 1. Das Papier wird nachfolgend auch als Baseler Zinsänderungsrisikopapier bezeichnet.

545 Dem Papier gingen Prinzipien zum Zinsänderungsrisiko aus den Jahren 1993 sowie 1997 voraus. Vgl. Rassat (2012), S. 26. Ferner sind auch Inhalte aus der Risk Management Guidelines for Derivatives aus dem Juli 1994 bei der Überarbeitung berücksichtigt worden. Vgl. Basel Committee on Banking Supervision (Hrsg.) (2004), S. 1.

546 Vgl. Basel Committee on Banking Supervision (Hrsg.) (2004), S. 1. Hiervon ausgenommen sind einzelne Anforderungen wie beispielsweise die Berechnung eines Zinsschocks im Anlagebuch, die sich nur auf einen Teil der Zinsänderungsrisiken

entwickeln. Mit dem am 1. Januar 2007 erfolgtem Inkrafttreten von Basel II sind die Prinzipien somit als Mindeststandards für international tätige Institute anzusehen,[547] wobei eine unmittelbare rechtliche Verbindlichkeit der Vorgaben des Baseler Ausschusses für die deutschen Institute nicht gegeben ist.[548] Stattdessen sind die Anforderungen des Baseler Ausschusses als Empfehlung an die international tätigen Institute zu verstehen.[549]

Die Prinzipien sollen die Beurteilung der Angemessenheit und Wirksamkeit des Zinsänderungsrisikomanagements und damit die Stabilität des internationalen Finanzsystems fördern.[550] Das Zinsänderungsrisikomanagement hat grundsätzlich alle Konzerngesellschaften zu berücksichtigen.[551] Die jeweiligen Anforderungen zum Zinsänderungsrisikomanagement und zu den einzelnen Phasen des Risikomanagementprozesses sind in Abhängigkeit von Art, Umfang und Komplexität der eingegangenen Zinsänderungsrisiken durch die Institute zu erfüllen.[552] Art, Umfang und Komplexität der eingegangenen Zinsänderungsrisiken sind daher zu bestimmen und von der Aufsicht geeignete Reaktionen auf das festgestellte Risiko zu entwickeln.[553] So kann eine mögliche Reaktion auf erhöhte Risiken in zusätzlichen Eigenkapitalanforderungen liegen, die von der nationalen Aufsicht angeordnet wird.[554]

Die Prinzipien befassen sich nicht mit der konkreten Ausgestaltung der aufsichtlichen Maßnahmen zur Informationsbeschaffung, wie beispielsweise Vor-Ort-Prüfungen bei Instituten oder die Einbindung des Abschlussprüfers. Die Entscheidung über

---

beziehen. Vgl. Basel Committee on Banking Supervision (Hrsg.) (2004), S. 2 sowie Kapitel 2.3.3.4.

547 Vgl. Basel Committee on Banking Supervision (Hrsg.) (2004), S. 1.

548 Vgl. Rassat (2012), S. 25 f. Der Ausschuss hat keine Kompetenz rechtlich verbindliche Normen zu erlassen. Vgl. Basel Committee on Banking Supervision (Hrsg.) (2009), S. 1. Vielmehr bilden die Vorgaben des Baseler Ausschusses eine Vorlage für die europäischen Vorgaben zur Bankenaufsicht und deren nationaler Umsetzung. Siehe Kapitel 2.3.2. und 2.3.3.

549 Vgl. Reuse (2012a), S. 15. Über die nationalen und europäischen Vorgaben hinausgehende Anforderungen des Baseler Ausschusses können im Einzelfall gegebenenfalls eine unmittelbare Geltung über die Proportionalität „nach oben" gemäß AT 1 Tz. 2 MaRisk entwickeln. Siehe Kapitel 2.3.3.3.1.

550 Vgl. Basel Committee on Banking Supervision (Hrsg.) (2004), S. 2.

551 Vgl. Basel Committee on Banking Supervision (Hrsg.) (2004), S. 8.

552 Vgl. Basel Committee on Banking Supervision (Hrsg.) (2004), S. 8.

553 Vgl. Basel Committee on Banking Supervision (Hrsg.) (2004), S. 2.

554 Vgl. Basel Committee on Banking Supervision (Hrsg.) (2004), S. 2 und siehe Kapitel 2.3.3.4.

Form und Umfang der aufsichtlichen Maßnahmen zur Beaufsichtigung verbleibt daher bei der jeweiligen Aufsicht.[555]

Die Prinzipien des Baseler Ausschusses definieren Zinsänderungsrisiken als Gefahr einer Änderung von Zinssätzen, die zu einer negativen Änderung von Barwerten der Zahlungsströme der Vermögensgegenstände, der Verbindlichkeiten sowie der außerbilanziellen Geschäfte führen. Dies schließt eine unmittelbare negative Änderung der Höhe des Zahlungsstromes, soweit dieser von Zinssätzen abhängig ist, mit ein.[556] Wesentliche Ausprägungen des Zinsänderungsrisikos sind das Prolongationsrisiko,[557] das Zinsstrukturkurvenrisiko, das Basisrisiko und das Optionsrisiko.[558]

Die folgende Abbildung gibt die Struktur der Prinzipien des Baseler Ausschusses wieder:

Abbildung 11: Struktur der Prinzipien des Baseler Ausschusses

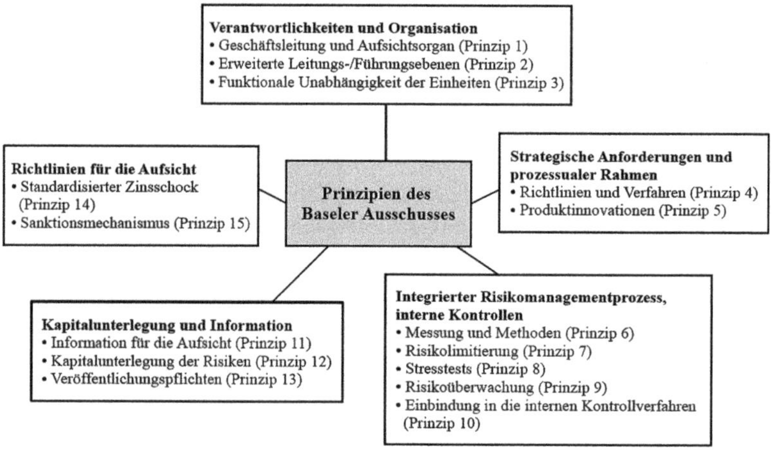

Quelle: In Anlehnung an Österreichische Nationalbank / Finanzmarktaufsicht (Hrsg.) (2008), S. 14.

Die ersten drei Prinzipien befassen sich mit der Verantwortlichkeit der Geschäftsleitung, der Aufsichtsgremien und der erweiterten Führungsebenen hinsichtlich

555 Vgl. Basel Committee on Banking Supervision (Hrsg.) (2004), S. 2.

556 Vgl. Basel Committee on Banking Supervision (Hrsg.) (2004), S. 3.

557 Dies wird auch als Neufestsetzungsrisiko bezeichnet. Vgl. Hannemann / Schneider (2010), S. 733.

558 Vgl. Basel Committee on Banking Supervision (Hrsg.) (2004), S. 5 f., Hannemann / Schneider (2010), S. 733 und siehe Kapitel 2.1.3.

der Beaufsichtigung des Zinsänderungsrisikomanagements und der Organisationsstrukturen.[559]

Gemäß dem ersten Prinzip ist die Geschäftsleitung für das Verstehen von Art und Umfang der eingegangenen Zinsänderungsrisiken verantwortlich.[560] Die Geschäftsleitung soll umfassende Vorgaben zur Steuerung und Überwachung der festgestellten Risiken in den Strategien und in weitergehenden Richtlinien verabschieden.[561] Sie hat detaillierte und zeitnahe Informationen zur Identifizierung, Messung und Überwachung zu erhalten. Ferner kann der Prozess auf ein untergeordnetes Gremium delegiert werden.[562] Der Turnus der Durchführung des Risikomanagementprozesses ist in Abhängigkeit vom Umfang der komplexen Finanzinstrumente zu wählen.[563]

Das zweite Prinzip erfasst die Verantwortlichkeit für die Steuerung der Zinsänderungsrisiken und für das Setzen geeigneter Rahmenbedingungen durch die Führungsebenen des Instituts („Senior Management“). So sind durch das Senior Management geeignete Richtlinien und Verfahren einzurichten, um die Risiken zu begrenzen und zu kontrollieren. Im Einzelnen werden vom Baseler Ausschuss angemessene Limite zur Risikobegrenzung der Zinsänderungsrisiken im Anlagebuch, adäquate Systeme und Vorgaben zu deren Messung, Vorgaben zur Bewertung der einzelnen Geschäfte und zur Ermittlung des laufenden Ergebnisses, Prozesse zur Berichterstattung und Überprüfung des Zinsänderungsrisikomanagements

559 Der Ausschuss adressiert die Anforderungen im englischen Originaltext jeweils an das Board of Directors, das je nach Auslegung und Rechtsform auch eine erweiterte Geschäftsleitung beziehungsweise ein ausschließliches Aufsichtsgremium sein kann, und an das Senior-Management, das neben einer Geschäftsleitung auch untergeordnete Führungsebenen umfassen kann. Generell hat der Ausschuss keine konkrete Rechtsform angesprochen, sodass die einzelnen Funktionen, wie zum Beispiel die Überwachungsfunktion, neben der Geschäftsleitung auch sinngemäß auf ein Aufsichtsgremium anzuwenden ist. Gleiches gilt auch bei der Abgrenzung der Aufgaben der erweiterten Führungsebene und der Geschäftsleitung. Vgl. Basel Committee on Banking Supervision (Hrsg.) (2004), Fn. 6.

560 Vgl. Basel Committee on Banking Supervision (Hrsg.) (2004), S. 9.

561 Vgl. Basel Committee on Banking Supervision (Hrsg.) (2004), S. 9.

562 Vgl. Basel Committee on Banking Supervision (Hrsg.) (2004), S. 9.

563 Generell sollte die Geschäftsleitung zudem die erweiterten Führungsebenen (Senior Management) einbinden, um insbesondere die für die Beurteilung notwendige Detailkenntnis der gehandelten Instrumente, rechtlicher Einzelheiten sowie der Risikomanagementtechniken- und -messkonzepte sicherzustellen. Vgl. Basel Committee on Banking Supervision (Hrsg.) (2004), S. 9 f.

sowie allgemein ein effektives internes Kontrollsystem gefordert, für die das Senior Management verantwortlich ist.[564]

Die Berichterstattung hat alle für eine Risikobeurteilung erforderlichen Informationen zu enthalten, damit die Geschäftsleitung und Führungsebenen die Abhängigkeiten des Instituts von Marktparametern und anderen wichtigen Risikofaktoren einschätzen können.[565] Außerdem wird gefordert, dass die Risikoanalyse und Risikomessung von fachlich geeignetem Personal, das über das notwendige Fachwissen und die erforderliche Erfahrungen verfügen muss, durchgeführt wird. Gradmesser für die qualitative Anforderung[566] an die fachliche Eignung ist die Konsistenz zu Art und Umfang der Risiken des Instituts. Neben der fachlichen Anforderung gilt für die quantitative Personalausstattung, dass bei zeitlich begrenzter Abwesenheit von einzelnen Mitarbeitern die Prozesse aufrechterhalten werden sollen.[567]

Das Institut hat entsprechend dem dritten Prinzip für alle Phasen des Risikomanagements Verantwortlichkeiten festzulegen. Es hat darüber hinaus mit hinreichender Sicherheit sicherzustellen, dass alle Aktivitäten des Instituts und alle Aspekte des Zinsänderungsrisikos im Risikomanagementprozess abgedeckt sind.[568] Ferner legt das Prinzip fest, dass eine angemessene Funktionstrennung im Institut zu implementieren ist, um Interessenkonflikte zu vermeiden. So müssen die Einheiten, die die Messung und Überwachung der Risiken durchführen, zur Erfüllung ihrer Aufgabe eine ausreichende Unabhängigkeit von Einheiten mit Positions- und Steuerungsverantwortung aufweisen.[569] Die Funktionstrennung muss beispielsweise durch organisatorische Maßnahmen und Aufgabenteilung[570] dafür sorgen,

---

564 Vgl. Basel Committee on Banking Supervision (Hrsg.) (2004), S. 10.

565 Vgl. Basel Committee on Banking Supervision (Hrsg.) (2004), S. 10.

566 Ferner muss das Personal, das mit der Messung, Überwachung und Kontrolle befasst ist, die verschiedenen Formen des Zinsänderungsrisikos, denen das Institut ausgesetzt ist, verstanden haben. Vgl. Basel Committee on Banking Supervision (Hrsg.) (2004), S. 11.

567 Vgl. Basel Committee on Banking Supervision (Hrsg.) (2004), S. 10.

568 Vgl. Basel Committee on Banking Supervision (Hrsg.) (2004), S. 10 f.

569 Vgl. Basel Committee on Banking Supervision (Hrsg.) (2004), S. 3, S. 8 und S. 11.

570 Maßnahmen können im Einzelnen zum Beispiel eine Funktionstrennung von steuernden und überwachenden Einheiten bis in die Geschäftsleitung oder zumindest von der Steuerung unabhängige Kontrollen der Ergebnisse sein. Bei größeren Instituten oder Instituten mit komplexerer Risikostruktur sollten Entwicklung und Überwachung als Bestandteil des internen Kontrollsystems in jedem Fall organisatorisch von der Steuerung getrennt sein. Vgl. Basel Committee on Banking Supervision (Hrsg.) (2004), S. 11.

dass die Einheiten mit Steuerungs- und Positionsverantwortung auf die zentralen Kontrollfunktionen, wie die Entwicklung von Methoden, die Durchsetzung der internen Richtlinien und die Berichterstattung an die Geschäftsleitung und Aufsichtsgremien, keinen unangemessenen Einfluss ausüben können.[571]

Das vierte und fünfte Prinzip des Baseler Ausschusses befassen sich mit der Adäquanz der Richtlinien und Verfahren des Zinsänderungsrisikomanagements sowie dem Umgang mit Produktinnovationen. Die Richtlinien und Verfahren zur Limitierung und Kontrolle der Zinsänderungsrisiken sind entsprechend dem vierten Prinzip eindeutig zu definieren. Die Risikobegrenzung hat auf konsolidierter Basis aller Konzerngesellschaften zu erfolgen,[572] um ein Gesamtbild der Risikosituation zu erlangen.[573] Der Ausschuss weist zudem darauf hin, dass bei der Verrechnung von entgegengesetzten Risikopositionen unterschiedlicher Konzerngesellschaften auch eine Unterschätzung des Gesamtrisikos auftreten kann, da die Risiken und Chancen auf konsolidierter Basis aufgrund einer unterschiedlichen Behandlung in der Rechnungslegung sich nicht ausgleichen.[574] Insofern sind neben der Sicht auf die konsolidierte Konzernebene weitergehende, ergänzende Betrachtungen und Begrenzungen der Risiken auf Ebene der einzelnen Konzerngesellschaften notwendig.

Innerhalb der Richtlinien und Verfahren hat das Institut auch die Steuerungsverantwortung im Hinblick auf die zu treffenden Entscheidungen zur Umsetzung der Strategie zu skizzieren. Zusätzlich sollte in diesem Zusammenhang festgelegt werden, welche Instrumente überhaupt zulässig und welche jeweiligen Strategien[575] erlaubt sind.[576] Für die effektive Begrenzung sind quantitative Kennzahlen festzulegen, die ein vom Institut definiertes Niveau des akzeptablen Zinsänderungsrisikos (Risikotoleranz) widerspiegeln.[577] Die Begrenzung in Form eines Limitsystems sollte, sofern dies zweckmäßig ist, weiter nach Instrumenten, Portfolien beziehungsweise Geschäftsaktivitäten unterteilt werden.[578] Dabei bleibt es

---

571 Vgl. Basel Committee on Banking Supervision (Hrsg.) (2004), S. 11.

572 Vgl. Basel Committee on Banking Supervision (Hrsg.) (2004), S. 12.

573 Vgl. Basel Committee on Banking Supervision (Hrsg.) (2004), S. 8.

574 Vgl. Basel Committee on Banking Supervision (Hrsg.) (2004), S. 8.

575 Zum Beispiel können bestimmte Instrumente lediglich zur Schließung von Risikopositionen (Hedging) oder alternativ zur Nutzung von Marktopportunitäten (Positionsaufbau) eingesetzt werden. Vgl. Basel Committee on Banking Supervision (Hrsg.) (2004), S. 12.

576 Vgl. Basel Committee on Banking Supervision (Hrsg.) (2004), S. 12.

577 Vgl. Basel Committee on Banking Supervision (Hrsg.) (2004), S. 12.

578 Vgl. Basel Committee on Banking Supervision (Hrsg.) (2004), S. 12.

dem Institut überlassen, die Risikotoleranz sowie die zugelassenen Instrumente und Strategien einheitlich für den gesamten Konzern oder jeweils für die einzelnen Gesellschaften separat festzulegen.[579] Die der Limitierung zugrunde liegenden Richtlinien müssen durch das Institut regelmäßig überprüft und gegebenenfalls angepasst werden. Zudem haben diese Regelungen, Eskalationsprozesse und Kompetenzen für den Fall von Überschreitungen der gesetzten Begrenzung zu enthalten.[580]

Für neuartige Produkte beziehungsweise Geschäftsaktivitäten sind die Zinsänderungsrisiken zu identifizieren und im Risikomanagementprozess sowie den Strategien angemessen vor Geschäftsaufnahme zu berücksichtigen (fünftes Prinzip).[581]

Die Prinzipien sechs bis neun regeln die Risikomessungs-, Risikoüberwachungs- und Risikokontrollfunktion. Das zehnte Prinzip des Baseler Ausschusses befasst sich in diesem Zusammenhang mit der übergreifenden Einbindung des Zinsänderungsrisikomanagements in das interne Kontrollsystem des Instituts.

Gemäß dem sechsten Prinzip haben die Banken im Rahmen ihres Systems zur Messung der Zinsänderungsrisiken alle wesentlichen Ursachen[582] des Risikos abzudecken. Die Ausgestaltung des Systems muss dabei dem Umfang der Geschäftsaktivitäten entsprechen.[583] Das Messsystem hat die Effekte auf die Ertragslage als auch auf die barwertige Perspektive zu erfassen. Es sind dabei neben den Vermögensgegenständen und Verbindlichkeiten auch außerbilanzielle Geschäfte zu berücksichtigen.[584]

Der Baseler Ausschuss stellt in seinen Erläuterungen zum sechsten Prinzip zudem fest, dass hinsichtlich der Ansätze zur Messung der Zinsänderungsrisiken[585]

579 Vgl. Basel Committee on Banking Supervision (Hrsg.) (2004), S. 12.

580 Vgl. Basel Committee on Banking Supervision (Hrsg.) (2004), S. 12.

581 Vgl. Basel Committee on Banking Supervision (Hrsg.) (2004), S. 12 f.

582 Im Einzelnen sind dies Prolongationsrisiken, Zinsstrukturkurvenrisiken und Basisrisiken. Auch Positionen aus Optionen sowie Konzentrationen des Zinsänderungsrisiken sind im Messsystem zu berücksichtigen. Vgl. Basel Committee on Banking Supervision (Hrsg.) (2004), S. 14 sowie Kapitel 2.1.3.

583 Vgl. Basel Committee on Banking Supervision (Hrsg.) (2004), S. 14.

584 Dies gilt unabhängig von der Zuordnung zum Handels- oder Anlagebuch. Vgl. Basel Committee on Banking Supervision (Hrsg.) (2004), S. 14.

585 Das Zinsänderungsrisiko sollte unabhängig von einer gegebenenfalls getrennten Steuerung des Handels- und Anlagebuchs unter anderem für die Überwachung der Gesamtrisikoposition und auch für Zwecke der Beaufsichtigung durch die Aufsichtsbehörden einheitlich im Sinne eines integrierten Zinsänderungsrisikomanagements betrachtet werden. Vgl. Basel Committee on Banking Supervision (Hrsg.) (2004), S. 21.

eine breite Palette an Ansätzen zur Verfügung steht, die unterschiedlich komplex sind.[586] Für die Institute mit komplexeren Risikoprofilen beziehungsweise komplexeren Geschäften hat der Ausschuss die Erkenntnis gewonnen, dass diese vielfach Simulationen[587] im Einsatz haben.[588] Bei der Wahl des Modells hat das Institut allerdings zu beachten, dass der Detaillierungsgrad den Anforderungen auf Basis der Komplexität und Umfang der jeweiligen Risiken entspricht.[589] Die dem verwendeten Modell zugrunde liegenden Annahmen sind ausreichend zu dokumentieren,[590] der Geschäftsleitung, dem Aufsichtsorgan und den Führungsebenen zur Kenntnis zu geben sowie grundlegend hinsichtlich ihrer Gültigkeit zu untersuchen. Darüber hinaus sind die zentralen Annahmen jährlich zu überprüfen und neu zu bewerten.[591] Das Modell ist insgesamt einer Untersuchung der Prognosegenauigkeit zu unterziehen.[592]

Außerdem haben die Institute im Risikomesssystem sowohl Veränderungen der Zinssätze sowie auch der Korrelationen der Zinssätze zu berücksichtigten und die jeweiligen potentiellen Auswirkungen zu berechnen. Dabei sollten die Veränderungen der Parameter stark genug sein, um die Risiken der gehaltenen Positionen offenzulegen.[593]

Das Institut hat entsprechend den Vorgaben des siebten Prinzips Limite beziehungsweise andere Formen der Begrenzung der Zinsänderungsrisiken zu

---

586 Vgl. Basel Committee on Banking Supervision (Hrsg.) (2004), S. 14. Im Einzelnen werden einfachere Ansätze, wie die Zinsbindungsbilanz bis hin zu komplexeren statischen und dynamischen Simulationen, behandelt. Vgl. Basel Committee on Banking Supervision (Hrsg.) (2004), S. 14 f., Anhang 1 S. 27 ff. und Kapitel 2.1.4.

587 Siehe zu einer weitergehenden Darstellung der Simulationsansätze in Kapitel 2.1.4.2.2.

588 Vgl. Basel Committee on Banking Supervision (Hrsg.) (2004), S. 15.

589 Vgl. Basel Committee on Banking Supervision (Hrsg.) (2004), S. 15.

590 Das Dokumentationserfordernis gilt insbesondere für Annahmen zu Produkten, die entweder komplex sind, Laufzeiten aufweisen, die vom Verhalten Dritter abhängen, sowie Produkten, die in Fremdwährung denomiert sind. Vgl. Basel Committee on Banking Supervision (Hrsg.) (2004), S. 16.

591 Vgl. Basel Committee on Banking Supervision (Hrsg.) (2004), S. 15 f.

592 Vgl. Basel Committee on Banking Supervision (Hrsg.) (2004), S. 15.

593 Vgl. Basel Committee on Banking Supervision (Hrsg.) (2004), S. 15. Die Veränderungen können beispielsweise über spezifische Szenarien umgesetzt werden. Diese Szenarien haben mögliche Bewegungen von Zinssätzen angemessen widerspiegeln, wobei diese sich von Stresstests mit außergewöhnlichen beziehungsweise abrupt ändernden Marktbedingungen deutlich unterscheiden können. Basel Committee on Banking Supervision (Hrsg.) (2004), S. 17.

implementieren, die die Einhaltung der in den internen Richtlinien festgelegten Risikotoleranz als maximal zulässiges Risiko sicherstellen sollen. Dies wird insbesondere ein System von Limiten und Leitlinien erreicht.[594] Das Limitsystem soll die Geschäftsleitung beziehungsweise erweiterte Führungsebene des Instituts in die Lage versetzten, die eingegangenen Risiken zu kontrollieren, eine Diskussion zu Chancen und Risiken zu initiieren und die Risiken im Vergleich zur Risikotoleranz zu überwachen.[595]

Die Limite haben konsistent zum Messansatz des Zinsänderungsrisikos zu sein und sind von der Geschäftsleitung zu genehmigen und regelmäßig zu überprüfen.[596] Die Limite[597] sind generell nach der ergebnisorientierten Perspektive und barwertigen Perspektive zu unterscheiden. Die Höhe der Limite ist entweder aus der maximal tolerierten Abweichung der Ertragslage für die betroffenen Positionen der Gewinn- und Verlustrechnung beziehungsweise aus dem vorhandenen und auf das Zinsänderungsrisiko allokierten internen Kapital[598] abzuleiten. Generell sind die Limite an Umfang und Komplexität der Risikopositionen auszurichten.[599] Limite können für Geschäftsfelder, Portfolien, Geschäftsarten beziehungsweise einzelne Geschäfte festgelegt werden, wobei neben dem Umfang der Risiken auch die jeweiligen Ursachen der Zinsänderungsrisiken zu beachten sind.[600] Bei Überschreitungen der Limite muss die unverzügliche Information der Geschäftsleitung und Führungsebenen auf Basis eines in internen Richtlinien festgelegten Eskalations- und Berichtsprozess sichergestellt sein. Zudem sind in den Richtlinien auch Maßnahmen bei Überschreitungen von Limiten[601] festzulegen.[602]

---

594 Vgl. Basel Committee on Banking Supervision (Hrsg.) (2004), S. 16.

595 Vgl. Basel Committee on Banking Supervision (Hrsg.) (2004), S. 16.

596 Vgl. Basel Committee on Banking Supervision (Hrsg.) (2004), S. 16.

597 Für die Ableitung der Limite können sinnvolle historische Stressszenarien herangezogen werden. Alternativ können Konzepte wie der VaR eine Grundlage der Limitierung bilden. Insgesamt sollten bei der Ableitung alle plausiblen Veränderungen der verschiedenen Ursachen des Zinsänderungsrisikos im Hinblick auf die Positionierung des Instituts untersucht werden. Vgl. Basel Committee on Banking Supervision (Hrsg.) (2004), S. 17.

598 Siehe Kapitel 2.3.1.1.

599 Vgl. Basel Committee on Banking Supervision (Hrsg.) (2004), S. 17.

600 Vgl. Basel Committee on Banking Supervision (Hrsg.) (2004), S. 16 f.

601 Limite sind dahingehend zu unterscheiden, ob diese eine absolute Grenze darstellen oder deren Überschreitung für eine bestimmte Zeit und Höhe toleriert werden kann. Vgl. Basel Committee on Banking Supervision (Hrsg.) (2004), S. 17.

602 Vgl. Basel Committee on Banking Supervision (Hrsg.) (2004), S. 17.

Die Banken haben entsprechend dem achten Prinzip die Anfälligkeit für Verluste in Stresssituationen von Märkten zu untersuchen und deren Ergebnisse[603] bei der Beurteilung der Risiken zu berücksichtigen. Stresssituationen der Märkte resultieren aus außergewöhnlichen und gegebenenfalls sich abrupt ändernden Marktparametern sowie auch aus dem Versagen zentraler Annahmen der eingesetzten Modelle zur Messung des Risikos.[604] Dabei sind die jeweils unterstellten Situationen an das Risikoprofil des Instituts anzupassen, um der Geschäftsleitung und den Führungsebenen unterstützende Informationen für die Steuerung und Überwachung des Zinsänderungsrisikos zu liefern. Neben extremen, weniger wahrscheinlichen Szenarien sind allerdings zusätzlich auch wahrscheinlichere Szenarien zu untersuchen und zu berichten.[605]

Das neunte Prinzip des Baseler Ausschusses regelt die Überwachung und Berichterstattung. Jedes Institut hat eine regelmäßige und zeitnahe Berichterstattung[606] zu implementieren, die es der Geschäftsleitung, dem Aufsichtsorgan sowie den Führungsebenen ermöglicht, innerhalb der jeweiligen Verantwortung die Risiken zu steuern und zu überwachen.[607] Im Rahmen der Berichterstattung ist auf die gemessenen Risiken und die Vorgaben der internen Richtlinien einzugehen. Zusätzlich ist über den Abgleich der Prognosen des Risikomodells und die tatsächlich beobachteten Wertänderungen der Positionen im Sinne der Überprüfung der Modellgüte zu berichten.[608] Im Einzelnen nennt der Baseler Ausschuss zum neunten Prinzip die folgenden Mindestanforderungen an den Inhalt der Berichterstattung: eine Zusammenfassung der Risikosituation, die Einhaltung der Richtlinien und Limite, die Beschreibung zentraler Annahmen, die Ergebnisse der Stresstests und die Zusammenfassung der Feststellungen zum Zinsänderungsrisikomanagement, einschließlich der Feststellungen von Interner Revision, Abschlussprüfer und anderen Dritten.[609]

---

603 Die Ergebnisse sind insbesondere bei der Festlegung und Überarbeitung der internen Richtlinien und Limite des Zinsänderungsrisikos zu beachten. Vgl. Basel Committee on Banking Supervision (Hrsg.) (2004), S. 17.

604 Vgl. Basel Committee on Banking Supervision (Hrsg.) (2004), S. 17.

605 Vgl. Basel Committee on Banking Supervision (Hrsg.) (2004), S. 17 f.

606 Dies schließt außerdem die Richtigkeit der Berichterstattung und den notwendigen Detaillierungsgrad beziehungsweise Informationsgehalt ein. Vgl. Basel Committee on Banking Supervision (Hrsg.) (2004), S. 18.

607 Vgl. Basel Committee on Banking Supervision (Hrsg.) (2004), S. 18.

608 Vgl. Basel Committee on Banking Supervision (Hrsg.) (2004), S. 18.

609 Vgl. Basel Committee on Banking Supervision (Hrsg.) (2004), S. 18.

Eine zentrale Grundlage des internen Kontrollsystems ist gemäß dem zehnten Prinzip des Baseler Ausschusses eine regelmäßige und unabhängige Überprüfung und Einschätzung der Wirksamkeit des Zinsänderungsrisikomanagements. Die Ergebnisse dieser Überprüfung und Einschätzung sollten nach Auffassung des Baseler Ausschusses den nationalen Aufsichtsbehörden zur Verfügung gestellt werden.[610] Im Einzelnen knüpft ein wirksames internes Kontrollsystem an ein ausgeprägtes Kontrollumfeld, adäquate Prozesse zur Identifikation und Einschätzung der Risiken, die Einführung von Kontrollaktivitäten wie Richtlinien, Verfahren und Methoden, ein angemessenes Informationssystem und die laufende Überprüfung auf Einhaltung der Richtlinien und Verfahren an.[611] Das Zinsänderungsrisikomanagement deckt mit seinen Mess-, Kontroll- und Überwachungsfunktionen ebenso zentrale Aspekte des internen Kontrollsystems ab und ist somit Bestandteil dessen.[612] Bei der Überprüfung des Messsystems sind die Methoden, Annahmen und Parametern des implementierten Modells einzubeziehen.[613] Konzerngesellschaften sind in die Überprüfung einzubeziehen und insbesondere hinsichtlich der Konsistenz zu den im Konzern genutzten Verfahren und Methoden zu prüfen.[614] Zusammenfassend sollte das Zinsänderungsrisikomanagement mit seinen Prozessen, Limiten, Kontrollen und Überprüfungen so ausgestaltet sein, dass durch die Überprüfung ein begründetes Vertrauen in die Zielerreichung erzeugt wird.[615]

Die Überprüfung und Einschätzung der Wirksamkeit muss von einer von der jeweiligen Funktion ausreichend unabhängigen Person durchgeführt werden, wobei bei Instituten mit komplexen Risiken die Funktionen Messung, Überwachung und Kontrolle durch die Interne Revision[616] oder einen unabhängigen externen Prüfer eingeschätzt werden soll.[617] Die die Überprüfung durchführende Person muss den zugrunde liegenden Prozess verstehen, die Kontrollen testen, den Prozess dokumentieren, die Genauigkeit der Ergebnisse beurteilen sowie

610 Vgl. Basel Committee on Banking Supervision (Hrsg.) (2004), S. 19.

611 Dies schließt insbesondere das normkonforme Verhalten der Mitarbeiter ein. Vgl. Basel Committee on Banking Supervision (Hrsg.) (2004), S. 19.

612 Vgl. Basel Committee on Banking Supervision (Hrsg.) (2004), S. 19.

613 Vgl. Basel Committee on Banking Supervision (Hrsg.) (2004), S. 19.

614 Vgl. Basel Committee on Banking Supervision (Hrsg.) (2004), S. 19.

615 Vgl. Basel Committee on Banking Supervision (Hrsg.) (2004), S. 19.

616 Sofern die Interne Revision die Überprüfung und Einschätzung der Wirksamkeit vornimmt, empfiehlt der Ausschuss auch eine ergänzende Überprüfung durch einen unabhängigen externen Prüfer durchzuführen. Vgl. Basel Committee on Banking Supervision (Hrsg.) (2004), S. 20.

617 Vgl. Basel Committee on Banking Supervision (Hrsg.) (2004), S. 19.

Änderungs- beziehungsweise Verbesserungsvorschläge bei festgestellten Schwächen unterbreiten.[618] Die Ergebnisse mit den Vorschlägen zum Zinsänderungsrisikomanagement sind der Geschäftsleitung und den Führungsebenen sowie gegebenenfalls dem Aufsichtsorgan zu berichten. Die Vorschläge sind durch die jeweils Verantwortlichen zeitnah umzusetzen.[619]

Der Umfang und der Turnus der Überprüfung und Einschätzung der Wirksamkeit sind in Abhängigkeit vom Umfang der Aktivitäten beziehungsweise der Geschäfte[620], die die Risiken verursachen, der Geschwindigkeit und Höhe der Änderungen der Zinssätze sowie der Geschwindigkeit und dem Umfang der Entwicklungen zu Messverfahren zu wählen.[621] Der Baseler Ausschuss gibt im Rahmen seiner Prinzipien zudem Beispiele für quantitative und qualitative Kriterien einer risikoorientierten Abwägung der Überprüfung. So sind Beispiele für quantitative Kriterien das Volumen und die Sensitivität der verschiedenen Produkte auf Änderungen der Zinssätze, die Anfälligkeit der Ertragslage und des internen Kapitals[622] sowie die gemessene Höhe des Zinsänderungsrisikos.[623] Qualitative Kriterien sind beispielsweise die Angemessenheit des Messsystems im Hinblick auf Art, Umfang und Komplexität des Instituts und seiner Geschäftsaktivitäten, die ausreichende Unabhängigkeit der Einheit zur Entwicklung und Umsetzung der Risikomess-, Risikoüberwachungs- und Risikokontrollfunktion, die aktive Einbindung der Geschäftsleitung, Aufsichtsorgane und Führungsebenen in die Risikokontrolle, die angemessene Dokumentation von Richtlinien, Kontrollen und Verfahren und deren Einhaltung, die angemessene Dokumentation der Annahmen, die genaue Verarbeitung der Daten, die richtige und verlässliche Aggregation der Positionen und eine angemessene Personalausstattung.[624]

Das elfte Prinzip regelt die zeitnahe und inhaltlich ausreichende Information der Aufsichtsbehörden. So können die zur Beaufsichtigung der Institute notwendigen Informationen zum Zinsänderungsrisiko auf Basis der internen Berichterstattung des Instituts, Vor-Ort-Prüfungen bei den Instituten oder auch standardisierte

618 Vgl. Basel Committee on Banking Supervision (Hrsg.) (2004), S. 19.
619 Vgl. Basel Committee on Banking Supervision (Hrsg.) (2004), S. 19 f.
620 Dabei sind sowohl bilanzielle als auch außerbilanzielle Geschäfte einzubeziehen. Vgl. Basel Committee on Banking Supervision (Hrsg.) (2004), S. 20.
621 Vgl. Basel Committee on Banking Supervision (Hrsg.) (2004), S. 20.
622 Vom Baseler Ausschuss wird als Begriff Capital durchgehend verwendet. Zu den Begriffen siehe Kapitel 2.3.1.1.
623 Vgl. Basel Committee on Banking Supervision (Hrsg.) (2004), S. 20.
624 Vgl. Basel Committee on Banking Supervision (Hrsg.) (2004), S. 20.

Stresstests[625] gewonnen werden. Außerdem sind Informationen über die Simulationen von Risikopositionen mit vom Verhalten Dritter abhängigen Zinsbindungen und Positionen in verschiedenen Währungen zu ermitteln. Die Informationen sind regelmäßig in einem umfassenden Überwachungsprozess durch die Aufsichtsbehörden zu erheben. Der Ausschuss hält dabei für eine Vielzahl von Instituten einen halbjährlichen oder quartalsweisen Turnus für ausreichend.[626]

Die Zinsänderungsrisiken sind vom Institut angemessen mit internen Kapital zu unterlegen (zwölftes Prinzip). Im Einzelnen ist die Unterlegung auch abhängig von der Wahl des Messverfahrens, wobei eine allgemeingültige Methode als Branchenstandard nicht festgestellt wurde.[627] Das dreizehnte Prinzip fordert von den Instituten angemessene Informationen über die eingegangenen Zinsänderungsrisiken zu veröffentlichen.[628]

Das vierzehnte und fünfzehnte Prinzip befassen sich mit durch die nationalen Aufsichtsbehörden umzusetzenden Vorgaben zum Zinsänderungsrisiko des Anlagebuchs. Zur Erfassung dieses Risikos ist unter anderem entsprechend dem vierzehnten Prinzip ein hinsichtlich der Parameter standardisierter Stresstest einzuführen, wobei die zur Messung der Risiken verwendeten Annahmen der internen Steuerung und Überwachung entsprechen können. Voraussetzung hierfür ist, dass das interne Messsystem den Vorgaben des sechsten Prinzips entspricht.[629] Sofern der Stresstest eine unangemessene Ausstattung an internen Kapital des Instituts ergeben sollte, sind Maßnahmen zur Behebung, im Einzelnen die Reduktion der eingegangenen Risiken, die Unterlegung mit weiterem, zusätzlich frei verfügbarem internen Kapital oder eine Kombination beider Maßnahmen, zu ergreifen (fünfzehntes Prinzip).[630]

---

625 Die Inhalte des standardisierten Stresstests hat der Ausschuss im Anhang 3 des Baseler Zinsänderungsrisikopapiers näher geregelt. Siehe hierzu Kapitel 2.3.3.4. sowie vgl. Basel Committee on Banking Supervision (Hrsg.) (2004), S. 36 ff.

626 Vgl. Basel Committee on Banking Supervision (Hrsg.) (2004), S. 21. Es werden darüber hinaus im Anhang 2 des Baseler Zinsänderungsrisikopapiers weitergehende Details zur Informationserhebung, wie zum Beispiel zu der Unterteilung der Laufzeitbändern, Gegenstand und Analyse der Ergebnisse dargestellt. Vgl. Basel Committee on Banking Supervision (Hrsg.) (2004), S. 33 ff.

627 Vgl. Basel Committee on Banking Supervision (Hrsg.) (2004), S. 22.

628 Vgl. Basel Committee on Banking Supervision (Hrsg.) (2004), S. 23 und siehe Kapitel 2.3.3.2. zur Offenlegung nach SolvV.

629 Vgl. Basel Committee on Banking Supervision (Hrsg.) (2004), S. 24.

630 Vgl. Basel Committee on Banking Supervision (Hrsg.) (2004), S. 25 und siehe Kapitel 2.3.3.4.

Die einzelnen Inhalte der Prinzipien des Baseler Ausschusses wurden sowohl von europäischen Behörden als auch der deutschen Aufsicht aufgegriffen und in deren Regelwerk integriert.[631]

2.3.2 Europäische Normen zum Zinsänderungsrisiko

2.3.2.1 Bankenrichtlinie

Ein zentraler Bestandteil der Umsetzung von Basel II auf europäischer Ebene ist die Neufassung der Richtlinie 2006 / 48 / EG des Europäischen Parlaments und des Rates vom 14. Juni 2006 über die Aufnahme und Ausübung der Tätigkeit der Kreditinstitute (Bankenrichtlinie), die zuletzt durch die Richtlinie 2011 / 89 / EU des Europäischen Parlaments und des Rates vom 16. November 2011 geändert wurde.[632] Im Hinblick auf das Zinsänderungsrisiko sind der Artikel 22, einschließlich des Anhangs V, der Artikel 123 und der Artikel 124 der Bankenrichtlinie[633] von zentraler Bedeutung.[634] Die vom Institut zu veröffentlichen Informationen zum Zinsänderungsrisiko sind darüber hinaus im Anhang XII der Bankenrichtlinie geregelt.[635]

---

631 Siehe insbesondere Kapitel 2.3.2.2., 2.3.3.3.2 und 2.3.3.3.3.

632 Vgl. Richtlinie 2006 / 48 / EG, S. 1. Für einen Überblick der verschiedenen Änderungen der Bankenrichtlinie siehe Universität Augsburg (Hrsg.) (2012), o. S. Mit der Richtlinie 2006 / 49 / EG des europäischen Parlaments und des Rates vom 14. Juni 2006 über die angemessene Eigenkapitalausstattung von Wertpapierfirmen und Kreditinstituten (Kapitaladäquanzrichtlinie) wird diese als Capital Requirement Directive (CRD) zusammengefasst. Die im Jahr 2006 neu gefassten Richtlinien lösten die vorherige Bankenrichtlinie und Kapitaladäquanzrichtlinie ab und setzen Basel II aus dem Jahr 2004 in europäisches Recht um. Vgl. Europäische Kommission (Hrsg.) (2012b), o. S.

633 Ferner ist ergänzend noch der Anhang XI der Bankenrichtlinie für die Umsetzung des SREP mit den technischen Kriterien einschlägig. Vgl. Günther / Serafin (2008a), S. 12.

634 Vgl. CEBS (Hrsg.) (2006b), S. 5. Eine weitergehende Harmonisierung der Aufsicht soll durch technische Vorgaben der EBA erfolgen. Hierzu gehören insbesondere die Entwicklung einheitlicher Risikobewertungsverfahren. Vgl. Artikel 124 der Bankenrichtlinie.

635 Es sind die zentralen Annahmen, der Turnus der Risikomessung sowie die Schwankungen der gemessenen Risiken, nach den verwendeten Methoden und jeweils nach Währungen aufgeschlüsselt, vom Institut zu veröffentlichen. Vgl. Anhang XII der Bankenrichtlinie sowie siehe Kapitel 2.3.3.2.

Der Artikel 22 der Bankenrichtlinie formuliert die allgemeinen Anforderungen an eine solide Unternehmenssteuerung. Im Einzelnen gehören hierzu eine klare Organisationsstruktur mit abgegrenzten Verantwortungsbereichen sowie wirksame Verfahren zur Ermittlung, Steuerung, Überwachung und Kommunikation der Risiken. Zudem werden noch angemessene Kontrollmechanismen, die das Risikomanagement fördern, durch den Artikel 22 der Bankenrichtlinie erfasst. Die hierfür gewählten Regeln, Verfahren und Mechanismen müssen der Art, dem Umfang und der Komplexität der Geschäfte des Instituts Rechnung tragen und den in Anhang V der Bankenrichtlinie verankerten technischen Kriterien entsprechen.[636] Der Anhang V der Bankenrichtlinie bestimmt, dass für Zinsänderungsrisiken aus Nicht-Handelsaktivitäten näher Systeme zur Steuerung und Bewertung festzulegen sind,[637] die Gegenstand des CEBS-Papiers Technical aspects of the management of interest rate risk arising from non-trading activities under the supervisory review process sind.[638]

Der Artikel 123 der Bankenrichtlinie fordert Solidität, Wirksamkeit und Vollständigkeit der Strategien und Verfahren des Risikomanagements, um im Hinblick auf die Unternehmensfortführung die Höhe, Zusammensetzung und Verteilung des internen Kapitals zu bewerten, sodass die eingegangenen Risiken laufend abgedeckt sind. Zudem ist ein regelmäßiger Prozess zur Überprüfung der Strategien und Verfahren zu implementieren, um deren Angemessenheit im Hinblick auf Art, Umfang und Komplexität aller Geschäfte sicherzustellen.[639]

Der Artikel 124 der Bankenrichtlinie regelt die Beaufsichtigung der Institute durch die Aufsichtsbehörden. Die Aufsicht hat die Regelungen, Strategien, Verfahren und Mechanismen des Risikomanagements im Zusammenhang mit der Bankenrichtlinie zu überprüfen sowie die jeweiligen Risiken der Institute zu beurteilen. Ziel der Überprüfung und Beurteilung ist es, festzustellen, ob das von den Instituten implementierte Risikomanagement und vor allem die Abdeckung der Risiken mit internem Kapital laufend sichergestellt sind. Die Überprüfung und Bewertung durch die Aufsicht hat im Einzelnen die hierzu vom Institut geschaffenen Regelungen, Strategien, Verfahren, Mechanismen sowie dessen Kapitalausstattung zu berücksichtigen.[640]

636 Vgl. Artikel 22 der Bankenrichtlinie.

637 Vgl. Anhang V der Bankenrichtlinie.

638 Vgl. CEBS (Hrsg.) (2006b), S. 5 und siehe Kapitel 2.3.2.2.

639 Vgl. Artikel 123 der Bankenrichtlinie.

640 Vgl. Artikel 124 der Bankenrichtlinie.

Zudem sind entsprechend der im Anhang XI der Bankenrichtlinie enthaltenen technischen Kriterien auch das Ausmaß der Konzentrationsrisiken und deren Management sowie die Stresstestergebnisse der Marktpreisrisiken[641] zu beachten.[642] Ferner ist Gegenstand der Überprüfung und Beurteilung durch die Aufsicht ebenso der standardisierte Zinsschock.[643]

Die Häufigkeit und die Intensität der Überprüfung und Beurteilung durch die Aufsichtsbehörden haben sich an „der Größe, der Relevanz der Geschäfte des betreffenden Kreditinstituts für das Finanzsystems, der Art dieser Geschäfte, ihres Umfangs und ihrer Komplexität"[644] zu orientieren. Insofern sind die Maßnahmen der Aufsicht proportional zur Bedeutung der Institute für die Stabilität des Finanzsystems zu ergreifen. Der Mindestturnus der Überprüfung und Beurteilung durch die Aufsicht ist einmal jährlich.[645]

2.3.2.2 Leitfaden zum Zinsänderungsrisiko des Anlagebuches

Das CEBS-Papier „Technical aspects of the management of interest rate risk arising from non-trading activities under the supervisory review process"[646] vom 3. Oktober 2006 ist Bestandteil des SRP und damit der europäischen Umsetzung der Säule II von Basel II.[647] Im CEBS-Papier werden allgemeine Überlegungen des CEBS zum Zinsänderungsrisiko des Anlagebuches sowie in Form von Leitlinien

---

641 Zu den Details für das Zinsänderungsrisiko wird auf den Anhang V der Kapitaladäquanzrichtlinie verwiesen. Für alle zinsreagiblen bilanziellen und außerbilanziellen Positionen sind entsprechende Risikofaktoren bei der Risikomessung zu berücksichtigen. Die Zinsänderungsrisiken sind auf Basis von Zinsstrukturkurven mit mindestens sechs Laufzeitbändern für die jeweils wichtigsten Währungen und Märkte zu berücksichtigten. Außerdem muss die Unterteilung auch den verschiedenen Volatilitäten der Zinssätze Rechnung tragen. Unterschiedliche Entwicklungen der Zinssätze, das heißt nicht perfekt korrelierte Entwicklungen, sind ebenfalls zu erfassen. Vgl. Anhang V der Kapitaladäquanzrichtlinie.

642 Vgl. Anhang XI der Bankenrichtlinie.

643 Vgl. Artikel 124 der Bankenrichtlinie und Kapitel 2.3.3.4.

644 Artikel 124 der Bankenrichtlinie.

645 Vgl. Artikel 124 der Bankenrichtlinie sowie zur Grundlage als SREP im Kapitel 2.3.1.1.

646 Vgl. CEBS (Hrsg.) (2006b), S. 1. Dieses Papier wird im Folgenden in dieser Arbeit aufgrund der zentralen Bedeutung als CEBS-Papier bezeichnet.

647 Siehe Kapitel 2.3.1.1. und 2.3.2.1.

konkrete Vorgaben für die Institute und die Aufsicht normiert,[648] ohne allerdings für deutsche Institute eine unmittelbar rechtlich bindende Wirkung zu entfalten.[649]

Im Einzelnen befasst sich das CEBS-Papier mit dem im Rahmen des ICAAP angemessenen Zinsänderungsrisikomanagement und, soweit dies erforderlich ist, mit der Allokation des zur Unterlegung erforderlichen internen Kapitals[650] der Zinsänderungsrisiken des Anlagebuches in strukturierter Weise.[651] Ferner adressiert der CEBS-Leitfaden Anforderungen des SREP an die Aufsichtsbehörden in Relation zu den behandelten Anforderungen des ICAAP.[652] Dabei hat der Ansatz der Aufsichtsbehörden die Proportionalität der Maßnahmen zu Art, Umfang und Komplexität der Aktivitäten der Institute zu berücksichtigen.[653]

Das CEBS-Papier gliedert sich in drei Abschnitte, die sich mit allgemeinen Überlegungen zum Zinsänderungsrisiko, Leitlinien für Institute und Leitlinien für die Aufsicht befassen. Grundsätzlich basieren die Vorgaben des CEBS[654] auf dem Rahmenwerk Basel II und den Principles for the Management and Supervision of Interest Rate Risk des Baseler Ausschusses.[655] Die Leitlinien befassen sich im Gegensatz zu den Prinzipien des Baseler Ausschusses[656] ausschließlich mit den Zinsänderungsrisiken im Anlagebuch,[657] da Risiken des Handelsbuches in der Säule I bereits erfasst sind.[658]

---

648 Vgl. CEBS (Hrsg.) (2006b), S. 1.

649 Vgl. Rassat (2012), S. 25. Einschränkend ist an dieser Stelle an das erweiterte Proportionalitätsprinzip der MaRisk, die Proportionalität nach oben, zu verweisen, die zumindest Bindungswirkung als ergänzende Anforderung für einzelne große Institute entfalten kann. Siehe Kapitel 2.3.3.3.1.

650 Hierunter fasst das CEBS das interne Kapital, das zukünftig auftretende Verluste auf Basis einer ökonomischen Betrachtung absorbiert. Hiervon zu unterscheiden ist das aufsichtsrechtliche Kapital, das der Unterlegung von Risiken im Rahmen der Säule I von Basel II dient. Zu den Kapitalbegriffen siehe Kapitel 2.3.1.1.

651 Vgl. CEBS (Hrsg.) (2006b), S. 2.

652 Vgl. CEBS (Hrsg.) (2006b), S. 2.

653 Vgl. CEBS (Hrsg.) (2006b), S. 2.

654 Rechtliche Grundlagen des CEBS Papiers bilden der Artikel 22 und Anhang V, der Artikel 123 sowie der Artikel 124 der Bankenrichtlinie. Vgl. CEBS (Hrsg.) (2006b), S. 5 und siehe Kapitel 2.3.2.1.

655 Vgl. CEBS (Hrsg.) (2006b), S. 4 sowie Kapital 2.3.1.

656 Siehe Kapitel 2.3.2.2.

657 Zudem ist wesentlich für Positionen des Anlagebuches, dass diese weitestgehend keiner laufenden Marktbewertung unterliegen. Vgl. CEBS (Hrsg.) (2006b), S. 4.

658 Vgl. CEBS (Hrsg.) (2006b), S. 4 f.

Analog den Prinzipien des Baseler Ausschusses erfassen die Leitlinien des CEBS die Zinsänderungsrisiken als Auswirkung von Veränderungen von Zinssätzen auf die Ertragslage sowie im Sinne einer barwertigen Betrachtung auf die Kapitalausstattung.[659] Dabei macht das CEBS in seinen Leitlinien deutlich, dass beide Perspektiven im Hinblick auf ein umfassendes Zinsänderungsrisikomanagement bedeutend sind. Einen Gesamtüberblick über die Auswirkungen kann allerdings nach Auffassung des CEBS nur die barwertige Perspektive liefern. Insofern kommt der barwertigen Perspektive bei der Beaufsichtigung der Zinsänderungsrisiken eine besondere Bedeutung zu.[660]

Zur Messung und Überwachung hat das Institut Überwachungssysteme[661] und Steuerungstechniken zu implementieren, die Art, Umfang und Komplexität der Geschäftsaktivitäten entsprechen.[662] Über die in den Prinzipien des Baseler Ausschusses dargestellten Anforderungen hinaus erfordern die Leitlinien des CEBS ausdrücklich auch Systeme und Verfahren, die die Risiken aus laufenden Transaktionen, beispielsweise im Rahmen eines laufenden Ankaufsprozesses von Kreditportfolien, aufdecken.[663]

Das CEBS adressiert verschiedene Kriterien, um die Zinsänderungsrisiken des Anlagebuches zu überwachen. So sind generell die verschiedenen Perspektiven, im Einzelnen die Auswirkungen auf die Ertragslage und barwertige Auswirkungen, zu betrachten.[664] Die Auswirkungen auf die Ertragslage geben die unmittelbare Ergebniswirkung aus potentiellen Zinssatzänderungen wieder. Zudem wird die Risikomessung mittels Auswirkungen auf die Ertragslage im Vergleich zur barwertigen Vorgehensweise weniger stark von den Annahmen, die zur Abbildung bestimmter Produkte festzulegen sind, beeinflusst.[665] Die barwertige Perspektive hingegen spiegelt die vollumfänglichen Auswirkungen der Zinsänderungen über

659 Vgl. CEBS (Hrsg.) (2006b), S. 4 und Kapitel 2.3.1.2.

660 Vgl. CEBS (Hrsg.) (2006b), S. 5.

661 Die Überwachung sollte unabhängig im Rahmen einer besonderen Einheit erfolgen. Zudem können weitere Aufgaben der Geschäftsleitung, wie grundlegende Steuerungsentscheidungen, auch auf ein sogenanntes Asset und Liability Committee (ALCO) delegiert werden. Dabei erkennt das CEBS an, dass in den jeweiligen Instituten unterschiedliche Ausprägungen der Zentralisierung existieren. Vgl. CEBS (Hrsg.) (2006b), S. 7.

662 Vgl. CEBS (Hrsg.) (2006b), S. 6 sowie Kapitel 2.3.1.1. zur Proportionalität.

663 Vgl. CEBS (Hrsg.) (2006b), S. 6 und siehe Kapitel 2.3.1.2.

664 Vgl. CEBS (Hrsg.) (2006b), S. 7.

665 Dies betrifft insbesondere Geschäfte, deren Zins- oder Kapitalbindung vom Verhalten Dritter, beispielsweise bei Sicht- und Spareinlagen, abhängen. Vgl. CEBS (Hrsg.) (2006b), S. 7.

die Gesamtlaufzeit der Geschäfte wider, die bei der Betrachtung der Ertragslage über wenige Jahre hinweg nicht vollumfänglich erkannt werden können.[666]

Gemäß der CEBS-Leitlinien hat die Aufsicht bei ihrer Tätigkeit verschiedene grundsätzliche Erwägungen zugrunde zu legen. Es sollte eine Risikobewertung im Rahmen des SRP auf Konzern-, Teilkonzern- beziehungsweise Institutsebene erfolgen. Außerdem sind bei der Beaufsichtigung grenzüberschreitender Institutsgruppen Umfang und Art der grenzüberschreitenden Aktivitäten im Zusammenhang mit dem Zinsänderungsrisiko zu berücksichtigen. Die Aufsicht hat, wo dies notwendig ist, eigene Ansätze zu entwickeln, um die Zinsänderungsrisiken der Institute vorsichtig zu bemessen.[667] Zudem hat die Aufsicht Anreize zu setzen, fortschrittliche Modelle und Techniken zu entwickeln und zu implementieren.[668] Insgesamt sollen die aufsichtlichen Maßnahmen die Institute nicht übermäßig belasten,[669] durch die erlangten Informationen aber dem übergeordneten Ziel der Finanzmarktstabilität entsprechen.[670] Außerdem verweist der CEBS wie auch der Baseler Ausschuss in seinen Prinzipien als ein notwendiges Instrument zur Information der Aufsicht auf den standardisierten Zinsschock und betont die Notwendigkeit der Erhebung ausreichender Informationen durch die Aufsicht zur Erfüllung ihrer Aufgaben.[671]

An die Institute richtet der CEBS die vier ersten Leitlinien.

- Gemäß der ersten Leitlinie hat das Institut internes Kapital entsprechend der eingegangenen Zinsänderungsrisiken vorzuhalten. Dabei sind barwertige Auswirkungen als Ergebnis der potentiellen Änderungen der Zinssätze auf Konzern-, Teilkonzern- und Institutsebene einzubeziehen.[672] Die Anforderung entspricht allgemein dem zwölften Prinzip des Baseler Ausschusses.[673]

---

666 Vgl. CEBS (Hrsg.) (2006b), S. 7.

667 Vgl. CEBS (Hrsg.) (2006b), S. 7 f.

668 Vgl. CEBS (Hrsg.) (2006b), S. 8.

669 Dem entspricht auch die Anforderung an die Aufsicht, Institute mit geringen Zinsänderungsrisiken im Anlagebuch proportional geringer mit Maßnahmen zu belasten als Institute mit höheren Risiken. Hierzu wird auch auf den Proportionalitätsgrundsatz der Säule II von Basel II verwiesen, der an die Komplexität der Risikomanagementprozesse anknüpft. Die Komplexität hängt dabei erwartungsgemäß von der Größe des Instituts, dem Entwicklungsgrad und der Vielfältigkeit der Prozesse ab. Vgl. CEBS (Hrsg.) (2006b), S. 8 und siehe Kapitel 2.3.1.1.

670 Vgl. CEBS (Hrsg.) (2006b), S. 8.

671 Vgl. CEBS (Hrsg.) (2006b), S. 8 f.

672 Vgl. CEBS (Hrsg.) (2006b), S. 9.

673 Vgl. Basel Committee on Banking Supervision (Hrsg.) (2004), S. 22 und siehe Kapitel 2.3.1.2.

- Die zweite Leitlinie des CEBS regelt die Ermittlung des standardisierten Zinsschocks analog dem vierzehnten Prinzip und den Anhängen drei und vier des Baseler Zinsänderungsrisikopapiers zum Zinsänderungsrisiko.[674]
- Die Anforderungen an die Messung, soweit über den standardisierten Zinsschock hinaus materielle Zinsänderungsrisiken vorhanden sind, erweitert die dritte Leitlinie. Quellen des Zinsänderungsrisikos können Veränderungen der Form der Zinskurve, Änderungen der Korrelation verschiedener Zinssätze untereinander als auch Änderungen bei grundlegenden Annahmen der eingesetzten Modelle sein.[675] Die Anforderungen der dritten Leitlinie werden im sechsten Prinzip des Baseler Ausschusses zu den Risikomessverfahren sowie zu den Stresstests im achten Prinzip dargestellt.[676]
- Die vierte Leitlinie adressiert weitere Anforderungen zu begründeten, robusten und dokumentierten internen Regelungen der Institute, soweit die individuellen Umstände[677] für das Institut bedeutend sind.[678]

Die Leitlinien fünf bis neun des CEBS richten sich an die Aufsichtsbehörden.

- Die fünfte Leitlinie enthält die Anforderungen zur Umsetzung des standardisierten Zinsschocks für die Aufsicht, die analog im vierzehnten Prinzip sowie den Anhängen drei und vier des Baseler Zinsänderungsrisikopapiers zum Zinsänderungsrisikos enthalten sind.[679]
- Die sechste Leitlinie greift generell qualitative und organisatorische Aspekte, die Quantifizierung des Zinsänderungsrisikos sowie das adäquate Verhältnis

---

674 Vgl. CEBS (Hrsg.) (2006b), S. 9, Basel Committee on Banking Supervision (Hrsg.) (2004), S. 24 und siehe Kapitel 2.3.3.4.

675 Vgl. CEBS (Hrsg.) (2006b), S. 9 f.

676 Siehe Kapitel 2.3.1.2.

677 Im Einzelnen führt das CEBS als Beispiele dieser Umstände die Abgrenzung des Anlagebuchs vom Handelsbuch, die Definition der barwertigen Perspektive sowie deren Konsistenz zu Bewertungsmethoden, dem Umfang und die Ausgestaltung des Zinsschocks, die Festlegung auf dynamische beziehungsweise statische Risikomodelle, die Behandlung von Risiken aus laufenden Transaktionen, die Aggregation von Zinsänderungsrisiken verschiedener Währungen, die Behandlung von nicht zinstragenden Vermögensgegenständen und Verbindlichkeiten, Sicht- und Spareinlagen, die Überlegungen zu eingebetteten Optionen, die Näherungslösungen zur Risikoberechnung mittels Sensitivitäten, die Genauigkeit der Abbildung in den Laufzeitbändern sowie die Verwendung von Bilanzpositionen statt Zahlungsströmen an. Vgl. CEBS (Hrsg.) (2006b), S. 10 f.

678 Vgl. CEBS (Hrsg.) (2006b), S. 10.

679 Vgl. CEBS (Hrsg.) (2006b), S. 11 f., Basel Committee on Banking Supervision (Hrsg.) (2004), S. 21 f. und 38 ff. sowie Kapitel 2.3.3.4.

zwischen Risiko und internem Kapital auf, die von den Aufsichtsbehörden auf Basis der Prinzipien des Baseler Ausschusses beurteilt werden sollen.

- Der Anwendungsbereich der aufsichtlichen Risikobewertung soll gemäß der siebten Leitlinie generell dem Anwendungsbereich des SRP auf die Institute entsprechen, wobei bei Hindernissen für konzerninterne Transferierungen oder separate Steuerungsprozesse bei einzelnen Konzerngesellschaften die Risikobewertung der Aufsicht auch individuell auf Institutsebene zu erfolgen hat.[680]
- Die Aufsicht hat entsprechend der achten Leitlinie hinsichtlich der internen Methoden und der zugrunde liegenden Annahmen ein eigenes Verständnis zu entwickeln. Hierzu können umfangreiche Analysen des jeweiligen Vorgehens, interne Vergleiche mit anderen Instituten beziehungsweise Diskussionen mit den jeweiligen Instituten erfolgen.[681]
- Die neunte Leitlinie richtet sich an das Erfordernis, dass die Aufsichtsbehörden zeitnahe und umsichtige Maßnahmen zu ergreifen haben, die sowohl qualitative als auch quantitative Elemente zum Zinsänderungsrisikomanagement umfassen. Die Maßnahmen können Reaktionen entweder auf die Risikobewertung der Aufsicht oder die Feststellung als Ausreißerinstitut[682] im Rahmen des standardisierten Zinsschocks sein. Darüber hinaus können sich diese auf die Verbesserung des Zinsänderungsrisikomanagements im Allgemeinen, die Veränderungen bei Limiten, die Reduzierung der Risiken beziehungsweise die Erhöhung des internen Kapitals richten.[683]

Bei der Bewertung der Ergebnisse des Zinsschocks sind die Komplexität der internen Berechnungsmethode, die Angemessenheit des Zinsschocks für die Risikobeurteilung des Instituts an sich und die Höhe der Barwerte einzubeziehen. Durch die Aufsicht können weitere interne Informationen vom Institut angefordert werden, um diese bei der Einschätzung gegebenenfalls anzuordnender Maßnahmen zu berücksichtigen.[684]

---

680 Vgl. CEBS (Hrsg.) (2006b), S. 12.

681 Vgl. CEBS (Hrsg.) (2006b), S. 12.

682 Im englischen Originaltext der Baseler Prinzipien als „outlier bank" bezeichnet, ist die BaFin inzwischen dazu übergegangen, diese Institute als Institute mit erhöhten Zinsänderungsrisiken zu bezeichnen. Vgl. Basel Committee on Banking Supervision (Hrsg.) (2004), S. 2 und siehe Kapitel 2.3.3.4.

683 Vgl. CEBS (Hrsg.) (2006b), S. 12 f.

684 Vgl. CEBS (Hrsg.) (2006b), S. 13.

Ferner nennt das CEBS noch weitere Anhaltspunkte für die Beurteilung von Maßnahmen, wie die absolut und relativ eingegangenen Risiken, Risikomessungen über die Parallelverschiebung des Zinsschocks hinaus, Wechselwirkungen mit anderen Risiken, die Behandlung von Zinsänderungsrisiken in verschiedenen Währungen, Optionen und Produkten mit vom Verhalten Dritter abhängigen Zins- und Kapitalbindungen.[685] Der Einfluss der von der Aufsicht festgestellten Risiken ist im Hinblick auf mögliche Maßnahmen vor dem Hintergrund der Auswirkungen auf das laufende Ergebnis, die interne beziehungsweise regulatorische Kapitalausstattung sowie der Qualität des Zinsänderungsrisikomanagements[686] zu beurteilen.[687]

2.3.3 Nationale Normen zur Regulierung des Zinsänderungsrisikos

2.3.3.1 Gesetz über das Kreditwesen (KWG)

2.3.3.1.1 Anwendungsbereich und Novellierungen des KWG

In bislang acht KWG-Novellen wurde das KWG von 1961 überarbeitet.[688] Wie schon bei der Einführung einer zentralen Bankenaufsicht spielten hierbei häufig akute Krisen eine auslösende oder zumindest eine beschleunigende Rolle.[689] Eine wichtige Novellierung des KWG im Zusammenhang mit der Verbesserung des internen Kontrollsystems erfolgte 1976 durch die Einführung des Vier-Augen-Prinzips für die Geschäftsleitung in § 33 Abs. 1 KWG, der Untersagung der Neuzulassung von Kreditinstituten in Form des Einzelkaufmanns in § 2b KWG (§ 2a KWG in der Fassung von 1976)[690] sowie die Möglichkeit der Anordnung von Sonderprüfungen ohne besonderen Anlass gemäß § 44 KWG.[691] Mit der sechsten

685 Vgl. CEBS (Hrsg.) (2006b), S. 13.
686 Dies schließt eine Beurteilung der Methoden und Systeme sowie des internen Kontrollsystems unter anderem auf Basis eines Vergleichs mit anderen Instituten ein.
687 Vgl. CEBS (Hrsg.) (2006b), S. 13 f.
688 Einen Überblick der KWG-Novellen enthält Bieg / Krämer / Waschbusch (2011), S. 65.
689 Vgl. Morschhäuser (2008), S. 4. So war unter anderem der Zusammenbruch der I. D. Herstatt KGaA im Jahr 1974 ein auslösendes Moment für die Novellierung im Jahr 1976. Die Krise des Bankhauses Schröder, Münchmeyer, Hengst & Co 1983 führte zu einer beschleunigten Verabschiedung der KWG-Novelle von 1984. Vgl. Hütz (1990), S. 28 f.
690 Vgl. KWG-Novelle 1976 von 24. März 1976, BGBl. I, S. 725.
691 Siehe Kapitel 2.2.4.2.2.

KWG-Novelle wurde im Jahr 1998 der § 25a in das KWG eingefügt.[692] Die bisher vom BAKred den Grundsätzen ordnungsgemäßer Geschäftsführung subsumierten Vorschriften wurden im § 25a Abs. 1 KWG gesetzlich verankert. Zielsetzung des Gesetzgebers war es mit der Einführung des § 25a Abs. 1 KWG allerdings nicht, materiell neue Anforderungen an die Kreditinstitute zu stellen. Daneben werden in Abs. 1a und 2 des § 25a KWG die Anforderungen für Finanzkonglomerate sowie zur Auslagerung von Aktivitäten und Prozessen geregelt.[693]

Systematisch lassen sich die wesentlichen Regelungen des KWG wie folgt untergliedern:

Abbildung 12: Wesentliche Regelungen des KWG

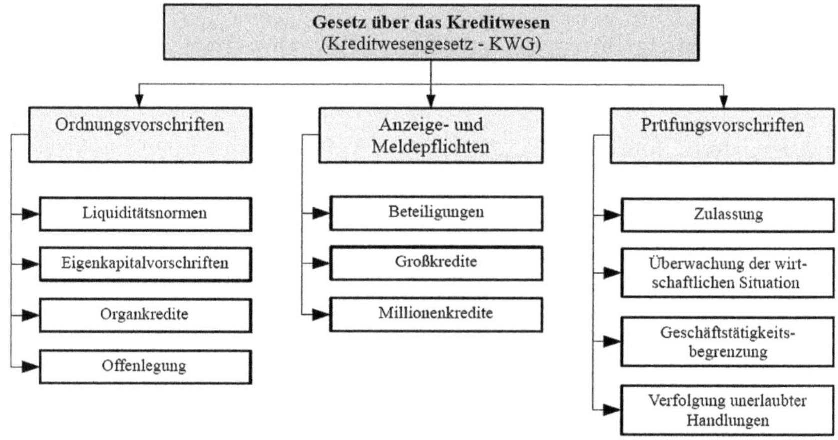

Quelle: In Anlehnung an Tolkmitt (2007), S. 85.

- Die Ordnungsvorschriften begrenzen die Tätigkeit der Kreditinstitute und schränken deren Gewerbefreiheit,[694] insbesondere hinsichtlich der Organisation durch Mindestvorgaben, ein.
- Die Melde- und Anzeigepflichten sollen hingegen die Aufsicht bei der Wahrnehmung ihrer Aufgaben unterstützen.
- Die Prüfungsvorschriften regeln Art und Umfang der von der Bankenaufsicht wahrzunehmenden Überwachungsaufgaben.

692 Vgl. Günther / Serafin (2008a), S. 16.
693 Vgl. Boos (1997), S. 125.
694 Siehe Kapitel 2.2.1.

Die besonderen Pflichten von Instituten gemäß § 25a KWG sind daher als Ordnungsvorschriften zu kategorisieren, da diese organisatorische Mindestanforderungen an die Kreditinstitute stellen. Die Prüfungspflicht des § 29 KWG ist entsprechend in die Kategorie Prüfungsvorschriften einzuordnen.[695]

Im § 6 Abs. 3 KWG ist geregelt, dass die BaFin Anordnungen gegenüber den Instituten und ihren Geschäftsleitern treffen kann, die geeignet sind, Verstöße gegen das Aufsichtsrecht zu unterbinden beziehungsweise Missstände in einem Institut zu verhindern und zu beseitigen.[696] Insofern dienen die Anordnungen der BaFin der Präzisierung des Aufsichtsrechtes, um dessen Einhaltung durch die Kreditinstitute zu gewährleisten. Neben dem § 6 Abs. 3 KWG kann die BaFin durch die allgemeine Ermächtigungsnorm des § 6 Abs. 1 KWG ebenso belastende Verwaltungsakte erlassen, die die Maßnahmen zur Gefahren- und Schadensabwehr regeln können, wenn die Vorschriften des KWG selber keine solchen Maßnahmen enthalten.[697]

2.3.3.1.2 Anlage- und Handelsbuch gemäß § 1a KWG

Die Abgrenzung zwischen Handelsbuch und Anlagebuch ergibt sich als Negativabgrenzung aus § 1a Abs. 2 KWG, wonach alle Geschäfte, die nicht dem Handelsbuch zuzuordnen sind, das Anlagebuch bilden. Die Frage der Abgrenzung ist dabei vor allem im Hinblick auf die unterschiedlichen Anforderungen an das Zinsänderungsrisiko im Handelsbuch und im Anlagebuch von Bedeutung.[698]

Dem Handelsbuch sind nach § 1a Abs. 1 KWG Finanzinstrumente[699] und Waren im eigenen Bestand zuzuordnen, die das Institut zur Erreichung eines kurzfristigen Handelserfolges hält (Handelsabsicht).[700] Ferner gehören hiermit in Verbindung stehende Positionen, die der Absicherung dienen, zum Handelsbuch.[701] Soweit andere Positionen, wie Pensions- und Darlehensgeschäfte, Aufgabegeschäfte sowie

695 Vgl. Tolkmitt (2007), S. 85.

696 Vgl. § 6 Abs. 3 KWG.

697 Vgl. Geschwandtner (2005), S. 84 ff.

698 Siehe Kapitel 2.3.3.3.3.

699 Dies sind grundsätzlich Verträge, die bei einer Vertragspartei zu einem finanziellen Vermögensgegenstand führen und bei der anderen Seite eine finanzielle Verbindlichkeit oder Eigenkapital darstellt. Vgl. § 1a Abs. 3 KWG.

700 *Gschrey* nennt in diesem Zusammenhang drei wesentliche Kriterien, die für die Zuordnung zum Handelsbuch erfüllt sein müssen. Im Einzelnen hat das Geschäft ein Finanzinstrument zu betreffen, ein Marktpreisrisiko zu enthalten sowie ein Handelsgeschäft zu sein. Vgl. Gschrey (2009), S. 22.

701 Vgl. § 1a Abs. 1 Nr. 2 KWG.

Forderungen, mit den Positionen des Handelsbuches vergleichbar beziehungsweise unmittelbar mit diesen verknüpft sind, sind diese ebenfalls dem Handelsbuch zuzuordnen. Im Einzelnen hat das jeweilige Kreditinstitut auf Basis der Vorgaben des § 1a KWG geeignete Kriterien zu definieren, diese der Aufsicht offenzulegen sowie deren Einhaltung regelmäßig zu überwachen.[702]

Die Positionen des Anlagebuches verbleiben im Vergleich zum Handelsbuch längerfristiger im Kreditinstitut, da diese eine geringe Umschlagshäufigkeit haben sollten.[703] Bei den Begriffen Anlagebuch und Handelsbuch handelt es sich um Begriffe des KWG, während die Begriffe Handelsbestand, Anlagebestand und Liquiditätsreserve auf der handelsrechtlichen Gesetzgebung, insbesondere § 340c HGB und § 340e HGB, basieren.[704] Vor dem Hintergrund der Fragestellung aus dem Aufsichtsrecht heraus sind für die Arbeit grundlegend nur die Begriffe des KWG relevant.

2.3.3.1.3 Geschäftsorganisation gemäß § 25a KWG

Nach § 25a Abs. 1 Satz 1 KWG müssen die Institute im Sinne des KWG über eine ordnungsgemäße Geschäftsorganisation verfügen, die dem Institut die Einhaltung aller anzuwendenden gesetzlichen Vorschriften ermöglicht und sich an den betriebswirtschaftlichen Notwendigkeiten ausrichtet. Die Anforderung an die Einrichtung dieser Geschäftsorganisation richtet sich unmittelbar an die Geschäftsleiter des Instituts.[705] Der § 25a KWG ist auf Institute im Sinne des § 1 Abs. 1b KWG anzuwenden, der die Kreditinstitute gemäß § 1 Abs. 1 KWG und Finanzdienstleistungsinstitute gemäß § 1 Abs. 1a KWG einschließt.[706] Im § 25a Abs. 1 Satz 3 KWG werden wesentliche Rahmenbedingungen der Geschäftsorganisation festgelegt:

> „Eine ordnungsgemäße Geschäftsorganisation muss insbesondere ein angemessenes und wirksames Risikomanagement umfassen, auf dessen Basis ein Institut die Risikotragfähigkeit laufend sicherzustellen hat; das Risikomanagement
>
> 1. beinhaltet die Festlegung von Strategien, Verfahren zur Ermittlung und Sicherstellung der Risikotragfähigkeit sowie die Einrichtung interner Kontrollverfahren mit einem internen Kontrollsystem und einer Internen Revision, wobei das interne Kontrollsystem insbesondere

---

702 Vgl. § 1a Abs. 4 Satz 1 und 2 KWG.

703 Vgl. Reuse (2012a), S. 12.

704 Zur Abgrenzung der Begriffe des HGB, die im Hinblick auf deren Bewertung gemäß Niederstwertprinzip zu differenzieren sind, vgl. Reuse (2012a), S. 12 ff.

705 Vgl. § 25a Abs. 1 Satz 1 und 2 KWG in Verbindung mit § 1 Abs. 2 KWG.

706 Vgl. § 25a Abs. 1 und § 1 Abs. 1, Abs. 1a und Abs. 1b KWG.

a) aufbau- und ablauforganisatorische Regelungen mit klarer Abgrenzung der Verantwortungsbereiche;
b) Prozesse zur Identifizierung, Beurteilung, Steuerung sowie Überwachung und Kommunikation der Risiken entsprechend den in Anhang V der Bankenrichtlinie niedergelegten Kriterien umfasst;
2. setzt eine angemessene personelle und technisch-organisatorische Ausstattung des Instituts voraus,
3. schließt die Festlegung eines angemessenen Notfallkonzepts, insbesondere für IT-Systeme, ein und
4. umfasst angemessene, transparente und auf eine nachhaltige Entwicklung des Instituts ausgerichtete Vergütungssysteme".

Das Proportionalitätsprinzip des ICAAP wird grundlegend im § 25a Abs. 1 Satz 4 KWG durch den deutschen Gesetzgeber normiert und im Satz 5 wird die Verpflichtung zur regelmäßigen Überprüfung des Risikomanagements im Hinblick auf die Angemessenheit und Wirksamkeit festgelegt.

„Die Ausgestaltung des Risikomanagements hängt von Art, Umfang, Komplexität und Risikogehalt der Geschäftstätigkeit ab. Seine Angemessenheit und Wirksamkeit ist vom Institut regelmäßig zu überprüfen."

Ferner normiert der Gesetzgeber auch die Ermittlung einer plötzlichen und unerwarteten Zinsänderung, die von der BaFin im Rundschreiben 11 / 2011 (BA) weiter konkretisiert wird.[707]

„Die Bundesanstalt kann Vorgaben zur Ausgestaltung einer plötzlichen und unerwarteten Zinsänderung und zur Ermittlungsmethodik der Auswirkungen auf den Barwert bezüglich der Zinsänderungsrisiken im Anlagebuch festlegen."[708]

Soweit erforderlich kann die BaFin zur Einhaltung der Vorgaben des § 25a Abs. 1 Satz 3 und Satz 7 KWG einzelne Anordnungen gegenüber den Instituten treffen, um Mängel zu beseitigen:

„Die Bundesanstalt kann gegenüber einem Institut im Einzelfall Anordnungen treffen, die geeignet und erforderlich sind, Vorkehrungen im Sinne der Sätze 3 und 6 sowie die Beachtung der Vorgaben nach Satz 7 sicherzustellen."[709]

707 Siehe Kapitel 2.3.3.4.
708 § 25a Abs. 1 Satz 7 KWG.
709 § 25a Abs. 1 Satz 8 KWG. Zu den Sanktionsmöglichkeiten der BaFin siehe Kapitel 2.3.3.3. und 2.2.4.1.

Da der § 25a Abs. 1 KWG eine Reihe von unbestimmten Pflichten, wie beispielsweise eine angemessene Strategie und angemessene interne Kontrollverfahren, enthält, hat die BaFin diese Anforderungen weiter ausgelegt.[710] Bezüglich des § 25a Abs. 1 Satz 3 KWG hat die BaFin von der Möglichkeit zur näheren Regelung der Inhalte des § 25a Abs. 1, 1a und 2 KWG durch das Rundschreiben MaRisk Gebrauch gemacht.[711] Der § 25a Abs. 1 Satz 3 Nr. 1 KWG, das heißt das angemessene und wirksame Risikomanagement, ist zudem gemäß § 29 Abs. 1 KWG durch den Jahresabschlussprüfer zu prüfen.[712]

2.3.3.2 Zinsänderungsrisiken in der Solvabilitätsverordnung

Die Solvabilitätsverordnung[713] (SolvV) konkretisiert die Anforderungen an eine angemessene Eigenkapitalausstattung der Kreditinstitute auf der Rechtsgrundlage des § 10 Abs. 1 Satz 9 KWG[714]. Die SolvV setzt im Einzelnen neben dem KWG weitere Vorgaben der Kapitaladäquanzrichtlinie und Bankenrichtlinie[715] in deutsches Recht um. Im Rahmen der Anforderungen an die Eigenmittelausstattung nach § 10 KWG als Umsetzung der Säule I von Basel II[716] werden Zinsänderungsrisiken ausschließlich als Zinsänderungsrisiken im Handelsbuch in der SolvV als mit regulatorischem Kapital zu unterlegendes Marktpreisrisiko erfasst.[717] Die in

710 Vgl. Boos (1997), S. 125 sowie siehe Kapitel 2.3.3.3.

711 Siehe Kapitel 2.3.3.3.

712 Vgl. § 29 Abs. 1 Satz 2 KWG und siehe Kapitel 2.2.4.2.1.

713 Solvabilitätsverordnung vom 14. Dezember 2006 (BGBl. I S. 2926), die zuletzt durch Artikel 2 Absatz 73 des Gesetzes vom 22. Dezember 2011 (BGBl. I S. 3044) geändert worden ist.

714 Die hier genannte Rechtsgrundlage bezieht sich unmittelbar auf die Bestimmung der Risiken. Vgl. § 10 Abs. 1 Satz 9 Nr. 1 KWG. Es gibt darüber hinaus weitere Rechtsgrundlagen für die Solvabilitätsverordnung, im Einzelnen § 1a Abs. 9 Satz 1 und 3, § 10 Abs. 1 Satz 11 KWG in Verbindung mit § 10 Abs. 1e Satz 2, § 10 Abs. 9 Satz 6 und § 10a Abs. 9 Satz 1 und 3 KWG sowie zur Offenlegung im § 26a Abs. 1 Satz 3 KWG. Vgl. Eingangsformel der SolvV.

715 Siehe Kapitel 2.3.2.1.

716 Siehe Kapitel 2.3.1.1.

717 Vgl. § 4 Abs. 6 SolvV. Zudem gelten diese Anforderungen nur für Handelsbuchinstitute. Vgl. § 1 Satz 2 SolvV. Soweit die Institute genehmigte interne Modelle für Marktpreisrisiken haben, hat die Aufsicht im Rahmen von Basel III und als Konsequenz der Marktbewegungen in den Jahren 2007 und 2008 den Stressed-VaR entwickelt. Der Stressed-VaR, der eine für das jeweilige Portfolio besonders negative historische Zeitspanne von zwölf Monaten umfasst, wird nach Inkrafttreten als zusätzlicher Krisenrisikobetrag zum bisherigen VaR des internen Modells sowie der ebenfalls neuen

dieser Arbeit betrachteten Zinsänderungsrisiken des Anlagebuches sind entsprechend der Rn. 762 des Rahmenwerkes Basel II aufgrund der heterogenen Messverfahren der Kreditinstitute ausschließlich in der Säule II[718] zu berücksichtigen und sind damit nicht Gegenstand der Regelungen der SolvV.[719]

Die §§ 294 bis 318e SolvV behandeln die Anrechnung der Marktpreisrisiken im Handelsbuch auf die regulatorischen Eigenmittel, wobei das Zinsänderungsrisiko als allgemeines[720] Kursrisiko aus Zinsnettopositionen in §§ 299 bis 302 SolvV geregelt ist. Das Zinsänderungsrisiko im Handelsbuch ist entweder auf Basis einer Jahresbandmethode[721] oder nach einem Durationsmodell[722] zu ermitteln.

Die Institute haben darüber hinaus die Möglichkeit statt der aufsichtlich vorgegebenen Standardmodelle eigene Modelle für bestimmte Risiken (interne Modelle), wie für das allgemeine Kursrisiko der Zinsnettoposition[723] im Handelsbuch, zur Anrechnung nach Säule I zu verwenden. Die BaFin hat der Verwendung der internen Modelle zuzustimmen.[724] Die näheren Anforderungen an interne Modelle regeln die §§ 313 bis 318e SolvV, wobei im Hinblick auf das allgemeine Kursrisiko der Zinsnettoposition insbesondere die folgenden Regelungen zu nennen sind:

- Einhaltung quantitativer Vorgaben gemäß § 315 SolvV, insbesondere zum Konfidenzniveau (99 %), Haltedauer (10 Arbeitstage) und historischem Betrachtungszeitraums (1 Jahr)[725]

Incremental Risk Charge hinzuaddiert. Vgl. Stickelmann (2011), S. 265 ff. Die bisherigen Vorgaben für ein internes Modell sind bei Schulte-Mattler / Gaumert (2006), S. 200 ff. dargestellt.

718 Zur Umsetzung der Säule II von Basel II in Deutschland siehe Kapitel 2.3.3.1.2. und 2.3.3.3.

719 Vgl. Basel Committee on Banking Supervision (Hrsg.) (2006), Rn. 762 und o. V. (2012a), S. 55 f. Zumindest für deutsche Kreditinstitute hat *Hindelang* der Messung der Zinsänderungsrisiken aber einen hohen Reifegrad attestiert. Vgl. Hindelang (2009), S. 168. Es ist zudem aber ebenso auf den Einfluss der Annahmen zu Produkten mit unbestimmter Zins- und Kapitalbindung verwiesen, der ebenfalls ein Grund für die uneinheitliche Vorgehensweise der Institute ist. Vgl. o. V. (2012a), S. 57.

720 Das besondere Kursrisiko aus Zinsnettopositionen erfasst gemäß § 303 Abs. 1 SolvV die kreditbezogene Wertänderung, das heißt die Änderung des Bonitätsrisikos.

721 Vgl. § 301 SolvV.

722 Vgl. § 302 SolvV und siehe Kapitel 2.1.4.2.1.

723 Die Nettorisikoposition ergibt sich aus den Handelsbuchpositionen, wie beispielsweise Wertpapieren und Derivaten, sowie den hierzu gegenläufigen Positionen. Vgl. § 299 Abs. 1 SolvV.

724 Vgl. § 313 Abs. 1 SolvV.

725 Vgl. § 315 Abs. 1 und 2 SolvV.

- Berücksichtigung aller nicht unerheblichen Marktrisikofaktoren im Modell gemäß § 316 SolvV[726]
- Einhaltung weiterer qualitativer Vorgaben gemäß § 317 SolvV, insbesondere zur Aufbau- und Ablauforganisation, laufenden Validierung und Weiterentwicklung der internen Modelle, Dokumentation der Prozesse und Verfahren, Ermittlung von Stresstests (Krisenszenarien), Prüfung durch die Interne Revision und Berichterstattung an die Geschäftsleitung[727]
- Durchführung eines täglichen Backtestings gemäß § 318 SolvV zur Überprüfung der Prognosegüte sowie die Meldepflicht beim Auftreten von Überschreitungen[728]

Über die Eigenmittelanforderungen der Säule I hinaus konkretisiert die SolvV auch die Anforderungen an die Offenlegung nach Säule III von Basel II.[729] Das Institut hat die offenzulegenden Informationen auf der eigenen Internetseite grundsätzlich jährlich[730] zu veröffentlichen.[731] Mit der Offenlegung und dem damit einhergehenden Abbau von Informationsasymmetrien soll die Funktionsfähigkeit der Märkte sichergestellt werden.[732] Für die Zinsänderungsrisiken des Anlagebuches sind als quantitative Elemente die Arten des Zinsänderungsrisikos, die zugehörigen wesentlichen Annahmen[733] und der Turnus der Risikoermittlung im Offenlegungsbericht aufzunehmen.[734] Als quantitative Angaben sind je nach intern

726 Vgl. § 316 Abs. 1 SolvV. Dabei werden im Weiteren besondere Vorgaben zur Abbildung der Zinskurve in Abhängigkeit von Umfang und Struktur der Geschäfte sowie insbesondere zur Unterteilung in mindestens 6 Zinsrisikozonen vorgegeben. Vgl. § 316 Abs. 3 SolvV.

727 Vgl. § 317 Abs. 1 bis 5 sowie 9 und 10 SolvV.

728 Vgl. § 318 Abs. 1 SolvV.

729 Vgl. Kapitel 2.3.1.1., §§ 319 bis 337 SolvV sowie insbesondere § 333 SolvV zur Offenlegung der Zinsänderungsrisiken im Anlagebuch.

730 Vgl. § 321 Abs. 1 SolvV.

731 Vgl. § 320 Abs. 1 SolvV.

732 Vgl. Paul (2011b), S. 460.

733 So sind beispielsweise die Annahmen zu Sondertilgungen von Krediten und Einlagen ohne feste Laufzeit darzustellen. Vgl. § 333 Abs. 1 SolvV.

734 Vgl. § 333 Abs. 1 SolvV. Eine weitergehende Darstellung der Einzelheiten zur Offenlegung wird diskutiert bei Rassat (2012), S. 82 ff.

gewählter Perspektive[735] des Risikos der Anstieg beziehungsweise der Rückgang des Ergebnisses oder des Barwertes anzugeben.[736]

2.3.3.3 Rundschreiben Mindestanforderungen an das Risikomanagement

2.3.3.3.1 Zielsetzung, Anwendungsbereich und Aufbau

Das Rundschreiben Mindestanforderungen an das Risikomanagement – MaRisk in der letzten Fassung 10 / 2012 (BA) vom 14. Dezember 2012 soll die im § 25a Abs. 1, Abs. 1a und Abs. 2 KWG kodifizierten Regelungen näher auslegen.[737] Die Umsetzung des SRP als Säule II des Rahmenwerks Basel II,[738] basierend auf Artikel 22 und Artikel 123 der Bankenrichtlinie[739] als europäische Regulierung, erfolgt als qualitativer Rahmen in den MaRisk.[740] Die MaRisk bilden insofern einen Orientierungsrahmen der qualitativen Bankenaufsicht zum Risikomanagement und sollen darüber hinaus Anreize und Ansatzpunkte zur Weiterentwicklung des Risikomanagements der Kreditinstitute geben.[741] Der Risikomanagementprozess nach MaRisk basiert dabei grundlegend auf dem Ansatz des Regelkreises.[742]

Die MaRisk sollen mit ihren Vorgaben beitragen, „Missständen im Kredit- und Finanzdienstleistungswesen entgegenzuwirken, welche die Sicherheit der den Instituten anvertrauten Vermögenswerte gefährden, die ordnungsgemäße Durchführung der Bankgeschäfte oder Finanzdienstleistungen beeinträchtigen oder

---

735 Siehe Kapitel 2.1.4.

736 Gegebenenfalls kann dies auch eine andere Bezugsgröße im Fall der Risikomessung mittels Zinsschock sein. Die Wertveränderungen sind nach Währungen aufzugliedern. Vgl. § 333 Abs. 2 SolvV.

737 Vgl. AT 1, Tz. 1 MaRisk sowie Anschreiben der BaFin vom 14. Dezember 2012 zur MaRisk-Novelle 2012 – Veröffentlichung der Endfassung. Zudem wird die Anforderung des § 33 Abs. 1 WpHG in Verbindung mit § 25a Abs. 1 KWG und Artikel 13 der Richtlinie 2004 / 39 / EG (Finanzmarktrichtlinie) ebenfalls durch die MaRisk näher umgesetzt. Vgl. AT 1 Tz. 3 MaRisk.

738 Siehe Kapitel 2.3.1.1.

739 Siehe Kapitel 2.3.2.1.

740 Vgl. AT 1 Tz. 2 MaRisk.

741 Vgl. Gelhausen (2012), Rn. 16 sowie Paul (2011b), S. 461 f. So ist die Anforderung, Anreize zur Weiterentwicklung des Risikomanagements zu setzen, ebenso Bestandteil der CEBS-Leitlinien zum Zinsänderungsrisiko im Anlagebuch. Siehe Kapitel 2.3.2.2.

742 Vgl. AT 4.3.2 Tz. 1 MaRisk, Heuter (2012), S. 367 und siehe Kapitel 2.1.2. sowie 2.3.3.3.2.

erhebliche Nachteile für die Gesamtwirtschaft herbeiführen können“[743] und gibt damit die Zielsetzung der Solvenzaufsicht wörtlich wieder.[744] Das Rundschreiben ist von Instituten im Sinne des § 1 Abs. 1b KWG zu beachten, wobei auch ausländische Zweigniederlassungen deutscher Institute ausdrücklich in den Anwendungsbereich fallen.[745]

Seit der erstmaligen Veröffentlichung im Jahr 2005 wurden die MaRisk in insgesamt vier Novellierungen durch die Aufsicht überarbeitet.[746] Auslöser der verschiedenen Novellierungen der MaRisk waren neben Weiterentwicklungen aufsichtlicher Normen auf internationaler Ebene unter anderem auch Erkenntnisse aus dem bisherigen aufsichtlichen Überwachungsprozess.[747] Der jeweiligen Veröffentlichung der MaRisk-Rundschreiben ging jeweils ein Dialog der BaFin und der Deutschen Bundesbank mit Vertretern der Kreditwirtschaft und Prüfern voraus, wobei für diesen Austausch ein Fachgremium MaRisk[748] als feste Institution eingerichtet wurde.[749] Ferner ist die Aufgabe des Fachgremiums einzelne

743 AT 2 Tz. 1 MaRisk.

744 Vgl. Hannemann / Schneider (2010), S. 68 und siehe Kapitel 2.2.1.

745 Vgl. AT 2.1 Tz. 1 MaRisk. Ferner ist das Rundschreiben, insbesondere Teile des AT, auf Finanzdienstleistungsinstitute nach § 1 Abs. 1a KWG und Wertpapierhandelsbanken nach § 1 Abs. 3d Satz 3 KWG anzuwenden. Zur Anwendung der MaRisk auf Finanzierungsleasing- und Factoringinstitute siehe BaFin / Deutsche Bundesbank (Hrsg.) (2009), o. S.

746 Im Einzelnen wurden bislang die folgenden Rundschreiben zu den MaRisk von der BaFin veröffentlicht: RS 18 / 2005 (BA) vom 20. Dezember 2005, RS 5 / 2007 vom 30. Oktober 2007, RS 15 / 2009 vom 14. August 2009, RS 11 / 2010 vom 15. Dezember 2010 sowie RS 10 / 2012 vom 14. Dezember 2012. Ein Überblick zu den Inhalten der Novellierungen bis einschließlich der dritten Novelle aus dem Jahr 2010 gibt Hannemann / Schneider (2010), S. 12 ff., o. V. (2011e), S. 2 f. und insbesondere umfassend zur dritten Novellierung Budy / Cremer / Perge (2011), S. 561 ff. wieder. Die Neuerungen der vierten Novelle werden von der Aufsicht im Einzelnen im Anschreiben der BaFin vom 14. Dezember 2012 zur MaRisk-Novelle 2012 – Veröffentlichung der Endfassung, o. S. dargestellt.

747 Vgl. Hannemann / Schneider (2010), S. 15 f.

748 Das Fachgremium setzt sich aus zehn Vertretern von Instituten unterschiedlicher Bankenverbände, zwei Vertretern des IDW, je einem Vertreter des Sparkassen- und Genossenschaftssektors, zwei Vertretern der Internen Revision, sieben Vertretern unterschiedlicher Verbände sowie insgesamt acht Vertretern der BaFin und der Deutschen Bundesbank zusammen. Vgl. Hannemann / Schneider (2010), S. 58.

749 Auf ein derartiges Fachgremium hatte die BaFin bereits bei der Umsetzung von MaK und Basel II zurückgegriffen. Vgl. Schwirten / Zattler (2007), S. 446 f.

strittige Auslegungsfragen zu diskutieren und praxisorientiert zu klären.[750] Über die Sitzungen des Fachgremiums werden bei grundlegender Bedeutung Protokolle von der Aufsicht gefertigt, die über die Internetseite der Deutschen Bundesbank veröffentlicht werden.[751]

Bei dem Rundschreiben MaRisk der BaFin handelt es sich um eine norminterpretierende Verwaltungsvorschrift, die lediglich für die BaFin unmittelbare Bindungswirkung entfaltet[752] und die unbestimmte Rechtsbegriffe des § 25a Abs. 1 KWG auslegt.[753] Anordnungen und Sanktionen gegenüber den Instituten können unmittelbar nur in Verbindung einer Verletzung des § 25a Abs. 1 KWG über § 25a Abs. 1 Satz 8 KWG, nicht aber allein auf Grundlage der MaRisk durch die BaFin erlassen werden.[754] Im Gegensatz zu den aufsichtlichen Normen des KWG geben die MaRisk selber lediglich einen Maßstab für die Beurteilung eines angemessenen und wirksamen Risikomanagements wieder.[755] Die MaRisk enthalten grundlegende Prinzipien zur Ausgestaltung des Risikomanagements und nur vereinzelte Detailregelungen.[756] Darüber hinaus war eine allein auf die Auslegung des

750 Vgl. Hannemann / Schneider (2010), S. 24 f., S. 44 und S. 57, AT 1 Tz. 4 MaRisk, o. V. (2011e), S. 4 und Anschreiben der BaFin vom 14. Dezember 2012 zur MaRisk-Novelle 2012 – Veröffentlichung der Endfassung, o. S.

751 Vgl. Wohlert (2009), S. 4 f. sowie zu den einzelnen Protokollen: Deutsche Bundesbank (Hrsg.) (2006b), Deutsche Bundesbank (Hrsg.) (2006c) und Deutsche Bundesbank (Hrsg.) (2007). Im Übrigen wird auch die aufsichtliche Position im jeweiligen Anschreiben zu den einzelnen Rundschreiben durch die BaFin näher erläutert. Vgl. beispielsweise Anschreiben der BaFin vom 14. Dezember 2012 zur MaRisk-Novelle 2012 – Veröffentlichung der Endfassung, o. S.

752 Vgl. o. V. (2011e), S. 3 f.

753 Im Wesentlichen handelt es sich um die unbestimmten Begriffe Risikomanagement, Strategien, Risikotragfähigkeit und interne Kontrollverfahren mit dem internen Kontrollsystem sowie der Internen Revision. Vgl. Hannemann / Schneider (2010), S. 19 f.

754 Vgl. o. V. (2011e), S. 3. Zu den allgemeinen Sanktionsmöglichkeiten im Rahmen der Zulassung der Kreditinstitute siehe Kapitel 2.2.4.1. Ferner kann die BaFin auch Zuschläge zur Kapitalunterlegung nach § 10 Abs. 1b KWG anordnen sowie Ausschüttungsverbote nach § 45 Abs. 1 KWG und Zahlungsverbote nach § 46 Abs. 1 Satz 2 KWG verhängen. Regelmäßig greift die BaFin neben diesen im KWG normierten Maßnahmen auch auf informelle Handlungen, wie persönliche Gespräche mit Vertretern des Instituts und die Aufforderung zur Stellungnahme des Instituts zu festgestellten Mängeln, zurück. Vgl. Hannemann / Schneider (2010), S. 20 f.

755 Vgl. Hannemann / Schneider (2010), S. 25.

756 Vgl. Wohlert (2009), S. 4.

Wortlauts gerichtete Umsetzung nicht das Ziel der Aufsicht.[757] Stattdessen haben die Institute vielmehr eine sinngemäße Auslegung der Prinzipien des Rundschreibens vorzunehmen und diese institutsspezifisch adäquat umzusetzen.[758] Über diese Funktion als Maßstab entwickelt das Rundschreiben in der Praxis der Beaufsichtigung der Institute eine mittelbare Bindungswirkung gegenüber den Instituten.[759]

Die Anforderungen des Rundschreibens MaRisk geben den Instituten zudem keine konkreten Methoden vor, nach denen die Prozesse des Risikomanagements auszugestalten sind. Im Gegensatz zur Säule I von Basel II[760] und dem Vorgehen nach SolvV,[761] in denen konkrete Ermittlungsverfahren für bestimmte Risiken vorgegeben werden, zielen die MaRisk als Teil der qualitativen Bankenaufsicht auf die Gewährleistung des internen Risikomanagements der Institute mittels allgemein formulierter Prinzipien ab. Dessen Ausgestaltung, einschließlich der Wahl der Methoden, liegt hierbei in der Verantwortung der Institute, sodass die Anforderungen in den MaRisk die Methodenfreiheit der Institute grundsätzlich wahren.[762] Dabei ist die Methodenfreiheit aber nicht mit Willkürlichkeit gleichzusetzen, da die Aufsicht, soweit deren Zielsetzung aus der Solvenzaufsicht gefährdet wird, für die Inanspruchnahme der Öffnungsklauseln der MaRisk Grenzen sieht.[763]

Die im SRP[764] festgelegten Prinzipien, die sich an die Institute als ICAAP sowie an die Aufsicht als SREP richten und als doppelte Proportionalität bezeichnet werden, sind die Grundlage der MaRisk.[765] Dabei wird der ICAAP zentral im AT 4.1 Tz. 1 MaRisk adressiert, während die Aufsicht als SREP[766] mittels des Maßstabs

---

757 Vgl. Hannemann / Schneider (2010), S. 25. So wird im AT 1 Tz. 4 und Tz. 5 MaRisk auf die flexiblen Umsetzungsmöglichkeiten aufgrund der Öffnungsklauseln sowie der flexiblen Grundausrichtung des Rundschreibens hingewiesen. Vgl. AT 1 Tz. 4 und 5 MaRisk.

758 Vgl. Hannemann / Schneider (2010), S. 25.

759 Vgl. o. V. (2011e), S. 3.

760 Siehe Kapitel 2.3.1.1.

761 Siehe Kapitel 2.3.3.2. Eine Besonderheit stellen die internen Messverfahren dar, die Institute nach Genehmigung durch die Aufsicht ebenso für die Ermittlung der SolvV-Gesamtkennziffer verwenden. Diese fortgeschrittenen Ansätze sind aber aufgrund der hohen Anforderungen der SolvV nicht für alle verhältnismäßig und widersprechen somit dem behandelten Prinzip der doppelten Proportionalität. Vgl. Hannemann / Schneider (2010), S. 49 f.

762 Vgl. Hannemann / Schneider (2010), S. 50, o. V. (2011e), S. 6 und Rassat (2012), S. 39.

763 Vgl. BaFin (Hrsg.) (2011b), Rn. 3 sowie Luz / Maaß (2011), S. 409.

764 Siehe Kapitel 2.3.1.1.

765 Vgl. Hannemann / Schneider (2010), S. 23.

766 Die Aufsicht hat dabei ihre Überwachungsintensität neben Größe, Komplexität und Risiken des Instituts auch an deren Bedeutung für die Systemstabilität des Finanz-

MaRisk die Einhaltung des ICAAP sowie des Risikomanagements allgemein beurteilt.[767] Die Prinzipien des ICAAP werden in den MaRisk nicht explizit wiederholt, sondern sind im Rahmen der Anforderungen implizit enthalten.[768] Grundsätzlich spiegeln sich die Öffnungsklauseln[769] im geringeren Umfang in den Detailregelungen der MaRisk, der Methodenfreiheit der Anforderungen sowie den Ermessensspielräumen im Rahmen der Auslegung wider.[770] Im Detail lassen sich im Rundschreiben die folgenden echten und unechten Öffnungsklauseln differenzieren:

Abbildung 13: Klassifizierung der Öffnungsklauseln der MaRisk

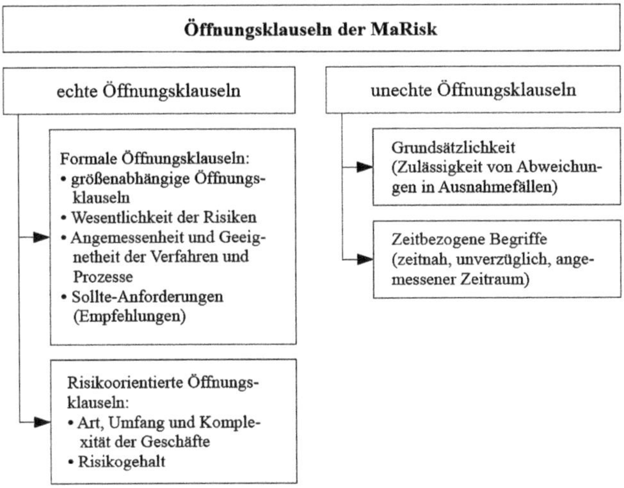

Quelle: In Anlehnung an Günther / Serafin (2008b), S. 41.

Echte Öffnungsklauseln sind explizit eingeräumte Erleichterungen im Rundschreiben. Der Grundsatz der Methodenfreiheit ist in diesem Zusammenhang

marktes zu orientieren. Vgl. Günther / Serafin (2008a), S. 32 sowie ebenfalls als Vorgabe zur Beaufsichtigung im Artikel 124 der Bankenrichtlinie. Siehe Kapitel 2.3.2.1.

767 Vgl. Hannemann / Schneider (2010), S. 47 f.

768 Die Aufsicht hat bei der Umsetzung ebenfalls die bisherigen Erfahrungen, insbesondere aus den MaK, berücksichtigt. Vgl. Meusel (2006), S. 57 f.

769 Vor allem die Öffnungsklauseln sollen entsprechend § 25a Abs. 1 Satz 4 KWG für kleine Institute angemessene Gestaltungsspielräume bei der Umsetzung schaffen und dem heterogenen deutschen Bankensektor Rechnung tragen. Vgl. o. V. (2011e), S. 8 und Günther / Serafin (2008b), S. 35 f.

770 Vgl. Günther / Serafin (2008b), S. 38.

eine besondere Form der echten Öffnungsklausel. Unechte Öffnungsklauseln oder implizite Öffnungsklauseln ergeben sich aus Auslegungsspielräumen im Rahmen von unbestimmten Begriffen. Aus unechten Öffnungsklauseln ergibt sich insbesondere für einzelne Institute die Möglichkeit, im Ausnahmefall von den Vorgaben der MaRisk abzuweichen.[771]

Die formalen Öffnungsklauseln als echte Öffnungsklauseln können an äußerlich erkennbaren Kriterien, wie beispielsweise Geschäftsschwerpunkte, vorhandene Ressourcen und relativer Größe des Instituts, gemessen werden.[772] Insofern sind die größenabhängigen Öffnungsklauseln, gegebenenfalls unter Hinzuziehung eines Vergleichs zwischen Instituten verschiedener Größe, einer Einstufung und Überprüfung zugänglich. Bei der Wesentlichkeit des AT 2.2 MaRisk[773] als weitere echte Öffnungsklausel sind bei der Beurteilung die Kosten-Nutzen-Relationen sowie der mit dem Risikomanagement verbundene Ressourcenverbrauch zu berücksichtigten.[774] Die Angemessenheit und Geeignetheit von Prozessen als formale Öffnungsklausel ist im Hinblick auf die jeweilige Zielvorgabe des Prozesses zu beurteilen.[775] Soweit die BaFin in den MaRisk die Formulierung „sollte" verwendet, ist dies als Empfehlung der Aufsicht zu verstehen,[776] die soweit dies betriebswirtschaftlich sinnvoll ist, auch umzusetzen ist. Gleichwohl kann eine zwingende Einforderung der Einhaltung der Empfehlung durch einen Prüfer nicht erfolgen.[777] Die risikoorientierten Öffnungsklauseln stellen jeweils auf die Relevanz des zugrunde liegenden Risikos[778] für das

771 Vgl. o. V. (2011e), S. 8 f.

772 Vgl. Günther / Serafin (2008b), S. 42. Hierzu steht die Aussage bei DSGV (Hrsg.) (o. J.), S. 27 im Widerspruch, da dort auch die Bilanzsumme unmittelbar als ein Größenkriterium angesehen wird.

773 Siehe Kapitel 2.3.3.3.2.

774 Vgl. DSGV (Hrsg.) (o. J.), S. 27 f. Ferner sind neben der Wesentlichkeit der Risiken auch wesentliche Geschäftsaktivitäten, Handlungen und Festlegungen sowie wesentliche Mängel der Internen Revision zu unterscheiden, die, soweit dies erforderlich ist, ebenfalls mit einzubeziehen sind. Vgl. Günther / Serafin (2008b), S. 43.

775 Vgl. Günther / Serafin (2008b), S. 43. Weitere Wesentlichkeitsgrundsätze finden sich in den MaRisk unter anderem zur Berücksichtigung der wesentlichen Risiken in der Risikotragfähigkeit, zu wesentlichen Auslagerungen, zur Kompetenzordnung und zum risikorelevanten Kreditgeschäft. Die wesentlichen Handlungen und Festlegungen zur Einhaltung des Rundschreibens sind zudem entsprechend dem Wesentlichkeitsgrundsatz zu dokumentieren. Vgl. Denter (2012), S. 564 f.

776 Vgl. Hannemann / Schneider (2010), S. 348.

777 Vgl. DSGV (Hrsg.) (o. J.), S. 28 f.

778 Dabei sind die hier zu betrachtenden Risiken bereits im Sinne der formalen Öffnungsklausel als für das Institut wesentlich eingestuft worden.

Institut ab.[779] Dabei greifen die Regelungen in den MaRisk die Formulierung des § 25a Abs. 1 Satz 4 KWG wieder auf, der auf Art und Umfang, Komplexität sowie Risikogehalt der Geschäftstätigkeit der Institute als Beurteilungsmaßstab verweist.[780]

Im Rahmen der unechten oder impliziten Öffnungsklauseln spielen die über die Ausnahmen bestimmten Anforderungen der MaRisk eine wichtige Rolle.[781] Die BaFin deutet insbesondere durch das Wort grundsätzlich[782] an, dass Ausnahmen im Sinne von Abweichungen von der jeweiligen Anforderung zulässig sind. Die Zulässigkeit der Abweichungen ergibt sich jeweils aus dem konkreten Kontext des Rundschreibens oder nach betriebswirtschaftlichen Maßstäben.[783] Die unbestimmten Zeitbegriffe sind durch das Institut an den jeweiligen institutsinternen Prozessen und technischen Ressourcen auszurichten. Dabei ist dem Begriff unverzüglich eine höhere Dringlichkeit als dem Begriff zeitnah einzuräumen.[784]

Die MaRisk tragen durch die Öffnungsklauseln insgesamt den Unterschieden zwischen den Instituten Rechnung und ermöglichen damit eine flexible Umsetzung der Anforderungen.[785] Insbesondere darf die institutsindividuelle Nutzung einzelner Öffnungsklauseln dabei nicht die Zielsetzung des Risikomanagements und damit der Aufsicht gefährden[786] und erfordert eine institutsindividuelle Beurteilung.[787] Im Rahmen der Novellierung der MaRisk 2012 hat die Aufsicht

---

779 Vgl. DSGV (Hrsg.) (o. J.), S. 29.

780 Siehe Kapitel 2.3.3.1.3. und vgl. § 25a Abs. 1 Satz 4 KWG.

781 Weitere Gestaltungsspielräume ergeben sich aus den unbestimmten Begriffen der MaRisk, die im jeweiligen Zusammenhang zur Anforderung des Rundschreibens zu diskutieren sind. Vgl. Hannemann / Schneider (2010), S. 55 f. und Günther / Serafin (2008b), S. 45.

782 Grundsätzlich lässt mit sich mit in der Regel wiedergeben. Vgl. DSGV (Hrsg.) (o. J.), S. 30.

783 Vgl. DSGV (Hrsg.) (o. J.), S. 30 f. Soweit betriebswirtschaftliche Maßstäbe herangezogen werden, hat das Institut eigenverantwortlich und unter Berücksichtigung der Risikosituation des Instituts die Bedingungen festzulegen. Vgl. Günther / Serafin (2008b), S. 45.

784 Vgl. DSGV (Hrsg.) (o. J.), S. 31 f. Der Begriff „unverzüglich“ hat Ähnlichkeit zur Begrifflichkeit des § 121 Abs. 1 BGB (ohne schuldhaftes Zögern). Vgl. DSGV (Hrsg.) (o. J.), S. 31 und § 121 Abs. 1 BGB.

785 Vgl. AT 1 Tz. 4 MaRisk, Hannemann / Schneider (2010), S. 54 f. und Günther / Serafin (2008b), S. 35 f.

786 Unzulässig ist es in jedem Fall die betriebswirtschaftliche Effizienz zuungunsten aufsichtlicher Notwendigkeiten zu steigern. Vgl. Helfer / Geiersbach / Prasser (2008), S. 107.

787 Vgl. Gruber / Hümmer (2006), S. 138. Im Einzelfall ist außerdem zu prüfen, ob die Öffnungsklauseln des BT aufgrund der Regelungen des AT überhaupt in Anspruch genommen werden können.

außerdem klargestellt, dass neben Methodenfreiheit und Öffnungsklauseln das Proportionalitätsprinzip für bestimmte Institute[788] auch erweiterte Anforderungen bringen kann.[789] Im Einzelnen wird von der BaFin auf die Veröffentlichungen des Baseler Ausschusses sowie des FSB verwiesen, die ergänzend bei der Ausgestaltung des Risikomanagements eigenverantwortlich einzubeziehen sind.[790]

Die MaRisk selber enthalten eine größere Anzahl an unbestimmten Begriffen,[791] die durch die Aufsicht nicht näher präzisiert werden.[792] Dieses Vorgehen setzt den prinzipienorientierten Ansatz um, bei dem nur anhand des Einzelfalls eine Beurteilung getroffen werden kann.[793] Dabei steht dieses Vorgehen der Aufsicht im Spannungsverhältnis den Instituten die notwendigen unternehmerischen Freiräume zur eigenverantwortlichen Ausgestaltung der betrieblichen Prozesse zu gewähren, aber gleichzeitig ebenfalls die zur Erfüllung der aufsichtlichen Zielsetzung notwendige Rechtssicherheit in der Auslegung der aufsichtlichen Vorgaben zu schaffen.[794] Diese flexible Beurteilung wird auch von anderen Prüfern gegenüber den Instituten gefordert.[795] Insgesamt ist zur Nutzung der Gestaltungsspielräume auf die Eigenverantwortlichkeit der Institute hinzuweisen, wobei mit einer maximalen Ausnutzung der Spielräume nicht der Intention des Rundschreibens und der Aufsicht entsprochen wird.[796]

Die Inhalte des Rundschreibens wurden von der BaFin modular strukturiert, um bei notwendigen Anpassungen die betroffenen Module flexibel anpassen zu

---

788 Die Institute sind entweder besonders groß, durch internationale Geschäftstätigkeiten gekennzeichnet oder weisen eine besondere Komplexität bei ihren Geschäftsaktivitäten auf oder haben eine besondere Risikoexponierung. Vgl. AT 1 Tz. 2 MaRisk.

789 So ist an große Institute mit erhöhten Risiken die Forderung nach genaueren Messmethoden zu stellen. Vgl. Stickelmann (2011), S. 409.

790 Vgl. AT 1 Tz. 2 MaRisk. Gleichwohl die genannten ergänzenden Vorgaben keine unmittelbare rechtlich bindende Wirkung für deutsche Institute entfalten. Vgl. Anschreiben der BaFin vom 14. Dezember 2012 zur MaRisk-Novelle 2012 – Veröffentlichung der Endfassung, o. S. sowie Deutsche Kreditwirtschaft (Hrsg.) (2012), S. 3 f.

791 Soweit die Begriffe für die Arbeit relevant sind, werden diese im Folgenden im Zusammenhang mit den jeweiligen Anforderungen dargestellt und bei der Entwicklung des Prüfungsvorgehens berücksichtigt.

792 Vgl. Hannemann / Schneider (2010), S. 55 f. Vor dem Hintergrund der Krisen seit dem Jahr 2007 legt die Aufsicht allerdings die unbestimmten Rechtsbegriffe restriktiver aus. Vgl. Volk / Wiesemann (2012), S. 268.

793 Vgl. BaFin (Hrsg.) (2011b), Rn. 13 und Gruber / Hümmer (2006), S. 138.

794 Vgl. Hannemann / Schneider (2010), S. 22 f.

795 Vgl. AT 1 Tz. 5 MaRisk.

796 Vgl. Hannemann / Schneider (2010), S. 55.

können.[797] Ferner kann die Aufsicht so außerdem neue Anforderungen als neue Module in das Rundschreiben einfügen.[798] In den MaRisk werden die Anforderungen zum Risikomanagement,[799] insbesondere zu den internen Kontrollverfahren und besonderen Funktionen, zu Organisationsrichtlinien, zur Dokumentation, zu Ressourcen, zu Anpassungsprozessen und der Auslagerung von Unternehmensaktivitäten in einen Allgemeinen Teil (AT) geregelt[800] und somit die allgemeinen Anforderungen für alle Bankbereiche einheitlich festlegt.[801]

Abbildung 14: Modulare Struktur der MaRisk

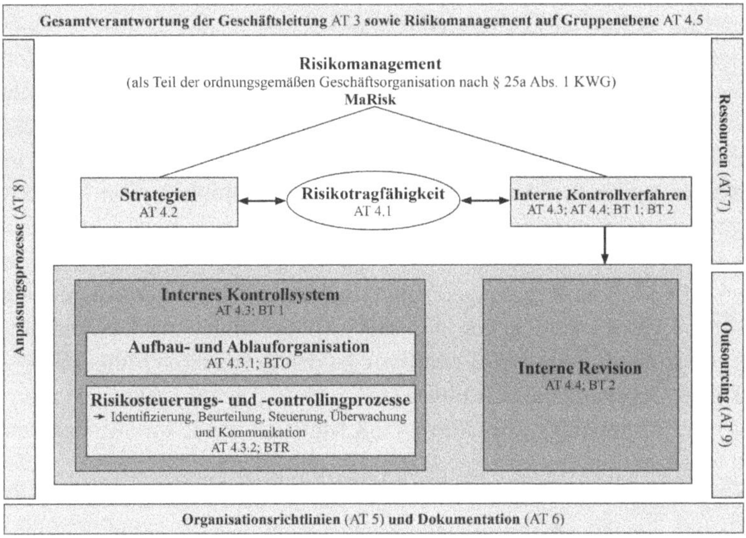

Quelle: In Anlehnung an Anlage 4 zur ersten Fassung des Rundschreibens 18 / 2005 (BA) MaRisk der BaFin vom 20. Dezember 2005.

Darüber hinaus werden weitergehende Vorgaben zu Kredit- und Handelsprozessen und zu Risikomanagementprozessen, im Einzelnen zur Identifikation, Beurteilung,

797 Vgl. AT 1 Tz. 6 MaRisk.
798 Vgl. Günther / Serafin (2008a), S. 29.
799 Die Ausgestaltung der Komponenten des Risikomanagements und des COSO II – Modells weisen grundlegende Parallelen auf, die insbesondere von *Ullrich* aufgezeigt werden. Vgl. Ullrich (2009), S. 513 ff., Geiersbach / Prasser (2012), S. 562 ff. sowie COSO (Hrsg.) (2004), S. 5 ff.
800 Vgl. AT 2 bis AT 9, BTO 1 und BTO 2 MaRisk sowie Wohlert (2012), S. 108.
801 Vgl. Schwirten / Zattler (2007), S. 447.

Steuerung, Überwachung und Kommunikation, sowie zu den einzelnen Risikoarten formuliert.[802] Diese Vorgaben sind zusammen mit weitergehenden Detailregelungen zur Internen Revision im Besonderen Teil (BT) gebündelt.[803] Im Folgenden sind die für die Arbeit relevanten Prinzipien der MaRisk sowie die besonderen Vorgaben zum Zinsänderungsrisikomanagement näher zu analysieren.

2.3.3.3.2 Allgemeine Prinzipien zu Risikosteuerungs- und -controllingprozessen

Neben der Rechtsgrundlage des Rundschreibens MaRisk, dessen Zielsetzung und den Grundlagen in den Vorbemerkungen (AT 1 MaRisk) sowie dem im Anwendungsbereich geregelten Anwenderkreis (AT 2 und AT 2.1 MaRisk) bündelt der Allgemeine Teil (AT) der MaRisk die risikoarten- und prozessübergreifenden[804] Prinzipien des Risikomanagements. Im Rahmen des Anwendungsbereichs werden außerdem der Inventurprozess und die in das Risikomanagement einzubeziehenden wesentlichen Risiken (AT 2.2 MaRisk) geregelt. Grundlegende Prinzipien sind insbesondere in den Abschnitten zur Risikotragfähigkeit AT 4.1 MaRisk, mit der zentralen Umsetzung des ICAAP,[805] zu den Strategien AT 4.2 MaRisk und zu den internen Kontrollverfahren AT 4.3 MaRisk geregelt. Ergänzend hierzu werden im AT 4.5 MaRisk Regelungen zum Gruppenrisikomanagement getroffen. Als organisatorischer Rahmen geben die MaRisk Regelungen zur Gesamtverantwortung der Geschäftsleitung (AT 3 MaRisk), zu den besonderen Funktionen (AT 4.4 MaRisk), zu Organisationsrichtlinien (AT 5 MaRisk), zur Dokumentation (AT 6 MaRisk), zu Anpassungsprozessen (AT 8 MaRisk) sowie zur Auslagerung von Unternehmensaktivitäten und -prozessen (AT 9 MaRisk)[806] vor.[807]

Gemäß AT 2.2 Tz. 1 MaRisk ist es notwendig, mittels geeigneter Kriterien die wesentlichen von den unwesentlichen Risiken zu trennen, um eine geeignete Allokation des Risikodeckungspotenzials und vor allem der zur Bewältigung der Risiken zur Verfügung stehenden Ressourcen vorzunehmen. Dabei sind insbesondere

---

802 Vgl. Gelhausen (2012), Rn. 17 und AT 4.3.2 Tz. 1 MaRisk.

803 Vgl. Wohlert (2012), S. 108 f. und Stoever (2012), S. 194 f.

804 Die MaRisk regeln besondere Anforderungen an die Kredit- und Handelsprozesse im BTO 1 beziehungsweise BTO 2 MaRisk.

805 Siehe Kapitel 2.3.1.1.

806 Die Vorgaben zur Auslagerung sind im Einzelfall für diese Arbeit nur dann einschlägig, wenn das Institut im Hinblick auf die Fragestellung einzelne Funktionen zum Zinsänderungsrisikomanagement auf andere Unternehmen ausgelagert hat.

807 Eine weitergehende Kommentierung des AT, allerdings noch für das Rundschreiben 11 / 2010, findet sich bei Hannemann / Schneider (2010), S. 101 ff., o. V. (2011e), S. 19 ff., Wohlert (2012), S. 109 ff. sowie DSGV (Hrsg.) (o. J.), S. 33.

bestehende Risikokonzentrationen[808] zu beachten. Die zentralen Anforderungen zur Risikoinventur lauten wie folgt:

> „AT 2.2 Risiken
>
> 1. (…) Zur Beurteilung der Wesentlichkeit hat sich die Geschäftsleitung regelmäßig und anlassbezogen im Rahmen einer Risikoinventur einen Überblick über die Risiken des Instituts zu verschaffen (Gesamtrisikoprofil). (…) Mit wesentlichen Risiken verbundene Risikokonzentrationen sind zu berücksichtigen."[809]

Im Rahmen der Risikoinventur hat eine erste Abschätzung der Risiken zu erfolgen, wobei anhand von definierten Kriterien lediglich die Differenzierung zwischen wesentlichen und unwesentlichen Risiken durchzuführen ist.[810] Die Inventur hat dabei vollständig alle Aktivitäten des Instituts zu erfassen, auch wenn diese beispielsweise als außerbilanzielle Geschäfte beziehungsweise außerbilanzielle Konstruktionen in den Abschlüssen der Rechnungslegung nicht erfasst werden. Die Betrachtung im Inventurprozess ist insofern keinesfalls ausschließlich anhand von formalen Aspekten an der Rechnungslegung auszurichten.[811]

Die Prüfung des Gesamtrisikoprofils und des Inventurprozesses setzt voraus, dass das Kreditinstitut über die Vermutung der wesentlichen Risiken des AT 2.2

808 Risikokonzentrationen sind gleichlaufende Risikopositionen innerhalb einer Risikoart (Intra-Risikokonzentrationen) sowie gleichlaufende Positionen verschiedener Risikoarten (Inter-Risikokonzentrationen), die jeweils aus derselben Ursache resultieren. Vgl. Erläuterungen zu AT 2.2 Tz. 1 und siehe Kapitel 2.1.5.

809 AT 2.2 Tz. 1 MaRisk.

810 So wird die Forderung einer groberen Quantifizierung, beispielsweise als Szenarioansätze, formuliert bei Kretschmer / Kuhn (2006), S. 161 sowie Andrae (2006), S. 27 f. *Günther / Serafin* fordern hingegen ein Risikomaß, wie den VaR, da das Maß bereits die Eigenschaften Homogenität, Monotonie und Translationsinvarianz aufweisen sollte. Dies bleibt allerdings grundlegend der Risikobeurteilung vorbehalten, da diese Form der Messung regelmäßig erhöhte Anforderungen an die eingesetzte Methode und Datenbasis begründet. Vgl. Günther / Serafin (2008d), S. 59. Anzumerken ist ferner, dass die genannte Diversifikation keine Eigenschaft eines kohärenten Risikomaßes ist. Ähnlich fehlerhaft ist die Gleichsetzung von Subadditivität und Diversifikation bei Hannemann / Schneider (2010), S. 145, da nur die Subadditivität als Eigenschaft korrekt ist. Der VaR ist daher kein kohärentes Maß, wird aber seitens der Aufsicht bislang akzeptiert. Vgl. Hannemann / Schneider (2010), S. 145 sowie siehe Kapitel 2.1.4.2.2.

811 Vgl. AT 2.2 Tz. 2 MaRisk sowie Erläuterungen zu AT 2.2 Tz. 2 MaRisk.

MaRisk Kriterien[812] festgelegt und dokumentiert hat.[813] *Ahnert* sieht hierin eine zentrale Aufgabe der Geschäftsleitung, da die Unterscheidung eine grundlegende Auseinandersetzung mit der individuellen Risikosituation des Instituts voraussetzt, die vor allem im Rahmen der Festlegung der Strategien zu erfolgen hat.[814] Hinsichtlich der Identifizierung auf Gruppenebene sind neben den wesentlichen Risiken des übergeordneten Finanzkonglomeratsunternehmens ebenfalls die der aus Risikosicht wesentlichen Tochterunternehmen einzubeziehen. Hierzu sind zur Abgrenzung trennscharfe Kriterien vom übergeordneten Institut festzulegen.[815]

Durch die BaFin werden im AT 2.2 Tz. 1 MaRisk die Adressenausfallrisiken, die Marktpreisrisiken, die Liquiditätsrisiken sowie die operationellen Risiken für alle Institute als grundsätzlich wesentliche Risiken eingestuft. Von dieser Einstufung kann aufgrund der Formulierung grundsätzlich im begründeten Einzelfall als unechte Öffnungsklausel abgewichen werden.[816] Für alle nicht als wesentlich eingestuften Risiken sind lediglich Vorkehrungen vom Institut eigenverantwortlich zu treffen. Diese unterliegen aber nicht dem Rundschreiben und dessen Anforderungen an die Risikosteuerungs- und -controllingprozesse.[817]

Der AT 3 MaRisk gibt die gemeinschaftliche Verantwortung der gesamten Geschäftsleitung des Instituts[818] für die ordnungsgemäße Geschäftsorganisation, deren Weiterentwicklung sowie die ordnungsgemäße Geschäftsorganisation auf Gruppenebene wieder. Die Anforderung interpretiert die Vorgabe des § 25a Abs. 1 Satz 2 KWG sowie für Gruppen die Vorgabe des § 25a Abs. 1a Satz 1 KWG

---

812 Der AT 2.2 Tz. 2 MaRisk fordert von den Instituten, insbesondere die Risiken zu identifizieren, die die Vermögenslage einschließlich der Kapitalausstattung, die Ertragslage oder die Liquiditätslage wesentlich beeinträchtigen und insofern negative ökonomische Auswirkungen auf das Institut haben können. Vgl. AT 2.2 Tz. 2 MaRisk. Im Gegensatz hierzu erfasst der Risikobegriff des KonTraG lediglich Risiken, die bestandsgefährdend sind oder zumindest die Entwicklung des Unternehmens gefährden können. Siehe Kapitel 2.1.1.2. Insofern sind die Vorgaben der MaRisk deutlich differenzierter.

813 Da Vorgaben zur Wesentlichkeit nicht unmittelbar in den MaRisk enthalten sind, hat das Institut seine Einstufung nachvollziehbar zu gestalten. Vgl. o. V. (2011e), S. 19.

814 Vgl. Ahnert (2008), S. 51.

815 Vgl. Günther / Serafin (2008c), S. 50. Ferner werden bei Günther / Serafin (2008c), S. 50 f. auch Beispiele für risikospezifische Kriterien genannt.

816 Vgl. o. V. (2011e), S. 15 f.

817 Es sind für unwesentliche Risiken die allgemeinen Vorgaben des § 25a Abs. 1 KWG anzuwenden. Vgl. AT 2.2 Tz. 1 MaRisk und o. V. (2011e), S. 17.

818 Gemeint sind die Geschäftsleiter nach § 1 Abs. 2 KWG. Vgl. § 25a Abs. 1 Satz 4 KWG.

näher.[819] Der Verantwortung für die Geschäftsorganisation werden die Geschäftsleiter,[820] unabhängig von gegebenenfalls bestehenden internen Zuständigkeitsregeln, gemeinsam nur gerecht, wenn die Risiken im Rahmen eines wirksamen und angemessenen Risikomanagements[821] regelmäßig beurteilt und durch die erforderlichen Maßnahmen begrenzt werden.[822] Dem steht die Möglichkeit der Delegation von Aufgaben des Risikomanagements, wie beispielsweise der Messung von Risiken, nicht entgegen.[823]

Der AT 3 MaRisk setzt die Vorgabe aus Basel II zur Verantwortung der Geschäftsleitung hinsichtlich der Kenntnis von Art und Umfang der Risiken des Instituts, deren Verhältnis zur Eigenmittelausstattung sowie für Form und Entwicklungsgrad des Risikomanagements um.[824] Ferner wird die Verantwortung der Geschäftsleitung sowie der erweiterten Leitungsebenen analog den ersten drei Prinzipien der „Principles for the Management and Supervision of Interest Rate

---

819 Die Aufzählung des § 25a Abs. 1 KWG umfasst darüber hinaus auch die weiteren Aspekte der Geschäftsorganisation. Vgl. o. V. (2011e), S. 28 und Kleine / Nolte (2012), S. 170 ff. mit weiteren Nennungen.

820 An dieser Stelle ist allerdings nicht die Eignung der Geschäftsleiter im Hinblick auf deren Fähigkeiten gemeint, sondern die Ausgestaltung des Risikomanagement. Vgl. Deutsche Bundesbank (Hrsg.) (2006c), S. 1. Die Anforderungen an die Eignung der Geschäftsleiter sind im § 33 KWG formuliert und werden im Rahmen der Bestellung sowie anlassbezogen von der BaFin überprüft. Vgl. Maifarth (2009), S. 14.

821 Der Begriff angemessenes und wirksames Risikomanagement wird im AT 3 MaRisk lediglich für die Gruppenebene aufgeführt, da auf Institutsebene von der Verantwortung für die wesentlichen Elemente des Risikomanagements gesprochen wird. Allerdings ergibt sich unmittelbar aus § 25a Abs. 1 Satz 2 und 3 KWG dieselbe Anforderung. Vgl. AT 3 MaRisk sowie § 25a Abs. 1 Satz 2 und 3 KWG.

822 Vgl. AT 3 MaRisk und DSGV (Hrsg.) (o. J.), S. 34. Hierzu gehören insbesondere ein Limitsystem, Messsysteme für das Zinsänderungsrisiko, die Bewertung der Positionen und Ergebnisermittlung, Prozesse zur Überwachung und Kommunikation sowie das interne Kontrollsystem. Vgl. Rassat (2012), S. 37. Die an die Geschäftsleitung gerichtete Risikoberichterstattung hat einen für die Beurteilung der Risikosituation ausreichenden Informationsgehalt aufzuweisen und darf sich nicht auf allgemeine Zusammenfassungen beschränken. Vgl. DSGV (Hrsg.) (o. J.), S. 34.

823 Vgl. DSGV (Hrsg.) (o. J.), S. 34. So sind lediglich zentrale Prozesse des Risikomanagements, wie der Überblick zum Gesamtrisikoprofil, die Anpassung der Strategien, die Kenntnisnahme der Risikoberichterstattung durch die Geschäftsleitung und die Beurteilung der Risikosituation, nicht delegierbare, originäre Aufgaben der Geschäftsleitung. Die Vorbereitung und Mitwirkung durch Mitarbeiter des Instituts bei diesen Prozessen ist aber zulässig. Vgl. o. V. (2011e), S. 28 f.

824 Vgl. Basel Committee on Banking Supervision (Hrsg.) (2006), Rn. 728.

Risk" aufgegriffen.[825] Während die Verantwortung für die Grundsätze und Strategien zum Zinsänderungsrisikomanagement bei der Geschäftsleitung liegt, sind die erweiterten Führungsebenen insbesondere für die Steuerung und Überwachung auf operativer Ebene zuständig.[826]

Zentrales Element der MaRisk ist die Risikotragfähigkeit, die das erste Prinzip des ICAAP umgesetzt. Danach ist die Kapitalausstattung, im Folgenden auch Risikodeckungspotenzial[827] genannt, im Verhältnis zu den vom Institut eingegangenen Risiken in einem Prozess zu beurteilen.[828] Die Tz. 1 und 2 des AT 4.1 MaRisk beinhalten die allgemeinen Anforderungen an die Risikotragfähigkeit:

> „1. Auf der Grundlage des Gesamtrisikoprofils ist sicherzustellen, dass die wesentlichen Risiken des Instituts durch das Risikodeckungspotenzial, unter Berücksichtigung von Risikokonzentrationen, laufend abgedeckt sind und damit die Risikotragfähigkeit gegeben ist.
> 2. Das Institut hat einen internen Prozess zur Sicherstellung der Risikotragfähigkeit einzurichten. Die Risikotragfähigkeit ist bei der Festlegung der Strategien (AT 4.2) sowie bei deren Anpassung zu berücksichtigen. Zur Umsetzung der Strategien beziehungsweise zur Gewährleistung der Risikotragfähigkeit sind ferner geeignete Risikosteuerungs- und -controllingprozesse (AT 4.3.2) einzurichten."

Wie in der Säule II von Basel II geben die MaRisk keine konkreten Verfahren zur Ableitung der Risiken als auch des Risikodeckungspotenzials vor, sondern setzen lediglich einen organisatorischen Rahmen. Die BaFin hat in ihrem Schreiben „Aufsichtliche Beurteilung bankinterner Risikotragfähigkeitskonzepte"[829] vom 7. Dezember 2011 klargestellt, dass die Methodenfreiheit ihre Grenze dort findet, wo die aufsichtliche Zielsetzung gefährdet wird.[830] Dieses Schreiben legt die Auffassungen der BaFin für eine vorsichtige, konsistente und vollständige Risikotragfähigkeit basierend auf dem Grundsatz der Wesentlichkeit

---

825 Siehe Kapitel 2.3.1.2. zum Baseler Zinsänderungsrisikopapier.

826 Gleichwohl verbleibt die Gesamtverantwortung für die Prozesse zur Steuerung und Überwachung bei der gesamten Geschäftsleitung. Vgl. Rassat (2012), S. 35 f.

827 Risikodeckungspotenzial ist die Gesamtheit aller zur Verlustabdeckung zur Verfügung stehenden Bestandteile des internen Kapitals. In Abgrenzung hierzu ist die Risikodeckungsmasse eine Teilmenge des Risikodeckungspotenzials, dass von der Geschäftsleitung bewusst zur Abdeckung von Risiken eingesetzt wird. Alternativ kann die Risikodeckungsmasse auch als Risikobudget oder Gesamtbankrisikolimit bezeichnet werden. Vgl. o. V. (2011e), S. 30 f.

828 Siehe Kapitel 2.3.1.1.

829 Vgl. BaFin (Hrsg.) (2011b), S. 1.

830 Vgl. BaFin (Hrsg.) (2011b), Rn. 3 und siehe Kapitel 2.3.1.1.

dar, wobei der Schwerpunkt auf Einzelfragen zur Ableitung eines konsistenten Risikodeckungspotenzials liegt. Ferner soll das Schreiben zu einer Vereinheitlichung der Verwaltungspraxis sowie verbesserten Erwartungsbildung bei den Instituten führen. Keinesfalls ist das Schreiben der BaFin aber als abschließende und vollumfängliche Behandlung der Fragen zur Risikotragfähigkeit zu verstehen.[831]

Entsprechend der Untersuchung der Deutschen Bundesbank[832] und dem vorgenannten Schreiben der BaFin zu den Konzepten der Risikotragfähigkeit sind zwei grundsätzliche Ansätze der Risikotragfähigkeit, im Einzelnen der Going-Concern-Ansatz oder auch Unternehmensfortführungsansatz und der Liquidationsansatz oder Gone-Concern-Ansatz, zu unterscheiden. Das Kriterium der Differenzierung der beiden Ansätze[833] bildet dabei die Berücksichtigung des regulatorischen Kapitals im Sinne der Mindestkapitalanforderung nach SolvV. Während der Liquidationsansatz das regulatorische Kapital nicht berücksichtigt, wird dieses im Going-Concern-Ansatz vom Risikodeckungspotenzial abgezogen.[834] Insofern stellt der Going-Concern-Ansatz bei Verlust der eingesetzten Risikodeckungsmasse die Unternehmensfortführung sicher (Fortführungsziel). Im Liquidationsansatz kann bei Verlust des Risikodeckungspotenziales die Unternehmensfortführung nicht sicher gestellt werden, sodass stattdessen lediglich die nicht nachrangigen Gläubiger und somit die Volkswirtschaft vor Schäden geschützt werden (Gläubigerschutzziel).[835]

---

831 Vgl. Wiesemann (2012), S. 8 ff. Die Forderung nach einer konsistenten und den Verhältnissen des Instituts angemessenen Vorgehensweise findet sich ferner bei Luz / Maaß (2011), S. 409.

832 Vgl. Deutsche Bundesbank (Hrsg.) (2010), S. 1 ff.

833 Die beiden Ansätze sind auf Basis der Ableitung der Risikodeckungsmasse weitergehend zu unterscheiden. So wird im Rahmen einer Bilanz- beziehungsweise Gewinn-und-Verlust-orientierten Ableitung das Deckungspotenzial aus Bilanzgrößen beziehungsweise aus Ergebnisgrößen des Jahresabschlusses ermittelt. Die wertorientierte Ableitung berechnet den Vermögensbarwert als Risikodeckungspotenzial aus der ökonomischen Betrachtung, im Detail aus den zukünftigen Zahlungsströmen des Instituts. Vgl. BaFin (Hrsg.) (2011b), Rn. 10 ff.

834 Vgl. BaFin (Hrsg.) (2011b), Rn. 9 sowie Beck / Feix / Stückler (2012), S. 349. Eine weitergehende Diskussion der Ansätze der Risikotragfähigkeit findet sich bei Bott / Rönn (2012), S. 421 ff.

835 Vgl. BaFin (Hrsg.) (2011b), Rn. 8 f. und Deutsche Bundesbank (Hrsg.) (2010), S. 6 ff. Gläubigerschutzziel und Fortführungsziel sind gemäß AT 4.1 Tz. 8 MaRisk im Rahmen der Risikotragfähigkeit beziehungsweise ergänzender Steuerungskreise ausreichend Rechnung zu tragen. Vgl. AT 4.1 Tz. 8 MaRisk sowie Erläuterung zu AT 4.1 Tz. 8 MaRisk.

Der AT 4.1 Tz. 2 MaRisk stellt die Anforderung, dass die Risikotragfähigkeit bei der Festlegung und der Anpassung der Strategien zu berücksichtigen ist. Dabei steht im Mittelpunkt, dass die jeweiligen Geschäftsaktivitäten des Instituts, die grundlegend in den Strategien festgelegt werden, durch internes Kapital ausreichend zu unterlegen sind.[836] Um die Risikotragfähigkeit dauerhaft zu gewährleisten, hat das Institut Risikosteuerungs- und -controllingprozesse einzurichten. Die Prozesse sind als Regelkreislauf basierend auf den Strategien, einschließlich der Risikotoleranz, und der Risikotragfähigkeit auszugestalten.[837]

Soweit die Ableitung des Risikodeckungspotenzials oder des Risikos an periodische Größen des Jahresabschlusses anknüpfen, ist es notwendig, einen hinreichend langen Betrachtungshorizont zu unterstellen.[838] Die MaRisk nennen die Möglichkeiten einer rollierenden Zwölf-Monatsbetrachtung oder die Verlängerung des Betrachtungshorizonts auf den übernächsten Bilanzstichtag, sofern der verbleibene Zeitraum bis zum nächsten Bilanzstichtag zu kurz wird.[839] Die Verfahren zur Risikoquantifizierung haben daher regelmäßig einen Risikobetrachtungshorizont von mindestens zwölf Monaten aufzuweisen und dürfen hiervon im Sinne einer unechten Öffnungsklausel nur in begründeten Ausnahmefällen mit kürzeren Horizonten abweichen. Im Fall der Marktpreisrisiken kann beispielsweise ein kürzerer Betrachtungshorizont, auch Haltedauer genannt, unterstellt werden, sofern durch Steuerungsmaßnahmen im Einklang mit den Strategien sowie Risikosteuerungs- und -controllingprozessen das Institut einen schnelleren Abbau der Risikopositionen nachweisen kann.[840]

Der AT 4.1 Tz. 4 und Tz. 5 MaRisk regeln die nicht in die Risikotragfähigkeit einbezogenen wesentlichen Risiken[841] sowie in die Risikotragfähigkeit einbezogene wesentliche Risiken, für die das Institut aber über keine geeigneten Verfahren

---

836 Vgl. AT 4.1 Tz. 2 MaRisk.

837 Vgl. Hannemann / Schneider (2010), S. 160 f. und siehe Kapitel 2.1.2.

838 Vgl. AT 4.1 Tz. 3 MaRisk.

839 Die Verlängerung auf den übernächsten Bilanzstichtag hat spätestens bei einem verbleibenden Horizont von sechs Monaten zu erfolgen. Vgl. Erläuterung zu AT 4.1 Tz. 3 MaRisk.

840 Vgl. BaFin (Hrsg.) (2011b), Rn. 94 ff.

841 Die echte Öffnungsklausel des AT 4.1 Tz. 4 MaRisk zur Nichtberücksichtigung einzelner Risiken in der Risikotragfähigkeit ist auf die untersuchten Zinsänderungsrisiken im Anlagebuch als Erfolgsrisiko nicht anwendbar, da diese durch Risikodeckungspotenzial unterlegt werden können. Vgl. Hannemann / Schneider (2010), S. 145 und 164 f. sowie siehe Kapitel 2.1.3.

zur Risikoquantifizierung verfügt[842] und insofern auf qualifizierte Expertenschätzungen zurückgreifen muss.[843]

Die Tz. 6 und 7 des AT 4.1 MaRisk befassen sich mit Diversifikationsannahmen zwischen Risikoarten und innerhalb einer Risikoart. Für eine Anrechnung und aufsichtliche Anerkennung dieser Entlastungseffekte ist ein Nachweis der Stabilität und Verlässlichkeit durch das Institut anhand von Zeitreihen unter Einbeziehung ungünstiger Konjunkturphasen zu führen und regelmäßig sowie anlassbezogen zu überprüfen. Für Diversifikationseffekte bei Marktpreisrisiken, zu denen die Zinsänderungsrisiken des Anlagebuches gehören, ist es allerdings ausreichend, eine Zeitreihe unter Einbeziehung einer für das aktuelle Portfolio ungünstigen Marktphase zu analysieren.[844]

Im Rahmen der Risikotragfähigkeit hat das Institut für die wesentlichen Risiken Messverfahren festzulegen und die hierfür notwendigen Annahmen[845] zu treffen.[846] Da es sich hierbei um Messmodelle handelt, die die Realität immer nur unvollständig abbilden, hat das Institut dessen Grenzen und Beschränkungen sowie die zugrunde liegenden Annahmen im Hinblick auf potentielle Ungenauigkeiten

---

842 Die Öffnungsklausel für ein stark vereinfachtes Messverfahren mittels qualifizierter Expertenschätzung ist nur dann möglich, wenn methodische Ansätze fehlen oder die Quantifizierung des Risikos im Hinblick auf die Kosten-Nutzen-Relation für das Institut unverhältnismäßig wäre. Vgl. Hannemann / Schneider (2010), S. 167. Hinsichtlich möglicher Messverfahren zum Zinsänderungsrisiko siehe Kapitel 2.1.4., sodass die erste Alternative für das Zinsänderungsrisiko des Anlagebuchs ausscheidet. Die Inanspruchnahme der Öffnungsklausel aus der Verhältnismäßigkeit eines Messverfahrens kann nur im Einzelfall beurteilt werden, dürfte aber lediglich für kleine Institute oder Institute mit Geschäftsmodellen, die regelmäßig keine bedeutenden Zinsänderungsrisiken aufweisen, in Frage kommen.

843 Vgl. AT 4.1 Tz. 4 und 5 MaRisk.

844 Vgl. AT 4.1 Tz. 6 und 7 MaRisk sowie Erläuterungen zu AT 4.1 Tz. 6 MaRisk. Eine Auswertung der Deutschen Bundesbank zur Korrelation der Aktien- und Rentenmärkte hat gezeigt, dass in der Vergangenheit sowohl positive als auch negative Korrelationen beobachtet wurden, sodass sich je nach betrachtetem historischen Beobachtungszeitraum deutlich unterschiedliche Ergebnisse ergeben können. Vgl. o. V. (2004b), S. 29.

845 Einen exemplarischen Überblick möglicher Annahmen nach barwertigem beziehungsweise periodischem Ansatz findet sich bei Reuse (2012c), S. 257 ff. Die Angemessenheit und die Vollständigkeit der Messung sowie die Qualität der Datengrundlage werden im ersten Prinzip der Säule II von Basel II aufgegriffen. Siehe Kapitel 2.3.1.1.

846 Vgl. AT 4.1 Tz. 8 MaRisk.

zu analysieren und mindestens jährlich durch die fachlich zuständigen Mitarbeiter zu überprüfen.[847]

Ferner regelt der AT 4.1 Tz. 9 MaRisk den Planungsprozess für den zukünftigen Kapitalbedarf auf Gesamtbankebene, der für einen mehrjährigen Zeithorizont unter anderem unter Berücksichtigung der zukünftigen Veränderungen der Geschäftsaktivitäten und strategischen Ziele, des wirtschaftlichen Umfelds sowie unerwarteter adverser Entwicklungen zu ermitteln ist.[848]

Die Strategien des Instituts bilden den Rahmen für eine operative Umsetzung der Risikomanagementprozesse. In der Strategie sind die wesentlichen Unternehmensziele und die Maßnahmen zu deren Erreichung niedergelegt. Insofern legt die Strategie den sachlichen Rahmen aller Unternehmensaktivitäten fest.[849] Die Strategie wird von den Instituten häufig in eine Geschäftsstrategie und eine Risikostrategie differenziert. Je nach Umfang der Institutsgröße und den Geschäftsaktivitäten kann die Geschäftsstrategie in einem System aus Geschäftsstrategie mit Geschäftsfeldstrategien sowie der Risikostrategie mit Teilrisikostrategien eingebettet sein, welche die Grundlagen der Ertrags- und Risikosteuerung des Kreditinstituts bilden.[850]

In der Geschäftsstrategie sind die Ziele der Geschäftsaktivitäten und die zugehörigen Maßnahmen durch die Geschäftsleitung des Instituts festzulegen. Hierzu hat die Geschäftsleitung externe und interne Einflussfaktoren zu berücksichtigten, Annahmen zu deren zukünftiger Entwicklung zu treffen und diese regelmäßig zu überprüfen und anzupassen.[851] Konsistent zur Geschäftsstrategie hat die

---

847 Vgl. AT 4.1 Tz. 8 MaRisk sowie Erläuterungen zu AT 4.1 Tz. 8 MaRisk.

848 Vgl. AT 4.1 Tz. 9 MaRisk sowie Basel Committee on Banking Supervision (Hrsg.) (2006), Rn. 729.

849 Die in der dritten MaRisk-Novelle vorgenommenen Verschärfungen der Anforderungen, wie zu dem Strategieprozess, gehen insbesondere auf Wahrnehmungen der Aufsicht hinsichtlich nicht ausreichend gelebter Strategien beziehungsweise rein formaler Umsetzung der Vorgaben des AT 4.2 MaRisk bei einzelnen Instituten zurück. Vgl. DSGV (Hrsg.) (o. J.), S. 40 und BaFin (Hrsg.) (2010), S. 3.

850 Siehe Kapitel 2.1.2.1. Die Vorgaben zur Verabschiedung durch die Geschäftsleitung, dem Detaillierungsgrad und der Ausgestaltung der Strategie, wie die beispielhaft genannte Aufteilung in Teilstrategien, die Einbindung des Aufsichtsorgans sowie die Kommunikation der Strategien finden sich in AT 4.2 Tz. 3, 5 und 6 MaRisk. Vgl. AT 4.2 Tz. 3, 5 und 6 MaRisk. Ein Überblick der verschiedenen Strategiemodelle findet sich bei DSGV (Hrsg.) (o. J.), S. 44 ff.

851 Vgl. AT 4.2 Tz. 1 MaRisk. Zudem hat die Strategie nachhaltig zu sein, wobei hierunter eine Wirtschaftsweise verstanden wird, die dauerhaft die Grundlage für Erwerb und Wohlstand bietet und die Ressourcen vor Ausbeutung schützt. Vgl. Dauber (2009),

Geschäftsleitung auch in einer Risikostrategie die Ziele der Risikosteuerung, die Maßnahmen zur Zielerreichung sowie die Risikotoleranz für alle wesentlichen Risiken zu dokumentieren.[852] Ziele und Maßnahmen der Strategien sind im Rahmen eines Strategieprozesses zu planen, umzusetzen, im Hinblick auf die Zielerreichung zu überprüfen. Gegebenenfalls sind die Strategien an die veränderte Situation anzupassen.[853] Die Risikotoleranz zu den wesentlichen Risiken kann von der Geschäftsleitung in Form von quantitativen Vorgaben, wie Limiten zum Gesamtbankrisiko, einzelnen Risiken und Portfolien, Strukturlimiten, Vorgaben zu einzelnen Stressszenarien, sowie als qualitative Vorgaben, wie der Ausschluss bestimmter Geschäfte, erfolgen und soll die bewusste Entscheidung der Geschäftsleitung zum Umfang der eingegangenen wesentlichen Risiken widerspiegeln.[854]

Die strategischen Vorgaben zum Zinsänderungsrisiko, die entweder im Rahmen der Gesamtrisikostrategie oder als separate Teilrisikostrategie erfolgen können, haben dabei neben einer grundlegenden Aussage zur Risikotoleranz zu den einzelnen Ausprägungen des Zinsänderungsrisikos auf das grundlegende Vorgehen zur Steuerung,[855] einschließlich gegebenenfalls bestehenden Beschränkungen bei Produktarten, und auf die eingesetzten Methoden und Verfahren der Risikosteuerungs- und -controllingprozesse einzugehen.[856] Ferner sind die vorhandenen

---

S. 81, insbesondere auch zu einer weitergehenden Darstellung des Begriffs „Nachhaltigkeit“. Die Geschäftsstrategie liegt in der alleinigen Verantwortung der Geschäftsleitung und ist daher inhaltlich nicht Gegenstand der Prüfung. Dies gilt jedoch nicht für die Einbindung der Geschäftsstrategie in den Strategieprozess. Vgl. Rassat (2012), S. 40, Heuter (2012), S. 368 ff. sowie Erläuterungen zu AT 4.2 Tz. 1 MaRisk.

852 Vgl. BaFin (Hrsg.) (2010), S. 4. Ergänzend sind die Rahmenbedingungen zur Risikobeurteilung und -steuerung in der Strategie festzulegen, die im Detail in der übrigen Dokumentation weiter ausgeführt werden können. Vgl. o. V. (2011e), S. 43.

853 Vgl. AT 4.2 Tz. 4 MaRisk.

854 Vgl. o. V. (2011e), S. 43. Die Risikotoleranz kann ebenfalls als Risikoneigung der Geschäftsleitung bezeichnet werden. Vgl. AT 4.2 Tz. 2 MaRisk und zur Grundlage CEBS (Hrsg.) (2010b), Rn. 17. Dabei sind die Aussagen der Risikotoleranz grundsätzlich auf das Sicherheitsniveau der Risikotragfähigkeit und nicht auf Stresstests bezogen, die aber beispielsweise im Zusammenhang mit Risikokonzentrationen in Einzelfällen Gegenstand sein können. Neben Aussagen in Form von Limiten kann die Risikotoleranz auch als Zielkorridor durch die Geschäftsleitung ausgedrückt werden. Vgl. DSGV (Hrsg.) (o. J.), S. 50.

855 Vgl. Reuse (2012b), S. 159 ff. sowie Fröhlich (2012), S. 168 ff.

856 Für das Zinsänderungsrisiko finden sich detaillierte Anforderungen zum Inhalt der Strategie, insbesondere zur Risikotoleranz, zum Limitsystem und den Vorgaben zu Instrumenten, Portfolien und Geschäftsaktivitäten im Kapitel 2.3.1.2.

Ressourcen des Instituts in der Risikostrategie zu berücksichtigen.[857] Unabhängig von der Ausgestaltung als Gesamt- oder Teilrisikostrategie ist diese mit dem Aufsichtsorgan zu erörtern sowie deren Inhalt den Mitarbeitern geeignet zu kommunizieren.[858]

Ergänzend hierzu fordert der AT 4.2 Tz. 2 MaRisk neben Risikowerten ebenso die Erfolgsquellen im Hinblick auf Konzentrationen zu analysieren, sodass zumindest eine der gewählten Methoden grundlegend zur Aufspaltung der Risikotreiber im Hinblick auf Ertragskonzentrationen geeignet sein muss. Beispielhaft wird hierzu im Rundschreiben von der Aufsicht die Aufspaltung des Zinsergebnisses beziehungsweise dessen Abhängigkeit vom Konditions- und Strukturbeitrag genannt.[859]

Der AT 4.3 MaRisk umfasst die allgemeinen Prinzipien zur Aufbau- und Ablauforganisation und den Risikosteuerungs- und -controllingprozesse sowie die besonderen Funktionen, im Einzelnen die Risikocontrolling-Funktion und Compliance-Funktion.[860] Die Prinzipien sind entsprechend Art, Umfang, Komplexität und Risikogehalt der Geschäftsaktivitäten auszugestalten. Die Regelungen zur Funktionstrennung[861] der Aufbau- und Ablauforganisation sowie den Risikosteuerungs- und -controllingprozessen enthalten somit generell eine risikoorientierte Öffnungsklausel.[862]

Die zentrale Anforderung an die Aufbau- und Ablauforganisation ist, „dass miteinander unvereinbare Tätigkeiten durch unterschiedliche Mitarbeiter durchgeführt“[863] werden müssen. Durch die Geschäftsleitung ist mittels der Ausgestaltung der Organisation von vornherein das Auftreten von Interessenkonflikten zu vermeiden.[864] Offen bleibt, was die Aufsicht als miteinander unvereinbare Tätigkeiten

857 Vgl. Willemse (2012), S. 146.

858 Vgl. Willemse (2012), S. 155 sowie AT 4.2 Tz. 5 und Tz. 6 MaRisk.

859 Vgl. AT 4.2 Tz. 2 Satz 4 und 5 MaRisk.

860 Die Einbindung des Zinsänderungsrisikos in das interne Kontrollsystem und der Überprüfung der Wirksamkeit ist ebenfalls Gegenstand des zehnten Prinzips des Baseler Ausschusses. Siehe Kapitel 2.3.1.2.

861 Als Funktion im Sinne der MaRisk ist die Bearbeitung einer Aufgabe oder Tätigkeit zu verstehen, die von einer Person, einer Gruppe von Personen oder Stelle, im Sinne einer Organisationseinheit, ausgeführt wird. Vgl. DSGV (Hrsg.) (o. J.), S. 63. Zu den Begriffen Stelle und Bereich vgl. Erläuterungen zu BTO Tz. 2 MaRisk.

862 Vgl. AT 4.3 MaRisk. Die besonderen Funktionen sind dabei nicht im AT 4.3 MaRisk, sondern im AT 4.4 MaRisk gebündelt. Vgl. AT 4.4 MaRisk, insbesondere AT 4.4.3 MaRisk zur Internen Revision als prozessunabhängige Kontrolle.

863 AT 4.3.1 Tz. 1 MaRisk.

864 Vgl. Anhang V Abs. 1 der Bankenrichtlinie.

ansieht.[865] In jedem Fall ist ein Zielkonflikt zwischen einer Steuerungsaufgabe sowie einer damit verbundenen Kontrollaufgabe zu sehen, sodass beide Tätigkeiten unvereinbar sind.[866] Der Durchführung der Kontrollaufgabe ist eine Beteiligung beziehungsweise ein Einfluss bei der Risikobeurteilung gleichzusetzen, da diese die Grundlage des Überwachungsprozesses bildet.[867]

Interessenkollisionen sind entweder durch Funktionstrennung zu vermeiden oder hinsichtlich ihrer Auswirkungen durch Kontrollen, wie dem Vier-Augen-Prinzip, zu begrenzen. Die Funktionstrennung verteilt Aufgaben, die einzelne Interessenkollisionen auslösen können, auf zwei oder mehrere Personen (personenbezogene Funktionstrennung) in einer Organisationseinheit, auf verschiedene Personen in unterschiedlichen Organisationseinheiten, die jedoch dem gleichen Mitglied der Geschäftsleitung unterstellt sind (stellenbezogene Funktionstrennung), oder auf verschiedene Personen, die unterschiedlichen Mitgliedern der Geschäftsleitung mittelbar oder unmittelbar unterstellt sind (bereichsbezogene Funktionstrennung).[868]

Eine Sonderform der Interessenkonflikte stellen die Interessenkonflikte bei Arbeitsplatzwechseln von Mitarbeitern dar, die gemäß AT 4.3.1 Tz. 1 MaRisk ebenfalls zu vermeiden sind.[869] Das Problem trat in der Vergangenheit vor allem bei handelsintensiven Instituten bei einem Wechsel zwischen Handelseinheiten und Risikocontrolling-Einheiten auf, wo im Einzelfall Schwachstellen im Risikocontrollingprozess vom wechselnden Mitarbeiter im Handel gezielt genutzt

---

865 Vgl. o. V. (2011e), S. 51. Spezifische Regelungen sind allerdings im Besonderen Teil Organisation BTO enthalten. Ferner hat das Institut selbstständig unvereinbare Tätigkeiten zu definieren. Vgl. o. V. (2011e), S. 52. Konkrete Anforderungen sind für die Zinsänderungsrisiken im dritten Prinzip des Baseler Zinsänderungsrisikopapiers festgelegt. Siehe Kapitel 2.3.1.2.

866 Siehe Kapitel 2.3.1.2. zum dritten Prinzip.

867 *Hannemann / Schneider* sprechen hier von Interessenkollisionen und führen hierzu das Beispiel einer Kontrollschwäche an, die aufgrund fehlender Beschränkung der steuernden Handelseinheit zu negativen Folgen führte. Vgl. Hannemann / Schneider (2010), S. 212. Als weiteres Beispiel ist hier der Fall Société Générale aus dem Jahr 2008 zu nennen, bei dem der Händler Jerome Kerviel seine Kenntnisse zu Kontrollen aus der früheren Tätigkeit zu deren Umgehung einsetzte. Vgl. Hudetz / Kaltofen (2009), S. 190 ff. Solche Manipulationen spielten bei der Überarbeitung der MaRisk eine bedeutende Rolle. Vgl. Maifarth (2009), S. 11 und siehe Kapitel 2.3.1.2.

868 Vgl. Hannemann / Schneider (2010), S. 212 ff., Gruber / Hümmer (2006), S. 139 f. und Wohlert (2012), S. 121 ff. mit weiteren Nennungen von Erleichterungen zu Kredit- und Handelsprozessen.

869 Vgl. AT 4.3.1 Tz. 1 MaRisk.

wurden. Da aber derartige Vorkommnisse ebenso bei einem Wechsel zwischen anderen Einheiten und bei nicht handelsintensiven Instituten grundsätzlich denkbar sind, hat die BaFin eine allgemeine Formulierung dieser Anforderung gewählt.[870] Mögliche Lösungen dieser Vorgabe in den MaRisk sind Karenzzeiten bei internen Wechseln oder ergänzende vorübergehende Kontrollen der betroffenen Mitarbeiter.[871]

Bezogen auf die Risikosteuerungs- und -controllingprozesse soll durch die Funktionstrennung,[872] klare Organisationsstrukturen und das interne Kontrollsystem sichergestellt werden, dass zu Unternehmenszielen kollidierende Interessen einzelner prozessbeteiligter Personen oder Organisationseinheiten sich nicht negativ auf die Unternehmensentwicklung auswirken.[873] Die Prozesse des Instituts, einschließlich der jeweiligen Aufgaben, Kompetenzen und Verantwortlichkeiten, sowie die Kontrollen und Kommunikationswege als besondere Aufgaben sind vom Institut zu definieren[874] und im Hinblick auf potenzielle Lücken oder Schnittstellenprobleme als mögliche Schwachpunkte zu analysieren.[875] Da die Steuerung der Zinsänderungsrisiken des Anlagebuches häufig in einem engen Zusammenhang mit dem Abschluss von Handelsgeschäften steht, haben die Institute, über

---

870 Damit ist die BaFin über die Anforderungen des CEBS sogar hinausgegangen. Vgl. Hannemann / Schneider (2010), S. 214.

871 Vgl. Hannemann / Schneider (2010), S. 214.

872 Die Funktionstrennung als Kritierium zur Prüfung wird im SREP bereits aufgegriffen. Siehe Kapitel 2.3.1.1.

873 Vgl. Hannemann / Schneider (2010), S. 211.

874 Für die Zinsänderungsrisiken ist die Forderung nach einer Definition der Zuständigkeiten im dritten Prinzip des Baseler Zinsänderungsrisikopapiers enthalten. Siehe Kapitel 2.3.1.2.

875 Vgl. AT 4.3.1 Tz. 2 MaRisk. Die Verpflichtung zur klaren Organisationsstruktur und den abgegrenzten Verantwortungsbereichen ergibt sich unmittelbar aus Artikel 22 Abs. 1 der Bankenrichtlinie und siehe Kapitel 2.3.2.1. Der AT 4.3.1 Tz. 2 MaRisk stellt ebenso Anforderungen zur regelmäßigen und anlassbezogenen Überprüfung der Berechtigungen und Kompetenzen sowie der Einbeziehung von Schnittstellen zu wesentlichen Auslagerungen auf. Vgl. AT 4.3.1 Tz. 2 MaRisk. *Ullrich* weist neben dem möglichen Fehlen von Regelungen zu Verantwortlichkeiten, Kompetenzen und Aufgaben auch auf mögliche Doppelarbeiten und suboptimale Zusammenarbeit zwischen einzelnen Teilprozessen hin, die ebenfalls Schwächen darstellen. Vgl. Ullrich (2009), S. 531 und Fn. 594. Zudem ist auch die Reihenfolge der Aufgaben zu beachten. Vgl. Rassat (2012), S. 45.

die allgemeine Funktionstrennung hinaus, die besonderen Vorgaben zur Funktionstrennung im BTO zu beachten.[876]

Der AT 4.3.2 Tz. 1 MaRisk als zentrale Anforderung erwartet von den Instituten:

> „angemessene Risikosteuerungs- und -controllingprozesse einzurichten, die eine
>
> a) Identifizierung,
> b) Beurteilung,
> c) Steuerung sowie
> d) Überwachung und Kommunikation
>
> der wesentlichen Risiken und damit verbundener Risikokonzentrationen gewährleisten.“[877]

Die Identifizierung muss die frühzeitige und vollständige Erfassung der wesentlichen Risiken gewährleisten und ist insbesondere Gegenstand der Anforderungen des AT 2.2 MaRisk.[878] Der AT 4.3.2 Tz. 2 MaRisk fordert von den Instituten zudem eine angemessene Darstellung der Risiken. Die MaRisk enthalten über die allgemeine Bezeichnung der Risikoarten des AT 2.2 Tz. 1 MaRisk hinaus keine Definition der Risiken, sodass die Kreditinstitute eine angemessene Definition

---

876 Vgl. Rassat (2012), S. 44.

877 AT 4.3.2 Tz. 1 MaRisk. Der Artikel 22 Abs. 1 der Bankenrichtlinie fordert die Einrichtung „wirksame[r] Verfahren zur Ermittlung, Steuerung, Überwachung und Meldung der Risiken“. Artikel 22 Abs. 1 der Bankenrichtlinie. Die Identifizierung ist die systematische Erfassung, Analyse und Aufnahme der Risiken in einem Gesamtprofil und erfolgt regelmäßig in der Risikoinventur. Die Beurteilung ist die quantitative und qualitative Bewertung der Risiken. Die Steuerung umfasst strategische Handlungen, wie die Festlegung der Risikotoleranz, und operative Handlungen zur Beeinflussung der Risiken. Die Risikoüberwachung und -kommunikation führt einen Soll-Ist-Abgleich zu den jeweiligen Zielsetzungen, insbesondere der Risikotoleranz, durch und berichtet über die Ergebnisse an die Geschäftsleitung, Aufsichtsorgane und sonstigen Verantwortlichen. Vgl. o. V. (2011e), S. 54 f. und siehe Kapitel 2.1.2.

878 Hierzu sind unter anderem auch geeignete Frühwarnindikatoren einzurichten. Vgl. AT 4.3.2 Tz. 2 MaRisk. Zur Früherkennung finden sich darüber hinaus weitere Anforderungen im Kreditgeschäft bei den Früherkennungsverfahren von Kreditrisiken und hinsichtlich des frühzeitigen Erkennens von Liquiditätsengpässen. Vgl. o. V. (2011e), S. 56 f. Insgesamt sollten die Frühwarnsysteme neben der Warnung vor Gefahren und gegebenenfalls dem Erkennen von Chancen auch die rechtzeitige Einleitung von Gegenmaßnahmen ermöglichen. Vgl. Kretschmer / Kuhn (2006), S. 166 und Becker (2012), S. 508.

selbstständig festzulegen haben, um auf dieser Basis die Risiken zu beurteilen.[879] Die Steuerung hat durch geeignete Maßnahmen die wesentlichen Risiken im Hinblick auf die Risikotoleranz wirksam zu begrenzen, sowie die Überwachung, die Einhaltung der quantitativen und qualitativen Vorgaben, vor allem auf Basis eines Limitsystems,[880] nachzuhalten.[881] Weitergehende Vorgaben zu bestimmten Risiken regeln die MaRisk im Abschnitt BTR.[882]

Die Tz. 3 bis 6 des AT 4.3.2 MaRisk befassen sich mit der Berichterstattung als Teil der Risikokommunikation. Im Einzelnen werden Turnus und Form der Berichterstattung,[883] Inhalte der Berichte,[884] die Ad-hoc-Berichterstattung an die Geschäftsleitung[885] sowie die Berichtspflichten der Geschäftsleitung gegenüber dem Aufsichtsorgan[886] geregelt. Die MaRisk geben im AT weder die Art und Weise der Berichterstattung noch einen konkreten Turnus[887] vor. Die Berichterstattung über die Risikosituation hat auf Grundlage unbestimmter Begriffe „in angemessenen Abständen“[888] und in „nachvollziehbarer, aussagefähiger Art und Weise“[889] zu erfolgen. Die Darstellung der Risikosituation hat sich dabei nicht nur auf die jeweils aktuelle Situation, sondern ebenso auf die Veränderung gegenüber dem letzten Berichtsstichtag zu erstrecken.[890] Für die einzelnen Risikoarten erfolgt eine Konkretisierung einzelner Vorgaben zu Berichtsinhalten sowie dem Mindestturnus der Überwachung im BTR.[891]

879 Vgl. AT 4.3.2 Tz. 2 MaRisk.

880 Risikobegrenzende Limite für die Steuerung sind von der Aufsicht nach dem zweiten Grundsatz als Teil des SREP zu prüfen. Die nähere Ausgestaltung des Limitsystems zum Zinsänderungsrisiko ist Gegenstand des siebten Prinzips des Baseler Zinsänderungsrisikopapiers. Siehe Kapitel 2.3.1.1. und Kapitel 2.3.1.2.

881 Vgl. AT 4.3.2 Tz. 1 MaRisk. Soweit ein Limitsystem für das Risiko nicht sinnvoll ist, sind alternative qualitative Instrumente, wie Risikoanalysen, einzusetzen. Vgl. Erläuterungen zu AT 4.3.2 Tz. 1 MaRisk.

882 Siehe Kapitel 2.3.3.3.3.

883 Vgl. AT 4.3.2 Tz. 3 MaRisk.

884 Vgl. AT 4.3.2 Tz. 3 und 4 MaRisk.

885 Vgl. AT 4.3.2 Tz. 5 MaRisk.

886 Vgl. AT 4.3.2 Tz. 6 MaRisk.

887 Dies gilt nur für die Berichterstattung an die Geschäftsleitung. Für diese ergibt sich allerdings implizit aus der Vorgabe gegenüber dem Aufsichtsorgan ebenfalls ein mindestens vierteljährlicher Mindestturnus. Vgl. AT 4.3.2 Tz. 6 MaRisk.

888 AT 4.3.2 Tz. 3 MaRisk.

889 AT 4.3.2 Tz. 3 MaRisk.

890 Vgl. Rassat (2012), S. 61.

891 Siehe Kapitel 2.3.3.3.3.

Der AT 4.3.2 Tz. 4 MaRisk verweist auf die Darstellungspflicht der Stresstests, insbesondere zu deren Ergebnisse zur Risikosituation und dem Verhältnis zum Risikodeckungspotenzial, zu den wesentlichen Annahmen der Stresstests sowie zu Risikokonzentrationen[892] und deren möglichen Auswirkungen.[893] Ziel dieser Anforderung ist es, die außerhalb der typischen statistischen Messverfahren ermittelten Ergebnisse zur Risikosituation im Rahmen der Berichterstattung aufzuzeigen und somit auch den Schwächen der statistischen Messverfahren entgegenzuwirken. Da Stressszenarien generell keine Eintrittswahrscheinlichkeit zugeordnet werden kann, ist die Aufnahme der Annahmen in die Berichterstattung notwendig. Der Begriff wesentliche Annahmen stellt wiederum auf den Grundsatz der Wesentlichkeit als formale Öffnungsklausel ab und ist im Hinblick auf die Zielsetzung zur Einschätzung der Ergebnisse der Stresstests im Einzelfall auszulegen.[894]

Ergänzend zur regelmäßigen Berichterstattung sehen die Anforderungen des AT 4.3.2 Tz. 5 MaRisk im Falle des Auftretens besonderer Ereignisse eine unverzügliche Ad-hoc-Berichterstattungspflicht vor. Adressaten dieser anlassbezogenen Berichterstattung sind die Geschäftsleitung sowie in Abhängigkeit vom Ereignis die für die Steuerung und Überwachung jeweils verantwortlichen Personen, um insbesondere zügige Gegenmaßnahmen einleiten zu können. Da neben diesen Maßnahmen auch Prüfungshandlungen der Internen Revision in Frage kommen können, hat das Institut entsprechend der expliziten Öffnungsklausel die Einbeziehung der Internen Revision als Adressat festzulegen.[895] Die MaRisk haben den die Ad-hoc-Berichterstattung auslösenden Tatbestand mit dem Begriff „unter Risikogesichtspunkten wesentlichen Informationen“[896] nicht näher ausgeführt, sodass die Institute diesen unbestimmten Begriff selber zu definieren haben. Hierbei geht es allerdings weniger um eine vollumfängliche Aufzählung aller potentiellen Ereignisse, sondern vielmehr um eine intern anzuwendende Definition des Begriffs, wie beispielsweise durch bestimmte Kriterien oder Eckwerte, und die Festlegung des hiermit verbundenen Berichtsprozesses sowie die klare Zuweisung der Verantwortung für die Berichterstattung.[897]

---

892 Die Messung und Begrenzung der Konzentrationen erfolgt häufig über Stresstests. Die Aufsicht betont in diesem Zusammenhang, dass die Berichtsadressaten über die Einhaltung der Risikotoleranz zu Risikokonzentrationen zu informieren sind. Vgl. Hannemann / Schneider (2010), S. 234.

893 Vgl. AT 4.3.2 Tz. 4 MaRisk.

894 Vgl. AT 4.3.2 Tz. 4 MaRisk und Hannemann / Schneider (2010), S. 232.

895 Vgl. Hannemann / Schneider (2010), S. 235 f.

896 AT 4.3.2 Tz. 5 MaRisk.

897 Vgl. Hannemann / Schneider (2010), S. 237 f.

Neben der Berichterstattung an die Geschäftsleitung regeln die MaRisk ebenfalls die regelmäßige und anlassbezogene Berichterstattung der Geschäftsleitung an das Aufsichtsorgan. Dabei hat die Berichterstattung an das Aufsichtsorgan[898] auf einer der Berichterstattung an die Geschäftsleitung vergleichbaren Basis zu erfolgen. Die regelmäßige Berichterstattung hat ferner schriftlich und mindestens vierteljährlich zu erfolgen.[899]

Die Risikosteuerungs- und -controllingprozesse, im Einzelnen die Prozesse zur Identifizierung, Beurteilung, Steuerung sowie Überwachung und Kommunikation, sind bei veränderten Rahmenbedingungen zeitnah anzupassen.[900] Die Anforderung trägt dem Umstand Rechnung, dass die Rahmenbedingungen, wie eine Neuausrichtung der Geschäftstätigkeit als interner Faktor beziehungsweise auch staatliche Eingriffe oder Veränderungen auf Märkten als externe Faktoren, die Angemessenheit der bestehenden Risikosteuerungs- und -controllingprozesse negativ beeinflussen können und daher die Prozesse einer grundlegenden Anpassung bedürfen. Im Gegensatz zur Anforderung der regelmäßigen und anlassbezogenen Überprüfung der Messverfahren nach AT 4.1 Tz. 8 MaRisk und BTR Tz. 2 MaRisk genügt für die Risikosteuerungs- und -controllingprozesse eine anlassbezogene Überprüfung, wobei die Institute eigenverantwortlich die Anlässe zu definieren haben.[901] Aufgrund der gegebenenfalls länger andauernder Anpassungsarbeiten hat die BaFin den Instituten mit dem Begriff zeitnah größere Spielräume für eine adäquate Umsetzung der Anforderung gesetzt, deren normkonforme Nutzung im Einzelfall zu beurteilen ist.[902]

Die Stresstests[903] ergänzen die statistischen Risikomessverfahren und sollen die bislang nicht reflektierten Ereignisse, insbesondere auch extreme

898 Das Aufsichtsorgan übt nach MaRisk im Wesentlichen eine Überwachungsfunktion aus. Insofern unterscheidet sich der Umfang der Aufgaben des Organs deutlich von den Baseler Vorgaben zum Board of Directors. Vgl. Kleine / Nolte (2012), S. 182 ff.

899 Vgl. AT 4.3.2 Tz. 6 MaRisk sowie Hannemann / Schneider (2010), S. 239 ff. ebenso für eine weitergehende Diskussion des Adressatenkreises und der Ad-hoc-Berichterstattung.

900 Vgl. AT 4.3.2 Tz. 7 MaRisk.

901 Vgl. Hannemann / Schneider (2010), S. 242.

902 Vgl. Hannemann / Schneider (2010), S. 242 f. Eine andere Auslegung des Begriffs „zeitnah" ist so schnell wie nötig und möglich. Vgl. o. V. (2011e), S. 65.

903 Es ist ferner ein konjunktureller Abschwung als risikoartenübergreifender Stresstest zu unterstellen. Vgl. AT 4.3.2 Tz. 2 MaRisk. Das Institut kann Stressszenarien mit unterschiedlichen Schweregraden ermitteln, solange auch außergewöhnliche Ereignisse, wie zum Beispiel Marktschocks, berücksichtigt werden. Vgl. o. V. (2011e), S. 68. Neben Veränderungen der Marktparameter haben die Stresstests zudem Modellschwächen,

Marktsituationen, wiedergeben und damit den Schwächen der statistischen Messverfahren Rechnung tragen.[904] Stresstests haben nach dem Wortlaut der MaRisk nach mindestens „außergewöhnliche, aber plausibel mögliche Ereignisse abzubilden. Dabei sind geeignete historische und hypothetische Szenarien darzustellen.“[905] Die MaRisk geben darüber hinaus weder konkrete Stresstests noch deren Ermittlungsturnus vor. Die Institute haben stattdessen über den Begriff „angemessene Stresstests“[906] selbstständig und in Abhängigkeit der risikoorientierten Öffnungsklausel die Stresstests für die Risikofaktoren der wesentlichen Risiken zu definieren.[907] Analog der Identifizierung sind auch außerbilanzielle Konstruktionen in den Stresstests zu berücksichtigen.[908] Der regelmäßige Ermittlungsturnus der Stresstests sowie die Kriterien für deren anlassbezogene Ermittlung sind vom Institut unter Berücksichtigung der risikoorientierten Öffnungsklausel eigenverantwortlich festzulegen.[909]

Stresstests dürften in normalen Marktsituationen nur geringe Steuerungsimpulse setzen, haben aber mit Bezug auf die Beurteilung der Überlebensfähigkeit des Instituts in extremen Situationen überragende Bedeutung.[910] Diese sind daher regelmäßig bei der Beurteilung der Risikosituation und insbesondere bei der Risikotragfähigkeit zu berücksichtigen.[911] Die Durchführung von Stresstests zu

---

wie vereinfachende Annahmen, zu simulieren. Vgl. Hortmann / Seide (2006), S. 576. Für einen Überblick zu historischen Ereignissen sowie einer Kategorisierung der Stresstests vgl. Hannemann / Schneider (2010), S. 266, Hortmann / Seide (2006), S. 579 ff. sowie mit Verweis auf den Baseler Ausschuss bei Reitz (2012), S. 329 f.

904 Vgl. Hannemann / Schneider (2010), S. 244 f.

905 AT 4.3.3 Tz. 2 MaRisk.

906 AT 4.3.3 Tz. 1 MaRisk.

907 Vgl. AT 4.3.3 Tz. 1 MaRisk. Der Zeithorizont der betrachteten Stresstests hat sich in der Regel am Betrachtungshorizont der Risikotragfähigkeit zu orientieren. Vgl. Hannemann / Schneider (2010), S. 277 f.

908 Vgl. AT 4.3.3 Tz. 1 MaRisk und Erläuterungen zu AT 2.2 Tz. 2 MaRisk.

909 Vgl. AT 4.3.3 Tz. 1 MaRisk.

910 Vgl. Walter (2012), S. 219. Ferner siehe zum Test der Korrelationen und dem Erkennen der Risikofaktoren auch das sechste Prinzip des Baseler Zinsänderungsrisikopapiers im Kapitel 2.3.1.2. Neben den Grundlagen sind die Grundlagen der Stresstests zum Zinsänderungsrisiko im achten Prinzip geregelt. Der Baseler Ausschuss fordert über die MaRisk hinausgehend auch wahrscheinlichere Szenarien. Siehe Kapitel 2.3.1.2.

911 Vgl. Thiele (2010), S. 10 sowie zur Berichterstattung im Sinne einer kritischen Reflektion AT 4.3.3 Tz 5 MaRisk. Soweit das gesamte Risikodeckungspotenzial nicht ausreicht, einzelne Stresstests abzudecken, hat das Institut für diese Maßnahmen, wie

Stresssituationen von Märkten sowie dem Versagen von Annahmen wird im achten Prinzip des Baseler Zinsänderungsrisikopapiers[912] und in der dritten Leitlinie des CEBS Papiers[913] gefordert.[914] Generell sind als Stresstests die Szenarioanalysen, das heißt, die gleichzeitige Änderung verschiedener Risikotreiber, von der Sensitivitätsanalyse als Änderung nur eines Risikotreibers zu differenzieren.[915] Darüber hinaus sind inverse Stresstests durchzuführen, die aufgrund ihrer gegenüber den übrigen Stresstests umgekehrten Vorgehensweise insbesondere ergänzende Informationen zur Gefährdung der Überlebensfähigkeit liefern und einen Gradmesser für die Schwere der übrigen Stresstests darstellen.[916] Die Angemessenheit der Stresstests sowie deren Annahmen sind regelmäßig mindestens jährlich zu überprüfen, wobei insbesondere die Abwägung zwischen dem erforderlichen Schweregrad des Stresstests und dessen Plausibilität in einem Spannungsfeld stehen.[917] Hier ist vom Institut eine Abwägung zu treffen, zumal die extremen Marktsituationen per Definition selten beobachtbare Ereignisse sind. Generell ist aber die Vollständigkeit[918] der berücksichtigten Risikofaktoren des Zinsänderungsrisikos zu analysieren sowie ein Abgleich mit zwischenzeitlich eingetretenen Ereignissen

---

eine intensivere Überwachung, zu ergreifen. Vgl. Böhmer / Stegner / Weick (2011), S. 114.

912 Siehe Kapitel 2.3.1.2.

913 Siehe Kapitel 2.3.2.2.

914 Vgl. Rassat (2012), S. 58. Ferner ist auf die Leitlinien zu Stresstests des CEBS zu verweisen. Vgl. Reitz (2012), S. 331.

915 Die Szenarioanalysen werden auch als multivariate Methoden bezeichnet, während die Sensitivitätsanalysen univariate Methoden sind. Während Sensitivitätsanalysen lediglich einen einzelnen Risikofaktor untersuchen und so die Wirkungszusammenhänge zwischen den Risikofaktoren nicht wiedergeben, sind die Anforderungen an die zu treffenden Annahmen für Szenarioanalysen deutlich höher. Vgl. Hannemann / Schneider (2010), S. 247 f., Böhmer / Stegner / Weick (2011), S. 106 ff. und Reitz (2012), S. 334 ff.

916 Vgl. AT 4.3.3 Tz. 3 MaRisk und Hannemann / Schneider (2010), S. 274. Der Ausgangspunkt für die Analyse, das heißt die Höhe der aufgezerrten Deckungsmasse, hat das Institut eigenverantwortlich festzulegen. Dabei können ebenso die Mindestanforderungen der SolvV ein Ausgangspunkt sein. Vgl. o. V. (2011e), S. 71.

917 Vgl. Walter (2012), S. 220.

918 Beispielhaft sei hier neben der Variation der Zinsänderungskurve ebenfalls auf Stresstests zum Zinskonditionsbeitrag des Neugeschäfts, zu Änderungen der Bilanzstruktur oder rechtlichen Rahmenbedingungen sowie zur Veränderung von Annahmen variabler Produkte verwiesen. Vgl. Walter (2012), S. 221 ff.

vorzunehmen. In die Überprüfung sind bei den Szenarioanalysen ebenfalls die Wechselwirkungen vom Institut einzubeziehen.[919]

Der Risikocontrolling-Funktion obliegt die Durchführung der Überwachung und Kommunikation als Teil der Risikosteuerungs- und -controllingprozesse.[920] Die Funktion ist zur Sicherung deren Unabhängigkeit „aufbauorganisatorisch bis einschließlich der Ebene der Geschäftsleitung von den Bereichen zu trennen, die für die Initiierung beziehungsweise den Abschluss von Geschäften zuständig sind.“[921] Ferner unterstützt die Risikocontrolling-Funktion die Geschäftsleitung unter anderem bei der Entwicklung und Umsetzung der Risikostrategie und der Risikosteuerungs- und -controllingprozesse, führt die Risikoinventur durch und erstellt das Gesamtrisikoprofil. Darüber hinaus richtet das Risikocontrolling ein System von Risikokennzahlen ein, entwickelt dieses weiter und ist verantwortlich für die laufende Risikoüberwachung sowie für die regelmäßige und anlassbezogene Risikoberichterstattung.[922]

Der AT 4.5 MaRisk interpretiert die Vorgaben zum Risikomanagement auf Gruppenebene[923] nach § 25a Abs. 1a KWG näher.[924] Generell hat die Ausgestaltung unabhängig von einer eventuellen Konsolidierungspflicht im Konzernabschluss für alle nach Risikogesichtspunkten wesentlichen Tochterunternehmen zu erfolgen und umfasst analog dem Risikomanagement auf Institutsebene Strategien und Risikosteuerungs- und -controllingprozesse.[925] Bei der Umsetzung des

---

919 Vgl. Hannemann / Schneider (2010), S. 277 f. Bei der Ausgestaltung der Stresstests spielt insofern der Stress der Diversifikationseffekte eine hervorzuhebende Rolle. Generell ist aber bei der Ableitung der Stresstests zu einzelnen Effekten auf gegebenenfalls vorhandene gegenläufige Sachverhalte zu achten. Vgl. König (2012b), S. 534 f.

920 Vgl. AT 4.4.1 Tz. 1 und BTO Tz. 2 Buchstabe d) MaRisk.

921 AT 4.4.1 Tz. 1 MaRisk. Ferner vgl. auch die spezifische Anforderung zur Trennung des Marktpreisrisikocontrollings von Einheiten mit Positionsverantwortung in BTO Tz. 4 MaRisk. Zudem ist die Funktionstrennung auch im Vertretungsfall zu wahren. Vgl. BTO Tz. 5 MaRisk.

922 Vgl. AT 4.4.1 Tz. 2 MaRisk sowie auch AT 4.4.1 Tz. 3 bis 5 MaRisk zu den weiteren Vorgaben zur Risikocontrolling-Funktion.

923 Eine Diskussion der einzelnen Anforderungen findet sich bei DSGV (Hrsg.) (o. J.), S. 35 ff.

924 Dabei knüpfen die MaRisk mit dem Begriff „Gruppe“ zwar an § 10a Abs. 1 bis 3 KWG sowie § 1 Abs. 20 KWG zum Finanzkonglomerat an, fordern aber eine unabhängig von bestimmten Konsolidierungskreisen risikoorientierte Betrachtung. Vgl. o. V. (2011e), S. 81.

925 Vgl. AT 4.5 MaRisk sowie für eine weitergehende Diskussion Hannemann / Schneider (2010), S. 302 ff. sowie Wohlert (2012), S. 117.

Risikomanagements auf Gruppenebene sind im Einzelfall gegebenenfalls bestehende gesellschaftsrechtliche Beschränkungen zu beachten.[926]

Jedes Institut hat zu den Risikosteuerungs- und -controllingprozessen Organisationsrichtlinien zu verfassen, die die Aufgaben, Kompetenzen, Verantwortlichkeiten und Abläufe schriftlich fixieren. Die Richtlinien sind allen betroffenen Mitarbeitern in der aktuellen Fassung zur Verfügung zu stellen.[927] Die Organisationsrichtlinien, beispielsweise als Handbücher, Arbeits- und Ablaufbeschreibungen, sind in einer vom Institut zu wählenden Form, im Detaillierungsgrad[928] entsprechend der risikoorientierten Öffnungsklauseln und in einer für die Mitarbeiter verständlichen Weise abzufassen.[929] Bei Veränderungen der Prozesse sind gemäß der zeitlichen Öffnungsklausel des AT 5 Tz. 2 MaRisk die Organisationsrichtlinien zeitnah anzupassen.[930]

Entsprechend AT 6 Tz. 1 MaRisk sind zudem alle wesentlichen Handlungen im Sinne des allgemeinen Wesentlichkeitsgrundsatzes zu dokumentieren und somit einer Prüfung durch Dritte zugänglich zu machen.[931] Die Dokumentation schließt die systematische und für Dritte nachvollziehbare Abfassung, die Archivierung für mindestens zwei Jahre sowie die Aktualität und Vollständigkeit der Aktenführung mit ein.[932] Ferner ist für alle wesentlichen Öffnungsklauseln ebenso eine Dokumentation der Inanspruchnahme sowie einer gegebenenfalls erforderlichen Begründung notwendig.[933]

---

926 Vgl. Erläuterungen zu AT 5 Tz. 1 MaRisk sowie Deutsche Bundesbank (Hrsg.) (2006b), S. 3.

927 Vgl. AT 5 Tz. 2 und 3 MaRisk.

928 Die Ausgestaltung hat allerdings hinreichend genau zu sein, um die Organisationsrichtlinien zur Ableitung eines Soll-Objektes in der Prüfung heranziehen zu können. Das heißt, dass insbesondere die Prozessbeschreibung in den Organisationsrichtlinien frei von Lücken ist. Vgl. AT 5 Tz. 4 MaRisk und Hannemann / Schneider (2010), S. 335. Der Soll-Ist-Abgleich bezieht sich auf den Abgleich von Normen zur Organisationsrichtlinie als auch die Prüfung der implementierten Prozesse anhand der Organisationsrichtlinie. Vgl. o. V. (2011e), S. 91. So ist es beispielsweise üblich, die Mitarbeiter im Rahmen von Prüfungen hinsichtlich der Inhalte der Organisationsrichtlinien zu befragen, sodass die Richtlinien möglichst fokussiert und in gut lesbarer Form ausgestaltet sein sollten. Vgl. Helfer / Geiersbach / Prasser (2008), S. 105.

929 Vgl. AT 5 Tz. 1 MaRisk, Erläuterungen zu AT 5 Tz. 1 MaRisk und o. V. (2011e), S. 89.

930 Vgl. AT 5 Tz. 2 MaRisk.

931 Vgl. DSGV (Hrsg.) (o. J.), S. 100. Ein beispielhafter Überblick zu wesentlichen Festlegungen und Entscheidungen wird bei DSGV (Hrsg.) (o. J.), S. 97 ff. wiedergegeben.

932 Vgl. AT 6 Tz. 1 MaRisk.

933 Vgl. AT 6 Tz. 2 MaRisk.

Die Anforderungen an die notwendigen Ressourcen im AT 7.1 und AT 7.2 MaRisk stellen auf die betriebsinternen Erfordernisse, Geschäftsaktivitäten und die Risikosituation ab und knüpfen somit an die jeweiligen Aufgaben von Mitarbeitern beziehungsweise der technisch-organisatorischen Ausstattung an.[934] Zielsetzung der Anforderungen ist es, durch ausreichende Ressourcen die Wirksamkeit der Prozesse im Sinne der praktischen Umsetzung sicherzustellen.[935] Für die Personalausstattung sind neben der Anzahl der Mitarbeiter ebenfalls deren Erfahrungen und Kenntnisse im Sinne der jeweiligen Qualifikation[936] zu betrachten. Das Institut hat die auf den unbestimmten Begriffen beruhende Anforderung, zum Beispiel in Stellenbeschreibungen[937] durch Vorgaben zu Ausbildung und Berufserfahrung, näher auszulegen.[938]

Neben den personellen Anforderungen behandeln die MaRisk noch die technisch-organisatorische Ausstattung, die insbesondere die IT-Systeme[939] umfasst und sich ebenfalls an den betriebsinternen Erfordernissen, den Geschäftsaktivitäten und der Risikosituation zu orientieren hat.[940] Ferner hat das Institut für

---

934 Vgl. AT 7.1 Tz. 1 und AT 7.2 Tz. 1 MaRisk.

935 Hinsichtlich der Abwesenheit oder des Ausscheidens von Mitarbeitern hat die BaFin die Empfehlung aufgenommen, dass diese nicht zu Störungen im Betriebsablauf führen sollten. Vgl. AT 7.1 Tz. 3 MaRisk. Die Institute haben hierfür geeignete Vorkehrungen im Rahmen ihrer Möglichkeiten zu treffen, wobei derartige Störungen nicht vollumfänglich ausgeschlossen werden können. Vgl. Hannemann / Schneider (2010), S. 348 f.

936 So wird im zweiten Prinzip des Basler Papiers zum Zinsänderungsrisiko der Einsatz fachlich geeigneter Mitarbeiter zur Messung und Überwachung gefordert. Siehe Kapitel 2.3.1.2. und vgl. Rassat (2012), S. 37.

937 Wenngleich konkrete Stellenbeschreibungen nicht ausdrücklich gefordert sind, können diese zur Einhaltung der Anforderungen des AT 7.1 MaRisk hilfreich sein. Diese enthalten Angaben zu den Aufgabeninhalten, Kompetenzen und Verantwortlichkeiten, zur Einordnung in der Unternehmenshierarchie sowie zum Anforderungsprofil der Stelleninhaber. Ferner können Personalentwicklungsprogramme zur Aus- und Weiterbildung zur Beurteilung herangezogen werden. Vgl. DSGV (Hrsg.) (o. J.), S. 89 f.

938 Vgl. AT 7.1 Tz. 1 und 2 MaRisk. Die Mitarbeiter haben neben der fachlichen Eignung ebenso persönlich zuverlässig zu sein. Vgl. Ramke (2009), S. 78.

939 Eine Übersicht und Diskussion gängiger IT-Systeme zum Zinsänderungsrisikomanagement findet sich bei Reuse (2012d), S. 421 ff. Die Systeme werden im Detail bei Rader (2012), S. 426 ff. von msgGillardon, bei Treubel (2012), S. 459 ff. von ParcIT sowie bei Balke / Bannert / Becker (2012), S. 478 ff. von zeb / ITM vorgestellt.

940 Vgl. AT 7.2 Tz. 1 MaRisk sowie zu einer umfassenden Darstellung der Einzelanforderungen zu den IT-Systemen Hannemann / Schneider (2010), S. 352 ff. und DSGV (Hrsg.) (o. J.), S. 90 ff.

zeitkritische Prozesse Notfallkonzepte zur Reduktion von Schäden aus deren Ausfall aufzustellen. Dies kann im Einzelnen mittels Geschäftsfortführungs- sowie Wiederanlaufplänen erfolgen.[941]

Im Rahmen der Novellierung im Jahr 2012 wurde der bisherige AT 8 MaRisk bezüglich der Aktivitäten in neuen Produkten oder auf neuen Märkten neu gegliedert und um Vorgaben zu Änderungen betrieblicher Prozesse oder Strukturen ergänzt. So wird bei wesentlichen Änderungen in der Aufbau- und Ablauforganisation eine Analyse der Auswirkungen der geplanten Änderungen auf das interne Kontrollsystem gefordert.[942] Neue Produkte beziehungsweise neue Märkte sind in einem Konzept hinsichtlich Risikogehalt und Auswirkungen auf das Gesamtrisikoprofil vorab zu analysieren und weisen insofern Verbindungen zur Identifizierung der Risiken auf. Ferner ist im Rahmen der Testphase zu beurteilen, ob die bisherigen Risikosteuerungs- und -controllingprozesse noch angemessen und wirksam sind.[943] Im Rahmen des Neue-Produkte-Prozess sind bei zinssensitiven neuen Produkten die für die Steuerung und die für die Überwachung zuständigen Einheiten einzubinden.[944] Bei Fusionen oder Unternehmensübernahmen sind außerdem im Rahmen eines Konzepts vorweg die Konsequenzen für das Risikomanagement und dessen notwendige Anpassungen, insbesondere der Risikosteuerungs- und -controllingprozesse, herauszuarbeiten.[945]

2.3.3.3.3 Besondere Vorgaben zum Zinsänderungsrisiko

Im Modul Besonderer Teil Risikosteuerungs- und -controllingprozesse (BTR) der MaRisk hat die BaFin die risikoartenspezifischen Anforderungen zu den ausdrücklich behandelten Risiken zusammengefasst. Die Anforderungen an die Zinsänderungsrisiken des Anlagebuches als Bestandteil des Marktpreisrisikos sind im Abschnitt BTR 2 enthalten.[946]

Im Rahmen der Erarbeitung der MaRisk hat sich die Aufsicht zur Differenzierung nach Handels- und Anlagebuch[947] entschieden und damit die jeweiligen Anforderungen an die mit der Zuordnung zu den Büchern verbundenen Fristigkeit

---

941 Vgl. AT 7.3 MaRisk.

942 Vgl. AT 8.2 MaRisk.

943 Vgl. AT 8.1 Tz. 1 und 3 MaRisk sowie zur näheren Darstellung im Bezug auf die Zinsänderungsrisiken aus neuartigen Produkten im fünften Prinzip des Baseler Zinsänderungsrisikopapiers im Kapitel 2.3.1.2.

944 Vgl. Rassat (2012), S. 65.

945 Vgl. AT 8.3 MaRisk.

946 Siehe Kapitel 2.3.3.3.1.

947 Siehe Kapitel 2.3.3.1.2.

beziehungsweise das Vorliegen einer Handelsabsicht geknüpft. Die Behandlung der Zinsänderungsrisiken als eigene allgemeine Risikoart wurde dabei zugunsten der Integration in die Marktpreisrisiken im Handels- und Anlagebuch verworfen.[948] Die Anforderungen im BTR 2 MaRisk untergliedern sich näher in allgemeine Anforderungen an die Marktpreisrisiken im BTR 2.1 MaRisk, an die Marktpreisrisiken im Handelsbuch im BTR 2.2 MaRisk sowie an die Marktpreisrisiken des Anlagebuches im BTR 2.3 MaRisk, die auch die Vorgaben zum Zinsänderungsrisiko des Anlagebuches beinhalten.[949] Die MaRisk stellen hierbei im Gegensatz zu den Prinzipien des Baseler Ausschusses den Instituten frei, die Zinsänderungsrisiken im Handels- und Anlagebuch getrennt oder integriert zu messen, sofern die jeweiligen Anforderungen im Bezug auf die Handelsbuch- und Anlagebuchpositionen vollumfänglich eingehalten werden.[950]

Die besonderen Vorgaben zum Marktpreisrisiko befassen sich vor allem mit den Beurteilungsverfahren, deren Annahmen, dem Turnus der Überwachung und Kommunikation sowie dem Inhalt der Berichterstattung. Der BTR 2.3 Tz. 1 bis 4 MaRisk behandelt alle Marktpreisrisiken des Anlagebuches. Dahingegen gelten die Vorgaben des BTR 2.3 Tz. 5 bis 8 MaRisk ausdrücklich nur für die Zinsänderungsrisiken des Anlagebuches.[951]

Vom Zinsänderungsrisiko innerhalb des Marktpreisrisikos abzugrenzen sind Kursrisiken, Währungsrisiken sowie Marktpreisrisiken aus Warengeschäften.[952] Das Zinsänderungsrisiko ist gemäß AT 2.2 MaRisk als Teil der Marktpreisrisiken und aufgrund der für viele Institute großen Bedeutung des Zinsergebnisses regelmäßig zu den wesentlichen Risiken zu zählen, sodass es im Rahmen der Risikosteuerungs- und -controllingprozesse grundsätzlich zu erfassen ist.[953] Eine

948 Vgl. Schwirten / Zattler (2007), S. 452.

949 Vgl. Erläuterungen zu BTR 2.1 Tz. 1 MaRisk.

950 Der Baseler Ausschuss fordert hingegen eine integrierte Betrachtung von Handels- und Anlagebuchpositionen. Vgl. Erläuterungen zu BTR 2.3 Tz. 5 MaRisk, Rassat (2012), S. 48 f. und siehe Kapitel 2.3.1.2. *Rassat* verweist zur Rechtfertigung der getrennten Betrachtung auf die unterschiedlichen Steuerungsintentionen und sieht eine Kombination aus gemeinsamer Betrachtung und getrennter Steuerung als beste Lösung. Vgl. Rassat (2012), S. 49 f. Analog fordert *Apweiler* ebenfalls die getrennte Prüfung des Zinsänderungsrisikos nach Anlage- und Handelsbuch. Vgl. Apweiler (2012), S. 512.

951 Vgl. Erläuterungen zu BTR 2.1 Tz. 1 MaRisk sowie BTR 2.3 MaRisk.

952 Vgl. Erläuterungen zu BTR 2.1 Tz. 1 MaRisk.

953 Vgl. AT 2.2 Tz.1 und AT 4.3.2 Tz. 1 MaRisk sowie Hannemann / Schneider (2010), S. 701.

Abweichung hiervon ist als formale Öffnungsklausel bei Nachweis der Unwesentlichkeit des Zinsänderungsrisikos des Anlagebuches möglich und insoweit wären die risikospezifischen Anforderungen durch das Institut nicht anzuwenden.[954]

Die Risikosteuerungs- und -controllingprozesse können im Regelfall des wesentlichen Zinsänderungsrisikos des Anlagebuches als Regelkreis nur funktionieren, wenn die Aussagen der Beurteilung auf Quantifizierungsverfahren auf einer ausreichenden Prognosegüte beruhen.[955] Im Rahmen der MaRisk-Novelle im Jahr 2010 wurde im BTR Tz. 2 an zentraler Stelle die Verpflichtung zur regelmäßigen Überprüfung der Angemessenheit der eingesetzten Methoden beziehungsweise Verfahren für alle in den MaRisk behandelten Risiken eingefügt.[956] Dies schließt die Überprüfung der Plausibilität der ermittelten Risikowerte mit ein, wobei eine unzureichende Prognosegüte der zur Risikomessung eingesetzten Verfahren sich regelmäßig durch eine statistisch signifikant erhöhte Anzahl an Ausreißern im Backtesting[957] zeigt.[958] Eine nahezu gleichlautende Vorschrift zur regelmäßigen Überprüfung der Angemessenheit der eingesetzten Methode im Hinblick auf die Risikotragfähigkeit, die einen zentralen Bestandteil der Risikobeurteilung bildet, findet sich im AT 4.1 Tz. 8 MaRisk und ist bereits seit der ersten Fassung der MaRisk vorhanden.[959]

Zur Umsetzung der in der Risikostrategie verankerten Risikotoleranz und der Sicherstellung der Risikotragfähigkeit[960] haben die Institute Limitsysteme

954 Vgl. Kapitel 2.3.3.3.2. zur Risikoinventur und den Risikosteuerungs- und -controllingprozessen.

955 Vgl. Hannemann / Schneider (2010), S. 665.

956 Vgl. BTR Tz. 2 MaRisk in der Fassung vom 15.12.2010, einschließlich der Änderungsmarkierungen gegenüber der Fassung vom 14.08.2009 in Anlage 2. Sofern ein Institut im Verhältnis zu einer risikoorientierten Betrachtung sehr einfache Messansätze gewählt hat, ist vom Institut zu begründen, warum diese Methode dennoch für die Risikobeurteilung ausreicht. Vgl. Rassat (2012), S. 47. Die Verpflichtung zur Überprüfung des Zinsänderungsrisikos findet sich grundlegend im sechsten Prinzip des Baseler Zinsänderungsrisikopapiers. Siehe Kapitel 2.3.1.2.

957 Das Backtesting ist ein Vergleich zwischen prognostiziertem Wert und ex post gemessener Veränderung bei einer Halte- beziehungsweise Betrachtungsdauer von einem Tag. Vgl. Hannemann / Schneider (2010), S. 665.

958 Vgl. Hannemann / Schneider (2010), S. 665.

959 Vgl. AT 4.1 Tz. 8 MaRisk sowie AT 4.1 Tz. 4 MaRisk in der Fassung vom 15.12.2005.

960 In diesem Zusammenhang spielt auch die Ausgestaltung der Risikotragfähigkeit für die Wahl der Limitierung eine Rolle. So ist die periodische und barwertige Ausgestaltung der Risikotragfähigkeit analog der earnings perspective und economic perspective zu differenzieren. Vgl. Reuse (2012c), S. 241 ff. und siehe Kapitel 2.1.4.

einzurichten, die die Marktpreisrisiken einschließlich der Risikokonzentrationen begrenzen sollen und somit die interne Begrenzung für die Steuerung und Überwachung bilden.[961] Zur Ausgestaltung der Limitsysteme sind in Abhängigkeit von den eingesetzten Beurteilungsverfahren beispielsweise barwertige oder ergebnisorientierte Limite auf Gesamtbank- und Portfolioebene oder relative Limite gegenüber Benchmarkstrukturen zu implementieren.[962] Alle wesentlichen Zinsänderungsrisiken sind unabhängig von der Geschäftsart, die die Position verursacht,[963] in dem Limitsystem zu erfassen.[964] Ferner sind alle Geschäfte mit Marktpreisrisiken unmittelbar auf Limite anzurechnen, wobei ein Geschäft ohne frei verfügbares Limit nicht abgeschlossen werden darf.[965] Somit wird der Handlungsspielraum der Steuerung durch das Limitsystem direkt begrenzt. Die Überwachung des Limitsystems hat neben der Feststellung und Eskalation von Limitüberschreitungen oder hohen Auslastungen auch eine zu niedrige Auslastung einzelner Limite anzuzeigen, um eine wirtschaftlich nicht sinnvolle Allokation des internen Kapitals aufzudecken.[966]

In den MaRisk sind weder im AT noch bei den spezifischen Vorgaben zum Marktpreisrisiko konkrete Anforderungen oder Vorgaben zur Ausgestaltung des

---

961 Der BTR 2.1 Tz. 1 MaRisk nennt ausdrücklich nur die Risikotragfähigkeit als Grundlage des Limitsystems. Das Risikodeckungspotenzial bildet dabei die Obergrenze, während sich aus der in der Risikostrategie formulierten Risikotoleranz weitergehende Einschränkungen ergeben können. Vgl. BTR 2.1 Tz. 1 MaRisk, AT 4.1 Tz. 2 MaRisk und Hannemann / Schneider (2010), S. 703 f. Beispiele für mögliche hierarchische Limitstrukturen zum Zinsänderungsrisiko des Anlagebuches sowie Möglichkeiten zur Unterteilung finden sich bei Rassat (2012), S. 59 ff.

962 Die jeweiligen Limitsysteme können zudem der strategischen Risikotoleranz durch beispielsweise Berücksichtigung unterjährig aufgelaufener Verluste und einer spezifischen Haltedauer weiter angepasst werden. Vgl. Hindelang (2009), S. 167 f. sowie bei Hortmann / Seide (2006), S. 330 mit der Forderung zur Limitreduktion bei unterjährigen Verlusten. Zur Darstellung von Steuerungsstrategien vgl. Hindelang (2009), S. 163 ff.

963 Das heißt, es spielt bei der Beurteilung keine Rolle, ob das Risiko aus dem Handels-, Kredit- oder Einlagengeschäft resultiert. Vgl. Rassat (2012), S. 34.

964 Vgl. BTR 2.1 Tz. 1 MaRisk, AT 4.3.2 Tz. 1 MaRisk und der Erläuterung zu AT 4.3.2 Tz. 1 MaRisk. Der AT 4.3.2 Tz. 1 MaRisk fordert geeignete Maßnahmen zur wirksamen Begrenzung der Risiken unter Berücksichtigung der Risikotragfähigkeit und Risikotoleranz, während der BTR 2.1 Tz. 1 MaRisk unmittelbar auf die Risikotragfähigkeit verweist und implizit die Risikotoleranz mit einbezieht. Vgl. Hannemann / Schneider (2010), S. 704.

965 Vgl. BTR 2.1 Tz. 2 MaRisk und Hannemann / Schneider (2010), S. 707.

966 Vgl. Heuter (2012), S. 376.

Limitsystems[967] gemacht worden. *Hannemann / Schneider* verweisen hinsichtlich der Art der Limitierung auf das VaR-Konzept, das grundsätzlich geeignet ist.[968] Entscheidend bei der Ausgestaltung ist allerdings, dass alle wesentlichen Marktpreisrisiken in den Limiten erfasst und im Modell abgebildet werden. Zudem ist entsprechend der allgemeinen Vorgabe des AT 4.3.2 Tz. 7 MaRisk auch das Limitsystem zeitnah an geänderte Rahmenbedingungen, wie beispielsweise geänderte Marktbedingungen oder geänderte interne Verfahren, anzupassen.[969] Darüber hinaus nennt *Pfeifer* als weitere Grundsätze für die Ausgestaltung des Limitsystems, dass die Anzahl der Limite auf das notwendige Minimum beschränkt wird, insbesondere um die Übersichtlichkeit zu wahren, sowie dass das Limit den Risikogehalt des Portfolios widerspiegeln soll und somit einen wirksamen Steuerungsimpuls zu setzen hat.[970]

Im Rahmen des Limitsystems sind Risikokonzentrationen entsprechend der festgelegten und auf der Risikotragfähigkeit basierenden Risikotoleranz zu berücksichtigen.[971] Risikokonzentrationen können durch einen Risikofaktor, durch mehrere miteinander korrelierende Risikofaktoren[972] und bestandsübergreifend[973] auftreten.[974] Soweit Risikokonzentrationen von den übrigen Limiten nicht erfasst werden, sind diese durch Struktur- und Volumenlimite gesondert zu begrenzen.[975]

Die Institute können bei der Beurteilung des Zinsänderungsrisikos zwischen einer getrennten oder gemeinsamen Behandlung von Handels- und Anlagebuch

---

967 Für das Limitsystem wird vom Baseler Ausschuss eine Differenzierung nach Geschäftsaktivitäten beziehungsweise Portfolien empfohlen. Siehe Kapitel 2.3.1.2. Eine Darstellung möglicher Limitierungen, im Einzelnen als VaR-Limit, Stresstest-Limit, Abweichungslimiten zu Benchmarks und Limiten des Zinsspannenrisikos und des Bewertungsergebnisses, finden sich bei Reuse (2012c), S. 246 ff. und Beck / Feix / Stückler (2012), S. 351 f.

968 Vgl. Hannemann / Schneider (2010), S. 704.

969 Vgl. Hannemann / Schneider (2010), S. 704 und AT 4.3.2 Tz. 7 MaRisk.

970 Vgl. Pfeifer (2009), S. 55.

971 Vgl. AT 4.3.2 Tz. 1 MaRisk und BTR 2.1 Tz. 1 MaRisk.

972 Ferner sind mögliche Auswirkungen der Änderung der Korrelationen und nichtlineare Risiken zum Beispiel in Stresstests zu untersuchen und geeignet zu begrenzen. Vgl. CEBS (Hrsg.) (2010a), S. 705. Dies ist auch deswegen erforderlich, da VaR-Konzepte extreme Marktbedingungen und hiermit verbundene Konzentrationen nur sehr begrenzt aufdecken können. Vgl. Hannemann / Schneider (2010), S. 16.

973 Der CEBS führt hierzu potentielle Konzentrationen im Handels- und Anlagebuch an. Vgl. CEBS (Hrsg.) (2010a), S. 15.

974 Vgl. Hannemann / Schneider (2010), S. 15.

975 Vgl. Pfeifer (2009), S. 55.

wählen, müssen allerdings gegebenenfalls die weitergehenden Anforderungen des BTR 2.2 Tz. 2 und 3 MaRisk zur täglichen Bewertung der Handelsbuchpositionen und der täglichen Ermittlung des Ergebnisses und der Risikoposition des Handelsbuches beachten.[976] Die Positionen des Anlagebuchs sind hingegen mindestens vierteljährlich zu bewerten.[977] Das Ergebnis des Anlagebuchs ist ebenfalls mindestens vierteljährlich zu ermitteln.[978]

Der BTR 2.3 Tz. 5 MaRisk gibt für die Verfahren zur Beurteilung ausdrücklich vor, dass diese alle wesentlichen Ausprägungen des Zinsänderungsrisikos des Anlagebuches zu berücksichtigen haben[979] und greift damit das sechste Prinzip des Baseler Zinsänderungsrisikopapiers auf.[980] Da die MaRisk keine Aufzählung oder Definition der Ausprägungen nennen, ist die Vorgabe durch die Institute im Sinne eines unbestimmten Begriffes näher auszulegen. Eine mögliche Einteilung von Ausprägungen des Zinsänderungsrisikos[981] kann die ursachenbezogene Definition des Baseler Ausschusses mit dem Prolongationsrisiko, Zinsstrukturrisiko, Basisrisiko und Optionsrisiko sein.[982] In den Erläuterungen zu BTR 2.3 Tz. 5 MaRisk hebt die BaFin hervor, dass alle bilanziellen und außerbilanziellen Positionen, die zinssensitiv sind und nicht zum Handelsbuch gehören, bei der Beurteilung des Zinsänderungsrisikos im Anlagebuch zu berücksichtigen sind.[983] Die zinssensitiven Positionen lassen sich über die Abhängigkeit des Wertes der Position von einem Zinssatz oder den Beitrag der Position zum Zinsergebnis identifizieren.[984]

976 Vgl. Erläuterungen zu BTR 2.3 Tz. 5 MaRisk, BTR 2.2 Tz. 2 und Tz. 3 MaRisk.

977 Vgl. BTR 2.3 Tz. 1 MaRisk.

978 Vgl. BTR 2.3 Tz. 2 MaRisk. Die Forderung der Bewertung der Positionen und der Ermittlung des Ergebnisses ist im zweiten Prinzip des Baseler Zinsänderungsrisikopapiers niedergelegt. Siehe Kapitel 2.3.1.2.

979 Vgl. BTR 2.3 Tz. 5 MaRisk. Zur Forderung auch Zinsänderungsrisiken aus Sondervermögen (Spezialfonds) in der Durchschau bei der Risikomessung einzubeziehen, vgl. Rassat (2012), S. 52 ff.

980 Siehe Kapitel 2.3.1.2.

981 Eine ungenauere, aber einfachere Einteilung ist die Differenzierung zwischen Festzinsrisiko, variablem Zinsrisiko und optionalem Risiko. Vgl. Hannemann / Schneider (2010), S. 732 f. Siehe Kapitel 2.1.4. mit einer alternativen wirkungsbezogenen Abgrenzung der ertrags- und barwertorientierten Perspektiven.

982 Vgl. Hannemann / Schneider (2010), S. 733 sowie siehe Kapitel 2.1.3. und 2.3.1.2.

983 Vgl. Erläuterungen zu BTR 2.3 Tz. 5 MaRisk und Hannemann / Schneider (2010), S. 733 f. Die Einbeziehung außerbilanzieller Positionen wird beispielsweise noch in den Erläuterungen zum AT 2.2 Tz. 2 MaRisk und AT 4.3.3 Tz. 1 MaRisk gefordert.

984 Vgl. Rassat (2012), S. 50.

Für die Beurteilung der Zinsänderungsrisiken stehen den Instituten mit der Anknüpfung an das handelsrechtliche Ergebnis und der Betrachtung der Barwerte zwei grundlegend gleichrangige Perspektiven[985] zur Verfügung, aus denen das Institut mindestens eine Perspektive auszuwählen hat.[986] Ein Vorteil der ertragsorientierten Verfahren,[987] die für die Risikomessung an die Veränderung der handelsrechtlichen Ergebnisse zukünftiger Perioden anknüpfen, ist die leichtere Überleitung zur Gewinn- und Verlustrechnung und damit eine mögliche Plausibilisierung des intern ermittelten betriebswirtschaftlichen Ergebnisses des Risikocontrollings und des Ergebnisses der Gewinn- und Verlustrechnung aus dem Rechnungswesen.[988] Zudem ist dieser Ansatz einfacher durch die Adressaten zu interpretieren,[989] da er auf aus der Rechnungslegung bekannten Größen aufbaut.

Der Abgleich der Ergebnisse des Risikocontrollings und des Rechnungswesens ist zur Erzielung von Transparenz zwischen der Entwicklung der internen Ergebnisse, die die Grundlage der Institutssteuerung bilden, und der externen Rechnungslegung, die als handelsrechtliches Ergebnis unter anderem im Jahresabschluss kommuniziert wird, erforderlich. Nur auf diesem Wege können die sich gegebenenfalls ergebenen Fehlentwicklungen in der internen Steuerung erkannt werden, wobei aufgrund der methodischen Unterschiede eine vollumfängliche

---

985 Im Einzelfall kann es allerdings auch zu gegensätzlichen Steuerungsimpulsen kommen, sodass bei einem parallelen Einsatz beider Perspektiven dieses Vorgehen einen Konflikt auslösen kann. Vgl. Hindelang (2009), S. 162. Das Limitsystem ist entsprechend der Vorgabe des Baseler Ausschusses im siebten Prinzip des Baseler Zinsänderungsrisikopapiers auf den Ansatz abzustimmen. Siehe Kapitel 2.3.1.2.

986 Vgl. BTR 2.3 Tz. 6 MaRisk und Hindelang (2009), S. 162. Dieses Vorgehen der BaFin mit der Wahlmöglichkeit ist zum Baseler Ausschuss nicht vollumfänglich kongruent, da dieser im sechsten Prinzip die parallele Betrachtung beider Perspektiven empfiehlt. Siehe Kapitel 2.3.1.2. Allerdings gibt die BaFin in der Erläuterung zum BTR 2.3 Tz. 6 MaRisk zumindest die Empfehlung, zusätzlich zur barwertigen Sicht auch die Entwicklung des laufenden Zinsergebnisses zu betrachten. Vgl. Erläuterungen zu BTR 2.3 Tz. 6 MaRisk. Diese ist ausdrücklich nicht als zwingende Vorgabe, sondern als Aufgriff der üblichen und empfehlenswerten Vorgehensweise zu sehen. Vgl. DSGV (Hrsg.) (o. J.), S. 278.

987 Derartige ertragsorientierte Verfahren basieren vor allem auf einer Zinsbindungsbilanz oder Zinselastizitätenbilanz. Vgl. Hannemann / Schneider (2010), S. 736 f. und siehe Kapitel 2.1.4.1.

988 *Hannemann / Schneider* verweisen hierzu insbesondere auf die integrierte Messung des Zinsänderungsrisikos auf Gesamtbuchebene. Vgl. Hannemann / Schneider (2010), S. 735.

989 Vgl. Rassat (2012), S. 48.

Überleitung nicht möglich ist. Insofern haben Institute die geforderte Plausibilisierung als Abgleich mit einer intern zu definierenden Genauigkeit auszulegen, um die potentiell steuerungsrelevanten Fehlentwicklungen zu erfassen.[990]

Nachteilig bei der Anknüpfung an die ergebnisorientierte Betrachtung ist, dass die Zinsänderungsrisiken bei diesen Ansätzen nur über eine begrenzte Anzahl an Perioden gezeigt werden und somit Auswirkungen des Risikos in späteren Perioden unberücksichtigt bleiben. Vor allem bedeutende Risiken der Fristentransformation können so im Einzelfall nur unvollständig erfasst werden.[991] Um diesem Problem entgegenzuwirken, hat die BaFin im BTR 2.3 Tz. 6 MaRisk die „angemessene Betrachtung über den Bilanzstichtag hinaus“[992] gefordert und dies im Rahmen der Novellierung 2012 in den Erläuterungen weitergehend ausgeführt.[993] So ist die Länge des zukünftigen, mehrperiodischen Risikobetrachtungszeitraums unter Berücksichtigung der internen Portfoliostruktur, wie beispielsweise anhand der durchschnittlichen Zinsbindungsdauer, sowie der internen Möglichkeiten einer mehrperiodischen Betrachtung vom Institut zu wählen.[994]

Bei den barwertigen Ansätzen wird die Auswirkung des Zinsänderungsrisikos auf den Barwert des zinstragenden Anlagebuchs betrachtet.[995] Die barwertigen Ansätze zeigen die Auswirkungen der Fristentransformation vollumfänglich, sodass diese für eine Steuerung des Zinsänderungsrisikos aus der Fristentransformation

---

990 Vgl. Hannemann / Schneider (2010), S. 711 f.

991 Vgl. Hannemann / Schneider (2010), S. 736.

992 BTR 2.3 Tz. 6 MaRisk.

993 Vgl. Erläuterung zu BTR 2.3 Tz. 6 MaRisk.

994 Vgl. Erläuterungen zu BTR 2.3 Tz. 6 MaRisk. Die ursprüngliche Formulierung der MaRisk-Novelle 2012, dass die Länge durch die Portfoliostruktur widergespiegelt werden soll, wurde nach dem Hinweis der Deutschen Kreditwirtschaft, dass durch längere Zeiträume auch die Unsicherheiten bei der Prognose des handelsrechtlichen Ergebnisses zunehmen, abgeschwächt. Vgl. Deutsche Kreditwirtschaft (Hrsg.) (2012), S. 15 sowie bereits im Deutsche Bundesbank (Hrsg.) (2007), S. 3. Eine hierzu im Widerspruch stehende Argumentation findet sich bei Rassat (2012), S. 47 f., die an die Erläuterungen zu AT 4.1 Tz. 3 MaRisk und damit an die Risikotragfähigkeit anknüpft. Vgl. Rassat (2012), S. 48 und AT 4.1 Tz. 3 MaRisk.

995 Beispiele sind barwertige Sensitivitätsmaße und VaR-Konzepte. Vgl. Hannemann / Schneider (2010), S. 738 und siehe Kapitel 2.1.4.2. Hinsichtlich der weitergehenden Differenzierung zwischen statischen und dynamischen Ansätzen siehe Kapitel 2.1.4.2.2. Zur Ermittlung des Zinsschocks des Rundschreibens 11 / 2011 (BA) ist ein statisch barwertiger Ansatz zu verwenden. Siehe Kapitel 2.3.3.4.

geeigneter erscheinen.[996] Zu berücksichtigen ist bei den barwertigen Ansätzen allerdings, dass die Ableitung der zukünftigen Zinsüberschüsse einzelner Perioden nicht ohne Weiteres möglich ist. Da das Zinsergebnis als Teil des handelsrechtlichen Ergebnisses jedoch Einfluss auf das bilanz- und GuV-orientierte Risikodeckungspotenzial, auf die Beurteilung des Instituts durch externe Dritte, insbesondere durch Ratingagenturen, und auf die Erfüllung von Mindestgewinnansprüchen der Anteilseigner[997] hat, sollten die Institute ebenso die Entwicklung des Zinsergebnisses beachten.[998] Insgesamt ist unabhängig vom gewählten Steuerungsansatz hervorzuheben, dass neben der Identifizierung und Messung der wesentlichen Risiken vor allem die richtigen Steuerungsimpulse gesetzt werden.[999]

Gemäß BTR 2.3 Tz. 7 MaRisk sind für Positionen mit unbestimmter Kapital- oder Zinsbindung durch das Institut Annahmen zur Zinsbindung festzulegen. Im Einzelnen gilt dies für Positionen mit von der juristischen Zinsbindung abweichenden tatsächlich festgestellten oder auch faktischen Zinsbindungen und für Positionen mit optionalen Komponenten.[1000] Die Annahmen sind in Abhängigkeit von deren Bedeutung positionsbezogen durch das Institut festzulegen und zu begründen. Hierfür können unter anderem historisch beobachtete Werte herangezogen werden.[1001] Mit dem Hinweis auf die aufsichtliche Zielsetzung und die sich hieraus ergebene Einschränkung der Methodenfreiheit hat die BaFin analog dem Rundschreiben 11 / 2011 (BA) auch in den MaRisk geregelt, dass „Eigenkapitalbestandteile, die dem Institut zeitlich unbegrenzt zur Verfügung stehen, ... nicht in die barwertige Ermittlung der Zinsänderungsrisiken einbezogen werden“[1002] dürfen.[1003]

996 So äußert sich beispielsweise *Wondrak* für eine von der handelsrechtlichen Ergebnisperspektive losgelöste barwertige Betrachtungsweise. Vgl. Wondrak (2009), S. 532 f.

997 So ist eine Aufgabe des handelsrechtlichen Jahresabschlusses die periodengerechte Erfolgsermittlung und damit die Ermittlung der Grundlage für Dividendenzahlungen. Vgl. Coenenberg (2003), S. 14 f.

998 Vgl. Hannemann / Schneider (2010), S. 738 f. und die Empfehlung der BaFin in der Erläuterung zu BTR 2.3 Tz. 6 MaRisk.

999 Vgl. Rassat (2012), S. 39.

1000 Vgl. BTR 2.3 Tz. 7 und Erläuterungen zu BTR 2.3 Tz. 7 MaRisk. Insbesondere die Modellierung der optionalen Komponenten hat auf Basis institutsspezifisch abgeleiteter Annahmen zu erfolgen, wobei nicht in jedem Fall eine rationale Ausübung unterstellt werden kann. Vgl. Rassat (2012), S. 54 f.

1001 *Crecelius* führt hierzu die Auswertung bisher geleisteter Sondertilgungen an. Vgl. Crecelius (2006), S. 269.

1002 Erläuterungen zu BTR 2.3 Tz. 7 MaRisk.

1003 Vgl. Hannemann / Schneider (2010), S. 742 und siehe Kapitel 2.3.3.4.

Im BTR 2.3 Tz. 8 MaRisk hat die Aufsicht an die Verfahren zur Beurteilung der Zinsänderungsrisiken die Anforderung gestellt, dass wesentliche Zinsänderungsrisiken, deren zugrunde liegende Positionen in verschiedenen Währungen eingegangen wurden, auch in der jeweiligen Währung ermittelt werden müssen.[1004] In unterschiedlichen Währungsräumen bestehen grundlegend voneinander abweichende Zinsstrukturkurven, sodass bei der Messung die jeweils zutreffenden Marktparameter zu verwenden sind.[1005] Ferner sind neben der währungsspezifischen Modellierung des Zinsänderungsrisikos auch Verfahren zur Umrechnung und zur Aggregation der Einzelrisiken zu implementieren.[1006] Die Institute haben darüber hinaus entsprechend dem Wesentlichkeitsgrundsatz geeignete Kriterien zur Differenzierung wesentlicher und unwesentlicher Zinsänderungsrisiken in verschiedenen Währungen aufzustellen.[1007]

Der Turnus der Bewertung, Ergebnisermittlung und Kommunikation der Marktpreisrisiken des Anlagebuches ist über den vierteljährlichen Mindestturnus hinaus von der risikoorientierten Öffnungsklausel im BTR 2.3 Tz. 4 MaRisk abhängig, die im Einzelfall einen deutlich kürzeren Turnus erfordern kann.[1008] Da ein enger Zusammenhang zwischen diesen Prozessen besteht, sollte der Turnus vom Institut für das Anlagebuch einheitlich gewählt werden. Eine kürzere Frist ist auf Basis der risikoorientierten Öffnungsklausel insbesondere bei Produkten mit komplexen Strukturen im größeren Umfang oder mit bedeutendem Risikogehalt angebracht. Generell sollte das Institut bei der Festlegung des Turnus die Frage zur Beherrschbarkeit der Marktpreisrisiken und der hierzu erforderlichen

---

1004 Vgl. BTR 2.3 Tz. 8 MaRisk.

1005 Vgl. Hannemann / Schneider (2010), S. 744.

1006 Vgl. Rassat (2012), S. 55.

1007 Der ursprünglich von der Aufsicht verfolgte Ansatz eines festen Prozentsatzes der Aktiva und Passiva wird nicht weiter verfolgt. Statt dessen weisen *Hannemann / Schneider* auf eine anzustrebende Konsistenz zu wesentlichen Fremdwährungen im Liquiditätsrisikomanagement nach BTR 3.1 Tz. 12 MaRisk hin. Vgl. Hannemann / Schneider (2010), S. 745. Allerdings wird diese Auffassung nicht vollumfänglich geteilt, da vom *DSGV* noch ein solcher Prozentsatz zur Abschätzung der Wesentlichkeit genannt wird. Vgl. DSGV (Hrsg.) (o. J.), S. 282. Der Baseler Ausschuss nennt in seinem Anhang 3 im Baseler Zinsänderungsrisikopapier zum standardisierten Zinsschock einen Wert von 5 % der Vermögensgegenstände oder Verbindlichkeiten des Anlagebuchs als Kriterium für eine wesentliche Fremdwährung. Vgl. Basel Committee on Banking Supervision (Hrsg.) (2004), S. 37.

1008 Vgl. BTR 2.3 Tz. 1, 2, und 4 MaRisk und BTR 2.1 Tz. 5 MaRisk sowie Wohlert (2012), S. 129.

Zeitspanne diskutieren.[1009] Innerhalb des Turnus hat das Institut zusätzlich durch Maßnahmen, wie beispielsweise die regelmäßige Beobachtung der Zinsentwicklung als Marktparameter, sicherzustellen, dass die Limite zwischenzeitlich nicht überschritten werden.[1010] Zudem sollte der Berichtsturnus und damit der Zeitraum zwischen zwei Beurteilungszeitpunkten in Abhängigkeit von der Volatilität der Marktparameter und der Höhe des aktuell verbleibenden freien Risikolimits gewählt werden.[1011]

Die Berichterstattung zu den Marktpreisrisiken an die Geschäftsleitung hat einen Überblick zur Risiko- und Ergebnisentwicklung zu enthalten, die auf handelsrechtlichen oder internen Ergebnissen beruhen kann. Ferner ist zu bedeutenden Limitüberschreitungen, zu vorgenommenen Änderungen wesentlicher Annahmen oder Marktparameter[1012] sowie zu sonstigen Auffälligkeiten aus Handelspositionen Stellung zu nehmen.[1013] Die in den Anforderungen enthaltenen unbestimmten Begriffe, wie bedeutende Limitüberschreitungen sowie wesentliche Annahmen und Marktparameter, sind vom Institut auszulegen. Im Baseler Zinsänderungsrisikopapier wird explizit auch die Aufnahme von festgestellten Verstößen gegen interne Richtlinien zum Zinsänderungsrisiko und nicht angemessenen Messverfahren, einschließlich der Feststellungen von internen und externen Prüfern, gefordert.[1014]

2.3.3.4 Rundschreiben 11 / 2011 (BA) zur Begrenzung der Zinsänderungsrisiken im Anlagebuch

Das Rundschreiben 11 / 2011 (BA) „Zinsänderungsrisiken im Anlagebuch; Ermittlung der Auswirkungen einer plötzlichen und unerwarteten Zinsänderung" vom 9. November 2011 konkretisiert die Anforderungen zur Ermittlung des

1009 Vgl. Hannemann / Schneider (2010), S. 730.

1010 Vgl. BTR 2.3 Tz. 3 MaRisk und Hannemann / Schneider (2010), S. 729.

1011 Bei hohen Auslastungen der Limite steigt die Wahrscheinlichkeit einer zwischenzeitlichen Überschreitung entsprechend an. Vgl. Hannemann / Schneider (2010), S. 729 sowie in analoger Weise für den Ermittlungsturnus der Risikotragfähigkeit in o. V. (2011e), S. 32 f.

1012 Hierzu zählen die unterstellte Haltedauer, das Konfidenzniveau, die Zinsstrukturkurven, unterstellte Spreads und ausgewählte Annahmen von Produkten mit unbestimmter Zins- und Kapitalbindung. Vgl. DSGV (Hrsg.) (o. J.), S. 287.

1013 Vgl. BTR 2.1 Tz. 5 MaRisk. Nach Vorgaben des Baseler Ausschusses ist ebenfalls über die Validierungsergebnisse zu berichten. Siehe Kapitel 2.3.1.2. zum neunten Prinzip im Baseler Zinsänderungsrisikopapier.

1014 Vgl. BTR 2.1 Tz. 5 MaRisk, Rassat (2012), S. 61 sowie Kapitel 2.3.1.2. zum neunten Prinzip.

standardisier-ten Zinsschocks (Baseler Zinsschock[1015]) nach Basel II[1016] und Artikel 124 Abs. 5 der Bankenrichtlinie.[1017] Die Grundlage im deutschen Aufsichtsrecht für den standardisierten Zinsschock sind der § 25a Abs. 1 Satz 7 KWG in Verbindung mit der unverzüglichen Anzeigepflicht der Institute nach § 24 Abs. 1 Nr. 14 KWG. Ziel des standardisierten Zinsschocks ist es, trotz fehlender einheitlicher Methoden zur Messung und Unterlegung der Zinsänderungsrisiken im Anlagebuch die Institute zu identifizieren, die erhöhte Zinsänderungsrisiken eingegangen sind.[1018]

Die Berechnung des Baseler Zinsschocks haben die Institute auf Basis ihrer internen Verfahren und Methoden durchzuführen.[1019] Das Rundschreiben gibt als Änderung der Zinsstrukturkurve eine Parallelverschiebung um +200 BP für das erste Szenario sowie -200 BP für das zweite Szenario vor[1020] und gilt für alle Institute einheitlich.[1021] Sofern sich hierbei negative Zinssätze ergeben sind diese

---

1015 Vgl. o. V. (2012a), S. 55.

1016 Die Detailregelungen sind in Principles for the Management and Supervision of Interest Rate Risk im Prinzip 14 sowie den Anhängen 3 und 4 des Baseler Zinsänderungsrisikopapiers näher geregelt. Vgl. Basel Commitee on Banking Supervision (Hrsg.) (2006), Rn. 763 f. und Basel Committee on Banking Supervision (Hrsg.) (2004), S. 24 ff. In Rn. 762 des Rahmenwerks Basel II legt der Baseler Ausschuss darüber hinaus dar, dass soweit in der Bankenbranche ein homogenes Verfahren zur Messung von Zinsänderungsrisiken des Anlagebuches durch die nationale Bankenaufsicht festgestellt wird, dieses Verfahren im Rahmen der Säule I zur Unterlegung mit regulatorischem Kapital verwendet werden kann. Siehe auch Kapitel 2.3.1. sowie Basel Commitee on Banking Supervision (Hrsg.) (2006), Rn 762 und o. V. (2012a), S. 65.

1017 Vgl. Richtlinie 2006 / 48 / EG, S. 116 f., RS 11 / 2011 (BA) S. 1 sowie ergänzend die fünfte Richtlinie des CEBS-Papiers. Siehe hierzu Kapitel 2.3.2.2. und CEBS (Hrsg.) (2006b), S. 11 f.

1018 Vgl. Steinwachs (2012), S. 130.

1019 Ergänzend haben die Institute auch eigenverantwortlich den Berechnungsturnus festzulegen, wobei die quartalsweise Ermittlung der im RS 11 / 2011 (BA) festgelegte Mindestturnus ist. Außerdem ist eine erneute Berechnung des Zinsschocks bei wesentlichen Erhöhungen der Risikoposition auch außerhalb des regulären Turnus durchzuführen. Vgl. RS 11 / 2011 (BA), S. 6.

1020 Vgl. RS 11 / 2011 (BA), S. 3.

1021 Vgl. Rassat (2012), S. 66. Das Baseler Zinsänderungsrisikopapier sieht ferner auch die Möglichkeit des Rückgriffs auf das 1 % und 99 % Quantil der beobachteten Zinsänderungen je Währung bei einer Haltedauer von 240 Handelstagen vor, die so nicht im Rundschreiben enthalten ist. Vgl. Rassat (2012), S. 66 und Basel Committee on Banking Supervision (Hrsg.) (2004), S. 36. Im Gegensatz zum quantilsabhängigen

auf null anzuheben.[1022] Die Parallelverschiebung ist als sofortige, ad-hoc erfolgende Änderung der Zinsstrukturkurve zu modellieren, wobei bei der Ermittlung beispielsweise Auswirkungen von möglichen bilanzpolitischen Maßnahmen des Instituts oder Verhaltensänderungen Dritter nicht zu berücksichtigen sind. Der Zinsschock ist somit statisch und nicht dynamisch zu ermitteln.[1023]

Die Institute haben zur Berechnung der Barwertänderungen alle zinsrisikobehafteten Geschäfte des Anlagebuches, das heißt, bilanzielle sowie außerbilanzielle Positionen, einzubeziehen. Sofern es sich bei dem Institut um ein Nichthandelsbuchinstitut handelt, sind auch die zinssensitiven Positionen des Handelsbuchs zu berücksichtigen.[1024] Bei Produkten mit unbestimmter Zins- beziehungsweise Kapitalbindung sind zudem Modellierungen entsprechend der internen Zinsänderungsrisikomessung[1025] nach BTR 2.3 Tz. 7 MaRisk zugrunde zu legen.[1026] Dabei sind wesentliche Optionen zu berücksichtigen.[1027] Die Anwendung der internen Methoden setzt jedoch voraus, dass das Institut auch eine barwertige Risikomessung vornimmt. Soweit das Institut in seiner internen Risikomessung ausschließlich Verfahren der ergebnisorientierten Perspektive[1028] verwendet, gibt das Rundschreiben ein Ausweichverfahren auf Basis der modifizierten Duration[1029]

Ansatz, der im Rundschreiben 7 / 2007 (BA) aufgegriffen wurde, wird im überarbeiteten Rundschreiben im Hinblick auf ein international einheitliches Vorgehen die konstante Parameteränderung normiert. Vgl. o. V. (2012a), S. 59.

1022 Vgl. Rassat (2012), S. 70.

1023 Vgl. RS 11 / 2011 (BA), S. 3.

1024 Vgl. RS 11 / 2011 (BA), S. 2.

1025 Einheitliche aufsichtliche Vorgaben, anstatt der Anwendung der eigenen internen Methoden mit den jeweiligen Annahmen, werden der Risikomessung im Einzelfall aufgrund der bestehenden Unterschiede, wie beispielsweise in der Kundenstruktur, nicht gerecht. Vgl. o. V. (2012a), S. 57.

1026 Vgl. RS 11 / 2011 (BA), S. 2 und 4. In Sondervermögen (Fonds) enthaltene zinsreagible Positionen sind grundsätzlich in der Durchschau als Einzelposition abzubilden. In Ausnahmefällen kann der Anteil der zinsreagiblen Position allerdings auch geschätzt werden, wenn beispielsweise die genaue Zusammensetzung des Fonds unbekannt ist. Vgl. Steinwachs (2012), S. 130.

1027 Vgl. Antwort zur Frage Nr. 8 zu impliziten Optionen in BaFin (Hrsg.) (2012a), o. S. Offensichtlich falsch ist die hierzu gegensätzliche Aussage in Steinwachs (2012), Fn. 454. Lediglich im Fall von Positionen, deren Einbeziehung mit einem unverhältnismäßigen Aufwand verbunden wäre, können diese bei der Ermittlung vernachlässigt werden. Vgl. o. V. (2012a), S. 60.

1028 Siehe Kapitel 2.1.4.

1029 Siehe Kapitel 2.1.4.2.1.

vor.[1030] Für wesentliche Positionen[1031] in fremder Währung sind die Zinsstrukturkurvenänderungen analog um +200 BP sowie -200 BP zu modellieren und getrennt von den Euro-Positionen zu ermitteln. Die größte negative Barwertänderung der jeweiligen Währung ist zu den Barwertänderungen der Euro-Positionen hinzuzuaddieren, da eine positive Korrelation der Parallelverschiebungen der Zinskuven in verschiedenen Währungen nicht unterstellt werden kann.[1032]

Die aus den Szenarien zum Zinsschock ermittelten Barwertänderungen sind mindestens quartalsweise zu ermitteln, mit den regulatorischen Eigenmittel nach § 10 KWG ins Verhältnis zu setzen[1033] und an die Deutsche Bundesbank elektronisch zu melden.[1034] Sofern die Verluste aus der Barwertänderung in einem Szenario 20 % der regulatorischen Eigenmittel übersteigen, ist das Institut als Institut mit erhöhtem Zinsänderungsrisiko einzustufen.[1035] Institute mit erhöhten Zinsänderungsrisiken unterliegen einer besonderen Beobachtung durch die Aufsicht.[1036] Im Einzelfall kann nach Würdigung der insgesamt eingegangenen Risiken die BaFin erhöhte Eigenkapitalanforderung an das Institut stellen.[1037]

1030 Für das Ausweichverfahren sind neben dem konkreten Vorgehen auch die Laufzeitbänder und zugehörigen Werte für die modifizierte Duration fest vorgegeben. Vgl. RS 11 / 2011 (BA), S. 5 f. sowie als Beispiel in Anhang 4 in Basel Committee on Banking Supervision (Hrsg.) (2004), S. 38 ff. Eine weitergehende Behandlung des Ausweichverfahrens findet sich bei Rassat (2012), S. 74 ff.

1031 *Steinwachs* nennt als Anhaltspunkt für die Wesentlichkeit eine Höhe von fünf Prozent der Aktiva beziehungsweise Passiva des Anlagebuchs. Vgl. Steinwachs (2012), S. 130.

1032 Vgl. RS 11 / 2011 (BA), S. 4 f. und BaFin (Hrsg.) (2012a), o. S.

1033 Seit dem Rundschreiben 11 / 2011 (BA) ist das Ergebnis des Zinsschocks von den Instituten an die Deutsche Bundesbank regelmäßig vierteljährlich zu melden. Die Aufsicht möchte hierdurch die zeitnähere Information über die Risikosituation sicherstellen, als dies bisher auf Basis der jährlich erfolgten Berichterstattung durch den Jahresabschlussprüfer der Fall war. Vgl. RS 11 / 2011 (BA), S. 7 sowie zum Meldeverfahren BaFin (Hrsg.) (2012a), o. S. Antwort Nr. 7.

1034 Vgl. Rassat (2012), S. 76.

1035 Vgl. o. V. (2012a), S. 63.

1036 Bei einer außerhalb des vierteljährlichen Mindestturnus festgestellten erstmaligen Überschreitung hat das Institut zudem eine unverzügliche Meldepflicht gegenüber der BaFin und der Deutschen Bundesbank gemäß § 24 Abs. 1 Nr. 14 KWG. Vgl. auch RS 11 / 2011 (BA), S. 7 und BaFin (Hrsg.) (2012a), o. S. Antwort Nr. 7a.

1037 Vgl. RS 11 / 2011 (BA), S. 2. Die Rechtsgrundlage für die erhöhte Eigenkapitalanforderung ist der § 10 Abs. 1b Nr. 1, 1. Alternative KWG. Eine Beschreibung des aufsichtlichen Vorgehens bei der Verhängung einer erhöhten Eigenkapitalanforderung findet sich in RS 11 / 2011 (BA), S. 8 f. Erhöhte regulatorische Kapitalanforderungen

Der Vorteil des Baseler Zinsschocks liegt in der Vergleichbarkeit der Ergebnisse zwischen den verschiedenen Kreditinstituten aufgrund der einheitlichen Vorgaben zu dessen Berechnung. Ferner können die Institute zur Ermittlung regelmäßig auf bereits vorhandene Verfahren zur Berechnung des Zinsänderungsrisikos im Anlagebuch zurückgreifen.[1038]

Generell lässt sich zum Baseler Zinsschock auf die Kritik zum einfachen Szenarioansatz[1039] verweisen. Da den Szenarien konkrete Eintrittswahrscheinlichkeiten fehlen und zudem mit der Parallelverschiebung lediglich eine sehr einfache Zinsstrukturkurvenänderung unterstellt wird, hat der Zinsschock eher die Natur einer Warn- und Vergleichsgröße.[1040] Zudem führt *Steinwachs* als weitere Kritikpunkte unter anderem die methodische Inkonsistenz bezüglich der Relation aus den Barwertänderungen nach internen Maßstäben der Säule II und den regulatorischen Eigenmitteln der Säule I,[1041] das Vorhandensein von Ermessensspielräumen der internen Verfahren, insbesondere bei Produkten mit unbestimmter Zins- beziehungsweise Kapitalbindung, und die Vernachlässigung der Refinanzierungswirkung des Eigenkapitals[1042] an.[1043]

---

sind daher das Ergebnis einer Würdigung aller eingegangenen Risiken, da gegebenenfalls andere geringere Risiken das erhöhte Zinsänderungsrisiko im Anlagebuch ausgleichen können. Wenn die Risikotragfähigkeit durch die insgesamt eingegangenen Risiken gefährdet wird, sind erhöhte aufsichtliche Kapitalanforderungen in Erwägung zu ziehen. Vgl. o. V. (2012a), S. 64. Die BaFin hat neben dem Kritierium zu erhöhtem Zinsänderungsrisiko auch ein weiteres Prüfkritierium festgelegt, um gegebenenfalls erhöhte aufsichtliche Kapitalanforderungen zu prüfen. Das Kriterium wurde allerdings durch die BaFin nicht veröffentlicht, soll aber mindestens 95 % des Verhältnisses der regulatorischen Eigenkapitalanforderung nach SolvV zuzüglich des barwertigen Verlustes nach RS 11 / 2011 zu den gesamten verfügbaren Eigenmitteln betragen. Vgl. Grob / Krob / et al. (2012), S. 539.

1038 Vgl. o. V. (2012a), S. 62.

1039 Siehe Kapitel 2.1.4.2.2.

1040 Vgl. Steinwachs (2012), S. 132 und o. V. (2012a), S. 62. Nicht diskutiert wird allerdings, inwieweit die zur Risikomessung häufig verwendete Marktzinskurve gerade für kleine Institute ohne regelmäßige Nutzung des Kapitalmarktes eine adäquate Aussagekraft besitzt.

1041 So ist die Vorgehensweise inkonsistent, da den Barwertänderungen das aufsichtliche Kapital und damit eine im Wesentlichen aus dem bilanziellen Eigenkapital abgeleitete Größe gegenübergestellt wird. Vgl. o. V. (2012a), S. 62 f.

1042 Dieser Kritikpunkt ist allerdings vom aufsichtlichen Standpunkt nicht stichhaltig. Vgl. BTR 2.3 Tz. 7 MaRisk, den Erläuterungen zu BTR 2.3 Tz. 7 MaRisk und o. V. (2012a), S. 60 f.

1043 Vgl. Steinwachs (2012), S. 133 f.

3. Grundlagen der Prüfungslehre und berufsständische Vorgaben

3.1 Theorie zur Prüfungslehre

Die Einordnung der Prüfungslehre[1044] als Teildisziplin in die allgemeine oder spezielle Betriebswirtschaftslehre ist durchaus umstritten, da das Erkenntnisobjekt der Prüfungslehre in der Literatur unterschiedlich abgegrenzt wird.[1045] So befasst sich die Prüfungslehre zum einen mit dem Träger der Prüfung und deren Problemstellungen als separater Wirtschaftszweig (institutionelles Erkenntnisobjekt)[1046] sowie zum anderen mit dem Prüfungsprozess und dessen Ausgestaltung bei prüfungspflichtigen Unternehmen (funktionales Erkenntnisobjekt).[1047] Das funktionale Erkenntnisobjekt und damit die Zuordnung zur allgemeinen Betriebswirtschaftslehre[1048] bilden die Grundlage des im Folgenden zu entwickelnden Prüfungsansatzes.

Zum bisherigen Forschungsstand der Prüfungslehre im deutschsprachigem Raum[1049] kritisiert *Richter*[1050] unter anderem, dass sich die Forschung im

---

1044 Im Rahmen der Arbeit werden die Begriffe Prüfungslehre, Prüfungswesen sowie Revisions- und Treuhandwesen synonym verwendet. Zur Entwicklung des Prüfungswesens wird exemplarisch auf die Darstellungen bei Buchner (1997), S. 3 ff. und Lück (1991), S. 10 verwiesen.

1045 *Lück* bietet einen umfassenden Überblick über die wesentlichen deutschsprachigen Auffassungen. Vgl. Lück (1991), S. 18 ff.

1046 Vgl. Lück (1991), S. 18 ff. und Kapitel 3.1.2.2. Das institutionelle Erkenntnisobjekt spricht dabei eher für die Klassifizierung der Prüfungslehre als spezielle Betriebswirtschaftslehre.

1047 *Leffson* spricht in diesem Zusammenhang von betrieblichen Dispositionsfunktionen, die neben Planung und Realisation der Faktorkombination sowie Finanzierung auch die Überwachung umfasst. Vgl. Leffson (1995), S. 9 ff.

1048 Zur weitergehenden Einordnung in die Betriebswirtschaftslehre vgl. Wöhe / Döring (2010), S. 44 f. sowie umfangreicher diskutiert in der älteren Auflage Wöhe / Döring (2008), S. 18 ff.

1049 Für einen aktuellen Überblick zu den Arbeiten der Prüfungslehre vgl. Köhler (2012), S. 909 ff., Köhler (2013), S. 17 ff. und Lorson / Melcher / Pestel (2012), S. 431 ff. Die nationalen Forschungsbeiträge weisen einen Schwerpunkt hinsichtlich der Fragen zur Unabhängigkeit im weitesten Sinne auf, der so ausgeprägt international nicht besteht. Vgl. Lorson / Melcher / Pestel (2012), S. 432 f.

1050 Vgl. Richter (1997), S. 26.

Gegensatz zur Entwicklung in den USA bislang vor allem mit Randbereichen befasst hat. So fehlt insbesondere eine intensive Auseinandersetzung mit der Prüfungserfahrung im Hinblick auf die Kernprozesse der Informationsbeschaffung und der Urteilsbildung.[1051] Herauszuheben ist der Vorschlag, den Prüfungsprozess als wissenschaftlichen Untersuchungsprozess zu betrachten. Ferner werden die hierzu nicht zwingend konkurrierenden Betrachtungen als Problembehandlungs-, Interaktions- und Konfliktbehandlungsprozess vorgeschlagen.[1052] Insgesamt tritt *Richter* für eine verstärkte Zusammenarbeit zwischen Prüfungspraxis und der wissenschaftlichen Gemeinschaft ein, um zielgerichtet Lösungen für Prüfungsprobleme zu erarbeiten sowie die Ressourcen der Forschung und Lehre bestmöglich zu nutzen.[1053]

3.1.1 Zentrale Postulate der Prüfungslehre

Seit den sechziger Jahren des vorangegangenen Jahrhunderts fand eine weitergehende Auseinandersetzung mit den Grundlagen einer Theorie der Prüfung insbesondere im angloamerikanischen Raum statt.[1054] Im Ergebnis der ersten Erklärungsversuche standen acht Postulate,[1055] von denen anzunehmen ist, dass diese bei der Konstruktion einer Theorie zu berücksichtigen sind und die Basis der praktischen Umsetzung bilden.[1056]

1051 Einige weitere Kritikpunkte, die von *Richter* angeführt werden, sind die Vernachlässigung der Prüfungslehre als gleichwertiger Forschungsbereich vor allem gegenüber Rechnungswesen und Steuerlehre sowie Schwierigkeiten für die empirische Forschung, wie der erhebliche Zeitaufwand für die Erhebung und Auswertung, fehlende finanzielle Mittel und der erschwerte Zugang zu validen aussagekräftigen Daten. Vgl. Richter (1997), S. 26 ff.

1052 Vgl. Richter (1997), S. 32.

1053 Vgl. Richter (1997), S. 33.

1054 Hierzu herausragend ist die Arbeit von Mautz / Sharaf (1982), die als erste einen Versuch zur Entwicklung einer solchen Theorie bereits im Jahr 1961 unternahm. Vgl. Flint (1988), S. XII. Erste Versuche einer wissenschaftlichen Auseinandersetzung mit einer Prüfungstheorie gab es zwar bereits in Deutschland vor dem Zweiten Weltkrieg, die allerdings insgesamt in den folgenden Jahrzehnten kaum eine wissenschaftliche Auseinandersetzung befördert haben. Vgl. Richter (1997), S. 14.

1055 Vgl. Mautz / Sharaf (1982), S. 42. Diese wurden dann in späteren Arbeiten anders gruppiert, zusammengefasst oder ergänzt. Vgl. Schandl (1978), S. 22 ff. und S. 172 ff. sowie Flint (1988), S. 20 ff.

1056 Vgl. Flint (1988), S. XIV und S. 20. *Mautz / Sharaf* weisen zudem darauf hin, dass nicht nur die einzelnen Postulate, sondern auch die verschiedenen Interdependenzen

Das erste von *Mautz / Sharaf* vorgeschlagene Postulat lautet allgemein formuliert: Das Prüfungsobjekt ist prüfbar.[1057] Neben der notwendigen Zugänglichkeit des Prüfungsobjektes für den Prüfer spielt hier auch die Häufigkeit eines spezifischen Prüfungsobjektes eine entscheidende Rolle. Nur wenn vom Prüfer Merkmalsausprägungen als Vergleichskriterien aus vergleichbaren Situationen abgeleitet werden können, ist eine Beurteilung des Prüfungsobjektes möglich.[1058]

Das zweite Postulat bezieht sich auf die Abwesenheit von zumindest langfristigen Interessenkonflikten zwischen Prüfung und Unternehmen.[1059] Die Prüfung hat mit der Zielsetzung der Unternehmen allgemein übereinstimmende Ziele und trägt zur Zielerreichung der Unternehmen bei.[1060]

Nach dem dritten Postulat sind Nachweise grundlegend frei von betrügerischen beziehungsweise anderen ungewöhnlichen Unregelmäßigkeiten.[1061] Der im Folgenden behandelte risikoorientierte Prüfungsansatz[1062] stützt sich weitgehend auf die Prüfung von Prozessen anhand von Nachweisen. Enthalten diese Nachweise jedoch außergewöhnliche Fehler, die ein Prüfer in dieser Form nicht erwarten musste oder sind die Nachweise gar gefälscht, kann eine Prüfung, die sich auf diese Nachweise

---

zu beachten sind. Insofern ergeben sich bei der Ausgestaltung der Prüfungsorganisation weitere Anforderungen aus der Gesamtheit der Postulate. Vgl. Mautz / Sharaf (1982), S. 50.

1057 Vgl. mit Bezug zur Rechnungslegung bei Mautz / Sharaf (1982), S. 42 f. Dieses Postulat wird im Weiteren insbesondere bei den vergleichsorientierten Prüfungsansätzen sowie dem heuristischen Ansatz näher untersucht. Vgl. Kapitel 3.1.2.1. und 3.1.2.3.

1058 Vgl. Schandl (1978), S. 173 f., Kapitel 3.1.2.1. und 3.1.2.3. Ergänzend hierzu wird auf die Grundvoraussetzungen zu den der Prüfung zugrunde liegenden Normen hinsichtlich Einheitlichkeit und Konsistenz, Objektivität und Relevanz der Norm für die jeweilige Prüfung verwiesen. Vgl. Schandl (1978), S. 178 ff. Die Ableitung der Prüfungskriterien aus der Norm stellt das grundlegende Problem der Prüfung (Generierung des Soll-Objekts beziehungsweise der Prüfungshypothese) dar, sodass diese Grundvoraussetzungen im ersten Postulat bereits enthalten sind. Vgl. Kapitel 3.1.2.1.1. und 3.1.2.3. Das für diese Arbeit besondere Problem der institutsindividuellen Beurteilung der Risikosteuerungs- und -controllingprozesse wurde in Kapitel 2.3.3.3.1. herausgearbeitet.

1059 Vgl. Mautz / Sharaf (1982), S. 44. Bei den spiel- und verhaltenstheoretischen Ansätzen steht dieses Postulat im Mittelpunkt der Forschungsansätze. Vgl. Kapitel 3.1.2.2.

1060 Vgl. Mautz / Sharaf (1982), S. 44.

1061 Vgl. Mautz / Sharaf (1982), S. 46.

1062 Siehe Kapitel 3.1.2.1.3. Im Übrigen sieht *Wolz* noch ein Postulat der Prüfungsökonomie, dass eine vollständige Prüfung in der Jahresabschlussprüfung im Allgemeinen nicht zulässt. Vgl. Wolz (2003), S. 5.

gestützt hat, zu einem fehlerhaften Prüfungsurteil führen.[1063] Dem Abschlussprüfer wird bei der Würdigung der Nachweise aber eine kritische Grundhaltung abverlangt. Der Prüfer hat den Inhalt der Nachweise im Kontext mit anderen Nachweisen auf die Glaubwürdigkeit zu hinterfragen und zudem seine Prüfungsplanung auf ein Erkennen von unrichtigen Angaben im Jahresabschluss auch aus bewusst fehlerhaften Angaben des Instituts mit hinreichender Sicherheit auszurichten.[1064]

Auf dem vierten Postulat beruht insbesondere der risikoorientierte Prüfungsansatz, da nach dem Postulat ein funktionierendes internes Kontrollsystem die Wahrscheinlichkeit von Unregelmäßigkeiten, im Sinne des Auftretens von Fehlern, reduziert.[1065] Somit führt ein funktionierendes Kontrollsystem über das Kontrollrisiko zu einer Verringerung des Fehlerrisikos.[1066]

Die Anwendung allgemein akzeptierter Standards bei der Urteilsbildung führt nach dem fünften Postulat zur Einhaltung der Normen des Prüfungsobjektes.[1067] Im Rahmen der vom Berufsstand entwickelten Prüfungsansätze sowie der weiteren Vorgaben zur Prüfung ergibt sich eine allgemeine Akzeptanz sowohl bei der Gesamtheit der Prüfer als auch der geprüften Institute und Dritter, sodass die Prüfungsurteile anerkannt werden. Ferner wird unterstellt, dass die Prüfungsansätze

---

1063 Die Verantwortung für die Aufdeckung von Unrichtigkeiten und Verstößen liegt zunächst bei den gesetzlichen Vertretern des Instituts und nicht beim Prüfer. Vgl. IDW PS 210, Rn. 8 f. Der Prüfer hat allerdings seine Prüfung so auszurichten, dass er Verstöße und Unrichtigkeiten, die erheblichen Einfluss auf die Ordnungsmäßigkeit des Jahresabschlusses haben, mit hinreichender Sicherheit erkennt. Auch hat er insbesondere konkreten Hinweisen auf ungewöhnliche oder gar betrügerische Unregelmäßigkeiten nachzugehen und bei entsprechender Wesentlichkeit der Fehler in der Rechnungslegung und in der Darstellung der Finanz-, Vermögens- und Liquiditätslage darüber im Prüfungsbericht beziehungsweise im Bestätigungsvermerk zu berichten. Vgl. Schindler (2012), Rn. 167 ff. und IDW PS 210, Rn. 12 ff. Eine vollumfänglich auf die Aufdeckung von vorsätzlichen Gesetzesverstößen ausgerichtete Prüfung ist jedoch vom Vorgehen her anders zu strukturieren und zudem ausdrücklich nicht Gegenstand der Jahresabschlussprüfung. So ist die Prüfung von vorsätzlichen Vorstößen nach Anreiz, Gelegenheit und innerer Rechtfertigung der Mitarbeiter zu strukturieren. Vgl. Schindler (2012), Rn. 170 f. und Rn. 177 sowie zur Abgrenzung zu einer Unterschlagungsprüfung IDW PS 210, Rn. 15.

1064 Vgl. IDW PS 210, Rn. 14 ff.

1065 Vgl. Mautz / Sharaf (1982), S. 47.

1066 Siehe Kapitel 3.1.2.1.3.

1067 Spezifisch formuliert in Bezug auf die Rechnungslegung bei Mautz / Sharaf (1982), S. 47.

sowie weiteren Vorgaben der Prüfung zur Einhaltung der Vorgaben für das jeweilige Prüfungsobjekt führen.[1068]

Nach dem sechsten Postulat ist das in Zukunft wahr, was in der Vergangenheit wahr war, sofern keine gegenteiligen Anhaltspunkte vorliegen.[1069] Die Bildung von Prüfungsurteilen, die sich auf zukünftige Unternehmensentwicklungen oder auf die zukünftige Funktionsfähigkeit von Prozessen beziehen, kann lediglich auf Vergangenheitswerten als Vergleichsmaßstab erfolgen, da auch der Prüfer ex ante keine Kenntnis der Zukunft hat. Soweit keine Hinweise auf eine Änderung der in der Vergangenheit gültigen kausalen Zusammenhänge bestehen, hat der Prüfer sich bei seiner Urteilsbildung hierauf zu berufen.[1070]

Im siebten Postulat wird die notwendige Unabhängigkeit des Prüfers aufgegriffen. Die Urteilsbildung des Prüfers erfolgt unabhängig in seiner Rolle als Prüfer.[1071] Bei der Urteilsbildung wirkt das geprüfte Unternehmen nicht mit, um ein fehlerhaftes Urteil zu vermeiden. Ferner wird der Prüfer nicht in anderer Rolle für das geprüfte Unternehmen tätig.[1072] Nur so kann die Prüfung der allgemeinen Anforderung zur Gewinnung vertrauenswürdiger Urteile nachkommen.[1073] Die Unabhängigkeitsanforderung zum Beispiel zur Rolle eines Beraters war bereits Gegenstand von Untersuchungen, wobei insbesondere die wirtschaftliche Unabhängigkeit im Mittelpunkt stand.[1074] Ferner sind auch personelle Verflechtungen zwischen Prüfer und geprüftem Institut denkbar, die zu vermeiden sind.[1075]

Gemäß dem achten Postulat unterliegt die Prüfung Pflichten, die sich sowohl aus dem eigenen Berufsstand ebenso wie aus der Öffentlichkeit heraus entwickelt haben.[1076] Die Sicherung der Qualität des Prüfers erfolgt über berufsständische Vorschriften. Um eine allgemeine Akzeptanz der Prüfungsurteile zu erzielen, ist eine möglichst fehlerfreie Tätigkeit des Abschlussprüfers erforderlich. Dabei sind sowohl die methodischen Vorgaben als auch die Ausführung der Prüfungshandlungen Gegenstand der internen und externen Qualitätssicherung im Berufsstand.[1077]

1068 Vgl. Mautz / Sharaf (1982), S. 47 f.

1069 Vgl. Mautz / Sharaf (1982), S. 48.

1070 Vgl. Mautz / Sharaf (1982), S. 48 f.

1071 Vgl. Mautz / Sharaf (1982), S. 49.

1072 Vgl. Mautz / Sharaf (1982), S. 49 f.

1073 Vgl. Ewert (2002b), Sp. 2386.

1074 Vgl. Quick / Warming-Rasmussen (2007), S. 1012 ff.

1075 Vgl. so zum Beispiel §§ 319, 319a HGB.

1076 Vgl. Mautz / Sharaf (1982), S. 50.

1077 Vgl. zur umfangreichen Darstellung der Befassung des Berufsstandes mit der Qualitätssicherung in Naumann (2012a), Rn. 466 ff., § 57 WPO, IDW PS 140 und IDW PH 9.140.

Die Postulate bilden den Ausgangspunkt[1078] der theoretischen und empirischen Forschung zur Prüfungslehre, deren wesentliche Ansätze im Folgenden dargestellt werden.

3.1.2 Überblick der Prüfungsansätze

Bei der Beurteilung der Risikosteuerungs- und -controllingprozesse der Zinsänderungsrisiken im Anlagebuch ist die doppelte Proportionalität zu berücksichtigten, wonach die Anforderungen an das Risikomanagement der Institute ebenso wie die Beaufsichtigung durch die Bankenaufsicht an Art, Umfang, Komplexität und Risikogehalt der Geschäftstätigkeit auszurichten sind.[1079] Dies erfordert, da die Geschäftsaktivitäten als Gesamtheit der getätigten Geschäftsabschlüsse im Vergleich zweier Institute wohl niemals vollumfänglich identisch sein werden, jeweils auch die Berücksichtigung institutsindividueller Faktoren. Insofern muss der für die Prüfung der Risikosteuerungs- und -controllingprozesse abzuleitende Ansatz diesen Rahmenbedingungen grundlegend ausreichend Rechnung tragen.

In der Prüfungslehre wurden bisher verschiedene Ansätze von Theorien entwickelt, die jeweils für sich bestimmte Erklärungsansätze zum Prüfungsprozess liefern. Gleichwohl wurden die verschiedenen Ansätze bislang nicht zu einer Theorie der Prüfung weiterentwickelt und zusammengeführt, sondern stehen teilweise völlig losgelöst nebeneinander. Lediglich die Bezugsrahmenkonzepte als Vorstufe zu einer Theorie der Prüfung versuchen dieser Schwäche zu begegnen.[1080]

Im Hinblick auf die Zielsetzung der Arbeit zur Analyse der Prüfung eines komplexen Prüfungsprozesses sind zunächst die verschiedenen vorhandenen Ansätze auf ihre Anwendbarkeit zu analysieren. Als komplex sind im Sinne dieser Arbeit die Prüfungsprozesse anzusehen, zu deren Prüfung sich die Merkmalsausprägungen des Soll-Objektes nicht unmittelbar oder mittelbar aus den zugrunde liegenden Normen und der zugehörigen Kommentarmeinung ableiten lassen.[1081]

1078 Vgl. Mautz / Sharaf (1982), S. 37.
1079 Siehe Kapitel 2.3.3.3.1.
1080 Vgl. Richter (1999), S. 266.
1081 Siehe Kapitel 3.1.2.3.

3.1.2.1 Vergleichsbasierte Prüfungsansätze

3.1.2.1.1 Messtheoretischer Prüfungsansatz

Der messtheoretische Ansatz[1082] zur Erklärung von Urteilsprozessen ist ein Ergebnis der Forderung zur Entwicklung einer empirischen Theorie der Prüfung auf Basis des kritischen Rationalismus.[1083] Dieser Ansatz fasst die Prüfung als Vergleich zwischen einem Ist-Zustand, in Form der Merkmalsausprägung des Prüfungsgegenstandes (Ist-Objekt), sowie der erforderlichen Merkmalsausprägung eines Soll-Zustands (Soll-Objekt) auf, die sich aus der regulierenden Norm des Prüfungsgegenstandes ableitet.[1084] Sofern der Vergleich[1085] eine Abweichung zwischen den Objekten ergibt, hat der Prüfer diese im Hinblick auf die Fehlerhäufigkeit des Ist-Objektes zu beurteilen.[1086] Zur Erklärung des Beurteilungsprozesses interpretiert der Ansatz dabei den Vergleichsprozess als Messvorgang.[1087] Der Prüfungsprozess lässt sich, wie in der folgenden Abbildung dargestellt, in die Teilschritte Erfassung und Ableitung der Objekte, Vergleichsprozess und Urteilsbildung gliedern.

1082 Wesentliche Vertreter dieses Ansatzes sind *Loitlsberger*, *Wysocki* sowie *Leffson*. Vgl. Egner (1970), S. 774, Loitlsberger (1966), S. 68 ff., Wysocki (1988), S. 121 ff. sowie Leffson (1969), S. 394 ff. Eine umfassende Kritik findet sich bei Fischer-Winkelmann (1972), S. 321 ff. und S. 932 ff.

1083 Vgl. Wysocki (1988), S. 8.

1084 Vgl. Wysocki (1988), S. 8. Die Abbildbarkeit der Merkmalsausprägungen des Ist-Objektes auf einer Skala sowie die Vergleichbarkeit mit einem Soll-Objekt ist die Voraussetzung auf Basis des ersten Postulates. Siehe Kapitel 3.1.1.

1085 *Wysocki* unterteilt hierzu noch in einfache und komplexe Prüfungen, wobei einfache Prüfungen sich lediglich auf einen einzigen Vergleichsprozess beziehen, während komplexe Prüfungen eine Vielzahl an einzelnen Soll-Ist-Vergleichen umfassen. Diese benötigen zudem die Bildung eines Gesamturteils. Vgl. Wysocki (1988), S. 119 f. Allerdings weist *Fischer-Winkelmann* darauf hin, dass auch die für einfache Prüfungen angeführten Beispiele als komplex zu klassifizieren sind. Vgl. Fischer-Winkelmann (1972), S. 937 ff.

1086 Vgl. Wysocki (1988), S. 8.

1087 Vgl. Wysocki (1988), S. 8.

Abbildung 15: Teilschritte des messtheoretischen Ansatzes

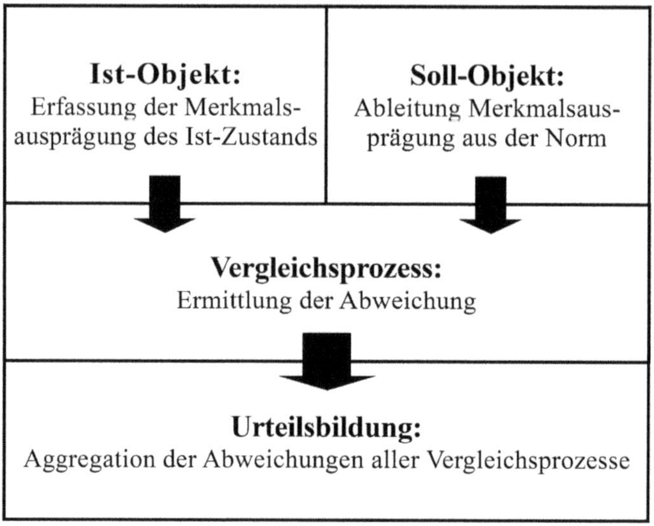

Quelle: In Anlehnung an Wysocki (1988), S. 122.

Die Bildung eines Urteils[1088] ergibt sich aus der festgestellten Abweichung als Ergebnis des Vergleichs zwischen den Merkmalsausprägungen des Soll- und Ist-Objektes. Zwingende Voraussetzung für den Vergleich ist, dass die Merkmalausprägungen der Objekte in der gleichen Skala gemessen werden.[1089] Die ermittelte Abweichung lässt sich generell auf einer Nominalskala, Ordinalskala,

1088 Im Hinblick auf die Urteilsbildung wird von *Wysocki* zwischen direktem und indirektem Prüfungsverfahren differenziert. Bei dem indirekten Verfahren wird im Gegensatz zum direkten Verfahren die Merkmalsausprägung der Objekte über den Umweg eines Ersatzgegenstands ermittelt, von dem auf das eigentlich zu prüfende Merkmal Rückschlüsse gezogen werden. Vgl. Wysocki (1988), S. 161. Als mittelbarer Schluss finden hierauf die allgemeinen Regeln der Logik Anwendung, die sich aus Majorprämisse (allgemeine Gesetzmäßigkeit), Minorprämisse (Feststellungen, Erhebungen des Prüfers), Relation der Prämissen sowie die Konklusion (Urteil) zusammensetzen. Vgl. Wysocki (1988), S. 161 f. und Egner (1980), S. 31 f.

1089 Vgl. Wysocki (2002), Sp. 1887. Daneben hat das Soll-Objekt zudem für die Gestaltung des Ist-Objektes einen verbindlichen Charakter zu haben, sodass eine Abweichung als Verstoß gegen die jeweilige Norm anzusehen ist. Vgl. Wysocki (1988), S. 123.

Intervallskala oder Kardinalskala abbilden,[1090] wobei die jeweilige Skala unterschiedliche Aussagen zur Abweichung und somit zur Beurteilung zulässt.

- Bei der Abbildung des Merkmals auf einer Nominalskala ist lediglich ein Diversifikationsurteil, im Sinne von Identität oder Diversität der Ausprägungen, möglich.[1091] Dies trifft für eine Vielzahl der Vorgänge des betriebswirtschaftlichen Prüfungswesens,[1092] insbesondere für die Prüfung von Rechtsnormen, zu, da hier lediglich die Übereinstimmung (Identität) oder die Ungleichheit (Diversität) der Ausprägungen festgestellt werden kann.[1093]
- Bei der Ordinalskala handelt es sich um einen Sonderfall der Nominalskala, wobei eine Anordnung der Merkmalsausprägungen in einer Rangfolge möglich ist, aber keine Rückschlüsse hinsichtlich der Höhe der Abweichung gezogen werden können.[1094] Die Vergleichsergebnisse ordinalskalierter Merkmalsausprägungen weisen somit die Informationen zu Gleichheit beziehungsweise Ungleichheit sowie im Fall der Ungleichheit auch eine Richtung[1095] der Abweichung auf.[1096]
- Eine Abweichung aus Ausprägungen, die auf Basis einer Intervallskala gemessen wird, kann als Differenz ausgedrückt werden. Eine darüber hinaus gehende Bildung von Relationen der Abweichungen zur Merkmalsausprägung kann jedoch bei einer Intervallskala nicht sinnvoll gebildet werden.[1097] Allerdings sind die festgestellten Abweichungen jeweils zueinander in Relation zu setzen.[1098]
- Bei einer kardinalskalierten Merkmalsausprägung mit absolutem Nullpunkt ist dies ferner möglich, sodass zur Urteilsbildung bei Abweichungen neben Richtung und Abstand auch die Relation zur Merkmalsausprägung gebildet werden kann.[1099]

1090 Vgl. Wysocki (2002), Sp. 1887 ff. Hieraus abgeleitet sind die wichtigsten Ordnungskriterien Diversität, Rang (Richtung) und Abstand. Vgl. Wysocki (1988), S. 129.

1091 Vgl. Wysocki (1988), S. 129.

1092 Vgl. Wysocki (1988), S. 130.

1093 Dies entspricht einem Urteil von richtig beziehungsweise rechtlich zulässig oder falsch beziehungsweise rechtlich unzulässig. Vgl. Wysocki (1988), S. 130 f.

1094 Vgl. Wysocki (1988), S. 132.

1095 Dies kann zum Beispiel im Sinne eines „besser“ oder „schlechter“ verstanden werden, ohne dass zwischen verschiedenen Ausprägungen jedoch eine Differenz ermittelt werden könnte. Vgl. Wysocki (2002), Sp. 1890.

1096 Vgl. Wysocki (2002), Sp. 1888 f.

1097 Vgl. Wysocki (2002), Sp. 1888 f.

1098 Vgl. Wysocki (1988), S. 134 f.

1099 Vgl. Wysocki (1988), S. 135 f.

Sofern aus mehreren einzelnen Vergleichen[1100] ein Gesamturteil gebildet wird, ist dies unmittelbar nur für kardinalskalierte Abweichungen der Merkmalsausprägungen mittels Gewichtungsfunktion möglich. Beim Vorliegen nicht kardinalskalierter Abweichungsergebnisse sind kardinalskalierte Ersatzmerkmale mit weitergehenden Annahmen für eine Gewichtungsfunktion notwendig, um ein Gesamturteil abzuleiten.[1101]

Der messtheoretische Ansatz bildet die Grundlage für die regelungstheoretischen und risikoorientierten Prüfungsansätze.

3.1.2.1.2 Regelungstheoretischer Prüfungsansatz

Baetge / Thiele erweitern die Schritte des messtheoretischen Ansatzes[1102] um die Entscheidung des Prüfers, ob er die festgestellte Abweichung toleriert oder zur Korrektur an das geprüfte Institut zurückweist.[1103] Insofern umfasst der Ansatz auch entscheidungstheoretische Elemente des Prüfers, im Einzelnen um Entscheidungen unter Sicherheit,[1104] Unsicherheit[1105] und Ungewissheit[1106] sowie

---

1100 Die Notwendigkeit der Bildung eines Gesamturteils kann sich sowohl aus mehreren Merkmalen eines Prüfungsgegenstandes als auch übergeordnet aus den Vergleichen mehrerer Prüfungsgegenstände ergeben. Vgl. Lück (1991), S. 165.

1101 Vgl. Wysocki (1988), S. 154. Dies gilt generell nur für unverbundene untereinander unabhängige Einzelurteile. Bei verbundenen Einzelurteilen, so genannten Prüfungsketten, genügt jeweils nur eine festgestellte Abweichung, um zu einem negativen Gesamturteil zu kommen. Vgl. Wysocki (1988), S. 155 ff. Prüfungsketten können dabei progressiv oder retrograd geprüft werden. Vgl. Knoth (2002), Sp. 1722 ff. und Wysocki (1988), S. 155 ff. Dies gilt insbesondere, wenn die festgestellten Abweichungen zudem untereinander auf unterschiedlichen Skalen abgebildet sind. Vgl. Lück (1991), S. 165.

1102 Vgl. Kapitel 3.1.2.1.1.

1103 Vgl. Baetge / Thiele (2002), Sp. 1902.

1104 Bei Sicherheit einer Entscheidung stehen alle Zielgrößen von vornherein fest, wobei sich die Entscheidung als Ergebnis eines beispielsweise kostenrechnerischen Entscheidungsmodells ergibt. *Bamberg / Coenenberg* weisen außerdem darauf hin, dass es sich hierbei regelmäßig um stark vereinfachte Abbildungen der Wirklichkeit handelt. Vgl. hierzu Bamberg / Coenenberg (2006), S. 43.

1105 Hierfür wird synonym auch der Begriff Entscheidung unter Risiko verwendet. Für die möglichen Zustände nach der Entscheidung sind bei Unsicherheit die objektiven oder subjektiven Eintrittswahrscheinlichkeiten bekannt. Ein praktisches Beispiel hierfür sind Glücksspiele. Vgl. Bamberg / Coenenberg (2006), S. 76 f.

1106 In Abgrenzung zu den vorgenannten Situationen ist bei Ungewissheit in der Entscheidungssituation die Wahrscheinlichkeit für den Eintritt der Zustände nach Entscheidung unbekannt oder nicht kalkulierbar. Entscheidungen unter Ungewissheit

Prozessplanungs- und -optimierungsansätze.[1107] Somit ist die Prüfung im regelungstheoretischen Sinn kein Messvorgang in einem statischen System, sondern Bestandteil eines dynamischen Systems mit Wechselwirkungen.

Die Prüfung hat nach *Sieben / Bretzke* darüber hinaus die Funktion, eine bestimmte Gruppe von Personen über von ihnen nicht kontrollierte Merkmale eines Prüfungsobjektes zu unterrichten und somit in die Lage zu versetzen, gegebenenfalls notwendige Korrekturentscheidungen zu veranlassen.[1108] Insoweit sind Prüfungen[1109] in ein umfassenderes dynamisches System von Informationsflüssen beziehungsweise Entscheidungen und Kontrollen eingebettet.[1110] Im Hinblick auf die Einbindung einer externen Prüfungsinstanz können die Informationsflüsse sowie die Entscheidung wie in der folgenden Abbildung dargestellt werden.

Abbildung 16: Informationsflüsse des regelungstheoretischen Ansatzes

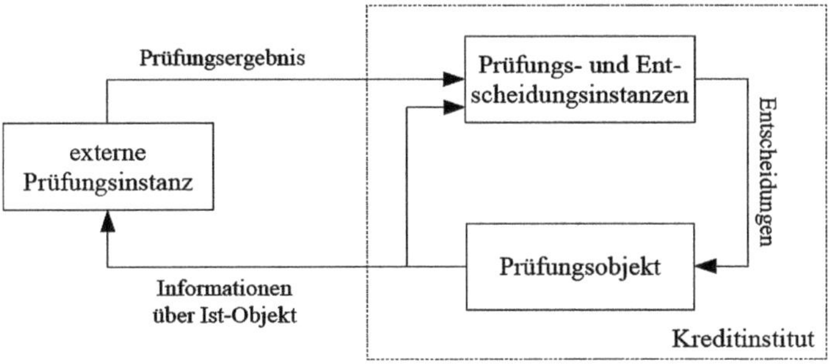

Quelle: In Anlehnung an Sieben / Bretzke (1973), S. 629.

stellen sich im Alltag laufend. Sofern sich allerdings durch einen verbesserten Informationsstand nicht eine Entscheidung unter Unsicherheit ableiten lässt, sind Entscheidungen unter Ungewissheit auf ein Optimierungsproblem unter Sicherheit zurückzuführen. Vgl. Bamberg / Coenenberg (2006), S. 129 f.

1107 So ist darauf hinzuweisen, dass die Prüfungsergebnisse dem Risiko eines Irrtums, das heißt die irrtümliche Annahme oder Ablehnung des Prüfungsobjektes als Prüfungsrisiko, unterliegen und insofern die Entscheidung einer Zurückweisung oder Akzeptieren des Prüfungsobjektes von vornherein nicht immer unter Sicherheit geschieht. Vgl. Wolz (2003), S. 50 f.

1108 Vgl. Sieben / Bretzke (1973), S. 625. Der fehlende Einfluss des Prüfers ist eine Parallele zur Unabhängigkeit im siebten Postulat. Siehe Kapitel 3.1.1.

1109 Im Rahmen seiner Untersuchung des Begriffspaares Prüfung und Kontrolle kommt *Bretzke* unter anderem zu dem Resultat, dass auch die Ergebnisse eines Soll-Ist-Vergleichs einer Jahresabschlussprüfung in die betrieblichen Abläufe eingebunden sind. Vgl. Bretzke (1972), S. 262 f.

1110 Vgl. Sieben / Bretzke (1973), S. 625.

Der Wirtschaftsprüfer als externe Prüfungsinstanz steht dem Prüfungsobjekt objektiv gegenüber, das heißt, dass er keinen Einfluss auf das Prüfungsobjekt ausübt.[1111] Die Gestaltung des geprüften Objektes liegt allein bei der Entscheidungsinstanz, die durch die ergänzende Information des externen Prüfers in Form des Prüfungsergebnis bei der Entscheidungsfindung entlastet wird.[1112] Allerdings sind die Ziele des Prüfers, wie Beurteilung der Ordnungsmäßigkeit nach bestimmten Normen, nicht zwingend identisch mit der Entscheidungsinstanz, wie beispielsweise die Berücksichtigung von Wirtschaftlichkeitsaspekten,[1113] sodass die Beachtung der Prüfungsergebnisse an Sanktionen zu binden ist.[1114]

Der regelungstheoretische Ansatz im weiteren Sinne als Untersuchung dynamischer Systeme im Hinblick auf die Gestaltung des Prüfungsprozesses bietet ferner mit der Analyse von Kopplungsbeziehungen im Arbeitsablauf der Institute die Möglichkeit der Gewinnung von Erkenntnissen zur Zuverlässigkeit des internen Kontrollsystems.[1115] Wird der Ansatz zudem um die Betrachtung des Prüfungsrisikos erweitert, gelangt man zu einer regelungstheoretischen Sicht des im Folgenden behandelten risikoorientierten Prüfungsansatzes.[1116]

3.1.2.1.3 Risikoorientierter Prüfungsansatz

Die Erbringung von Prüfungsleistungen erfordert seitens der Prüfer wirtschaftliches Handeln, da diese für den Prüfer mit Kosten verbunden ist und somit ein knappes Gut darstellt.[1117] Bei Prüfungen ist daher neben den berufsständischen Vorgaben auch

---

1111 *Bretzke / Sieben* stellen in ihrer Arbeit jeweils verschiedene Grundtypen von Prüfungssystemen vor, wobei das Prüfungssystem noch die jeweiligen Ziele sowie die Störgröße, die auf das Prüfungsobjekt einwirkt, umfasst. Vgl. Sieben / Bretzke (1973), S. 626 ff.

1112 Vgl. Sieben / Bretzke (1973), S. 628.

1113 Siehe Kapitel 4.1.2. zur Prüfung der Wirtschaftlichkeit im Rahmen der Risikosteuerungs- und -controllingprozesse zum Zinsänderungsrisiko im Anlagebuch.

1114 Vgl. Sieben / Bretzke (1973), S. 629.

1115 Vgl. Baetge / Thiele (2002), Sp. 1903 ff. Ein Beispiel für eine Analyse von Kopplungseffekten bei der Produktion findet sich in Baetge / Steenken (1972), S. 22 ff. Darüber hinaus können vor dem Bilanzstichtag aufgedeckte Schwachstellen im internen Kontrollsystem durch den Prüfer zu einer Verbesserung des internen Kontrollsystems zum Bilanzstichtag führen. Vgl. Gans (1986), S. 420 f.

1116 Vgl. Baetge / Thiele (2002), Sp. 1906.

1117 Insbesondere verweist *Stegemeyer* auf ein möglichst günstiges Kosten- und Leistungsverhältnis ohne allerdings näher auf die Messung der Wirtschaftlichkeit einzugehen. Vgl. Stegemeyer (2002), S. 103 f.

grundlegend das erwerbswirtschaftliche Prinzip zu beachten.[1118] Der risikoorientierte Prüfungsansatz[1119] berücksichtigt, dass nicht jeder zu prüfende Sachverhalt dieselbe Fehlerhäufigkeit aufweist und ermöglicht es dem Prüfer die Prüfungshandlungen auszuwählen, die mit möglichst wirtschaftlichem Einsatz zu einem Urteil mit hinreichender Sicherheit[1120] führen. Auch sieht der risikoorientierte Ansatz im Gegensatz zu einer vollständigen Prüfung grundlegend eine Prüfungsaussage mit hinreichender Sicherheit vor, sodass eine gewisse Irrtumswahrscheinlichkeit bei der Abgabe des Prüfungsurteils akzeptiert wird.[1121] Allerdings unterstellt der risikoorientierte Prüfungsansatz, wie auch die vorhergehend behandelten Ansätze, dass die vom Prüfer durchgeführten Prüfungshandlungen vollständig korrekt ausgeführt werden.[1122]

Der risikoorientierte Prüfungsansatz findet sich vor allem im Hinblick auf die Prüfung der Rechnungslegung zentral im IDW PS 261 als berufsständische Vorgabe wieder.[1123] Der Ansatz erweitert den messtheoretischen Ansatz um die Berücksichtigung

1118 Auf das Wirtschaftlichkeitsprinzip wird sogar explizit in den berufsständischen Vorgaben hingewiesen. Vgl. IDW PS 200, Rn. 9.

1119 Der risikoorientierte Prüfungsansatz ist im Rahmen der Prüfungspraxis in den USA entwickelt worden und hat das Ziel, das Prüfungsurteil des Abschlussprüfers zu objektivieren. Vgl. Wolz (2003), S. 51. Über die Wirtschaftlichkeit des Prüfungsprozesses hinaus waren auch haftungsrechtliche Fragen des Prüfers ein Grund zur Entwicklung des Ansatzes. Vgl. Wolz (2003), S. 52 f. Hinsichtlich eines Überblicks zu den empirischen Studien zum risikoorientierten Prüfungsansatz vgl. Quick (1999), S. 195 ff. sowie zu einer Darstellung der wesentlichen Risikomodelle des risikoorientierten Prüfungsansatzes und der Ermittlung der Risikokomponenten im Einzelnen vgl. Quick (1996), S. 65 ff.

1120 Vgl. IDW PS 200, Rn. 9. Dies ist insbesondere in Abgrenzung zu einer Vollprüfung eines Prüfungsfeldes zu sehen, die bei sachgerechter Planung und Durchführung der Prüfungshandlungen keine unentdeckten Fehler zulassen würde. Vgl. Ködel (1997), S. 123.

1121 Vgl. IDW PS 200, Rn. 25. Das risikoorientierte Vorgehen in der Jahresabschlussprüfung schließt insbesondere eine zwingende Aufdeckung von unwesentlichen Fehlern nicht mit ein, da dies nicht die Zielsetzung der Prüfung ist. Vgl. IDW PS 200, Rn. 24.

1122 Der möglichst fehlerfreien Ausführung der Prüfungshandlungen trägt der Berufsstand durch verschiedene Maßnahmen zur Qualitätsicherung bei der Durchführung von Prüfungsaufträgen, wie beispielsweise Berichtskritik und Nachschau, Rechnung. Außerdem ist die Qualitätssicherung seit dem 1. Januar 2005 im Abschlussprüferaufsichtsgesetz verankert. Vgl. Naumann (2012a), Rn. 466 ff. und Rebhan (2012), S. 144 f.

1123 Vgl. IDW PS 261, Rn. 11. Der risikoorientierte Prüfungsansatz ist bei der Prüfung der Vorgaben der MaRisk zwingend zu berücksichtigten. Vgl. Denter (2012), S. 560 ff. und siehe Kapitel 4.1.2.

des Fehlerrisikos und des Entdeckungsrisikos. Das Fehlerrisiko ist die Gefahr, dass ein zu prüfender Sachverhalt als Merkmalsausprägung des Ist-Objektes vor der Prüfung des Jahresabschlussprüfers fehlerhaft ist. Das Fehlerrisiko[1124] ergibt sich dabei als bedingte Wahrscheinlichkeit aus dem inhärenten Risiko und dem Kontrollrisiko.[1125] Das inhärente Risiko ist als Risiko zu verstehen, dass das Prüfungsfeld aufgrund seiner Art, dem Umfang beziehungsweise der Komplexität von vornherein und ohne Berücksichtigung von Kontrollen eine erhöhte Fehleranzahl aufweist.[1126] Das Kontrollrisiko ist hingegen die Gefahr, dass die in den Prozessen implementierten Kontrollen des Kreditinstituts ihre Funktion nicht erfüllen und die Fehler somit nicht verhindert oder aufdeckt werden.[1127] Das Entdeckungsrisiko[1128] ist das Risiko, dass durch das Unterlassen einer Prüfungshandlung ein Fehler des Ist-Objektes nicht aufgedeckt wird. Die Abschätzung des Entdeckungsrisikos erfolgt dabei auf Basis der Informationen aus den vom Prüfer durchgeführten Prüfungshandlungen.[1129]

Das Prüfungsrisiko als Risiko, dass unter der Annahme des risikoorientierten Prüfungsansatzes ein fehlerhaftes Prüfungsurteil abgegeben wird, lässt sich auf eine multiplikative Verknüpfung der zugrunde liegenden Risiken zurückführen.[1130] Das Risiko

---

1124 Nicht in jedem Fall lassen sich das inhärente Risiko und das Kontrollrisiko voneinander unabhängig ermitteln beziehungsweise sind vollumfänglich unabhängig voneinander, sodass auch eine unmittelbare kombinierte Schätzung des Fehlerrisikos möglich ist. Vgl. Marten / Quick / Ruhnke (2011), S. 212. Zur weiteren Darstellung der Ableitung des Fehlerrisikos im Rahmen der Planung siehe Kapitel 3.2.2.3.1.

1125 Vgl. IDW PS 261, Rn. 6.

1126 Der Berufsstand spricht in diesem Zusammenhang von gewollten oder ungewollten Fehlaussagen ohne Berücksichtigung des internen Kontrollsystems. Vgl. Schindler (2012), Rn. 76.

1127 Vgl. Schindler (2012), Rn. 77. Als weitere Abgrenzung wird das inhärente Risiko durch die Umwelt ausgelöst, die auf das Unternehmen einwirkt oder zumindest auf Faktoren, die nicht im Einfluss des Unternehmens stehen. Das Kontrollrisiko ist die Gefahr des Versagens der Maßnahmen, insbesondere des internen Kontrollsystems, die unmittelbar das inhärente Risiko reduzieren sollen. Gleichwohl ist an dieser Stelle hinzuweisen, dass in der Realität vielfältige Überschneidungen zwischen Umwelt und unternehmensinternen Maßnahmen bestehen, sodass eine vollumfängliche Trennung zwischen inhärentem Risiko und Kontrollrisiko nicht möglich ist. Vgl. Marten / Quick / Ruhnke (2011), S. 272.

1128 Technisch ist das Risiko eigentlich als Nicht-Entdeckungsrisiko zu bezeichnen, da die Gefahr nicht in der Entdeckung, sondern in der Nicht-Entdeckung von Fehlern liegt.

1129 Vgl. Wolz (2003), S. 21.

1130 Vgl. Wolz (2003), S. 21.

definiert sich als Gefahr der Annahme eines fehlerfreien Prüfungsfeldes durch den Prüfer, obwohl dieses Prüfungsfeld tatsächlich wesentliche Fehler enthält.[1131]

Abbildung 17: Zerlegung des Prüfungsrisikos

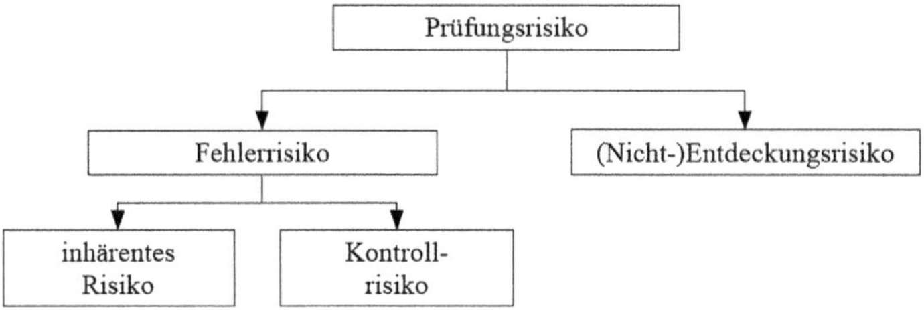

Quelle: In Anlehnung an Haug / Zorn (2011), S. 158 und IDW PS 261, Rn. 6.

Das Grundmodell zur Ermittlung des Prüfungsrisikos[1132] lässt sich unter der Annahme der Unabhängigkeit der einzelnen Risiken[1133] wie folgt ermitteln:[1134]

1131 Vgl. Quick (1999), S. 184, Schindler (2012), Rn. 75 und siehe Kapitel 3.2.3.

1132 Zu dieser Grundform wurden verschiedene abgewandelte Modelle entwickelt, mit denen auf verschiedene Ausprägungen des Prüfungsrisikos näher eingegangen wird. So geht *Ködel* beispielsweise auf eine weitergehende Unterteilung des Entdeckungsrisikos in ein Risiko der Stichprobenprüfung und ein Risiko von Plausibilitätsbeurteilungen, das heißt auf eine nähere Differenzierung der Prüfungshandlungen, ein. Vgl. Ködel (1997), S. 123 f. Ergänzend hierzu sind noch die Posteriori-Risikomodelle zu erwähnen. Diese setzen in Abgrenzung zu dem vorgestellten a priori Risikomodell die Wahrscheinlichkeit einer irrtümlichen Annahme in Beziehung zur Wahrscheinlichkeit der Annahme (Posteriori-Risikomodell). Vgl. Marten / Quick / Ruhnke (2011), S. 215. Eine weitergehende umfassende Darstellung dieser Modelle findet sich bei Quick (1996), S. 148 ff.

1133 Bereits der IDW PS 261 weist auf einen möglichen engen Zusammenhang zwischen inhärentem Risiko und Kontrollrisiko hin, soweit als dass ein Management auf Bereiche mit hohen inhärenten Risiken mittels Implementierung von Kontrollen reagiert, um das Fehlerrisiko zu senken. Insofern ist das Fehlerrisiko in diesem Fall nur als direkte Schätzung zu ermitteln, da die Unabhängigkeitsannahme zwischen inhärentem Risiko und Kontrollrisiko verletzt ist. Vgl. IDW PS 261, Rn. 7.

1134 Vgl. zu Formel 9 Ködel (1997), S. 121 sowie Schindler (2012), Rn. 87. Die einzelnen Risikokomponenten sind vom Prüfer vor allem auf Basis seiner Erfahrung und Erkenntnisse aus der Prüfungsplanung abzuschätzen, wobei der Prüfer unter Beachtung der Wesentlichkeit die Höhe des akzeptablen Prüfungsrisikos als Betrag je Prüfungsfeld sowie insgesamt festzulegen hat. Zur Umsetzung des Modells siehe Kapitel 3.2.2.3.1. zur Abschätzung im Rahmen der sachlichen Planung sowie Kapitel 3.2.3. zur Berücksichtigung bei der Prüfungsdurchführung.

$$AR = ER \cdot DR \tag{9}$$

$$\text{mit } ER = IR \cdot CR$$

mit: AR = Prüfungsrisiko, ER = Fehlerrisiko, DR = Entdeckungsrisiko,
IR = inhärentes Risiko, CR = Kontrollrisiko

Der Prüfer kann weder das inhärente Risiko noch das Kontrollrisiko aktiv beeinflussen,[1135] da diese durch das zu prüfende Unternehmen gesetzt werden und vom Prüfer sowohl im Voraus als auch im Verlauf der Prüfung einzuschätzen sind.[1136] Insgesamt wird allerdings nie ein internes Kontrollsystem vollumfängliche Sicherheit gewähren, noch sind inhärente Risiken vollständig auszuschließen, sodass das Fehlerrisiko in der Praxis nicht verschwindet.[1137] Das Entdeckungsrisiko im Grundmodell ist die zu kontrollierende Variable, da auf diese der Prüfer mittels seiner Prüfungshandlungen Einfluss ausübt und somit die Höhe des Prüfungsrisikos steuert.[1138] Die Erhebung der Informationen zur Einschätzung des inhärenten Risikos und des Kontrollrisikos erfolgt im Rahmen einer systemorientierten Prüfung, bei der der Prüfer das interne Kontrollsystem aufnimmt[1139] und dessen Kontrollen im Hinblick auf deren Wirksamkeit[1140] testet. Diese Prüfungshandlungen werden regelmäßig durch weitergehende ergebnisorientierte Prüfungshandlungen ergänzt.[1141]

Der Zusammenhang zwischen Prüfungsrisiko und Prüfungshandlungen ergibt sich schematisch für die Rechnungslegung, wie in der folgenden Abbildung beispielhaft dargestellt.

1135 Siehe Kapitel 3.1.2.1.2. und 3.1.1. zur Unabhängigkeit des Prüfers.

1136 Vgl. Marten / Quick / Ruhnke (2011), S. 209 f. sowie zur Feststellung und Beurteilung des Fehlerrisikos als Ganzes IDW PS 261 Rn. 13 ff.

1137 Vgl. Marten / Quick / Ruhnke (2011), S. 209 f. sowie so auch Quick (1999), S. 186.

1138 Vgl. Marten / Quick / Ruhnke (2011), S. 209 f.

1139 Vgl. IDW PS 261 Rn. 40 ff. zur Aufbau- und Ablaufprüfung sowie siehe Kapitel 3.2.2.3.1.

1140 Vgl. IDW PS 261 Rn. 40 ff. zur Funktionsprüfung und ISA 330 Rn. 6 ff. zur Prüfung der Zuverlässigkeit.

1141 Zu den einzelnen Prüfungshandlungen siehe Kapitel 3.2.2.3.1.

Abbildung 18: Zusammenhang zwischen Prüfungshandlungen und Prüfungsrisiko

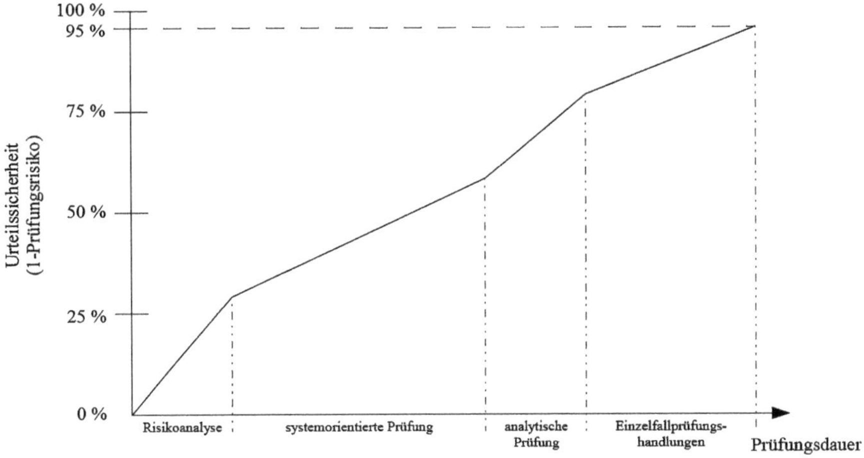

Quelle: In Anlehnung an Schindler (2012), Rn. 104 und geordnet nach der Abfolge im Prüfungsprozess. Siehe Kapitel 3.2.2.3.1.

Allgemein besteht eine Verbindung zwischen Art und Umfang der Prüfungshandlungen, das heißt auch der jeweiligen aufgewendeten Prüfungszeit, und der Prüfungssicherheit beziehungsweise dem verbleibenden Prüfungsrisiko. Dabei sieht *Wolz* mit der Ausweitung der Prüfungshandlungen einen abnehmenden Grenznutzen.[1142] Der Prüfer wird die Ausweitung seiner Prüfungshandlungen einstellen, wenn dieser ein hinreichend sicheres Prüfungsurteil, das heißt ein hinreichend niedriges Niveau des Prüfungsrisikos, erzielt hat.[1143]

Auch im risikoorientierten Prüfungsansatz unterliegt die Beurteilung der erzielten Prüfungssicherheit beziehungsweise des verbleibenden Prüfungsrisikos dem subjektiven Einflusses des Prüfers. Zwar ist mit einer Wesentlichkeitsgrenze[1144] als betragsmäßige Festlegung eines wesentlichen Fehlers die Bestimmung einzelner Prüfungshandlungen, wie beispielsweise von Stichprobenumfängen, möglich. Gleichwohl ist aber insbesondere die aus der systemorientierten Prüfung

1142 Vgl. Wolz (2003), S. 6.
1143 Vgl. IDW PS 261, Rn. 5. Zum konkreten Vorgehen zur Reduktion des Prüfungsrisikos siehe Kapitel 3.2.2.3.1.
1144 Siehe Kapitel 3.2.3.

gewonnene Sicherheit sowie die Aggregation zu einer Gesamtprüfungssicherheit vielfach dennoch subjektiv beeinflusst.[1145]

3.1.2.1.4 Kritik an den vergleichsbasierten Prüfungsansätzen

Der messtheoretische Ansatz setzt sich grundlegend nicht mit der Subjektivität in der Urteilsbildung, das heißt der Abhängigkeit von der Person des Prüfers, auseinander.[1146] Generell darf nach Auffassung von *Fischer-Winkelmann* eine umfängliche Theorie der Prüfung allerdings nicht das Verhalten der Berufsangehörigen ausklammern.[1147] Vor dem Hintergrund dieser Schwächen kann ein vergleichsorientierter Ansatz keine alleinige Grundlage einer Theorie der Prüfung bilden, findet aber aufgrund der Erkenntnisse zur Urteilsbildung unverändert auch in der neueren Literatur Beachtung.[1148]

Bei der Prüfung von komplexen Systemen, die sich durch eine große Zahl an Elementen als auch Beziehungen auszeichnen, ist die Ableitung eines komplexen Soll-Objektes als Grundlage des Vergleichs kaum möglich und erfordert darüber hinaus eine hohe Anzahl an Vergleichshandlungen.[1149] Zudem besitzen die Institute eine Vielzahl an Freiheitsgraden bei der Ausgestaltung ihrer Risikosteuerungs- und -controllingprozesse,[1150] sodass der Prüfer ein allumfassendes Wissen über die Gesamtheit der möglichen Ausprägungen zulässiger Soll-Objekte haben müsste.[1151]

Weitergehende Schwächen des risikoorientierten Ansatzes[1152] werden von *Marten / Quick / Ruhnke* diskutiert, wobei hier insbesondere die mangelnde

---

1145 Vgl. Wolz (2003), S. 9.

1146 Vgl. Fischer-Winkelmann (1972), S. 424.

1147 Vgl. Fischer-Winkelmann (1972), S. 425. Dies wird auch von Vertretern des messtheoretischen Ansatzes eingeräumt. Vgl. Wysocki (2002), Sp. 1897 f.

1148 So beispielsweise vgl. Marten / Quick / Ruhnke (2011), S. 49 ff.

1149 Vgl. Marten / Quick / Ruhnke (2011), S. 281.

1150 Im Hinblick auf die Fragestellung der Arbeit sei hierzu insbesondere auf den Grundsatz der Methodenfreiheit und der doppelten Proportionalität hingewiesen. Siehe Kapitel 2.3.1.1. und 2.3.3.3.

1151 Vgl. Marten / Quick / Ruhnke (2011), S. 281 und Gans (1986), S. 382 f. *Gans* spricht hier sogar von der Fiktion einer Bildung eines Soll-Objektes, da dieses Objekt durch explizite Wahlrechte, Grenzbereiche bei der Auslegung und Normenkonflikte nicht eindeutig zu ermitteln ist. Vgl. Gans (1986), S. 382 f.

1152 Eine in wesentlichen Punkten ähnliche und sehr umfangreiche Kritik findet sich in Quick (1996), S. 87 ff.

Objektivität hervorzuheben ist.[1153] In den Risikomodellen des risikoorientierten Prüfungsansatzes sind die meisten Komponenten durch den Prüfer zu schätzen, sodass sich die subjektiv ermittelten Wahrscheinlichkeiten von Prüfer zu Prüfer unterscheiden können. Insofern stellt sich die Frage, ob ein Rechnen mit solchen subjektiv beeinflussten Größen überhaupt sinnvoll ist.[1154] Ferner haben *Marten / Quick / Ruhnke* unter Berufung auf verschiedene empirischen Studien ausgeführt, dass die im Risikomodell des risikoorientierten Prüfungsansatzes unterstellte multiplikative Verknüpfung das tatsächliche Verhalten der Prüfer in der Prüfungsplanung nur unzureichend wiedergibt, da regelmäßig „zwischen dem festgestellten Fehlerrisiko und Prüfungsplanung allenfalls ein schwacher Zusammenhang existiert."[1155]

3.1.2.2 Spiel- und verhaltenstheoretische Prüfungsansätze

Der Untersuchungsgegenstand der spiel- und verhaltenstheoretischen Ansätze sind die Interdependenzen aus dem Verhalten der beteiligten Akteure,[1156] die aus den Wirkungsmechanismen der jeweils optimal erscheinenden Handlungen resultieren.[1157] Im Hinblick auf den Gegenstand der Arbeit betreffen diese Ansätze somit die Aktivitäten beziehungsweise Reaktionen von in dem Prüfungsprozess involvierten Personen, also insbesondere das Verhalten zwischen Management des zu prüfenden Unternehmens, des Wirtschaftsprüfers sowie der Berichtsadressaten.[1158]

Erste Ansätze zur Spieltheorie in der Wirtschaftsprüfung finden sich bereits bei *Loitlsberger*[1159] in den sechziger Jahren, wobei der Ansatz allerdings zunächst im englischsprachigen Raum maßgeblich weiterentwickelt wurde.[1160] Die spielheoretischen Ansätze lassen sich hierbei generell in kontrakttheoretische Ansätze auf

---

1153 Vgl. Marten / Quick / Ruhnke (2011), S. 213. Des Weiteren werden die Abhängigkeit von inhärentem Risiko und Kontrollrisiko, die aufgrund von Stichproben unvollständige Erfassung der Realität im Risikomodell, die mangelnde Stetigkeit der Modelle in der dichotomen Unterscheidung wesentlicher und unwesentlicher Fehler und die Frage der Gewichtung der Risiken im Risikomodell thematisiert.

1154 Vgl. Marten / Quick / Ruhnke (2011), S. 213.

1155 Marten / Quick / Ruhnke (2011), S. 215.

1156 Vgl. Ewert / Stefani (2001b), S. 175 f.

1157 Vgl. Ewert (2002a), Sp. 1908 ff.

1158 Vgl. Ewert (2002a), Sp. 1908 f.

1159 Vgl. insbesondere für eine weitergehende Darstellung eines Lösungsansatzes zu den jeweiligen Handlungsalternativen Loitlsberger (1966), S. 97 ff.

1160 Vgl. Ewert / Stefani (2001b), S. 177 f.

Basis der Prinzipal-Agent-Theorie,[1161] interdependenzorientierte Ansätze sowie haftungsorientierte Ansätze unterscheiden.[1162]

Die spieltheoretischen Ansätze sind komparativ-statische Betrachtungen der strukturellen Mechanismen einzelner Handlungsparameter, die auf die Entscheidungen von streng rational handelnden Akteuren im Sinne von Nutzen-maximierern wirken.[1163] Die gefundenen Erklärungsmodelle können als Grundlage und Argumentationsbasis für die konzeptionelle Gestaltung von Systemen beispielsweise durch den Gesetzgeber dienen,[1164] wobei mit der Zahl der Interdependenzen auch die Komplexität der Gleichgewichtsbedingung verknüpft ist.[1165] Nichtsdestoweniger weisen *Ewert / Stefani* darauf hin, dass die Diskussion zur Regulierung der Wirtschaftsprüfung auf einer Vielzahl an Modellen beruht, die derzeit lediglich bestimmte Teilaspekte eines komplexeren Beziehungsgeflechtes betrachten.[1166]

3.1.2.2.1 Ökonomischer Prüfungsansatz auf Basis der Prinzipal-Agent-Theorie

Ewert schlägt in Ergänzung der bereits dargestellten nichtspieltheoretischen Ansätze einen ökonomischen Ansatz der Prüfungstheorie vor.[1167]

1161 Im Folgenden wird dieser Ansatz auch als ökonomischer Prüfungsansatz in Anlehnung an Ewert (1990), S. 7 f. bezeichnet.

1162 Vgl. Ewert (2002a), Sp. 1910 ff. sowie Ewert (2007a), S. 1118. Ergänzend sind an dieser Stelle noch die Quasi-Renten-Ansätze und Disclosure-Ansätze zu nennen. Bei den Quasi-Renten-Ansätzen wird überwiegend der ökonomische Vorteil von Folgeprüfungen gegenüber Erstprüfungen sowie das daraus abzuleitende Verhalten untersucht. Dies spielt insbesondere bei Fragestellungen zur Unabhängigkeit und Vereinbarung angemessener Honorare eine besondere Rolle und wird daher im Hinblick auf diese Arbeit nicht weitergehend behandelt. Vgl. Ewert (2002a), Sp. 1910 f. und Lubitzsch (2008), S. 74 ff. Losgelöst davon, stellt die notwendige Unabhängigkeit eine zentrale Voraussetzung für die Prüfung an sich dar. Vgl. Kapitel 3.1.1. Im Hinblick auf eine Analyse der Ansätze sowie einen Überblick zu den vorliegenden empirischen Untersuchungen zu diesem Ansatz vgl. Lubitzsch (2008), S. 76 ff. Die Disclosure-Ansätze stellen den Publizitätsaspekt der Unternehmensberichterstattung in den Mittelpunkt der Untersuchung. Die Prüfung stellt in diesem Zusammenhang lediglich eine unterstützende Hintergrundfunktion dar. Vgl. Ewert (2002a), Sp. 1911 und Ewert (2007a), S. 1118.

1163 Vgl. Ewert (2002a), Sp. 1910 sowie zu streng rationalen Nutzenmaximierern Ewert (2007b), S. 1120.

1164 Vgl. Ewert (2002a), Sp. 1910.

1165 Vgl. Ewert (2002a), Sp. 1913 ff.

1166 Vgl. Ewert / Stefani (2001b), S. 212 f.

1167 Vgl. Ewert (1990), S. 7 f.

Der ökonomische Ansatz basiert auf der Prinzipal-Agent-Theorie und sollte einen Beitrag zur Behebung des Theoriedefizites leisten.[1168] Ein grundsätzlicher Unterschied zu den vorgenannten, nicht auf der Spieltheorie basierenden Ansätzen ist, dass die Prinzipal-Agent-Theorie als neoinstitutionalistischer Ansatz[1169] Eigenschaften der Prüfung und der Person des Prüfers unter Berücksichtigung des Verhaltens der Akteure aus der „Perspektive des Marktes"[1170] zu erklären versucht.

Die Prinzipal-Agent-Theorie[1171] allgemein erklärt die effiziente Gestaltung von Verträgen zwischen einem Prinzipal und einem Agenten sowie die hiermit verbundenen Kosten.[1172] Der Prinzipal beauftragt einen Agenten eine oder mehrere Aufgaben für den Prinzipal auszuführen, wofür der Agent[1173] entlohnt wird.[1174] Die

---

1168 Vgl. Ewert (1990), S. 7 f.

1169 Die Ansätze der Neuen Institutionenökonomik, im Einzelnen die Property-Rights-Theorie, der Transaktionskostenansatz und die Prinzipal-Agent-Theorie, untersuchen Austauschbeziehungen zwischen zwei oder mehr Parteien. Dabei wird die neoklassische Wirtschaftstheorie mit ihren idealtypischen Annahmen zur Wirtschaftswelt, wie beispielsweise die Abwesenheit von Transaktionskosten sowie die stets effiziente Koordinationsfunktion der Märkte, weiterentwickelt. Vgl. Stegemeyer (2002), S. 70 f., Perridon / Steiner (2003), S. 527 ff. sowie Wöhe / Döring (2010), S. 22 f.

1170 Vgl. Gans (1986), S. 259.

1171 Im Rahmen der Prinzipal-Agent-Theorie wird in der Literatur näher zwischen einer normativen und positiven Prinzipal-Agent-Theorie unterschieden. Die normative Prinzipal-Agent-Theorie versucht in einem analytischen Modell das Verhalten der Parteien und die Rahmenbedingungen zur Vertragsgestaltung abzuleiten. Vgl. Jost (2001), S. 12. Die positive Prinzipal-Agent-Theorie wird hiervon durch ihre stärkere empirische Ausrichtung abgegrenzt. Das heißt, es wird von der in der Realität beobachteten Verhaltensweise auf den theoretischen Zusammenhang geschlossen. Vgl. Jost (2001), Endnote 2. Zur aus Sicht der Betriebswirtschaftslehre, insbesondere der Investitionsrechnung, bedeutenden finanziellen Prinzipal-Agent-Theorie, die sich durch eine Tendenz zur positiven Prinzipal-Agent-Theorie auszeichnet, vgl. Ewert (1990), S. 23 ff., Perridon / Steiner (2003), S. 529 ff., Hartmann-Wendels (2001), S. 117 ff. sowie Wolz (2003), S. 4 f.

1172 Vgl. Demougin / Jost (2001), S. 45.

1173 Dem Agenten wird grundlegend unterstellt, eigene Interessen und Ziele im Sinne einer individuellen Nutzenmaximierung zu verfolgen, die das eigene Handel bestimmen und somit von den Interessen und Zielen des Prinzipals abweichen können. Aufgrund der hieraus resultierenden Interessengegensätze gibt es zwischen Prinzipal und Agent kein Vertrauen, das einen formalen Vertrag grundsätzlich unnötig machen würde. Vgl. Jost (2001), S. 14 f. sowie Perridon / Steiner (2003), S. 528 f.

1174 Vgl. Jost (2001), S. 13.

Beauftragung erfolgt im Rahmen eines Vertrages.[1175] Es wird dabei grundlegend davon ausgegangen, dass dem Prinzipal nicht alle zur Gestaltung und Überwachung des Vertrages notwendigen Informationen bekannt sind,[1176] sodass zwischen Agent und Prinzipal eine Informationsasymmetrie vorliegt.[1177] Generell lässt sich diese Informationsasymmetrie auf drei[1178] zentrale Ursachen zurückführen.[1179]

Der Prinzipal kann als eine der grundlegenden Annahmen der Prinzipal-Agent-Theorie das Verhalten des Agenten, das heißt die Leistungserbringung im Rahmen der vertraglichen Beziehungen, nicht unmittelbar beobachten.[1180] Darüber hinaus sind die Kosten zur Kontrolle prohibitiv hoch, sodass der Prinzipal weder direkt noch indirekt auf das Verhalten schließen kann.[1181] Diese Ursache dieses Problems ist endogen, da sich diese aus der Handlung des Agenten ergibt, die der Prinzipal nicht beobachten kann. Aufgrund der Überlagerung endogener und exogener Effekte, die ebenfalls den Erfolg auslösen könnten, kann der Prinzipal den Erfolg des Agenten nicht sachgerecht beurteilen.[1182]

1175 Unter einem Vertrag wird ein Übereinkommen zwischen den Vertragsparteien verstanden, in dem die jeweiligen zu leistenden Beiträge sowie die Beteiligung am Erfolg geregelt werden. Dies schließt insbesondere das Entlohnungssystem für den Agenten sowie die Kontrollmaßnahmen des Prinzipals ein. Ein Vertrag im Sinne der Prinzipal-Agent-Theorie umfasst sämtliche Möglichkeiten des Prinzipals, die Entscheidungen des Agenten zu definieren, zu überwachen und zu beeinflussen. Vgl. Jost (2001), S. 13.

1176 Vor allem wird ein Informationsvorsprung des Agenten aufgrund seines Wissens und seiner Nähe zum Auftragsobjekt angenommen. Vgl. Stegemeyer (2002), S. 73 f.

1177 Vgl. Demougin / Jost (2001), S. 45. Ein zentraler Untersuchungsgegenstand der Prinzipal-Agent-Theorie ist die Ausgestaltung der vertraglichen Elemente, wobei diese insbesondere für einen Dritten verifizierbar, das heißt messbar, sein müssen. Vgl. Jost (2001), S. 13 und siehe Kapitel 3.2.1.

1178 In der Literatur wird als vierte Ursache noch Hidden Intention als verdecktes schadhaftes Verhalten des Agenten genannt. Die Bedeutung ist aufgrund der Möglichkeiten zur Sanktionierung aus Handelsgesetzbuch, WPO und Berufsatzung der Wirtschaftsprüfer eher als theoretischer Fall zu sehen. Vgl. Heyd / Beyer (2011), S. 31 f. sowie Haug / Zorn (2011), S. 160 f.

1179 Vgl. Demougin / Jost (2001), S. 45.

1180 Vgl. Jost (2001), S. 25 f.

1181 *Jost* bezeichnet dies auch als Hidden Action beziehungsweise verborgene Handlung. Vgl. Jost (2001), S. 25 f.

1182 Vgl. Jost (2001), S. 26.

Ferner liegen dem Agenten im Hinblick auf die Erfüllung der ihm übertragenen Aufgaben private Informationen[1183] über seine Eigenschaften beziehungsweise Qualifikation vor, die dem Prinzipal grundsätzlich nicht zugänglich sind.[1184] Diese Form der Informationsasymmetrie besteht bereits ex ante bei Vertragsabschluss.[1185]

Die dritte Ursache resultiert aus der größeren Nähe des Agenten zu der durchgeführten Aufgabe.[1186] Dadurch erhält der Agent zusätzliche Informationen zu exogenen Faktoren, die den Erfolg beeinflussen, auf die er seine Handlungen genauer abstimmen kann.[1187] Dem Prinzipal ist es in Unkenntnis der exogenen, nicht auf der Leistung des Agenten beruhenden Faktoren nicht möglich, zwischen dem Erfolg des Agenten und dem Einfluss der exogenen Faktoren zu unterscheiden.[1188] Dieses Informationsdefizit entsteht aufgrund exogener Einflüsse nach Vertragsabschluss, wobei bei Vertragsabschluss die Informationen hierzu symmetrisch verteilt sind.[1189]

Eine im Rahmen des ökonomischen Ansatzes untersuchte Fragestellung bezieht sich auf die grundsätzliche Notwendigkeit und Begründung der Prüfung.

1183 Generell besteht die Gefahr der adversen Selektion, das heißt, dass dem Prinzipal aufgrund der Offenlegung der Anforderungen im Vertrag unvorteilhafte Eigenschaften durch den Agenten verschwiegen werden. Möglichkeiten diese Gefahr zu reduzieren, bestehen zum einem im Screening, als Vorlage verschiedener Verträge zur Auswahl durch den Agenten, als auch zum anderen durch Initiative des Agenten zum Signalling der vorhandenen Eigenschaften. Vgl. Jost (2001), S. 28 f. Zu den Ansätzen des Signalling und Screening wird auf Perridon / Steiner (2003), S. 530 f., Gruber (1989), S. 205 ff., zur Dividendenpolitik als Mittel des Signalling auf Hartmann-Wendels (1989), S. 229 ff. sowie im Bereich der Wirtschaftsprüfung zum Signalling und Screening im Besonderen auf Stegemeyer (2002), S. 247 ff. verwiesen.

1184 Vgl. Jost (2001), S. 27. Dies umfasst sowohl die erforderlichen fachspezifischen Kenntnisse aus der Aus- und Fortbildung sowie der beruflichen Erfahrung als auch Eigenschaften der Persönlichkeit des Agenten wie Kreativität, Durchsetzungsvermögen und Selbstsicherheit. Vgl. Stegemeyer (2002), S. 80.

1185 *Jost* bezeichnet dies auch als Hidden Characteristics. Vgl. Jost (2001), S. 27 ff.

1186 Vgl. Jost (2001), S. 30.

1187 Dieses Defizit wird von *Jost* auch als Hidden Information zusammengefasst. Vgl. Jost (2001), S. 30.

1188 Vgl. Jost (2001), S. 31, wobei es hier aus der Informationsüberlagerung einen Zusammenhang zur Hidden Action gibt. Hierzu wohl nicht identisch weist *Stegemeyer* auf eine Unsicherheit aus dem Verhalten des Agenten hin, die sich in generellen, berufsunspezifischen Eigenschaften, wie die erbrachte Anstrengung und die Sorgfalt, zeigt und unmittelbar die Qualität der erbrachten Leistung beeinflusst. Vgl. Stegemeyer (2002), S. 85.

1189 Vgl. Jost (2001), S. 30.

Dabei wird die Prüfung als Kontrolle[1190] der getroffenen Aussagen des Managements eines Unternehmens (Agent) für die Kapitaleigner[1191] als Prinzipal aufgefasst, die den Prinzipal über den Wahrheitsgehalt der Aussagen beziehungsweise Berichterstattung des Agenten informiert.[1192] Die im Rahmen der Prüfung erbrachte Prüfungsleistung ist allerdings nicht kostenlos[1193] zu erlangen, sondern ist, wie andere Wirtschaftsgüter, knapp und unterliegt somit erwerbswirtschaftlichen Prinzipien.[1194] Insofern ergibt sich hieraus ein Optimierungsproblem[1195] zum Einsatz der Prüfung[1196] seitens des Prinzipals zur Überprüfung des Agenten.

Im erweiterten Ansatz der Prinzipal-Agent-Theorie wird neben der angesprochenen Prinzipal-Agent-Beziehung zwischen Management und Kapitaleignern ein weiteres Vertragsverhältnis zwischen dem Prüfer als Agenten und dem Unternehmen[1197] als Prinzipal berücksichtigt.[1198] Hierbei wird auch der Prüfer als

---

1190 Dies ist im Sinne einer Verifikation der Aussagen des Managements zu verstehen, vgl. Stegemeyer (2002), S. 97 ff.

1191 Dies umfasst sowohl Eigenkapitalgeber als auch Fremdkapitalgeber mit ihren jeweiligen Zielsetzungen. Vgl. Ewert (1990), S. 29.

1192 Vgl. Ballwieser (1989), S. 333.

1193 *Storz* nennt hier insbesondere Personalkosten, sowohl für die Arbeitszeit des Prüfer als auch des geprüften Unternehmens, sowie Raumkosten als wesentliche Treiber. Vgl. Storz (2011), S. 137.

1194 Vgl. Stegemeyer (2002), S. 103 f.

1195 Vgl. Ewert / Stefani (2001a), S. 160 ff. Hinzuweisen ist ebenso, dass das Prüfungsurteil mit hinreichender Sicherheit erlangt werden soll. Daher gilt, bei gegebenem Prüfungsumfang und gegebenen personellen und zeitlichen Restriktionen das Prüfungsurteil zu minimalen Kosten zu erlangen. Vgl. Storz (2011), S. 137 f. und siehe Kapitel 3.2.2.3.1.

1196 Hierzu ist näher zwischen einer Ordnungsmäßigkeitsprüfung als Prüfung eines Ergebnisses, zum Beispiel des Jahresabschlusses, und einer laufenden Überwachung im Sinne einer Geschäftsführungsprüfung beziehungsweise einer laufenden Tätigkeit einer Internen Revision zu unterscheiden. Dies ist im Rahmen des ökonomischen Ansatzes insofern von überragender Bedeutung, als dass die zu untersuchende vertragliche Ausgestaltung aufgrund der verschiedenen Prüfungsobjekte unterschiedlich sein dürfte. Vgl. Ewert / Stefani (2001a), S. 159 und siehe Kapitel 3.2.1.

1197 Hier sind verschiedene Parteien als Prinzipal, wie Management, Aufsichtsorgane, Kapitalgeber, Arbeitnehmer, Öffentlichkeit, denkbar, wobei dies jeweils von der untersuchten Fragestellung abhängig ist. Vgl. Stegemeyer (2002), S. 104.

1198 Vgl. Ballwieser (1989), S. 337 f. und Ewert (1990), S. 140. Dies wird auch als Drei-Personen-Auditing-Modell in Ewert / Stefani (2001a), S. 166 ff. bezeichnet. Zu den Akteuren im Prüfungsprozess siehe Kapitel 3.2.

rational handelnde Person mit Entscheidungsalternativen,[1199] die sich jeweils auf die Qualität[1200] der Prüfung auswirken, betrachtet.[1201] Der Prinzipal offeriert somit jeweils einen Vertrag an das Management sowie einen Vertrag an den Prüfer.[1202]

Als Vorstufe zu einer Theorie der Prüfung lässt sich die normative Prinzipal-Agent-Theorie im Sinne eines Bezugrahmens[1203] auffassen.[1204] Während

---

1199 Als Entscheidungsalternativen wird unterstellt, dass der Prüfer trotz berufsständischer Vorgaben Freiräume zur Ausgestaltung der Prüfung hat, die Einfluss auf das Verhältnis zwischen angefallenden Kosten des Prüfers, wie zum Beispiel Personalkosten, und der Entlohnung aus dem Vertrag hat. So handelt es sich regelmäßig um einen Werkvertrag, den Prinzipal und Agent (Prüfer) schließen, wobei das Prüfungsurteil als geschuldetes Werk eine alleinige Ermessensentscheidung des Prüfers ist. Vgl. Stegemeyer (2002), S. 30 und siehe Kapitel 3.2.1. und 3.2.2.3.

1200 *Stegemeyer* weist hierzu auf den beachtlichen Verhaltensfreiraum hin, der dem Prüfer bei der Auswahl und dem Umfang der Prüfungshandlungen gegeben ist und wiederum unmittelbar Einfluss auf die Aussagekraft des Prüfungsurteils hat. So ist eine Überprüfung der Tätigkeit des Abschlussprüfers aufgrund der berufsständischen Vorgaben als auch durch mögliche Koalitionen zwischen Management und Prüfer als jeweilige Agenten der Kapitalgeber nur eingeschränkt möglich. So verlangt der § 43 Abs. 1 WPO eine unabhängige, gewissenhafte, verschwiegene und eigenverantwortliche Berufsausübung. Der Wirtschaftsprüfer ist somit bei Auswahl und Umfang der Prüfungshandlungen nicht weisungsgebunden und nicht rechenschaftspflichtig. Vgl. Stegemeyer (2002), S. 105. Eine Koalition begründet *Stegemeyer* unter anderem neben opportunistischen Verhaltensweisen mit dem besonderen Vertrauensverhältnis zwischen Management und Prüfer, sodass eine Aufdeckung von Missständen durch den Prüfer gegenüber dem Prinzipal in diesen Fällen nicht erfolgt. Vgl. Stegemeyer (2002), S. 111 f. Eine Kooperation zwischen Management und Prüfer und eine Aufteilung von Zahlungen unter den Agenten, die dem Kapitalgeber eigentlich zustünden, wird auch von *Ewert* unter bestimmten Annahmen aufgezeigt. Vgl. Ewert (1990), S. 141 ff.

1201 Vgl. Ewert / Stefani (2001a), S. 166.

1202 Vgl. Ballwieser (1989), S. 337.

1203 Der Bezugsrahmen ermöglicht im Vorfeld einer Theoriebildung die Einordnung wissenschaftlicher Aussagen über die Realität. Das Ziel des Bezugsrahmens ist komplexitätsreduzierend die relevanten Kategorien eines Problems zu identifizieren und in Beziehung zueinander zu setzen. Dabei ist ebenfalls ein heuristisches Potential im Sinne der Formulierung neuer, weitergehender Forschungsfragen und Interpretationsmuster bei der Anwendung von Bezugsrahmen vorhanden. Vgl. Ruhnke (2003), S. 252.

1204 Vgl. Ewert / Stefani (2001a), S. 156 ff. im Hinblick auf die Vorschläge zur Anwendung der normativen Prinzipal-Agent-Theorie als Lösung einzelner Problemstellungen des Prüfungswesens.

nach wie vor für den Prüfungsprozess keine umfängliche Theorie[1205] vorliegt, sind einzelne Fragestellungen, insbesondere zur vertraglichen Gestaltung und Anreizsetzung, mittels Prinzipal-Agent-Theorie anzugehen. Die so gefundenen Lösungen der normativen Prinzipal-Agent-Theorie, basierend allerdings auf einer geringeren Anzahl an Variablen, sind oftmals nicht hinreichend robust gegenüber Änderungen der ihnen zugrunde liegenden Annahmen.[1206] Der Bezugsrahmen setzt die wesentlichen Elemente der Prüfung zudem vereinfachend in Beziehung zueinander, sodass die Komplexität der Wirklichkeit im Modell auf einzelne, wenige erklärende Variablen reduziert wird.[1207]

3.1.2.2.2 Interdependenzorientierte Ansätze

Während der vorgenannte kontrakttheoretische oder auch ökonomische Ansatz auf Basis der Prinzipal-Agent-Theorie versucht, eine endogene Bestimmung des optimal gestalteten Vertrages zu erzielen und so die Informationsasymmetrie zu minimieren, gehen die interdependenzorientierten Ansätze von exogenen, typischen Interessenlagen aus und versuchen hieraus ein Erklärungsmodell[1208] abzuleiten.[1209] Das Erkenntnisobjekt der interdependenzorientierten Ansätze sind die jeweiligen Handlungsmöglichkeiten der beteiligten Akteure, insbesondere des

1205 *Stefani* weist darauf hin, dass zur Erklärung aller relevanten Wirkungszusammenhänge zwischen den beteiligten Personen ein umfassendes Totalmodell der Prüfung notwendig wäre, welches allerdings in absehbarer Zeit aufgrund der Komplexität nicht verfügbar sein dürfte. Die Ableitung des Prüfungsurteils als Teil der Prüfungsplanung und -durchführung wird hierbei allerdings nicht einbezogen. Dieses wird der eher traditionellen Perspektive der Prüfungslehre zugeordnet. Vgl. Stefani (2002), S. 221 f. Bei dieser Abgrenzung der Modellbildung wird nicht berücksichtigt, dass mittels der Prüfungsplanung und -durchführung über das Nachvollziehen der Urteilsbildung die Arbeit der Prüfer transparent und überprüfbar wird, soweit dieses die berufsständischen Vorgaben ermöglichen beziehungsweise sogar fordern. Dieses kann der Informationsasymmetrie oder zumindest dem angesprochenen möglichen Qualitätsproblem der Prüfung entgegenwirken. Vgl. hierzu auch die Vorgaben zur Qualitätsicherung des Berufsstandes in Naumann (2012a), Rn. 491 ff.

1206 Vgl. Franke (1993), Sp. 48 sowie Ewert (1990), S. 39 f.

1207 Vgl. zur Kritik an der Anwendung der Prinzipal-Agent-Theorie beziehungsweise zu deren Grenzen Franke (1993), Sp. 48.

1208 Es besteht keine vollumfänglich trennscharfe Abgrenzung zur positiven Prinzipal-Agent-Theorie, die generell ebenfalls auf Basis der beobachteten Verhaltensweisen die Modelle ableitet.

1209 Vgl. Ewert (2002a), Sp. 1913.

verantwortlichen Managements und des Prüfers.[1210] Dabei sind die eingesetzten Methoden trotz generell unterschiedlicher Fragestellungen grundlegend ähnlich den kontrakttheoretischen Ansätzen.[1211]

Die jeweiligen Erklärungsmodelle sind häufig auf ein Zweipersonenspiel[1212] zu reduzieren, das als Handlungsalternativen für das Management die Erstellung eines verzerrten oder normenkonformen Jahresabschlusses sowie für den Prüfer die Erteilung eines uneingeschränkten oder eingeschränkten Bestätigungsvermerks[1213] umfasst.[1214] Eine Erweiterung des Zweipersonenspiels ist die Berücksichtigung des risikoorientierten Prüfungsansatzes und seines abgestuften Aufbaus der Prüfung.[1215] Dabei wird mit in das Modell einbezogen, dass der Prüfer bereits aufgrund der Aufnahme und Prüfung des internen Kontrollsystems Erkenntnisse über den Prüfungsgegenstand erlangt hat und vor der Problemstellung steht, ob weitergehende Prüfungshandlungen notwendig oder nicht notwendig sind.[1216]

1210 Vgl. Lubitzsch (2008), S. 53 sowie Ewert / Stefani (2001b), S. 180 f.

1211 Vgl. Ewert (2002a), Sp. 1913.

1212 Das Modell in seiner einfachsten Form wurde unter anderem im Hinblick auf ergänzende Unterschlagungsprüfungen sowie aus der Erkenntnis, dass eine absolute Prüfungssicherheit nicht möglich oder zumindest nicht wirtschaftlich sinnvoll durch den Prüfer zu erlangen ist, erweitert und verfeinert. Vgl. Lubitzsch (2008), S. 56 ff.

1213 Anstelle des erteilten Urteils werden auch die Alternativen, die Prüfung durchzuführen oder nicht durchzuführen, vorgeschlagen. Vgl. Ewert / Stefani (2001b), S. 180.

1214 Vgl. Lubitzsch (2008), S. 53 ff.

1215 Dem risikoorientierten Ansatz liegt die zentrale Annahme zugrunde, dass ein verzerrter, nicht normkonformer Abschluss mit Schwachstellen im internen Kontrollsystem verbunden ist. Vgl. Lubitzsch (2008), S. 60 f. und siehe Kapitel 3.2.1.2.3.

1216 Hierbei wird oftmals vereinfachend davon ausgegangen, dass diese Informationen über das interne Kontrollsystem kostenlos und mit perfekter Sicherheit erlangt werden. Vgl. Ewert / Stefani (2001b), S. 188.

3.1.2.2.3 Haftungsorientierte Ansätze

Bei den haftungsorientierten Ansätzen[1217] wird die Haftung gegenüber Dritten,[1218] die nicht unmittelbare Vertragspartner sind, als ein für die Wahl der Handlungen der Akteure belastender Einflussfaktor berücksichtigt.[1219] Zentrale Annahme dieses Ansatzes ist es, dass mit der Haftung[1220] auf eine unabhängige und ordnungsgemäße Prüfung mit zugehöriger Berichterstattung des Prüfers abgezielt wird.[1221] Insofern wird das im Rahmen des interdependenzorientierten Ansatzes betrachtete Zweipersonenspiel um den Nutzer der Prüfungsinformation erweitert.[1222]

1217 Insbesondere in den neunziger Jahren des zwanzigsten Jahrhunderts sind diese Modellansätze im Rahmen des Kontextes zur Regulierung der Abschlussprüfung in den USA sowie in Deutschland intensiv diskutiert worden. Vgl. Lubitzsch (2008) S. 65 zu Untersuchungen in den USA zum Klagerisiko sowie allgemein Ewert / Stefani (2001b), S. 194 f. Hervorzuheben ist allerdings, dass die Modelle sich eher konkreten, individuellen Problemstellungen widmen und allgemeingültige Aussagen regelmäßig nicht abzuleiten sind. Vgl. Ewert / Stefani (2001b), S. 194 f.

1218 Vgl. Ewert / Stefani (2001b), S. 194 f. und Loitlsberger (1966), Sp. 1917 f. Unter Haftung wird an dieser Stelle die Reaktion des Dritten (Haftungsfolge) auf ein fehlerhaft abgegebenes Prüfungsurteil (haftungsauslösender Tatbestand) verstanden. Dies können beispielsweise Schadensersatzklagen von Kapitalgebern oder die Versagung der Zustimmung zur Bestellung des Prüfers durch die Bankenaufsicht gemäß § 28 Abs. 1 Satz 2 und 3 KWG sein. Obwohl eher die Ausnahme sind auch Ansätze vorhanden, die die Haftung gegenüber den unmittelbaren Vertragsparteien berücksichtigen. Hierzu wird ebenfalls auf das Kapitel 3.1.2.2.1. zum Prinzipal-Agent-Theorie basierten Ansatz verwiesen. Für einen Überblick zu den haftungsbegründenden Verhaltenspflichten aus Gesetz, Vertrag und Standesrecht des Jahresabschlussprüfers in Deutschland vgl. Hopt (2002), Sp. 1072 ff.

1219 Vgl. Loitlsberger (1966), Sp. 1918. *Ewert* schlägt zur Strukturierung verschiedene Module von Modellen unter Berücksichtigung der Prüferhaftung vor. Vgl. Ewert (1999), S. 62 f.

1220 Die Haftung an sich kann je nach betrachtetem Modell näher in eine Verschuldenshaftung und eine Gefährdungshaftung differenziert werden. Bei der Verschuldenshaftung haftet der Prüfer nicht generell bei fehlerhaften Abschlüssen, sondern lediglich sofern bei einer nicht ordnungsgemäß durchgeführten Prüfung, insbesondere bei der Verletzung von grundlegenden berufsständischen Vorgaben, die vorhandenen Fehler nicht aufgedeckt werden. Vgl. Loitlsberger (1966), Sp. 1918 sowie Ewert / Stefani (2001b), S. 197. Bei einer, in der Praxis unüblichen Gefährdungshaftung haftet der Prüfer quasi für jedwede im Abschluss vorhandenen und nicht aufgedeckten Fehler. Vgl. Lubitzsch (2008), S. 65 f.

1221 Vgl. Loitlsberger (1966), Sp. 1917 f.

1222 Vgl. Lubitzsch (2008), S. 63 f.

Die Entscheidungsmodelle der haftungsorientierten Ansätze zur Ableitung des erforderlichen Niveaus an Prüfungssicherheit erweitern den Begriff der Prüfungskosten um die Kosten, die aus einer Inanspruchnahme der Haftung resultieren (Haftungsfolge).[1223] Nunmehr wird die Minimierung der Prüfungskosten unter Einbeziehung der Kosten der Haftung bei gegebener Prüfungssicherheit angestrebt.[1224] Ein hervorzuhebendes Problem ergibt sich aus der Beobachtung des Niveaus der Prüfungssicherheit, das unmittelbar nur für den Prüfer erkennbar ist. Eine Inanspruchnahme des Prüfers aus der Haftung durch einen Dritten setzt allerdings diese Beobachtbarkeit durch beispielsweise ein Gericht voraus, um eine gegebenenfalls vorliegende Pflichtverletzung des Prüfers, im Sinne eines Verschuldens, überhaupt feststellen zu können.[1225] Darüber hinaus sind in diesem Zusammenhang die Kosten einer gerichtlichen Überprüfung zu beachten, die das Verhalten der Dritten beeinflussen. Eine neutrale Überprüfung hat ergänzend die Erkenntnis zu berücksichtigen, dass eine absolute Prüfungssicherheit regelmäßig nicht zu erzielen ist und somit in Einzelfällen trotz eines fehlerhaften Prüfungsurteils kein Verschulden des Prüfers vorliegt.[1226]

3.1.2.2.4 Verhaltenstheoretische Prüfungsansätze

Wie die spieltheoretischen Ansätze beschäftigen sich die verhaltenstheoretischen Ansätze mit der Interaktion der Akteure im Prüfungsprozess.[1227] Allgemein erfolgt dies durch die Übernahme bewährter verhaltenswissenschaftlicher Hypothesen, soweit diese als Erkenntnis des kritischen Rationalismus durch die Wissenschaft ernsthaft den Versuchen zur Falsifikation widerstanden haben und nicht durch die Entwicklung allgemeingültiger Theorien, das heißt durch den wissenschaftlichen

---

1223 Vgl. Ewert / Stefani (2001b), S. 194 ff.

1224 Unter der Annahme eines risikoneutralen Prüfers vgl. Ewert / Stefani (2001b), S. 195. Es werden in einzelnen Modellen unter anderem ergänzende Annahmen zu möglichen Haftungsbeschränkungen, nicht eindeutigen Prüfungsnormen, außergerichtlichen Vergleichen, Größen, Marktmacht und Konkurrenzsituation der Prüfungsgesellschaft als auch zu Versicherungslösungen zum Transfer der Haftungsrisiken untersucht. Vgl. Lubitzsch (2008), S. 66 ff.

1225 Vgl. Ewert / Stefani (2001b), S. 195.

1226 Vgl. Lubitzsch (2008), S. 65 f.

1227 Hiervon abzugrenzen sind die Entscheidungsmodelle der messtheoretischen, regelungstheoretischen und risikoorientierten Ansätze, die als eher traditionelle Ansätze der Prüfungslehre sich mit Fragen der Prüfungsplanung, -durchführung, -qualität und Urteilsbildung beschäftigen. Vgl. Stefani (2002), S. 222 f.

Fortschritt, überholt wurden.[1228] Im Unterschied zu den spieltheoretischen Ansätzen, die von einem rational handelnden Akteur[1229] mit je nach Modell gegebenenfalls vorhandenen Präferenzen ausgehen, stehen bei den verhaltenstheoretischen Ansätzen bestimmte Grundannahmen des menschlichen Verhaltens[1230], insbesondere motivationale und kognitive Aspekte, im Mittelpunkt des Erklärungsansatzes.[1231]

Zentrale Arbeiten zu den verhaltenstheoretischen Prüfungsansätzen in der deutschen Prüfungslehre sind insbesondere die Arbeiten von *Fischer-Winkelmann*[1232] und *Egner*.[1233,1234] So sieht *Fischer-Winkelmann* in der Prüfung ein sozioökonomisches Phänomen, das komplexe Problemlösungs- und Handlungsprozesse umfasst und von Prüfern einzeln oder in Gruppe ausgeübt wird.[1235] Insofern ist eine umfassende Auseinandersetzung mit dem individuellen und sozialen Geschehen im Prüfungswesen erforderlich.[1236] *Fischer-Winkelmann* plädiert für eine empirisch-kognitive Theorie der Prüfung, die in den jeweiligen Entscheidungssituationen die Einflussfaktoren für das Verhalten berücksichtigten sollte.[1237]

1228 Vgl. Lenz (2002), Sp. 1925 und Popper / Keuth (2005), S. 8 f.

1229 Vgl. Stefani (2002), S. 222.

1230 Dies schließt sowohl das Verhalten von Individuen als auch Gruppen von Menschen unter der Annahme beschränkter Rationalität mit ein. So waren Auswirkungen der Prüfung auf das Verhalten der geprüften Personen festzustellen, obwohl keine direkte Verbindung zwischen den von den Prüfern getroffenen Feststellungen und der Vergütungs- beziehungsweise Anreizstruktur der geprüften Personen bestand. Vgl. Churchill / Cooper / Sainsbury (1964), S. 257.

1231 Dies schließt dann im Einzelnen auch Erkenntnisse der Psychologie und Sozialpsychologie mit ein. Vgl. Lenz (2002), Sp. 1926.

1232 So vgl. beispielsweise Fischer-Winkelmann (1972).

1233 So vgl. beispielsweise Egner (1980).

1234 Vgl. Lenz (2002), Sp. 1927 f.

1235 Vgl. Fischer-Winkelmann (1973), S. 531.

1236 Vgl. Fischer-Winkelmann (1973), S. 531 f. *Egner* differenziert nach den Dimensionen Zeit, Basis und Verhalten. Die Zeitdimension erfasst, dass eine Prüfung über einen gewissen Zeitraum abläuft beziehungsweise auf diesen begrenzt ist. Die Basisdimension enthält die Grundannahmen zum menschlichen Verhalten, die Normebene sowie die Persönlichkeitsebene des Prüfers. Die Verhaltensdimension umfasst die im Mittelpunkt der verhaltenstheoretischen Ansätze stehenden Probleme der Kommunikation, Handlungen und Entscheidungen. Vgl. Egner (1980), S. 38 ff.

1237 Vgl. Fischer-Winkelmann (1972), S. 425. Generell stellt die Abwesenheit eines psycho-physischen Subjektes einen zentralen Kritikpunkt an den untersuchten Ansätzen von *Wysocki* und *Loitlsberger* dar. Vgl. Fischer-Winkelmann (1972), S. 925. Insbesondere stellt *Fischer-Winkelmann* für den Urteilsprozess fest, dass

Im Hinblick auf eine noch fehlende umfängliche Theorie der Prüfung sind grundlegende Beziehungen zumindest in einem Ordnungsschema anzuordnen, um einen Überblick zu den komplexen Prüfungsprozessen zu bekommen.[1238] Der von *Richter* hierzu vorgeschlagene Bezugsrahmen[1239] einer realwissenschaftlichen Theorie betriebswirtschaftlicher Prüfungen basiert auf der Indeterminiertheit der Prüfungsprozesse und den vorhandenen latenten oder offenen Interessengegensätzen im Hinblick auf die Einbeziehung verhaltenstheoretischer Ansätze.[1240] Der Bezugsrahmen spiegelt dabei die subjektive Wahrnehmung[1241] wider, ohne bereits eine konkrete Theorie als Basis zu haben.[1242]

Im Mittelpunkt der Untersuchung steht der Prüfungsprozess, den *Richter* näher in einen Problemhandhabungsprozess, Interaktionsprozess sowie Konflikthandhabungsprozess differenziert.[1243] Der Problemhandhabungsprozess ergibt sich aus der Komplexität der Prüfung, deren Untersuchung sich unter anderem mit der formalen Beschaffenheit der Prüfungsaufgabe, dem organisatorischen, instrumentellen und interaktiven Bedingungen sowie die Wahrnehmung der Komplexität befasst.[1244] Als Ursache sieht *Richter* die Unklarheit der Problemstruktur (Prüfungsobjekt und -ziel), die Menge und Verschiedenartigkeit der Ist-Objekte und ihrer Interdependenzen, die Unsicherheit der Erwartungen der Prüfer und nicht zuletzt auch den Konfliktgehalt einzelner Problemlösungen beziehungsweise der Prüfungsergebnisse.[1245]

Der Interaktionsprozess erfasst Aktionen und Reaktionen im Sinne von Verhaltensketten der am Prozess unmittelbar und mittelbar beteiligten Personen. Dies sind neben Prüfer und Geprüftem auch Auftraggeber, Auskunftspersonen und Dritte als Verwender der Prüfungsergebnisse, wie die Aufsicht und das

---

eine soziale und psychische Dimension in den untersuchten Ansätzen zur Urteilsbildung fehlt. Vgl. Fischer-Winkelmann (1972), S. 954.

1238 Vgl. Richter (1999), S. 265.

1239 Zur detaillierten Darstellung wird auf Richter (1999), S. 263 ff. verwiesen.

1240 Vgl. Richter (1999), S. 268 f.

1241 Die Realität wird hierzu mit einem ersten vorläufigen Verständnis betrachtet. Vgl. Richter (1999), S. 269. Bei *Egner* ist dies ein Teil der Verhaltensdimension. Vgl. Egner (1980), S. 98 ff.

1242 Ein komplexes Beispiel eines solchen Ansatzes findet sich bei Richter (1999), S. 269.

1243 Vgl. Richter (1999), S. 269.

1244 Vgl. Richter (1999), S. 271.

1245 Vgl. Richter (1999), S. 271 f.

Aufsichtsorgan.[1246] Der Konfliktprozess stützt sich hingegen auf die Thesen, dass Prüfungen ein Konfliktpotential besitzen sowie die Handhabung der Konflikte einen Einflussfaktor für die Prüfungseffizienz und -ergebnisse darstellt.[1247]

3.1.2.2.5 Kritik an den spiel- und verhaltenstheoretischen Ansätzen

Da der ökonomische Prüfungsansatz die Prüfungstechnologie an sich ausschließt, ist über die Prinzipal-Agent-Theorie hinaus ein Katalog an Eigenschaften abzuleiten,[1248] der die Menge der möglichen Prüfungskriterien einschränkt. Nur mit geeigneten Prüfungskriterien ist eine für den Prinzipal nachvollziehbare und nachprüfbare Urteilsaussage des Agenten zu treffen. Darüber hinaus wird im Rahmen der Prinzipal-Agent-Theorie von einer Beeinflussung des Verhaltens des Wirtschaftsprüfers mittels Vertragsgestaltung ausgegangen, die formal im Widerspruch zu den Vorgaben des Berufsstandes steht.[1249] Daher sind einer vertraglichen Gestaltung entsprechende Grenzen gesetzt.

Der interdependenzorientierte Ansatz leistet über die Modellierung einen wichtigen Beitrag zum grundlegenden Verständnis der Bedingungen, die für die Abgabe von korrekten Prüfungsurteilen und damit zur Beeinflussung der Prüfungsqualität herrschen müssen.[1250] Im Mittelpunkt der Kritik dieses Ansatzes

---

1246 Vgl. Richter (1999), S. 274 ff.

1247 *Richter* unterscheidet dazu noch in intraindividuelle und soziale Konflikte. Vgl. Richter (1999), S. 280 ff.

1248 Siehe Kapitel 3.1.2.2.1.

1249 Eine Vergütung des Wirtschaftsprüfers im Rahmen einer gesetzlichen Jahresabschlussprüfung muss unabhängig vom Ergebnis der Prüfung als auch frei von hieran geknüpften Bedingungen sein. Vgl. § 55 Abs. 1 WPO. So sind als Honorarvereinbarung neben Pauschalhonoraren ebenso Wertgebühren, beispielsweise basierend auf der Bilanzsumme, sowie Honorare auf Basis des zeitlichen Aufwandes zuzüglich Auslagen möglich. Vgl. Naumann (2012a), Rn. 720 ff., Leffson (1995), S. 146 ff. und zur kritischen Haltung gegenüber Pauschalhonoraren vgl. o. V. (2007c), Rn. 227. Unter den in § 318 Abs. 3 und 4 HGB genannten Möglichkeiten kann eine Bestellung eines anderen Abschlussprüfers durch ein Gericht erfolgen. Vgl. Naumann (2012a), Rn. 626 f. Die Kündigung des Auftrags ist von Seiten der Gesellschaft lediglich aus wichtigem Grund oder, soweit dies vertraglich nicht wirksam ausgeschlossen ist, bei Verlust der Vertrauensstellung möglich. Vgl. Naumann (2012a), Rn. 624. Der Abschlussprüfer kann ausschließlich aus wichtigem Grund kündigen. Vgl. Naumann (2012a), Rn. 627.

1250 Vgl. Lubitzsch (2008), S. 63 sowie Ewert / Stefani (2001b), S. 190.

steht allerdings neben den sehr einfachen Modellannahmen[1251] und der hiermit verbundenen starken Reduktion der realen Komplexität auch die bislang nur ansatzweise Berücksichtigung des sequenziellen Charakters der Prüfung.[1252] Die Zusammenhänge, die sich aus einer potentiellen Haftung des Prüfers ergeben und ein Ausfluss der vertraglichen Gestaltung sind, werden in den haftungsorientierten Ansätzen untersucht.[1253]

Ein Problem der verhaltenstheoretischen Ansätze ist, dass Aussagen zum Urteilsprozess an sich nicht verifizierbar sind, da empirisch beobachtete Zusammenhänge nicht kausal aus dem verhaltenstheoretischen Modell als Black-Box-Modell begründet werden können.[1254] Ferner besteht ebenfalls die Gefahr einer Miniaturisierung der Theorie, das heißt, dass das Ergebnis stark sensitiv auf eine Veränderung der zugrunde liegenden Annahmen reagiert[1255] und somit einen eingeschränkten Erklärungsbeitrag liefert.[1256] Als ein erstes Ordnungsschema für

---

1251 Hinzuweisen ist, dass der Differenzierungsgrad des Modells unmittelbar die Komplexität des Modells deutlich beeinflusst, da jeweils alle möglichen Interaktionen der Akteure zu berücksichtigen sind. Vgl. Loitlsberger (1966), Sp. 1917.

1252 Vgl. Ewert / Stefani (2001b), S. 190 f.

1253 Siehe Kapitel 3.1.2.2.3.

1254 Vgl. Gans (1986), S. 142. *Gans* führt mit Blick auf verhaltenstheoretische Modelle und Nachweisexperimente als weitere Punkte das Problem nicht einbezogener Einflussgrößen in experimentelle Nachweise, die möglicherweise unzulässige Durchschnittsbetrachtung der Versuchspersonen, die Vortäuschung beziehungsweise Fehlinterpretation der mathematischen Modellierung (Scheingenauigkeit) sowie allgemein die in Modellen deutlich reduzierte Komplexität, die einen verzerrenden Effekt auf den Urteilsprozess haben, auf. Vgl. Gans (1986), S. 145 ff. Insofern sind die bislang entwickelten und empirischen verhaltensorientierten Ansätze als weitgehend abgeschlossene Modelle mit Black-Box-Charakter, das heißt in Unkenntnis der Kausalzusammenhänge, zur Ableitung einer allgemeinen Theorie der Prüfung eher nicht geeignet. Vgl. Gans (1986), S. 293.

1255 Vgl. Gans (1986), S. 192 f.

1256 Nichtsdestoweniger ist der Informationsverarbeitungsansatz den verhaltenswissenschaftlich orientierten Ansätzen im weiteren Sinne zuzuordnen, wobei hier die begrenzte Rationalität des Prüfers und nicht die Interaktion von zwei oder mehreren Personen im Mittelpunkt steht. Vgl. Marten / Quick / Ruhnke (2011), S. 51 f. *Lenz* ordnet dem Untersuchungsgebiet der verhaltensorientierten Prüfungstheorie in einer sehr weiten Fassung ebenfalls die Urteilsbildung aus Sicht der Logik und der kognitiven Psychologie zu. Vgl. Lenz (2002), Sp. 1927 ff. Im Gegensatz hierzu wurde die Urteilsbildung aus Sicht der Logik von *Wysocki* schon als Bestandteil des messtheoretischen Ansatzes bei indirekten Prüfungsverfahren gesehen. Wysocki (1988), S. 161 f.

erkenntnisbezogene und handlungsbezogene Vorstellungen über die Realität können allerdings die vorgelegten Ansätze wie auch der Bezugsrahmen von *Richter* einen Beitrag zum Erkennen des noch notwendigen Forschungsbedarfs liefern.[1257]

3.1.2.3 Hypothesengestützter heuristischer Ansatz

Es lassen sich im Hinblick auf die bisher diskutierten Ansätze der Prüfungstheorie, insbesondere für die Wahl geeigneter Prüfungshandlungen und zur Urteilsbildung,[1258] insgesamt drei allgemeine Problemstellungen identifizieren, denen der hypothesengestützte heuristische Ansatz zu begegnen versucht.

So ist die Formulierung des Soll-Objektes[1259] mit den zugehörigen Merkmalshierarchien[1260] oftmals unvollständig oder weist zumindest aufgrund des Abstraktionsgrades Lücken auf detaillierteren Ebenen auf.[1261] Insofern ist der Prüfer gefordert, selbstständig die Lücken zu füllen beziehungsweise die notwendigen Konkretisierungen vorzunehmen.[1262]

Des Weiteren sind Beziehungen innerhalb der jeweiligen Merkmalshierarchie häufig nicht ausreichend bestimmt. Dies betrifft zum einen horizontale Beziehungen zwischen eigentlich verbundenen Merkmalen, sodass eventuell bestehende und sich kompensierende Sachverhalte nicht ausreichend berücksichtigt werden. Zum anderen ist aus vertikaler Sicht der Beziehungen gegebenenfalls für den Urteilsschluss die Formulierung von Ergänzungs- und Ersatzkriterien notwendig, sofern die Ebenen zwischen konkreten, gemessenen Merkmalausprägungen des Ist-Objektes und der normierten, abstrakten Merkmalsausprägung des Soll-Objektes unterschiedlich sind.[1263]

1257 Vgl. Richter (1999), S. 266.

1258 *Gans* sieht eine deutliche Parallele zwischen der Prüfung und der empirischen Forschung. Bei beiden sind ähnliche Fragestellungen zur Messung, Schlussfolgerungen und statistischen Methoden zu lösen. Vgl. Gans (1986), S. 4.

1259 Egner fasst dieses Problem sogar noch weiter auf, indem er darauf hinweist, dass in der Regel nicht einmal das Prüfungsobjekt, die Prüfungsgegenstände sowie die zugehörigen Merkmale ausreichend beschrieben sind. Vgl. Egner (1980), S. 33.

1260 Die Merkmalshierarchie des Soll-Objektes bestimmt sich aus den jeweiligen rechtlichen Normen. Vgl. Gans (1986), S. 9.

1261 Vgl. Marten / Quick / Ruhnke (2011), S. 281, Gans (1986), S. 7 f. sowie mit Beispiel anhand der Regelungen des Aktiengesetzes bei Egner (1980), S. 34. Ferner siehe Kapitel 3.1.2.1.4. zur Kritik an den vergleichsbasierten Ansätzen.

1262 Vgl. Gans (1986), S. 7 f.

1263 Vgl. Gans (1986), S. 8. und siehe Kapitel 3.1.2.1.1. zur Abbildung der Merkmalsausprägungen auf verschiedenen Skalen.

Als drittes Problem ist auf die Komplexität der in der Prüfung zu erhebenden empirischen Sachverhalte zu verweisen, die eine vollumfängliche Erfassung der Objekte oftmals unmöglich macht. Daher muss basierend auf den vorliegenden Teilen an Informationen auf den Gesamtcharakter des Sachverhaltes geschlossen werden.[1264]

Als Lösung dieses insgesamt schlechtstrukturierten Problems der Prüfung des Jahresabschlusses schlägt *Gans* einen heuristischen Ansatz auf Grundlage des Informationsverarbeitungsansatzes[1265] vor, der die Komplexität der Lösungsfindung reduzieren soll.[1266] Die Unterscheidung zwischen einem schlechtstrukturierten Problem und einem gut- oder wohlstrukturierten Problem geht auf *Simon / Newell* zurück, die mittels dreier Merkmale das Problem differenzieren. So sind gut- oder wohlstrukturierte Probleme anhand von mathematischen Ausdrücken zu beschreiben, deren Ziele mittels einer wohldefinierten Zielfunktion, das heißt ohne vage oder mehrdeutige Zielmerkmale, abzubilden und es gibt ein algorithmisches Lösungsverfahren, das es erlaubt, eine oder mehrere Lösungen des Problems analytisch zu ermitteln. Bei schlechtstrukturierten Problemen liegt mindestens eines dieser Kriterien nicht vor.[1267]

Dem Ansatz liegt ein heuristisches Problemlösungsverfahren zugrunde, das auf heuristischen Regeln mit schwach begründeter Auswahl sowie nicht eindeutig festgelegter Anwendungsreihenfolge beruht.[1268] „Eine *heuristische Regel* (synonym: heuristisches Prinzip) ist eine Anweisung der Informationshandhabung zur

---

1264 Vgl. Gans (1986), S. 8 und im Hinblick auf die Unmöglichkeit der Erfassung aller möglichen Ausprägungen bei Systemprüfungen bei Marten / Quick / Ruhnke (2011), S. 281. So sei hier insbesondere auf die Angemessenheit und Wirksamkeit des Risikomanagements und die verschiedenen Vorgaben zu den Risikosteuerungs- und -controllingprozessen des Zinsänderungsrisikos im Anlagebuch verwiesen. Siehe Kapitel 2.3.3.1.3., 2.3.3.3.2. und 2.3.3.3.3.

1265 Der Ansatz greift mit dem Prinzip der beschränkten Rationalität sowie des Opportunismus als Durchsetzung eigener Interessen zwei grundlegende Annahmen über das Verhalten der Wirtschaftssubjekte des Transaktionskostenansatzes auf. Vgl. Marten / Quick / Ruhnke (2011), S. 41.

1266 Vgl. Gans (1986), S. 361 ff.

1267 Vgl. Simon / Newell (1982), S. 383 f. sowie Gans (1986), S. 305 f. Ergänzend können als Merkmale eines schlechtstrukturierten Problems noch die unpräzisen und komplexen Zielkriterien, die im Hinblick auf die notwendigen Informationen unvollständige Problembeschreibung und die fehlende einfache Methode zur Abbildung der Menge aller möglichen Alternativen der Lösungsschritte angeführt werden. Vgl. Gans (1986), S. 307.

1268 Vgl. Gans (1986), S. 321.

Vereinfachung und Steuerung von Problemlösungsprozessen."[1269] Die schwache Begründung ergibt sich aus der Abgrenzung des Lösungsverfahrens zum einen gegenüber einem willkürlich gewählten Lösungsweg als auch zum anderen gegenüber einem Algorithmus, der mit einer festen Regelanordnung eine oder mehrere logisch abgeleitete Lösungen erzeugt. Die mittels heuristischen Regeln ermittelten Lösungen sind allerdings aufgrund der schwachen Begründung nicht immer mit Sicherheit optimal und zuverlässig.[1270]

Die Grundlage des Informationsverarbeitungsansatzes ist die in den 1950er Jahren in den USA entwickelte Theory of Human Information Processing.[1271] Theoretischer Ausgangspunkt ist das Prinzip der beschränkten Rationalität,[1272] das die begrenzten Möglichkeiten menschlicher Informationsverarbeitungsprozesse gegenüber den Anforderungen an die Verarbeitung von komplexen und dynamischen Prozessen berücksichtigt.[1273] „Als Konsequenz ergibt sich ein Modell des Entscheidungsträgers, das von anspruchsvollen Prämissen der theoretischen Entscheidungslogik hin zu einem realitätsnäheren Verhaltensmodell abweicht."[1274] Im Mittelpunkt des Ansatzes steht die Lösung einer Aufgabe, das heißt eines Problems, innerhalb eines subjektiven Problemabbildungsrahmens mittels Interaktion der objektiven Anforderung der gestellten Aufgabe und des individuellen kognitiven Systems.[1275]

Die Lösung der Prüfungsaufgabe erfolgt dabei nicht mittels eines Soll-Ist-Vergleiches,[1276] sondern auf Basis von Suchprozessen nach geeigneten Prüfungsnachweisen, um die aus den Zielkriterien abgeleiteten Prüfungshypothesen

---

1269 Gans (1986), S. 321, die Hervorhebung ist im Original unterstrichen.

1270 Vgl. Gans (1986), S. 321 f.

1271 Vgl. Gans (1986), S. 195.

1272 Das Prinzip der beschränkten Rationalität bedeutet in diesem Zusammenhang, dass ein Mensch lediglich eine begrenzte Menge an Informationen aufnehmen, verarbeiten und wiedergeben kann. Vgl. Marten / Quick / Ruhnke (2011), S. 51 f.

1273 Vgl. Gans (1986), S. 195.

1274 Gans (1986), S. 195.

1275 Vgl. Gans (1986), S. 196. Es wurden in diesem Zusammenhang zur Urteilsbildung unter anderem das Linsenmodell von *Brunswik*, der *Bayes*-Ansatz, Urteilsbildungsheuristiken von *Tversky / Kahnemann* und vor allem das Modell der Überzeugungsgradrevision von *Hogarth / Einhorn* entwickelt. Vgl. Lenz (2002), Sp. 1930. Insbesondere das Modell von *Hogarth / Einhorn* wird als geeigneter Ausgangspunkt zur Entwicklung weitergehender verhaltenswissenschaftlicher Erklärungsansätze gesehen. Vgl. Lenz (2002), Sp. 1935 und zur Darstellung eines Modells bei Egner (1980), S. 165 ff.

1276 Siehe Kapitel 3.1.2.1.1.

über die formulierten Eigenschaften des Ist-Objektes zu bestätigen oder zu widerlegen.[1277] Weitergehend legen *Quick / Marten / Ruhnke* dar, dass mittels Suchprozess im Rahmen der Systemprüfung Schwachstellen auf vorhandene Fehler auf Basis von Fehlerhypothesen untersucht werden.[1278]

Als Anhaltspunkte für die Einstufung des Prüfungsprozesses als schlechtstrukturiertes Problem[1279] wird dabei das Fehlen von operablen Zielkriterien (Soll-Objekt aus der Prüfungsnorm)[1280], das Fehlen eines algorithmischen Lösungsverfahrens sowie die personellen und zeitlichen Restriktionen angeführt.[1281] Darüber hinaus sieht *Gans* bei der Jahresabschlussprüfung die aufgrund von Wahlrechten und Entscheidungsspielräumen nicht eindeutigen Informationsverarbeitungsoperatoren als Grund für die Schlechtstrukturiertheit.[1282] Der Prüfungsprozess weist zudem eine Vielzahl an Barrieren in der Umsetzung[1283] auf.[1284] Dabei kann eine Barriere sowohl in Form von Wissenslücken als auch von prozessualen Einschränkungen bestehen. Die Umsetzungsprobleme der Prüfung sind weitergehend nach der sachlichen, zeitlichen und trägerbezogenen Dimension zu ordnen. Die sachliche Dimension umfasst die Zustände sowie die Mittel zur Überführung der

---

1277 Vgl. Marten / Quick / Ruhnke (2011), S. 51 f. und 281 f.

1278 Dies erfolgt eingebettet in einem Prozess aus der Systemaufnahme, der Aufstellung von Fehlerhypothesen zu vermuteten Schwachstellen, dem Test auf Vorliegen von Anzeichen für Fehler (Fehlerindikatoren), der Fortsetzung, bis ein ausreichender Grad an Überzeugung hinsichtlich der Richtigkeit des Urteils erreicht ist, und dem Abbruch der Prüfungshandlungen. Vgl. Marten / Quick / Ruhnke (2011), S. 281 ff. und siehe Kapitel 3.2.2.3.1. zur Systemprüfung.

1279 Unter dem Problem allgemein wird das Abweichen des vorliegenden Zustandes (Ist-Zustand oder Ist-Objekt) vom angestrebten beziehungsweise gewünschten Zustand (Soll-Zustand oder Soll-Objekt). Vgl. Gans (1986), S. 299.

1280 Hierzu wird unter anderem auf die Nichteindeutigkeit verwiesen, die sich indikativ aus der umfangreichen Kommentierungen der MaRisk ergibt. So sind beispielhaft die Veröffentlichungen von Eller / Heinrich / et al. (Hrsg.) (2006), Becker / Gruber / Wohlert (Hrsg.) (2006), Hannemann / Schneider (2010), Ramke / Wohlert (Hrsg.) (2009), Hofmann (Hrsg.) (2011), Andrae (2006), Seiss (2006), Kretschmer / Kuhn (2006), Hortmann / Seide (2006), Pfeifer (Hrsg.) (2009), Berndt / Geiersbach / et al. (Hrsg.) (2008), Becker / Gruber / Wohlert (Hrsg.) (2012) zu nennen.

1281 Vgl. Gans (1986), S. 362.

1282 Vgl. Gans (1986), S. 361.

1283 Hierunter ist die Art und Anzahl der Barrieren als Hindernisse zu verstehen, die eine Überführung des Anfangszustandes in den Zielzustand verhindert. Vgl. Gans (1986), S. 307 f.

1284 Vgl. Gans (1986), S. 363.

Zustände als Operatoren.[1285] Die zeitliche Dimension berücksichtigt, dass zur Lösung des Problems in der Regel Termine gesetzt sind und somit nur eine begrenzte Zeitspanne zur Verfügung steht.[1286] Die trägerbezogene Dimension ergänzt die Aspekte, die sich aus der Knappheit der Prüfungsdienstleistung, wie unter anderem der personellen Ressourcen,[1287] ergeben.[1288]

Abbildung 19: Barriereorientierte Problemtypologie der Prüfung

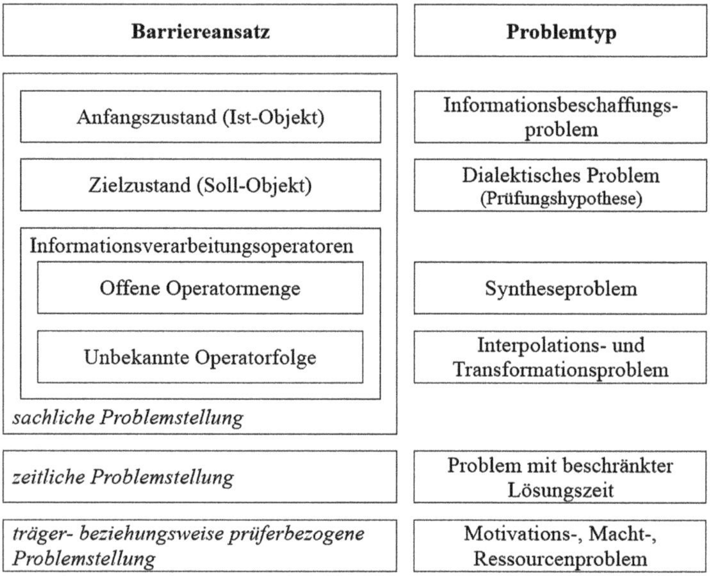

Quelle: In Anlehnung an Gans (1986), S. 309.

Im Hinblick auf das Ist-Objekt[1289] tritt das zugrunde liegende Problem als Informationsdefizit, das heißt als Wissenslücke,[1290] auf. Die Lösung dieses Problems

1285 Siehe Kapitel 3.2.2.3.1. zur sachlichen Prüfungsplanung.
1286 Siehe Kapitel 3.2.2.3.3. zur zeitlichen Prüfungsplanung.
1287 Siehe Kapitel 3.2.2.3.2. zur personellen Prüfungsplanung.
1288 Vgl. Gans (1986), S. 303.
1289 *Gans* versteht unter dem Ist-Objekt den Anfangs- oder auch Ausgangszustand, der durch die Menge gegebener Situationsmerkmale und deren Ausprägungen beschrieben wird. Vgl. Gans (1986), S. 300.
1290 Das heißt das Fehlen der notwendigen Informationen zur Überführung des Ist-Objektes auf das Soll-Objekt. Vgl. Gans (1986), S. 301.

erfolgt durch die Beschaffung von Informationen[1291] und ist regelmäßig Teil der Prüfungsplanung und Prüfungsdurchführung.[1292]

Das dialektische Problem besteht in der Auseinandersetzung mit den Zielkriterien (Soll-Objekt)[1293] der gestellten Aufgabe, wobei die Ursache in der fehlenden Operabilität der Kriterien liegt.[1294] Die Lösung des dialektischen Problems erfolgt erstens mittels der Festlegung von möglichst genauen und möglichst einfachen operablen Zielkriterien, zweitens dem Entwurf einer Problemlösung mittels geeigneter Prüfungshypothesen[1295] und drittens der Rekursion.[1296]

Im ersten Schritt sind nicht operable unpräzise und komplexe[1297] Zielkriterien so zu konkretisieren, dass diese hinreichend genau und einfach sind.[1298] Dieses Vorgehen folgt dem grundlegenden heuristischen Prinzip: „Ersetze ein schwieriges Problem durch eine Menge einfacherer Probleme."[1299] Allgemein geht der Ansatz davon aus, dass ein komplexes Problem auf eines oder mehrere einfachere Probleme abstrahiert wird, dieses anschließend über operable Kriterien gelöst und zuletzt die gefundene Lösung auf das ursprüngliche komplexe Problem angewendet wird.[1300] Die Zielkriterien haben dabei neben den inhaltlichen Anforderungen aus dem Soll-Objekt auch die formale Bedingung von Konsistenz und Widerspruchsfreiheit zu erfüllen.[1301]

Die Problemlösung umfasst die Formulierung von möglichen Operatoren, um den Ist-Zustand in den Zielzustand zu überführen.[1302] Ein Operator ist als Mittel zu verstehen, die Merkmalausprägung eines Objektes zu ändern[1303] oder zumindest

1291 Vgl. Gans (1986), S. 308.

1292 Siehe Kapitel 3.2.2. und 3.2.3.

1293 Unter dem Soll-Objekt werden die angestrebten, gewünschten oder auch normkonformen Merkmalsausprägungen verstanden. Vgl. Gans (1986), S. 300.

1294 Vgl. Gans (1986), S. 337.

1295 Vgl. Gans (1986), S. 338.

1296 Vgl. Gans (1986), S. 337.

1297 Vgl. Gans (1986), S. 307.

1298 Die Genauigkeit und die Einfachheit der Zielkriterien sind an den Anforderungen des folgenden Schrittes der Problemlösung zu messen, der die Ableitung von zumindest mittels Prüfungshandlungen widerlegbaren Prüfungshypothesen vorsieht. Vgl. Gans (1986), S. 338.

1299 Gans (1986), S. 334.

1300 Vgl. Gans (1986), S. 336.

1301 Vgl. Gans (1986), S. 338.

1302 Vgl. Gans (1986), S. 338.

1303 Allerdings vernachlässigt *Gans*, dass der Prüfer zwar mittels Informationsverarbeitungsprozessen durch Umsetzung von Prüfungsstrategie, -methoden und -handlungen

zur Widerlegung der Prüfungshypothese deren Merkmalsausprägungen festzustellen.[1304] Als Operatoren im Hinblick auf die Prüfung sieht *Gans* neben den Prüfungsstrategien und Prüfungsmethoden vor allem die Prüfungshandlungen an.[1305]

Die Rekursion ist als Schritt dann durchzuführen, wenn Widersprüche beziehungsweise Inkonsistenzen innerhalb des Zielzustandes oder innerhalb der gefundenen Lösung auftreten. Sofern zwar eine Lösung gefunden wird, jedoch sich der Zielzustand als unzureichend herausstellt, sind die Zielkriterien ebenfalls regelmäßig anzupassen.[1306]

Das Syntheseproblem sowie Interpolations- und Transformationsproblem tritt im Zusammenhang mit den Operatoren, das heißt die Prüfungsstrategie, -methoden und -handlungen, auf. Das Syntheseproblem besteht in der nicht begrenzten Menge der möglichen Prüfungsstrategien, -methoden und -handlungen, wobei der Prüfer erfahrungsgemäß auf bestimmte, in der Vergangenheit erfolgreiche Lösungsansätze zurückgreift. Das Interpolations- und Transformationsrisiko

---

Abweichungen in den Merkmalsausprägungen zwischen Soll und Ist feststellen kann, jedoch die Anpassung des Ist-Zustandes in der Verantwortung und Hoheit des Kreditinstitutes liegt. Stattdessen wird eine prüfungsobjektseitige und prüfungssubjektseitige Zerlegung des Problems vorgeschlagen, wobei das Prüfungssubjekt sich auf die Prüfungsmethoden und -mittel sowie die Ressourcen bezieht, während das Prüfungsobjekt sich auf den Prüfungsgegenstand beschränkt. Unklar bleibt dabei, wie diese vorgeschlagene abstrakte Trennung und die damit verbundene notwendige, aber nicht dargestellte Auflösung der gegenseitigen Abhängigkeiten im Prüfungsprozess erfolgen soll. So wird prüfungssubjektseitig eine Auseinandersetzung in der sachlichen Prüfungsplanung im engeren Sinne vorgesehen, wobei die Befassung mit dem Prüfungsobjekt an sich der prüfungsobjektseitigen Betrachtung vorbehalten ist. Vgl. Gans (1986), S. 373 f. Insofern soll im weiteren Vorgehen dieser Arbeit der Operator als Informationsverarbeitungsprozess zur Erhebung von Merkmalsausprägungen des Ist-Objektes verstanden werden, ohne zugleich eine zwingende Veränderung des Objektes zu unterstellen. Generell lässt sich dieses Problem auch über eine andere Definition von Ist- und Zielzustand lösen, wobei unter dem Ist-Zustand der aktuelle Informationsstand des Prüfers und unter dem Zielzustand ein Zustand mit unbekannter Merkmalsausprägung zu verstehen ist, der zu einem richtigen Urteil führt. Als Merkmalsausprägung lässt sich grundsätzlich im Hinblick auf die Prüfung der Ordnungsmäßigkeit dichotom zwischen Prüffeld (Merkmal) „entspricht der Norm" oder „entspricht nicht der Norm" differenzieren. Vgl. Gans (1986), S. 379.

1304 Vgl. Gans (1986), S. 311.

1305 Vgl. Gans (1986), S. 372. Unklar bleibt allerdings bei *Gans* die Trennung zwischen Normen, denen das Prüfungsobjekt an sich unterworfen ist, und denen die Prüfung genügen muss.

1306 Vgl. Gans (1986), S. 338.

liegt in der Wahl der Reihenfolge der Maßnahmen. Hierfür nutzen die Prüfer regelmäßig ebenfalls bekannte heuristische Muster.[1307]

Der Prozess zur Urteilsbildung lässt sich im Einzelnen, wie in der folgenden Abbildung schematisch gezeigt, strukturieren.

Abbildung 20: Problemlösungsmodell des heuristischen Ansatzes

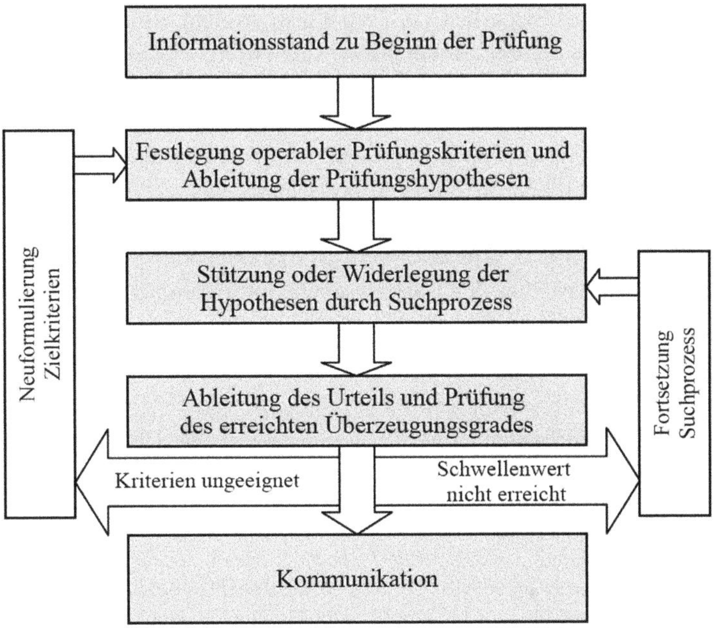

Quelle: In Anlehnung an Marten / Quick / Ruhnke (2011), S. 53 und Mielke (2007), S. 17.

Basierend auf den dem Prüfer vorliegenden Informationen zu Beginn der Prüfung[1308] formuliert der Prüfer eine Hypothese oder ein System von Hypothesen[1309] über die Eigenschaften des Ist-Objektes. Die Eigenschaft als Ausprägung

1307 Vgl. Gans (1986), S. 374 und siehe Kapitel 3.1.2.1.3.

1308 Diese bereits vorliegenden Informationen resultieren aus der Ausbildung und Berufserfahrung des Prüfers als Fachwissen. Vgl. Egner (1980), S. 36. Des Weiteren gehen hier auch mandantenbezogene Informationen aus gegebenenfalls im Vorjahr durchgeführten eigenen Prüfungen sowie aus Prüfungsberichten der Vorjahre und aus der erfolgten Risikoanalyse ein. Vgl. Kapitel 3.2.2.1.

1309 Die Hypothesen können sowohl positiv, das heißt der Prüfer äußert die Erwartung einer Übereinstimmung zwischen Ist-Objekt und Soll-Objekt, als auch negativ als

des Merkmals leitet sich dabei aus der Zielsetzung beziehungsweise dem Soll-Objekt ab.[1310] Mittels der Erhebung der notwendigen Informationen durch geeignete Prüfungshandlungen als Operatoren sucht der Prüfer nach Prüfungsnachweisen, die die zuvor formulierte Hypothese stützen oder widerlegen.[1311] Auf Basis der gefundenen Prüfungsnachweise wird ein Urteil zur Hypothese und somit zum Prüfungsgegenstand getroffen. Soweit der vom Prüfer festgelegte Grenzwert hinsichtlich notwendiger Sicherheit der Hypothese erreicht wird, bricht der Prüfer den Prüfungsprozess ab und kommuniziert sein Urteil.[1312] *Egner* weist allerdings darauf hin, dass das Kriterium für den Abbruch im Sinne eines subjektiven Überzeugungsgrades einer Vielzahl von Faktoren[1313] unterliegt, die auch von dem mehr oder weniger wunschgemäßen Zustand des Prüfungsobjektes abhängen können. Daher erscheint ihm eine prinzipielle Vorhersage ex ante zur Anzahl der Untersuchungen durch den Prüfer nicht möglich.[1314]

Solange der subjektive Schwellenwert als hinreichendes Sicherheitsniveau[1315] noch nicht erreicht ist, hat der Prüfer weitere Informationen mittels Prüfungshandlungen zu erheben.[1316] Sofern sich im Prüfungsprozess herausstellt, dass im Hinblick auf die Zielkriterien und die hieraus abzuleitenden Hypothesen keine

---

Nicht-Übereinstimmung der Merkmalsausprägungen der Objekte formuliert sein. Vgl. Egner (1980), S. 36.

1310 Vgl. Marten / Quick / Ruhnke (2011), S. 51 f.

1311 Vgl. Egner (1980), S. 36.

1312 Vgl. Marten / Quick / Ruhnke (2011), S. 51 ff. sowie S. 283 im Rahmen der Systemprüfung. Dieser idealisierte Prozess vernachlässigt außerdem mögliche Reaktionen des geprüften Instituts bei negativen Feststellungen des Prüfers. Gegebenenfalls muss der Prüfer nach Anpassung des Prüfungsgegenstandes eine erneute Prüfung des modifizierten Ist-Objektes durchführen. Vgl. zum regelungstheoretischen Ansatz in Kapitel 3.1.2.1.2.

1313 Der Überzeugungsgrad ist zentral abhängig von den durchgeführten Prüfungshandlungen und deren jeweils vom Prüfer eingeschätzten Ergebnisbeitrag zur Prüfungssicherheit. Weitere Faktoren, die den Überzeugungsgrad des Prüfers beeinflussen, sind der jeweilige Ermessensspielraum bei der Normenauslegung, die fachliche Qualifikation des Prüfers, die zur Verfügung stehende Zeit, gegebenenfalls auf den Prüfer einwirkende soziale Zwänge sowie die Persönlichkeit des Prüfers. Vgl. Egner (1980), S. 165 ff.

1314 Vgl. Egner (1980), S. 36 f. Allerdings muss es zumindest ex post durch einen Dritten nachvollziehbar sein, warum der Prüfer an der jeweiligen Stelle zum Abbruch und zur Urteilsabgabe gekommen ist. Insbesondere darf der Abbruch nicht willkürlich gewählt sein. Vgl. hierzu das Objektivitätspostulat in Kapitel 3.2.3.

1315 Siehe Kapitel 3.1.2.1.3. zum risikoorientierten Prüfungsansatz.

1316 Vgl. Marten / Quick / Ruhnke (2011), S. 52.

Prüfungshandlungen als geeignete Operatoren gefunden werden oder unter wirtschaftlichen Gesichtspunkten nicht zur Verfügung stehen, ist die Rekursion als eine Neuformulierung der Zielkriterien notwendig.[1317]

Der hypothesengestützte heuristische Ansatz berücksichtigt als einziger der untersuchten Theorieansätze sowohl die Befassung mit dem funktionalen als auch dem institutionellen Erkenntnisobjekt, im Einzelnen mit der Erfassung des Prüfungsobjektes als Funktion sowie der begrenzten Rationalität des Prüfers als deren Träger. Zu kritisieren ist allerdings die schwache Begründung des heuristischen Ansatzes, sodass nicht in jedem Fall eine optimale und zuverlässige Lösung garantiert werden kann.

3.2 Prüfungsprozess

Der Prüfungsprozess setzt die Erkenntnisse aus der Prüfungslehre im Rahmen der praktischen Anwendung um. Diese leiten sich, wie insbesondere im Rahmen der spiel- und verhaltenstheoretischen Prüfungsansätze[1318] gezeigt, zentral aus der Aktion und Reaktionen der Akteure der Prüfung ab.[1319]

Abbildung 21: Akteure und exemplarische Aktionen im Prüfungsprozess

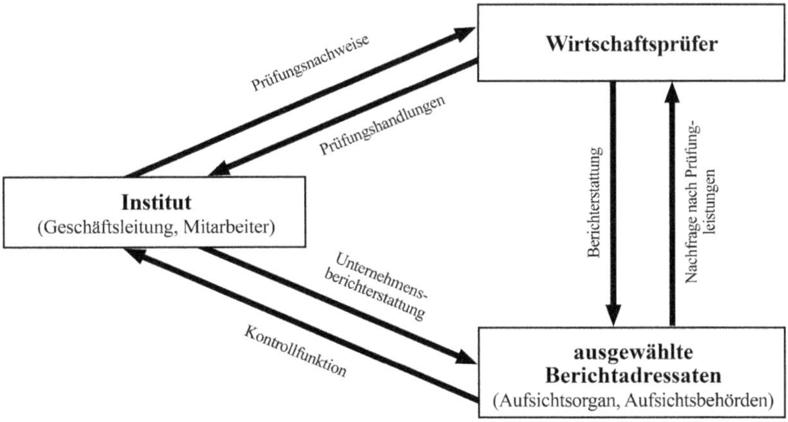

1317 Vgl. Gans (1986), S. 337.
1318 Siehe Kapitel 3.1.2.2.
1319 Vgl. Ewert (2002a), Sp. 1911 f.

Die Abschlussprüfung der Institute hat

- eine Kontrollfunktion zu den Aussagen des Jahresabschlusses und des Lageberichtes,
- eine Informationsfunktion, die der Abschlussprüfer über seine Berichterstattung an das Aufsichtsorgan erfüllt, und
- eine Beglaubigungsfunktion, die durch die Erteilung oder Versagung des Bestätigungsvermerks erfolgt.[1320]

Die Funktionen der Abschlussprüfung hat der Abschlussprüfer durch einen Prüfungsprozess umzusetzen.

Der Prüfungsprozess als komplexer Prozess stellt einen Zeit-Sach-Zusammenhang der Prüfungshandlungen dar. *Buchner* weist darauf hin, dass es sich hierbei nicht um ein Konglomerat willkürlicher, zusammenhanglos aneinandergereihter Aktionen des Prüfers, sondern um zielgerichtete, geplante Handlungen in festgelegter Reihenfolge zur Ermittlung eines Prüfungsurteils handelt. Der Grund zur Wahl eines geordneten Vorgehens liegt im Wirtschaftlichkeitsprinzip,[1321] dem das Vorgehen in der Prüfung grundlegend unterliegt. In Anlehnung an *Marten / Quick / Ruhnke* lassen sich die Prozessphasen, wie in der Abbildung 22 dargestellt, gliedern.[1322]

Abbildung 22: Phasen des Prüfungsprozesses

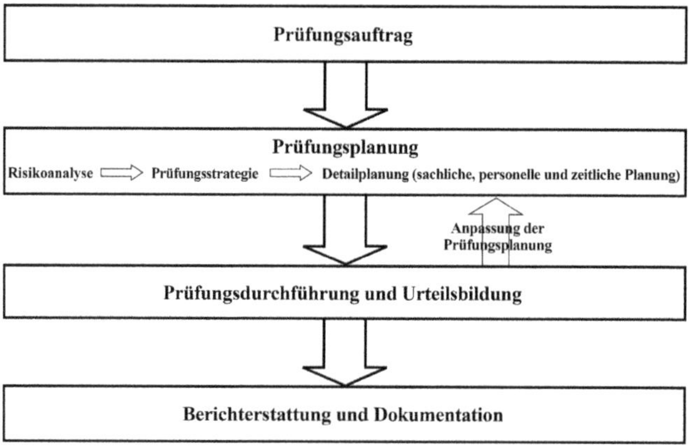

1320 Vgl. Apweiler (2012), S. 499 f.

1321 Vgl. Buchner (1997), S. 157.

1322 Vgl. Marten / Quick / Ruhnke (2011), S. 207 ff. sowie ähnlich bei Mielke (2007), S. 78, Leffson (1995), S. 141 ff., Schindler (2012), Rn. 36 f. und Apweiler (2012), S. 504.

Der Prozessablauf ist in der Abbildung als idealisiert anzusehen, da zwischen den einzelnen Phasen weitergehende, nicht dargestellte Verbindungen beziehungsweise Rückkopplungseffekte bestehen können, die im Einzelfall eine angepasste Abfolge der Phasen notwendig macht.[1323]

3.2.1 Prüfungsauftrag

Da Kreditinstitute gemäß § 340a Abs. 1 HGB unabhängig von ihrer Rechtsform immer wie eine große Kapitalgesellschaft zu behandeln sind, besteht eine Prüfungspflicht des Jahresabschlusses gemäß § 316 Abs. 1 HGB durch einen Wirtschaftsprüfer.[1324] Mit der Bestellung des Wirtschaftsprüfers nach § 318 HGB bei einem Kreditinstitut hat der Prüfer die Prüfungspflichten nach § 29 Abs. 1 und 2 KWG zu beachten.[1325]

Die Wahl des Abschlussprüfers[1326] erfolgt bei der Rechtsform der Aktiengesellschaft[1327] auf Vorschlag des Aufsichtsrates durch die Hauptversammlung,[1328] bei

1323 So setzt beispielsweise die Annahme des Prüfungsauftrages bereits ein gewisses Maß an Informationen zum Prüfungsobjekt voraus, die, sofern diese beim Wirtschaftsprüfer nicht vorhanden sind, durch eine vorgezogene, gegebenenfalls verkürzte Phase der Informationsbeschaffung erhoben werden müssen. Vgl. IDW PS 230, Rn. 9. Ferner können auch Rückfragen aus der Kommunikation (Berichterstattung) Einfluss auf die Urteilsbildung haben, da das Institut in Kenntnis des Urteils entweder weitergehende Anpassungen vornimmt oder zumindest sachverhaltsrelevante Informationen offenbart. Siehe Kapitel 3.1.2.1.2. zum regelungstheoretischen Prüfungsansatz.

1324 Dem Wirtschaftsprüfer steht auch eine Wirtschaftsprüfungsgesellschaft gleich. Da ein vereidigter Buchprüfer gemäß § 319 Abs. 1 Satz 2 HGB lediglich eine mittelgroße Kapitalgesellschaft prüfen darf, scheidet dieser für die Erfüllung der Vorbehaltsaufgabe bei großen Kapitalgesellschaften gemäß der §§ 316 Abs. 1, 319 Abs. 1 Satz 1 HGB aus.

1325 Dies schließt auch gegebenenfalls bestehende Prüfungspflichten aus der Schwerpunktsetzung seitens der Aufsicht nach § 30 KWG in Verbindung mit § 29 Abs. 1 Satz 4 KWG ein.

1326 Mit der Wahl des Abschlussprüfers wird eine Voraussetzung für die Bestellung des Wirtschaftsprüfers als Abschlussprüfer gemäß § 318 HGB geschaffen. Vgl. Marten / Quick / Ruhnke (2011), S. 232. Erst durch Wahl und Annahme des wirksam erteilten Prüfungsauftrages durch den Wirtschaftsprüfer kommt die Bestellung als Abschlussprüfer zustande. Vgl. o. V. (2007c), Rn. 187.

1327 Dies gilt ebenso für die Kommanditgesellschaft auf Aktien (KGaA) gemäß §§ 278 Abs. 3, 119, Abs. 1 Nr. 4 AktG.

1328 Vgl. § 119 Abs. 1 Nr. 4 AktG und IDW PS 220, Rn. 4.

den übrigen Rechtsformen regelmäßig auf Grundlage der Regelungen des Gesellschaftsvertrages.[1329] Der Aufsichtsrat hat sich vorab von der Fähigkeit des Prüfers, den Auftrag ordnungsgemäß durchzuführen, zu überzeugen.[1330] Bei der Vergabe größerer Prüfungsaufträge findet hierzu häufig ein Ausschreibungs- und Auswahlverfahren statt.[1331]

Der Auftrag zur Durchführung der Jahresabschlussprüfung ist ein Werkvertrag gemäß § 631 BGB.[1332] Der schuldrechtliche Vertrag kommt durch Angebot des Instituts und Annahme durch den Wirtschaftsprüfer zustande.[1333] Beim Vorliegen von Ausschlussgründen hat der Prüfer das Auftragsangebot unverzüglich abzulehnen.[1334] Mögliche Ablehnungsgründen ergeben sich dabei aus §§ 319 Abs. 2 bis 4, 319a Abs. 1 HGB,[1335] § 49 WPO in Verbindung mit §§ 4[1336], 20 ff.[1337] der

---

1329 Vgl. Naumann (2012a), Rn. 604 und IDW PS 220, Rn. 4. Ferner vgl. zur Darstellung der weitergehenden Auftragserteilung bei Naumann (2012a), Rn. 599 ff. und IDW PS 220, Rn. 5 ff.

1330 Vgl. Marten / Quick / Ruhnke (2011), S. 232.

1331 Allerdings hat der erfolgreiche Abschluss der Ausschreibung rechtlich keine bereits bindende Wirkung. Vgl. o. V. (2007c), Rn. 195. Ferner gelten für öffentliche Aufträge besondere Anforderungen im Rahmen von Vergabeverfahren. Vgl. o. V. (2007c), Rn. 202 ff.

1332 Vgl. Naumann (2012a), Rn. 597 f. sowie zum Verweis auf die Allgemeinen Auftrags- und Geschäftsbedingungen. Für eine Mischung von Werkvertrag und Dienstvertrag spricht, dass als ein zentrales Element die Erbringung von Prüfungsleistung eher Gegenstand eines Dienstvertrages, jedoch die Erstellung des Prüfungsberichtes Gegenstand eines Werkvertrages ist. Vgl. Marten / Quick / Ruhnke (2011), S. 233 und Fn. 29.

1333 Vgl. IDW PS 220 Rn. 5.

1334 Vgl. Marten / Quick / Ruhnke (2011), S. 233 f. Dies trifft zur Vermeidung von Schadensersatzansprüchen ebenfalls dann zu, wenn der Abschlussprüfer aus anderen als den normierten Ausschlussgründen den Auftrag ablehnen möchte. Vgl. o. V. (2007c), Rn. 196.

1335 Dies sind insbesondere Gründe, die Anlass für die Vermutung einer Befangenheit, in Sinne einer fehlenden Unabhängigkeit, des Prüfers geben. Im Einzelnen kann eine finanzielle Verbindung zwischen Abschlussprüfer und geprüftem Unternehmen sowie die Erbringung von bestimmten Leistungen für das geprüfte Unternehmen, insbesondere die Aufstellung des Abschlusses, zur Befangenheit führen. Vgl. § 319 Abs. 2 und 3 HGB.

1336 So hat der Prüfer Aufträge nur dann zu übernehmen, wenn er über die erforderliche Sachkunde und die zur Bearbeitung benötigten Kapazitäten verfügt. Dies gilt ebenfalls im Hinblick auf die Gesamtplanung aller Aufträge. Vgl. § 4 Abs. 2 und 3 BS WP / vBP.

1337 Die Anforderungen betreffen im Wesentlichen die Unparteilichkeit (§ 20 BS WP / vBP), Unbefangenheit (§ 21 BS WP / vBP), Bedeutung der Ausschlussgründe der

Berufssatzung für Wirtschaftsprüfer[1338] (BS WP / vBP).[1339] Für das Kreditinstitut besteht nach § 28 Abs. 1 Satz 1 KWG die Pflicht, den Abschlussprüfer nach der Bestellung unverzüglich der BaFin und der Deutschen Bundesbank anzuzeigen. Sofern die Aufsicht den Prüfungszweck gefährdet sieht,[1340] kann diese die Bestellung eines anderen Prüfers, einschließlich des Wechsels eines wiederbestellten Vorjahresprüfers, innerhalb einer Frist von einem Monat nach Anzeige verlangen.[1341]

3.2.2 Prüfungsplanung

Die Ziele der Prüfungsplanung[1342] sind, den Prüfungsgegenstand vollständig zu erfassen und die Prüfungsurteile im Rahmen der vorhandenen personellen Ressourcen sowie der vorgegebenen Zeitpläne[1343] mit hinreichender Sicherheit zu

---

§§ 319, 319a HGB (§ 23 BS WP / vBP), Eigeninteressen (§ 23 BS WP / vBP), Selbstprüfung (§ 23a BS WP / vBP) und Interessenvertretung des Prüfers für das zu prüfende Unternehmen in anderer Sache (§ 23b BS WP / vBP). Vgl. § 20 ff. BS WP / vBP.

1338 Satzung der Wirtschaftsprüferkammer über die Rechte und Pflichten bei der Ausübung der Berufe des Wirtschaftsprüfers und des vereidigten Buchprüfers (BS WP / vBP).

1339 Vgl. IDW PS 220, Rn. 11, Leffson (1995), S. 66 ff., Marten / Quick / Ruhnke (2011), S. 233 f. und o. V. (2007c), Rn. 197.

1340 Die Anordnung der Aufsicht gemäß § 28 Abs. 1 Satz 2 KWG kann sich auf erhebliche Mängel des Prüfungsberichtes des Vorjahres stützen, soweit es sich um eine Folgeprüfung handelt. Zudem kann die begründete Erwartung der Aufsicht bezüglich der fehlenden fachlichen Qualifikation oder Kapazitätsengpässen beim Prüfer zu einer Anordnung hinsichtlich der Bestellung eines anderen Prüfers führen. Vgl. Becker (2011b), S. 3 ff.

1341 Vgl. § 28 Abs. 1 KWG. Darüber hinaus hat die BaFin das Recht, in bestimmten Fällen die Bestellung eines Abschlussprüfers durch das Registergericht gemäß § 28 Abs. 2 KWG zu beantragen.

1342 In dieser Arbeit wird ausschließlich auf die Planung eines konkreten Auftrages eingegangen. Hiervon abzugrenzen ist das Planungsproblem des Prüfers, die Gesamtheit aller übernommenen Aufträge, einschließlich der Reihenfolge, zu planen und zu koordinieren. Eine Abhandlung zu diesem Problem findet sich unter anderem bei Marten / Quick / Ruhnke (2011), S. 245 ff.

1343 Denkbar sind hier über die gesetzlichen Anforderungen zur Aufstellung und Prüfung des Abschlusses nach §§ 264 Abs. 1, 340k Abs. 1 HGB hinausgehende zeitliche Restriktionen aus gegenüber dem Kapitalmarkt kommunizierten Zeitplänen.

erlangen.[1344] Die Prüfungsplanung ist nach *Marten / Quick / Ruhnke* als „der Entwurf einer Ordnung zu verstehen, nach der die eigentliche Prüfung zu vollziehen ist."[1345] Gegenstand der Prüfungsplanung ist somit die Ermittlung einer Ordnung, im Sinne von Art und Umfang der Handlungen sowie deren Reihenfolge, als gedankliche Vorwegnahme der zukünftigen Prüfungshandlungen unter Berücksichtigung der unsicheren Datenkonstellation.[1346]

Die Planung liegt zeitlich vor der Durchführung von Prüfungshandlungen, aber nach der Auftragsannahme. Gleichwohl ist die Planung auch ein dynamischer Prozess, der die aus der Prüfungsdurchführung erlangten Informationen im Sinne eines Regelkreises berücksichtigt.[1347] Die Prüfungsplanung setzt sich aus der globalen Prüfungsplanung mit den Teilphasen Risikoanalyse und Festlegung der Prüfungsstrategie sowie aus der detaillierten Planung der Prüfungsdurchführung zusammen. Die detaillierte Planung baut dabei auf der globalen Prüfungsplanung auf.[1348]

1344 Vgl. Marten / Quick / Ruhnke (2011), S. 238. Eine Verpflichtung zur Durchführung der Prüfungsplanung ist formal aus § 24a BS WP / vBP abzuleiten, wonach der Prüfer von der Auftragsannahme an sicherzustellen hat, dass die Verhältnisse des zu prüfenden Unternehmens bei der Planung berücksichtigt werden, um einen angemessenen und ordnungsgemäßen Prüfungsablauf in sachlicher, personeller und zeitlicher Hinsicht zu gewährleisten. Vgl. § 24a BS WP / vBP. Gleiches ergibt sich ebenfalls aus der Pflicht zur Beachtung des IDW PS 240, der sich zentral mit der Prüfungsplanung auseinandersetzt. Vgl. IDW PS 240, Rn. 1 ff.

1345 Marten / Quick / Ruhnke (2011), S. 238.

1346 Vgl. Marten / Quick / Ruhnke (2011), S. 238.

1347 Vgl. Marten / Quick / Ruhnke (2011), S. 238 und Apweiler (2012), S. 510.

1348 Vgl. Marten / Quick / Ruhnke (2011), S. 239 ff. Hinzuweisen ist, dass zwischen allen Teilaufgaben der Prüfungsplanung Interdependenzen bestehen, die eigentlich eine simultane Planung aller Schritte erfordern würde. Sowohl die Aufstellung des erforderlichen Simultanmodells als auch die wirtschaftlich sinnvolle Umsetzung erscheinen allerdings zweifelhaft, zumal auch die Vollständigkeit der Interdependenzen nicht sichergestellt werden kann. Vgl. Leffson (1995), S. 155. Insofern ist der hier gewählte stufenweise Ansatz, der je nach Kenntnisstand gegebenenfalls mehrfach während einer Prüfung zu wiederholen ist, als zweckmäßige Reduktion der Komplexität aus den Interdependenzen zu verstehen. Vgl. Leffson (1995), S. 155 sowie Marten / Quick / Ruhnke (2011), S. 242.

Abbildung 23: Detailprozess Prüfungsplanung

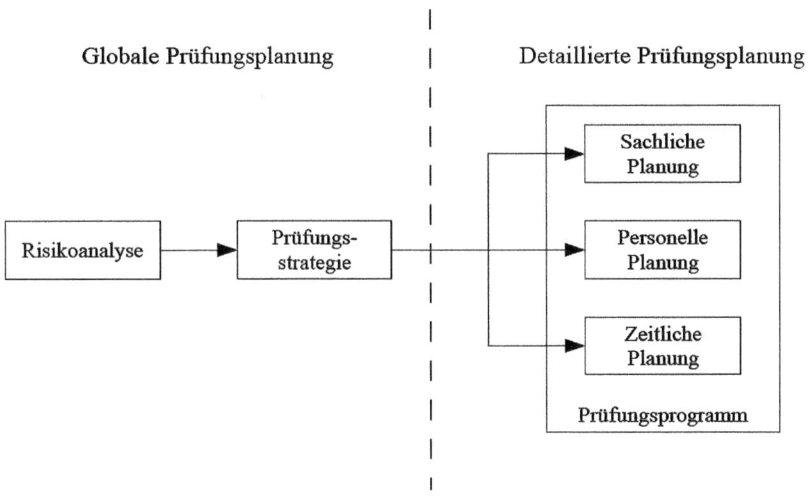

Quelle: In Anlehnung an Marten / Quick / Ruhnke (2011), S. 244.

Daher sind zunächst die Schritte der globalen Prüfungsplanung und dann die hierauf aufbauende Ableitung des Prüfungsprogramms näher zu behandeln.

3.2.2.1 Risikoanalyse

Der Wirtschaftsprüfer hat sich für die Planung der Prüfung die erforderlichen Kenntnisse über das zu prüfende Instituts anzueignen[1349] und dabei die unternehmensbezogenen und umfeldbezogenen Besonderheiten zu berücksichtigen.[1350] Nach *Leffson* sind in der Analyse des Prüfungsrisikos,[1351] die nach der Auftragsannahme einsetzt und der globalen Prüfungsplanung zuzuordnen ist, vor allem die wesentlichen unternehmensbezogenen Einflussgrößen zu erheben.[1352] Insofern ist ein ausreichender Kenntnisstand über das Prüfungsobjekt die Grundvoraussetzung für die folgenden Schritte der Planung.[1353]

1349 Vgl. IDW PS 240, Rn. 16.
1350 Vgl. Marten / Quick / Ruhnke (2011), S. 239 und Schindler (2012), Rn. 45.
1351 Siehe Kapitel 3.1.2.1.3.
1352 Vgl. Leffson (1995), S. 224 f.
1353 Vgl. Marten / Quick / Ruhnke (2011), S. 239 f., IDW PS 230, Rn. 7 1. Spiegelstrich sowie IDW PS 240, Rn. 15 f.

Der IDW PS 240 Rn. 15 fordert vom Wirtschaftsprüfer die Identifikation und die Analyse von möglichen Unternehmens- und Prüfungsrisiken, da diese in die Prüfungsstrategie zwingend einzubeziehen sind. Die Unternehmens-[1354] und die Prüfungsrisiken sind als Hinweise auf mögliche Verstöße gegen wesentliche Normen zu verstehen, die eine Differenzierung zwischen wesentlichen und nicht wesentlichen Prüfungsfeldern des Prüfungsobjektes ermöglichen sollen.[1355] Ferner hat der Prüfer auch Prüfungsschwerpunkte gegebenenfalls auf Basis mehrjähriger Prüfungspläne festzulegen.[1356]

Im Einzelnen hängt die Ausgestaltung der Risikoanalyse vom Prüfungsobjekt[1357], das im Prüfungsauftrag festgelegt wurde, ab. Zur in dieser Arbeit untersuchten Fragestellung hinsichtlich der Risikosteuerungs- und -controllingprozesse des Zinsänderungsrisikos im Anlagebuch stehen unter anderem Art, Umfang, Komplexität und Risikogehalt der Geschäfte des Kreditinstituts im Vordergrund.[1358] Die Urteilsbildung im Rahmen der systemorientierten Prüfung stützt sich aufgrund der Komplexität des Prüfungsobjektes und aus Wirtschaftlichkeitsgründen

---

1354 Der IDW PS 230, Rn. 2 bezeichnet dieses Risiko auch als Geschäftsrisiko. Vgl. ebenfalls Schindler (2012), Rn. 35.

1355 Vgl. IDW PS 240, Rn. 15.

1356 Vgl. Buchner (1997), S. 206 f., IDW PS 240, Rn. 23 sowie Kupsch (2002), Sp. 1553. Ein mehrjähriger Prüfungsplan kann gesetzlich nicht vorgeschriebene Schwerpunkte im Sinne wechselnder Prüfungsintensität einzelner Prüfungsfelder beinhalten. Der mehrjährige Prüfungsplan umfasst eine sachliche, zeitliche und personelle Komponente der mehrjährigen Detailplanung. Vgl. Kupsch (2002), Sp. 1553 ff. Die einzelnen Schwerpunkte werden losgelöst von der im jeweiligen Jahr konkreten risikoorientierten Schwerpunktsetzung ergänzend einbezogen. Vgl. IDW PS 240, Rn. 23.

1357 Dies setzt voraus, dass in der Risikoanalyse die Kenntnis über die Abgrenzung des Prüfungsobjektes gegenüber den nicht im Auftrag erfassten Prüfungsobjekten vorhanden ist. Allerdings bleibt bei *Marten / Quick / Ruhnke* aufgrund der fehlenden näheren Betrachtung unklar, ob in der Abgrenzung des Prüfungsobjektes ein gesonderter Schritt der globalen Prüfungsplanung zu verstehen ist. Vgl. Marten / Quick / Ruhnke (2011), S. 243 f. Denkbar ist auch eine Zuordnung zum Prüfungsauftrag, da der Prüfer nur dann über die Annahme entscheiden kann, wenn er das Prüfungsobjekt einschätzen und abgrenzen kann. So muss der Prüfer unter anderem über die notwendige Erfahrung zur Beurteilung des Prüfungsobjektes verfügen. Vgl. IDW PS 220, Rn. 11. Zudem ist der Prüfungsgegenstand auch Inhalt des Auftrages. Vgl. IDW PS 220, Rn. 19 3. Spiegelstrich sowie zu Schwerpunkten im IDW PS 220, Rn. 20.

1358 Siehe Kapitel 2.3.3.3.2.

dabei insbesondere auf die Prüfung der internen Kontrollsysteme.[1359] Insofern haben die Veränderungen des Kreditinstituts bei Prozessen, Systemen als auch bei der Organisationsstruktur möglicherweise Einfluss auf das interne Kontrollsystem und sind in der Risikoanalyse und gegebenenfalls weitergehend in der Strategie und im Prüfungsprogramm zu beachten.[1360] Ferner können sich Änderungen im wirtschaftlichen und rechtlichen Umfeld des Instituts, insbesondere Änderungen aufsichtsrechtlicher Vorgaben, risikoerhöhend auswirken und sind ergänzend einzubeziehen.[1361] Bei der Risikoanalyse sind somit die wesentlichen betrieblichen Prozesse, insbesondere interne Kontrollprozesse, Geschäftsaktivitäten und Ereignisse sowie das Umfeld des Instituts allgemein zu erheben, die das Ergebnis der Prüfung wesentlich beeinflussen können.[1362]

Eine wesentliche Quelle für Informationen sind neben den aktuellen Entwicklungen außerdem die in den Vorjahren erlangten Erkenntnisse. Beim Rückgriff auf diese Erkenntnisse zu erkannten oder mittels Andeutungen zumindest vermuteten Schwächen steht dabei der Vorjahresbericht[1363] des Abschlussprüfers im Mittelpunkt.[1364] Ergänzend zum Prüfungsbericht des Abschlussprüfers sind auch Berichte aus Prüfungen der Aufsicht[1365], der Internen Revision und Dritter[1366]

1359 Vgl. Leffson (1995), S. 226 f. zur Bedeutung der Systemprüfung mit Blick auf das Prüfungsobjekt und Marten / Quick / Ruhnke (2011), S. 240 f. zum erforderlichen Verständnis zum internen Kontrollsystem. Siehe auch Kapitel 3.2.2.3.1.

1360 Vgl. Buchner (1997), S. 206 f.

1361 Vgl. Leffson (1995), S. 224 zu den urteilsbeeinflussenden Determinanten.

1362 Vgl. IDW PS 240, Rn. 16.

1363 Vgl. Leffson (1995), S. 224. Im Fall der ersten Jahresabschlussprüfung nach Gründung eines Instituts kann der Prüfer auf keinen Vorjahresbericht zurückgreifen, sodass dem Prüfer in dieser besonderen Situation diese Informationsquelle nicht zur Verfügung steht. Nach einem Prüferwechsel kann der neue Abschlussprüfer zur Gewinnung von Informationen auf den Prüfungsbericht des Vorjahres zurückgreifen. Vgl. Marten / Quick / Ruhnke (2011), S. 244 f. sowie Schindler (2012), Rn. 136 ff.

1364 So gilt, dass der Abschlussprüfer bei einem uneingeschränkt testierten Vorjahresabschluss von dessen Ordnungsmäßigkeit ausgehen darf, es sei denn, er erlangt aus seiner Durchsicht des Berichts oder seiner Prüfung dem widersprechende Erkenntnisse. Vgl. Leffson (1995), S. 304.

1365 Für im Berichtszeitraum stattgefundenen Prüfungen nach § 44 Abs. 1 Satz 2 KWG besteht eine Pflicht zur Stellungnahme durch den Abschlussprüfer gemäß § 3 Abs. 3 PrüfbV.

1366 Zur Verwertung der Ergebnisse Dritter vgl. IDW PS 240, Rn. 17 sowie mit Bezug auf die Interne Revision IDW PS 321. Gleichwohl ist darauf hinzuweisen, dass insbesondere Urteile unternehmensinterner Personen, wie der Internen Revision, nicht vollumfänglich gleichwertig zu einem Urteil eines unabhängigen Dritten oder

hinzuzuziehen. Bei Folgeprüfungen kann der Prüfer zudem auf die eigenen Erfahrungen und auf die Arbeitspapiere des Vorjahres zurückgreifen, sofern die zugrunde liegenden Prozesse unverändert sind.[1367]

3.2.2.2 Entwicklung der Prüfungsstrategie

Die Entwicklung der Prüfungsstrategie basiert auf den in der Risikoanalyse gewonnenen Erkenntnissen.[1368] Die Prüfungsstrategie gibt das allgemeine Vorgehen zur Bewältigung der Prüfungsaufgabe wieder und beschreibt den erwarteten Prüfungsumfang.[1369] Die Strategie, die der globalen Prüfungsplanung zuzuordnen ist, bildet wiederum die Grundlage für das in der Detailplanung aufzustellende Prüfungsprogramm, das die sachliche, personelle und zeitliche Planung umfasst.[1370]

Die Prüfungsstrategie gliedert die im Prüfungsauftrag festgelegten Inhalte in Prüfungsfelder.[1371] Unter einem Prüfungsfeld[1372] ist ein inhaltlich beziehungsweise prozessual zusammenhängendes und damit einheitlich zu prüfendes Gebiet zu verstehen.[1373] Diese Unterteilung bildet die Grundlage der weitergehenden Detailplanung im Hinblick auf sachliche, zeitliche und personelle Aspekte, wobei die Einteilung in Prüfungsfelder abhängig vom Prüfungsobjekt, vom Prüfungszweck, von der Wahl zwischen system- und ergebnisorientiertem Prüfungsvorgehen sowie von gegebenenfalls gesetzten Schwerpunkten der Prüfungsstrategie ist.[1374]

---

eigener Urteile des Wirtschaftsprüfers zu sehen sind. Vgl. Leffson (1995), S. 307. Sofern der Prüfer in der Urteilsbildung die Urteile anderer Personen (Fremdurteile) verwertet, hat er sich zumindest von deren Vertrauenswürdigkeit zu überzeugen. Vgl. Leffson (1995), S. 308.

1367 Vgl. IDW PS 240, Rn. 13 mit Bezug zur Rechnungslegung sowie Schindler (2012), Rn. 335.

1368 Vgl. Marten / Quick / Ruhnke (2011), S. 239 f.

1369 Vgl. IDW PS 240, Rn. 14 und Marten / Quick / Ruhnke (2011), S. 239 f.

1370 Vgl. IDW PS 240, Rn. 11, Schindler (2012), Rn. 73 f. sowie Thiergard (2007), S. 1111.

1371 Je unvollkommener der Informationsstand des Abschlussprüfers ist, desto grober muss die Planung allerdings erfolgen. Diese ist dann im Verlauf der Prüfung zu präzisieren. Vgl. Leffson (1995), S. 226.

1372 Zudem fasst ein Prüfungsfeld gleichartige Aktivitäten zusammen. Vgl. Buchner (1997), S. 167.

1373 Vgl. IDW PS 240, Rn. 19 und Marten / Quick / Ruhnke (2011), S. 239 f.

1374 Vgl. Marten / Quick / Ruhnke (2011), S. 239 f. und Buchner (1997), S. 167 ff.

Allgemein sind die ergebnisorientierte Strategie des Balance Sheet Audit[1375] und die systemorientierte Strategie des Transaction Flow Audit[1376] zu unterscheiden.[1377] In der Prüfungslehre erfolgte dabei schwerpunktmäßig eine Auseinandersetzung mit der Prüfung des Jahresabschlusses zu diesen beiden Ansätzen.[1378] Das Ziel der Prüfungsstrategie ist das Festlegen der prinzipiellen Vorgehensweise des Prüfers.[1379] Die Prüfungsstrategie legt im Einzelnen für die jeweiligen Prüfungsfelder[1380] des Prüfungsobjektes die generelle Verteilung[1381] von systemorientierten Elementen und ergebnisbezogenen Elementen der abzuleitenden sachlichen

---

1375 Im Sinne der Prüfung der Ordnungsmäßigkeit des vorgelegten Jahresabschlusses, im Einzelnen beispielsweise zu Fragen der Existenz und Bewertung der Aktiva und Passiva. Vgl. Buchner (1997), S. 165.

1376 Bei *Buchner* wird der Strategieansatz unter Transaction Audit geführt, der hier aufgrund einer möglichen Verwechselungsgefahr mit Umwandlungs- und Verschmelzungsprüfungen nicht übernommen werden soll. Vgl. Buchner (1997), S. 165. Hierunter wird die Prüfung der internen Verarbeitungs- und Kontrollprozesse des Unternehmens zur Erstellung des Jahresabschlusses verstanden. Der Transaction Flow Audit ermöglicht es, die komplexen Unternehmensprozesse zu isolieren und zu analysieren, ohne dass dabei der Gesamtzusammenhang verloren geht. Das Institut ist als ein System zu verstehen, dessen einzelne Elemente miteinander in wechselseitiger Beziehung stehen und gegenüber der Umwelt durch bestimmte Ordnungsmerkmale abzugrenzen sind. Das System ist weitergehend in Subsysteme zu zerlegen, wobei diese Zerlegung eine notwendige Voraussetzung für die Definition geschlossener und übersichtlicher Prüfungsfelder ist. Vgl. Leffson (1995), S. 226 f. und Fn. 184 sowie Schindler (2012), Rn. 31.

1377 Vgl. Thiergard (2007), S. 1111.

1378 Vgl. Buchner (1997), S. 165 f.

1379 Vgl. Buchner (1997), S. 164.

1380 *Buchner* spricht hier zudem die Aggregation der Prüfungsfelder zu Prüfungsfeldgruppen an, die als Einheit die Übersichtlichkeit und Geschlossenheit der späteren Beurteilung sicherstellen soll. Vgl. Buchner (1997), S. 168. Vereinfachend soll nachfolgend ausschließlich von Prüfungsfeldern gesprochen werden, wobei unterstellt wird, dass diese im Sinne der Prüfungsziele als ausreichend übersichtlich und geschlossen, das heißt insbesondere frei von Inter-Prüfungsfeld-Dependenzen, sind.

1381 Es ist hierunter die allgemeine Festlegung der Gewichtung zwischen Systemprüfungshandlungen (systemorientierte Prüfungsstrategie) sowie analytischer und einzelfallbezogener Prüfungshandlungen (ergebnisorientierte Prüfungsstrategie) zu verstehen. Vgl. Marten / Quick / Ruhnke (2011), S. 240. So stehen die beiden Ansätze im Hinblick auf die Gewinnung der notwendigen Prüfungssicherheit in Beziehung zueinander.

Detailprüfungsplanung,[1382] die allgemeine Reihenfolge der systemorientierten und ergebnisorientierten Strategieelemente[1383] sowie die Kriterien zur Urteilsbildung fest.[1384]

Die ergebnisorientierte Prüfungsstrategie (Balance Sheet Audit) ist die ältere der Strategieansätze[1385] und nutzt als Orientierung den Aufbau des Jahresabschlusses. Die auf dieser Strategie aufsetzenden Prüfungshandlungen stellen vorrangig auf die Ordnungsmäßigkeit der quantitativen Angaben zum Bilanzstichtag im Sinne einer vorrangigen zeitpunktbezogenen Betrachtung ab. Wesentliche Prüfungshandlungen sind die Analyse der Entwicklung und die stichprobenartige Prüfung der Ermittlungsgrundlage der Einzelpositionen.[1386]

Aufgrund der Komplexität und der damit verbundenen Prüfungskosten einer ergebnisorientierten Prüfungsstrategie sowie auch der Kritik am ausschließlichen Bezug auf einen Zeitpunkt wurde ein systemorientierter Ansatz ergänzend entwickelt.[1387] Im Hinblick auf den hypothesengestützten heuristischen Ansatz sind hier als die zentralen Arten der Prüfungshandlung die Ermittlung eines vorläufigen Systemmodells und die Systembeurteilung als hypothesengesteuerter Suchprozess aufzuführen.[1388]

In eine Prüfungsstrategie sind zudem Prüfungsschwerpunkte aufzunehmen, die entweder aus der gesonderten Beauftragung durch den Auftraggeber,[1389] einer Schwerpunktsetzung durch die Aufsicht[1390] oder nach eigener Wahl[1391] resultieren. Die Festlegung eigener Prüfungsschwerpunkte hat im Rahmen des risikoorientierten Prüfungsansatzes zum Beispiel auf Grundlage eines

---

1382 Die im Prüfprogramm zugehörende personelle und zeitliche Planung baut im Sinne der stufenweisen Prüfungsplanung dann auf der sachlichen Detailplanung auf. Vgl. Marten / Quick / Ruhnke (2011), S. 240 ff. Zum Problem der Simultanplanung, einschließlich der sachlichen Prüfungsplanung, siehe Kapitel 3.2.2.

1383 Es sei hier auf die gegebenenfalls bestehende notwendige Abfolge von Prüfungshandlungen verwiesen, die sich auch aus den Überlegungen des risikoorientierten Prüfungsansatzes ergibt. Vgl. Buchner (1997), S. 170 f.

1384 Vgl. Leffson (1995), S. 160.

1385 Vgl. Thiergard (2007), S. 1111.

1386 Vgl. Buchner (1997), S. 165.

1387 Vgl. Buchner (1997), S. 165 f.

1388 Vgl. Marten / Quick / Ruhnke (2011), S. 281 und siehe Kapitel 3.1.2.3.

1389 Vgl. Kapitel 3.2.1.

1390 Vgl. o. V. (2011a), Rn. 3 und Kapitel 2.2.3.

1391 Beispielsweise kann sich ein selbstgewählter Schwerpunkt aus dem Ergebnis der Risikoanalyse ergeben. Vgl. Kapitel 3.2.2.1.

mehrjährigen Prüfungsplanes[1392] zu erfolgen.[1393] Für die Prüfungsschwerpunkte sind umfangreichere Prüfungshandlungen einzuplanen und durchzuführen sowie in der Berichterstattung[1394] darzustellen. Generell gilt für die Prüfungsschwerpunkte, dass diese insgesamt mit höherer Sicherheit zu beurteilen sind.[1395] Die Festlegung der Schwerpunkte erfolgt dabei zu Beginn der Prüfung, die sich dann im jeweiligen abgeleiteten Prüfungsprogramm widerspiegelt.[1396]

Aufgrund der in den folgenden Phasen der Prüfung gewonnenen Erkenntnisse, insbesondere aus der Prüfungsdurchführung, sind die Prüfungsstrategie und das hieraus abgeleitete Prüfungsprogramm regelmäßig dahingehend zu überprüfen, ob das geplante Vorgehen zu dem als erforderlich angesehenen Grad an Sicherheit führt.[1397] Gegebenenfalls sind Strategie sowie Prüfungsprogramm an die veränderten Situationen entsprechend anzupassen.

3.2.2.3 Detaillierte Prüfungsplanung

Die Ableitung des Prüfungsprogramms als detaillierte Prüfungsplanung umfasst neben der Bestimmung der zeitlichen Abfolge der zu bearbeitenden Prüfungsfelder (zeitliche Prüfungsplanung) sowie des Personaleinsatzes (personelle Prüfungsplanung) vor allem die durchzuführenden Prüfungshandlungen und die Kriterien für die Beurteilung des Prüfungsfeldes (sachliche Prüfungsplanung). Ein optimales Prüfungsprogramm hat dabei die Bedingungen der Wesentlichkeit im Sinne des risikoorientierten Prüfungsansatzes und damit die Erreichung der notwendigen Prüfungssicherheit bei der Abgabe des Urteils zu gewährleisten.[1398]

Gleichwohl eine Vielzahl an Interdependenzen zwischen den Phasen der Detailplanung besteht, die in der Theorie durch eine Simultanplanung der sachlichen, personellen und zeitlichen Gegebenheiten zu lösen wären, wird aufgrund der Komplexität einer solchen Simultanplanung eine stufenweise Planung angewendet.[1399]

1392 Vgl. Buchner (1997), S. 205.

1393 Vgl. Geiersbach / Prasser (2012), S. 576 ff.

1394 So hat der Prüfer bei Anordnungen der Aufsicht nach § 30 KWG explizit in seiner Berichterstattung darauf hinzuweisen. Vgl. § 3 Abs. 4 PrüfbV.

1395 Vgl. Buchner (1997), S. 205 f.

1396 Vgl. Buchner (1997), S. 206.

1397 Vgl. Thiergard (2007), S. 1112.

1398 Vgl. Leffson (1995), S. 159 und siehe Kapitel 3.1.2.1.3.

1399 Vgl. Marten / Quick / Ruhnke (2011), S. 243, Schindler (2012), Rn. 92 ff. und siehe Kapitel 3.2.2.

Die Prüfungsstrategie und die hierauf aufbauende sachliche Prüfungsplanung bilden damit die Grundlage für die personelle und zeitliche Prüfungsplanung.[1400]

3.2.2.3.1 Sachliche Prüfungsplanung

Die sachliche Prüfungsplanung beinhaltet die Festlegung der Kriterien zur Urteilsbildung (Prüfungskriterien) und die Wahl geeigneter Prüfungshandlungen.[1401] Die Prüfungskriterien leiten sich aus dem Prüfungszweck beziehungsweise den -zielen ab und bilden die Grundlage der Urteilsbildung.[1402] Unter Prüfungshandlungen sind die vom Prüfer durchgeführten Aktionen zu verstehen, mit denen der Prüfer die zur Urteilsfindung notwendigen Informationen erhebt (Informationserhebungsprozess) und verarbeitet (Informationsverarbeitungsprozess).[1403]

Die Prüfungshandlungen im Informationserhebungsprozess lassen sich allgemein in die Beobachtung von Prozessen durch den Prüfer, die Wiederholung von Abläufen durch den Prüfer, die Einholung von Auskünften und die Einsicht in Dokumente unterscheiden. Dabei ist jeder Handlung ein bestimmter Grad an Sicherheit in Bezug auf die gewonnene Information beizumessen, der sich an der Unabhängigkeit der an den Handlungen einbezogenen Personen und den Interpretationsspielräumen orientiert. *Leffson* fasst den Grad an Sicherheit mit dem Begriff Zuverlässigkeit der Informationsbeschaffung zusammen.[1404] Die Prüfungshandlungen als Informations-verarbeitungsprozess sind unter anderem Vergleichshandlungen der Ergebnisse von Rechenoperationen und eigener Schätzungen beziehungsweise Erwartungswerte.[1405]

Auf Grundlage der Prüfungsstrategie ist in der Detailplanung bei der Festlegung der geplanten Prüfungshandlungen zwischen systemorientierter Prüfung[1406] und ergebnisorientierter Prüfung[1407] weiter zu differenzieren.[1408] Die systemorientierte Prüfung lässt sich als Prüfung des internen Überwachungssystems näher in

1400 Vgl. Marten / Quick / Ruhnke (2011), S. 239 ff.
1401 Vgl. IDW PS 240, Rn. 20 und Schindler (2012), Rn. 44.
1402 Vgl. Leffson (1995), S. 159.
1403 Vgl. Leffson (1995), S. 159 ff.
1404 Vgl. Leffson (1995), S. 161.
1405 Vgl. Leffson (1995), S. 161. Die Informationsverarbeitung erfolgt im Wesentlichen in der Funktionsprüfung.
1406 Diese wird auch als Systemprüfung oder Prozess- und Systemprüfung bezeichnet.
1407 Diesem Begriff steht die aussagebezogene Prüfung gleich. Vgl. Schindler (2012), Rn. 114 ff.
1408 Siehe Kapitel 3.1.2.1.3. zum risikoorientierten Prüfungsansatz und Kapitel 3.2.2.2. zur Entwicklung der Prüfungsstrategie.

die Bereiche prozessintegrierte Überwachungsmaßnahmen mit den organisatorischen Sicherungs-maßnahmen[1409] und Kontrollen[1410] sowie die prozessunabhängige Interne Revision unterscheiden.[1411] Allgemein ist im ersten Schritt im Rahmen der Aufbauprüfung durch den Prüfer ein Bild des implementierten Kontrollsystems, einschließlich der verschiedenen Risiken, denen das Prüfungsfeld ausgesetzt ist, zu gewinnen.[1412] Im zweiten Schritt der systemorientierten Prüfung hat sich der Prüfer von der Funktionsfähigkeit der Überwachungsmaßnahmen durch eine Funktionsprüfung zu überzeugen. Die Abfolge der einzelnen Prüfungshandlungen der Systemprüfung ergibt sich grundlegend in Anlehnung an *Marten / Quick / Ruhnke,* wie in der Abbildung 24 dargestellt.[1413]

Abbildung 24: Ablauf der Systemprüfung

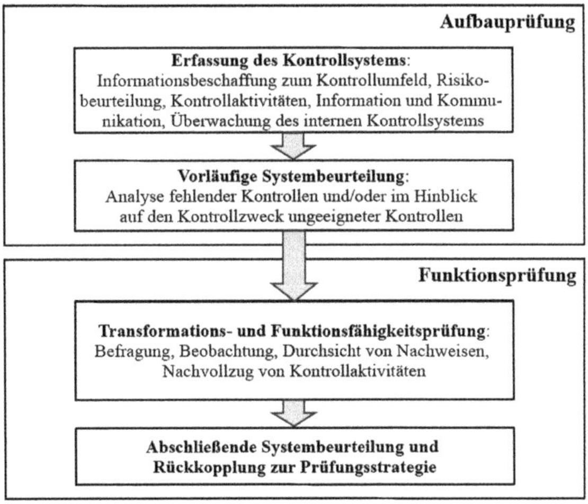

Quelle: In Anlehnung an Marten / Quick / Ruhnke (2011), S. 279.

1409 Organisatorische Sicherungsmaßnahmen sind integrierte Maßnahmen, die im organisatorischen Ablauf beziehungsweise Aufbau Fehler durch ihr Vorhandensein automatisch verhindern oder zumindest deren potentielle Auswirkungen reduzieren sollen. Im Einzelnen können dies beispielsweise Funktionstrennungen sowie Zugriffs- und Zugangsbeschränkungen sein. Vgl. IDW PS 261, Rn. 20.

1410 Kontrollen sind implementierte Maßnahmen, die Fehler aktiv verhindern oder zumindest aufdecken sollen. Für die Durchführung der Kontrolle ist der Überwachungsträger verantwortlich. Vgl. IDW PS 261, Rn. 20.

1411 Vgl. Marten / Quick / Ruhnke (2011), S. 268 und IDW PS 261, Rn. 19 ff.

1412 Vgl. Marten / Quick / Ruhnke (2011), S. 271 ff.

1413 Vgl. Marten / Quick / Ruhnke (2011), S. 277 ff.

Die Aufbauprüfung[1414] umfasst die Informationsbeschaffung zu den einzelnen Komponenten des internen Kontrollsystems.[1415] Dabei sind gemäß IDW PS 261 für das interne Kontrollsystem[1416] die folgenden Dimensionen zur Ausgestaltung zu unterscheiden:[1417]

Abbildung 25: Ausgestaltung des internen Kontrollsystems

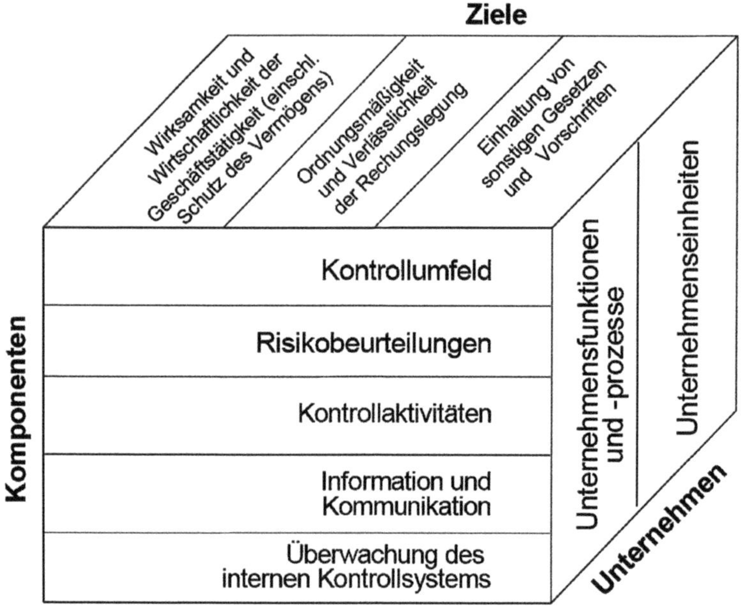

Quelle: IDW PS 261, Abbildung 3.

Im Hinblick auf die Zielsetzung dieser Arbeit ist insbesondere das Ziel des internen Kontrollsystems, die Einhaltung von sonstigen Gesetzen und Vorschriften,

1414 Dabei ist hervorzuheben, dass der Prüfer sich bereits in der Risikoanalyse als Teil der globalen Prüfungsplanung einen Überblick zum internen Kontrollsystem zu verschaffen hat. Vgl. IDW PS 261, Rn. 37 ff.

1415 Vgl. Marten / Quick / Ruhnke (2011), S. 271.

1416 Das interne Kontrollsystem geht im Wesentlichen auf das COSO I – Modell zurück, das im Jahr 2004 zu einem umfassenden Risikomanagementsystem erweitert wurde. Das interne Kontrollsystem ist hiernach ein Bestandteil des internen Umfeldes. Vgl. Ullrich (2009), S. 513 f.

1417 Vgl. IDW PS 261, Rn. 26 ff. und Schindler (2012), Rn. 47 f.

hervorzuheben,[1418] wobei auch die übrigen Ziele allgemein für die Jahresabschlussprüfung als Ganzes eine große Bedeutung haben.[1419] Dabei ist das interne Kontrollsystem nach bestimmten Unternehmensfunktionen und -prozessen oder Unternehmenseinheiten weitergehend zu unterteilen.[1420]

Im Rahmen des Kontrollumfeldes hat der Prüfer das Problembewusstsein und das Verhalten des Managements sowie der zentral mit der Überwachung betrauten Mitarbeiter zu erheben und einzuschätzen.[1421] Zur Komponente Risikobeurteilung hat der Prüfer zu erfassen, ob und wie die relevanten Risiken vollständig identifiziert und beurteilt werden,[1422] die einer Erreichung der jeweiligen Unternehmenszielen[1423] entgegenstehen.[1424] Zur Beurteilung der Eignung der Kontrollen hat der Prüfer darüber hinaus die Kontrollaktivitäten aufzunehmen, die im Bezug auf das jeweilige Unternehmensziel Fehler in den Prozessen aufdecken[1425] beziehungsweise verhindern[1426] sollen.[1427] Hierbei kann sich der Prüfer auf die Aufnahme der wesentlichen Aktivitäten beschränken.[1428]

Die Komponente Information und Kommunikation dient der Beurteilung der Informationsflüsse mit Bezug zum internen Kontrollsystem. Der Prüfer hat sich hierzu Kenntnisse zur Erfassung, Verarbeitung von Informationen, dem Informationssystem sowie den Kommunikationsprozessen des Unternehmens zu

---

1418 So weist der IDW PS 261, Rn. 24 explizit auf die Prüfungspflicht zum Risikofrüherkennungssystem gemäß § 317 Abs. 4 HGB hin. Vgl. IDW PS 261, Rn. 24.

1419 Vgl. IDW PS 261, Rn. 21 ff. Allerdings sind im Einzelnen nicht alle Ziele, wie beispielsweise Ziele des Arbeitsschutzes, unmittelbar für die Prüfung relevant. Vgl. IDW PS 261, Rn. 41 f.

1420 Vgl. IDW PS 261, Abbildung 3.

1421 Vgl. IDW PS 261, Rn. 43.

1422 Vgl. IDW PS 261, Rn. 45 f.

1423 Vgl. IDW PS 261, Rn. 45.

1424 Vgl. IDW PS 261, Rn. 48.

1425 Die fehleraufdeckenden Kontrollen sind den einzelnen Verarbeitungsschritten eines Prozesses nachgelagert und sollen die Richtigkeit und Vollständigkeit des Ergebnisses sicherstellen. Es schließt sich regelmäßig ein Korrekturprozess zu den aufgedeckten Fehlern an. Diese Kontrolle ist insofern detektiv. Vgl. IDW PS 261, Rn. 54.

1426 Fehlervermeidende oder auch fehlerverhindernde Kontrollen setzen bereits bei der Entstehung von Fehlern an und sollen beispielsweise fehlerhafte Daten von der weiteren Verarbeitung ausschließen. Diese Kontrollen sind präventiv. Vgl. IDW PS 261, Rn. 54.

1427 Vgl. IDW PS 261, Rn. 49.

1428 Vgl. IDW PS 261, Rn. 50.

verschaffen.[1429] Die Komponente Überwachung des internen Kontrollsystems erfasst, sofern vorhanden, die im Unternehmen eingerichteten Maßnahmen zur Sicherstellung der Funktionsfähigkeit des internen Kontrollsystems.[1430]

Die Durchführung der Aufbauprüfung[1431] erfolgt im Einzelnen durch die Erfassung des internen Kontrollsystems durch Beobachtung, Befragung und Durchsicht der Dokumentation zum Aufbau und Ablauf der Unternehmensprozesse. Ergänzend können zur Systemerfassung unterstützende Techniken, wie der Einsatz von Fragebögen und Ablaufdiagrammen, zum Einsatz kommen.[1432]

Allerdings ist bei der Nutzung von Fragebögen der Aufwand der Erstellung eines institutsindividuellen und auf das jeweilige Prüfungsfeld bezogenen Bogens oftmals erheblich und erfordert zudem ein hohes Maß an Erfahrung des Prüfers, sodass in der Prüfungspraxis unter anderem auf standardisierte Fragebögen zurückgegriffen wird. Ein standardisierter Fragebogen gewährleistet ein einheitliches Vorgehen zwischen den einzelnen Prüfungen bei verschiedenen Instituten und bietet außerdem die Möglichkeit einer ausreichenden Kontrolle der ausführenden Mitarbeiter im Sinne der vollständigen Abarbeitung eines Prüfungsfeldes durch den verantwortlichen Wirtschaftsprüfer. Nachteilig ist, dass eine vollumfängliche Erfassung unternehmensindividuell gestalteter Prozesse aufgrund der Standardisierung nicht möglich ist. Hierzu sind bezogen auf die jeweilige Prüfung Erweiterungen und Anpassungen erforderlich.[1433]

Da der standardisierte Fragebogen ebenso durch weniger erfahrendes Personal in der Prüfung bearbeitet werden kann, besteht zudem die Gefahr, dass wesentliche

---

1429 Vgl. IDW PS 261, Rn. 56 f.

1430 Vgl. IDW PS 261, Rn. 59 f. Es können ergänzend auch die prozessunabhängigen Kontrollen, wie die Interne Revision, zur Gewinnung weiterer Prüfungssicherheit herangezogen werden.

1431 Im Allgemeinen sind zur Aufbauprüfung aus organisationstheoretischen Grundsätzen beispielhaft Kriterien zur Beurteilung der Aufbauorganisation, wie Eindeutigkeit von Aufgaben, Kompetenzen und Verantwortlichkeiten, Abgrenzung von Aufgaben und Abdeckung aller prozessual notwendigen Funktionen, für eine Schwachstellenanalyse abzuleiten. Hinsichtlich des Ablaufes sind analog Kriterien zum Aufdecken von Schwachstellen, wie die eindeutige Zuordnung von Prozessen zu Stellen, Bereichen, Personen, klare und vollständige Verfahrensvorschriften und Dokumentation der einzelnen Prozessschritte, festzulegen. Vgl. Gans (1986), S. 428. Außerdem ist auch das Kontrollzielkonzept mit den wichtigsten Kriterien zur Funktionstrennung als Trennung miteinander unvereinbarer Tätigkeiten und zur Kontrolle der jeweiligen Tätigkeiten zu nennen. Vgl. Gans (1986), S. 432.

1432 Vgl. Marten / Quick / Ruhnke (2011), S. 273 ff.

1433 Vgl. Marten / Quick / Ruhnke (2011), S. 274 f.

Sachverhalte durch das mechanische Durchgehen des Fragebogens verbunden mit der geringeren Erfahrung nicht erfasst werden.[1434] Darüber hinaus besteht das Risiko, die Ergebnisse des Vorjahres ungeprüft zu übernehmen.[1435] Insgesamt ist somit der Einsatz von Fragebögen eher bei einfachen, standardisierten Prozessen vorstellbar, während für komplexe und individuell ausgestaltete Prozesse Fragebögen nur begrenzt geeignet sind.

Eine weitere Technik ist der ergänzende Einsatz von Ablaufdiagrammen, die im Gegensatz zu einer rein verbalen Beschreibung des Prozesses oder dessen Erfassung in einem Fragebogen den Vorteil einer deutlich besseren Übersichtlichkeit zu den Zusammenhängen bietet. Ein Ablaufdiagramm stellt grafisch mittels genormter Symbole die einzelnen Verarbeitungsschritte eines Prozesses einschließlich der einbezogenen Daten und erzielten Ergebnisse dar. Ein Nachteil der Ablaufdiagramme ist der häufig deutlich höhere Aufwand zu deren Erstellung.[1436]

An die Erfassung der Komponenten des internen Kontrollsystems schließt sich die vorläufige Systembeurteilung als zweiter Schritt der Aufbauprüfung an. Hierbei sind zentral die Schwachstellen, beispielsweise fehlende oder ungeeignete Kontrollen beziehungsweise fehlende oder ungeeignete organisatorische Sicherungsmaßnahmen, durch den Prüfer zu identifizieren.[1437] Nach der Systembeurteilung ist die initiale Prüfungsplanung zu den weiteren Prüfungshandlungen erneut zu würdigen.[1438]

Die Funktionsprüfung soll die tatsächliche Umsetzung der Kontrollaktivitäten erfassen. Die tatsächliche Umsetzung zeigt sich hierbei in der Wirksamkeit der Kontrollmaßnahmen sowie in ihrem kontinuierlichen Bestehen über den Beurteilungszeitraum.[1439] Die Funktionsprüfung lässt sich in Anlehnung an *Marten / Quick / Ruhnke* näher in die Transformationsprüfung und Funktionsfähigkeitsprüfung unterscheiden,[1440] die auf Basis der Informationen der Risikoanalyse zu planen sind und auf den Ergebnissen der Aufbauprüfung beruhen.

1434 *Marten / Quick / Ruhnke* bezeichnen dies auch als Risiko des fehlenden Mitdenkens und der fehlenden Entwicklung eines prüferischen Spürsinns. Vgl. Marten / Quick / Ruhnke (2011), S. 274 ff.

1435 Vgl. Marten / Quick / Ruhnke (2011), S. 274 ff.

1436 Vgl. Marten / Quick / Ruhnke (2011), S. 274 ff. Darüber hinaus weisen *Marten / Quick / Ruhnke* auch auf die Möglichkeit der Nutzung von Ablaufdiagrammen des jeweiligen Unternehmens hin, sofern solche vorhanden sind.

1437 Vgl. Marten / Quick / Ruhnke (2011), S. 276 f.

1438 Vgl. Marten / Quick / Ruhnke (2011), S. 277 und Apweiler (2012), S. 510.

1439 Vgl. IDW PS 300, Rn. 17.

1440 Vgl. Marten / Quick / Ruhnke (2011), S. 277 f.

Die Transformationsprüfung als Teil der Funktionsprüfung hat die Prüfung der kontinuierlichen Durchführung einer zu beurteilenden Kontrolle zum Gegenstand.[1441] Die Funktionsfähigkeitsprüfung als zweiter Teil verfolgt hingegen das Ziel, die Qualität der implementierten Kontrolle zu beurteilen.[1442] Abschließend ist das Ergebnis der Systemprüfung für die jeweiligen Prüfungsfelder im Hinblick auf das Fehlerrisiko einzuschätzen. Das Fehlerrisikos wird dazu multiplikativ aus dem in der Systemprüfung erhobenenen inhärenten Risiko und Kontrollrisiko ermittelt. Bei einem angestrebten hinreichenden Niveau des Prüfungsrisikos ergibt sich gemäß Formel 9[1443] ein verbleibendes zu akzeptierendes Entdeckungsrisiko. Der Zusammenhang zwischen dem Entdeckungsrisiko sowie dem ermittelten inhärenten Risiko und Kontrollrisiko der Systemprüfung lässt sich in die folgende Matrix überführen.[1444]

Abbildung 26: Einschätzung des Entdeckungsrisikos

		Einschätzung des Kontrollrisikos		
		Hoch	Mittel	Gering
	Hoch	Gering	**Gering**	Mittel
Einschätzung des inhärenten Risikos	**Mittel**	Gering	**Mittel**	Hoch
	Gering	Mittel	**Hoch**	Hoch

Quelle: In Anlehnung an Ködel (1997), S. 122.

Je nach Einstufung sind im anschließenden Schritt für das jeweilige Prüfungsfeld die ergebnisorientierten Prüfungshandlungen festzulegen.[1445] Bei einem geringen Entdeckungsrisiko muss der Prüfer eine entsprechend höhere Anzahl an ergebnisorientierten Prüfungshandlungen planen. Entsprechend kann bei einem nach systemorientierter Prüfung verbleibenden geringen Fehlerrisiko, gleichbedeutend zu einem hohen zu akzeptierenden Entdeckungsrisiko, auch ein geringerer

1441 Vgl. Marten / Quick / Ruhnke (2011), S. 277 f.

1442 Hervorzuheben ist, dass der Prüfer regelmäßig auf Basis der vorliegenden dokumentierten Ergebnisse der Kontrollen auf die Qualität der Ausführung indirekt schließen muss. Diese Prüfung der Verarbeitungsergebnisse können zudem je nach Ausgestaltung der Prüfungshandlung als Dual Purpose Test auch in der ergebnisorientierten Prüfung verwendet werden. Vgl. Marten / Quick / Ruhnke (2011), S. 278 f.

1443 Siehe Kapitel 3.1.2.1.3.

1444 Vgl. Ködel (1997), S. 122 und siehe Kapitel 3.1.2.1.3.

1445 Vgl. Schindler (2012), Rn. 86 und Leffson (1995), S. 157.

Umfang an ergebnisorientierten Prüfungshandlungen durch den Prüfer eingeplant werden.[1446] Analog der Funktionsprüfung als Teil der Systemprüfung ist ebenfalls die Planung der ergebnisorientierten Prüfungshandlungen im Rahmen der Prüfungsdurchführung bei Vorliegen weitergehender Informationen erneut zu würdigen und gegebenenfalls anzupassen.

Zu den ergebnisorientierten Prüfungshandlungen,[1447] als Prüfung des Ergebnisses von einzelnen, abgegrenzten Vorfällen,[1448] gehören die analytischen Prüfungshandlungen sowie die einzelfallbezogenen Prüfungshandlungen.[1449] Mit den analytischen Prüfungshandlungen versucht der Prüfer, ungewöhnliche Veränderungen von quantitativen Angaben mittels eines oder mehrerer Vergleichswerte im Zeitablauf oder anderweitiger adäquater Vergleichsgrößen aufzudecken. Die analytischen Prüfungshandlungen sind den indirekten Prüfungen[1450] zuzuordnen und liefern somit Plausibilitätsurteile für die Gesamtheit oder Teilmenge an Geschäftsvorfällen hinsichtlich einer betragsmäßigen Aussage.[1451] Grundlegend setzen analytische Prüfungshandlungen jeweils einen sachlogischen Zusammenhang zwischen dem zu prüfenden Wert und dem Vergleichswert voraus.[1452] Von der Gültigkeit des unterstellten Zusammenhangs kann der Prüfer basierend auf den berufsständischen Vorgaben solange ausgehen, wie ihm durch die Prüfungshandlungen keine gegenteiligen Erkenntnisse bekannt geworden sind. Allerdings wäre

---

1446 Für eine umfassende Diskussion zur Wesentlichkeit und der hiermit verbundenen Wahl von Art und Umfang der Prüfungshandlungen im Rahmen der Prüfung des Jahresabschlusses wird auf *Wolz* verwiesen. Vgl. Wolz (2003), 79 ff.

1447 Für diese wird auch die Bezeichnung aussagebezogene Prüfungshandlungen verwendet. Vgl. IDW PS 300, Rn. 21 ff.

1448 Vgl. Egner (1980), S. 108.

1449 Vgl. Marten / Quick / Ruhnke (2011), S. 291.

1450 Mögliche vorhandene Fehler zeigen sich bei indirekten Prüfungen durch ungewöhnliche Abweichungen nur indirekt. Die Aufdeckung einer beispielsweise fehlerhaften Berechnung erfordert somit eine weitergehende Untersuchung im Prüfungsfeld. Im Gegensatz hierzu können direkte Prüfungshandlungen, wie einzelfallbezogene Prüfungen, unmittelbar Fehler im Prüfungsfeld aufdecken, da diese, wie am Beispiel einer Belegprüfung in der Rechnungslegung, direkt auf die einzelnen Geschäftsvorfälle bezogen sind. Vgl. Marten / Quick / Ruhnke (2011), S. 291 f. und Quick (2002), Sp. 1685 f.

1451 Vgl. Quick (2002), Sp. 1685 f. und Schindler (2012), Rn. 114 f.

1452 Vgl. Marten / Quick / Ruhnke (2011), S. 291 f.

dies ebenfalls dann der Fall, wenn beide Werte demselben systematischen Fehler unterliegen, sodass ein Vergleich der Werte diesen Fehler nicht aufdecken kann.[1453]

Im Einzelnen lassen sich die analytischen Prüfungshandlungen näher als Vorjahresvergleich,[1454] Zeitreihenanalyse[1455] oder Benchmark[1456] unterteilen. Der zugrunde liegende Prozess zur Durchführung und Urteilsbildung bei analytischen Prüfungshandlungen umfasst die Phasen: Erwartungsbildung über die jeweilige Entwicklung in Abhängigkeit zum Vergleichswert, Setzen eines Schwellenwertes zur Differenzierung zwischen bedeutsamen und unbedeutenden Abweichungen, Durchführung des Vergleiches, Analyse der Abweichungen einschließlich Hypothesenbildung zur Ursache und Ergebnisanalyse, die auch eine Anpassung der vorläufigen Planung erfordern kann.[1457]

Einzelfallbezogene Prüfungshandlungen sollen in Abgrenzung zu analytischen Prüfungshandlungen als Detailprüfung eine Prüfungsaussage zu einem einzelnen Sachverhalt treffen.[1458] Da eine Vollprüfung zu einem einzelnen Sachverhalt aufgrund der Vielzahl der zugrunde liegenden Geschäftsvorfälle nur mit hohem Aufwand[1459] möglich ist und zudem regelmäßig auch keine lückenlose Prüfung gefordert wird,[1460] stützen sich die einzelfallbezogenen Prüfungshandlungen oftmals auf Stichproben. Hinsichtlich der Stichprobenverfahren ist generell zwischen der bewussten Auswahl und der Zufallsstichprobe zu differenzieren.[1461]

1453 Dies ist insbesondere bei bewussten Manipulationen von Angaben der Fall, die durch Plausibilitätsbeurteilungen nicht aufgedeckt werden können. Vgl. Dörner (2002), Sp. 1760.

1454 Vgl. Marten / Quick / Ruhnke (2011), S. 297 ff.

1455 Dies können Kennzahlenanalysen, Trendanalysen, Regressionsanalysen sowie weitergehende Formen der Zeitreihenanalyse sein. Vgl. Marten / Quick / Ruhnke (2011), S. 300 ff. und Schindler (2012), Rn. 114.

1456 Hierunter sind Vergleiche, wie beispielsweise mit Planzahlen oder Werten von vergleichbaren anderen Instituten, zu verstehen. Vgl. Marten / Quick / Ruhnke (2011), S. 305 f.

1457 Vgl. Quick (2002), Sp. 1687 f. sowie Abbildung 1.

1458 Vgl. Quick (2002), Sp. 1685 f.

1459 Regelmäßig wird eine Vollprüfung nur bei sehr überschaubaren Prüfungsfeldern, dass heißt mit wenigen Geschäftsvorfällen, bei hohen Fehlerrisiken durchgeführt. Vgl. Marten / Quick / Ruhnke (2011), S. 312.

1460 Vgl. Wolz (2003), S. 44.

1461 Vgl. Schindler (2012), Rn. 119 f.

Im Rahmen von sogenannten Dual Purpose Test[1462] ist es zudem möglich, bereits durchgeführte Stichproben aus der Funktionsprüfung, als Teil der systemorientierten Prüfung, ergänzend als einzelfallbezogene Prüfungshandlung zu verwenden, da diese neben der Beurteilung der Funktionsfähigkeit des internen Kontrollsystems auch eine Prüfungsaussage zu einem einzelnen Sachverhalt ermöglichen.[1463]

3.2.2.3.2 Personelle Prüfungsplanung

Die personelle Planung ordnet jedem Prüfungsfeld mit den jeweiligen Prüfungshandlungen eine oder mehrere Personen zu, die die Prüfungshandlungen durchführen sollen.[1464] Um die Prüfungshandlungen sachgerecht ausführen zu können, müssen die hiermit betrauten Personen über die notwendige Qualifikation[1465] verfügen[1466] und insbesondere bei größeren Prüfungen im Team harmonisch zusammenarbeiten.[1467] Über die Aspekte der notwendigen Qualifikation und Zusammenarbeit hinaus sind bei der personellen Planung ebenso die zeitliche Verfügbarkeit der einzelnen Personen, die jeweils notwendige

1462 Ein Dual Purpose Test liefert aufgrund seiner Ausgestaltung sowohl einen Ergebnisbeitrag zur systemorientierten Prüfung im Rahmen der Funktionsprüfung als auch zur ergebnisorientierten Prüfung als Teil der einzelfallbezogenen Prüfungshandlungen. Vgl. Marten / Quick / Ruhnke (2011), S. 278.

1463 Vgl. Quick (1996), S. 370 und Marten / Quick / Ruhnke (2011), S. 278 f.

1464 Vgl. Marten / Quick / Ruhnke (2011), S. 241 f. und Schindler (2012), Rn. 153.

1465 Die Qualifikation schließt hierbei bestimmte Fachkenntnisse, wie beispielsweise IT-Kenntnisse zur Prüfung von IT-Systemen, und die notwendige Erfahrung mit ein. *Ruhnke* betont darüber hinaus, dass ein Ersetzen von fachlicher Kompetenz durch Checklisten kritisch ist, da zum einen neuartige Sachverhalte oftmals nicht ausreichend beachtet wurden und zum anderen nur ein kompetenter Prüfer beurteilen kann, ob im Einzelfall tatsächlich alle entscheidungsrelevanten Kriterien einbezogen wurden. Vgl. Ruhnke (2001), S. 445 und so auch bei Denter (2012), S. 563. So stellt auch *Gelhausen* zur Prüfung des Risikofrüherkennungssystems nach § 91 Abs. 2 AktG dar, dass diese aufgrund ihrer Komplexität vom Prüfer gute Marktkenntnis und betriebswirtschaftlichen Sachverstand erfordert und keinesfalls als einfache Checklistenprüfung erfolgen sollte. Vgl. Gelhausen (2012), Rn. 70 f.

1466 Vgl. Marten / Quick / Ruhnke (2011), S. 241 f. und IDW PS 240, Rn. 20. Dies schließt den Einsatz von spezialisierten Prüfern, wie für IT- oder Steuersachverhalte, mit ein. Vgl. Leffson (1995), S. 201.

1467 Vgl. Leffson (1995), S. 200.

Unabhängigkeit zum Institut sowie die Vorgaben zu einer internen Rotation[1468] zu beachten.[1469] Ferner sind neben der zeitlichen Komponente auch Kostenaspekte bei der Zuordnung der Mitarbeiter zu den einzelnen Prüfungsfeldern zu beachten.[1470]

Vielfach werden bei mehrjährigen Prüfungen dieselben Prüfer eingesetzt,[1471] die bereits im Vorjahr in dem Prüfungsfeld bei dem Institut tätig waren, da gerade dies die Gewinnung eines vollständigen und zügigen Überblicks bei komplexen Sachverhalten ermöglicht.[1472] Diesem Vorteil aus der Erfahrung des Vorjahres steht die Gefahr einer Betriebsblindheit entgegen. Bereits im Vorjahr nicht erkannte Fehler werden möglicherweise durch denselben Prüfer auch im folgenden Jahr übersehen, da er sich am Vorgehen und den Erkenntnissen des Vorjahres orientiert.[1473] Zusätzlich weist *Leffson* auf ein bei wiederholten Einsätzen möglicherweise entstehendes Vertrauensverhältnis zwischen Prüfer und Geprüftem hin,[1474] das im Einzelfall gegebenenfalls die erforderliche kritische Grundhaltung gefährden könnte.[1475]

Das Zuordnungsproblem der personellen Planung ist auf Basis von Optimierungsverfahren zu lösen.[1476] Alternativ wurden auch Ansätze zur simultanen Planung zusammen mit der zeitlichen Planung unter vollkommener und unvollkommener Information entwickelt.[1477]

1468 Eine Pflicht zur Rotation des unterzeichnenden Wirtschaftsprüfers bei kapitalmarktorientierten Unternehmen ergibt sich unmittelbar aus dem HGB. Vgl. § 319a Abs. 1 Nr. 4 HGB. Zu einer weitergehenden Darstellung von internen und externen Rotationen vgl. Simons / Zein (2007), S. 1070 f. Zur aktuellen Diskussion einer externen Rotation zwischen verschiedenen Wirtschaftsprüfungsgesellschaften auf EU-Ebene sowie zur Verringerung der Dominanz großer Wirtschaftsprüfungsgesellschaften im Markt vgl. Ott (2012), S. 433 f. und Quick / Umlauf (2012), S. 54 f.

1469 Vgl. Marten / Quick / Ruhnke (2011), S. 242.

1470 Vgl. Buchner (1997), S. 208.

1471 Möglich ist der wiederholte Einsatz aber nur, wenn keine Pflicht zur Rotation aufgrund interner oder externer Vorgaben besteht.

1472 Vgl. Leffson (1995), S. 201.

1473 Vgl. Leffson (1995), S. 201.

1474 Vgl. Leffson (1995), S. 201.

1475 Vgl. IDW PS 210, Rn. 14.

1476 Vgl. Buchner (1997), S. 208 ff.

1477 Vgl. Buchner (1997), S. 230 ff.

3.2.2.3.3 Zeitliche Prüfungsplanung

Das Ziel der zeitlichen Planung ist es, die Zeiträume zur Prüfung der einzelnen Prüfungsfelder festzulegen.[1478] Die Notwendigkeit einer besonderen zeitlichen Planung ergibt sich oftmals aufgrund des spezifischen Vertragsverhältnisses[1479] und der damit verbundenen saisonalen Häufung um das Jahresende.[1480] Der zeitliche Bedarf zur Durchführung der Prüfungshandlungen zu den einzelnen Prüfungsfeldern sowie zur Urteilsbildung und Berichtserstellung ist zudem mit der Terminplanung des Instituts abzustimmen.[1481] Ferner ist der effiziente, kostengünstige Einsatz der vorhandenen Personalkapazitäten über alle Aufträge hinweg als weitere Nebenbedingung in die zeitliche Planung einzubeziehen.[1482]

Bei aufeinander aufbauenden Prüfungsfeldern ist auch die Reihenfolgebedingung, die aus der sachlichen Detailplanung resultiert, zu berücksichtigen.[1483] Insbesondere kann die ergebnisorientierte Prüfung in einem Prüfungsfeld zeitlich erst nach Abschluss der systemorientierten Prüfung beginnen. Gleiches gilt analog für die Aufbau- und Funktionsprüfung als aufeinander aufbauende Bestandteile der Systemprüfung.[1484]

Die Voraussetzungen für die zeitliche Planung sind zum einen die Kenntnis über die Verfügbarkeit der zur Durchführung der Prüfungshandlungen eingeplanten personellen Ressourcen[1485] sowie zum anderen die Prüfungsbereitschaft des Instituts im jeweiligen Prüfungsfeld.[1486] Zudem sind bestimmte Prüfungshandlungen und damit der Abschluss des jeweiligen Prüfungsfeldes an bestimmte Termine

---

1478 Dies schließt auch den Zeitpunkt des Beginns der Prüfungshandlungen mit ein. Vgl. IDW PS 240, Rn. 20.

1479 Vgl. Drexl (1990), S. 40. In diesem Zusammenhang gibt es zudem gesetzliche Vorgaben aus der Offenlegung, die auch für die Dauer der Prüfung implizite Obergrenzen setzen. Vgl. § 325 Abs. 1 und 4 HGB.

1480 Dies zieht regelmäßig eine besondere Häufigung der Nachfrage nach Prüfungsleistungen in den ersten Monaten des Jahres nach sich. Vgl. Drexl (1990), S. 53.

1481 Vgl. Drexl (1990), S. 52 f. Eine Abstimmung des zeitlichen Ablaufs der Prüfung mit dem Institut ist insbesondere dann erforderlich, wenn fixe Termine gegenüber Dritten, wie dem Kapitalmarkt, kommuniziert und somit faktisch verbindlich werden.

1482 Vgl. Buchner (1997), S. 214.

1483 Vgl. Buchner (1997), S. 213 f.

1484 Siehe Kapitel 3.2.2.3.1.

1485 Vgl. Buchner (1997), S. 213.

1486 Vgl. Marten / Quick / Ruhnke (2011), S. 242.

gebunden,[1487] die nicht vollumfänglich durch den Prüfer beeinflussbar sind.[1488] Für die Durchführung der zeitlichen Planung können beispielsweise Instrumente wie die „Netzplantechnik“ zur Anwendung kommen.[1489]

3.2.3 Prüfungsdurchführung und Urteilsbildung

Die Prüfungsdurchführung dient der Gewinnung von Prüfungsnachweisen, auf deren Grundlage der Prüfer sein Urteil bildet, und ist im Hinblick auf die durchzuführenden Prüfungshandlungen funktional näher in den Informationserhebungs- und den Informationsverarbeitungsprozess zu differenzieren.[1490] Das Prüfungsurteil ist das Ergebnis des Vergleichs der mittels Prüfungshandlungen erhobenen Ausprägungen der Merkmale des Ist- oder auch Prüfungsobjektes[1491] und der zulässigen normadäquaten Ausprägungen der Merkmale (Soll-Objekt).[1492]

Die Auswahl der für die Beurteilung relevanten Vergleiche von Merkmalsausprägungen basiert auf den in der Prüfungsplanung festgelegten Prüfungskriterien.[1493] Zwischen den Prüfungskriterien beziehungsweise den zugrunde liegenden Merkmalen sind gegebenenfalls bestehende Beziehungen für die Urteilsbildung von großer Bedeutung. So lassen sich die Merkmale in einer Hierarchie anordnen, wobei zwischen den Merkmalen horizontale und vertikale Beziehungen bestehen können. Merkmale mit horizontalen Beziehungen weisen vollständige oder teilweise Überschneidungen auf und sind im Hinblick auf das Prüfungsurteil insofern redundant. Dieses Problem kann insbesondere bei sehr eng gefassten Merkmalen

---

1487 Ein Beispiel hierfür ist die Inventurbeobachtung durch den Prüfer, die nur bei der vom geprüften Unternehmen durchgeführten Inventur möglich ist. Vgl. Schindler (2012), Rn. 437.

1488 Vgl. Marten / Quick / Ruhnke (2011), S. 242 f.

1489 Im Einzelnen können Verfahren wie die Critical Path Method, Meta Potential Method und Program Evaluation and Review Technique zur Anwendung kommen. Vgl. Marten / Quick / Ruhnke (2011), S. 243, Buchner (1997), S. 215 ff. und Leffson (1995), S. 208 ff. Zu möglichen Ansätzen zur simultanen Planung mit dem Personaleinsatz vgl. Buchner (1997), S. 230 ff.

1490 Siehe Kapitel 3.2.2.3.1.

1491 Genauer gesagt, handelt es sich um einen Hypothesentest über die Ausprägung des Merkmals des Prüfungsobjektes. Siehe Kapitel 3.1.2.3.

1492 Vgl. Gans (1986), S. 2.

1493 Siehe Kapitel 3.2.2.3.1.

auftreten, die Wechselwirkungen mit anderen Merkmalen aufweisen, die allerdings in der Prüfung nicht berücksichtigt wurden.[1494]

Aufgrund der Komplexität von Prüfungsobjekten ist es für die Urteilsbildung aber oftmals erforderlich, aus Teilen des Sachverhaltes im Sinne eines enger gefassten Merkmals auf den Gesamtcharakter zu schließen. Im Rahmen der Prüfungshandlungen und der sich anschließenden Urteilsbildung sind dann vertikale Beziehungen zwischen den Merkmalen zu nutzen, um von den Merkmalen, deren Ausprägungen durch Prüfungshandlungen zugänglich sind, auf die Ausprägung von abstrakten, übergeordneten Merkmalen zu schließen.[1495] Die Ableitung der nachgeordneten Merkmale erfolgt aus den Rechtsnormen sowie ergänzend der Kommentierung in der Literatur, die die Gestaltung des Prüfungsobjektes vorgeben.[1496]

Die Prüfungshandlungen können in Anlehnung an das Vorgehen zur Beurteilung der Rechnungslegung nach Zweck und Vorgehensweise wie folgt dargestellt werden:

Abbildung 27: Arten der Prüfungshandlungen

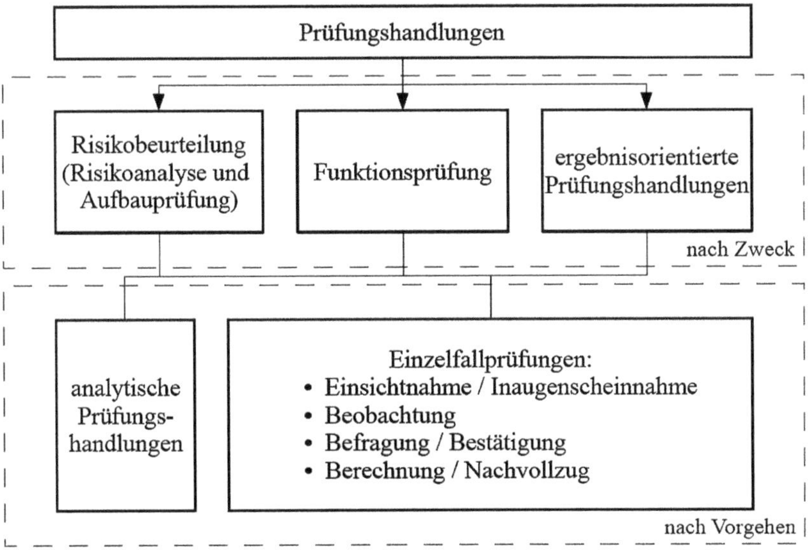

Quelle: In Anlehnung an IDW PS 300, Abbildung 2.

1494 Vgl. Gans (1986), S. 7 f. und siehe Kapitel 3.1.2.3.

1495 Vgl. Gans (1986), S. 8 und siehe Kapitel 3.1.2.3.

1496 Vgl. Gans (1986), S. 9.

Aus den durchgeführten Prüfungshandlungen erlangt der Prüfer die zur Abgabe seines Prüfungsurteils notwendigen Informationen.[1497] Dabei dienen die erlangten Informationen in Erweiterung des Vergleichs des messtheoretischen Ansatzes zu einem hypothesengestützten Ansatz zur Bestätigung oder Widerlegung der Prüfungshypothesen.[1498] Das Ergebnis des Falsifikationsprozesses zu den Hypothesen bildet das Prüfungsurteil, wobei das Urteil selber regelmäßig als komplex einzustufen ist.[1499]

Generell ist die Prüfungsdurchführung nach systemorientierter und ergebnisorientierter Prüfung zu trennen. Der Gegenstand der systemorientierten Prüfung ist die Bestätigung oder die Widerlegung der Zweckmäßigkeit des implementierten internen Kontrollsystems mittels Hypothesentests zu den notwendigen Eigenschaften, insbesondere zu den vermuteten Schwachstellen.[1500] Der systemorientierte Beurteilungsprozess setzt auf einem abstrakten vorläufigen Modell des zu beurteilenden Systems auf und hat zum Ziel, dieses zu falsifizieren.[1501] Hierfür schlägt *Gans* einen hypothesengeleiteten Prozess mit den drei Phasen vor, der beinhaltet.[1502]

1. die Abgrenzung der relevanten Systemteilbereiche zur Reduktion der Komplexität der Gesamtbeurteilungsaufgabe,
2. die Erzeugung von Prüfungshypothesen[1503] auf Basis vermuteter Schwachstellen und
3. die Überprüfung der Prüfungshypothesen

Bei der ergebnisorientierten Prüfung als Beurteilung eines Ergebnisses eines Einzelvorgangs[1504] umfasst die Ableitung der Prüfungshypothesen allgemeine

1497 Vgl. Leffson (1995), S. 87.

1498 Vgl. Gans (1986), S. 439 f. und S. 484 f. und siehe Kapitel 3.1.2.3.

1499 Je nach Anzahl der zu beurteilenden Einzelsachverhalte und deren Verknüpfung ist eine Prüfung dann als komplex einzustufen, wenn eine Aggregation von mehreren Einzelprüfungsurteilen zu einem Gesamturteil notwendig ist. Allerdings weist *Fischer-Winkelmann* darauf hin, dass diese Definition von Komplexität nicht stringent ist. Zudem sind bei einem umfassenden Erklärungsmodell zur Urteilsbildung auch die soziale und psychische Dimension in der Person des Prüfers einzubeziehen. Insgesamt kommt er zu dem Schluss, dass es zum Urteilsprozess kein für alle Prüfungsarten allgemein gültiges Schema geben kann. Vgl. Fischer-Winkelmann (1972), S. 953 ff. und siehe Kapitel 3.1.2.1.1.

1500 Vgl. Gans (1986), S. 420.

1501 Vgl. Gans (1986), S. 437 f.

1502 Vgl. Gans (1986), S. 439 f.

1503 Die Prüfungshypothesen können insofern auch ohne vollumfängliche Kenntnis aller Merkmale des Soll-Objektes aufgestellt werden.

1504 Vgl. Egner (1980), S. 108.

Fehlermodelle, die auf das jeweils konkrete Prüfungsobjekt angewendet werden. Die Hypothesenentwicklung basiert auf kausalen Ketten als Ursachen-Wirkungs-Analyse oder der Verwendung freier Fehlerkataloge, die die bisherigen Erfahrungen und die potentiell denkbaren Fehler beinhalten.[1505]

Ein Prüfungsurteil kann nur dann seine Funktion im Hinblick auf den Abbau der Informationsasymmetrie und Signalfunktion erfüllen, wenn es vom Adressatenkreis als vertrauenswürdig angesehen wird.[1506] Da unter ökonomischen Aspekten statt einer Vollprüfung eine risikoorientierte Prüfung durchgeführt wird,[1507] gilt es, das Urteil zumindest mit hinreichender Sicherheit korrekt und damit frei von wesentlichen Fehlern abzugeben.[1508] Insofern hat der Prüfer bei der Abgabe des Urteils die Postulate der Vollständigkeit, Wesentlichkeit und Objektivität zu beachten:[1509]

- Das Postulat der Vollständigkeit[1510] bedeutet, dass der Prüfer alle für das Urteil relevanten Sachverhalte erfasst hat. Die Vollständigkeit ist bereits dann erreicht, wenn der Prüfer die Kenntnisse mit hinreichender Sicherheit[1511] erlangt hat.[1512]
- Im Rahmen des Prüfungsprozesses bestimmt der Jahresabschlussprüfer im Hinblick auf die Urteilsfindung eine Wesentlichkeit, die auch für die Ermittlung des jeweiligen Prüfungsumfangs und damit für die erzielte Prüfungssicherheit relevant ist. Ein allgemein gültiges Kriterium der Wesentlichkeit, im Sinne von wesentlichen und unwesentlichen Fehlern, zur Modifikation des vorgenannten Postulates der Vollständigkeit lässt sich insbesondere für qualitative Aussagen

1505 Vgl. Gans (1986), S. 484 f.

1506 Vgl. Wolz (2003), S. 5 und Kapitel 3.1.2.2.1.

1507 Siehe Kapitel 3.1.2.1.3.

1508 Der weitergehenden Differenzierung von *Wolz* zwischen Urteilssicherheit, im Sinne der Wahrscheinlichkeit ein korrektes Urteil abzugeben, und Urteilsgenauigkeit als Nichtvorhandensein von wesentlichen Fehlern wird im Hinblick auf die aufsichtliche Fragestellung nicht weiter gefolgt. Vgl. Wolz (2003), S. 5. Zudem ist darauf hinzuweisen, dass sich beide Begriffe auch gegenseitig bedingen. Vgl. Wolz (2003), S. 7.

1509 Vgl. Leffson (1995), S. 86.

1510 Die Vollständigkeit hat seine Grundlage unmittelbar im fünften Postulat, da die hinreichende Sicherheit Bestandteil der berufsständischen Vorgaben, genauer des risikoorientierten Prüfungsansatzes, ist. Siehe Kapitel 3.1.1., 3.1.2.1.3. und 3.2.2.3.1.

1511 Es muss nur im Ausnahmefall eine vollständige Sicherheit erreicht werden. Regelmäßig werden die Prüfungshandlungen bereits vorher abgebrochen beziehungsweise als Stichproben geplant und durchgeführt. Vgl. Kapitel 3.1.2.1.3.

1512 Vgl. Leffson (1995), S. 86.

jedoch nicht ableiten.[1513] Hinsichtlich der wertmäßigen Aussagen im Jahresabschluss kann eine Wesentlichkeitsgrenze festgelegt werden. Die Wesentlichkeitsgrenze ist die betragsmäßige Differenzierung zwischen einem wesentlichen und unwesentlichen Fehler. Grundsätzlich führen nur wesentliche Fehler zur Ablehnung eines Prüfungsfeldes, im Sinne eines negativen Prüfungsurteils, durch den Prüfer.[1514] In diesem Zusammenhang ist ergänzend der Grundsatz der Materialität zu nennen, wonach mehrere jeweils unwesentliche Fehler insgesamt zu einem wesentlichen fehlerhaften Jahresabschluss führen können.[1515]

Das Postulat der Objektivität[1516] bedeutet, dass ein Urteil frei von willkürlichen Setzungen, intersubjektiv begründbar und nachvollziehbar ist.[1517]

Insgesamt lässt sich das Prüfungsurteil als Ergebnis der Prüfungsdurchführung und des jeweiligen Sachverhalts wie folgt in Beziehung zueinander setzen.

Abbildung 28: Aussagekraft des Prüfungsurteils

		Aussage Prüfungsurteil	
		richtig	**fehlerhaft**
zu beurteilender Sachverhalt	**richtig**	**Prüfungsaussage korrekt**	**Irrtümliche Ablehnung α-Fehler**
	fehlerhaft	**Irrtümliche Annahme β-Fehler**	**Prüfungsaussage korrekt**

Quelle: In Anlehnung an Wolz (2003), S. 19.

1513 Vgl. Leffson (1995), S. 86 f.

1514 Vgl. Wolz (2003), S. 7.

1515 Vgl. Wolz (2003), S. 9. Insofern ist zur Abgabe eines Urteils mit der angestrebten Prüfungssicherheit beim Auftreten von unwesentlichen Fehlern der Prüfungsumfang erheblich auszudehnen, da die möglichen verbleibenen Fehlerrisiken auch insgesamt mit den aufgedeckten Fehlern nicht die Materialität erreichen dürfen. Vgl. Wolz (2003), S. 9.

1516 Dieses Postulat steht in einem engen Zusammenhang mit der im siebten Postulat geforderten Unabhängigkeit des Wirtschaftsprüfers. Siehe Kapitel 3.1.1.

1517 Das heißt nicht, dass das Urteil auch zwingend im Sinne einer absoluten Objektivität wahr sein muss. Lediglich die Gründe für das Urteil müssen intersubjektiv nachvollziehbar begründet sein. Vgl. Leffson (1995), S. 87.

Nagel bezeichnet die Fehler als Stichprobenrisiko der ergebnisorientierten Prüfung, die allerdings grundlegend auf der systemorientierten Prüfung aufsetzt.[1518] Insofern stellt die Abbildung 28 mit dem α-Fehler und dem β-Fehler das nach Prüfungsdurchführung abschließend verbleibende Prüfungsrisiko dar. Ferner weist *Wolz* darauf hin, dass es im Rahmen des risikoorientierten Prüfungsansatzes insgesamt eher um die Minimierung des β-Fehlers geht, da ein Institut bei einem vorliegenden α-Fehler, als irrtümliche Ablehnung eines eigentlich korrekten Sachverhalts, den Prüfer hierauf hinweisen würde, sodass der Prüfer in einer Nachprüfung seinen Fehler, wenn auch zu höheren Kosten, bemerken würde.[1519]

Zur Ableitung des Urteils im Sinne eines Urteilsbildungsprozesses lassen sich im Wesentlichen zwei Vorgehensweisen unterscheiden. Der erste Ansatz basiert auf dem Vergleich eines Soll- und Ist-Objektes[1520] und hat seinen Ursprung im messtheoretischen Ansatz.[1521] Die gemessene Abweichung der Merkmale des Ist-Objektes von den Merkmalen des aus der Norm[1522] abgeleiteten Soll-Objektes wird durch den Prüfer als Einzelurteil interpretiert.[1523] Gegebenenfalls ist zudem ein Prozess zur Aggregation der verschiedenen Einzelurteile zu einem Gesamturteil erforderlich.[1524]

Die zweite Vorgehensweise ist der hypothesengestützte heuristische Ansatz auf Basis des Informationsverarbeitungsansatzes.[1525] Bei diesem Ansatz wird über den Zustand des Prüfungsobjektes ein hypothesengestütztes Prüfungsurteil

---

1518 Vgl. Nagel (1997), S. 52 ff.

1519 Vgl. Wolz (2003), S. 50.

1520 Vgl. Wysocki (1988), S. 128, Loitlsberger (1966), S. 73 ff., Schandl (1978), S. 188, Drexl (1990), S. 17 ff. Leffson (1995), S. 15 ff., Buchner (1997), S. 225 ff., Lück (1991), S. 144 ff. und als messtheoretischer Ansatz in Marten / Quick / Ruhnke (2011), S. 49 ff. *Gans* spricht hier von einem traditionellen Ansatz, gleichwohl sich der Ansatz zum Soll-Ist-Vergleich beispielsweise im Kern auch noch im weiterentwickelten Prozess zur Hypothesenbildung zum Prüfungs- und Geschäftsrisiko bei *Mielke* findet. Vgl. Gans (1986), S. 382 und Mielke (2007), S. 155.

1521 Zu Einzelheiten des Urteilsprozesses siehe Kapitel 3.1.2.1.1.

1522 Hierzu als Übersicht über die verschiedenen Arten von Normen vgl. Ruhnke (2002), Sp. 1845 ff. und Marten / Quick / Ruhnke (2011), S. 114 ff.

1523 Vgl. Wysocki (2002), Sp. 1886 f.

1524 Zu den einzelnen möglichen Verfahren der Aggregation von verbundenen und unverbundenen Einzelurteilen vgl. Wysocki (1988), S. 147 ff.

1525 Zu Einzelheiten des Urteilsprozesses wird auf Kapitel 3.1.2.3. verwiesen. Der Ansatz geht auf *Newell / Simon* zurück und ist dem Informationsverarbeitungsansatz der kognitiven Psychologie entlehnt. Vgl. Kapitel 3.1.2.3., Simon / Newell (1982), S. 380 ff. und Marten / Quick / Ruhnke (2011), S. 51 f.

abgegeben.[1526] Dieser Ansatz berücksichtigt dabei, dass gerade bei komplexen Systemen eine ex ante vollständige Formulierung des Soll-Objektes als Vergleichsmaßstab nicht möglich ist.[1527] Außerdem entspricht die Berücksichtigung heuristischer Prüfungshypothesen der Grundidee des risikoorientierten Prüfungsansatzes, da den erfahrungsgemäß fehlerträchtigen Prüfungsfeldern, im Sinne besonders fehleranfälliger Gebiete, erhöhte Aufmerksamkeit durch Prüfungshandlungen gewidmet wird.[1528]

3.2.4 Berichterstattung und Dokumentation

Die Berichterstattung des Wirtschaftsprüfers zur Jahresabschlussprüfung besteht im Wesentlichen aus zwei Instrumenten.[1529] Das erste Instrument ist ein gemäß § 322 HGB normierter Bestätigungsvermerk. Der Bestätigungsvermerk[1530] umfasst inhaltlich den Prüfungsgegenstand, das Vorgehen und die jeweiligen Verantwortlichkeiten, das auf die Rechnungslegung bezogene Gesamturteil sowie gegebenenfalls ergänzende Hinweise.[1531] Nach § 322 Abs. 2 HGB ist das Gesamturteil

---

1526 Vgl. Kapitel 3.1.2.3.

1527 Die Bestimmung des Soll-Objektes ex ante ist aber eine Voraussetzung des Soll-Ist-Vergleichs auf Basis des messtheoretischen Ansatzes. Vgl. Marten / Quick / Ruhnke (2011), S. 53.

1528 Vgl. Marten / Quick / Ruhnke (2011), S. 53 f.

1529 Weitere Formen der Berichterstattung sind insbesondere die Teilnahme des Wirtschaftsprüfers an Sitzungen des Aufsichtsorganes, der Management Letter mit ergänzenden Informationen, die Empfehlungen und die Verbesserungsvorschläge sowie einer vor Erteilung des Bestätigungsvermerks und vor Auslieferung des fertig gestellten Prüfungsberichts mit den gesetzlichen Vertretern des Instituts stattfindenden Schlussbesprechung. Vgl. IDW PS 470, Rn. 1 ff., Schindler (2012), Rn. 910 ff., IDW PS 450, Rn. 17, und Marten / Quick / Ruhnke (2011), S. 536 f. Eine weitergehende Berichterstattung, wie beispielsweise ein Abhängigkeitsbericht nach § 313 Abs. 1 AktG, kann ebenfalls ergänzend zum Prüfungsbericht und Bestätigungsvermerk durch den Prüfer bei einer entsprechenden Erweiterung des Prüfungsauftrages erstellt werden. Vgl. Plendl (2012), Rn. 56 ff.

1530 Seitens des Berufsstandes gibt es für den Bestätigungsvermerk Formulierungsvorschläge im IDW PS 400. Vgl. IDW PS 400, Rn. 27, 36 und 46 sowie Plendl (2012), Rn. 361 ff. Der empfohlende Wortlaut ist gegebenenfalls durch den Wirtschaftsprüfer an die tatsächlichen Bedingungen anzupassen. Dies gilt insbesondere für die Aufnahme eines ergänzenden Hinweises bei einer Bestandsgefährdung. Vgl. Plendl (2012), Rn. 363 f.

1531 Vgl. IDW PS 400, Rn. 17 ff. und Marten / Quick / Ruhnke (2011), S. 520.

zweifelsfrei als uneingeschränkter Bestätigungsvermerk,[1532] eingeschränkter Bestätigungsvermerk[1533] oder Versagungsvermerk[1534] zu formulieren. Im Hinblick auf die Zielsetzung der Arbeit ist die Verpflichtung des Wirtschaftsprüfers zur Einschränkung des Vermerks hervorzuheben, wenn im Rahmen seiner Prüfung Verstöße gegen gesetzliche, gesellschaftsvertragliche oder satzungsmäßige Einzelbestimmungen festgestellt werden.[1535]

Der Bestätigungsvermerk richtet sich an die externen Adressaten und ist zusammen mit dem Jahresabschluss und dem Lagebericht vom Institut im elektronischen Bundesanzeiger zu veröffentlichen.[1536] Der Vermerk ist außerdem in das andere wesentliche Instrument der Berichterstattung, dem Prüfungsbericht, aufzunehmen.[1537]

1532 Das heißt, der Prüfer hat keine wesentliche Beanstandungen zum Jahresabschluss und Lagebericht festgestellt und es lagen außerdem keine Prüfungshemmnisse vor. Vgl. IDW PS 400, Rn. 42. Prüfungshemmnisse wären beispielsweise eine vom Institut verweigerte direkte Kontaktaufnahme, mangelnde Nachprüfbarkeit von Geschäftsvorfällen sowie eine unzureichende Erfüllung der Auskunfts- und Nachweispflichten durch das Institut. Vgl. IDW PS 400, Rn. 56.

1533 Die Einschränkung bezieht sich auf wesentliche Teile der Rechnungslegung, die entweder wesentliche Beanstandungen enthalten oder bei denen Prüfungshemmnisse bestehen, sodass eine ausreichende Beurteilung nicht möglich ist. Es muss allerdings mit Ausnahme des eingeschränkten Teils noch eine positive Gesamtaussage möglich sein. Vgl. Marten / Quick / Ruhnke (2011), S. 523 f.

1534 Der Versagungsvermerk ist vom Prüfer zu erteilen, wenn er wesentliche Beanstandungen gegen den vorgelegten Jahresabschluss festgestellt hat, die entweder sehr zahlreich beziehungsweise bedeutend sind, sodass eine Einschränkung des Vermerks nicht in Frage kommt. Darüber hinaus ist ein Versagungsvermerk ebenfalls zu erteilen, wenn eine Beurteilung des Jahresabschlusses aufgrund von Prüfungshemmnissen nicht möglich ist und der Prüfer eine Urteilsabgabe verweigern kann. Vgl. Marten / Quick / Ruhnke (2011), S. 524.

1535 Die Einschränkung hat dabei unabhängig von der konkreten Auswirkung auf Jahresabschluss beziehungsweise Lagebericht zu erfolgen. Vgl. IDW PS 400, Rn. 55.

1536 Vgl. § 339 Abs. 1 HGB. Da das Institut nach § 340a Abs. 1 HGB unabhängig von der Rechtsform immer wie eine große Kapitalgesellschaft zu behandeln ist, findet die Erleichterung des § 326 HGB bei der Offenlegung keine Anwendung. Für Institute, die Genossenschaften sind, gelten die besonderen Vorgaben des Genossenschaftsgesetzes. Vgl. § 340l Abs. 3 HGB und § 59 Abs. 1 GenG.

1537 Vgl. § 322 Abs. 7 HGB.

Der Prüfungsbericht[1538] dient der Unterstützung der Überwachung des Instituts durch das Aufsichtsorgan und fasst Gegenstand, Art und Umfang der Prüfungshandlungen sowie Ergebnisse der Prüfung zusammen.[1539] Der Bericht richtet sich an das Aufsichtsorgan des Instituts und ist somit generell nicht zur Veröffentlichung bestimmt.[1540] Darüber hinaus dient der Prüfungsbericht für die gesetzlichen Vertreter des geprüften Instituts als Nachweis, dass das jeweilige Institut seinen gesetzlichen Verpflichtungen zur ordnungsgemäßen Führung der Bücher sowie zur Einrichtung des Risikofrüherkennungssystems nachgekommen ist.[1541]

Bei der Erstellung des Prüfungsberichts hat der Prüfer die allgemeinen Berichtsgrundsätze zu beachten, wonach der Bericht „über Gegenstand, Art und Umfang sowie das Ergebnis der Prüfung schriftlich und mit der gebotenen Klarheit zu informieren"[1542] hat. Die Grundsätze umfassen im Einzelnen den Grundsatz der Wahrheit, der Vollständigkeit, der Unparteilichkeit sowie der Klarheit.[1543] Der Prüfungsbericht hat inhaltlich nach IDW PS 450 auf den Prüfungsauftrag,[1544] die grundsätzlichen Feststellungen,[1545] die Lagebeurteilung der gesetzlichen Vertreter,[1546] gegebenenfalls bestehende entwicklungsbeeinträchtigende oder bestandsgefährdende Tatsachen[1547] und Unregelmäßigkeiten[1548] einzugehen. Es sind im

1538 Der Bericht ist gemäß § 321 HGB durch den Abschlussprüfer zu erstellen. Der Prüfer hat hierin seine Unabhängigkeit zu bestätigen, den Bericht zu unterzeichnen und dem gesetzlichen Vertreter oder, sofern das Aufsichtsorgan der Auftraggeber war, dem Aufsichtsorgan den Bericht vorzulegen. Vgl. § 321 Abs. 4a und 5 HGB.

1539 Vgl. IDW PS 450, Rn. 1.

1540 Vgl. Marten / Quick / Ruhnke (2011), S. 532 und Plendl (2012), Rn. 5. Eine Besonderheit bei Kreditinstituten ist die Pflicht zur Weitergabe des Prüfungsberichts an die Aufsichtsbehörden sowie die weitergehende Regelung des Inhaltes in der PrüfbV. Vgl. § 26 Abs. 1 KWG, Burghardt (2012), Rn. 635 ff. und zur PrüfbV im Einzelnen siehe Kapitel 2.2.4.2.1.

1541 Vgl. Plendl (2012), Rn. 42.

1542 Plendl (2012), Rn. 43.

1543 Vgl. Plendl (2012), Rn. 46 ff.

1544 Vgl. IDW PS 450, Rn. 21 ff. und im Detail Plendl (2012), Rn. 81 ff.

1545 Vgl. IDW PS 450, Rn. 26 f.

1546 Vgl. IDW PS 450, Rn. 28 ff.

1547 Vgl. IDW PS 450, Rn. 35 ff.

1548 Vgl. IDW PS 450, Rn. 42 ff. Die Unregelmäßigkeiten umfassen festgestellte Unrichtigkeiten und Tatsachen aus Verstößen gegen Gesetz, Satzung und Gesellschaftsvertrag sowie Unregelmäßigkeiten in der Rechnungslegung. Vgl. Plendl (2012), Rn. 90 und Fn. 161.

Prüfungsbericht ebenfalls Gegenstand, Art und Umfang der Prüfung,[1549] Feststellungen und Erläuterungen zur Rechnungslegung, einschließlich des Jahresabschlusses und Lageberichtes,[1550] zu behandeln.[1551] Wesentliche ergänzende Inhalte sind für Prüfungsberichte von Kreditinstituten zudem in der PrüfbV geregelt.[1552]

Ergänzend zur Berichterstattung hat der Abschlussprüfer ausreichende Arbeitspapiere zu erstellen beziehungsweise zu führen,[1553] die die jeweilige Prüfungsarbeit widerspiegeln sollen.[1554] Zu den Arbeitspapieren des Wirtschaftsprüfers sind alle Aufzeichnungen und Unterlagen zu zählen, die er während der Jahresabschlussprüfung entweder selbst erstellt hat, oder die ihm von Dritten, insbesondere dem geprüften Institut, überlassen wurden.[1555] Die Arbeitspapiere sollen zum einen die Einhaltung der berufsständischen Vorgaben, beispielsweise gegenüber einer internen oder externen Qualitätssicherung,[1556] nachweisen sowie zum anderen die im Prüfungsbericht und Bestätigungsvermerk getroffenen Aussagen stützen beziehungsweise näher belegen.[1557]

Dabei sind die Arbeitspapiere[1558] klar und übersichtlich zu strukturieren, sodass eine nicht mit der Prüfung betraute sachverständige Person sich in angemessener

1549 Vgl. IDW PS 450, Rn. 51.

1550 Vgl. IDW PS 450, Rn. 61. Ergänzend können sich weitere Berichtspflichten aus der Erweiterung des Prüfungsauftrages für den Prüfungsbericht ergeben. Vgl. Plendl (2012), Rn. 56 ff.

1551 Außerdem sind Angaben zum Risikofrüherkennungssystem zu machen, die allerdings durch die Vorgaben der PrüfbV deutlich erweitert werden. Vgl. IDW PS 450, Rn. 104 ff. und Kapitel 2.2.4.2.1. Zudem ist auf gegebenenfalls erfolgte Ausweitungen des Prüfungsauftrages einzugehen. Vgl. IDW PS 450, Rn. 108.

1552 Siehe hierzu im Einzelnen Kapitel 2.2.4.2.1. und vgl. Plendl (2012), Rn. 872 ff. sowie Burghardt (2012), Rn. 635 ff.

1553 Vgl. Schindler (2012), Rn. 895 f.

1554 Vgl. Rätsch (1976), S. 313.

1555 Vgl. Schindler (2012), Rn. 897.

1556 Vgl. Marten / Quick / Ruhnke (2011), S. 549 ff.

1557 Vgl. Schindler (2012), Rn. 895 sowie zu einer weitergehenden Begründung IDW PS 460, Rn. 6 f.

1558 Hierzu bietet sich eine grundlegende Gliederung in eine Dauerakte und in prüfungsgebundene Arbeitspapiere des jeweiligen Jahres an. Die Dauerakte enthält regelmäßig in Folgeprüfungen wieder benötigte Unterlagen wie Verträge, Satzungen und generelle Vereinbarungen des Unternehmens von Bedeutung, die jährlich auf Aktualität zu prüfen sind. Die prüfungsgebundenen Arbeitspapiere umfassen die jeweils in der Prüfung erlangten Nachweise und Unterlagen, wie beispielsweise die Vollständigkeitserklärung, die Berichtsentwürfe und die Nachweise zu den geprüften Posten. Vgl. Rätsch (1976), S. 314 f.

Zeit zu den getroffenen Prüfungsurteilen ein Bild machen kann.[1559] Inhaltlich haben die Arbeitspapiere den Prüfungsverlauf, einschließlich gegebenenfalls erfolgter Änderungen, die Art und den Umfang der Prüfungshandlungen und deren Ergebnisse wiederzugeben.[1560]

3.3 Vorgaben des Berufsstandes zur Prüfung des Risikomanagements

Entsprechend dem achten Postulat sind im Rahmen des Prüfungsvorgehens die Vorgaben des Berufsstandes zum Prüfungsvorgehen zu berücksichtigen.[1561] Hierzu sind neben den Veröffentlichungen des Berufsstandes der Wirtschaftsprüfer in Deutschland, insbesondere den Prüfungsstandards des IDW, auch die Veröffentlichungen des IFAC auf internationaler Ebene zu zählen.

3.3.1 Prüfungsstandards des Instituts der Wirtschaftsprüfer

Die Abschlussprüfungen in Deutschland sind vom Prüfer nach deutschen Prüfungsgrundsätzen durchzuführen. Ergänzend können zusätzlich auch internationale Standards des IFAC zur Anwendung kommen.[1562] Das IDW nimmt in seinen Verlautbarungen unter anderem zu Fragen der Prüfungsdurchführung Stellung. Diese lassen sich vor allem in Prüfungsstandards und in erläuternde Prüfungshinweisen näher unterscheiden,[1563] wobei vor dem Hintergrund der Fragestellung der Arbeit zur Prüfung der Risikosteuerungs- und -controllingprozesse des Zinsänderungsrisikos im Anlagebuch insbesondere der IDW PS 340 sowie der IDW PS 525 einschlägig sind.[1564] Der IDW PS 340 greift allgemein die Prüfung des

---

1559 Dies schließt die angemessene Bezeichnung der Unterlagen hinsichtlich deren Herkunft, die Aufnahme der für das Verständnis notwendiger Querverweise sowie die generelle übersichtliche Ordnung der Arbeitspapiere mit ein. Vgl. Schindler (2012), Rn. 898 f.

1560 Vgl. Schindler (2012), Rn. 903 ff. Zu möglichen Arbeitspapieren vgl. im Einzelnen IDW PS 460, Rn. 18.

1561 Siehe Kapitel 3.1.1.

1562 Vgl. Schindler (2012), Rn. 18 ff.

1563 Vgl. Marten / Quick / Ruhnke (2011), S. 92.

1564 Vgl. Goldschmidt (2009), S. 84, der darüber hinaus noch den IDW PS 350 zur Lagebericht nennt, die im DRS 5–10 sowie 15 konkretisiert werden. Für eine

Risikomanagements vor dem Hintergrund der Vorschriften des § 317 Abs. 4 HGB und § 91 Abs. 2 AktG auf, während der IDW PS 525 sich konkret mit der Fragestellung der Prüfung des Risikomanagements von Kreditinstituten beschäftigt.[1565]

Die vom IDW als Prüfungsstandards erlassenen Richtlinien entfalten keine unmittelbare rechtliche Bindungswirkung gegenüber dem einzelnen Wirtschaftsprüfer. Allerdings führt die in § 43 Abs. 1 WPO kodifizierte gewissenhafte Berufsausübung als Berufspflicht des Wirtschaftsprüfers zu einer faktischen Bindungswirkung der IDW Prüfungsstandards.[1566]

3.3.1.1 IDW PS 340 Prüfung des Risikofrüherkennungssystems nach § 317 Abs. 4 HGB

Der IDW PS 340 fasst die Anforderungen zur Prüfung der Maßnahmen nach § 91 Abs. 2 AktG, insbesondere zum Überwachungssystem einschließlich der Risikofrüherkennung, zusammen. Die Prüfungspflicht[1567] des Überwachungssystems ergibt sich für börsennotierte Aktiengesellschaften aus § 317 Abs. 4 HGB. Die Vorgabe des § 317 Abs. 4 HGB verlangt die Abgabe einer Gesamtbeurteilung des Prüfers, ob die Aktiengesellschaft ein Risikomanagement nach § 91 Abs. 2 AktG eingerichtet hat, ob dieses den vorgesehenen Zweck erfüllt und ob das Risikomanagement kontinuierlich über den gesamten zu beurteilenden Zeitraum bestand.[1568]

Der IDW PS 340 gliedert sich in die Vorbemerkungen, die Abgrenzung der Maßnahmen nach § 91 Abs. 2 AktG, den Prüfungsgegenstand, den Prüfungsprozess und die Besonderheiten bei Konzernen. Unter dem Risikomanagement allgemein wird die „Gesamtheit aller organisatorischen Regelungen und Maßnahmen zur Risikoerkennung und zum Umgang mit den Risiken unternehmerischer

---

weitergehende Darstellung der verschiedenen Verlautbarungen vgl. Marten / Quick / Ruhnke (2011), S. 92 ff.

1565 Siehe Kapitel 3.3.1.1. und 3.3.1.2.

1566 Vgl. Marten / Quick / Ruhnke (2011), S. 91 f.

1567 Es handelt sich dabei um eine jährlich wiederkehrende Prüfung, bei der auch im Rahmen einer Mehrjahresplanung Schwerpunkte durch den Prüfer gesetzt werden können. Wesentliche Änderungen von Systemen, in Prozessen und der Geschäftsfelder im Geschäftsjahr müssen in jedem Fall in die laufende Prüfung einbezogen werden. Vgl. Gelhausen (2012), Rn. 112.

1568 Vgl. IDW PS 340, Rn. 19 und Gelhausen (2012), Rn. 70. Die Prüfung lässt sich nach den Prüfungszielen näher in die Bestandsaufnahme und die Beurteilung der Eignung (Angemessenheitsprüfung) zur Beurteilung der Erfüllung der gesetzlichen Vorgaben sowie die Beurteilung der Wirksamkeit (Wirksamkeitsprüfung) als Beurteilung der Funktionsfähigkeit einteilen. Vgl. Gelhausen (2012), Rn. 114.

Betätigung"[1569] verstanden. Risiken sind dabei die Möglichkeit ungünstiger zukünftiger Entwicklungen aufgrund der Unsicherheit jedweder unternehmerischer Betätigung.[1570]

Der IDW PS 340 regelt im Einzelnen die Maßnahmen nach § 91 Abs. 2 AktG, die wesentliche Teilaspekte des Risikomanagements im Allgemeinen umfassen.[1571] Hierzu zählt das Risikofrüherkennungssystem zur Erfassung bestandsgefährdender[1572] Risiken, das ein rechtzeitiges Erkennen und Analysieren, die Kommunikation sowie die Steuerung der Risiken ermöglichen soll.[1573] Hinsichtlich des Prüfungsgegenstands enthält der IDW PS 340 inhaltliche Vorgaben zur Risikoerkennung und -analyse, Risikokommunikation, Einrichtung eines Überwachungssystems, Zuordnung der Verantwortlichkeiten und Aufgaben sowie Dokumentation der getroffenen Maßnahmen.[1574] Da die Risiken in allen Unternehmensbereichen auftreten können, muss sich das Risikomanagement, insbesondere die Früherkennung, auf das gesamte Unternehmen erstrecken.[1575] Das heißt, dass somit auch die Prüfungsfelder des Wirtschaftsprüfers das gesamte Unternehmen mit den für das Risikomanagement wesentlichen Gebieten zu umfassen haben.

Im Prüfungsstandard wird zudem zum Prüfungsgegenstand klargestellt, dass die Steuerungsmaßnahmen, die der Vorstand der Aktiengesellschaft als Reaktion auf erkannte Risiken ergreift, nicht Gegenstand der Prüfung sind, da diese nicht von den Maßnahmen nach § 91 Abs. 2 AktG erfasst werden.[1576] Insofern ist die Prüfung ausschließlich als Systemprüfung und keinesfalls als Geschäftsführungsprüfung zu planen und durchzuführen.[1577]

1569 IDW PS 340, Rn. 4.

1570 Vgl. IDW PS 340, Rn. 3.

1571 Vgl. IDW PS 340, Rn. 5.

1572 Welches Risiko als bestandsgefährdend einzuschätzen ist, kann nur unternehmensindividuell entschieden werden. Zudem sind Wechselwirkungen von Risiken einzubeziehen und der Kreis der als bestandsgefährdend eingestuften Risiken zu prüfen. Vgl. IDW PS 340, Rn. 8.

1573 Vgl. IDW PS 340, Rn. 5. Für eine weitergehende Darstellung der Anforderungen an das Risikomanagement nach § 91 Abs. 2 AktG vgl. Lück (2001), S. 19 ff.

1574 Vgl. IDW PS 340, Rn. 7 und Gelhausen (2012), Rn. 107.

1575 Vgl. IDW PS 340, Rn. 7.

1576 Vgl. IDW PS 340, Rn. 6 und Gelhausen (2012), Rn. 106.

1577 Vgl. Gelhausen (2012), Rn. 105. Eine Geschäftsführungsprüfung hat die Beurteilung der Wirtschaftlichkeit der ergriffenen Maßnahmen, insbesondere der Steuerungsmaßnahmen zum Risikomanagements, zum Ziel.

Die Prüfung hat allgemein mittels eines risiko-, prozess- und systemorientierten Prüfungsansatzes zu erfolgen.[1578] Die Prüfungsstrategie als Teil der globalen Planung bildet die Prüfungsziele und die Grundlagen der organisatorischen Konzeption des Instituts[1579] ab und ist darüber hinaus die Basis der sachlichen, personellen und zeitlichen Prüfungsplanung.[1580] Das Prüfungsergebnis der Systemprüfung ist eine generelle Aussage, ob die eingerichteten Prozesse geeignet und funktionsfähig sind.[1581] Die systemorientierte Prüfung soll zur Beurteilung des Kontrollrisikos, im Einzelnen mittels der Aufnahme der internen Kontrollen und dem Funktionstest der Kontrollen, dienen, um das Fehlerrisiko aus der Kombination des inhärenten Risikos und des Kontrollrisikos zu beurteilen.[1582] Dabei ist zu beachten, dass das Kontrollsystem nach § 91 Abs. 2 AktG umfassender als das Kontrollsystem zur handelsrechtlichen Rechnungslegung ist.[1583]

Der Prüfer hat gemäß IDW PS 340 im Rahmen der Planung Kenntnisse zur wirtschaftlichen Lage des Unternehmens und der jeweiligen Branche sowie zum Geschäftsbetrieb zu erlangen.[1584] Daneben hat sich der Prüfer mit der Grundeinstellung der Geschäftsleitung zur Risikosteuerung und zum Risikobewusstsein[1585] aller Mitarbeiter, einschließlich der Geschäftsleitung, auseinanderzusetzen.[1586]

1578 Vgl. Gelhausen (2012), Rn. 121. Bei der Prüfung des Risikomanagements handelt es sich um einen integralen Bestand der gesamten Jahresabschlussprüfung. Hierzu ist auf das Konzept der geschäftsrisikoorientierten Prüfung, das alle Informationen aus dem Umfeld und dem Unternehmen mit in die Urteilsfindung einbezieht, zu verweisen. Vgl. Gelhausen (2012), Rn. 104.

1579 So ist das Separationskonzept häufig hinsichtlich der Beurteilung der Bestandsaufnahme und der Prüfung der Eignung aufgrund der separat eingerichteten Prozesse einfacher zu prüfen als beim Integrationskonzept. Gleiches gilt in der Praxis zudem auch für die zugehörige Dokumentation. Vgl. Gelhausen (2012), Rn. 119 f. und siehe Kapitel 2.1.2.

1580 Siehe Kapitel 3.2.2.3. Soweit weitere wesentliche Konzerngesellschaften bestehen, sind auch dezentrale Prüfungshandlungen bei den betroffenen Gesellschaften erforderlich. Vgl. Gelhausen (2012), Rn. 116 f.

1581 Vgl. Gelhausen (2012), Rn. 113 f. sowie Rn. 124 im Hinblick auf die erforderliche Gesamtwürdigung.

1582 Siehe Kapitel 3.1.2.1.3.

1583 Vgl. IDW PS 340, Rn. 21.

1584 Vgl. IDW PS 340, Rn. 20 und siehe Kapitel 3.2.2.1.

1585 Dies schließt ausdrücklich ebenfalls das Kontrollbewusstsein, das heißt die Haltung der Mitarbeiter zu den implementierten Kontrollen und deren Umsetzung, mit ein. Vgl. IDW PS 340, Rn. 22.

1586 Vgl. IDW PS 340, Rn. 22.

Hierzu sind vom Prüfer zur Beurteilung alle Maßnahmen aufzunehmen, mit denen die Mitarbeiter zur Erfüllung der jeweiligen Aufgaben im Risikomanagement vertraut gemacht wurden, und die auf der jeweiligen hierarchischen Unternehmensebene die Bedeutung der Risikoerfassung und -kommunikation aufzeigen.[1587] Im Hinblick auf die Feststellung der Prüfungsbereitschaft als Teil der zeitlichen Planung ist eine erste Beurteilung der Vollständigkeit und Eignung der Dokumentation zu den Maßnahmen nach § 91 Abs. 2 AktG zu treffen.[1588]

Die Prüfungsdurchführung sollte sich im ersten Schritt bei der Erfassung der Maßnahmen nach § 91 Abs. 2 AktG auf die vom Unternehmen erstellte Dokumentation stützen, soweit dem Prüfer keine Indizien für deren Fehlerhaftigkeit vorliegen.[1589] Sofern dies aufgrund der Mangelhaftigkeit der Dokumentation im Hinblick auf Vollständigkeit beziehungsweise Richtigkeit nicht möglich ist, muss der Prüfer eine entsprechende eigene Aufnahme der relevanten Risikoerfassungs- und Risikokommunikationsprozesse vornehmen. Im Prüfungsstandard wird darüber hinaus eine dem Bilanzstichtag zeitlich vorgelagerte Prüfung angeregt.[1590]

Das zu prüfende Risikomanagement umfasst die Phasen der Risikoidentifikation, der Risikoanalyse und der Risikobewertung sowie der Risikoüberwachung einschließlich der Kommunikation.[1591] Die Beurteilung über die sachgerechte beziehungsweise wirtschaftliche Umsetzung der Maßnahmen oder deren Verzicht im Rahmen der Steuerung wird nicht durch den § 91 Abs. 2 AktG abgedeckt. Insofern ist die Risikobewältigung nicht Gegenstand der Prüfung.[1592]

In der Bestandsaufnahme hat der Prüfer Detailinformationen zu Zielen, Risikopolitik sowie Aufbau- und Ablauforganisation des Risikomanagements zu gewinnen und Erkenntnisse zur Ausprägung des Risikobewusstseins zu erheben.[1593] Die Bestandsaufnahme erfolgt mittels Sichtung der Dokumentation sowie Befragung

1587 Vgl. IDW PS 340, Rn. 22.

1588 Vgl. IDW PS 340, Rn. 23 und Kapitel 3.2.2.3.3.

1589 Vgl. IDW PS 340, Rn. 24. Über die Ergebnisse der eigenen Prüfung hinaus ist auch das Vorhandensein und das Ergebnis der prozessunabhängigen unternehmensinternen Überwachung durch die Interne Revision zu berücksichtigten. Vgl. IDW PS 340, Rn. 29. Ferner hat der Prüfer gegebenenfalls notwendige Sachverständige bei der Beurteilung einzuschalten. Vgl. IDW PS 340, Rn. 30.

1590 Vgl. IDW PS 340, Rn. 25 sowie Gelhausen (2012), Rn. 122. Siehe auch Kapitel 2.2.4.2.1. zur Aufteilung der Prüfung in eine Vor- und Hauptprüfung sowie zur Berichterstattung in Teilprüfungsberichten.

1591 Vgl. Gelhausen (2012), Rn. 107 und IDW PS 340, Rn. 4.

1592 Vgl. Gelhausen (2012), Rn. 106.

1593 Vgl. Gelhausen (2012), Rn. 125 f.

der Geschäftsleitung und der Mitarbeiter.[1594] Generell hat der Prüfer in seinem Urteil das Risikobewusstsein und die organisatorischen Maßnahmen zu würdigen. Diesbezüglich sind die Eindeutigkeit, die Verständlichkeit und die Umsetzbarkeit der organisatorischen Maßnahmen, einschließlich der zugehörigen Dokumentation, zur Prüfung heranzuziehen. Ferner müssen die für den Prozess verantwortlichen Personen klar benannt sein.[1595]

Die Risikoidentifikation hat basierend auf einem bei allen Mitarbeitern verankerten Risikobewusstsein sowohl die vordefinierten Risiken als auch Auffälligkeiten und Risiken ohne vorab festgelegtes Erscheinungsbild zu erfassen.[1596] Das Risikobewusstsein umfasst dabei die Fähigkeit, risikoanfällige Unternehmenssituationen zu erkennen und einschätzen zu können.[1597] Zwar kann keine Vorgehensweise ex ante eine unter allen Umständen vollständige Risikoidentifikation gewährleisten,[1598] dennoch hat der Prüfer im Rahmen der Prüfung die Angemessenheit der Risikoidentifikation, im Einzelnen die Vollständigkeit der identifizierten Risiken, unter den jeweiligen institutsindividuellen Gegebenheiten zu untersuchen.[1599] Hierzu hat der Prüfer zu analysieren, ob alle Bereiche des Instituts in dem Identifizierungsprozess einbezogen wurden.[1600] Bei der Prüfung sind ferner die Zeitnähe der Analyse und die Plausibilität der Ergebnisse zu beurteilen.[1601]

Ebenso ist der Prozess zur fortlaufenden Überwachung der Frühwarnindikatoren bei der Beurteilung der Angemessenheit der Risikoidentifikation zu berücksichtigen.[1602] So sind für alle Bereiche geeignete Indikatoren zu definieren, ein fortlaufender Abgleich zwischen Schwellenwert für den Indikator und aktuellem Wert des Indikators zu implementieren, sowie die Ergebnisse der Frühwarnindikatoren in den folgenden Phasen Bewertung, Steuerung, Überwachung und Kommunikation zeitnah und vollumfänglich zu betrachten.[1603]

1594 Vgl. Gelhausen (2012), Rn. 127 f.

1595 Vgl. IDW PS 340, Rn. 28.

1596 Vgl. IDW PS 340, Rn. 9.

1597 Vgl. IDW PS 340, Rn. 9.

1598 Vgl. Gelhausen (2012), Rn. 133 sowie zur Risikoidentifikation siehe Kapitel 2.1.2.2.

1599 Vgl. Gelhausen (2012), Rn. 129 und Rn. 131.

1600 Der Prüfer hat insbesondere alle bisherigen Erkenntnisse zum Unternehmen, dessen Organisation sowie des Umfeldes aus der Jahresabschlussprüfung einfließen zu lassen. Vgl. Gelhausen (2012), Rn. 131.

1601 Vgl. Gelhausen (2012), Rn. 131.

1602 Vgl. Gelhausen (2012), Rn. 132. Siehe Kapitel 2.1.2.2. und 2.3.3.3.2.

1603 Vgl. Gelhausen (2012), Rn. 132.

Die Risikoanalyse hat zum Ziel, die Tragweite der erkannten Risiken, das heißt die Eintrittswahrscheinlichkeit und die quantitativen Auswirkungen, zu bewerten.[1604] Die Phase schließt eine Differenzierung der Risiken im Hinblick auf die Bestandsgefährdung, bei der auch ein kumulatives Zusammenwirken von Risiken (Inter-Risikokonzentrationen) oder durch Kumulation im Zeitablauf zu berücksichtigen sind, mit ein.[1605] Außerdem ist hinsichtlich der ergriffenen Maßnahmen in der Analyse zu beurteilen, ob ein weiterer Steuerungs- und Kommunikationsbedarf besteht.[1606]

Die Angemessenheit der Bewertung der Risiken ist dann gegeben, wenn die Bewertung intersubjektiv nachvollziehbar ist.[1607] Im Einzelnen ist die intersubjektive Nachvollziehbarkeit mittels Plausibilität und Widerspruchsfreiheit der durchgeführten Berechnungen sowie der den verwendeten Modellen zugrunde liegenden Annahmen gegenüber dem Prüfer nachzuweisen. Zudem ist zu prüfen, ob die verwendeten Prognosemodelle sachgerecht und korrekt gehandhabt sowie alle relevanten Informationen und Interdependenzen berücksichtigt wurden. Aufgrund der subjektiven Bewertungsspielräume, insbesondere bei den festzulegenden Annahmen, hat der Prüfer sicherzustellen, dass die Bewertung der Risiken nach pflichtgemäßem Ermessen[1608] willkürfrei und im Zeitablauf stetig erfolgt. Eine besondere Bedeutung kommt hierbei der Dokumentation der Modelle, der Verfahren sowie der Annahmen zu.[1609]

Die besondere Aufmerksamkeit des Prüfers bei der Risikobewertung erfordert neben der eigentlichen Bewertung auch die Aggregation von Risiken aus verschiedenen Konzerngesellschaften und der verschiedenen Risikoarten zu einer Gesamtposition. Es ist durch den Prüfer zu untersuchen, ob die Gesamtrisikosituation sachgerecht abgebildet, konzernweite Abläufe implementiert und Interdependenzen berücksichtigt wurden.[1610]

1604 Vgl. IDW PS 340, Rn. 10.

1605 Vgl. IDW PS 340, Rn. 10.

1606 Vgl. IDW PS 340, Rn. 10.

1607 Vgl. Gelhausen (2012), Rn. 129.

1608 Die Ermessensspielräume, die ein pflichtgemäßes Ermessen des Wirtschaftsprüfers erfordern, bestehen unter anderem in Bandbreiten von Wertansätzen und Annahmen. Der Prüfer hat hier zu beurteilen, ob die Spielräume gegebenenfalls einseitig und im Hinblick auf eine der generellen Zielsetzung zuwiderlaufende Ausnutzung gewählt wurden. Vgl. zur Rechnungslegung Plendl (2012), Rn. 212 f.

1609 Vgl. Gelhausen (2012), Rn. 134. Grundsätzlich sollten außerdem die im Konzern verwendeten Verfahren und Annahmen möglichst einheitlich sein.

1610 Vgl. Gelhausen (2012), Rn. 135. Darüber hinaus hat sich der Prüfer zu vergewissern, dass auch nicht in die Quantifizierung einbezogene Risiken sachgerecht gehandhabt

Die im Rahmen der Risikokommunikation behandelte Berichtspflicht zielt auf die Kommunikation nicht bewältigter Risiken an den jeweiligen Entscheidungsträger, bis einschließlich der Geschäftsleitung, ab.[1611] Zu den nicht bewältigten Risiken sind die noch bestehenden Risiken zu zählen, die einen bestimmten Schwellenwert überschreiten beziehungsweise zu definierende Ersatzkriterien erfüllen und so die Berichtspflicht auslösen.[1612] Der Turnus der regelmäßigen Berichterstattung ist in Abhängigkeit von der Art des Risikos und der Bedeutung für das Institut zu wählen. Ergänzend ist bei besonderer Eilbedürftigkeit der Weitergabe der Informationen eine Ad-hoc-Berichterstattung zu implementieren.[1613]

Allgemein hat die Phase der Risikokommunikation die vollständige und zeitgerechte Weitergabe der relevanten Informationen an den Entscheidungsträger sicherzustellen. Unter der Zeitgerechtigkeit ist die so frühzeitige Weiterleitung an die Entscheidungsträger zu verstehen, „dass diese in die Lage versetzt werden, noch wirksame Maßnahmen zur Risikobewältigung einzuleiten.“[1614] Die regelmäßigen Berichterstattungsprozesse und die Ad-hoc-Kommunikationsprozesse sind vom Abschlussprüfer zu prüfen.[1615]

Das durch das Unternehmen einzurichtende Überwachungssystem hat sicherzustellen, dass die Maßnahmen[1616] nach § 91 Abs. 2 AktG zur Erfassung und Kommunikation bestandsgefährdender Risiken sowie deren Veränderungen eingehalten werden.[1617] Der Überwachungsprozess ist insgesamt in die prozessabhängigen und auch in die prozessunabhängigen Kontrollen des Instituts einzubinden.[1618] Für alle Phasen sind

---

werden. Vgl. Gelhausen (2012), Rn. 136. In diesem Zusammenhang nicht weitergehend im Prüfungsstandard diskutiert werden die methodischen Grenzen einer Aggregation verschiedener Risiken mit den jeweiligen Modellen, die gesellschaftsrechtlichen Grenzen der Konzernmutter zu den einzelnen Tochtergesellschaften, insbesondere im Hinblick auf das deutsche Aktienrecht, sowie die Grenzen der Prüfungs- und Auskunftsrechte des Konzernprüfers bei den einzelnen Tochtergesellschaften.

1611 Sofern die Risikoinformationen zeitgerecht an die jeweiligen Entscheidungsträger kommuniziert werden, ist die Risikokommunikation als geeignet anzusehen. Vgl. Gelhausen (2012), Rn. 129.

1612 Vgl. IDW PS 340, Rn. 11.

1613 Vgl. IDW PS 340, Rn. 12.

1614 Gelhausen (2012), Rn. 137.

1615 Vgl. Gelhausen (2012), Rn. 137.

1616 Die Maßnahmen schließen auch die im Prozess implementierten Kontrollen mit ein. Vgl. IDW PS 340, Rn. 15.

1617 Vgl. IDW PS 340, Rn. 15.

1618 Vgl. Gelhausen (2012), Rn. 138.

vom Unternehmen Verantwortlichkeiten festzulegen[1619] sowie der rechtzeitige Informationsaustausch zwischen den einzelnen Unternehmensbereichen, einschließlich einer gegebenenfalls erforderlichen Eskalation, sicherzustellen.[1620] Mittels zugehöriger Dokumentation[1621] der getroffenen Maßnahmen nach § 91 Abs. 2 AktG soll die dauerhafte und personenunabhängige Funktionsfähigkeit sichergestellt werden.[1622] Darüber hinaus dient die Dokumentation, zum Beispiel in Form eines Risikohandbuchs, ebenfalls als Nachweis[1623] zur Erfüllung der Anforderungen des § 91 Abs. 2 AktG.[1624]

Die eingerichteten Maßnahmen nach § 91 Abs. 2 AktG sind vom Prüfer in Stichproben hinsichtlich deren Wirksamkeit, das heißt der funktionsfähigen Umsetzung, im Berichtszeitraum zu testen.[1625] Im Einzelnen zählt der IDW PS 340 als Beispiele für die Prüfungshandlungen in der Funktionsprüfung die Durchsicht der Unterlagen zur Risikoerfassung und zur Risikokommunikation in den verschiedenen Organisationsstufen und Unternehmensbereichen, die Befragungen und Beobachtungen hinsichtlich der implementierten Kontrollmaßnahmen sowie die Berücksichtigung der Ergebnisse und Unterlagen der Internen Revision auf.[1626]

Die Ergebnisse der Prüfung sind vom Abschlussprüfer abschließend im Prüfungsbericht darzustellen.[1627] Die Berichtspflicht des Wirtschaftsprüfers im Prüfungsbericht folgt aus dem § 321 Abs. 4 HGB und umfasst insbesondere auch gegebenenfalls notwendige Maßnahmen zur Verbesserung des internen Überwachungssystems.[1628]

1619 Darüber hinaus müssen sich die jeweiligen Mitarbeiter ihrer Risikomanagementaufgabe bewusst sein. Vgl. Gelhausen (2012), Rn. 139.

1620 Vgl. IDW PS 340, Rn. 13 f. Hierzu sind Eskalationskriterien festzulegen und zu dokumentieren. Vgl. Gelhausen (2012), Rn. 137.

1621 Die Dokumentation ist abhängig von Größe und Komplexität der Risikosituation des Unternehmens. Vgl. IDW PS 340, Rn. 17. Das Fehlen einer angemessenen Dokumentation des Risikomanagements führt generell zu Zweifeln an der dauerhaften Funktionsfähigkeit und damit an der Wirksamkeit des Risikomanagements. Vgl. Gelhausen (2012), Rn. 121.

1622 Vgl. IDW PS 340, Rn. 17.

1623 Dies schließt auch die ausreichend lange Aufbewahrung der Dokumentation (Archivierung) mit ein. Vgl. IDW PS 340, Rn. 18.

1624 Vgl. IDW PS 340, Rn. 18.

1625 Vgl. IDW PS 340, Rn. 31. Hierunter ist die dauerhafte und unternehmens- beziehungsweise konzernweite Funktionsfähigkeit im Geschäftsjahr zu verstehen. Vgl. Gelhausen (2012), Rn. 142.

1626 Vgl. IDW PS 340, Rn. 31.

1627 Vgl. IDW PS 340, Rn. 32, Gelhausen (2012), Rn. 151 und Kapitel 3.2.4.

1628 Vgl. § 321 Abs. 4 HGB.

3.3.1.2 IDW PS 525 Die Beurteilung des Risikomanagements von Kreditinstituten im Rahmen der Abschlussprüfung

Für die Fragestellung der Arbeit zur Prüfung der Zinsänderungsrisiken im Anlagebuch nach § 29 Abs. 1 KWG in Verbindung mit § 25a Abs. 1 Satz 3 Nr. 1 KWG ist zentral der IDW PS 525 „Die Beurteilung des Risikomanagements von Kreditinstituten im Rahmen der Abschlussprüfung" einschlägig.[1629] Der Prüfungsstandard soll über die MaRisk hinaus keine neuen oder zusätzlichen Anforderungen begründen.[1630]

Der Gegenstand des Prüfungsstandards ist die grundsätzliche Beurteilung des Risikomanagements von Kreditinstituten in der Jahresabschlussprüfung,[1631] vor allem der Systemanforderungen des Risikomanagements sowie der Elemente zur Beurteilung der Funktionsfähigkeit des Risikomanagements.[1632] Auf die konkrete Ausgestaltung des Risikomanagements geht der Prüfungsstandard bewusst nicht ein,[1633] sodass die direkte Ableitung eines Soll-Objektes nicht möglich ist. Insbesondere aufgrund der individuellen Geschäftsmodelle können solche Ableitungen nur für den jeweiligen Einzelfall getroffen werden.[1634]

Der IDW PS 525 gliedert sich neben den Vorbemerkungen in die Abschnitte Risikomanagement als Element der Bankensteuerung, Beurteilung der Funktionsfähigkeit des Risikomanagements mit den jeweiligen Phasen des Risikomanagementzyklus, Beurteilung der Funktionsweise, Ergebnisse der Risikotragfähigkeitsrechnung und Berichterstattung.[1635] Das vom Prüfungsstandard erfasste Risikomanagement dient der Vermeidung von Eintritten bestandsgefährdender Risiken sowie von Risiken, die wesentliche negative Auswirkungen auf das Institut haben können.[1636] Zudem wird betont, dass eine

---

1629 Vgl. IDW PS 525, Rn. 4.

1630 Vgl. IDW PS 525, Rn. 6 sowie Fn. 5 und siehe Kapitel 2.3.3.3.

1631 Vgl. IDW PS 525, Rn. 6. Im Einzelnen sind für Kreditinstitute die Prüfungspflichten des Lageberichts nach § 317 HGB, des Konzernlageberichts nach § 315 Abs. 1 HGB in Verbindung mit DRS 5–10 beziehungsweise dem neuen DRS 20, der Risikoerfassung und -kommunikation nach § 91 Abs. 2 AktG, aus der Offenlegung gemäß SolvV sowie nach § 29 Abs. 1 KWG in Verbindung mit § 25a Abs. 1 Nr. 1–3 KWG hierunter zu fassen. Vgl. IDW PS 525, Rn. 4.

1632 Vgl. IDW (Hrsg.) (2010), o. S.

1633 Vgl. IDW (Hrsg.) (2010), o. S.

1634 Vgl. IDW (Hrsg.) (2010), o. S.

1635 Vgl. IDW PS 525, Rn. 8 ff.

1636 Vgl. IDW PS 525, Rn. 9.

frühzeitige Risikoeinschätzung ein bedeutender Einflussfaktor für die Vermögens-, Finanz- und Ertragslage darstellt.[1637]

Der Prüfungsstandard unterteilt das Risikomanagement in Risikoerkennung, Risikoanalyse, Risikosteuerung sowie Risikokommunikation und überwachung.[1638] Ferner ist der Risikomanagementprozess in die Strategie und das Risikobewusstsein eingebettet.[1639] Der Prozess bildet die Grundlage zur Ermittlung der Risikotragfähigkeit und ist insofern mit der Anforderung an deren dauerhafte Einhaltung eng verknüpft.[1640] Der Prüfungsstandard unterscheidet hinsichtlich des Vorgehens zwischen der organisatorischen Perspektive, die sich mit der Angemessenheit und Wirksamkeit des Risikomanagementprozesses befasst,[1641] und der wirtschaftlichen Perspektive, die inhaltlich das Vorgehen zur Beurteilung der Risikotragfähigkeitsrechnung und der für Risikoeintritte vorgehaltenen Kapitalpuffer regelt.[1642] Beide Perspektiven sind vom Prüfer in der Jahresabschlussprüfung zu beurteilen.[1643]

Die Beurteilung der Funktionsfähigkeit des Risikomanagementprozesses erfolgt auf Ebene der einzelnen Phasen des Zyklus anhand von Einzelvorgaben.[1644] Im Hinblick auf die eingerichteten Systeme und die organisatorische Umsetzung der Prozesse ist zu prüfen, ob diese im Einklang mit Volumen, Art und Komplexität der vom Institut eingegangenen Risiken stehen.[1645] Bei der Prüfung der Angemessenheit der Organisation[1646] müssen zudem die Vollständigkeit, die Konsistenz

---

1637 Vgl. IDW PS 525, Rn. 9. Die korrekte Darstellung der Vermögens- Finanz- und Ertragslage ist insbesondere im Hinblick auf die Erteilung des Bestätigungsvermerks zu beurteilen. Vgl. Kapitel 3.2.4.

1638 Vgl. IDW PS 525, Rn. 10. Zu den Teilprozessen siehe Kapitel 2.1.2.

1639 Vgl. IDW PS 525, Rn. 19 ff. sowie Kapitel 2.1.2.1.

1640 Vgl. IDW PS 525, Rn. 10.

1641 Vgl. IDW PS 525, Rn. 10 1. Spiegelstrich.

1642 Vgl. IDW PS 525, Rn. 10 2. Spiegelstrich. Diese Perspektive wird im IDW PS 525, Rn. 46 ff. behandelt.

1643 Vgl. IDW PS 525, Rn. 11.

1644 Der Prüfer hat insbesondere festzustellen, ob entsprechende Teilprozesse eingerichtet wurden und ob diese für den Betrachtungszeitraum durchgängig funktionsfähig waren. Vgl. IDW PS 525, Rn. 13.

1645 Vgl. IDW PS 525, Rn. 14.

1646 Außerdem hat der Prüfer durch geeignete Prüfungshandlungen sicherzustellen, dass die Ergebnisse des Risikomanagements nicht im Widerspruch zu den Ergebnissen anderer betriebswirtschaftlicher Prozesse, wie der handelsrechtlichen Rechnungslegung, stehen. Sofern darüber hinaus konkrete Abstimmungshandlungen vom Institut zwischen den Ergebnissen vorgenommen werden, ist dies auch bei der

zu den jeweiligen geschäftsstrategischen Zielen des Instituts und die hinreichende Zeitnähe der Umsetzung der Prozesse und Verfahren einbezogen werden.[1647] Der Prüfungsstandard nennt hierzu als zu prüfende Punkte

- die klare Definition und Abgrenzung von Kompetenzen, Verantwortlichkeiten, Kontrollen und Kommunikationswegen,[1648]
- die Wahrnehmung der erforderlichen Eigenverantwortung durch die Geschäftsleitung,[1649]
- die Trennung von nicht vereinbarenden Funktionen einzelner Mitarbeiter,[1650]
- die prozessunabhängige Überwachung durch die Interne Revision,[1651]
- die regelmäßige Überprüfung der verwendeten Risikomodelle,[1652]
- die bereitgestellten Ressourcen[1653] sowie
- die ausreichende Dokumentation des Instituts.[1654]

Hinsichtlich der strategischen Vorgaben ist durch den Prüfer zu beurteilen, ob die Grundsätze zu den Zielen und zum Umfang hinsichtlich der einzugehenden Risiken, einschließlich der jeweiligen verantwortlichen Organisationseinheiten, enthalten sind, und ob die vom Institut abgeschlossenen Geschäfte mit diesen Grundsätzen im Einklang stehen.[1655] Ferner sind die in der Strategie dokumentierte aktuelle Risikosituation,[1656] die Annahmen und Erwartungen zur zukünftigen Entwicklung[1657] sowie die strategischen Vorgaben zur Begrenzung der Risiken auf

---

Prüfungsplanung und durchführung der handelsrechtlichen Rechnungslegung zu berücksichtigten. Vgl. IDW PS 525, Rn. 16 und 18.

1647 Vgl. IDW PS 525, Rn. 15.

1648 Vgl. IDW PS 525, Rn. 15 1. Spiegelstrich.

1649 Vgl. IDW PS 525, Rn. 15 2. Spiegelstrich.

1650 Vgl. IDW PS 525, Rn. 15 3. Spiegelstrich.

1651 Vgl. IDW PS 525, Rn. 15 4. Spiegelstrich.

1652 Vgl. IDW PS 525, Rn. 15 5. Spiegelstrich.

1653 Dies schließt nach dem Prüfungsstandard die personellen, technischen und organisatorischen Ressourcen mit ein. Vgl. IDW PS 525, Rn. 15 6. Spiegelstrich. Was der Prüfungsstandard allerdings unter organisatorischen Ressourcen versteht, bleibt unklar beziehungsweise wird nicht näher erläutert. Im Rahmen des AT 7 MaRisk sind die personellen und technischen Ressourcen sowie das Notfallkonzept geregelt.

1654 Die Dokumentationsanforderung ist für das Risikomanagementsystem, die getroffenen Maßnahmen und die im Risikomanagement generierten Informationen zu prüfen. Vgl. IDW PS 525, Rn. 15 7. Spiegelstrich.

1655 Vgl. IDW PS 525, Rn. 19.

1656 Vgl. IDW PS 525, Rn. 20.

1657 Vgl. IDW PS 525, Rn. 20.

Basis der Risikotragfähigkeit[1658] durch den Wirtschaftsprüfer zu würdigen. Der Prüfungsstandard verweist außerdem auf die Prüfung des Turnus zur Überprüfung der Strategie, der sich an der Volatilität der Geschäftsstruktur[1659] orientieren soll.[1660]

Bei der Risikoerkennung steht das frühzeitige Erkennen von potentiell wesentlichen Risiken im Mittelpunkt.[1661] So hat der Prüfer festzustellen, dass Prozesse zur regelmäßigen Bestandsaufnahme[1662] und anlassbezogenen Untersuchung[1663] eingerichtet wurden.[1664]

„Die Risikoanalyse umfasst die Beurteilung der Tragweite der Risiken in Bezug auf ihre Eintrittswahrscheinlichkeit und ihre quantitativen Auswirkungen durch das Kreditinstitut.“[1665] Somit stehen die Ermittlung beziehungsweise die Abschätzung der Eintrittswahrscheinlichkeit des Risikos und die Höhe des potentiellen Verlustes im Mittelpunkt der Betrachtungen des Abschnittes zur Risikoanalyse im IDW PS 525. Der Prüfungsstandard enthält hierzu eine Vielzahl an Anforderungen, die für eine weitergehende Untersuchung zunächst zu strukturieren sind. So lassen sich die Anforderungen wie folgt näher unterteilen:

- Einteilung der Risiken,[1666]
- Vorgaben zum Risikomodell, einschließlich der zugrunde liegenden Annahmen,[1667]
- Parametern der Risikoermittlung[1668]
- Stressszenarien[1669]

1658 Vgl. IDW PS 525, Rn. 22.

1659 Der IDW PS 525 verwendet den Begriff der Geschäftsstruktur, ohne diesen allerdings näher zu erläutern. Ferner hat dieser auch keine Entsprechung in den MaRisk. Siehe Kapitel 2.3.3.3.

1660 Vgl. IDW PS 525, Rn. 21.

1661 Vgl. IDW PS 525, Rn. 13 und 24.

1662 Vgl. IDW PS 525, Rn. 25.

1663 Eine anlassbezogene Untersuchung ist bei sich ändernden Rahmenbedingungen erforderlich. Es wird außerdem auf die Bedeutung bei neuen Produkten und sich ändernden Märkten hingewiesen. Vgl. IDW PS 525, Rn. 25 f.

1664 Vgl. IDW PS 525, Rn. 25.

1665 IDW PS 525, Rn. 27.

1666 Vgl. IDW PS 525, Rn. 28 1. Spiegelstrich.

1667 Vgl. IDW PS 525, Rn. 28 2. bis 4., 6. und 9. Spiegelstrich sowie Rn. 29 ff.

1668 Dies schließt auch die der Risikomessung zugrunde liegenden Geschäftsdaten mit ein. Vgl. IDW PS 525, Rn. 28 3. Spiegelstrich.

1669 Vgl. IDW PS 525, Rn. 28 7. Spiegelstrich.

Ferner befasst sich der Prüfungsstandard in der Risikoanalyse mit den Vorgaben zum Bewertungs- und Risikoermittlungsturnus, wobei das Ausmaß und die Volatilität der Risiken zu berücksichtigen sind und das unbemerkte Kumulieren von Verlusten durch die regelmäßige Bewertung zu verhindern ist.[1670]

Unmittelbar an das Erkennen und das Erfassen der jeweiligen Risiken des Instituts schließt sich die Kategorisierung und die Einstufung der Risiken an.[1671] Der Prüfungsstandard verlangt eine Prüfung hinsichtlich einer zielführenden Kategorisierung, ohne jedoch näher auf das Ziel der Kategorisierung einzugehen.[1672] Die Einstufung der Risiken zur Wesentlichkeit hat auf Basis der vom Institut festgelegten Kriterien zu erfolgen, die sich wiederum an deren Bedeutung als Teil der Risikotragfähigkeit zu orientieren haben.[1673]

Als wesentliches Element der Prüfungsanforderungen der Risikoanalyse befasst sich der Prüfungsstandard mit dem Risikomodell[1674] sowie den dem Modell zugrunde liegenden Annahmen. So hat der Prüfer durch Prüfungshandlungen festzustellen, ob das Modell, dessen Grenzen und die Annahmen ausreichend dokumentiert[1675] sind, und ob die Geschäftsleitung diese bei der Beurteilung der Ergebnisse ausreichend berücksichtigt hat.[1676] Ein weiterer zentraler Punkt zum Risikomodell, den der Prüfungsstandard aufführt, ist die Überprüfung der Prognosegüte des Risikomodells. So hat sich der Prüfer zu vergewissern, dass die Eignung des Modells[1677] und dessen mögliche Weiterentwicklungen regelmäßig durch das Institut überprüft werden. Die Überprüfung des Modells hat mittels eines

1670 Vgl. IDW PS 525, Rn. 28 5. und 8. Spiegelstrich.

1671 Vgl. IDW PS 525, Rn. 28 1. Spiegelstrich.

1672 Vgl. IDW PS 525, Rn. 28 1. Spiegelstrich. Denkbar wäre die Anwendung der Zielsetzung der Risikoanalyse oder der Ziele des Risikomanagements. Vgl. IDW PS 525, Rn. 3 und 27.

1673 Vgl. IDW PS 525, Rn. 28 1. Spiegelstrich.

1674 Hierzu werden synonym Messverfahren, Risikomodell und Messmethoden als Begriffe im IDW PS 525 verwendet. Vgl. IDW PS 525, Rn. 28 2. und 4. Spiegelstrich sowie Rn. 32. Unklar bleibt dabei, warum der Prüfungsstandard die Vielzahl an Begriffen verwendet, und ob hieran gegebenenfalls unterschiedliche Anforderungen geknüpft werden.

1675 Die für die Risikoanalyse spezifische Vorgabe zur Dokumentation wird bereits durch die allgemeine Vorgabe zur Dokumentation abgedeckt, nach der das Risikomanagementsystem insgesamt hinreichend dokumentiert sein muss. Vgl. IDW PS 525, Rn. 15 7. Spiegelstrich.

1676 Vgl. IDW PS 525, Rn. 28 2. Spiegelstrich.

1677 Zusätzlich ist zu prüfen, ob für derivative Finanzinstrumente und strukturierte Produkte das Modell beziehungsweise die Modelle eine ausreichende Zerlegung in die

Backtestings der Modellergebnisse[1678] zu erfolgen. Ferner hat der Prüfer festzustellen, ob „sämtliche wesentlichen Einflussfaktoren [im vom Institut gewählten Modell, Anm. d. Verf.] angemessen berücksichtigt“[1679] werden.[1680]

Sofern Risiken nicht oder nur ungenau gemessen werden können, hat der Prüfer zudem die qualitativen Elemente der Steuerung und Überwachung dieser Risiken und die Wechselwirkung zum Auslastungsgrad der Risikodeckungsmasse in der Risikotragfähigkeit in seine Beurteilung mit einzubeziehen.[1681] Hinzuweisen ist an dieser Stelle darauf, dass der quantitativ messbare Auslastungsgrad der Risikodeckungsmasse und die qualitativen Elemente aufgrund der unterschiedlichen Skalen der Merkmale lediglich auf einer Nominalskala abzubilden sind, was die Aussagekraft einer derartigen Beurteilung erheblich einschränkt oder weitergehende Ersatzkriterien erfordert.[1682]

Einzelkomponenten zur systematischen und vollständigen Risikobewertung sicherstellen. Vgl. IDW PS 525, Rn. 28 6. Spiegelstrich.

1678 Vgl. IDW PS 525, Rn. 15 5. Spiegelstrich. Auch diese Anforderung ist wie die Dokumentationsanforderung im Prüfungsstandard gleich doppelt aufgeführt, ohne dass der Standard dieses näher erläutert. Vgl. IDW PS 525, Rn. 15 5. Spiegelstrich und Rn. 28 4. Spiegelstrich. Zudem wird auf eine andere Vorgehensweise zur Überprüfung der Eignung des Modells, nämlich der Nachweis mittels der Konsistenz der Annahmen des Modells und der Parameter des Instituts im Sinne von Markt- und Geschäftsdaten, an einer weiteren Stelle zumindest implizit eingegangen. Vgl. IDW PS 525, Rn. 28 3. Spiegelstrich. Diese Anforderung kann bei einer weiten Begriffsdefinition des Backtestings auch als Überprüfung der Eingangsparameter und der Modellannahmen des Risikomodells verstanden werden. So weist *Lücke* darauf hin, dass ein Backtesting in Form des Ergebnisvergleichs (Backtesting im engeren Sinne) bei Kreditportfoliomodellen zur Messung des Adressenausfallrisikos vor dem Hintergrund der Datenanforderung grundlegend nicht möglich ist. Vgl. Lücke (2011), S. 123 ff. Insofern ist die Forderung des Prüfungsstandards, alle Risikomodelle mittels Backtesting im Sinne des IDW PS 525 zu überprüfen, zumindest durch ein Backtesting im engeren Sinne nicht in jedem Fall möglich.

1679 IDW PS 525, Rn. 32.

1680 Bei finanzmathematischen Modellen geht der Prüfungsstandard stärker ins Detail und schreibt dem Prüfer vor, auch die Repräsentativität der zur Ableitung der Parameter zugrunde gelegten Zeiträume zu prüfen. Zudem sind Modelle beziehungsweise Parameter auf Basis von Expertenschätzungen kritisch zu hinterfragen und vor allem die Unabhängigkeit der Experten zu analysieren. Vgl. IDW PS 525, Rn. 32.

1681 Vgl. IDW PS 525, Rn. 34.

1682 Vgl. Kapitel 3.1.2.1.1. Generell befasst sich der IDW PS 525 nicht mit dem Problem der unterschiedlichen Skalen, die auch bei der Beurteilung der Risikotragfähigkeit auftreten.

In der Risikoanalyse werden ebenfalls die Verfahren zur Gesamtrisikoposition, zu Konzentrationen und zu Wechselwirkungen der Risiken behandelt.[1683] Der Prüfer hat sich jeweils zu überzeugen, dass geeignete Verfahren zur Aggregation implementiert,[1684] gegebenenfalls unterstellte Korrelationen nachvollziehbar[1685] und die Methoden zur Erfassung von Konzentrationsrisiken[1686] vorhanden[1687] sind. Der Prüfer hat außerdem zu beurteilen, ob bei der Interpretation der Ergebnisse der Risikomodelle vom Institut grundlegend die Voraussetzungen und die Annahmen der Modelle berücksichtigt wurden.[1688] Hinsichtlich der Stressszenarien hat der Prüfer sich im Rahmen seiner Prüfungshandlungen davon zu überzeugen, dass extreme Marktszenarien auf Einzelrisiko-, Geschäftsbereichs- und Gesamtinstitutsebene vom Institut bei der Risikoanalyse einbezogen wurden.[1689]

Die Risikosteuerung wird vom IDW PS 525 als „alle aktiven getroffenen Maßnahmen zum Umgang mit den identifizierten und analysierten Risiken“[1690] definiert. Grundlegend hat der Prüfer zu beurteilen, ob es für die Steuerung Vorgaben gibt, die hinreichend operabel sind und mit der Strategie sowie der wirtschaftlichen Risikotragfähigkeit konsistent sind.[1691] Zu den Steuerungsvorgaben in Form von Limitsystemen werden im Einzelnen

---

1683 Vgl. IDW PS 525, Rn. 28 9. Spiegelstrich und Rn. 33.

1684 Vgl. IDW PS 525, Rn. 28 9. Spiegelstrich.

1685 Vgl. IDW PS 525, Rn. 33.

1686 Die Zuordnung dieser Anforderung zur Erfassung von Konzentrationen zum Abschnitt Risikoanalyse ist kritisch zu hinterfragen, denn hinsichtlich der Ziele ist die Erfassung eigentlich Gegenstand des vorangegangenen Abschnitts zur Risikoerkennung im IDW PS 525. Vgl. IDW PS 525, Rn. 25.

1687 Vgl. IDW PS 525, Rn. 33.

1688 Vgl. IDW PS 525, Rn. 29. Unklar bleibt, inwieweit der Prüfungsstandard hier eine über die MaRisk hinausgehende Anforderung setzt, da der Prüfer zur Beurteilung eine entsprechende Aufnahme der Voraussetzungen und der Annahmen zur Interpretation in der Berichterstattung benötigt. Diese ist jedoch im AT 4.3.2 Tz. 3 bis 5 MaRisk nicht vorgesehen.

1689 Vgl. IDW PS 525, Rn. 28 7. Spiegelstrich. Wie auch im IDW PS 340 wird im IDW PS 525 nicht weitergehend die methodischen, gesellschaftsrechtlichen oder prüfungstechnischen Grenzen diskutiert. Siehe Kapitel 3.3.1.1. So sei beispielsweise darauf hingewiesen, dass die Beurteilung, ob es sich bei einem Marktszenario um ein extremes Szenario handelt, lediglich vergleichsbasiert und mit subjektiven Einflüssen möglich ist. Vgl. zur Prüfungshypothese der Stresstests Kapitel 4.2.3.2.4.

1690 IDW PS 525, Rn. 35.

1691 Vgl. IDW PS 525, Rn. 35.

- zur hinreichenden Erfassung der Risiken,[1692]
- zur unverzüglichen Anrechnung der Geschäfte nach Abschluss,[1693]
- zur Berücksichtigung institutsspezifischer Erfahrungen sowie der Abbildungs- und Steuerungsqualität,[1694]
- zum Vorhandensein eines Eskalationsprozesses bei Limitüberschreitungen,[1695]
- zur regelmäßigen Überprüfung der Angemessenheit des Limitsystems[1696] und
- zum angemessenen Turnus der Ermittlung der Limitauslastungen[1697]

weitergehende zu untersuchende Sachverhalte im Prüfungsstandard genannt. Darüber hinaus ist zu prüfen, dass ausschließlich im Institut als zulässig angesehene Geschäfte zur Risikosteuerung eingesetzt werden.[1698]

Bei allen Maßnahmen der Risikosteuerung sollen nach dem IDW PS 525 alle Handlungsoptionen berücksichtigt werden, wobei der IDW PS 525 insbesondere auf die hierzu erforderlichen Ressourcen verweist, die vom Prüfer hinsichtlich der Angemessenheit zu beurteilen sind.[1699] Insofern greift der Abschnitt zur Risikosteuerung die bereits im Abschnitt zur Beurteilung der Funktionsfähigkeit des Risikomanagements gemachten Vorgaben hinsichtlich der Ressourcen erneut[1700] auf.[1701]

1692 Hierunter sind sowohl die Einzelrisiken aus den quantifizierbaren Risikoarten als auch die kumulierten Positionsrisiken zu verstehen. Vgl. IDW PS 525, Rn. 36 1. Spiegelstrich.

1693 Vgl. IDW PS 525, Rn. 36 2. Spiegelstrich. Im Prüfungsstandard fehlen aber die Nebenabreden, die im BTO 2.2.3 MaRisk ausdrücklich aufgeführt werden. Vgl. BTO 2.2.3 MaRisk.

1694 Vgl. IDW PS 525, Rn. 36 3. Spiegelstrich.

1695 Vgl. IDW PS 525, Rn. 36 4. Spiegelstrich.

1696 Vgl. IDW PS 525, Rn. 36 5. Spiegelstrich.

1697 Hierzu sind der Grad der Risikoaversion der Geschäftsleitung, der Volatilität der Risiken und die Auslastung der Limite heranzuziehen.

1698 Dies ist auch im Zusammenhang mit den Anpassungsprozessen des AT 8 MaRisk zu sehen. Vgl. IDW PS 525, Rn. 38 f. und siehe Kapitel 2.3.3.3.2.

1699 Vgl. IDW PS 525, Rn. 37. Es ist darauf hinzuweisen, dass der Prüfer generell nicht die Steuerungsmaßnahmen zu beurteilen hat, sofern diese vor dem Hintergrund der Strategie und der Risikotragfähigkeit zulässig waren. Dies hat ebenso bereits der IDW PS 340 in seiner Abgrenzung der Ordnungsmäßigkeitsprüfung von einer Geschäftsführungsprüfung dargelegt. Vgl. IDW PS 340, Rn. 19 und Kapitel 3.3.1.1. Insofern ist der Wortlaut des IDW PS 525, Rn. 37 nicht eindeutig.

1700 Vgl. IDW PS 525 Rn. 15 6. Spiegelstrich und Rn. 37.

1701 Es werden insbesondere die Qualifikation des Personals und die Leistungsfähigkeit der IT genannt. Vgl. IDW PS 525, Rn. 37.

Im Hinblick auf die Risikokommunikation und -überwachung hat der Prüfer

- die Angemessenheit und die Wirksamkeit des Informationsflusses[1702] allgemein,
- die systematische und entscheidungsorientierte Aufbereitung der Ergebnisse der Risikoanalyse,[1703]
- die Übereinstimmung mit der Berichterstattung im Lagebericht und im Jahresabschluss[1704] sowie
- die Überwachung der Umsetzung der Strategie und der Steuerungsentscheidungen, einschließlich der Einhaltung der Limite[1705] zu beurteilen.

Der Prüfer hat hinsichtlich der Aufbereitung der Ergebnisse der Risikoanalyse darauf zu achten, dass

- die Kommunikation zur jeweiligen Risikolage regelmäßig, vollständig und zeitnah an die Geschäftsleitung und die Aufsichtsorgane erfolgt,
- eine angemessene Ad-hoc-Berichterstattung implementiert ist,
- Änderungen bewertungsrelevanter Annahmen und Parameter in der Berichterstattung enthalten sind und
- der Umfang der Berichterstattung in Abhängigkeit von der Risikokomplexität und dem Risikogehalt erfolgt.[1706]

Der Prüfungsstandard spiegelt insgesamt die Auffassung des Berufsstandes wider, die aber den jeweiligen Wirtschaftsprüfer nicht von seiner Eigenverantwortlichkeit für die Prüfung entbindet.[1707] Der Prüfungsstandard geht bei seinen Ausführungen nicht auf einzelne Risikoarten[1708] und deren jeweiligen Anforderungen im Detail ein, sondern gibt stattdessen grundlegende Hinweise zu den zu behandelnden Sachverhalten, um das Risikomanagement beurteilen zu können. Insofern beinhaltet der IDW PS 525 keine umfassende und detaillierte Auseinandersetzung

1702 Der Informationsfluss besteht zwischen den vom Risikomanagement betroffenen Einheiten, den Entscheidungsträgern und dem Aufsichtsorgan. Vgl. IDW PS 525, Rn. 40.

1703 Vgl. IDW PS 525, Rn. 41.

1704 Vgl. IDW PS 525, Rn. 42.

1705 Vgl. IDW PS 525, Rn. 45.

1706 Vgl. IDW PS 525, Rn. 41.

1707 Vgl. IDW PS 525, Rn. 7.

1708 Eine Ausnahme macht der Prüfungsstandard zum Modellrisiko, das im IDW PS 525, Rn. 30 separat behandelt wird. Durch den Prüfer sind die angemessene Berücksichtigung und die nachvollziehbare Dokumentation zu beurteilen.

mit den risikospezifischen Anforderungen der MaRisk, reflektiert jedoch in vielen Punkten einzelne Anforderungen des Aufsichtsrechts.[1709] Somit hat sich der Prüfer über die im Prüfungsstandard aufgegriffenen Sachverhalte hinaus mit dem Prüfungsobjekt Risikomanagement, den zugrunde liegenden Normen und vor allem mit den Risikosteuerungs- und -controllingprozessen der jeweiligen Risikoarten des Instituts näher auseinanderzusetzen.

3.3.2 International Framework for Assurance Engagements

Neben den nationalen Prüfungsstands der WPK und des IDW sind vor allem die Veröffentlichungen der International Federation of Accountants (IFAC) mit ihren Fachausschüssen, insbesondere dem International Auditing and Assurance Standards Board (IAASB), zu nennen.[1710] Die Standards des IFAC beziehungsweise des für die Prüfungsstandards zuständigen Fachausschusses IAASB gliedern sich grundlegend in Regelungen zu Prüfungsdienstleistungen, mit dem IFAC Rahmenwerk und weitergehenden Einzelnormen, und in Regelungen zu verwandten Dienstleistungen.[1711]

In der IFAC wird der deutsche Berufsstand durch die WPK und das IDW vertreten, die jeweils Mitgliedsinstitute des IFAC sind.[1712] Für den einzelnen Wirtschaftsprüfer entfalten die internationalen Vorgaben grundsätzlich keine Wirkung, da diese sich unmittelbar nur an die Mitgliedsinstitute richten und diese wiederum verpflichtet sind, die Vorgaben in nationale verbindliche Standards umzusetzen. Die Transformation in nationale Berufsstandards hat dabei so zu erfolgen, „soweit dies unter den nationalen Gegebenheiten möglich ist ("best endeavours"-Klausel)."[1713] *Ruhnke* sieht allerdings auch bei nicht in nationale Vorgaben umgesetzten

---

1709 So wird zum Beispiel als Validierungsverfahren das Backtesting behandelt. Vgl. IDW PS 525, Rn. 15 5. Spiegelstrich.

1710 Zu einer Übersicht der weiteren Ausschüsse des IFAC sowie der europäischen Organisationen und Ausschüsse des Berufsstands vgl. Marten / Quick / Ruhnke (2011), S. 74 ff.

1711 Hinsichtlich eines Überblicks zu den Normen des IFAC vgl. Marten / Quick / Ruhnke (2011), S. 110.

1712 Vgl. Marten / Quick / Ruhnke (2011), S. 77.

1713 Schindler (1997), S. 164. Zudem haben im Zweifel und bei Konflikten zwischen nationalen und internationalen Standards die nationalen Standards immer Vorrang. Vgl. Schindler (1997), S. 164.

internationalen Normen zumindest eine faktische Verpflichtung zur Anwendung, sofern die Norm unmittelbar anwendbar ist und keine gewichtigen Gründe gegen eine Anwendung sprechen.[1714]

Für die Fragestellung zur Prüfung des Zinsänderungsrisikos im Anlagebuch ist das von der IFAC herausgegebene Rahmenwerk International Framework for Assurance Engagements mit Stand vom 1. Januar 2005[1715] für die Prüfung als Grundlage maßgeblich.[1716] Die zentralen Elemente einer Prüfung sind das Verhältnis zwischen Auftraggeber, Ausübendem[1717] sowie dem Berichtsadressaten und darüber hinaus das Verhältnis zwischen dem angemessenen Prüfungsgegenstand, den angemessenen Prüfungskriterien, den hinreichenden Prüfungsnachweisen sowie der Berichterstattung.[1718] Die Prüfungsgegenstände im Sinne des Rahmenwerks sind unter anderem Systeme und Prozesse, das heißt die Effektivität der integrierten Kontrollen der Systeme und Prozesse, und allgemein die Übereinstimmung der Unternehmensführung mit den gesetzlichen Bestimmungen. Der Prüfungsgegenstand ist dann geeignet, wenn er identifizierbar beziehungsweise abgrenzbar ist. Darüber hinaus muss der Prüfungsgegenstand durch die identifizierten Prüfungskriterien konsistent mess- und beurteilbar sein sowie im Rahmen des Prüfungsprozesses zur Erlangung hinreichender Prüfungsnachweise führen, sodass ein Urteil gebildet werden kann.[1719]

Die Prüfungskriterien sind die Grundlage zur Ableitung der Merkmalsausprägungen des Soll-Objektes und dienen der Strukturierung der Beurteilung des Prüfungsgegenstandes. Angemessene Prüfungskriterien müssen dabei gemäß

1714 Einer der Gründe kann sein, dass aufgrund nationaler Besonderheiten die im Standard aufgeführten Sachverhalte nicht übertragbar sind. Der Wirtschaftsprüfer hat dies allerdings zumindest im Einzelfall zu prüfen. Vgl. Ruhnke (1997), S. 122 f.

1715 Vgl. International Federation of Accountants (Hrsg.) (2010), S. 3. Im Folgenden wird das International Framework for Assurance Engagements kurz als Rahmenwerk bezeichnet.

1716 Vgl. International Federation of Accountants (Hrsg.) (2010), S. 3 f. Die Norm des § 25a Abs. 1 Satz 3 KWG und die MaRisk sind als nationale gesetzliche und aufsichtliche Normen nicht Gegenstand internationaler Vorgaben des Berufsstands.

1717 Im Sinne des Rahmenwerks ist der Wirtschaftsprüfer als Ausübender eine Person, die entweder selbst über die notwendigen Fähigkeiten und das Wissen verfügt beziehungsweise dies durch die Einbindung in die Prüfung herstellt und ferner berufsethischen Anforderungen entspricht. Vgl. International Federation of Accountants (Hrsg.) (2010), S. 11.

1718 Vgl. International Federation of Accountants (Hrsg.) (2010), S. 10.

1719 Vgl. International Federation of Accountants (Hrsg.) (2010), S. 13. Siehe auch Kapitel 3.1.1. zum ersten Postulat, das generell die Prüfbarkeit aufgreift.

Rahmenwerk verschiedene grundlegende Eigenschaften aufweisen. Insofern haben die Kriterien im Hinblick auf die zugrunde liegende Norm eine adäquate Beurteilung, einschließlich der Beachtung der Prinzipienorientierung, zu ermöglichen.

- Relevanz: Relevante Kriterien leisten einen Beitrag zum Nachvollzug des Prüfungsurteils des Wirtschaftsprüfers durch den Adressaten.
- Verlässlichkeit: Die Kriterien führen bei gleichen Umständen und gleich qualifizierten Prüfern zu einer konsistenten Beurteilung und Messung des Prüfungsgegenstandes.
- Neutralität: Die Kriterien sind frei von jedweden Tendenzen beziehungsweise Verzerrungen bei der Urteilsfindung.
- Verständlichkeit: Die Kriterien sind verständlich, wenn ihr Beitrag zur Urteilsfindung klar und umfassend ist sowie keine Anhaltspunkte für Missverständnisse bietet.
- Vollständigkeit: Die Kriterien sind vollständig, wenn alle für die Urteilsfindung relevanten Faktoren berücksichtigt werden.[1720]

Eine wesentliche Eigenschaft, die ein Prüfungskriterium aufweisen muss, ist somit die inhaltliche Verknüpfung mit dem jeweiligen Prüfungsziel (Relevanz). Neben dem Beitrag zur Zielerreichung muss das Kriterium dazu beitragen, einheitliche oder zumindest konvergente Prüfungsurteile zu ermitteln (Verlässlichkeit).[1721] Dabei sollte die Urteilsbildung zumindest intersubjektiv überprüfbar sein.[1722]

Die Basis einer nachvollziehbaren Urteilsbildung bilden die für Kontrollhandlungen zugänglichen Prüfungshandlungen, die wiederum auf möglichst gefestigten berufsständischen Regelungen beruhen.[1723]

Ein Prüfungskriterium hat im Hinblick auf das Prüfungsurteil neutral zu sein (Neutralität). Die Formulierung des Kriteriums weist keine Tendenz zur Erfüllung beziehungsweise Nichterfüllung durch das Kreditinstitut auf und ermöglicht dem Prüfer eine unvoreingenommene Urteilsbildung. Diese Eigenschaft schließt

1720 Vgl. International Federation of Accountants (Hrsg.) (2010), S. 14. Im Einzelnen werden die Verständlichkeit, der risikoorientierte Prüfungsansatz beziehungsweise der Zusammenhang des Prüfungsrisikos mit wirksam eingestuften Kontrollen sowie die Zielsetzung der Prüfung auch in den Postulaten aufgeführt. Siehe Kapitel 3.1.1.

1721 Beide Kriterien, das heißt Relevanz und Verlässlichkeit, sind die Grundlage eines ausreichenden, hinlänglichen Prüfungsnachweises. Vgl. International Federation of Accountants (Hrsg.) (2010), S. 16.

1722 Vgl. Kapitel 3.2.3.

1723 Siehe hierzu auch das fünfte Postulat in Kapitel 3.1.1.

insbesondere die Methodenfreiheit[1724] sowie die Möglichkeiten der flexiblen Umsetzung der MaRisk[1725] ein, um den Erwartungen der Aufsicht Rechnung zu tragen.[1726]

Darüber hinaus sind weitere Eigenschaften der Prüfungskriterien zu identifizieren, die durch die Menge aller Kriterien insgesamt zu erfüllen sind. Bei Prüfer und Adressaten sollen insbesondere keine verschiedenen Interpretationen der Prüfungsergebnisse auf Basis der Kriterien entstehen, da nur ein einheitliches Verständnis dem Berichtsadressaten eine angemessene Einschätzung der Prüfungsaussage ermöglicht (Verständlichkeit). Bei der Beurteilung dieser Eigenschaft sind gegebenenfalls bestehende Erwartungslücken[1727] zu berücksichtigen. Unter einer Erwartungslücke wird insbesondere eine zu hohe Erwartung des Berichtsadressaten an die Sicherheit der Prüfungsaussage verstanden, deren Gründe beispielsweise aus einem fehlerhaften Verständnis des Prüfungsumfanges, der methodischen Grenzen oder aus der Berichterstattung des Prüfers resultieren können.[1728]

Um eine umfassende Beurteilung der gesetzlich vorgeschriebenen Prüfung vorzunehmen, ist es außerdem unumgänglich, dass das Prüfungsziel durch die Prüfungskriterien abgedeckt wird (Vollständigkeit).[1729] Um die Vollständigkeit der Prüfungskriterien zu beurteilen, sind diese insgesamt den einschlägigen rechtlichen Grundlagen gegenüberzustellen. Sofern bei dieser Gegenüberstellung Lücken festgestellt werden, müssen die Kriterien entsprechend ergänzt werden.[1730]

Die Kriterien sind dem Adressaten mitzuteilen, um die Urteilsfindung durch den Berichtsadressaten nachvollziehbar zu gestalten. Neben der Veröffentlichung der Kriterien kann dem Adressaten auch durch die Darstellung des

---

1724 Vgl. AT 1 Tz. 2 Satz 3 MaRisk.

1725 Vgl. AT 1 Tz. 4 Satz 1 und 2 MaRisk.

1726 Vgl. AT 1 Tz. 5 MaRisk.

1727 Vgl. Rebhan (2012), S. 143 ff. für eine Übersicht ausgewählter empirischer Studien im deutschsprachigen Raum.

1728 Vgl. Marten / Quick / Ruhnke (2011), S. 18 und siehe Kapitel 1.1. Die Erwartungslücke oder allgemeiner die Lücke zwischen erwarteter und wahrgenommener Prüfungsleistung zwischen Prüfer und Berichtsadressat lässt sich näher nach Unterschieden in der Beurteilung, in der Wahrnehmung und Erwartung von Prüfungsleistungen differenzieren. Vgl. Rebhan (2012), S. 145 ff. Für diese Arbeit ist dabei die Reduktion der Erwartungsunterschiede zwischen Anspruch der Berichtsadressaten (Soll-Vorgabe) und dem kommunizierten Vorgehen des Prüfers (Prüfungsansatz) hervorzuheben.

1729 Vgl. International Federation of Accountants (Hrsg.) (2010), S. 14.

1730 Fraglich ist in diesem Zusammenhang, inwieweit die zugrunde liegenden Normen auf Lücken zu untersuchen sind.

Prüfungsgegenstandes im Prüfungsbericht eine weitergehende Einschätzung des Prüfungsergebnisses ermöglicht werden.[1731]

Für die Erlangung hinreichender Prüfungsnachweise, die frei von wesentlichen Fehlern sind und somit eine geeignete Grundlage des Prüfungsurteils bilden, hat der Prüfer seine Prüfungshandlungen mit der notwendigen beruflichen Skepsis zu planen und auszuführen.[1732] Berufliche Skepsis bedeutet, dass der Prüfer bei seinen Prüfungshandlungen mögliche wesentliche Fehler berücksichtigt und die Prüfungshandlungen hierauf ausrichtet. Ferner hat der Prüfer in Anzahl und Qualität ausreichende Prüfungsnachweise zu erlangen, um sich ein Urteil bilden zu können.[1733]

Im Rahmen des risikoorientierten Prüfungsansatzes[1734] sind darüber hinaus Art und Umfang der Prüfungshandlungen[1735] auf das jeweilige Fehlerrisiko abzustimmen. Je höher das inhärente Risiko beziehungsweise das Kontrollrisiko, das heißt das resultierende Fehlerrisiko als Verknüpfung beider Arten, ist, desto mehr Prüfungshandlungen sind zur Senkung des Entdeckungsrisikos notwendig.[1736] Insofern ist bei der Urteilsbildung auf Basis der Prüfungsnachweise auch die Wesentlichkeit zu berücksichtigen. Bei der Wesentlichkeit muss der jeweilige Einfluss der potentiellen Fehler auf die Entscheidung des Berichtsadressaten durch den Prüfer eingeschätzt werden. Der Prüfer hat diese Wesentlichkeit bei seiner Beurteilung des Prüfungsgegenstandes dann zugrunde zu legen.[1737]

1731 Vgl. International Federation of Accountants (Hrsg.) (2010), S. 15.

1732 Vgl. International Federation of Accountants (Hrsg.) (2010), S. 15 f. und siehe hierzu auch zum dritten Postulat im Kapitel 3.1.1.

1733 Vgl. International Federation of Accountants (Hrsg.) (2010), S. 16 f.

1734 Siehe Kapitel 3.1.2.1.3.

1735 Im Einzelnen sind Art, Umfang und zeitliche Abfolge der Prüfungshandlungen zu planen sowie ein in quantitativer und qualitativer Hinsicht ausreichender Nachweis aus der Prüfungsdurchführung zu erzielen. Vgl. International Federation of Accountants (Hrsg.) (2010), S. 19 ff.

1736 Vgl. International Federation of Accountants (Hrsg.) (2010), S. 18 f.

1737 Vgl. International Federation of Accountants (Hrsg.) (2010), S. 17 f.

4. Prüfungskriterien für die Risikosteuerungs- und -controllingprozesse des Zinsänderungsrisikos

4.1 Grundlagen zur Prüfung des Risikomanagements

4.1.1 Einordnung des Prüfungsproblems in den konzeptionellen Bezugsrahmen

Durch § 29 KWG werden die Pflichten des Prüfers bei der Prüfung des Jahresabschlusses festgelegt, die sich insbesondere auf die Anforderungen zur Erfüllung der Verpflichtungen zur ordnungsgemäßen Geschäftsorganisation gemäß § 25a Abs. 1 Satz 3 Nr. 1 KWG beziehen und somit den Rahmen für die Prüfung des Risikomanagements vorgeben.[1738]

Die Prüfung der Einhaltung der Vorgaben zu den Risikosteuerungs- und -controllingprozessen des Zinsänderungsrisikos im Anlagebuch ist unter dem übergreifenden Ziel der Prüfung der ordnungsgemäßen Geschäftsorganisation nach § 25a Abs. 1 KWG, im Einzelnen die Beurteilung der Angemessenheit und Wirksamkeit des Risikomanagements, einzuordnen.[1739] Daher haben die in dieser Arbeit betrachteten Kriterien grundlegend einen Beitrag zur Erreichung des Prüfungszieles, Beurteilung der Angemessenheit und Wirksamkeit des Risikomanagements, zu leisten. Eine Konkretisierung dessen, was unter Angemessenheit und Wirksamkeit des Risikomanagements zu verstehen ist, wurde im Rahmen der MaRisk durch die Aufsicht getroffen. Daher sind allgemein die MaRisk heranzuziehen, um die Relevanz des jeweiligen Kriteriums zu beurteilen.

Basierend auf der Konzeption nach *Richter* ist zur Gewinnung einer erkenntnis- beziehungsweise handlungsbezogenen Vorstellung über die Realität ein Bezugsrahmen zur Reduktion des komplexen realen Prüfungsproblems notwendig.[1740] *Richter*

1738 Siehe Kapitel 2.2.4.2.1. Dabei unterscheidet sich die Prüfung aufgrund des andersartigen Prüfungsgegenstands deutlich von der Prüfung der Rechnungslegung. Vgl. Blumer (1996), S. 168 und S. 185 f.

1739 Siehe Kapitel 2.3.3.1.3. und 2.3.3.3.

1740 Vgl. Richter (1999), S. 265.

verweist dabei auf die große praktische Bedeutung eines Bezugsrahmens in Entscheidungssituationen, wie eben bei der Urteilsbildung in einem Prüfungsprozess, der wichtige Hinweise auf Einflussgrößen im Sinne zentraler vermuteter Zusammenhänge aufzeigt, die die Erreichung des angestrebten Prüfungszieles beeinflussen können.[1741]

Der Prüfungsprozess zielt auf die Überwindung der Informationsasymmetrie unter anderem zwischen Prüfer und Institut hinsichtlich der Einhaltung der aufsichtlichen Vorgaben zu den Risikosteuerungs- und -controllingprozessen des Zinsänderungsrisikos im Anlagebuch ab, wobei sich der Prüfer des Informationserhebungs- und Informationsverarbeitungsprozesses als Prüfungshandlungen bedient.[1742] Die Grundlage der Auswahl der Prüfungshandlungen bilden die für das Prüfungsfeld Risikosteuerungs- und -controllingprozesse durch den Prüfer festzulegenden Prüfungskriterien, die sich insbesondere an aufsichtlichen Normen zu orientieren haben.

Abbildung 29: Bezugsrahmen zur Prüfung der Risikosteuerungs- und -controllingprozesse

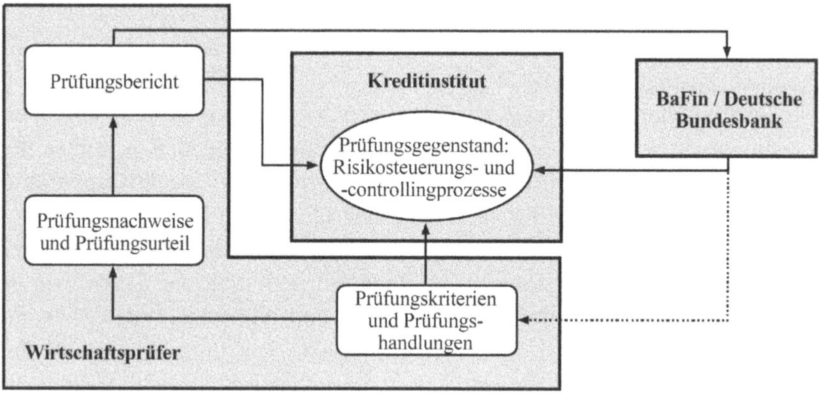

Quelle: In Anlehnung an Ruhnke (2001), S. 444.

Der Bezugsrahmen gibt die zentralen Informationsflüsse zwischen den wesentlichen am Prozess Beteiligten wieder und grenzt die jeweiligen Aufgaben und Verantwortungsbereiche in der Prüfung ab.[1743] So liegt die Ausgestaltung der

1741 Vgl. Richter (1999), S. 265 f. und siehe Kapitel 3.1.2.3.
1742 Siehe Kapitel 3.2.2.3.1.
1743 Siehe Kapitel 3.2. und vgl. zu einer beispielhaften Darstellung der Informationsflüsse bei Blumer (1996), S. 211 f.

Risikosteuerungs- und -controllingprozesse des Zinsänderungsrisikos im Anlagebuch in der ausschließlichen Verantwortung des Kreditinstituts.[1744]

Die Festlegung der geeigneten Prüfungskriterien, die Auswahl der Prüfungshandlungen, die Erlangung hinreichender Prüfungsnachweise und die Abgabe des Prüfungsurteils sowie die Berichterstattung zu den Ergebnissen der Prüfung sind dem Wirkungskreis und der Verantwortung des Wirtschaftsprüfers zuzuordnen. Eine grundlegende Bedeutung bei der Erlangung der Prüfungsnachweise als Resultat der Prüfungshandlungen kommt den Prüfungskriterien zu, die die Basis für die Auswahl der Prüfungshandlungen bilden und auf den Erkenntnissen der Risikoanalyse aufbauen.[1745] Die den Prüfungskriterien zugrunde liegenden Normen sind wiederum im Wesentlichen von der nationalen Bankenaufsicht zu setzen und richten sich unmittelbar an die Institute und deren Prozesse. Da die Prüfung die Normentsprechung dieser Prozesse feststellen soll, haben die Vorgaben der Aufsicht somit auch für die Prüfungskriterien konkrete Auswirkungen.[1746]

Die Prüfungskriterien und -handlungen dienen der Feststellung von Übereinstimmung oder Abweichung der tatsächlichen Risikosteuerungs- und -controllingprozesse des Zinsänderungsrisikos im Anlagebuch mit den aufsichtlichen Vorgaben.[1747] Auf Grundlage der Prüfungsnachweise als Ergebnisse dieser Prüfungshandlungen erfolgt die Urteilsbildung, über die der Abschlussprüfer anschließend berichtet.[1748] Der Adressat der Prüfungsberichte ist neben dem Institut, das regelmäßig durch das Aufsichtsorgan vertreten wird, ebenfalls die BaFin und die Deutsche Bundesbank, denen die Berichte nach Abschluss der Prüfung zu übermitteln sind.[1749]

4.1.2 Ausgestaltung der Risikomanagementprüfung

Gemäß § 29 Abs. 1 Satz 2 KWG sind die Anforderungen des § 25a Abs. 1 Satz 3 Nr. 1 KWG durch den Abschlussprüfer zu beurteilen, das heißt, es ist die

1744 Diese Verantwortlichkeit findet sich unmittelbar in den Anforderungen an die ordnungsgemäße Geschäftsorganisation des Instituts nach § 25a Abs. 1 Satz 1 KWG sowie in den Anforderungen zur Gesamtverantwortung der Geschäftsleiter gemäß AT 3 MaRisk wieder. Siehe Kapitel 2.3.3.1.3. und 2.3.3.3.2.

1745 Siehe Kapitel 3.2.2.3.1.

1746 Siehe Kapitel 2.2.4.2.1.

1747 Siehe Kapitel 3.2.2.

1748 Siehe Kapitel 3.2.4.

1749 Vgl. § 3 Abs. 5 PrüfbV.

Angemessenheit und Wirksamkeit des Risikomanagements zu beurteilen.[1750] Die Prozesse zur Identifizierung, Beurteilung, Steuerung sowie Überwachung und Kommunikation der Risiken, das heißt des Risikomanagementregelkreises, sind als Bestandteil des internen Kontrollsystems entsprechend den in der Anlage V der Bankenrichtlinie[1751] niedergelegten Kriterien auszugestalten, die von der Aufsicht im § 25a Abs. 1 Satz 3 Nr. 1 b) KWG aufgegriffen und im Rundschreiben MaRisk konkretisiert wurden.[1752] Die Prüfung geht insofern über eine reine systemorientierte Prüfung hinaus, da die Beurteilung der Prozesse, einschließlich der Systeme, Gegenstand des system- und prozessorientierten Prüfungsansatzes ist.[1753] Den Vorteilen eines solchen Ansatzes mit der vollständigen Erfassung der Prozesskette zum Zinsänderungsrisiko im Anlagebuch und damit ebenfalls der Erfassung der Schnittstellen in den Risikosteuerungs- und -controllingprozessen steht vor allem der im Vergleich zu einer ausschließlichen Systemprüfung deutlich höhere Aufwand, insbesondere aufgrund der oftmals erforderlichen eigenen Prozessaufnahme, gegenüber.[1754]

Der IDW PS 200 regelt die berufsständischen Anforderungen zur Zielsetzung und zu den allgemeinen Grundsätzen im Rahmen der Jahresabschlussprüfung. Gegenstand und Umfang der Abschlussprüfung leiten sich hierbei aus dem HGB ab.[1755] Gemäß Tz. 23 des IDW PS 200 ist bei zusätzlichen Prüfungsaufgaben des Jahresabschlussprüfers, wie die nach § 29 Abs. 1 Satz 2 KWG, zu beachten, dass sich Art und Umfang der Prüfungshandlungen aus dem Auftrag und den jeweiligen gesetzlichen Vorschriften ergeben. Hieraus folgt die Forderung, dass für jede Prüfung die Prüfungshandlungen auf den spezifischen Zweck auszurichten sind. Insofern ist vor der Wahl eines geeigneten Prüfungsansatzes das Ziel der Prüfung zu analysieren.[1756] Die Grundlage des Prüfungsvorgehens ist dabei ein

---

1750 Die Einschränkung des gesetzlichen Prüfungsumfangs, sei es aufgrund vertraglicher Regelung oder Initiative des Prüfers, ist unzulässig und unwirksam. Allgemein für den Prüfungsumfang nach § 317 HGB vgl. o. V. (2007d), Rn. 22.

1751 Siehe Kapitel 2.3.2.1.

1752 Siehe Kapitel 2.3.3.3. Zudem sind die besonderen Vorgaben zum Risikomanagement der Zinsänderungsrisiken im Anlagebuch auf internationaler und nationaler Ebene einzubeziehen. Siehe Kapitel 2.3.1.2., 2.3.2.2. und 2.3.3.4.

1753 Siehe Kapitel 3.3.1.1. zum Prüfungsansatz nach IDW PS 340.

1754 Vgl. Ullrich (2009), S. 534.

1755 Vgl. IDW PS 200, Tz. 2.

1756 Vgl. IDW PS 200, Tz. 23.

risikoorientierter Prüfungsansatz, wie dieser insbesondere im IDW PS 261 dargestellt und von der BaFin auch für die aufsichtliche Prüfung gefordert wird.[1757]

Die Prüfung der Risikosteuerungs- und -controllingprozesse ist als Prozessprüfung auszugestalten, da die Angemessenheit und Wirksamkeit der Teilprozesse, im Einzelnen der Identifizierung, Beurteilung, Steuerung sowie Überwachung und Kommunikation der Zinsänderungsrisiken im Anlagebuch, sowie die Schnittstellen zwischen den Teilprozessen Gegenstand der Prüfung sind.[1758] Eine analoge Anforderung zur prozessorientierten Prüfung findet sich ausdrücklich für die Interne Revision im AT 4.4.3 Tz. 3 und BT 2.1 Tz. 1 MaRisk.[1759]

Im Mittelpunkt der risikoorientierten Prüfung des Risikomanagements steht auf Basis des grundlegenden messtheoretischen Ansatzes ein Soll-Ist-Vergleich, das heißt der Vergleich des Ist-Zustands mit einem Soll-Objekt und der Beurteilung der Abweichungen des Ist-Zustands.[1760]

Die Prüfung der Angemessenheit und der Wirksamkeit des Risikomanagements[1761] kann als zweistufiger Prüfungsprozess ausgestaltet werden.[1762] Im ersten Schritt ist die Eignung des vom Institut vorgesehenen Prozesses zur Erfüllung der Anforderungen der MaRisk (Angemessenheit) zu prüfen.[1763] Der zweite Prüfungsschritt beinhaltet die Prüfung der tatsächlichen Umsetzung der Risikosteuerungs- und -controllingprozesse des Zinsänderungsrisikos im Anlagebuch, das heißt die

1757 Vgl. Schneider (2008), S. 442 und AT 1 Tz. 5 MaRisk. Ohne gewichtigen Grund hat der Abschlussprüfer nicht von Standards des Berufsstandes der Wirtschaftsprüfer, wie den IDW Prüfungsstandards, abzuweichen, da diese zwar rechtlich nicht für den Prüfer verbindlich sind, aber bei Auslegung der Pflichten des Wirtschaftsprüfers und der Überprüfung der gewissenhaften Berufsausübung regelmäßig herangezogen werden. Vgl. Denter (2012), S. 561 und Naumann (2012a), Rn. 383 ff.

1758 Vgl. Ullrich (2009), S. 534 und Geiersbach / Prasser (2012), S. 565.

1759 Vgl. Ullrich (2009), S. 534, unter ausdrücklicher Nennung der Risikosteuerungs- und -controllingprozesse bei Hannemann / Schneider (2010), S. 296 sowie AT 4.4.3 Tz. 3 und BT 2.1 Tz. 1 MaRisk.

1760 Siehe Kapitel 3.1.2.1.1.

1761 Siehe Kapitel 3.3.1.2. zur Zielsetzung der organisatorischen Beurteilung des Risikomanagements nach IDW PS 525.

1762 Vgl. Apweiler (2012), S. 516 f. *Ullrich* nennt darüber hinaus die nachgelagerte Prüfung der Wirtschaftlichkeit als Schritt im Prüfungsprozess der Internen Revision. Vgl. Ullrich (2009), S. 539.

1763 Vgl. Apweiler (2012), S. 516 f. und Ullrich (2009), S. 538, wobei *Ullrich* in Funktionsfähigkeit und Angemessenheit im engeren Sinne als Passgenauigkeit der Kontrolle differenziert.

Funktionsfähigkeit der Prozesse (Wirksamkeit).[1764] Die Wirtschaftlichkeit ist hingegen nicht in die MaRisk aufgenommen worden und insofern kein Gegenstand der Prüfung durch den Jahresabschlussprüfer.[1765] Der zweitstufige Prüfungsprozess ist, wie in der Abbildung 30 dargestellt, zu strukturieren.

Abbildung 30: Soll-Soll-Ist-Vergleich mit den jeweiligen Objektquellen

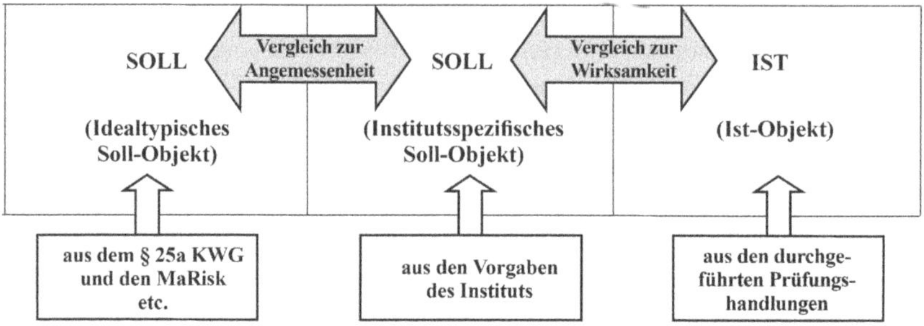

Die vom Institut vorgegebenen Risikosteuerungs- und -controllingprozesse des Zinsänderungsrisikos im Anlagebuch[1766] sind zur Beurteilung der Angemessenheit der Prozesse mit einem idealtypischen, vom Prüfer auf Basis der aufsichtlichen Normen abgeleiteten Soll-Objekten zu vergleichen.[1767] Dabei hat der Prüfer über die konkreten aufsichtlichen Normen hinaus die Geschäftstätigkeit und das Umfeld des Instituts bei der Definition des idealtypischen Soll-Objekts zu berücksichtigen.[1768]

1764 Vgl. Ullrich (2009), S. 538 f.

1765 Vgl. Ullrich (2009), S. 539 ebenso auch bei Blumer (1996), S. 174 f. Vielmehr liegt es zumindest für die Interne Revision in deren eigenem Interesse auf Wirtschaftlichkeitsaspekte hinzuweisen und erfordert somit keine aufsichtliche Vorgabe. Vgl. Hannemann / Schneider (2010), S. 296 f. Sofern allerdings mit den Handlungen der Geschäftsleitung bedeutende Pflichtverletzungen, wie beispielsweise Gesetzesverstöße verbunden sind, sind diese durch den Wirtschaftsprüfer mit hinreichender Sicherheit aufzudecken. Vgl. Blumer (1996), S. 175.

1766 Hierunter ist das institutsspezifische Soll-Objekt zu verstehen, das die vom Institut definierte interne Sollvorgabe für die Risikosteuerungs- und -controllingprozesse des Zinsänderungsrisikos im Anlagebuch bildet. Vgl. Apweiler (2012), S. 516.

1767 Vgl. Apweiler (2012), S. 516 f.

1768 Vgl. Apweiler (2012), S. 516 f. Auf die Notwendigkeit der vollständigen Ableitung des Soll-Objekts zur Fassung eines Urteils ist als Voraussetzung des messtheoretischen Ansatzes besonders hinzuweisen. Vgl. Blumer (1996), S. 323 und siehe Kapitel 3.1.2.1.4.

Basierend auf dem messtheoretischen Ansatz sind aus den Normen zunächst alle Kriterien eines idealtypischen Soll-Objekts als Merkmale mit den gültigen Merkmalsausprägungen[1769] abzuleiten und diese dem Soll-Objekt auf Grundlage der Dokumentation des Instituts gegenüberzustellen. Für die Konstruktion eines idealtypischen Soll-Objekts, das den für den Prüfungsgegenstand einschlägigen Normen genügt, ist es erforderlich, die Merkmale des Prüfungsgegenstands zu identifizieren sowie deren gültige Merkmalsausprägungen aus der Norm abzuleiten.[1770] Basierend auf der schriftlich fixierten Ordnung des Instituts sowie gegebenenfalls ergänzenden eigenen Prozessaufnahmen durch den Prüfer[1771] wird der vom Institut angestrebte Zustand (institutsspezifisches Soll-Objekt) erhoben und dem idealtypischen Soll-Objekt gegenübergestellt. Die Ergebnisse dieses Vergleichs münden dann in einem Urteil[1772] über die Angemessenheit der Risikosteuerungs- und -controllingprozesse des Zinsänderungsrisikos im Anlagebuchs.[1773]

In der zweiten Stufe der Prüfung ist das institutsinterne Soll-Objekt dem Ist-Objekt gegenüberzustellen. Im Rahmen von Funktionsprüfungen der identifizierten Kontrollen sowie von aussagebezogenen Prüfungshandlungen[1774] wird die tatsächliche Merkmalsausprägung (Ist-Objekt) festgestellt und mit dem institutsspezifischen Soll-Objekt verglichen.[1775] Die Prüfung der Wirksamkeit ist somit der Abgleich der internen Sollvorgabe mit dem vom Institut implementierten Prozess. Dies schließt insbesondere das Feststellen von unbewussten Fehlern und dem bewussten Abweichen vom festgelegten Prozess ein.[1776] Insofern steht die tatsächliche Umsetzung der Risikosteuerungs- und -controllingprozesse des

1769 Die abgeleiteten Kriterien sind operabel zu gestalten, das heißt, dass die Kriterien beziehungsweise die hieraus abgeleiteten Hypothesen in Prüfungshandlungen im Rahmen der Prüfungsdurchführung unmittelbar umgesetzt werden können. Siehe Kapitel 3.1.2.3. sowie 3.2.3.

1770 Siehe Kapitel 3.2.3. zur Darstellung von Merkmalshierachien.

1771 Vgl. Ullrich (2009), S. 534.

1772 Zum Aggregationsproblem bei der Bildung eines Gesamturteils siehe Kapitel 3.2.3.

1773 Vgl. Apweiler (2012), S. 521 f. und Lorenz (2012), S. 521. Als Beispiele der schriftlich fixierten Ordnung werden unter anderem Organisationsübersichten, Organisationspläne, Arbeitsplatzbeschreibungen, Kompetenzregelungen, Handbücher, Verfahrensbeschreibungen, Prozessbeschreibungen und verschiedene Prozessflussdiagramme sowie generell die gesamte Berichterstattung aufgezählt.

1774 Siehe Kapitel 3.2.2.3.1. und 3.2.3.

1775 Vgl. Apweiler (2012), S. 524 ff.

1776 Vgl. Ullrich (2009), S. 538 f.

Zinsänderungsrisikos im Anlagebuch als Beurteilung der Funktionsfähigkeit der implementierten Prozesse im Mittelpunkt.[1777]

Bei der Umsetzung des Prüfungsansatzes ist das Prinzip der doppelten Proportionalität[1778] zu berücksichtigen, das auf Seiten der Kreditinstitute bei der Ausgestaltung der Prozesse sowie auf Seiten der Aufsicht hinsichtlich der zu ergreifenden Überwachungsmaßnahmen jeweils eine Orientierung an Art, Umfang, Komplexität und Risikogehalt der Geschäftsaktivitäten des Instituts verlangt. Es ist hervorzuheben, dass die Anforderungen an das Risikomanagement des idealtypischen Soll-Objekts bezüglich der durch das Institut frei zu wählenden Methoden neutral zu konzipieren sind. Darüber hinaus ist den übrigen in den MaRisk enthaltenen Öffnungsklauseln Rechnung zu tragen.[1779]

Das zweistufige Vorgehen als Soll-Soll-Ist-Vergleich ist jedoch nur umsetzbar, wenn die Konstruktion eines komplexen Soll-Objekts aus der Norm vollumfänglich umsetzbar ist.[1780] Allerdings kann aufgrund der Ermessensspielräume bei der Auslegung der MaRisk, insbesondere aus den expliziten Öffnungsklauseln,[1781] und der damit einhergehenden Komplexität des Prüfungsobjekts nicht sichergestellt werden, dass bereits im Vorwege für alle Merkmale der Risikosteuerungs- und -controllingprozesse alle möglichen Merkmalsausprägungen abgeleitet und hieraus die gültigen, normentsprechenden Merkmalsausprägungen eingegrenzt werden können.[1782] So stellt *Apweiler* zur Prüfung des Zinsänderungsrisikos im Anlagebuch fest, dass die Ableitung

---

1777 Vgl. IDW PS 261, Rn. 34.

1778 Siehe Kapitel 2.3.3.3.1.

1779 Vgl. AT 1 Tz. 2 MaRisk.

1780 Siehe Kapitel 3.1.2.1.4. und vgl. Blumer (1996), S. 323. Auch setzt der zweistufige Prüfungsprozess die Ableitung des institutsspezifischen Soll-Objekts aus der Dokumentation des Instituts voraus. Sofern eine Erhebung der Prozesse auf Basis des Ist-Objekts erfolgt, reduziert sich der zweistufige Prüfungsprozess von vornherein auf einen einstufigen Prüfungsprozess, der die Angemessenheit und Wirksamkeit in einem Schritt betrachtet. Hierzu sei beispielsweise auf die gegebenenfalls bestehende Notwendigkeit ergänzender Interviews von Mitarbeitern im Rahmen der Funktionsprüfung verwiesen. Vgl. Apweiler (2012), S. 523.

1781 Siehe Kapitel 2.3.3.3.1. sowie im Hinblick auf die abgeleiteten Kriterien siehe Kapitel 4.2.2. zu den regelkreisphasenübergreifenden Prüfungskriterien sowie zu einzelnen regelkreisbezogenen Kriterien siehe Kapitel 4.2.3.1.1. bis einschließlich 4.2.3.3.4.

1782 Ein Indikator hierfür bildet die Vielzahl an Kommentierungen zu § 25a KWG und den MaRisk, wie beispielsweise von Hannemann / Schneider (2010), DSGV (Hrsg.) (o. J.), Eller / Heinrich / et al. (Hrsg.) (2006), Becker / Gruber / Wohlert (Hrsg.)

des idealtypischen Soll-Objekts aufgrund der prinzipienorientierten Aufsicht sich schwierig gestaltet und ein besonderes Augenmaß des Prüfers bei der Auslegung der MaRisk erfordert.[1783] Darüber hinaus ist im Rahmen der Prüfung der Risikosteuerungs- und -controllingprozesse des Zinsänderungsrisikos im Anlagebuch auch eine Prüfung der Methodik, zum Beispiel hinsichtlich der getroffenen Annahmen und der verwendeten Modelle, durchzuführen.[1784] Allgemein zusammengefasst, spiegelt die Ableitung von Prüfungskriterien als Operatoren zur Überführung des Ist-Objekts in den Zielzustand (Soll-Objekt) insgesamt das dialektische Problem der barriereorientierten Prüfungstypologie wider, wie dieses auch im Rahmen des hypothesengestützten heuristischen Prüfungsansatzes angegangen wird.[1785]

Der hypothesengestützte heuristische Ansatz geht in Erweiterung des messtheoretischen Prüfungsansatzes generell nicht von einer vollständigen Erfassung und Berücksichtigung der Merkmale aus. Statt dessen ermöglicht dieses Vorgehen im Rahmen einer schwachen Begründung des Verfahrens einen auf einzelne Merkmale reduzierten Prüfungsansatz für den komplexen Prüfungsgegenstand der Risikosteuerungs- und -controllingprozesse des Zinsänderungsrisikos im Anlagebuch.[1786] Hierfür sind wesentliche Fehlerquellen zu identifizieren und die Prüfung auf eine Aufdeckung dieser auszurichten. Der hypothesengestützte heuristische Prüfungsansatz kann dabei als erfahrungsgelenkter Fehlersuchprozess generell mittels geeigneter Definition der operablen Einzelkriterien die Angemessenheit, als theoretische Eignung des Prozesses, und die Wirksamkeit, als tatsächliche Eignung der vom Institut umgesetzten Prozesse, als übergreifende Ziele des Risikomanagements zugrunde legen.[1787] Basierend auf dem hypothesengestützten heuristischen Ansatz bilden somit die möglichen Fehler für das Funktionieren der Risikosteuerungs- und -controllingprozesse des Zinsänderungsrisikos im Anlagebuch die Grundlage der Ableitung der Prüfungskriterien.

(2012) und Pfeifer (Hrsg.) (2009) sowie zu den Risikosteuerungs- und -controllingprozessen der Zinsänderungsrisiken bei Rassat (2012), S. 21 ff.

1783 Vgl. Apweiler (2012), S. 517.

1784 Vgl. Apweiler (2012), S. 523 f. Die Beurteilung der Methoden ist Teil des Soll-Soll-Vergleichs.

1785 Siehe Kapitel 3.1.2.3.

1786 Siehe Kapitel 3.1.2.3.

1787 Siehe Kapitel 3.1.2.3.

Abbildung 31: Prüfungsansatz zu den Risikosteuerungs- und -controllingprozessen

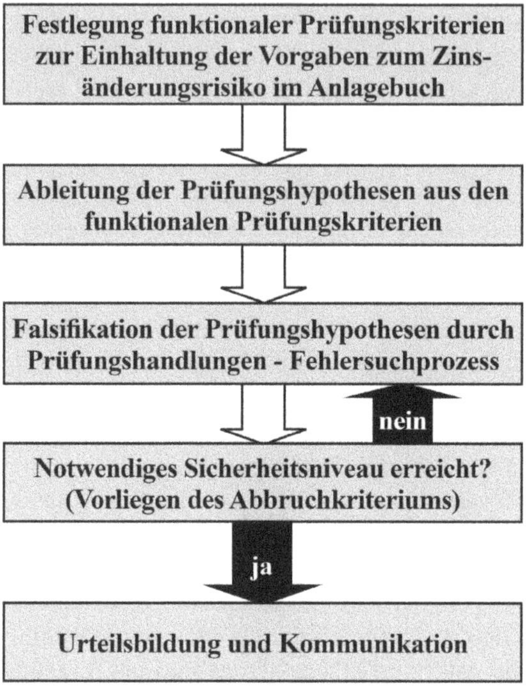

Quelle: In Anlehnung an Marten / Quick / Ruhnke (2011), S. 282.

Im ersten Prüfungsschritt des hypothesengestützten heuristischen Ansatzes sind die Prüfungskriterien als Merkmalsausprägungen der zur Beurteilung notwendigen Merkmale zu definieren. Die Grundlage dieser Definition der Prüfungskriterien und damit der zu betrachtenden Merkmale ergibt sich aus dem übergreifenden Ziel der Angemessenheit und der Wirksamkeit des Risikomanagements im Allgemeinen beziehungsweise aus den Funktionen der Risikosteuerungs- und -controllingprozesse des Zinsänderungsrisikos im Anlagebuch im Besonderen.

Aus den Prüfungskriterien sind im zweiten Schritt Prüfungshypothesen zu formulieren, die zur Urteilsfindung mittels risikoorientierter Auswahl an Prüfungshandlungen falsifiziert werden können. Bei der Formulierung der Prüfungshypothesen ist in diesem Zusammenhang auf die Zielsetzung der Prüfung als Falsifikation, das heißt das Nicht-Vorhandensein der notwendigen

Eigenschaft beziehungsweise das Vorhandensein von Fehlern, zu achten.[1788] Die Prüfungshypothesen sind somit als Fehlerhypothesen auszugestalten. Dazu wird angenommen, dass die aus der Norm zum Risikomanagement abgeleitete Anforderung vom Ist-Objekt nicht erfüllt wird beziehungsweise der Prozess des Instituts die vermuteten Schwachstellen oder Fehler aufweist.[1789] Diese Vermutung zu Schwachstellen oder Fehlern kann dabei aus konkreten Erkenntnissen der Risikoanalyse, insbesondere aus den Ergebnissen eigener Prüfungshandlungen der Vorjahre und aus Prüfungsberichten Dritter, abgeleitet werden oder auf der Erfahrung des Prüfers aus vergleichbaren Situationen bei anderen Instituten beruhen.[1790] Die Ableitung der Prüfungskriterien und Hypothesenbildung sowie der sich anschließende Fehlersuchprozess als Hypothesentest bilden insgesamt die Kernbestandteile des im Folgenden betrachteten Prüfungsansatzes.

Abbildung 32: Ableitung der Prüfungshypothesen – Fehlersuchprozess

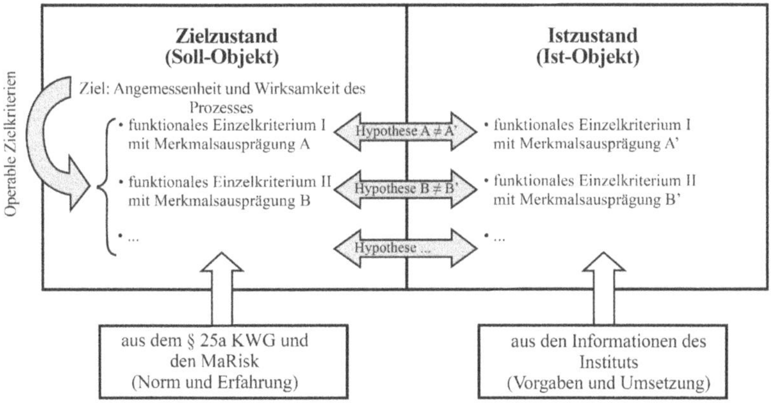

Die Falsifikation der Prüfungshypothesen erfolgt mittels der Erhebung von Informationen zum Ist-Objekt durch Prüfungshandlungen im Rahmen des

1788 Siehe Kapitel 3.1.2.3.

1789 Gegenstand der Hypothese können als Merkmalsausprägung die Eigenschaften des Risikosteuerungs- und -controllingprozesses des Zinsänderungsrisikos im Anlagebuch, insbesondere deren Teilprozesse zur Identifizierung, Beurteilung, Steuerung sowie Überwachung und Kommunikation, sein, um deren Angemessenheit und Wirksamkeit zu beurteilen. Dies schließt auch die eingesetzten IT-Systeme mit ein. Siehe Kapitel 2.3.3.1.3.

1790 Vgl. Marten / Quick / Ruhnke (2011), S. 282 f.

Prüfungsprozesses. Art und Umfang der Prüfungshandlungen sind mit Bezug zum risikoorientierten Prüfungsansatz als Grad der Falsifikation festzulegen.[1791] Im Rahmen des Tests der Prüfungshypothesen sind, sofern dies aufgrund der Konstruktion der Prüfungskriterien[1792] notwendig ist, verschiedene Zwischenobjekte mittels weitergehender Prüfungshandlungen zu erzeugen, um die einzelnen Prüfungshypothesen zu falsifizieren.[1793]

Soweit alle vermuteten Schwachstellen sowie die aus der Norm abgeleiteten Vorgaben als Hypothesen mit hinreichender Sicherheit getestet wurden, wird der Prüfer seine Prüfungshandlungen beenden und das erzielte Prüfungsurteil im Rahmen seiner Berichterstattung dokumentieren und kommunizieren.[1794]

4.1.3 Grundlegende Eigenschaften der Prüfungskriterien der Risikomanagementprüfung

Die Prüfungskriterien bilden die Grundlage der Auswahl von Prüfungshandlungen im Rahmen der sachlichen Prüfungsplanung sowie der Prüfungsdurchführung und Urteilsbildung. Im Hinblick auf die barriereorientierte Problemtypologie befasst sich die Generierung der Prüfungskriterien und -hypothesen mit dem dialektischen Problem als Teil der sachlichen Problemstellung der Prüfung.[1795]

1791 Der Hypothesentest kann auch auf den Einsatz flexibler und differenziert eingesetzter Checklisten beruhen, die durch ihre Ausgestaltung, wie beispielsweise durch offene Fragestellungen und Verzweigungen, prüferische Reaktionen und Anpassungen ausreichend berücksichtigen. Vgl. Denter (2012), S. 563.

1792 In diesem Sinne sind solche Prüfungskriterien nur mittelbar operabel. Siehe Kapitel 4.1.3.

1793 Vgl. Blumer (1996), S. 311 hinsichtlich Ersatzkriterien im Rahmen aufsichtlicher Prüfungen und siehe Kapitel 3.2.3. zu den indirekten Prüfungshandlungen. Das grundlegende Problem einer Ableitung des institutsspezifischen Soll-Objekts auf einer gegebenenfalls unvollständigen Dokumentation wird durch die Einbeziehung aller aus dem Institut vorhandenen Informationen beim Hypothesentest allerdings grundlegend vermieden. Gleichwohl kann aber dieser Zwischenschritt zur Beurteilung der Vollständigkeit der Dokumentation im Sinne des AT 5 MaRisk mittels Prüfungshandlungen (Operatoren) mit anderer Zielsetzung erzeugt werden. Siehe Kapitel 2.3.3.3.2. und 3.1.2.3.

1794 Vgl. Marten / Quick / Ruhnke (2011), S. 283 und siehe Kapitel 3.2.3. und 3.2.4.

1795 Darüber hinaus werden in der Prüfungsstrategie und sachlichen Prüfungsplanung als Teile des Prüfungsprozesses ebenfalls die Auswahl sowie die Reihenfolge der Prüfungshandlungen als Synthese-, Interpolations- und Transformationsprobleme

Das übergeordnete Ziel der Prüfung ist die Beurteilung der Angemessenheit und Wirksamkeit des Risikomanagements, das im Prüfungsprozess mittels der Prüfungskriterien operativ in Prüfungshandlungen umgesetzt wird.[1796] Die Kriterien sind für diese Umsetzung im Prüfungsprozess operabel auszugestalten. Operabel bedeutet dabei, dass die Merkmalsausprägungen des Prüfungskriteriums durch Prüfungshandlungen zugänglich sind. Allgemein sind zudem Prüfungskriterien zu vermeiden, deren zugrunde liegende Merkmale sich aufgrund horizontaler Beziehungen überschneiden oder aufgrund vertikaler Beziehung sich gegenseitig ausschließen. Insofern muss es eine Nebenbedingung der im Folgenden abgeleiteten Kriterien sein, dass die zugrunde liegenden Merkmale nicht redundant sind, um Ineffizienzen im Prüfungsprozess zu vermeiden.[1797]

4.1.3.1 Relevanz der Kriterien

Das jeweilige Prüfungskriterium hat zur Erreichung des Prüfungsziels Beurteilung der Angemessenheit und Wirksamkeit der Risikosteuerungs- und -controllingprozesse des Zinsänderungsrisikos im Anlagebuch einen Beitrag zu leisten.[1798] Daher hat jedes Kriterium einen unmittelbaren Bezug auf die zugrunde liegenden Normen und die Erreichung des Prüfungsziels aufzuweisen.[1799]

Die Prüfungskriterien, die auf Basis des hypothesengestützten heuristischen Prüfungsansatzes aus potentiellen Fehlerquellen abgeleitet werden,[1800] sind für die Prüfung des Risikomanagements dann relevant, wenn die Nichterfüllung des Prüfungskriteriums mindestens eine zu beurteilende aufsichtliche Norm zu den Risikosteuerungs- und -controllingprozessen des Zinsänderungsrisikos im Anlagebuch verletzt. Zur Beurteilung der Relevanz des Prüfungskriteriums sind als

---

aufgegriffen. Ferner wird in der Prüfungsdurchführung das Problem der Informationsbeschaffung betrachtet. Siehe Kapitel 3.1.2.3.

1796 Die Prüfungskriterien sind durch geeignete Prüfungshandlungen vom Prüfer umzusetzen, wobei aufgrund des heuristischen hypothesengestützten Prüfungsansatzes die Auswahl der tatsächlich zu prüfenden Kriterien durch den Prüfer fehler- und erfahrungsorientiert erfolgt. Siehe Kapitel 3.1.2.3.

1797 Siehe Kapitel 3.2.3. zur Merkmalshierachie. Dies schließt ausdrücklich die Forderung nach Konsistenz beziehungsweise Widerspruchsfreiheit der Kriterien untereinander mit ein, die insgesamt in die Eigenschaft Verständlichkeit des Kriterienkatalogs einfließen. Siehe Kapitel 3.1.2.3. sowie 4.1.3.4.

1798 Siehe Kapitel 3.3.2. zur Verankerung der Relevanz als grundlegende Eigenschaft von Prüfungskriterien im internationalen Rahmenwerk des IFAC.

1799 Siehe Kapitel 2.2.4.2.1. und 2.3.3.3.3.

1800 Siehe Kapitel 3.1.2.3.

Indikatoren daher die aufsichtlichen Normen heranzuziehen. Soweit das Kriterium eine oder mehrere aufsichtliche Normen widerspiegelt, ist es im Hinblick auf die Prüfungsziele relevant. In diesem Zusammenhang ist die Funktionalität der Kriterien durch die Beziehung zur Phase des Regelkreises zu überprüfen.[1801]

4.1.3.2 Konvergenz der Kriterien

Die Beurteilung eines jeden Prüfungskriteriums bildet die Grundlage der übergreifenden Urteilsbildung zum Prüfungsziel. Die Urteilsbildung des Prüfers sollte dabei intersubjektiv nachvollziehbar sein.[1802]

Soweit die Urteile auf Basis subjektiver Ermessensentscheidungen durch den Prüfer zu treffen sind, besteht generell die Gefahr, dass eigentlich gleiche Sachverhalte durch unterschiedliche Prüfer unterschiedlich beurteilt werden.[1803] Die Maßstäbe des Prüfers, die sich aus den Prüfungskriterien ableiten, dürfen insofern bei der Auslegung der aufsichtlichen Normen „weder zu weit noch zu eng" aufgefasst werden. Im Fall einer zu weiten Fassung wäre die Zielsetzung der Aufsicht gefährdet, da bestehende Missstände, die beispielsweise die Stabilität der Finanzmärkte gefährden, nicht erkannt würden. Bei einer zu engen Auslegung wird hingegen aufgrund der fehlerhaften Prüfungsaussage die Unternehmensfortführung sich eigentlich normkonform verhaltener Institute bedroht.[1804]

Die Prüfungskriterien als Basis der Prüfungshandlungen und der sich anschließenden Urteilsbildung haben bei der Ableitung zu möglichst eindeutigen Ergebnissen mit minimalen Ermessens- beziehungsweise Auslegungsspielräumen zu führen, um die Gleichheit der Anforderungen aus den aufsichtlichen Prinzipien bei gleichen Sachverhalten sicherzustellen (Konvergenz).[1805] Die Konvergenz als Eigenschaft eines Prüfungskriteriums umfasst zudem die Verlässlichkeit hinsichtlich der hieraus abgleiteten Urteile, da gleiche Sachverhalte bei konvergenten

---

1801 Der AT 4.3.2 Tz. 1 MaRisk gibt vor, dass die Risikosteuerungs- und -controllingprozesse die Identifizierung, Beurteilung, Steuerung sowie Überwachung und Kommunikation funktional zu gewährleisten haben. Vgl. AT 4.3.2 Tz. 1 MaRisk und siehe Kapitel 2.1.2. und 2.3.3.3.2.

1802 Siehe Kapitel 3.2.3. zum Postulat der Objektivität sowie Kapitel 3.3.1.2. beispielhaft zur erforderlichen Nachvollziehbarkeit bei der Prüfung der Aggregation von Risiken im IDW PS 525, Rn. 28 9. Spiegelstrich.

1803 Dies gilt insbesondere für die Öffnungsklauseln im Rahmen der prinzipienorientierten Aufsicht. Siehe Kapitel 2.3.3.3.1.

1804 Vgl. Blumer (1996), S. 323.

1805 Zum Problem der Wettbewerbsverzerrungen siehe Kapitel 1.1.

Kriterien regelmäßig zu gleichen Prüfungsurteilen und damit zu durch die Adressaten vorhersehbaren und nachvollziehbaren Prüfungsaussagen führen.[1806]

Sofern die Urteile gleicher Sachverhalte durch unterschiedliche Prüfer auf Basis des jeweiligen Kriteriums zu gleichen oder nahezu gleichen Ergebnissen führen, ist das Kriterium konvergent.[1807] Hierzu ist die Merkmalsausprägung im Rahmen des Kriteriums möglichst frei von Ermessensspielräumen und Auslegungserfordernissen zu beschreiben. Diese Eindeutigkeit von Merkmalsausprägungen ergibt sich beispielhaft aus der Vollständigkeit und Richtigkeit, im Sinne einer Übereinstimmung zweier Mengen,[1808] beziehungsweise allgemein durch das Vorhandensein oder das Fehlen möglichst exakt eingegrenzter Eigenschaften der betrachteten Objekte.

4.1.3.3 Neutralität der Kriterien

Neben der Konvergenz müssen die Urteile des Wirtschaftsprüfers frei von Tendenzen beziehungsweise Verzerrungen sein.[1809] Da die Prüfungskriterien die Grundlage der Urteilsbildung sind, können einseitig formulierte Kriterien, wie beispielsweise die Bevorzugung bestimmter Messmethoden, die Grundlagen der prinzipiengestützten Aufsicht, in diesem Fall die Methodenfreiheit, verletzen. Das jeweilige Kriterium hat zudem auch für kleine Institute mit geringen und wenig komplexen Risiken die aufsichtlichen Anforderungen in durch den Abschlussprüfer adäquat prüfbarer, aber dennoch nach Art, Umfang, Komplexität und Risikogehalt der Geschäftsaktivitäten angemessener Weise wiederzugeben.[1810]

Die Neutralität der Kriterien[1811] ist dann gegeben, wenn das jeweilige Kriterium das Prinzip der doppelten Proportionalität und der Methodenfreiheit in den Grenzen der aufsichtlichen Zielsetzung beachtet. So muss die Anlage des Kriteriums vor dem Hintergrund des doppelten Proportionalitätsprinzips eine vorurteilsfreie

---

1806 Siehe Kapitel 3.3.2.

1807 Dabei gilt, dass die Prüfer gleiche hohe Qualitätsstandards anwenden und die Prüfungshandlungen fehlerfrei durchführen. Ferner besteht bei Prüfungshandlungen in Stichproben zusätzlich das Risiko, dass unterschiedliche Stichproben aufgrund der zufällig gezogenen Elemente zu unterschiedlichen Ergebnissen führen können.

1808 Dies können beispielsweise die zugrunde liegenden Positionsdaten der Geschäfte als ein Parameter sein, die sowohl vollständig als auch richtig in der Risikomessung berücksichtigt werden müssen. Siehe Kapitel 4.2.3.2.3.

1809 Siehe Kapitel 3.3.2.

1810 Siehe Kapitel 2.3.3.1.3. und 2.3.3.3.1.

1811 Siehe Kapitel 3.2.3.

und in Abstufung zu den Geschäftsaktivitäten sachgerechte Beurteilung der Prozesse und Methoden des Instituts ermöglichen. In diesem Zusammenhang sind insbesondere Öffnungsklauseln der aufsichtlichen Vorgaben bei der Ausgestaltung zu berücksichtigen.[1812]

Die Ausgestaltung des Kriteriums hat zusammengefasst neutral zu jedweden Methoden und unter Einbeziehung der Öffnungsklauseln zu erfolgen. Der Indikator zum Vorliegen von Neutralität als Eigenschaft des Prüfungskriteriums ist daher eine unter Beachtung aller einschlägigen Öffnungsklauseln methodenneutrale Formulierung der Merkmalsausprägung.

4.1.3.4 Verständlichkeit der Kriterien

Während die vorangegangenen Eigenschaften jeweils Eigenschaften des einzelnen Prüfungskriteriums sind, ist ergänzend ebenfalls die Gesamtheit der Prüfungskriterien zu untersuchen.[1813] Eine Voraussetzung der sachgerechten Anwendung des Katalogs der Prüfungskriterien durch den Jahresabschlussprüfer ist, dass der Prüfer die Kriterien im Sinne von Merkmalsausprägungen korrekt erfasst und versteht. Da die Prüfung die bestehende Informationsasymmetrie zwischen den Beteiligten überwinden soll, ist die Verständlichkeit der Prüfungskriterien, der Hypothesen und des Prüfungsansatzes notwendige Voraussetzung.[1814]

Die Prüfungskriterien beziehungsweise die hieraus abgeleiteten Fehlerhypothesen sind Bestandteil des hypothesengestützten heuristischen Prüfungsansatzes, sodass die Hypothesen als fehlende Übereinstimmung von Norm und Ist-Objekt durch den Prüfer zu formulieren sind. Die Prüfungskriterien haben dabei die Schwachstellen beziehungsweise die Norm als funktionale Kriterien auf Basis des Regelkreises wiederzugeben.[1815] Darüber hinaus hat die Formulierung der Kriterien eindeutig und überschneidungsfrei zu erfolgen, um Unschärfen, Missverständnisse durch Verwechselungen und vor allem Redundanzen im Prüfungsprozess zu vermeiden.[1816]

1812 Siehe Kapitel 2.3.1.1. und 2.3.3.3.1.

1813 Siehe Kapitel 3.2.3.

1814 Siehe Kapitel 3.3.2. und 4.1.1. Zur Ausgestaltung der Berichterstattung siehe Kapitel 3.2.4.

1815 Siehe Kapitel 4.1.2.

1816 Siehe Kapitel 3.2.3. und 4.1.3. insbesondere zu den Merkmalshierachien, wobei sowohl vertikale als auch horizontale Überschneidungen einzelner Merkmale zu vermeiden sind.

Die Verständlichkeit hängt allerdings von den Erfahrungen und Kenntnissen der beteiligten Personen ab, sodass Indikatoren auch individuell festzulegen wären. Um dennoch eine Beurteilung zur Verständlichkeit vornehmen zu können, werden als Indikator die Parallelität der Merkmalsausprägungen zu Merkmalsausprägungen anderer bekannter Prüfungsfelder, insbesondere zur Prüfung der Rechnungslegung, herangezogen. So spielen insbesondere in der Rechnungslegung die Eigenschaften Vollständigkeit und Richtigkeit in Bezug auf eine zu prüfende Grundgesamtheit von Geschäften eine wesentliche Rolle und sind insofern regelmäßig Gegenstand von Prüfungshandlungen. Ebenso ist die Prüfung bestimmter Eigenschaften im Rahmen der Beurteilung der Ordnungsmäßigkeit des Abschlusses, zum Beispiel zur Einhaltung der Grundsätze ordnungsgemäßer Buchführung, regelmäßig Gegenstand der Tätigkeit des Prüfers.[1817]

Allgemein ist die Menge der Kriterien hinsichtlich ihrer Abgrenzung, insbesondere der klaren Unterscheidung der Begriffe, zu analysieren. Sofern dem Prüfer die Merkmalsausprägungen aufgrund von Parallelen zu anderen regelmäßigen Tätigkeiten, wie der Prüfung der Rechnungslegung der Institute sowie der IDW Prüfungsstandards, bekannt sind, soll unter Hinzuziehung einer ergänzenden Beschreibung des Merkmals in der Berichterstattung des Prüfers[1818] insgesamt Verständlichkeit unterstellt werden.

4.1.3.5 Vollständigkeit der Kriterien

Gemäß § 10 PrüfbV hat der Prüfer die Angemessenheit und die Wirksamkeit der Risikosteuerungs- und -controllingprozesse des Zinsänderungsrisikos im Anlagebuch zu beurteilen.[1819] Da die Wahl der Prüfungshandlungen und damit das Urteil von den Prüfungskriterien und den hieraus abgeleiteten Fehlerhypothesen abhängen, ist es notwendig, dass die Prüfungskriterien alle relevanten Normen adressieren.[1820] Diese Vollständigkeit ist dabei ausschließlich auf Basis der Gesamtheit der Kriterien zu beurteilen.[1821]

Da der messtheoretische Prüfungsansatz, der ein vollumfänglich abgeleitetes Soll-Objekt unterstellt, im Hinblick auf die Vollständigkeit abzulehnen ist, ist ein Indikator zur Beurteilung der vollständigen Abdeckung der relevanten Normen

1817 Siehe Kapitel 3.3.2. sowie die nachfolgenden Kapitel 4.2.2.1. bis 4.2.3.3.4. zu den einzelnen Kriterien.

1818 Siehe Kapitel 3.2.4.

1819 Siehe Kapitel 2.2.4.2.1.

1820 Siehe Kapitel 2.3.3.3.2. und 2.3.3.3.3.

1821 Siehe Kapitel 3.3.2.

heranzuziehen.[1822] Für die Prüfungskriterien sind im Rahmen der Relevanz bereits die einzelnen addressierten aufsichtlichen Normen festzustellen. Für die Feststellung der Vollständigkeit sind die den Kriterien zugeordneten Normen in der Gesamtheit den aufsichtlichen Vorgaben gegenüberzustellen, wobei hierzu im Vorwege die relevanten aufsichtlichen Normen zur Beurteilung der Angemessenheit und der Wirksamkeit der Risikosteuerungs- und -controllingprozesse des Zinsänderungsrisikos im Anlagebuch einzugrenzen sind.[1823] Sofern also einzelne der identifizierten relevanten aufsichtlichen Normen nicht durch die Prüfungskriterien abgedeckt werden, ist die Gesamtheit der Prüfungskriterien unvollständig.

4.2 Ableitung der Prüfungskriterien

Die modulare Struktur der MaRisk ermöglicht eine weitgehende Eingrenzung der für die Risikosteuerungs- und -controllingprozesse des Zinsänderungsrisikos im Anlagebuch einschlägigen aufsichtlichen Vorgaben.[1824] Nichtsdestoweniger sind bei der Prüfung einzelner Aspekte dieser Prozesse, wie beispielsweise zur Funktionstrennung nach AT 4.3.1 MaRisk im Allgemeinen sowie insbesondere zur Trennung der Verantwortlichkeit für das Marktpreisrisikocontrolling von Bereichen mit Positionsverantwortung nach BTO Tz. 4 MaRisk im Speziellen, ebenso modulübergreifende Kriterien zu betrachten.[1825] Hieraus folgt, dass bei der Ableitung der Prüfungskriterien zu dem Risikomanagementprozess über den AT, insbesondere dem AT 4.3.2 Tz. 1 MaRisk, hinaus auch Anforderungen aus dem BT zu berücksichtigen sind.[1826]

Die Prüfungskriterien sind auf Basis des Bezugs zu den Risikosteuerungs- und -controllingprozessen des Zinsänderungsrisikos im Anlagebuch in regelkreis-bezogene Kriterien, regelkreisphasenübergreifende Kriterien und Einzelanfor-derungen zu differenzieren:[1827]

- Die regelkreisbezogenen Prüfungskriterien beziehen sich konkret auf eine Phase des Regelkreises[1828] und damit direkt auf die Anforderungen des AT 4.3.2

1822 Siehe Kapitel 3.1.2.1.4. und 3.1.2.3.

1823 Siehe Kapitel 2.3.3.3.3. zu den spezifischen Anforderungen des Zinsänderungsrisikomanagements und 4.1.3.1. zur Relevanz.

1824 Siehe Kapitel 2.3.3.3.1.

1825 Siehe Kapitel 2.3.3.3.2.

1826 Siehe Kapitel 2.3.3.3.1.

1827 Siehe Kapitel 2.1.2.

1828 Siehe Kapitel 2.1.2.2. bis 2.1.2.5. sowie 2.3.3.3.2. zum AT 4.3.2 Tz. 1 MaRisk und 2.3.3.3.3. zu den Vorgaben des BTR.

Tz. 1 MaRisk, BTR 2.1 MaRisk und BTR 2.3 MaRisk zur Identifizierung, Beurteilung, Steuerung sowie Überwachung und Kommunikation.

- Regelkreisphasenübergreifende Kriterien sind entweder auf mehrere dieser Prozesse anzuwenden oder regeln Schnittstellen zwischen den Prozessen.[1829] Bei der Ableitung der Kriterien sind die Öffnungsklauseln der MaRisk auf Basis der prinzipienorientierten Bankenaufsicht zu berücksichtigen.[1830]
- Außerdem enthalten die MaRisk trotz ihres grundsätzlich prinzipien-orientierten Ansatzes ebenfalls einzelne konkret gefasste Anforderungen an die Institute. Beispiele für solche Vorgaben sind die Mindestinhalte und der Mindestturnus der Berichterstattung.[1831] Diese Vorgaben sind bereits so konkretisiert, dass sich das zur Prüfung notwendige Soll-Objekt aus den vorhandenen Normen ohne weitergehendes Auslegungserfordernis ergibt. Diese hinreichend konkreten Einzelanforderungen können unmittelbar als Merkmalsausprägungen des Soll-Objektes und damit als Vorlage zur Ableitung der Fehlerhypothesen betrachtet werden.[1832]

4.2.1 Prüfungsanforderungen aus allgemeinen Vorgaben zum Risikomanagement

4.2.1.1 Geschäftsorganisation und Gesamtverantwortung der Geschäftsleiter

Die Prüfung der Risikosteuerungs- und -controllingprozesse des Zinsänderungsrisikos im Anlagebuch ist Teil der Prüfung nach §§ 29 Abs. 1, 25a Abs. 1 KWG, sodass die Einbindung der Prüfung der Risikosteuerungs- und -controllingprozesse in die umfassende Prüfung des Risikomanagements des Instituts durch den

---

1829 Siehe Kapitel 2.3.3.3.2. zu den weitergehenden Vorgaben des AT.

1830 Vgl. Apweiler (2012), S. 519. Eine Ableitung von Prüfungskriterien für das Soll-Objekt ergibt sich generell nicht aus den berufsständischen Vorgaben des IDW PS 340 und IDW PS 525. Siehe Kapitel 3.3.1.1. und 3.3.1.2.

1831 Siehe Kapitel 4.2.4. Vgl. zu den Vorgaben zur Dokumentation in AT 6 MaRisk, zum Umfang der Berichterstattung zu Marktpreisrisiken in BTR 2.1 Tz. 5 MaRisk, zum Turnus der Berichterstattung der Marktpreisrisiken des Handelsbuches in BTR 2.2 Tz. 3 MaRisk und als Öffnungsklausel das Kriterium zur Abweichung von der täglichen Berichterstattung ausschließlich für Nicht-Handelsbuchinstitute in den Erläuterung zu BTR 2.2 Tz. 3 MaRisk.

1832 Vgl. Apweiler (2012), S. 517.

Jahresabschlussprüfer zu beachten ist. Die sich aus dieser Einbindung ergebenden Anforderungen an die Prüfung der Risikosteuerungs- und -controllingprozesse des Zinsänderungsrisikos im Anlagebuch sind daher bei der Ableitung der Kriterien grundlegend zu berücksichtigen.[1833]

Der § 25a Abs. 1 KWG regelt die ordnungsgemäße Geschäftsorganisation, die das Risikomanagement und damit auch die Risikosteuerungs- und -controllingprozesse des Zinsänderungsrisikos im Anlagebuch umfasst. Die Verantwortung für die Einrichtung der ordnungsgemäßen Geschäftsorganisation liegt nach § 25a Abs. 1 Satz 2 KWG gemeinschaftlich bei den Geschäftsleitern des Instituts. Die Anforderungen an die Verantwortung der Geschäftsleiter werden im AT 3 MaRisk für das Risikomanagement näher konkretisiert. Im Rahmen der Prüfung des § 25a Abs. 1 KWG hat der Abschlussprüfer insgesamt und übergreifend zu beurteilen, ob die Geschäftsleiter ihrer Verantwortung nachgekommen sind.[1834]

Der AT 3 MaRisk legt fest, dass zur Erfüllung der Verantwortung der Geschäftsleiter unter anderem die Beurteilung der Risiken und das Ergreifen der erforderlichen Maßnahmen zu deren Begrenzung gehört.[1835] Da diese Anforderungen aus funktionaler Sicht Bestandteile der Phasen des Regelkreises zur Beurteilung, im Sinne einer Messung von Risiken, sowie zur Steuerung und Überwachung, als Ergreifen von Maßnahmen beziehungsweise als Kontrolle der Wirkung, sind, ist mit den Kriterien zur Prüfung der Risikosteuerungs- und -controllingprozesse insbesondere eine Prüfungsaussage hinsichtlich der Möglichkeiten zur Beurteilung des Zinsänderungsrisikos im Anlagebuch sowie der Rahmenbedingungen zur Begrenzung dieses Risikos zu treffen.[1836] Die Ergebnisse bilden wiederum die Grundlage der übergreifenden Beurteilung der Gesamtverantwortung der Geschäftsleiter.

4.2.1.2 Vorgaben aus der Risikotragfähigkeit

Die Abdeckung der wesentlichen Risiken durch das Risikodeckungspotenzial ist vom Institut als Kernprozess des ICAAP laufend sicherzustellen. Um diese

1833 Siehe Kapitel 2.2.4.2.1.

1834 Siehe Kapitel 2.3.3.1.3. und 2.3.3.3.2.

1835 Siehe Kapitel 2.3.3.3.2.

1836 Siehe Kapitel 2.1.2.3. bis 2.1.2.5. zum AT 3 MaRisk, im Kapitel 2.3.3.3.2. sowie Kapitel 2.3.1.2. zum ersten Prinzip des Baseler Ausschusses hinsichtlich der Vorgaben zur Steuerung und Überwachung der Zinsänderungsrisiken. Darüber hinaus sind als Grundlage die Ausprägungen des Zinsänderungsrisikos im Rahmen der Risikoidentifizierung frühzeitig zu erkennen. Siehe Kapitel 2.1.2.2. und 2.3.3.3.3.

Abdeckung und damit die Risikotragfähigkeit zu gewährleisten, hat das Institut geeignete Risikosteuerungs- und -controllingprozesse einzurichten.[1837]

So ist das ermittelte Risikomaß für das Zinsänderungsrisiko im Anlagebuch, das nach Aggregation mit den übrigen Risiken des Instituts in der Risikotragfähigkeit dem Risikodeckungspotenzial gegenübergestellt wird,[1838] ein Ergebnis der Phase der Beurteilung. Sofern der implementierte Beurteilungsprozess zu einem fehlerhaften Messwert des Zinsänderungsrisikos führt, können sich unmittelbare Auswirkungen auf die Beurteilung der Risikotragfähigkeit ergeben. Die Prüfung der Beurteilung muss sich daher ebenfalls auf die Aussagekraft des in der Risikotragfähigkeit verwendeten Risikomaßes für das Zinsänderungsrisiko im Anlagebuch erstrecken.[1839]

Die Risikotragfähigkeit ist auf Basis eines Gesamtrisikoprofils zu ermitteln, das alle wesentlichen Ausprägungen der Risiken allgemein und des Zinsänderungsrisikos im Anlagebuch im Speziellen zu berücksichtigen hat. Das Erkennen aller wesentlichen Ausprägungen ist Gegenstand des Identifizierungsprozesses. Bei der Prüfung der Risikoidentifizierung ist daher das vollständige Erkennen der wesentlichen Risikoausprägungen zu berücksichtigen.[1840]

Darüber hinaus ist die Einhaltung der Risikotragfähigkeit gemäß AT 1 Tz. 1 MaRisk laufend sicherzustellen, wobei hierzu Limitsysteme zur Begrenzung der Risiken durch das Institut zu implementieren sind. Die Begrenzung der Risiken soll im Einzelnen verhindern, dass die eingegangenen Risiken das Risikodeckungspotenzial übersteigen.[1841] Im Rahmen der Risikosteuerung wird das Zinsänderungsrisiko im Anlagebuch durch Maßnahmen beeinflusst und in der Überwachung die Wirkung der Maßnahmen und die Einhaltung der gesetzten Limite kontrolliert.[1842] Die Steuerung und Überwachung stehen somit in enger Verbindung zueinander, wobei die Überwachung den Handlungsrahmen für Maßnahmen zur Risikoausweitung begrenzt. Die Überwachung hat daher ein nach den Anforderungen der Risikotragfähigkeit ausgestaltetes Limit zu umfassen, das auch die Einhaltung der

---

1837 Siehe Kapitel 2.3.1.1., 2.3.2.1. und 2.3.3.1.3.

1838 Siehe Kapitel 2.3.3.3.2. zum AT 4.1 Tz. 1 MaRisk.

1839 Siehe Kapitel 2.1.4. zu den Risikomaßen.

1840 Siehe Kapitel 2.3.3.3.2. zu den Vorgaben des AT 2.2 MaRisk, Kapitel 2.3.3.3.3. zu den besonderen Vorgaben der Identifizierung des Zinsänderungsrisikos im Anlagebuch im BTR 2.3 MaRisk sowie Kapitel 2.1.2.2. zur Phase des Regelkreises.

1841 Vgl. AT 4.1 Tz. 1 MaRisk in Verbindung mit AT 4.3.2 Tz. 1 MaRisk sowie die Erläuterung hierzu und siehe Kapitel 2.3.3.3.2.

1842 Die Limitsetzung muss sich insgesamt am vorhandenen Risikodeckungspotenzial orientieren. Siehe Kapitel 2.1.2.1. und 2.3.3.3.2.

Risikotragfähigkeit im Bezug auf das Zinsänderungsrisiko im Anlagebuch sicherstellt.[1843]

4.2.1.3 Vorgaben aus der Risikostrategie

Die Ausgestaltung der Risikosteuerungs- und -controllingprozesse basiert auf der Risikostrategie, die von der Geschäftsleitung unter Berücksichtigung der Risikotragfähigkeit festzulegen ist.[1844] Die Risikostrategie umfasst die Risikotoleranz als Risikoneigung der Geschäftsleitung, das heißt die Vorgabe zur akzeptierten Höhe der wesentlichen Risiken, und hat konsistent zur Geschäftsstrategie des Instituts die Ziele und die Maßnahmen der Risikosteuerung zu regeln. Die regelmäßige Überprüfung der Zielerreichung der Risikostrategie und eine gegebenenfalls erforderliche Anpassung der Strategien sind Bestandteil des Strategieprozesses, wobei die Ergebnisse der Überwachung als Teil der Risikosteuerungs- und -controllingprozesse in diese Überprüfung eingehen.[1845]

Die Überwachung begrenzt den Handlungsrahmen der Risikosteuerung und wirkt auf diese über Limite ein.[1846] Somit ist die Erreichung der Zielvorgaben der Risikostrategie durch die in der Strategie vorgesehenen Maßnahmen bei der Ausgestaltung der Überwachungsprozesse zu berücksichtigen und muss mit der Geschäftstrategie im Einklang stehen. Die Prüfung der Überwachung hat daher neben einer im Hinblick auf die Risikotragfähigkeit angemessenen Limitsetzung auch die Vorgaben der Risikostrategie zu den Zielen, vor allem zur Risikotoleranz des Zinsänderungsrisikos im Anlagebuch, sowie gegebenenfalls die in der Risikostrategie festgelegten Maßnahmen zu berücksichtigen.

4.2.2 Regelkreisphasenübergreifende Kriterien der Risikosteuerungs- und -controllingprozesse

Die regelkreisphasenübergreifenden Kriterien beziehen sich nicht auf eine einzelne Phase des Regelkreises, sondern sind Ausprägungen von Merkmalen, die mehr als einer Phase oder einer Schnittstelle zwischen Phasen des Regelkreises

1843 Siehe Kapitel 4.2.3.3.1.

1844 Zur Einbettung der Prozesse in die Strategie, Risikotragfähigkeit und allgemein dem Risikobewusstsein nach IDW PS 525 siehe Kapitel 3.3.1.2.

1845 Siehe Kapitel 2.1.2.1. zur Funktion der Strategien sowie Kapitel 2.3.3.3.2. zu den Vorgaben des AT 4.2 MaRisk.

1846 Siehe Kapitel 4.2.1.2. zur Risikotragfähigkeit.

zugeordnet werden und allgemein für einen funktionsfähigen Risikosteuerungs- und -controllingprozess[1847] erforderlich sind. Die regelkreisphasenübergreifenden Kriterien folgen dabei dem Grundgedanken des AT der MaRisk bestimmte, allgemeingültige Anforderungen „vor die Klammer“[1848] zu ziehen und möglichst einheitlich zu regeln beziehungsweise zu prüfen.[1849]

Über die bereits behandelten Aspekte zur Gesamtverantwortung der Geschäftsleitung, zur Risikotragfähigkeit und zur Risikostrategie, die den Rahmen zu den Risikosteuerungs- und -controllingprozessen des Zinsänderungsrisikos im Anlagebuch bilden, weisen die Phasen des Regelkreises als übergreifende beziehungsweise gleichartige Merkmale die Ausgestaltung der Aufbau- und Ablauforganisation, einschließlich der Einbindung in das interne Kontrollsystem, die Ausgestaltung der Dokumentation, die erforderliche Geschwindigkeit zur Umsetzung notwendiger Anpassungen der Prozesse und die Ausstattung mit den notwendigen Ressourcen auf.[1850] Die Prüfungskriterien zu diesen Merkmalen sind daher einheitlich und übergreifend zu formulieren.

4.2.2.1 Kriterium Eignung des Prozessdesigns

Ein zentraler Aspekt der Risikosteuerungs- und -controllingprozesse ist dessen Verknüpfung zur Aufbau- und Ablauforganisation, ohne die der Prozess nicht beurteilt werden kann. Im Einzelnen sind im Rahmen der Aufbauorganisation die Verantwortlichkeiten, die Kompetenzen sowie die Funktionstrennung zu behandeln. Die Ablauforganisation befasst sich mit der Koordination der Prozessschritte,

---

1847 Prozesse sind „sachlogisch zusammenhängende und inhaltlich abgeschlossene Aktivitäten oder Funktionen ..., die eine Wertschöpfung erbringen und damit zur Umsetzung der Unternehmensziele beitragen.“ Hannemann / Schneider (2010), S. 216. Dabei sind im Rahmen der Prüfung die in dem Prozess bestehenden Schnittstellen, der Umfang der beteiligten Personen beziehungsweise der Organisationseinheiten und die Anzahl der einzelnen Aktivitäten zu berücksichtigen, die jeweils mit ihrer Zunahme ebenso die Komplexität des Prozesses insgesamt und damit das inhärente Risiko erhöhen. Vgl. Pegelow (2010), S. 259.

1848 Schwirten / Zattler (2007), S. 447. Zur Darstellung der allgemein gültigen und risikoartenübergreifend geregelten Anforderungen der MaRisk siehe Kapitel 2.3.3.3.1.

1849 Siehe Kapitel 2.3.3.3.1.

1850 Hinsichtlich der Prozesse auf Gruppenebene wird auf die analog anzuwendenden Anforderungen des Instituts verwiesen. Die Prüfungshandlungen sind dabei entsprechend dem Prüfungsobjekt auf die gruppenweiten Risikosteuerungs- und -controllingprozesse des Zinsänderungsrisikos im Anlagebuch auszuweiten. Siehe Kapitel 2.3.3.3.2., insbesondere zu den Vorgaben des AT 4.5 MaRisk.

einschließlich der Schnittstellen, sowie den im Prozess implementierten internen Kontrollen als internes Kontrollsystem.[1851]

Im Rahmen der Aufbauorganisation sind durch die Funktionstrennung zwei oder mehr Aufgaben, deren Ausführung durch dieselbe Person oder Organisationseinheit Interessenkonflikte hervorrufen könnte, zu trennen und somit durch unterschiedliche Personen beziehungsweise Organisationseinheiten auszuführen. Der Trennung der nicht zu vereinbarenden Aufgaben steht auch eine ausreichende Kontrolle durch eine andere Person beziehungsweise Organisationseinheit gleich, die Fehler aus einer möglichen Interessenkollision aufdeckt.[1852] Regelmäßig sind dabei Aufgaben, die die Steuerung betreffen, mit den Überwachungsaufgaben unvereinbar und begründen Interessenkonflikte. Über die Funktionstrennung hinaus sind für alle Aufgaben der Risikosteuerungs- und -controllingprozesse des Zinsänderungsrisikos im Anlagebuch die Kompetenzen und die Verantwortlichkeiten festzulegen.[1853] Kompetenz bedeutet in diesem Zusammenhang, dass eine Person oder Organisationseinheit befugt ist, eine bestimmte Aufgabe durchzuführen. Hierzu sind die gegebenenfalls erforderlichen Berechtigungen, Vollmachten sowie Zugriffsrechte durch das Institut zu zählen. Die Verantwortlichkeit hingegen ist die Zuweisung einer Verpflichtung zur Durchführung einer Aufgabe.[1854]

Das Prüfungskriterium hat daher als Merkmalsausprägung die eindeutige Definition und Zuweisung von Kompetenzen und Verantwortlichkeiten sowie die Abwesenheit von Interessenkonflikten aus der Zuweisung der Aufgaben zu umfassen. Der erste Teil der Prüfungshypothese zum Kriterium Eignung des Prozessdesigns beinhaltet insofern eine ungeeignete Aufbauorganisation, die sich aufgrund einer fehlenden Funktionstrennung, das heißt durch Interessenkonflikte bei einzelnen Aufgaben,[1855] oder einer fehlenden oder nicht eindeutigen Definition der Kompetenzen beziehungsweise der Verantwortlichkeiten ergibt.

Die Ablauforganisation spiegelt die Abfolge der einzelnen Aktivitäten sowie deren Verknüpfung zueinander wider, wobei insbesondere die implementierten Kontrollen von besonderer Bedeutung sind. Jede Aktivität als Teil des Prozesses, in der Daten verarbeitet oder weitergeleitet werden, birgt grundlegend die Gefahr, dass Daten verloren gehen oder Daten verfälscht werden. Insofern sind im Rahmen der Ablauforganisation interne Kontrollen zu implementieren, die

1851 Siehe Kapitel 2.3.3.3.2. und vgl. AT 4.3.1 Tz. 1 MaRisk.
1852 Vgl. Hannemann / Schneider (2010), S. 212 und siehe Kapitel 2.3.3.3.2.
1853 Vgl. AT 4.3.1 Tz. 2 MaRisk.
1854 Siehe Kapitel 2.3.3.3.2. und 3.3.1.2.
1855 Eine Aufgabe ist eine einzelne Aktivität als Teil des Prozesses. Siehe Kapitel 4.2.2.

die Vollständigkeit und Richtigkeit der Daten gewährleisten.[1856] Sobald mehr als eine Person oder Organisationseinheiten zusammenarbeiten und nacheinander abfolgende Aufgaben zu erledigen sind, ist zudem die richtige Reihenfolge durch die Ablauforganisation sicherzustellen.[1857] Das Prüfungskriterium hat damit als weitere Merkmalsausprägung die Freiheit von Schwächen des internen Kontrollsystems und die richtige, aufeinander abgestimmte Reihenfolge des Prozesses zu berücksichtigen. Daher lautet der zweite Teil der Prüfungshypothese, dass im Rahmen der Ablauforganisation Schwächen im internen Kontrollsystem bestehen, die zu einer Verfälschung oder Unvollständigkeit der Daten zu den Risikosteuerungs- und -controllingsystemen führen oder aufgrund einer fehlerhaften Abfolge bewirken.

Insgesamt ist die Prüfungshypothese für das Kriterium Eignung des Prozessdesigns wie folgt zusammenzufassen: Die Eignung des Prozessdesigns ist nicht erfüllt, da die erforderliche Funktionstrennung fehlt, Kompetenzen oder Verantwortlichkeiten nicht oder nicht eindeutig definiert sind, durch fehlende oder fehlerhafte Kontrollen Daten verfälscht oder unvollständig sind oder die Abfolge von Aktivitäten fehlerhaft ist.

Das Kriterium zum Prozessdesign hat seine unmittelbare aufsichtsrechtliche Grundlage zur Aufbau- und Ablauforganisation im AT 4.3.1 MaRisk sowie mittelbar im dritten Prinzip des Baseler Ausschusses. Hierbei werden auch die Trennung unvereinbarer Tätigkeiten, die Festlegung von Verantwortlichkeiten und Kompetenzen sowie die Einbindung in das interne Kontrollsystem einbezogen. Die Funktionstrennung wird des Weiteren im BTO Tz. 3 und Tz. 4 MaRisk konkretisiert.[1858] Das Kriterium ist damit als relevant für das Prüfungsziel einzuschätzen.[1859]

Die erforderliche Funktionstrennung ist anhand der Trennung von Aufgaben der Steuerung und Aufgaben der Überwachung[1860] zu beurteilen, wobei beide Aufgaben grundsätzlich nicht durch ein und dieselbe Person ausgeführt werden dürfen. Sofern im Einzelfall ein Zusammenfallen stattfindet und damit eine Abweichung von der Funktionstrennung erfolgt, ist vom Institut deren Zulässigkeit

1856 Siehe Kapitel 2.3.3.3.2.

1857 Vgl. Pegelow (2010), S. 259 und siehe auch Kapitel 2.3.1.2. hinsichtlich des zehnten Prinzips des Baseler Ausschusses, das das Problem der Ablauforganisation aufgreift.

1858 Siehe Kapitel 2.3.3.3.2. und 2.3.1.2.

1859 Siehe Kapitel 4.1.3.1.

1860 Soweit sich die Überwachung beispielsweise der Ergebnisse der Beurteilung bedient, gelten auch für diese die Anforderungen der Funktionstrennung, soweit nicht auf anderem Wege die Richtigkeit und Vollständigkeit sichergestellt wird.

als unechte Öffnungsklausel nach BTO Tz. 3 MaRisk zu begründen.[1861] Allerdings sind für das Zinsänderungsrisiko im Anlagebuch als Teil des Marktpreisrisikos zumindest die Einheiten mit Positionsverantwortung von der Messung und Überwachung, das heißt dem Marktpreisrisikocontrolling, aufgrund der Vorgabe des BTO Tz. 4 MaRisk zwingend bis in die Ebene der Geschäftsleitung zu trennen.[1862] Die aufbauorganisatorische Zuordnung von Personen zu den Steuerungs- oder Überwachungsaufgaben ergibt sich aus der jeweiligen Unterstellung unter einen Geschäftsleiter des Markt- und Handelsbereichs (Steuerung) oder des Marktfolge- und Risikocontrollingbereichs (Überwachung). Ermessensspielräume ergeben sich insofern für die Aufbauorganisation hinsichtlich der Steuerung und Überwachung der Zinsänderungsrisiken im Anlagebuch nicht.

Die Verantwortlichkeiten sind dann nicht definiert, wenn niemand für die Ausführung einer Aufgabe zuständig ist. Nicht eindeutig ist die Verantwortlichkeit, wenn mehrere Personen für dieselbe Aufgabe verantwortlich sind. Ermessensspielräume bestehen dagegen bei nicht eindeutigen Kompetenzen, da in bestimmten Situationen, zum Beispiel aufgrund von mit dem Prozess verbundenen erhöhten Risiken, Kompetenzen auch bei übergeordneten Hierarchieebenen oder Gremien liegen können.[1863]

Gegenstand der Prüfung der Ablauforganisation ist es, fehlende Kontrollen oder Kontrollschwächen, einschließlich fehlerhafter Prozessabläufe, aufzudecken. Für die Beurteilung der Kontrollen ist auf das Vorgehen zur Systemprüfung nach IDW PS 261 zum internen Kontrollsystem zu verweisen. Schwächen im internen Kontrollsystem zeigen sich entweder durch unvollständige oder verfälschte Daten, die durch die Kontrollen nicht aufgedeckt wurden. Dabei bestehen Ermessensspielräume hinsichtlich der Wesentlichkeit der einzelnen Kontrollen. Bezüglich der Abfolge ergibt sich die Reihenfolge aus der Beziehung der einzelnen Aktivitäten zueinander.[1864]

1861 Vgl. BTO Tz. 3 MaRisk zur Bedeutung des Wortes grundsätzlich.

1862 Vgl. BTO Tz. 4 und siehe Kapitel 2.3.3.3.2.

1863 Die Aspekte zur Funktionstrennung und Verantwortlichkeit sind näher im dritten Prinzip des Baseler Ausschusses geregelt. Siehe Kapitel 2.3.1.1. Hiervon zu unterscheiden sind allerdings Vertretungsregeln, die bei Abwesenheit einer Person greifen, beziehungsweise Führungsaufgaben, die auch die Verantwortlichkeit für die Durchführung der Aufgaben der unterstellten Personen umfassen. Im Einzelfall können Aufgaben auch Gremien übertragen sein, sodass das Gremium für deren Ausführung verantwortlich ist. Zur weiteren Darstellung der Kompetenzen siehe Kapitel 2.3.3.3.2. und vgl. AT 4.3.1 Tz. 2 MaRisk.

1864 Siehe Kapitel 3.2.2.3.1.

Da sowohl bei der Beurteilung der Kompetenzen als auch bei der Beurteilung des internen Kontrollsystems Ermessensspielräume bestehen, ist das Kriterium mit seinen Merkmalsausprägungen nicht vollumfänglich konvergent. Im Einzelfall sind insofern Unterschiede in der Urteilsbildung nicht auszuschließen, wobei aus der Anwendung des Wesentlichkeitsgrundsatzes der Aufsicht als auch der berufsständischen Vorgaben nach IDW PS 261 die Tendenz gleich gerichtet ist. Das Prüfungskriterium ist somit nur bedingt konvergent.[1865]

Die Beurteilung der Neutralität richtet sich nach den Eingriffen in die Methodenfreiheit durch das Kriterium sowie der Wahrung der risikoorientierten Ausrichtung. Die Ermessensspielräume des Prüfungskriteriums, im Detail die Einbindung der Prozesse in das interne Kontrollsystem sowie die Definition der Verantwortlichkeiten und der Kompetenzen auf Basis des Wesentlichkeitsgrundsatzes, reflektieren die Öffnungsklauseln des AT 4.3.1 MaRisk.[1866] Das Kriterium ist insofern neutral.[1867]

4.2.2.2 Kriterium Vorhandensein der Dokumentation

Damit die Risikosteuerungs- und -controllingprozesse dauerhaft funktionieren, sind die Aufgaben, Abläufe, Kompetenzen sowie Verantwortlichkeiten im Rahmen von Organisationsrichtlinien unter Einbeziehung der risikoorientierten Öffnungsklausel zu dokumentieren und somit ebenso der Überprüfung durch Dritte zugänglich zu machen.[1868] Zudem ist die Einhaltung der Vorgaben der MaRisk schriftlich festzuhalten und zu archivieren. Eine weitere Dokumentationsanforderung gilt für wesentliche Entscheidungen und Handlungen sowie bei der Inanspruchnahme wesentlicher Öffnungsklauseln der MaRisk.[1869]

Durch die Dokumentation werden die Risikosteuerungs- und -controllingprozesse, im Einzelnen die Aufgaben, die Verantwortlichkeiten, die Kompetenzen sowie die Kontrollen und die Abläufe, schriftlich fixiert und allen beteiligten Personen zur Kenntnis gegeben.[1870] Ferner dient die Dokumentation auch

---

1865 Siehe Kapitel 4.1.3.2.

1866 Die unechte Öffnungsklausel des BTO Tz. 3 MaRisk zur Funktionstrennung ist aufgrund der Konkretisierung des BTO Tz. 4 MaRisk nicht anzuwenden. Siehe Kapitel 2.3.3.3.2.

1867 Siehe Kapitel 4.1.3.3.

1868 Siehe Kapitel 2.3.3.3.2. und 3.3.1.2. zur Vorgabe des IDW PS 525 hinsichtlich der Dokumentation sowie vgl. AT 5 Tz. 3 und 4 MaRisk.

1869 Siehe Kapitel 2.3.3.3.2. und vgl. AT 6 Tz. 1 MaRisk.

1870 Vgl. AT 5 Tz. 2 MaRisk.

als Prüfungsgrundlage für Dritte zur Ableitung des Soll-Objektes der Prüfung beziehungsweise zur Hypothesenbildung und zur Festlegung von Prüfungshandlungen.[1871] Darum muss für die verschiedenen Aktivitäten auf Basis von Organisationsrichtlinien, für die Geschäfts-, Kontroll- und Überwachungsunterlagen sowie für die wesentlichen Handlungen und Festlegungen eine im Wesentlichen vollständige und richtige Dokumentation vorhanden sein (Vorhandensein der Dokumentation). Die Prüfungshypothese für das Kriterium Vorhandensein der Dokumentation lautet insofern, dass die Dokumentation nicht vorhanden, unvollständig oder fehlerhaft ist. Eine veraltete Dokumentation ist, wie eine von Anfang an nicht korrekt erstellte Dokumentation, ebenso fehlerhaft.[1872]

Das Kriterium Vorhandensein der Dokumentation bezieht die Vorgaben zu den Organisationsrichtlinien unter Berücksichtigung von Art, Umfang, Komplexität und Risikogehalt der Geschäftsaktivitäten nach AT 5 MaRisk ein. Darüber hinaus ist die Dokumentation der Unterlagen sowie zu wesentlichen Handlungen und Festlegungen nach AT 6 MaRisk Gegenstand des Kriteriums, sodass das Kriterium Vorhandensein der Dokumentation relevant ist.[1873]

Die Dokumentation ist grundlegend nach dem Wesentlichkeitsgrundsatz auszugestalten und insofern neben der Zweckbestimmung zum unmittelbaren Eintritt in die Prüfung auch von der Beurteilung des Prüfers im Hinblick auf vergleichbare Dokumentationsanforderungen abhängig. Das Kriterium Vorhandensein der Dokumentation ist von der Erfahrung des Prüfers und seiner Auslegung des Wesentlichkeitsgrundsatzes abhängig und daher bedingt konvergent.[1874]

Die Beurteilung der Neutralität ist in Abhängigkeit von der prinzipienorientierten Ausrichtung der MaRisk zu beurteilen. Das Kriterium Vorhandensein der Dokumentation ist grundlegend nach dem Wesentlichkeitsgrundsatz zu prüfen und aufgrund der Berücksichtigung der Öffnungsklausel neutral.[1875]

4.2.2.3 Kriterium Eignung der Anpassungsgeschwindigkeit

Die MaRisk geben im AT 4.3.2. Tz. 7 MaRisk für die Risikosteuerungs- und -controllingprozesse vor, dass die Prozesse zeitnah an sich ändernde Bedingungen

---

1871 Siehe Kapitel 4.1.2.

1872 Siehe Kapitel 2.3.3.3.2.

1873 Siehe Kapitel 2.3.3.3.2. und 4.1.3.1. Das Vorhandensein der Dokumentation wird in den Prinzipien des Baseler Ausschusses sowie in den Leitlinien des CEBS nicht direkt aufgegriffen. Siehe Kapitel 2.3.1.2. und 2.3.2.2.

1874 Siehe Kapitel 4.1.3.2.

1875 Siehe Kapitel 4.1.3.3.

anzupassen sind.[1876] Der Begriff zeitnah ist als unechte Öffnungsklausel zunächst durch das Institut auszulegen.[1877] Dabei hat das Institut bei der Anpassung der Prozesse die jeweiligen Ressourcen sowie die Anforderungen an die Änderungen der Prozesse, insbesondere die notwendigen IT-System-Anpassungen, zu berücksichtigen. Geänderte Bedingungen ergeben sich zum einen aus dem Umfeld, zum Beispiel aus sich ändernden Korrelationen zwischen einzelnen Zinskurven, sowie zum anderen aus den internen Bedingungen, wie beispielsweise neuen Geschäftsaktivitäten mit neuen Ausprägungen des Zinsänderungsrisikos. Nur insoweit die Risikosteuerungs- und -controllingprozesse an die externen und internen Bedingungen angepasst sind, können diese die Risiken wirksam begrenzen, steuern und überwachen.[1878]

Je nach Anpassungsbedarf hat das Institut einen Umsetzungszeitraum festzulegen, der eine unter den gegebenen Rahmenbedingungen schnellstmögliche Anpassung vorsieht und insofern hinsichtlich der Anpassungsgeschwindigkeit geeignet ist. Das Prüfungskriterium hat daher als Merkmalsausprägung die Eignung der Anpassungsgeschwindigkeit, im Sinne einer ausreichend schnellen Veränderung der Prozesse gemäß AT 4.3.2 Tz. 7 MaRisk an die geänderten Bedingungen, zu beinhalten. Die Prüfungshypothese ist somit, dass das Institut unter den gegebenen Ressourcen und Anforderungen die Änderungen bei Prozessen und Systemen nicht schnellstmöglich umsetzt.[1879]

Das Kriterium Eignung der Anpassungsgeschwindigkeit ergibt sich unmittelbar aus dem AT 4.3.2 Tz. 7 MaRisk. Die Erfüllung des Kriteriums ist mit der Erfüllung der MaRisk und der Beurteilung der Angemessenheit und Wirksamkeit des Risikomanagements verknüpft und damit im Hinblick auf die Prüfungsziele relevant.[1880]

Das Kriterium Eignung der Anpassungsgeschwindigkeit ist abhängig von der Beurteilung des Einzelfalls, da sich der heranzuziehende Umsetzungszeitraum an den Ressourcen sowie dem Umsetzungsaufwand des jeweiligen Instituts bemisst. Insofern bestehen bei der Beurteilung der Verfügbarkeit der Ressourcen als auch der Umsetzungsanforderung für den Prüfer Ermessensspielräume, die vor dem Hintergrund der institutsindividuellen Situation zu beurteilen sind. Ferner ist insbesondere eine Abhängigkeit bei der Auslegung des Kriteriums Eignung der

---

1876 Vgl. AT 4.3.2. Tz. 7 MaRisk.
1877 Siehe Kapitel 2.3.3.3.1.
1878 Siehe Kapitel 2.3.3.3.2.
1879 Siehe Kapitel 2.3.3.3.2. und vgl. AT 4.3.2 Tz. 7 MaRisk.
1880 Siehe Kapitel 4.1.3.1.

Anpassungsgeschwindigkeit von den Erfahrungen des Prüfers im Hinblick auf vergleichbare Anforderungen und Umsetzungszeiträume, die andere Institute in vergleichbaren Situationen benötigt haben, gegeben. Das Kriterium ist im Hinblick auf die Einheitlichkeit der Prüfungsurteile als bedingt konvergent einzuschätzen.[1881]

Das Kriterium berücksichtigt allerdings über die institutsinternen Rahmenbedingungen sowie den unbestimmten Begriff zeitnah als unechte Öffnungsklausel das Prinzip der doppelten Proportionalität. Das Kriterium ist darum als neutral einzustufen.[1882]

4.2.2.4 Kriterium Eignung der Ausstattung

Neben der zeitnahen Anpassung der Prozesse an veränderte Bedingungen ist für das Funktionieren auch eine angemessene personelle sowie technisch-organisatorische Ausstattung erforderlich.[1883] Die personelle Ausstattung hat eine quantitativ ausreichende Anzahl an Mitarbeitern, die im Hinblick auf die anstehenden manuell auszuführenden Aktivitäten zu bemessen ist, sowie deren angemessene Qualifikation aufzuweisen, um einen fehlerfreien Ablauf der Prozesse zu gewährleisten.[1884] Die angemessene quantitative Ausstattung zeigt sich im Einzelfall über den fehlerfreien und verzögerungsfreien Ablauf der Prozesse, wie beispielsweise der Einhaltung des Berichtsturnusses, sowie über die vollständige Besetzung der geplanten Personalstellen. Offene Stellen sowie eine hohe Anzahl an Rückständen und Verzögerungen bei der Bearbeitung von Aufgaben können hingegen Anzeichen für eine ungeeignete quantitative Personalausstattung sein.

Die Beurteilung der qualitativen Personalausstattung ergibt sich aufgrund des notwendigen Niveaus an Ausbildung und Erfahrung zur Ausführung der jeweils zugeordneten Aktivitäten. Diese Vorgabe kann beispielsweise durch einen Abgleich der Anforderungen der Stellenbeschreibung mit den Kenntnissen, der Ausbildung und den Erfahrungen der Stelleninhaber geprüft werden. Ferner muss, um zum Beispiel neue Entwicklungen zu verfolgen und umzusetzen, ebenso das institutsinterne Wissen aktuell gehalten werden. Dazu hat das Institut die laufende

1881 Siehe Kapitel 4.1.3.2.
1882 Siehe Kapitel 4.1.3.3.
1883 Vgl. zu einer derartigen Fragestellung auch bei Apweiler (2012), S. 520.
1884 Siehe Kapitel 2.3.3.3.2.

Fortbildung der Mitarbeiter, in der Regel im Rahmen eines Personalentwicklungskonzeptes,[1885] sicherzustellen.

Das Kriterium Eignung der Ausstattung hat daher die ausreichende quantitative und qualitative Personalausstattung für die Umsetzung der manuell auszuführenden Aktivitäten zu erfassen. Der erste Teil zur Prüfungshypothese für das Kriterium Eignung der Ausstattung ist somit wie folgt zusammenzufassen: Die personelle Ausstattung der Risikosteuerungs- und -controllingprozesse ist dann ungeeignet, wenn die quantitative oder qualitative Ausstattung unzureichend ist. Unzureichend heißt im Einzelnen, dass für den Prozess notwendige Personalstellen nicht besetzt sind, dass die Prozesse aufgrund zu geringer personeller Kapazitäten fehlerhaft oder verzögert ausgeführt wurden oder dass die Stelleninhaber das jeweilige Anforderungsprofil[1886] in wesentlichen Punkten nicht erfüllen beziehungsweise nicht regelmäßig an notwendigen Fortbildungsmaßnahmen teilgenommen haben.

Das Kriterium Eignung der Ausstattung erstreckt sich neben der personellen Ausstattung auch auf die technisch-organisatorische Ausstattung, die vom Institut zur Bewältigung der Aufgaben zu den Risikosteuerungs- und -controllingprozessen des Zinsänderungsrisikos im Anlagebuch bereitzustellen ist.[1887] Zur technisch-organisatorischen Ausstattung ist zusätzlich zu den IT-Systemen alles zu zählen, was über das notwendige Personal hinaus zur Ausführung der anstehenden Aufgaben erforderlich ist. Regelmäßig sind hierunter auch geeignete Räumlichkeiten, einschließlich der erforderlichen Archivierungsmöglichkeiten, die Büroausstattung sowie die Kommunikationsmittel zu zählen.[1888]

Anhaltspunkte für eine ungeeignete technisch-organisatorische Ausstattung können sich aus wesentlichen Fehlern oder Verzögerungen ergeben, die bei den Risikosteuerungs- und -controllingprozessen aufgetreten sind oder die durch Prüfungshandlungen, wie beispielsweise mittels Inaugenscheinnahme, als erkennbare Mängel durch den Prüfer aufgedeckt wurden. Die Prüfungshypothese für die technisch-organisatorische Ausstattung lautet insofern: Die technisch-organisatorische Ausstattung ist ungeeignet, da im Prozess technisch oder organisatorisch bedingte Fehler auftreten oder die Ausstattung zur Zielerreichung vor dem Hintergrund des Risikogehalts und der Komplexität der Geschäftsaktivitäten[1889]

1885 Vgl. Geiersbach / Prasser (2012), S. 612 ff.
1886 Vgl. Geiersbach / Prasser (2012), S. 614 f.
1887 Siehe Kapitel 2.3.3.3.2.
1888 Vgl. Hannemann / Schneider (2010), S. 350.
1889 Vgl. Geiersbach / Prasser (2012), S. 616.

erkennbar unzureichend ist. Das Kriterium Eignung der Ausstattung ist insgesamt nicht erfüllt, wenn die quantitative oder qualitative Personalausstattung ungeeignet ist oder die technisch-organisatorische Ausstattung im Hinblick auf die Zielsetzung der Prozesse ungeeignet ist.

Die Relevanz des Kriteriums Eignung der Ausstattung ergibt sich aus den Vorgaben des AT 7.1 MaRisk für die personelle Ausstattung[1890] und des AT 7.2 MaRisk für die technisch-organisatorische Ausstattung. Die Anforderungen zur quantitativen und qualitativen Personalausstattung sowie zur technisch-organisatorischen Ausstattung werden als allgemeine Anforderungen an die Institute gestellt und sind prozessübergreifend in den MaRisk geregelt.[1891] Insofern ist das Kriterium im Hinblick auf die Beurteilung der Angemessenheit und Wirksamkeit der Risikosteuerungs- und -controllingprozesse relevant.

Hinsichtlich der vorzunehmenden Abgleiche mit den Stellenplänen und Stellenanforderungen bestehen keine besonderen Ermessensspielräume. Allerdings hat der Prüfer hinsichtlich der institutsinternen Vorgaben in den Stellenplänen und Stellenanforderungen auf Grundlage eingetretener Fehler und Verzögerungen zu beurteilen, ob die geplante quantitative und qualitative Ausstattung den Anforderungen der Prozesse genügt. Gleiches gilt auch für die Einschätzung, ob die Vorgaben des Instituts hinsichtlich der jeweiligen Aktivitäten zur Erreichung der Prozessziele ausreichend sind und ob das Personal die notwendigen Fortbildungsmaßnahmen absolviert hat. Die Auslegung der institutsinternen Anforderungen ist abhängig von den Erfahrungswerten vergleichbarer Institute und der Einschätzung der Risikosituation des jeweiligen Instituts. Zur technisch-organisatorischen Ausstattung ist ebenfalls eine Einschätzung zur Wesentlichkeit von bereits aufgetretenen oder zukünftig potentiell möglichen Fehlern oder Verzögerungen durch den Prüfer vorzunehmen, sofern sich entsprechende Anhaltspunkte für eine ungeeignete Ausstattung ergaben. Das Kriterium ist daher aufgrund der Ermessensspielräume bedingt konvergent.[1892]

Um die Neutralität zu wahren und damit dem doppelten Proportionalitätsprinzips Rechnung zu tragen, hat das Kriterium Eignung der Ausstattung die Öffnungsklauseln der MaRisk, insbesondere den Wesentlichkeitsgrundsatz, zu berücksichtigen. Da als Maßstab für das Kriterium zur Ausstattung die jeweiligen institutsinternen Vorgaben sowie die individuelle Situation des Instituts

---

1890 Ferner greift auch der Baseler Ausschuss die qualitative und quantitative Personalausstattung im zweiten Prinzip auf. Siehe Kapitel 2.3.1.2.

1891 Siehe Kapitel 2.3.3.3.2.

1892 Siehe Kapitel 4.1.3.2.

herangezogen werden und der Wesentlichkeitsgrundsatz in die Beurteilung einfließt, ist das Kriterium neutral ausgestaltet.[1893]

4.2.3 Anforderungen an die Risikosteuerungs- und -controllingprozesse im Regelkreislauf – regelkreisbezogene Prüfungskriterien

Die Risikosteuerungs- und -controllingprozesse sind in die Gesamtbanksteuerung, das heißt in eine gemeinsame Ertrags- und Risikosteuerung, allgemein einzubeziehen.[1894] Es sind die Wechselwirkungen zur Geschäftsorganisation, zur Risikotragfähigkeit sowie zur Risikostrategie bei der Ableitung von Prüfungskriterien zu beachten.[1895] Entsprechend den weiteren Vorgaben der MaRisk umfassen die Risikosteuerungs- und -controllingprozesse die Identifizierung, die Beurteilung, die Steuerung sowie die Überwachung und die Kommunikation des Zinsänderungsrisikos im Anlagebuch als Phasen des Regelkreislaufes des Risikomanagements.[1896] Die einzurichtenden Prozesse stehen unter dem Grundsatz der Wesentlichkeit[1897] und allgemein dem Prinzip der doppelten Proportionalität.[1898]

Im Folgenden sind die regelkreisbezogenen Prüfungskriterien aus den Phasen Identifizierung, Beurteilung sowie Überwachung und Kommunikation des Regelkreislaufs abzuleiten, die jeweils die spezifischen Funktionen der Phasen widerspiegeln.[1899] Die zu ergreifenden Maßnahmen der Steuerung[1900], das heißt die Wahl zwischen Risikoreduzierung, -erhöhung oder -beibehaltung innerhalb der vorgegebenen Grenzen, liegen in der alleinigen Verantwortung des Kreditinstituts, das damit auch das ökonomische Risiko aus der Entscheidung über die jeweiligen

---

1893 Siehe Kapitel 4.1.3.3.

1894 Denkbar wäre hier eine Steuerung auf Basis von risiko- und renditeorientierten Kennzahlen oder zumindest eine Berücksichtigung der jeweiligen Rendite bei der Allokation der Risikodeckungsmasse in der Risikotragfähigkeit. Siehe Kapitel 2.1.4.

1895 Siehe Kapitel 4.2.1.

1896 Vgl. AT 4.3.2 Tz. 1 MaRisk.

1897 Es sind nur für die wesentlichen Risiken Risikosteuerungs- und -controllingprozesse einzurichten. Vgl. AT 4.3.2 Tz. 1 MaRisk und siehe Kapitel 2.3.3.3.2. sowie 4.2.3.1.4.

1898 Siehe Kapitel 2.3.1.1., 2.3.2.1. und 2.3.3.3.1. sowie vgl. AT 1 Tz. 2 MaRisk.

1899 Siehe Kapitel 4.2.

1900 Zu den Maßnahmen der Steuerung siehe Kapitel 2.1.2.4.

Maßnahmen trägt. Eine Überprüfung der Wirtschaftlichkeit der Maßnahmen steht regelmäßig nicht im Fokus der Prüfung.[1901] Die Steuerung im funktionalen Sinne ist zudem nicht Bestandteil, sondern der zu kontrollierende Gegenstand des internen Kontrollsystems[1902] und wird daher als Phase des Regelkreislaufes nicht in einzelnen Kriterien gesondert betrachtet.[1903]

4.2.3.1 Kriterien zur Risikoidentifizierung

Die Zielsetzung der Risikoidentifizierung ist die vollständige und frühzeitige Identifizierung der wesentlichen Risiken, das heißt der Beziehung von Risikoursache und Risikowirkung, die für das Institut als negative Abweichungen von den Unternehmenszielen beziehungsweise der Unternehmensplanung auftreten können.[1904] Insofern soll die Risikoidentifizierung einen regelmäßigen sowie anlassbezogenen Überblick über alle Risiken, denen das Institut ausgesetzt ist, geben.[1905] Ferner ist in diesem Prozessschritt die Menge aller identifizierten Risiken mittels eindeutiger Kriterien in für das Kreditinstitut wesentliche und unwesentliche Risiken zu unterscheiden.[1906]

Die Risikoinventur als wesentlicher Schritt der Risikoidentifizierung hat regelmäßig, das heißt mindestens einmal jährlich, alle beim Institut bestehenden Risikoausprägungen des Zinsänderungsrisikos im Anlagebuch zu erfassen.[1907] Als Ergebnis einer Risikoinventur ist von den Instituten ein Risikoprofil zu erstellen,

---

1901 Siehe Kapitel 4.1.2.

1902 Die aufsichtlichen Vorgaben zielen auf die Einhaltung der Risikotragfähigkeit und damit auf die Begrenzung des Handlungsrahmens der Steuerung ab, die durch die internen Kontrollverfahren, wie unter anderem durch das interne Kontrollsystem, sichergestellt werden soll. Siehe Kapitel 2.3.3.1.3. und 2.3.3.3.1 zu den aufsichtlichen Zielen, Kapitel 2.1.2.4. zur Funktion der Risikosteuerung sowie Kapitel 3.2.2.3.1. zur schematischen Darstellung der Prüfung des internen Kontrollsystems.

1903 Dem folgen auch die Vorgaben zur Prüfung der Eignung und Wirksamkeit der Risikofrüherkennung, die sich auf Risikoidentifikation, Risikobewertung, Risikokommunikation und Risikoüberwachung beschränken. Vgl. Gelhausen (2012), Rn. 129 ff. Die Vorgaben des IDW PS 525, insbesondere zur Einhaltung der Limite, sind im Folgenden Gegenstand der Risikoüberwachung. Siehe Kapitel 3.3.1.2.

1904 Siehe Kapitel 2.1.1.1. und 2.1.1.4. zur Diskussion des Risikobegriffs im Hinblick auf die Ursache-Wirkungsbeziehung sowie die Gefahr von Zielabweichungen.

1905 Siehe Kapitel 2.1.2.2.

1906 Siehe Kapitel 2.1.2.2.

1907 Vgl. IDW PS 525, Rn. 13, 24 ff. und siehe Kapitel 3.3.1.2. Der Prüfungsstandard verwendet an dieser Stelle den Begriff Risikoerkennung.

das ebenso im AT 2.2 Tz. 1 MaRisk gefordert wird.[1908] Das Risikoprofil umfasst ebenfalls eine erste Abschätzung des jeweiligen Risikos im Hinblick auf die potentielle Verlusthöhe sowie die Eintrittswahrscheinlichkeit,[1909] die in die Differenzierung von wesentlichen und unwesentlichen Risiken einfließen. Bei sich ändernden Rahmenbedingungen hat das Institut darüber hinaus anlassbezogen eine Risikoidentifizierung durchzuführen und gegebenenfalls das Risikoprofil anzupassen.[1910]

Die Wahl der Methode zur Identifizierung ist dabei den Instituten freigestellt.[1911] In diesem Zusammenhang sind der Identifizierung insbesondere bei neu auftretenden Risiken, für die bislang keine Indikatoren vorlagen, unabhängig von der gewählten Methode Grenzen gesetzt.[1912]

Bestimmende funktionale Elemente der Risikoidentifizierung sind entsprechend den vorgenannten Zielen der Phase erstens die Erlangung eines Überblicks über die Risiken, denen das Institut ausgesetzt ist, mittels implementierter Identifizierungsverfahren und auf Basis einer eindeutigen Risikodefinition[1913] über alle relevanten Einheiten des Instituts sowie zweitens die Beurteilung der Wesentlichkeit anhand nachvollziehbarer Kriterien. Wesentliche potentielle Fehlerquellen können im Sinne des hypothesengestützten heuristischen Prüfungsansatzes aus den bestimmenden funktionalen Elementen der Phase resultieren, die wiederum eine Erreichung der Ziele der Phase verhindern.

Im Hinblick auf das erste Element kann das Identifizierungsverfahren gegebenenfalls nicht alle Ausprägungen des Zinsänderungsrisikos im Anlagebuch erkennen, da das Verfahren nicht alle Ursache-Wirkungsbeziehungen und Gefahren für eine Abweichung von den Unternehmenszielen abdeckt beziehungsweise das

1908 Vgl. hierzu auch Hannemann / Schneider (2010), S. 221 f. und siehe Kapitel 2.3.3.3.2.

1909 Eigentlich ist die Abschätzung von Verlusthöhe und Eintrittswahrscheinlichkeit Gegenstand der Beurteilung. Siehe Kapitel 2.1.2.3. Allerdings kann nur durch einen Vorgriff auf die Phase der Risikobeurteilung die Wesentlichkeit des Risikos im Rahmen der Identifizierung eingeschätzt werden, wobei ein deutlich vereinfachtes Verfahren zur Anwendung kommen kann.

1910 Siehe Kapitel 2.3.3.3.2. sowie vgl. AT 2.2 Tz. 1 MaRisk.

1911 Siehe Kapitel 4.2.3.1.1.

1912 Siehe Kapitel 2.1.2.2.

1913 Eine Definition des Zinsänderungsrisikos im Anlagebuch sowie die wesentlichen Ursachen sind vom Baseler Ausschuss festgelegt worden, gleichwohl die MaRisk als nationale Umsetzung selbst keine Definition vorgeben. Siehe Kapitel 2.1.3., 2.3.1.2. und 2.3.3.3.3. Das Kriterium hierzu wird in Kapitel 4.2.3.1.3. behandelt.

Inventurverfahren nicht regelmäßig oder anlassbezogen angewendet wird.[1914] Eine weitere potentielle Fehlerquelle ist die Nicht-Einbindung von Organisationseinheiten des Instituts, obwohl diese Aufgaben im Rahmen der Risikosteuerungs- und -controllingprozesse des Zinsänderungsrisikos im Anlagebuch wahrnehmen. Die somit fehlenden Informationen der nicht berücksichtigten Einheiten können im Einzelfall zu Lücken bei der Identifizierung der Ausprägungen oder zu einer fehlerhaften Einstufung von deren Wesentlichkeit führen.[1915]

Hinsichtlich des zweiten bestimmenden Elements der Ziele der Identifizierung können Fehler aus der Wesentlichkeitseinstufung, das heißt in der Differenzierung von wesentlichen und unwesentlichen Risiken, auftreten.[1916]

Die nachgelagerten Prozessschritte können nur bei einer vollständigen Kenntnis über die wesentlichen Risiken, denen ein Institut ausgesetzt ist, die jeweiligen Zielsetzungen erfüllen. So werden Risiken, die nicht als wesentlich erkannt wurden, nicht in den folgenden Phasen des Regelkreises beurteilt, gesteuert, überwacht und kommuniziert.[1917] Insofern sind die potentiellen funktionsspezifischen Fehlerquellen der Identifizierung mittels Prüfungskriterien zu überprüfen.

4.2.3.1.1 Kriterium Eignung der Identifizierungsmethode

Das Institut hat zur Identifizierung eine oder mehrere Methoden[1918] auszuwählen, die insgesamt geeignet sind, ein vollständiges und aktuelles Risikoprofil zu

---

1914 So sind auch Verfahren einzusetzen, die neue Ausprägungen erkennen können und die bislang beispielsweise nicht in den Fragebögen erfasst wurden. Siehe Kapitel 2.1.2.2.

1915 Siehe Kapitel 4.2.3.1.2. Dabei ist auf die schwache Begründung des hypothesengestützten heuristischen Prüfungsansatzes hinzuweisen, die für das Kriterium keinen vollumfänglich zwingenden Nachweis zwischen dem vermuteten Fehler und der Nichteinhaltung des übergeordneten Prüfungsziels fordert. Siehe Kapitel 3.1.2.3. Nichtsdestoweniger ist aber die Relevanz als Eigenschaft des Prüfungskriteriums zu untersuchen. Siehe Kapitel 4.1.3.1.

1916 Siehe Kapitel 4.2.3.1.4.

1917 Vgl. Hannemann / Schneider (2010), S. 221 und Kapitel 2.1.2.2.

1918 Allgemein erfolgt die Unterscheidung der Methoden nach der Suchrichtung neuer Risiken in Top-Down-Ansätze sowie Bottom-up-Ansätze. Siehe Kapitel 2.1.2.2. Darüber hinaus kann noch zwischen retrograden und progressiven Identifizierungsmethoden unterschieden werden. Bei einer retrograden Methode wird von bekannten oder vermuteten Risikowirkungen auf deren Ursache geschlossen. Eine progressive Vorgehensweise schließt von der Risikoursache auf deren Wirkung. Vgl. Hannemann / Schneider (2010), S. 221 f. Zu den einzelnen Methoden siehe Kapitel 2.1.2.2.

erstellen.[1919] Mögliche Fehler im Rahmen des Verfahrens zur Risikoinventur, das heißt ein ungeeignetes Identifizierungsverfahren zur Erfassung aller Ausprägungen des Zinsänderungsrisikos im Anlagebuch, sollen mit dem Kriterium Eignung der Identifizierungsmethode aufgedeckt werden. Unter Eignung ist die Fähigkeit der eingesetzten Methoden zu verstehen, neu auftretende oder veränderte Risikoausprägungen[1920] regelmäßig sowie auf Basis festgelegter auslösender Ereignisse, wie zum Beispiel im Rahmen des Neuen-Produkte-Prozesses nach AT 8.1 MaRisk, auch anlassbezogen mit ausreichender Sicherheit aufzudecken.[1921] Die Methode ist also dann als geeignet einzustufen, wenn unter Berücksichtigung der jeweiligen Rahmenbedingungen die möglichst vollumfängliche Erfassung der Ausprägungen auf Basis des bisherigen Erfahrungsstandes immer sichergestellt werden konnte. Für Institute mit Geschäftsmodellen in neuartigen komplexen Produkten sind allerdings potentielle Ungenauigkeiten bei der Identifizierung weit weniger zu akzeptieren, als bei Instituten mit etablierten Geschäftsmodellen und nahezu unveränderten Rahmenbedingungen. Die Prüfungshypothese des Kriteriums Eignung der Identifizierungsmethode lautet insofern, dass das Kriterium nicht erfüllt ist, da die Verfahren zur Bestandsaufnahme regelmäßig oder anlassbezogen neue oder veränderte Ausprägungen des Zinsänderungsrisikos im Anlagebuch nicht ausreichend sicher erkennen können.

Hinsichtlich der Relevanz des Kriteriums Eignung der Identifizierungsmethode ist auf den AT 2.2 Tz. 1 MaRisk zu verweisen, wonach alle auftretenden Risiken regelmäßig und anlassbezogen zu identifizieren sind.[1922] Dies schließt die Festlegung eines hierfür geeigneten Verfahrens zur Risikoinventur ein. Ferner ist dieses

1919 Siehe Kapitel 2.1.2.2. und 2.3.3.3.2.

1920 Dabei sind durch die gewählte Methode neben den Risiken mit ihren jeweiligen Risikotreibern, das heißt den risikoauslösenden Faktoren, auch Konzentrationen zu erfassen. Eine Konzentration kann bereits aus der Größe des Einzelrisikos, im Einzelnen aus den potentiellen Auswirkungen, resultieren. Regelmäßig sind hierzu alle bestands- und entwicklungsgefährdenden Risiken hinzuzuzählen. Weitere mögliche Konzentrationen ergeben sich darüber hinaus zum einen aus der wechselseitigen Beeinflussung von Risikotreibern zweier oder mehrerer Risikoarten im Hinblick auf die Eintrittswahrscheinlichkeit beziehungsweise Verlusthöhe zueinander (Inter-Risikokonzentrationen) als auch zum anderen aus dem Gleichlauf von Risikopositionen innerhalb der Risikoart (Intra-Risikokonzentration). Vgl. Erläuterungen zu AT 2.2 Tz. 1 MaRisk und siehe Kapitel 2.1.5.

1921 Siehe Kapitel 2.3.3.3.2.

1922 Siehe Kapitel 2.3.3.3.2. Ferner sind alle wesentlichen Ausprägungen des Zinsänderungsrisikos im Anlagebuch in der folgenden Phase der Beurteilung gemäß BTR 2.3 Tz. 5 MaRisk zu berücksichtigen, sodass diese zunächst zu identifizieren sind. Siehe Kapitel 2.3.3.3.3.

Verfahren Teil der Phase des Regelkreises und der Funktion der Risikoidentfizierung,[1923] sodass das Kriterium relevant ist.[1924]

Die Konvergenz des Kriteriums ist abhängig von der Einschätzung des Prüfers, inwieweit das gewählte Verfahren neu auftretende oder veränderte Risiken des Instituts frühzeitig erkennen und insbesondere sich verändernde Situationen antizipieren kann. Intersubjektiv nachvollziehbar ist zudem die Einschätzung des Prüfers auf Basis des Turnus der regelmäßigen Durchführung der Identifizierung sowie der auslösenden Ereignisse zu dokumentieren, soweit die Einschätzung des Prüfers unter anderem auf Basis von Erfahrungswerten aus vergleichbaren Situationen resultiert. Bei Bottom-up-Verfahren sind ferner die Vollständigkeit und die Richtigkeit der Einbeziehung der Einzelgeschäfte in das Inventurverfahren als nachvollziehbarer, konvergenter Maßstab heranzuziehen.[1925] Darüber hinaus ist die subjektive Entscheidung durch Details des Verfahrens, Einbindung der Umfeldanalyse, Einschätzung der potentiellen Anpassungsfähigkeit sowie bereits erfolgter Anpassungen des Verfahrens zu begründen, um die intersubjektive Nachvollziehbarkeit der Beurteilung des Kriteriums sowie die bedingte Konvergenz sicherzustellen.[1926]

Da im Allgemeinen jede Methode zur Identifizierung unter Berücksichtigung von wirtschaftlichen Aspekten Vor- und Nachteile aufweist, kommt es insgesamt auf deren Abwägung vor dem Hintergrund der jeweiligen Geschäftstätigkeit als Rahmenbedingung, genauer auf Art, Umfang, Komplexität und Risikogehalt der Geschäftsaktivitäten, an. Die Neutralität des Kriteriums ist insofern gegeben, da das Kriterium kein spezifisches Verfahren vorgibt und die Öffnungsklausel der MaRisk, insbesondere die Methodenfreiheit, wahrt.[1927]

4.2.3.1.2 Kriterium Vollständigkeit der Einbindung der Organisationseinheiten

Über die Auswahl einer geeigneten Methode hinaus müssen in den Identifizierungsprozess alle Bereiche des Instituts eingebunden werden, die Aufgaben zu den jeweiligen Risikosteuerungs- und -controllingprozessen wahrnehmen und damit Berührungspunkte zum Zinsänderungsrisiko im Anlagebuch haben. Die Einbindung der Organisationseinheiten erstreckt sich dabei ausdrücklich auch auf Konzernunternehmen sowie ebenfalls auf Risiken, die sich aus Konstruktionen

---

1923 Siehe Kapitel 2.1.2.2.
1924 Siehe Kapitel 4.1.3.1.
1925 Siehe Kapitel 2.1.2.2.
1926 Siehe Kapitel 4.1.3.2.
1927 Siehe Kapitel 4.1.3.3.

außerhalb des Konsolidierungskreises des Konzerns ergeben.[1928] Soweit einzelne Einheiten nicht eingebunden sind, können deren Informationen nicht in den Identifizierungsprozess einfließen, sodass das Ergebnis unvollständig ist und die Zielerreichung der Risikoinventur nicht sichergestellt wird. Das Kriterium gibt daher die vollständige Einbindung der Organisationseinheiten, die für die Identifizierung der Ausprägungen des Zinsänderungsrisikos im Anlagebuch erforderlich sind, wieder. Insofern lautet die Prüfungshypothese, dass das Kriterium nicht erfüllt ist, da nicht alle für die Identifizierung notwendigen Einheiten in den Prozess zur Identifizierung eingebunden sind.

Gemäß AT 2.2 Tz. 1 MaRisk hat das Institut alle relevanten Einheiten, das heißt Bereiche beziehungsweise Abteilungen des Instituts, die die Risiken steuern, messen oder überwachen, in den Identifizierungsprozess einzubinden.[1929] Ferner ist die Einbindung der Organisationseinheiten als Umsetzung des Identifizierungsverfahrens unmittelbar Bestandteil der Phase des Regelkreises.[1930] Das Kriterium hat daher unmittelbare Relevanz für das Prüfungsziel Beurteilung der Angemessenheit und Wirksamkeit der Risikosteuerungs- und -controllingprozesse des Zinsänderungsrisikos im Anlagebuch.[1931]

Gemäß AT 4.3.1 Tz. 2 MaRisk hat das Institut die Verantwortlichkeiten festzulegen.[1932] Der Prüfer kann daher anhand dieser Festlegung auf Basis der schriftlich fixierten Ordnung die Einheiten mit Aufgaben im Rahmen der Risikosteuerungs- und -controllingprozesse des Zinsänderungsrisikos im Anlagebuch identifizieren und deren Einbindung beispielsweise durch Einsichtnahme in Protokolle prüfen. Das Kriterium ist somit als konvergent anzusehen.[1933]

Da zudem durch das Kriterium keine Vorgaben gemacht werden, in welcher Form die Einbindung zu erfolgen hat, ist auch die Methodenfreiheit des Instituts nicht eingeschränkt. Insofern ist das Kriterium als neutral einzustufen.[1934]

1928 Vgl. Erläuterungen zu AT 2.2 Tz. 2 sowie AT 4.5 Tz. 1 Satz 2 MaRisk und siehe Kapitel 2.3.3.3.2.

1929 Siehe Kapitel 2.3.3.3.2.

1930 Siehe Kapitel 2.1.2.2.

1931 Siehe Kapitel 4.1.3.1.

1932 Siehe Kapitel 4.2.2.1. und 2.3.3.3.2. sowie siehe AT 4.3.1 Tz. 2 MaRisk.

1933 Siehe Kapitel 4.1.3.2.

1934 Siehe Kapitel 4.1.3.3.

4.2.3.1.3 Kriterium Vollständigkeit der Risikodefinition

Der Abschlussprüfer hat sich neben der vom IDW PS 525 geforderten Überzeugung, dass die Identifizierungsprozesse eingerichtet sind und durchgeführt werden, ebenso mit den gewählten Risikodefinitionen auseinanderzusetzen. Der IDW PS 525 hebt die zielführende Kategorisierung der Risiken hinsichtlich ihrer Bedeutung für die Risikotragfähigkeit im Abschnitt zur Risikoanalyse hervor.[1935]

Das Fehlen einzelner Ursachen des Zinsänderungsrisikos im Anlagebuch entsprechend der Prüfungshypothese ist als Lücke in der Definition zu verstehen, die sich aufgrund der Nichtberücksichtigung unmittelbar auf die folgenden Phasen auswirkt. Da dieses Prüfungskriterium die Kenntnis der Ursachen beziehungsweise normierten Definition voraussetzt, sind die relevanten Normen zu untersuchen. Die einzelnen Ursachen des Zinsänderungsrisikos ergeben sich dabei in Ermangelung einer Definition im KWG und im Rundschreiben MaRisk indirekt aus den Prinzipien zum Zinsänderungsrisikomanagement des Baseler Ausschusses sowie den Leitlinien des CEBS.[1936]

Als Grundlage der Identifizierung und des Risikoprofils sind durch das Institut für die Risiken Definitionen zu wählen, sodass die Risiken vollumfänglich identifiziert, gegeneinander abgegrenzt und in den folgenden funktionalen Phasen des Regelkreises gemessen, gesteuert und überwacht werden können.[1937] Das Prüfungskriterium beinhaltet als Merkmalsausprägung die Vollständigkeit der institutsinternen Definition des Zinsänderungsrisikos im Anlagebuch, wobei als Maßstab die Definition des Baseler Ausschusses heranzuziehen ist.[1938] Die Prüfungshypothese ist in diesem Zusammenhang als das Fehlen von Ursachen in der Risikodefinition des Zinsänderungsrisikos im Anlagebuch zu verstehen.

Die Relevanz des Kriteriums ergibt sich mittelbar aus dem BTR 2.3 Tz. 5 MaRisk, der eine vollständige Abbildung aller wesentlichen Ausprägungen des Zinsänderungsrisikos im Anlagebuch im Rahmen der folgenden Phase der Beurteilung fordert, sowie allgemein aus dem AT 2.2 Tz. 1 MaRisk, wonach alle wesentlichen Risiken zu identifizieren und in das Risikomanagement einzubeziehen

---

1935 Vgl. IDW PS 525, Rn. 28 1. Spiegelstrich und siehe Kapitel 3.3.1.2.

1936 Siehe Kapitel 2.3.1.2. und 2.3.2.2.

1937 Vgl. Hannemann / Schneider (2010), S. 227 und siehe Kapitel 2.3.3.3.2 zur Anforderung einer angemessenen Darstellung im Sinne des AT 4.3.2 Tz. 2 MaRisk. Eine Definition des Zinsänderungsrisikos und dessen Ausprägungen ergeben sich aus der Definition des Baseler Ausschusses. Siehe Kapitel 2.3.1.2. und 2.1.3. Diese Definition wird im Folgenden als Maßstab der Beurteilung herangezogen.

1938 Siehe Kapitel 2.3.1.2.

sind. Um dies sicherzustellen, sind zunächst alle Ausprägungen des Zinsänderungsrisikos im Anlagebuch zu erkennen und im folgenden Schritt dieser Phase nach der Wesentlichkeit zu differenzieren.[1939] Darüber hinaus ist die Definition als Kategorisierung und Abgrenzung der Risikoarten unmittelbar Bestandteil der Phase des Regelkreises, sodass das Kriterium Vollständigkeit der Risikodefinition insgesamt relevant ist.[1940]

Die Ursachen sind auf Basis der Definition des Baseler Ausschusses anhand der getätigten Geschäfte des Instituts zu identifizieren, sodass unterschiedliche Prüfer bei Anwendung derselben ursachenbezogenen Ausprägungen des Zinsänderungsrisikos im Anlagebuch zu gleichen Ergebnissen gelangen. Soweit diese Prüfung nachvollziehbar durch den Prüfer begründet wird, ist das Kriterium konvergent umzusetzen.[1941]

Das Institut hat selbstständig geeignete Definitionen festzulegen, wobei die Risikoursachen aus dem Prinzipienpapier des Baseler Ausschusses bereits hervorgehen.[1942] Da der Prüfer die Vorgaben für gleiche Sachverhalte unterschiedlicher Institute aber gleich anzuwenden hat, kann auch bei unterschiedlichen institutsinternen Definitionen und unter Einhaltung der Methodenfreiheit des Instituts der Prüfer die Normen zum Zinsänderungsrisiko im Anlagebuch anhand der abgegrenzten Risikoursachen einheitlich beurteilen. Das Kriterium ist daher neutral.[1943]

4.2.3.1.4 Kriterium Eignung der Wesentlichkeitseinstufung

Neben dem bereits behandelten Kriterium der Vollständigkeit der Risikodefinition hat das Institut zwischen wesentlichen und unwesentlichen Risiken zu differenzieren.[1944] Zur Differenzierung hat das Institut Kriterien festzulegen, die wesentliche und unwesentliche Risiken trennscharf separieren. Das Prüfungskriterium hat daher die Eignung dieser Wesentlichkeitskriterien des Instituts im Hinblick auf die Unterscheidung, das heißt die Trennschärfe, wiederzugeben.[1945] Die dem Kriterium zugrunde liegende Prüfungshypothese lautet insofern: Die zur Einstufung der

---

1939 Siehe Kapitel 4.2.3.1.4.
1940 Siehe Kapitel 4.1.3.1.
1941 Siehe Kapitel 4.1.3.2.
1942 Siehe Kapitel 2.3.1.2.
1943 Siehe Kapitel 4.1.3.3.
1944 Siehe Kapitel 2.3.3.3.2. und vgl. AT 2.2 Tz. 1 und 2 MaRisk. Ferner sind die Risikosteuerungs- und -controllingprozesse nur für wesentliche Risiken einzurichten, wobei bei der Differenzierung auch mit dem Risiko verbundene Konzentrationen zu berücksichtigen sind. Vgl. AT 4.3.2 Tz. 1 MaRisk und siehe Kapitel 2.1.5.
1945 Siehe Kapitel 2.1.2.2. und 2.3.3.3.2.

Wesentlichkeit angewendeten Kriterien des Instituts können wesentliche und unwesentliche Risiken nicht mit hinreichender Sicherheit unterscheiden (Eignung) und führen zur Klassifikation von wesentlichen Risiken als unwesentlich.

Die Grundlage der Differenzierung und damit der Begründung der Relevanz des Kriteriums ist die Vorgabe des AT 2.2 Tz. 1 und 2 MaRisk sowie mittelbar der BTR 2.3 Tz. 5 MaRisk, wonach die wesentlichen Risiken zwingend zu erfassen sind. Die Wesentlichkeit ist zudem Bestandteil des Risikoprofils und der hierin enthaltenen Einstufung der Risiken.[1946] Somit ist die Merkmalsausprägung des Prüfungskriteriums Gegenstand der Phase des Regelkreises und in Verbindung mit den Vorgaben der MaRisk relevant.[1947]

Die Wesentlichkeit des Zinsänderungsrisikos und damit die institutsinternen Kriterien haben sich im Einzelnen an Art, Umfang, Komplexität und Risikogehalt der zugrunde liegenden Geschäfte zu orientieren. Außerdem sind ebenso der Einfluss der Risikokonzentrationen sowie die Auswirkungen auf die Vermögenslage, die Ertragslage und die Liquiditätslage bei der Beurteilung der Wesentlichkeitseinstufung zu beachten.[1948] Der Prüfer hat die Beurteilung der Eignung im Sinne der Trennschärfe anhand dieser Vorgaben intersubjektiv nachvollziehbar zu begründen. Weil die qualitativen Maßstäbe für die Trennschärfe einen Ermessensspielraum schaffen, ist lediglich eine bedingte Konvergenz der Urteile verschiedener Prüfer gegeben.[1949]

Da das Kriterium Eignung der Wesentlichkeitseinstufung dem prinzipienorientierten Ansatz, unter anderem durch die risikoorientierte Öffnungsklausel, folgt und keine festen Kriterien für die Einstufung den Instituten vorgibt, ist es neutral.[1950] Die Methodenfreiheit des Instituts wird zugunsten des Ermessensspielraums im Rahmen der bedingten Konvergenz gewahrt.

4.2.3.2 Kriterien zur Risikobeurteilung

Die Phase der Risikobeurteilung befasst sich mit der Quantifizierung beziehungsweise Abschätzung des Zinsänderungsrisikos im Anlagebuch. Für die folgende Steuerung und Überwachung des Zinsänderungsrisikos bildet die Beurteilung des Risikos die Basis.[1951] Zudem ist die Risikobeurteilung der Einzelrisiken, wie hier

1946 Siehe Kapitel 2.1.2.2.
1947 Siehe Kapitel 4.1.3.1.
1948 Vgl. AT 2.2 Tz. 1 und 2 MaRisk und siehe Kapitel 2.3.3.3.2.
1949 Siehe Kapitel 4.1.3.2.
1950 Siehe Kapitel 4.1.3.3.
1951 Siehe Kapitel 2.1.2.3.

des Zinsänderungsrisikos im Anlagebuch, auch die Grundlage zur Ermittlung der Risikotragfähigkeit nach AT 4.1 Tz. 1 MaRisk.[1952] Die Verantwortung für die Risikobeurteilung liegt dabei gemäß AT 3 Tz. 1 MaRisk zentral bei den Geschäftsleitern des Kreditinstituts.[1953] Die Prüfungskriterien zur Regelkreisphase der Risikobeurteilung knüpfen entsprechend dem hypothesengestützten heuristischen Prüfungsansatz an die Fehlerhypothesen an, die aus der spezifischen Funktion dieser Phase abzuleiten sind.[1954]

Zentrales Ziel der Beurteilung ist die Quantifizierung der Risiken, das heißt die Ermittlung der Höhe des potentiellen Verlustes und der Eintrittswahrscheinlichkeit des Zinsänderungsrisikos im Anlagebuch.[1955] Da generell nicht für jedes Risiko bereits umfassende Methoden zur Quantifizierung vorhanden sind, hat die Aufsicht den weiter gefassten Begriff der Beurteilung gewählt, der ausdrücklich neben den quantitativen auch die qualitativen Methoden umfasst.[1956] So ist im Fall des in dieser Arbeit behandelten Zinsänderungsrisikos im Anlagebuch eine Quantifizierung mittels ertragsorientierten oder barwertorientierten Verfahren möglich.[1957] Ein weiterer Grund liegt darin, dass die Forderung nach Quantifizierung bei einigen quantitativen Methoden aufgrund des damit verbundenen hohen Umsetzungsaufwandes im Hinblick auf Art, Umfang, Komplexität und Risikogehalt der Geschäftsaktivitäten mit Bezug zum Zinsänderungsrisiko im Anlagebuch unangemessen wäre.[1958] In diesen Fällen ist die Wahl auch eines qualitativen oder einfachen quantitativen Verfahrens[1959] als angemessen anzusehen.

Zur Ermittlung der Höhe eines potentiellen Verlustes und der Eintrittswahrscheinlichkeit des Zinsänderungsrisikos im Anlagebuch sind vom Institut

1952 Siehe Kapitel 2.3.3.3.2.

1953 Vgl. AT 3 Tz. 1 MaRisk und siehe Kapitel 2.3.3.3.2. sowie 4.2.1.1. zur Verantwortung der Geschäftsleiter und Einordnung in den Prüfungsansatz.

1954 Siehe Kapitel 4.1.2.

1955 Siehe Kapitel 3.3.1.1. zur allgemeinen Vorgabe nach IDW PS 340 und siehe 3.3.1.2. zum IDW PS 525. Insbesondere der IDW PS 525, Rn. 27 weist auf die Beurteilung der Eintrittswahrscheinlichkeit und der operativen Auswirkungen, im Sinne des potentiellen Verlustes, als Teil der Risikoanalyse hin.

1956 Vgl. Hannemann / Schneider (2010), S. 222 sowie AT 4.1 Tz. 4 MaRisk.

1957 Siehe Kapitel 2.1.4. ff.

1958 Siehe Kapitel 2.3.3.3.1. zur Methodenfreiheit der Institute.

1959 Die qualitativen Verfahren, wie beispielsweise eine qualifizierte Expertenschätzung nach AT 4.1 Tz. 5 MaRisk, oder einfache quantitative Verfahren, wie die Zinsbindungsbilanz, können im Einzelfall bei aufgrund des Geschäftsmodells untergeordneten Zinsänderungsrisiken angemessen sein. Vgl. AT 4.1 Tz. 5 MaRisk sowie siehe Kapitel 2.1.4.1.1.

entsprechende Methoden und Annahmen festzulegen. Zudem muss das Messverfahren in die Praxis umgesetzt werden und insofern nicht nur angemessen, sondern auch wirksam sein.[1960] Darüber hinaus erstrecken sich die vom Institut zu implementierenden Kontrollprozesse und damit auch der Prüfungsgegenstand auf die Genauigkeit und die Aktualität der Messverfahren, insbesondere zu neuen Methoden und zu neuen Risikoausprägungen.[1961] Ergänzend sind im Rahmen der Phase der Beurteilung ebenso Stresstests für außergewöhnliche, aber plausible Ereignisse zu implementieren, die die Betrachtungen der Messverfahren zum Zinsänderungsrisiko ergänzen.[1962] Hinsichtlich der Ermittlung des Zinsänderungsrisikos können potentielle Fehler aus ungeeigneten Messmethoden, aus unzutreffenden Annahmen, die nicht die Situation des Instituts widerspiegeln, sowie ebenso aus fehlerhaften Daten in den Messverfahren resultieren. Ferner können ebenfalls die die Messung ergänzenden Stresstests zu Fehlern bei der Risikobeurteilung führen.[1963]

4.2.3.2.1 Kriterium Eignung der Messmethoden

Die in der Phase Identifizierung festgestellten wesentlichen Ausprägungen des Zinsänderungsrisikos im Anlagebuch sind durch Methoden,[1964] im Sinne von Messansätzen, zu quantifizieren. Die Ursachen der verschiedenen Ausprägungen, im Einzelnen das Prolongationsrisiko, das Zinsstrukturkurvenrisiko, das Basisrisiko und das Optionenrisiko,[1965] werden im Ergebnis der Untersuchung der Messansätze unterschiedlich berücksichtigt.[1966] Soweit die vom Institut gewählten

---

1960 Siehe Kapitel 4.1.2.

1961 Vgl. AT 4.1 Tz. 8 MaRisk, AT 4.3.3 Tz. 4 MaRisk, BTR Tz. 2 MaRisk und BTR 2.1 Tz. 3 MaRisk. Ferner siehe Kapitel 3.3.1.2. sowie insbesondere auch zum siebten Prinzip des Baseler Ausschusses zum Zinsänderungsrisiko im Kapitel 2.3.1.2. *Rudolph* hingegen zählt diesen Kontrollprozess zur Risikokontrolle als Regelkreisphase Risikoüberwachung und -kommunikation. Vgl. Rudolph (1995), S. 34.

1962 Siehe Kapitel 2.3.3.3.2.

1963 Siehe Kapitel 4.2.3.2.1. bis 4.2.3.2.4.

1964 Eine Methode oder auch ein Messansatz bildet die Grundlage des Messverfahrens und gibt im Rahmen eines Risikomodells das Vorgehen zur Quantifizierung der Risiken, das heißt der Ermittlung der Eintrittswahrscheinlichkeit und potentiellen Verlusthöhe, wieder. Zu den Methoden des Zinsänderungsrisikos siehe Kapitel 2.1.4.

1965 Siehe Kapitel 2.1.3.

1966 Siehe Kapitel 2.1.4. bis 2.1.4.2.2. Ferner sind die Abbildung der Auswirkungen der Risiken über die Laufzeit der Geschäfte sowie die Berücksichtigung der historisch beobachteten Marktparameteränderungen in den jeweiligen Methoden unterschiedlich.

Messmethoden die identifizierten wesentlichen Ausprägungen des Zinsänderungsrisikos, einschließlich der Konzentrationen, nicht oder nicht vollständig abgebilden, ist das eingesetzte Verfahren als ungeeignet einzustufen (Eignung der Messmethoden). Dabei ist die vollständige Abbildung dieser wesentlichen Ausprägungen des Risikos die Basis der folgenden Phasen des Regelkreises.[1967] Die Prüfungshypothese lautet somit, dass die vom Institut gewählten Methoden nicht alle identifizierten wesentlichen Ausprägungen des Zinsänderungsrisikos im Anlagebuch vollumfänglich abbilden können.[1968]

Gemäß AT 4.1 Tz. 8 MaRisk, BTR Tz. 2 MaRisk und BTR 2.1 Tz. 4 MaRisk[1969] hat das Institut die Eignung der Messmethoden, im Einzelnen deren Grenzen und Beschränkungen, regelmäßig, mindestens aber jährlich zu analysieren.[1970] Hinsichtlich des Zinsänderungsrisikos im Anlagebuch müssen die Methoden[1971] zudem alle wesentlichen Ausprägungen des Zinsänderungsrisikos jeweils in verschiedenen Währungen separat erfassen.[1972] Die Messmethode bildet außerdem aus funktionaler Sicht die zentrale Grundlage zur Ermittlung der Risiken und damit zur Beurteilung als Phase des Regelkreises.[1973] Das Kriterium Eignung der

---

1967 Siehe Kapitel 2.1.2.4 und 2.1.2.5. zur Steuerung und Überwachung der Risiken.

1968 Hinsichtlich der Eignung der verwendeten Risikomaße zur Generierung von Steuerungsimpulsen siehe Kapitel 4.2.3.3.3. als Teil der Phase zur Risikoüberwachung und -kommunikation.

1969 Der BTR 2.1 Tz. 3 MaRisk fordert zudem eine robuste Methode, die auch bei schwerwiegenden Marktstörungen Ergebnisse liefert beziehungsweise das Vorhalten alternativer Methoden für diesen Fall. Vgl. BTR 2.1 Tz. 3 MaRisk und siehe Kapitel 2.3.3.3.3.

1970 Siehe Kapitel 2.3.3.3.2. Die Abbildung aller Ursachen im Modell ist auch Gegenstand der Vorgaben des sechsten Prinzips des Baseler Ausschusses. Siehe Kapitel 2.3.1.2.

1971 Die MaRisk erlauben dabei dem Institut die Wahl zwischen einer barwertigen Messmethode beziehungsweise der Anknüpfung an die Auswirkungen des handelsrechtlichen Ergebnisses. Vgl. BTR 2.3 Tz. 6 MaRisk und siehe Kapitel 2.3.3.3.3. Sofern sich das Institut für einen handelsrechtlichen Ansatz entscheidet, ist zudem die ausreichende Länge des Betrachtungszeitraums hinsichtlich der vollumfänglichen Abbildung der wesentlichen Zinsänderungsrisiken Gegenstand des Prüfungskriteriums. Vgl. Erläuterungen zu BTR 2.3 Tz. 6 MaRisk.

1972 Siehe Kapitel 2.3.3.3.3. zum BTR 2.3 Tz. 5 und 8 MaRisk zur Vorgabe der Beurteilung aller wesentlichen Ausprägungen sowie der Ermittlung des Risikos in den wesentlichen Währungen.

1973 Siehe Kapitel 2.1.2.3.

Messmethode hat in Bezug auf die Ausprägung des Zinsänderungsrisikos im Anlagebuch unmittelbare Relevanz.[1974]

Im Rahmen des Kriteriums Eignung der Messmethode ist zu entscheiden, ob die Methode vor dem Hintergrund der jeweiligen Vor- und Nachteile die wesentlichen Risikoausprägungen abbilden kann. Da Vor- und Nachteile aus der Diskussion der Verfahren abzuleiten sind, schränkt dies den Ermessensspielraum für dieses Kriterium ein, schließt aber die Spielräume ebenso nicht vollumfänglich aus.[1975] Die fehlende Eignung einer Methode kann ex post auch aus einem Backtesting des Modells geschlossen werden, sofern trotz korrekter Anwendung der Messverfahren, das heißt geeigneter Annahmen[1976] sowie richtiger und vollständiger Parameter,[1977] die Risikomessung statistisch signifikant von den tatsächlich gemessenen Wertänderungen abweicht.[1978] Die Prognosegüte des Modells wäre in diesem Fall unzureichend. Insofern ist das Kriterium in Abhängigkeit des Diskussions- und Entwicklungsstandes der Messmethoden als auch der Interpretation des Backtestings zu sehen und nur bedingt konvergent.[1979]

Die Neutralität wird vom Kriterium dann erfüllt, wenn es die Methodenfreiheit, insbesondere den BTR 2.3 Tz. 6 MaRisk,[1980] wahrt sowie die Öffnungsklauseln entsprechend umsetzt. Das Kriterium schränkt im engeren Sinne die Messmethode auf geeignete Verfahren ein. Allerdings ist die Einschränkung der Methodenfreiheit durch die aufsichtliche Zielsetzung begründet und insofern keine Verletzung der Methodenfreiheit.[1981] Zudem bezieht sich das Kriterium ausschließlich auf die identifizierten wesentlichen Ausprägungen des Zinsänderungsrisikos im Anlagebuch und spiegelt somit die Situation des Instituts wider. Das Kriterium ist daher neutral.[1982]

1974 Siehe Kapitel 4.1.3.1.

1975 Siehe beispielhaft Kapitel 2.1.4.2.2. zur Diskussion der Neubewertungsansätze, insbesondere dem VaR.

1976 Siehe Kapitel 4.2.3.2.2.

1977 Siehe Kapitel 4.2.3.2.3.

1978 Siehe Kapitel 2.3.3.3.3. sowie 3.3.1.2. zur Anforderung des Berufsstands zur Prüfung der Prognosegüte des Modells und vollständigen Berücksichtigung der wesentlichen Ausprägungen nach IDW PS 525, Rn. 15 5. Spiegelstrich.

1979 Siehe Kapitel 4.1.3.2.

1980 Siehe Kapitel 2.3.3.3.3.

1981 Siehe Kapitel 2.3.3.3.1. und 2.2.1. zu den Zielen der Aufsicht.

1982 Siehe Kapitel 4.1.3.3.

4.2.3.2.2 Kriterium Eignung der Annahmen

Neben einer ungeeigneten Messmethode zur Ermittlung des Zinsänderungsrisikos im Anlagebuch als mögliche Fehlerquelle ist die Festlegung nicht gültiger Annahmen im Rahmen des Messverfahrens hervorzuheben. Zur Risikomessung des Zinsänderungsrisikos im Anlagebuch sind für Produkte mit unbestimmter Zins- beziehungsweise Kapitalbindung geeignete Annahmen festzulegen,[1983] die dem ökonomischen Umfeld des Instituts entsprechen (Eignung der Annahmen). So ist es bei barwertigen Betrachtungen notwendig, für die Zahlungsströme aller Produkte, das heißt zur Höhe und zum Zeitpunkt der Zahlungen, Annahmen zu treffen, soweit sich diese nicht unmittelbar aus den vertraglichen Gegebenheiten ableiten lassen.[1984] Unter Eignung ist für dieses Kriterium somit die Übereinstimmung der Annahmen zu Produkten mit unbestimmter Zins- beziehungsweise Kapitalbindung mit dem Umfeld des Instituts zu verstehen, wobei die Annahmen dann als geeignet einzustufen sind, wenn sie unter Wesentlichkeitsgesichtspunkten nicht zu einer Unterschätzung des Risikos führen.[1985] Die Prüfungshypothese des Kriteriums Eignung der Annahmen ist daher die Ungeeignetheit der vom Institut getroffenen Annahmen zu Produkten mit unbestimmter Zins- beziehungsweise Kapitalbindung, da diese im Vergleich zum beobachteten Umfeld des Instituts zu einer wesentlichen Unterschätzung des Zinsänderungsrisikos im Anlagebuch führen.

Die Annahmen sind entsprechend AT 4.1 Tz. 8 MaRisk, BTR Tz. 2 MaRisk[1986] und BTR 2.3 Tz. 7 MaRisk festzulegen und auf Gültigkeit durch das Institut regelmäßig zu überprüfen.[1987] Die Festlegung geeigneter Annahmen ist ferner für die Abbildung von Produkten mit unbestimmter Zins- beziehungsweise Kapitalbindungsfrist im Rahmen der Phase der Risikobeurteilung regelmäßig notwendig.[1988]

1983 Siehe Kapitel 2.3.3.3.3.

1984 Siehe Kapitel 2.3.3.3.3. sowie insbesondere auch zu den Vorgaben des CEBS zu den Annahmen im Kapitel 2.3.2.2. Die Anforderung zur Dokumentation der Annahmen wird auch vom Baseler Ausschuss im sechsten Prinzip aufgegriffen. Siehe Kapitel 2.3.1.2.

1985 Siehe Kapitel 2.3.3.3.3.

1986 Die Methoden und Verfahren sowie deren Überprüfung stehen allgemein in einem engen Zusammenhang mit den zugehörigen Annahmen. Siehe daher auch Kapitel 4.2.3.2.1.

1987 Siehe Kapitel 2.3.3.3.2 und 2.3.3.3.3.

1988 Siehe Kapitel 2.1.4.2.2. zu den Voraussetzungen der weit verbreiteten VaR-Ansätze. Entsprechend dem Kriterium Eignung der Messmethoden sind gegebenenfalls auch

Das Kriterium Eignung der Annahmen ist daher für die Zielsetzung der Prüfung relevant.[1989]

Die Beurteilung der Übereinstimmung der Annahmen mit dem Umfeld, zum Beispiel dem Verhalten der Kunden,[1990] erfolgt qualitativ oder quantitativ auf Basis von Zeitreihen- und Szenarioanalysen, sodass beim Nachvollzug der Validierungshandlungen des Instituts zu den Annahmen hinsichtlich der Interpretation der Ergebnisse Ermessensspielräume bestehen.[1991] Die Spielräume resultieren zum einen aus der generellen Unsicherheit des zukünftigen Umfelds und damit der Gültigkeit der beobachteten Vergangenheit als auch zum anderen aus der unbegrenzten Menge möglicher Szenarien für die Annahmen. Eine gegebenenfalls bestehende Unterschätzung durch die fehlerhaften Annahmen kann beispielsweise mittels Vergleichsrechnungen mit modifizierten Annahmen durch den Prüfer ermittelt werden, wobei die Wesentlichkeit der Abweichung durch den Prüfer abschließend einzuschätzen ist. Das Kriterium ist aufgrund dieser Ermessensspielräume nur bedingt konvergent.[1992]

Die Festlegung der Annahmen und deren Validierung obliegt grundlegend dem Institut,[1993] sodass sich hinsichtlich der Methodenfreiheit keine Einschränkungen ergeben. Der Ausschluss ungeeigneter Annahmen und die Nicht-Tangierung der Methodenfreiheit ergeben sich analog den Messmethoden aus der aufsichtlichen Zielsetzung.[1994] Darüber hinaus ist bei der Eignung auch die Wesentlichkeit der Abweichungen durch den Prüfer zu beachten. Das Kriterium ist insofern als neutral anzusehen.[1995]

4.2.3.2.3 Kriterium Vollständigkeit und Richtigkeit der Parameter

Die Ergebnisse der Risikoquantifizierung beruhen auf Messverfahren, in die Marktdaten, wie beispielsweise Zinsstrukturkurven, und Daten von Geschäftsaktivitäten, im Einzelnen die zinssensitiven Positionen des

nach Währungen getrennt geeignete Annahmen zu treffen. Siehe Kapitel 2.3.3.3.3. und 4.2.3.2.1. sowie vgl. AT 2.3 Tz. 8 MaRisk.

1989 Siehe Kapitel 4.1.3.1.

1990 Siehe Kapitel 2.3.2.2.

1991 Ergänzend kann im Einzelfall auch das Backtesting Anhaltspunkte für ungeeignete Annahmen liefern. Siehe Kapitel 4.2.3.2.1.

1992 Siehe Kapitel 4.1.3.2.

1993 Siehe Kapitel 2.3.3.3.2.

1994 Siehe Kapitel 4.2.3.2.1.

1995 Siehe Kapitel 4.1.3.3.

Anlagebuchs,[1996] als Parameter eingehen.[1997] Das Ziel einer korrekten Messung ist dann gefährdet, wenn fehlerhafte, veraltete oder unvollständige Marktdaten oder Geschäftsdaten verwendet werden. Das Prüfungskriterium umfasst daher die Vollständigkeit und Richtigkeit der im Messverfahren verwendeten Parameter und zielt damit insbesondere auf die Beurteilung der Wirksamkeit ab.[1998] Die Prüfungshypothese zum Kriterium Vollständigkeit und Richtigkeit der Parameter des Messverfahrens lautet entsprechend, dass das Kriterium nicht erfüllt ist, da die zur Messung des Zinsänderungsrisikos im Anlagebuch verwendeten Parameter unvollständig oder fehlerhaft sind.[1999]

Im IDW PS 525 wird dieses Prüfungskriterium nicht unmittelbar aufgeführt.[2000] Nichtsdestoweniger kann ein Messverfahren nur dann Bestandteil eines funktionie-renden Risikomanagementprozesses sein,[2001] wenn dieses Kriterium erfüllt ist und die Messung insofern eine gültige Datengrundlage hat. In den MaRisk wird dieses Problem für die Marktparameter implizit im AT 4.1 Tz. 8 MaRisk als Analyse der Aussagekraft der quantifizierten Risiken, in den Vorgaben des BTR Tz. 2 MaRisk und des BTR 2.1 Tz. 3 MaRisk zur Überprüfung der Verfahren zur Beurteilung[2002] sowie in der Vorgabe der vollständigen Beurteilung nach BTR 2.3 Tz. 5 und 8 MaRisk aufgegriffen.[2003] Die Beurteilung des

1996 Siehe Kapitel 2.3.3.1.2. zur Abgrenzung des Anlagebuchs gegenüber dem Handelsbuch.

1997 So siehe beispielhaft zu den Parametern der Neubewertungsansätze in Kapitel 2.1.4.2.2.

1998 Siehe Kapitel 4.1.2.

1999 Die Abgrenzung des Kriteriums Vollständigkeit und Eignung der Parameter zum allgemeinen, regelkreisphasenübergreifenden Kriterium Eignung des Prozessdesigns ergibt sich aus dem jeweiligen Phasenbezug, da das Prozessdesign auf die vollständige und richtige Datenübertragung bei Schnittstellen zwischen den Phasen des Risikokreislaufes sowie im Hinblick auf die Aufbau- und Ablauforganisation zwischen verschiedenen Organisationseinheiten abzielt. Beim Kriterium Vollständigkeit und Richtigkeit der Parameter ist hingegen die Übertragung an Schnittstellen innerhalb der Phase der Risikobeurteilung Gegenstand der Merkmalsausprägung. Siehe Kapitel 4.2.2.1.

2000 Siehe Kapitel 3.3.1.2.

2001 Siehe Kapitel 2.1.2.3.

2002 So ist auch implizit diese Vorgabe nach BTR Tz. 2 MaRisk im Rahmen der Plausibilisierung der Risikowerte notwendig, da dieser Fehler eine mögliche Ursache der Abweichung sein kann. Siehe Kapitel 2.3.3.3.3.

2003 Siehe Kapitel 2.3.3.3.2. und 2.3.3.3.3. So gibt es auch analoge Vorgaben zur vollständigen Erfassung aller Geschäfte im sechsten Prinzip des Baseler Ausschusses. Siehe Kapitel 2.3.1.2.

Kriteriums über die Falsifikation der Prüfungshypothese trägt insgesamt zum übergeordneten Prüfungsziel Beurteilung der Angemessenheit und Wirksamkeit der Risikosteuerungs- und -controllingprozesse bei und ist damit als relevant einzustufen.[2004]

Die Unvollständigkeit im Sinne des ersten Teils des Kriteriums bedeutet, dass entweder nicht alle zur Messung der Ausprägungen[2005] des Zinsänderungsrisikos notwendigen Marktdaten vorliegen oder die Positionen aus den bilanziellen und außerbilanziellen zinssensitiven Geschäftsaktivitäten des Anlagebuchs in der Messung nicht vollumfänglich erfasst werden. Die Marktdaten zu den verschiedenen Ausprägungen des Zinsänderungsrisikos müssen die zur Abbildung der Geschäftsaktivitäten notwendigen Laufzeiten und Währungen umfassen. Insofern ergeben sich die benötigten Geschäftsdaten aus allen zinssensitiven Geschäftsaktivitäten des Anlagebuchs. Die Identifizierung der wesentlichen Ausprägungen sowie wesentlichen Währungen beruht unmittelbar auf den Ergebnissen der Identifizierung.[2006] Außerdem können im Modell berücksichtigte Daten der zinssensitiven Geschäftsaktivitäten unvollständig sein, das heißt, es wurden nicht alle Geschäfte berücksichtigt, bei denen eine Veränderung der Ausprägungen des Zinsänderungsrisikos im Anlagebuch eine Wertänderung[2007] verursacht. Mittels Abgleich der Gesamtheit der zinssensitiven Geschäfte und der einbezogenen Positionen ist die Beurteilung der Vollständigkeit vorzunehmen.[2008]

2004 Siehe Kapitel 4.1.3.1.

2005 Im Einzelnen sind dies jeweils getrennt nach den wesentlichen Währungsräumen das Prolongationsrisiko, Zinsstrukturkurvenrisiko, Basisrisiko, optionale Risiko. Siehe Kapitel 2.3.3.3.3. und 2.1.3.

2006 Siehe Kriterium Eignung der Wesentlichkeitseinstufung im Kapitel 4.2.3.1.4.

2007 Je nach Vorgehen des Instituts kann die Wertänderung entweder ergebnisorientiert oder barwertorientiert gemessen werden. Siehe Kapitel 2.3.3.3.3. sowie zu den Methoden im Kapitel 2.1.4. Auch im Rahmen der Identifizierung sind die Geschäftsaktivitäten hinsichtlich der Zinsänderungsrisiken zu untersuchen. Siehe Kapitel 4.2.3.1.1. Ergänzend sind hier weitergehende Analysen der verschiedenen Produkte zur Zinssensitivität und damit der erforderlichen Einbeziehung in die Messung zu unternehmen. Vgl. BTR 2.3 Tz. 5 und 8 MaRisk und siehe Kapitel 2.3.3.3.3.

2008 Dies wird aufgrund der Vielzahl an Produkten und Portfolien regelmäßig nur mittels geeigneter Einbeziehung der Ergebnisse einer Systemprüfung möglich sein. Siehe Kapitel 3.1.2.1.3. zur Systemprüfung als Teil des risikoorientierten Prüfungsansatzes.

Die Fehlerhaftigkeit der Parameter bedeutet, dass zwar alle erforderlichen Parameter vorhanden sind, die zur Risikoermittlung verwendeten Werte jedoch von den Werten des Ursprungssystems abweichen. So können Abweichungen aus Übertragungsfehlern, Verfälschungen oder veralteten Daten resultieren. Daher sind die zur Risikoermittlung verwendeten Parameter im Sinne der Prüfungshypothese auf Nicht-Übereinstimmung zu testen. Die jeweiligen Zuliefersysteme als Datenursprung sind vom Institut festzulegen und vom Prüfer nachzuvollziehen.

Sowohl im Hinblick auf den Abgleich der Vollständigkeit als auch der Richtigkeit der Parameter bestehen allgemein keine Ermessensspielräume des Prüfers. Im Einzelfall könnten festgestellte Abweichungen von Prüfern unterschiedlich im Schweregrad und in der Auswirkung eingestuft werden, sodass die festgestellten Fehler identisch sind und sich nur in der abschließenden Beurteilung unterscheiden.[2009] Da allerdings bei einer höheren Anzahl an Fehlern oder schwerwiegenderen Fehlern in der Tendenz sich annähernde Urteile zu erwarten sind, führt das Kriterium zwar nicht zu zwingend identischen, aber dennoch konvergenten Prüfungsurteilen.[2010]

Das Kriterium ist frei von Methodenvorgaben, kann allerdings bei zu enger Auslegung zu unverhältnismäßigen Urteilen führen. So wäre beispielsweise die Anbindung geringer zinssensitiver Risikopositionen, die materiell unverhältnismäßig wären, zwar durch die Forderung des Kriteriums, im Einzelnen durch die Vollständigkeit, gedeckt, gleichwohl nicht im Sinne des Wesentlichkeitsgrundsatzes der MaRisk. Andererseits kann auch eine Vielzahl an kleinen Fehlern zu wesentlichen Abweichungen führen, sodass der Prüfer auch unwesentliche fehlende oder fehlerhafte Parameter festzustellen hat.[2011] Daher sind bei der Beurteilung des Kriteriums Vollständigkeit und Richtigkeit der Parameter die Auswirkungen der festgestellten Abweichungen zu berücksichtigen und das Kriterium ist insofern nur bedingt neutral.[2012]

2009 Durch das Backtesting kann das Institut gegebenenfalls ebenso Probleme bei der Ermittlung der Parameter aufdecken, die wiederum Anhaltspunkte für die Beurteilung des Prüfers sind. Siehe Kapitel 4.2.3.2.1.

2010 Siehe Kapitel 4.1.3.2.

2011 Siehe Kapitel 3.2.3. zur Urteilsbildung in diesem Zusammenhang.

2012 Siehe Kapitel 4.1.3.3.

4.2.3.2.4 Kriterium Vollständigkeit und Eignung der Stresstests

Im Rahmen der Anforderungen der MaRisk[2013] werden besondere Anforderungen an die Stresstests gestellt.[2014] Ein Stresstest bildet außergewöhnliche, aber noch plausible Ereignisse ab, die insbesondere Stresssituationen der Märkte sowie besondere Wechselwirkungen und Konzentrationen berücksichtigen.[2015] Das Kriterium zu den Stresstests und deren Zielsetzung sind nicht unmittelbar aus der Funktion der Phase abzuleiten.[2016] Vielmehr sind die Stresstests eine Folge der Beschränkungen der Modelle zur Risikomessung, die die hierzu verwendeten historisch beobachteten Daten im Hinblick auf die Ungewissheit der Zukunft und vor allem hinsichtlich der Berücksichtigung von außergewöhnlichen, aber plausiblen Stressereignissen aufweisen.[2017]

Entsprechend der aufsichtlichen Vorgabe haben die Merkmalsausprägungen des Prüfungskriteriums für Stresstests alle Risikotreiber des Zinsänderungsrisikos im Anlagebuch, im Einzelnen dessen Ausprägungen einschließlich der wesentlichen Währungen, zu umfassen (Vollständigkeit) und zumindest die außergewöhnlichen, aber plausiblen Ereignisse zu simulieren (Eignung). Die Prüfungshypothese lautet insofern, dass die Vollständigkeit und Eignung der Stresstests nicht gegeben ist, da nicht für alle Ausprägungen des Zinsänderungsrisikos im Anlagebuch ein Stresstest modelliert wird oder die Änderung der Marktparameter für die Abbildung eines Stresstests nicht ausreichend ist.

Das Kriterium Vollständigkeit und Eignung der Stresstests ist für das Prüfungsziel relevant,[2018] da dieses Kriterium aus den aufsichtlichen Anforderungen des AT 4.3.3 Tz. 1 und 2 MaRisk abgeleitet wurde.[2019] Die Relevanz im Hinblick auf die funktionale Zuordnung zur Phase der Risikobeurteilung ergibt sich mittelbar aus der dargelegten Schwäche der übrigen Risikomessverfahren, die eine ergänzende Betrachtung der außergewöhnlichen Ereignisse erfordert.

2013 Siehe Kapitel 2.3.3.3.2. Ähnliche Anforderungen sind im achten Prinzip des Prinzipienpapiers des Baseler Ausschusses sowie in der dritten Leitlinie des CEBS enthalten. Siehe Kapitel 2.3.1.2. und 2.3.2.2. Darüber hinaus wird die Anforderung zur Prüfung auch im IDW PS 525, Rn. 28 7. Spiegelstrich aufgegriffen. Siehe Kapitel 3.3.1.2.

2014 Vgl. AT 4.3.3 MaRisk.

2015 Vgl. AT 4.3.3 Tz. 2 MaRisk und siehe Kapitel 2.3.3.3.2.

2016 Siehe Kapitel 2.1.2.3.

2017 Siehe Kapitel 2.1.4.2.2. und 2.3.3.3.2.

2018 Siehe Kapitel 4.1.3.1.

2019 Darüber hinaus ist gemäß AT 4.3.3 Tz. 4 MaRisk durch das Institut die Angemessenheit der Stresstests und der zugrunde liegenden Annahmen regelmäßig, mindestens aber jährlich zu überprüfen. Vgl. AT 4.3.3 Tz. 4 MaRisk. Diese Überprüfung ist als Kontrollprozess des Instituts im Rahmen des prozessorientierten Prüfungsvorgehens einzubeziehen.

Die Anforderung zur Erfassung aller Risikotreiber, im Sinne der Ausprägungen des Risikos nach Ursache und Währung, ist unter der Merkmalsausprägung Vollständigkeit zu fassen. Ex ante ist allerdings die Menge der möglichen in Stresstests modellierbaren zukünftigen Ereignisse unbegrenzt. Zudem ist den Stresstests keine Eintrittswahrscheinlichkeit zuzuordnen, sodass neben der Eingrenzung der Menge der potentiellen Ereignisse der Szenarien auch deren Eigenschaft als „außergewöhnliches" und „plausibles" Szenario durch den Prüfer auszulegen ist und somit erhebliche Ermessensspielräume aufweist.[2020]

Ein Maßstab zur besseren Nachvollziehbarkeit der subjektiven Beurteilung des Prüfers können die Ergebnisse der übrigen Risikomessverfahren[2021] sein. Die Parameteränderungen[2022] der historischen beziehungsweise hypothetischen Stresstests sollten zumindest die Änderungen in den übrigen Messverfahren übertreffen, um geeignet zu sein, gleichwohl dies nicht abschließend eine Eignung nachweisen kann.[2023]

Im Hinblick auf die Prüfung weist das Kriterium bereits durch die notwendige Auslegung der Eigenschaft zur Außergewöhnlichkeit und Plausibilität als auch allgemein der zu berücksichtigenden Ereignisse erhebliche Ermessensspielräume auf. Zudem ist fraglich, inwieweit die Marktparameteränderungen über die bereits in den übrigen Messverfahren betrachteten Änderungen hinausgehen sollen.[2024] Die Auslegung der Ermessensspielräume ist vor allem von der Erfahrung des Prüfers, wie seinem subjektiven Wissen zu verschiedenen Instituten in ähnlichen

---

2020 Siehe Kapitel 2.3.3.3.2.

2021 Siehe Kapitel 4.2.3.2.3.

2022 Dies gilt sowohl für Sensitivitätsanalysen, bei denen analog dem Zinsschock nach dem Rundschreiben 11/2011 (BA) nur eine Parameteränderung betrachtet wird, als auch für die Szenarioanalysen, bei denen über die in den normalen Messverfahren hinausgehende Kombinationen der Marktparameteränderungen Berücksichtigung finden. Siehe Kapitel 2.3.3.3.2. und 2.3.3.4. zum Rundschreiben 11/2011 (BA) der BaFin.

2023 Insofern ist bei linearen Risikopositionen der ermittelte Risikowert des Stresstests höher. Sofern nichtlineare Risikopositionen, wie bei Optionsrisiken, vorliegen, könnten höhere Verluste auch bei geringeren Parameteränderungen auftreten. Gerade Sensitivitätsmaße und einfache parametrische Ansätze des VaR können bei nichtlinearen Positionen das Risiko nur unvollständig abbilden, sodass den Stresstests eine noch größere Bedeutung zukommt. Siehe Kapitel 2.1.4.2.1. und 2.1.4.2.2.

2024 Siehe Kapitel 2.3.3.3.2.

Situationen, abhängig[2025] und insofern eine konvergente Beurteilung nur unter der Bedingung gleicher Prüfererfahrung gegeben.[2026]

Zur Ableitung der Stresstests hat das Institut individuell zu wählende Verfahren zu verwenden. So sind verschiedene Formen der Szenario- und Sensitivitätsanalysen zum Zinsänderungsrisiko im Anlagebuch über das Rundschreiben 11/2011 (BA) hinaus denkbar.[2027] Da auf die Parameteränderungen einzelner Szenarien im Vergleich zu den übrigen institutsindividuellen Messverfahren abgestellt wird, ist die jeweilige Risikosituation des Instituts im Kriterium berücksichtigt und das Kriterium insofern neutral.[2028]

4.2.3.3 Kriterien zur Risikoüberwachung und -kommunikation

Die Risikokontrolle setzt sich aus der Risikoüberwachung und der Risikokommunikation zusammen. Die Risikoüberwachung soll die Funktionsfähigkeit der vorangegangenen Prozesse und vor allem die Einhaltung der Risikostrategie, das heißt die Vorgaben zur Risikotoleranz,[2029] sowie der Risikotragfähigkeit[2030] sicherstellen. Hierzu wird regelmäßig für das Zinsänderungsrisiko auf ein Limitsystem zurückgegriffen, das sich aus den strategischen Vorgaben ableitet. Die Ergebnisse der Risikobeurteilung[2031] dienen als Grundlage der Ermittlung der Limitauslastung und sind damit wiederum die Basis der zukünftigen Steuerungsmaßnahmen. Insofern spiegeln die Limitauslastungen nicht nur den Steuerungserfolg aus

2025 Einen Anhaltspunkt für das Prolongationsrisiko bietet der standardisierte Stresstest zum Zinsschock, der aufgrund der Vorgaben des Rundschreibens eine eingeschränkte Vergleichbarkeit zwischen den Instituten erlaubt. Siehe Kapitel 2.3.3.4.

2026 Siehe Kapitel 4.1.3.1.

2027 Siehe Kapitel 2.3.3.3.2.

2028 Siehe Kapitel 4.1.3.3.

2029 Siehe Kapitel 4.2.1.3.

2030 Siehe Kapitel 4.2.1.2.

2031 Siehe Kapitel 4.2.3.2.

bisherigen Maßnahmen wider,[2032] sondern setzen auch einen Impuls für die zukünftige Steuerung.[2033]

Die Risikokommunikation als Teil der Phase stellt die Berichterstattung an die für die Steuerung und Überwachung verantwortlichen Stellen, insbesondere die Geschäftsleiter,[2034] sicher. Nur sofern die Ergebnisse der Risikoüberwachung den für die Steuerung und Überwachung verantwortlichen Personen bekannt sind, können die Überwachung und Kommunikation angemessene Impulse zur Einhaltung der Risikostrategie und der Risikotragfähigkeit setzen. Hierfür haben die Institute eine regelmäßige und anlassbezogene Berichterstattung[2035] zu implementieren.[2036]

Mögliche Fehlerquellen zur Überwachung und Kommunikation, die zu einer Zielverfehlung der Phase zur Risikoüberwachung und -kommunikation führen können, ergeben sich somit aus einer ungeeigneten Ausgestaltung des Limitsystems, bei einer fehlerhaften Ermittlung der Limitauslastungen, im Sinne einer unwirksamen Umsetzung der Limitüberwachung, aus ungeeigneten Steuerungsimpulsen der Überwachung beziehungsweise aus einer fehlerhaften, unzureichenden oder unvollständigen Berichterstattung.[2037]

4.2.3.3.1 Kriterium Eignung des Limitsystems

Das Limitsystem als zentraler Bestandteil der Überwachung und Kommunikation der Zinsänderungsrisiken im Anlagebuch soll als Maßnahme den Handlungsrahmen der steuernden Einheiten im Hinblick auf die Risikotoleranz und somit

---

2032 Ferner wird der Steuerungserfolg über das unterjährig erzielte Ergebnis, einschließlich der Bewertung der risikorelevanten Positionen, reflektiert. Insofern kann die Kontrolle der Einhaltung der Limitvorgaben für das Zinsänderungsrisiko im Anlagebuch zusammen mit der Überprüfung der in der Steuerung gesetzten Performanceziele auch als prozessintegrierte Ergebniskontrolle verstanden werden. Vgl. Rudolph (1995), S. 34 f. Dazu sind außerdem der Ergebnisermittlungs-prozess und der Bewertungsprozess entsprechend den Vorgaben des BTR 2.3 Tz. 1 und 2 MaRisk ebenso zu prüfen. Siehe Kapitel 4.2.4. zur Prüfung der Einzelanforderungen und Kapitel 2.3.3.3.2. zur allgemeinen Grundlage in den MaRisk.

2033 Siehe Kapitel 2.1.2.4.

2034 Siehe Kapitel 4.2.1.1.

2035 Siehe Kapitel 2.1.2.5.

2036 Siehe Kapitel 2.3.3.3.2.

2037 Siehe Kapitel 4.2.3.3.1. bis 4.2.3.3.4.

auch auf die Risikotragfähigkeit[2038] begrenzen.[2039] Damit das System diese Funktion erfüllt, muss das Limitsystem die Vorgaben der Risikotoleranz[2040] und der Risikotragfähigkeit[2041] wiedergeben oder zumindest mit diesen Vorgaben in einer gleichgerichteten Beziehung stehen, sodass die Einhaltung der Limite des Limitsystems zur Einhaltung der Risikotoleranz und der Risikotragfähigkeit führt.[2042] Diese Eigenschaft des Limitsystems als Prüfungskriterium grenzt insofern die Ausgestaltung des Limitsystems auf alle gleichgerichtet zur Risikotoleranz und Risikotragfähigkeit wirkenden Formen ein.[2043] Die Prüfungshypothese des Kriteriums Eignung des Limitsystems ist, dass das Limitsystem die geforderte Begrenzungswirkung aufgrund fehlender Synchronität zur Risikotoleranz und zur Risikotragfähigkeit nicht aufweist und insofern ungeeignet ist.

Dass die Risikotragfähigkeit sowie die Risikotoleranz für das Limitsystem der Zinsänderungsrisiken, als Bestandteil der Marktpreisrisiken, die Grundlage bilden, ergibt sich unmittelbar aus dem BTR 2.1 Tz. 1 MaRisk.[2044] Ferner ist im AT 4.3.2 Tz. 1 MaRisk die Vorgabe zur wirksamen Begrenzung der Risiken und Risikokonzentrationen unter Berücksichtigung der Risikotoleranzen und der Risikotragfähigkeit enthalten.[2045] Die Limitierung hat dabei konzeptionell sicherzustellen, dass die Einhaltung der Limite unter Einbeziehung gegebenenfalls weiterer ergänzender Überwachungsmaßnahmen nach BTR 2.3 Tz. 3 MaRisk zu einer angemessenen Begrenzungswirkung führt. Die Limite stellen die zentrale Basis der Überwachung und somit der Begrenzung der Steuerung dar.[2046] Insofern sind für eine funktionierende Risikoüberwachung als Kontrolle der Steuerung

2038 So wird auch die Anforderung gestellt, dass das Limitsystem „im Einklang zur Risikotragfähigkeit auf Gesamtbankebene stehen [muss].“ Geiersbach / Prasser (2012), S. 601.

2039 Siehe Kapitel 2.3.3.3.2. und vgl. AT 4.3.2 Tz. 1 MaRisk sowie der Erläuterung hierzu.

2040 Siehe Kapitel 4.2.1.3.

2041 Siehe Kapitel 4.2.1.2.

2042 Zur zweckmäßigen Ausgestaltung siehe Kapitel 2.3.1.2 zum siebten Prinzip des Baseler Ausschusses.

2043 Siehe Kapitel 2.1.4.2.2.

2044 Siehe Kapitel 2.3.3.3.3. sowie auch entsprechend der Fragestellung bei Apweiler (2012), S. 520. Ferner ist auf die allgemeinen Vorgaben zur Sicherstellung der Risikotragfähigkeit und der Einhaltung der Risikotoleranz im AT 4.1 Tz. 2 MaRisk und AT 4.2 Tz. 2 MaRisk zu verweisen. Siehe Kapitel 2.3.3.3.2.

2045 Siehe Kapitel 2.3.3.3.2. und vgl. AT 4.3.2 Tz. 1 MaRisk und der Erläuterungen der BaFin hierzu.

2046 Siehe Kapitel 2.1.2.4.

Limitsysteme, im Sinne quantitativer Instrumente, notwendig.[2047] Das Kriterium hat daher Relevanz zur Erreichung des übergeordneten Prüfungsziels.[2048]

Zur Ableitung des Prüfungsurteils sind die bisherige historische Entwicklung der Limitauslastungen und die Zielerreichung der Risikotoleranz sowie mögliche Entwicklungen von Auslastung und Zielerreichung einander gegenüberzustellen. Dabei kann es je nach Ausgestaltung des Limitsystems und der Formulierung der Risikotoleranz zu generellen Unterschieden in der Entwicklung kommen, die beispielsweise mit unterschiedlichen Haltedauern, Konfidenzniveaus oder Diversifikationseffekten zu begründen sind.[2049] In der Beurteilung der gemessenen Abweichungen in der Entwicklung von Limitauslastung und Zielerreichung der Risikotoleranz bestehen grundlegend Ermessensspielräume zur Eignung des Limitsystems, die im Hinblick auf die grundlegende Gleichgerichtetheit mit der Risikotoleranz und der Risikotragfähigkeit und speziell die Gefahr einer Überschreitung der Risikotoleranz beziehungsweise der Risikotragfähigkeit durch den Prüfer im Einzelfall zu bewerten sind. Dabei sind neben der Höhe der Abweichung auch die Ausgestaltung der Risikotragfähigkeit und die vorhandene freie Risikodeckungsmasse[2050] zu berücksichtigen. Die Urteile der Prüfer sollten daher unter Berücksichtigung der Risikosituation im Einzelfall zu konvergenten Urteilen führen, sodass das Kriterium Eignung des Limitsystems nur bedingt konvergent ist.[2051]

Das Kriterium Eignung des Limitsystems gibt keine konkrete Ausgestaltung des Limitsystems vor, da die Ausgestaltung an die Vorgaben der Risikotoleranz und der Risikotragfähigkeit gekoppelt ist. Die Formulierung der Risikotoleranz wiederum steht im Ermessen des Instituts und hat grundsätzlich auch die

---

2047 Siehe Kapitel 2.1.2.5. Ein Verzicht auf ein Limitsystem, als quantitatives Instrument, sollte angesichts der vorhandenen Messverfahren und der regelmäßig als wesentlich einzustufenden Zinsänderungsrisiken im Anlagebuch bei Kreditinstituten nur in wenigen Fällen möglich sein. Siehe hierzu analog die Darstellung zur Wesentlichkeit und zu den Messverfahren in den Kapiteln 4.2.3.1.4. und 4.2.3.2.1.

2048 Siehe Kapitel 4.1.3.1.

2049 Beispielhaft zur Ermittlung der Neubewertungsansätze siehe Kapitel 2.1.4.2.2. und vgl. zur Wahl der Parameter auch bei Bürger (1995), S. 245 ff. sowie Deutsche Bundesbank (Hrsg.) (2010), S. 13 ff.

2050 Je weniger freie Risikodeckungsmasse vorhanden ist, desto höher ist die Gefahr einer Überschreitung der Risikotragfähigkeit einzuschätzen. Hinsichtlich der allgemeinen Anforderungen zur Risikotragfähigkeit und insbesondere auch zur Berücksichtigung des standardisierten Stresstests siehe Kapitel 2.3.1.1. und 2.3.3.4.

2051 Siehe Kapitel 4.1.3.2.

Risikotragfähigkeit des Instituts zu berücksichtigen.[2052] Ferner ist die individuelle Risikosituation bei der Beurteilung der festgestellten Abweichungen einzubeziehen, sodass insgesamt das Kriterium neutral ist.[2053]

4.2.3.3.2 Kriterium Vollständigkeit und Eignung der Ermittlung der Limitauslastungen

Während sich das vorangehende Kriterium Eignung des Limitsystems mit der konzeptionellen Ausgestaltung des Limitsystems auseinandersetzt, ist ein weiteres zentrales Element der Kontrolltätigkeit die operativ wirksame Ermittlung der Limitauslastung auf Basis des Limitsystems sowie der jeweiligen Messverfahren. Um festzustellen, ob ein Limit auch tatsächlich eingehalten wird, ist die Auslastung der Limite als Gegenüberstellung des ermittelten Risikowertes und der Limitvorgabe zu ermitteln.[2054] Um die Zielsetzung der Überwachung zu erfüllen, sind daher die Auslastungen aller Limite zum Zinsänderungsrisiko im Anlagebuch zu berechnen und so Überschreitungen des Limits beziehungsweise ein Ansteigen der Auslastung über einen vom Institut definierten Schwellenwert aufzuzeigen (Vollständigkeit).[2055]

Ferner muss die Ermittlung regelmäßig und anlassbezogen[2056] erfolgen und daher geeignet sein, damit Limitüberschreitungen zwischen den Ermittlungszeitpunkten unwahrscheinlich beziehungsweise zumindest im Hinblick auf die Auswirkungen für die Risikotoleranz und Risikotragfähigkeit unerheblich sind (Eignung).[2057] Das Prüfungskriterium hat daher die Merkmalsausprägungen zur Vollständigkeit der Ermittlung der Limitauslastungen sowie die Eignung zur frühzeitigen Aufdeckung

2052 Siehe Kapitel 4.2.1.3.

2053 Siehe Kapitel 4.1.3.3.

2054 Zur Vorgabe des Rahmenwerks Basel II zur Einhaltung der Risikotragfähigkeit als Bestandteil des ICAAP durch Limite siehe Kapitel 2.3.1.1. Die Ergebnisse der Überwachung sind zudem die Grundlage der nachfolgenden Kommunikation. Siehe Kapitel 2.1.2.5.

2055 Die Limite beziehungsweise das Limitsystem sind vom Institut gemäß dem siebten Prinzip des Baseler Ausschusses zum Zinsänderungsrisiko zweckmäßig, das heißt beispielsweise bis auf die Ebene einzeln gesteuerter Portfolien, auszugestalten. Ferner werden die Anforderungen für ein wirksames internes Kontrollsystem im zehnten Prinzip allgemein adressiert. Siehe Kapitel 2.3.1.2.

2056 Die anlassbezogene Überwachung innerhalb des Ermittlungsturnus hat auf Basis geeigneter Frühwarnindikatoren zu erfolgen. Siehe Kapitel 2.3.3.3.3.

2057 Vgl. Geiersbach / Prasser (2012), S. 602 im Bezug auf die Vermeidung von Limitüberschreitungen und siehe Kapitel 2.3.3.3.2. Zur Prüfungsanforderung des Turnus siehe ferner Kapitel 3.3.1.2.

von Limitüberschreitungen als wirksame Umsetzung des Limitüberwachungsprozesses zu umfassen. Die Prüfungshypothese des Kriteriums Vollständigkeit und Eignung der Ermittlung der Limitauslastungen lautet, dass die Vollständigkeit und Eignung nicht gegeben sind, da die Ermittlung der Auslastungen unvollständig ist oder zwischenzeitliche Limitüberschreitungen aufgrund eines zu langen Turnus nicht aufgedeckt werden.

Die Anforderung zur Limitauslastung ergibt sich aus der allgemeinen Anforderung zur Einhaltung der Risikotragfähigkeit und der Risikotoleranz.[2058] Ferner ist für das Zinsänderungsrisiko im Anlagebuch als Marktpreisrisiko zur Eignung die Anforderung des BTR 2.1 Tz. 3 MaRisk und implizit als Grundlage der Berichterstattung[2059] auch der BTR 2.1 Tz. 4 MaRisk zu beachten.[2060] Ferner sind die Anforderungen zur Vermeidung zwischenzeitlicher Limitüberschreitungen nach BTR 2.3 Tz. 3 MaRisk und zum risikoorientierten Turnus nach BTR 2.3 Tz. 4 MaRisk für dieses Kriterium zu beachten.

Neben der angemessenen Ausgestaltung des Limitsystems[2061] ist insbesondere die wirksame Umsetzung der Überwachung durch die vollständige und geeignete Ermittlung der Limitauslastungen Bestandteil der Phase zur Risikoüberwachung und -kommunikation.[2062] Das Kriterium Vollständigkeit und Eignung der Ermittlung der Limitauslastung ist daher relevant.[2063]

Das Prüfungsurteil ist auf Basis eines Abgleichs zwischen den im Limitsystem festgelegten Limiten und den regelmäßig sowie anlassbezogen ermittelten Auslastungen zu bilden, wobei ein Fehler eine fehlende, also nicht ermittelte Auslastung ist. Die Prüfungshandlungen sollten daher aufgrund der abzählbaren Menge der Limite zu konvergenten Urteilen im Hinblick auf die Vollständigkeit führen. Die Eignung ist als Auslegung einer zeitlich abhängigen Anforderung grundlegenden Ermessensspielräumen unterworfen und kann wiederum nur im Einzelfall beurteilt werden. Die Institute haben dabei vor dem Hintergrund der Anforderung des BTR 2.3 Tz. 4 MaRisk risikoorientiert einen Turnus festzulegen, den der Prüfer vor allem anhand gleichartiger Risikosituationen anderer Institute und deren Turnus nachzuvollziehen und zu beurteilen hat. Ergänzend sind auch

---

2058 Siehe Kapitel 2.3.3.3.2. zu AT 4.3.2 Tz. 1 MaRisk, AT 4.2 Tz. 2 MaRisk sowie AT 4.1 Tz. 2 MaRisk.

2059 Die Kommunikation der Risiken setzt deren Ermittlung und Beurteilung im Rahmen der Limite voraus. Vgl. BTR 2.1 Tz. 4 MaRisk und siehe Kapitel 2.3.3.3.3.

2060 Siehe Kapitel 2.3.3.3.3.

2061 Siehe Kapitel 4.2.3.3.1.

2062 Siehe Kapitel 2.1.2.5.

2063 Siehe Kapitel 4.1.3.1.

die anlassbezogenen Maßnahmen zu berücksichtigen, die vom Institut zu definieren sind und die die institutsindividuelle Risikosituation des Zinsänderungsrisikos im Anlagebuch widerspiegeln. Das Kriterium Vollständigkeit und Eignung der Ermittlung der Risikoauslastung ist daher nur unter der Bedingung gleicher Erfahrungen und Benchmarks der Prüfer konvergent.[2064]

Wie im vorangegangenen Kriterium gibt auch das Kriterium Vollständigkeit und Eignung der Ermittlung der Limitauslastungen kein Verfahren vor, wie das Institut operativ die Limite zu ermitteln hat. Ferner sind bei der Eignung die Risikosituation des Instituts zu berücksichtigen und grundsätzlich die Limite vom Institut nach Zweckmäßigkeitsgesichtspunkten festzulegen, sodass das Kriterium hinsichtlich der Öffnungsklauseln neutral ausgestaltet ist.[2065]

4.2.3.3.3 Kriterium Eignung der Steuerungsimpulse

Im Hinblick auf einen geschlossenen Regelkreis bilden die Ergebnisse der Risikoüberwachung die Grundlage für die zukünftige Steuerung beziehungsweise auch zur Anpassung der bisherigen Steuerungsmaßnahmen.[2066] Daher ist es erforderlich, dass die gewählten Methoden[2067] in Verbindung mit der Limitierung[2068] konzeptionell geeignet sind, Steuerungsimpulse zu erzeugen, das heißt im Einzelnen die Auswahl von Maßnahmen zu ermöglichen sowie deren Wirkung auf das Risiko abzuschätzen.[2069] Hierbei ist hervorzuheben, dass bei der Beurteilung einer einzelnen Steuerungsmaßnahme nicht kohärente Risikomaße, die zur Risikoermittlung und Berechnung der Limitauslastung herangezogen werden, auf unterschiedlichen Limitebenen unterschiedlich hohe Veränderungen der Limitauslastungen bewirken können.[2070]

Im Hinblick auf das Zinsänderungsrisiko sind in diesem Zusammenhang die Anforderungen an den Prozess zur mindestens vierteljährlichen Bewertung und

---

2064 Siehe Kapitel 4.1.3.2.

2065 Siehe Kapitel 4.1.3.3.

2066 Siehe Kapitel 2.1.2. zur Abfolge des Regelkreislaufs sowie Kapitel 2.1.2.4. zur Risikosteuerung.

2067 Siehe Kapitel 4.2.3.2.1.

2068 Siehe Kapitel 4.2.3.3.1.

2069 Siehe Kapitel 2.1.2.4.

2070 Siehe Kapitel 2.1.4.2.2. zur fehlenden Subadditivität des VaR im Rahmen der Neubewertungsansätze. Lediglich ein kohärentes Risikomaß würde bei verschiedenen Ebenen, wie beispielsweise auf Ebene des einzelnen Portfolios und auf Ebene des Zinsänderungsrisikos im Anlagebuch des gesamten Instituts, zu einer gleichen Wirkung führen.

Ergebnisermittlung im Anlagebuch und zur regelmäßigen Plausibilisierung mit dem handelsrechtlichen Ergebnis[2071] hervorzuheben. Regelmäßige konzeptionelle Abweichungen zwischen den Ergebnisrechnungen sollen insofern offengelegt und damit Fehlsteuerungsimpulse vermieden werden.[2072] Die Ergebnisse der Risikoüberwachung dienen dabei als Grundlage der zukünftigen Steuerung. In das Ergebnis der Überwachung fließen im Sinne des Regelprozesses die Ergebnisse der vorangegangenen Identifizierung und Beurteilung der Risiken ein, die im Einzelnen die wesentlichen Ausprägungen des Zinsänderungsrisikos sowie die zugehörigen Risikowerte sind.[2073]

Die Eignung der Steuerungsimpulse ist hinsichtlich des Zinsänderungsrisikos im Anlagebuch dahingehend zu prüfen, ob sich das Institut für mehr als eine grundlegende Betrachtungsweise[2074] entschieden hat und damit grundsätzlich Widersprüche zwischen den Steuerungsimpulsen der Ansätze entstehen können. Für das Zinsänderungsrisiko lassen die MaRisk als Öffnungsklausel den Instituten die Möglichkeit, neben einer barwertigen Ergebnisermittlung auch alternativ oder zumindest parallel auf die Auswirkungen auf das handelsrechtliche Zinsergebnis mit einer angemessenen Betrachtung des Risikos über den Bilanzstichtag hinaus abzustellen.[2075] Im Grenzfall kann eine Maßnahme zur Verletzung der Risikotoleranz in einem Ansatz führen, um die Toleranz im anderen Ansatz einzuhalten. Insofern erfordert es klare Regelungen des Instituts, welcher Ansatz zu priorisieren ist.

Des Weiteren können Widersprüche zwischen einer geplanten beziehungsweise prognostizierten Wirkung einer Steuerungsmaßnahme und der erwarteten Änderung des Risikowertes ceteris paribus bei der Verwendung nicht kohärenter

---

2071 Zur Prüfung dieser konkret ausformulierten Einzelanforderungen der MaRisk siehe Kapitel 4.2.4.

2072 Siehe Kapitel 2.3.3.3.3. In diesem Zusammenhang ist darauf hinzuweisen, dass das Risikomanagement auch die Ertragssteuerung zu berücksichtigen hat. Insofern sind bei der Beurteilung der Steuerungsimpulse auch die Performanceziele aus der Strategie als umfassende Ergebniskontrolle einzubeziehen. Vgl. Rudolph (1995), S. 34 f. und siehe Kapitel 2.1.4. zu entsprechenden Kennziffern.

2073 Siehe Kapitel 2.1.2.

2074 Zur Diskussion einer barwertigen Risikobetrachtung beziehungsweise zur Anknüpfung an das handelsrechtliche Ergebnis siehe Kapitel 2.1.4. sowie die aufsichtlichen Vorgaben in den Kapiteln 2.3.1.2. und 2.3.3.3.3.

2075 Siehe Kapitel 2.3.3.3.3. Beispiel für ein solches Problem wäre eine Maßnahme zur Zinsrisikosteuerung, die im barwertigen Messansatz zu einem steigenden Risikowert und gleichzeitig im ergebnisorientierten Messverfahren zu einem sinkenden Risikowert führt.

Risikomaße zur Berechnung verschiedener Limitauslastungen auftreten.[2076] Aufgrund negativ korrelierter Risiken innerhalb des Marktpreisrisikos kann ferner ein Absinken des Zinsänderungsrisikos auch zu einem Anstieg anderer Risikokomponenten führen.[2077]

Das Kriterium Eignung der Steuerungsimpulse lässt sich als widerspruchsfreie gleiche Ableitbarkeit der Veränderung der Risikoposition in Verbindung mit unterschiedlichen implementierten Limiten interpretieren, die aus einer spezifischen Steuerungsmaßnahme resultieren. Die Prüfungshypothese zum Kriterium lautet insofern, dass die prognostizierte Änderung durch die Steuerungsmaßnahme im Hinblick auf die Richtung und die Höhe nicht gleichermaßen auf die betroffenen Limitauslastungen des Zinsänderungsrisikos im Anlagebuch wirkt.

Implizit ergibt sich die Merkmalsausprägung des Prüfungskriteriums Eignung der Steuerungsimpulse aus der prozessualen Anforderung zur Sicherstellung der Risikotragfähigkeit und der Risikotoleranz über den Regelkreis des Risikomanagements, im Einzelnen aus der Risikoermittlung, -steuerung und -überwachung, sowie aus der Anforderung, dass die Risikosteuerungs- und -controllingprozesse in eine umfassendere Gesamtbanksteuerung einzubinden sind.[2078] Die Relevanz des Kriteriums Eignung der Steuerungsimpulse ergibt sich daher nur indirekt aus den MaRisk über die Einbettung der Risikosteuerungs- und -controllingprozesse in die Gesamtbanksteuerung sowie die Anforderung zur Einhaltung der Risikotragfähigkeit im AT 4.1 Tz. 2 MaRisk und der Risikotoleranz nach AT 4.2 Tz. 2 MaRisk.[2079] Dies ist widerspruchsfrei lediglich dann möglich, wenn die Wirkung der Maßnahmen ex ante auf die Risikoposition vorhersehbar[2080] ist. Ein funktionsfähiger Regelkreis erfordert als verknüpfendes Element die Berücksichtigung

---

2076 Siehe Kapitel 2.1.4.2.2.

2077 Siehe Kapitel 2.1.4.2.2. So ist beispielsweise auf mögliche negative Korrelationen hinzuweisen, die implizit in der historischen Simulation berücksichtigt werden und insofern für die Prognose der Gesamtveränderung des Risikos durch die einzelne Maßnahme intransparent sind. Analoge Effekte sind auch innerhalb des Zinsänderungsrisikos bei negativ korrelierten Einzelportfolien denkbar.

2078 Vgl. AT 4.1 Tz. 2 MaRisk sowie AT 4.3.2 Tz. 1 MaRisk und siehe Kapitel 2.3.3.3.2.

2079 Siehe Kapitel 2.3.3.3.2. Ergänzend sind Fehlsteuerungsimpulse ex post auch nach BTR 2.1 Tz. 4 MaRisk aufzudecken und damit als Ergebnisse im Rahmen der Beurteilung dieses Kriteriums zu berücksichtigen.

2080 Hilfsweise muss die Wirkung der Maßnahmen bei komplexen Risikomessverfahren vor Geschäftsabschluss simuliert werden, wobei dies je nach gewähltem Verfahren nicht immer umzusetzen ist. So ist zum Beispiel die Risikoermittlung mittels Monte-Carlo-Simulation entsprechend aufwendig. Siehe Kapitel 2.1.4.2.2.

der Überwachungsergebnisse im Rahmen der Steuerung. Insofern ist es für die Funktionsfähigkeit des Regelkreises erforderlich, dass die in der Überwachung angewendeten Limite und Risikomaße im Hinblick auf konkrete Steuerungsmaßnahmen vorhersehbare Ergebnisse liefern. Das Kriterium ist zudem aufgrund der indirekten Ableitung aus der aufsichtlichen Norm auch relevant.[2081]

Hinsichtlich der Konvergenz des Kriteriums ist auf den Ermessensspielraum zu verweisen, der aus den verschiedenen, parallelen Limitsystemen resultieren kann. So kann nur im Einzelfall die Bedeutung der jeweiligen Verfahren für die Steuerung, wie beispielsweise der Sensitivitäten[2082] und der VaR-Verfahren,[2083] beurteilt werden. Zudem genügt in Abhängigkeit von der jeweiligen Risikosituation gegebenenfalls auch die Kenntnis der Wirkungsrichtung sowie der Größenordnung der Wirkung, um die Risikoposition angemessen steuern zu können. Insofern ist die Konvergenz der Urteile verschiedener Prüfer von der Einschätzung der Risikosituation zur notwendigen Genauigkeit der Steuerung sowie gegebenenfalls der Einschätzung zur Steuerungsrelevanz einzelner Limite bei parallelen Ansätzen abhängig. Das Kriterium Eignung der Steuerungsimpulse ist daher nur bedingt konvergent.[2084]

Das Kriterium Eignung der Steuerungsimpulse berücksichtigt die jeweilige Risikosituation des Instituts. Da allerdings vollumfänglich nur kohärente Risikomaße die Anforderungen des Kriteriums erfüllen, ist das Kriterium hinsichtlich der Methodenfreiheit nur bedingt neutral.[2085]

4.2.3.3.4 Kriterium Vollständigkeit, Richtigkeit und Eignung der Berichterstattung

Die Berichterstattung an die Entscheidungsträger, insbesondere die Geschäftsleiter beziehungsweise das Aufsichtsorgan des Instituts,[2086] stellt die grundlegende Voraussetzung für eine angemessene und wirksame Überwachung und Kommunikation dar. Nur wenn die verantwortlichen Personen vollständig, richtig und rechtzeitig informiert werden, können durch die Überwachung Maßnahmen, wie die Reduktion von Risiken, ergriffen werden, um die gewollte Risikosituation wieder herzustellen beziehungsweise dauerhaft zu wahren.[2087]

2081 Siehe Kapitel 4.1.3.1.
2082 Siehe Kapitel 2.1.4.2.1.
2083 Siehe Kapitel 2.1.4.2.2.
2084 Siehe Kapitel 4.1.3.2.
2085 Siehe Kapitel 4.1.3.3.
2086 Siehe Kapitel 2.3.3.3.2.
2087 Siehe Kapitel 2.1.2.5.

Die Vollständigkeit der Berichterstattung wird durch Aufnahme aller zur Beurteilung der Risikosituation erforderlichen Inhalte in die Berichterstattung erzielt.[2088] Der Umfang der Inhalte ergibt sich neben den konkreten Anforderungen der MaRisk aus der Funktion der Risikosteuerungs- und -controllingprozesse. So hat der Inhalt es den Adressaten zu ermöglichen, ein vollständiges Bild zur Risikosituation der Zinsänderungsrisiken im Anlagebuch zu gewinnen.[2089] Im Einzelnen hat die Berichterstattung Informationen zur Limitauslastung und damit zur Höhe der eingegangenen Risiken einschließlich Risikokonzentrationen, zu Limitüberschreitungen, zu Ergebnissen und Annahmen der Stresstests der wesentlichen Ausprägungen des Zinsänderungsrisikos sowie zu Änderungen wesentlicher Annahmen und Parameter der Messverfahren des Zinsänderungsrisikos zu enthalten.[2090] Ferner sind wesentliche Änderungen der Situation des Zinsänderungsrisikos im Anlagebuch, der Bewertung der zinstragenden Positionen sowie des Zinsergebnisses zu kommentieren und gegebenenfalls ergänzende Handlungsvorschläge zu unterbreiten.[2091]

Die in der Berichterstattung enthaltenen Angaben haben mit den Ergebnissen der Überwachung übereinzustimmen, um den Berichtsadressaten ein zutreffendes Bild der Risikosituation zu vermitteln. Fehlerhafte Angaben können beispielsweise aus veralteten oder verfälschten Werten resultieren. Die Kommunikation hat neben den vollständigen und richtigen Angaben so zeitig zu erfolgen, dass der Adressat regelmäßig sowie anlassbezogen noch geeignete Gegenmaßnahmen zur Einhaltung der Risikotoleranz umsetzen kann (Eignung). Die Zeitnähe schließt dabei vom Institut zu definierende Kriterien für eine risikoorientierte anlassbezogene Berichterstattung mit ein.[2092] Der Turnus der regelmäßigen Berichterstattung

2088 Das Institut ist dabei frei, gegebenenfalls zur Erfüllung der Anforderungen auch verschiedene Berichte mit unterschiedlichen Turnussen und Inhalten zu erstellen, die zudem an unterschiedliche Adressaten gerichtet werden können. Es sind dann gegebenenfalls die verschiedenen Berichte gemeinsam im Hinblick auf dieses Prüfungskriterium zu würdigen.

2089 Siehe Kapitel 2.3.3.3.2. und vgl. AT 4.3.2 Tz. 3 MaRisk sowie der Erläuterungen der BaFin hierzu.

2090 Vgl. AT 4.3.2 Tz. 4 MaRisk.

2091 Siehe Kapitel 2.3.3.3.3. Die Inhalte der Berichterstattung sind über die Vorgaben der MaRisk hinaus auch Gegenstand des neunten Prinzips des Baseler Ausschusses zum Zinsänderungsrisiko. Siehe Kapitel 2.3.1.2. Im Einzelfall kann es sich darüber hinaus auch anbieten, ergänzend einzelne Steuerungsmaßnahmen mit in die Berichterstattung aufzunehmen, die beispielsweise maßgeblich die Risikosituation beeinflusst haben.

2092 Siehe Kapitel 2.3.3.3.2.

sowie die Anlässe der unverzüglichen Ad-hoc-Berichterstattung sind daher vom Institut risikoorientiert festzulegen.[2093]

Das Prüfungskriterium hat zusammengefasst die Vollständigkeit und die Richtigkeit der Inhalte der Berichterstattung an die jeweiligen erforderlichen Adressaten als auch die erforderliche Zeitnähe zur Einleitung von Gegenmaßnahmen zu umfassen. Die Prüfungshypothese zum Kriterium Vollständigkeit, Richtigkeit und Eignung der Berichterstattung berücksichtigt, dass die Berichterstattung im Hinblick auf die notwendigen Informationen zur Risikosituation unvollständig oder fehlerhaft ist, die Berichterstattung für die Ergreifung von Gegenmaßnahmen zu spät erfolgt oder nicht alle erforderlichen Adressaten den Bericht erhalten.

Der risikoorientierte Turnus der Berichterstattung, die grundlegenden Inhalte, die Ad-hoc-Berichterstattung sowie die Berichtsadressaten sind im AT 4.3.2 Tz. 3 bis 6 MaRisk festgelegt. Die Richtigkeit der in den Berichten enthaltenen Angaben ergibt sich unmittelbar aus dem Zweck der Berichterstattung an die Geschäftsleitung und das Aufsichtsorgan zur Information über die Risikosituation im Sinne einer wirksamen Umsetzung des Berichtsprozesses. Zudem sind in BTR 2.1 Tz. 5 MaRisk die Mindestinhalte und der Mindestturnus für die Berichterstattung zum Marktpreisrisiko sowie im BTR 2.3 Tz. 4 MaRisk die risikoorientierte Anforderung zum Berichtsturnus der Marktpreisrisiken des Anlagebuchs festgelegt.[2094] Außerdem ist die funktionsfähige Berichterstattung unmittelbar Bestandteil der Phase des Regelkreises.[2095] Das Kriterium bezieht sich daher auf die Anforderungen in den MaRisk sowie die Funktion der Phase und ist somit relevant.[2096]

Ermessensspielräume bestehen bei dem Kriterium Vollständigkeit, Richtigkeit und Eignung der Berichterstattung hinsichtlich der Abgrenzung der Vollständigkeit nach dem Wesentlichkeitsgrundsatz, dem Turnus der regelmäßigen Berichterstattung nach der risikoorientierten Öffnungsklausel sowie den Kriterien zur Ad-hoc-Berichter-stattung. Die Richtigkeit der Berichterstattung im Sinne eines wirksamen Berichtsprozesses ergibt sich unmittelbar aus dem Abgleich der Angaben der Überwachung mit den in der Berichterstattung genannten Werten.[2097] Die Ermessensspielräume zur Vollständigkeit bestehen in der Abgrenzung der Angaben

---

2093 Vgl. AT 4.3.2 Tz. 3 und 5 MaRisk, BTR 2.1 Tz. 5 MaRisk sowie zur Funktion der Risikokommunikation siehe Kapitel 2.1.2.5.

2094 Siehe Kapitel 2.3.3.3.3. sowie Geiersbach / Prasser (2012), S. 610.

2095 Siehe Kapitel 2.1.2.5.

2096 Siehe Kapitel 4.1.3.1.

2097 Siehe hierzu Kapitel 4.2.3.3.2. zur Prüfung der Wirksamkeit des Überwachungsprozesses.

zur Situation des Zinsänderungsrisikos, in den Ergebnissen und Annahmen zu Stresstests sowie in den Änderungen von Annahmen und Parametern der Messverfahren nach dem Wesentlichkeitsgrundsatz.[2098] Der Turnus der Berichterstattung zum Zinsänderungsrisiko ist vom Institut unter Beachtung des vierteljährlichen Mindestturnus als Untergrenze risikoorientiert festzulegen. Die Institute haben entsprechend BTR 2.3 Tz. 4 MaRisk den gewählten Turnus zu begründen.[2099] Die Kriterien zur Ad-hoc-Berichterstattung hat das Institut ebenfalls unter Wesentlichkeitsgesichtspunkten festzulegen.[2100] Zur Auslegung der Ermessensspielräume zur Vollständigkeit und zum Turnus sind vom Prüfer neben den Auswirkungen auf die Risikosituation des Instituts ergänzend Erkenntnisse aus vergleichbaren Situationen im Sinne eines Benchmarks heranzuziehen, sodass das Kriterium nur bedingt konvergent ist.[2101]

Im Rahmen der aufsichtlichen Vorgaben hat die BaFin bestimmte Mindestinhalte und einen Mindestturnus[2102] festgelegt, die durch das Institut darüber hinaus in angemessener Weise auszulegen und sofern notwendig über die Mindestanforderungen hinaus umzusetzen sind. Das Kriterium Vollständigkeit, Richtigkeit und Eignung der Berichterstattung ist unter Beachtung der risikoorientierten Öffnungsklausel und des Wesentlichkeitsgrundsatzes neutral,[2103] da generell keine Einschränkungen gegenüber den Mindestanforderungen getroffen werden und die Risikosituation des Instituts in die Beurteilung einfließt.

4.2.4 Spezifische Einzelanforderungen zum Zinsänderungsrisikomanagement

Neben den regelkreisphasenübergreifenden und regelkreisbezogenen Kriterien, die sich aus der Auslegung von Anforderungen ableiten, sind auch spezifische Einzelanforderungen zu untersuchen, die bereits in der jeweiligen Norm so hinreichend konkret beschrieben sind, dass eine weitergehende Ableitung der Merkmalsausprägung des Soll-Objekts nicht notwendig ist. Wesentlicher Unterschied zu den vorangegangenen Kriterien ist, dass bei den im Folgenden behandelten Anforderungen zum Zinsänderungsrisiko im Anlagebuch in den MaRisk keine

2098 Siehe Kapitel 2.3.3.3.2.
2099 Siehe Kapitel 2.3.3.3.3.
2100 Vgl. AT 4.3.2 Tz. 5 und 6 MaRisk.
2101 Siehe Kapitel 4.1.3.2.
2102 Siehe Kapitel 2.3.3.3.3. und Kapitel 4.2.4. zur Umsetzung in der Prüfung.
2103 Siehe Kapitel 4.1.3.3.

echten Öffnungsklauseln oder unbestimmten Rechtsbegriffe, im Sinne unechter Öffnungsklauseln, enthalten sind. Die spezifischen Einzelanforderungen sind daher ohne weitergehende Auslegungserfordernisse einzuhalten, soweit das Zinsänderungsrisiko im Anlagebuch insgesamt für das Institut wesentlich ist.[2104]

Die Anforderungen an die Risikosteuerungs- und -controllingprozesse des Rundschreibens sind im AT 4.3.2 MaRisk, die Funktionstrennung im AT 4.4.1 Tz. 1 MaRisk sowie BTO Tz. 4 bis 6 und 9 MaRisk, die allgemein auf das Marktpreisrisiko bezogenen Anforderungen im BTR 2.1 MaRisk sowie im BTR 2.3 MaRisk für die Marktpreisrisiken im Anlagebuch, einschließlich des Zinsänderungsrisikos im Anlagebuch, geregelt. Insofern sind die genannten Vorgaben hinsichtlich spezifischer Einzelanforderungen näher zu analysieren.[2105]

Die Vorgaben zum AT 4.3.2 Tz. 1 und 2 MaRisk zu den Risikosteuerungs- und -controllingprozessen sind grundlegend weiter auszulegen, wobei die MaRisk insbesondere im BTR weitergehende Vorgaben zu den Prozessen enthalten.[2106]

Im Hinblick auf die Vorgaben zur Funktionstrennung im AT 4.4.1 Tz. 1 MaRisk ist die organisatorische Einheit, die die Risikocontrollingfunktion[2107] ausübt, von allen Bereichen, die Geschäfte abschließen oder initiieren, bis einschließlich der Ebene der Geschäftsleiter zu trennen. Das heißt, dass der Geschäftsleiter, der für die Risikocontrollingfunktion zuständig ist, nicht auch für Markt- oder Handelsbereiche verantwortlich sein darf.[2108] Die Funktionstrennung ist dabei von jedem Institut zu beachten.[2109] Ferner findet sich für die Funktion des Marktpreisrisikocontrollings, die Teil der Risikocontrollingfunktion und für die Überwachung und Kommunikation der Marktpreisrisiken zuständig ist, eine gleichartige Funktionstrennungspflicht von organisatorischen Einheiten, die im Rahmen der Steuerung für die Risikopositionen verantwortlich sind. Diese Funktionstrennung ist ebenfalls bis einschließlich der Ebene der Geschäftsleitung zu beachten.[2110] Ergänzend sind die Regelungen zur Funktionstrennung ebenso im Vertretungsfall, das bedeutet bei Abwesenheit des eigentlich für eine Aufgabe der Risikocontrollingfunktion

---

2104 Siehe Kapitel 4.2. sowie Kapitel 4.2.3.1.4. zur Wesentlichkeitseinstufung.

2105 Siehe Kapitel 2.3.3.3.2. und 2.3.3.3.3.

2106 Siehe Kapitel 2.3.3.3.2. Zu den übrigen Tz. des AT 4.3.2 siehe Kapitel 4.2.3.3.4. zur Berichterstattung und Kapitel 4.2.2.3. zur Anpassungsgeschwindigkeit.

2107 Die Risikocontrollingfunktion nimmt die Aufgaben der Überwachung und Kommunikation wahr. Vgl. AT 4.4.1 Tz. 1 MaRisk und siehe Kapitel 2.3.3.3.2.

2108 Vgl. AT 4.4.1 Tz. 1 MaRisk und siehe Kapitel 2.3.3.3.2.

2109 Vgl. AT 4.4.1 Tz. 1 MaRisk.

2110 Vgl. BTO Tz. 4 MaRisk sowie die Auslegung als hinreichend konkrete Norm bei Apweiler (2012), S. 516.

zuständigen Mitarbeiters, sowie bei IT-gestützten Bearbeitungsprozessen durch besondere Verfahren und Schutzmaßnahmen ausnahmslos einzuhalten.[2111]

Neben den Regelungen zur Funktionstrennung sind auch im Rahmen des BTR 2.1 MaRisk spezifische Anforderungen zu den Risikosteuerungs- und -controllingprozessen des Marktpreisrisikos enthalten. So darf ein Geschäft, das Marktpreisrisiken beinhaltet, nur dann im Einklang mit den Vorgaben des BTR 2.1 Tz. 2 MaRisk abgeschlossen werden, wenn für das jeweilige Marktpreisrisiko ein ausreichend freies Limit besteht.[2112] Ein im Hinblick auf eine oder mehrere Ausprägungen des Zinsänderungsrisikos sensitives Geschäft darf insofern risikoerhöhend nur dann von der Handelsfunktion als Steuerungseinheit mit einem Dritten vereinbart werden, wenn ein noch ausreichend freies Limit zum Zinsänderungsrisiko im Anlagebuch vorhanden ist. Hinsichtlich der Berichtsinhalte gibt der BTR 2.1 Tz. 5 MaRisk vor, dass in der Berichterstattung ein Überblick zur Risiko- und Ergebnisentwicklung der Marktpreisrisikopositionen aufzunehmen ist.[2113] Die Berichterstattung zu den Marktpreisrisiken hat darüber hinaus mindestens vierteljährlich zu erfolgen. Die Wahl eines längeren Berichtsturnus für das Zinsänderungsrisiko im Anlagebuch ist somit unzulässig.[2114]

Der BTR 2.3 MaRisk gibt ebenfalls Mindestanforderungen zu den Marktpreisrisiken im Anlagebuch ohne weitergehende Öffnungsklauseln vor, die von allen Instituten einzuhalten sind. So sind alle Positionen des Anlagebuchs, die Marktpreisrisiken begründen, gemäß BTR 2.3 Tz. 1 MaRisk mindestens vierteljährlich zu bewerten. Zudem ist auch das Ergebnis der marktpreisrisikobehafteten Positionen entsprechend BTR 2.3 Tz. 2 MaRisk mindestens vierteljährlich zu ermitteln. Eine Abweichung zugunsten eines längeren Turnus ist generell unzulässig und mit

2111 Vgl. BTO Tz. 5 und 9 MaRisk. Darüber hinaus stellen die MaRisk klar, dass die Mitwirkung eines Geschäftsleiters bei der gemeinsamen Steuerung auf Ebene der Geschäftsleitung nicht einer Funktionstrennung entgegensteht. Vgl. BTO Tz. 6 MaRisk. Zur Prüfung der weiteren Vorgaben zur Funktionstrennung, insbesondere der Vermeidung von Interessenkollisionen, siehe Kapitel 4.2.2.1.

2112 Vgl. BTR 2.1 Tz. 2 MaRisk.

2113 Die übrigen Anforderungen an die Berichterstattung sind aufgrund unbestimmter Rechtsbegriffe oder nach dem Wesentlichkeitsgrundsatz auszulegen. Vgl. BTR 2.1 Tz. 5 MaRisk.

2114 Vgl. BTR 2.1 Tz. 5 MaRisk. Darüber hinaus kann je nach Risikosituation auch ein deutlich kürzerer Berichtsturnus erforderlich sein. Siehe Kapitel 4.2.3.3.4. unter anderem ebenfalls zu den weiteren Vorgaben zur Berichterstattung.

dem Rundschreiben MaRisk nicht vereinbar.[2115] Im Rahmen der Erläuterungen bezüglich der Annahmen zu Positionen mit unbestimmter Zins- oder Kapitalbindung im BTR 2.3 Tz. 7 MaRisk hat die BaFin ferner festgelegt, dass bei einer barwertigen Messung der Zinsänderungsrisiken im Anlagebuch auf unbegrenzte Zeit zur Verfügung stehende Eigenkapitalbestandteile nicht in die Berechnung einbezogen werden dürfen. Auch diese Vorgabe der MaRisk ist im Hinblick auf die Prüfung der Risikomessverfahren bereits als hinreichend konkret anzusehen und somit den spezifischen Einzelanforderungen zuzuordnen.[2116]

Zum Zinsänderungsrisiko im Anlagebuch finden sich im Rundschreiben 11 / 2011 (BA) der BaFin weitere spezifische Anforderungen hinsichtlich des standardisierten Stresstests. So sind beispielsweise die statische Ausgestaltung des barwertigen Stresstests, die Parameter des Zinsschocks, die Anzeige- und Meldepflicht, die Berechnung der Auslastung sowie das Ausweichverfahren für Institute, die über keine barwertigen Berechnungsverfahren verfügen, geregelt.[2117] Die Anforderungen an den standardisierten Zinsänderungsrisikostresstest sind daher als hinreichend detaillierte spezifische Einzelanforderungen zu sehen.[2118]

4.3 Analyse der Gesamtheit der Prüfungskriterien

4.3.1 Analyse der Vollständigkeit

Die Kriterien zur Prüfung der Risikosteuerungs- und -controllingprozesse des Zinsänderungsrisikos im Anlagebuch sind neben der Relevanz, Konvergenz und Neutralität auf Einzelebene in der Gesamtheit hinsichtlich Vollständigkeit und Verständlichkeit[2119] zu betrachten.[2120]

2115 Vgl. BTR 2.3 Tz. 1 und 2 MaRisk. Hier kann gegebenenfalls ein kürzerer Turnus vor dem Hintergrund der Risikosituation des Instituts erforderlich sein, der im Rahmen der regelkreisbezogenen Kriterien zur Überwachung und Kommunikation zu behandeln ist. Siehe Kapitel 4.2.3.3.1. und 4.2.3.3.2.

2116 Siehe Kapitel 2.3.3.3.3. sowie Kapitel 2.3.3.4. zu einer analogen Vorgabe im Rundschreiben 11 / 2011 (BA).

2117 Siehe Kapitel 2.3.3.4. zum Rundschreiben 11 / 2011 (BA) sowie die Kapitel 2.3.1.2. und 2.3.2.2. zu den internationalen Vorgaben.

2118 Vgl. Apweiler (2012), S. 516.

2119 Hierzu siehe Kapitel 4.3.2.

2120 Siehe Kapitel 4.1.3.4.

Die Vollständigkeit der Kriterien ist zu den Vorgaben der Risikosteuerungs- und -controllingprozesse des Zinsänderungsrisikos im Anlagebuch dann gegeben, wenn die relevanten Normen der MaRisk durch die Kriterien vollumfänglich abgedeckt werden.[2121] Im ersten Schritt sind hierzu zunächst die für die Risikosteuerungs- und -controllingprozesse relevanten Normen aus dem Rundschreiben MaRisk abzuleiten und dann anschließend den in den Kriterien abgedeckten Normen gegenüberzustellen. Dabei ist auf die Diskussion der Relevanz der Kriterien zurückzugreifen.[2122]

Aufgrund des Aufbaus der MaRisk sind die Module zu identifizieren, die relevante Normen umfassen. Daher sind die Module des AT und des BTR näher im Hinblick auf relevante Anforderungen zu analysieren.[2123]

Im AT werden die zentralen Anforderungen an die Risikosteuerungs- und -control-lingprozesse im gleichnamigen Abschnitt AT 4.3.2 MaRisk risikoartenübergreifend gebündelt. Die Vorgaben sind durch die Prüfungskriterien insoweit abzudecken, wie diese auf die Prozesse zum Zinsänderungsrisiko im Anlagebuch anzuwenden sind. So werden die Risikosteuerungs- und -controllingprozesse im Allgemeinen oder die Identifizierung, Beurteilung, Steuerung beziehungsweise Überwachung und Kommunikation als Phasen des Regelkreislaufs zentral im AT 4.3.2 Tz. 1 MaRisk aufgeführt.[2124]

Der AT 1 Tz. 1 MaRisk stellt klar, dass die Risikosteuerungs- und -controllingprozesse Teil des internen Kontrollsystems sind und, wie auch im AT 4.3.2 Tz. 1 MaRisk aufgeführt, die Prozesse zur Identifizierung, Beurteilung, Steuerung sowie Überwachung und Kommunikation umfassen.[2125] Nach AT 4.1 Tz. 2 MaRisk und AT 4.2 Tz. 2 MaRisk sind Risikosteuerungs- und -controllingprozesse einzurichten, die die Strategien umsetzen und die Einhaltung der Risikotragfähigkeit sicherstellen.[2126] Als Teil des internen Kontrollsystems weisen die Prozesse eine enge Verbindung zur Aufbau- und Ablauforganisation auf, die für die Funktionsfähigkeit der Prozesse[2127] erforderlich sind. So greift der AT 4.3.1 Tz. 2 MaRisk unmittelbar den

---

2121 Siehe Kapitel 4.1.3.5.

2122 Siehe Kapitel 4.1.3.1.

2123 Siehe Kapitel 2.3.3.3.1.

2124 Siehe Kapitel 2.3.3.3.2.

2125 Vgl. AT 1 Tz. 1 MaRisk, AT 4.3.2 Tz. 1 MaRisk sowie siehe Kapitel 2.3.3.3.1. Somit sind die Risikosteuerungs- und -controllingprozesse im Weiteren zu den internen Kontrollverfahren nach § 25a Abs. 1 KWG zu zählen. Siehe Kapitel 2.3.3.1.3.

2126 Vgl. AT 4.1 Tz. 2 MaRisk sowie AT 4.2 Tz. 2 MaRisk.

2127 Zu beachten sind im Einzelfall auch Risiken, die aus ausgelagerten Prozessen resultieren. Vgl. AT 9 Tz. 7 MaRisk. Insoweit können für einzelne Prüfungen auch weitergehend die Vorgaben des AT 9 MaRisk heranzuziehen sein.

Begriff des Prozesses auf.[2128] In diesem Zusammenhang sind auch die Vorgaben zur Funktion des Risikocontrollings zu sehen, die die Aufgaben zur Beurteilung sowie Überwachung und Kommunikation wiedergeben.[2129] Die Anforderungen mit Bezug zum Risikocontrolling und im unmittelbaren Zusammenhang mit den Risikosteuerungs- und -controllingprozessen, insbesondere zu Marktpreisrisiken, sind neben dem AT 4.3.1 MaRisk zur weitergehenden Funktionstrennung auch im AT 4.4.1 MaRisk sowie BTO Tz. 4 bis 6 sowie 9 MaRisk enthalten.[2130]

Entsprechendes gilt allgemein ebenso für die Regelung und Dokumentation der Prozesse nach AT 5 und AT 6 MaRisk. So werden in AT 5 Tz. 3 MaRisk explizit Organisationsrichtlinien zur Ausgestaltung der Risikosteuerungs- und -controllingprozesse gefordert.[2131] Der AT 6 MaRisk legt die Dokumentationsanforderungen unter anderem für die Überwachungsunterlagen als Ergebnis der Phase zur Überwachung und Kommunikation sowie der wesentlichen Handlungen zum Rundschreiben MaRisk fest.[2132]

Darüber hinaus wird im Rahmen der Anpassungsprozesse im AT 8.1 Tz. 3 MaRisk die Überprüfung der Eignung der Risikosteuerungs- und -controllingprozesse im Bezug auf neue Produkte oder neue Märkte sowie im AT 8.3 MaRisk die Überprüfung von erforderlichen Anpassungen der Prozesse im Vorwege einer Fusion oder Übernahme verlangt.[2133] Der AT 8 MaRisk setzt somit keine grundlegend neuen Anforderungen an die Ausgestaltung der Risikosteuerungs- und -controllingprozesse, sondern begründet Anforderungen an die Überprüfung dieser Prozesse.

Zu den Vorgaben, die im Rahmen des gruppenweiten Risikomanagements durch den Abschlussprüfer des übergeordneten Gruppenunternehmens zu prüfen sind, sei an dieser Stelle insbesondere auf den AT 4.5 Tz. 5 MaRisk zu den gruppenweiten Risikosteuerungs- und -controllingprozessen verwiesen.[2134] Bezugnehmend

2128 Siehe Kapitel 2.3.3.3.2. und vgl. AT 4.3.1 Tz. 2 MaRisk.

2129 Vgl. BTO Tz. 2 Buchstabe d MaRisk. Weitergehende Aufgaben der Funktion des Risikocontrollings sind im AT 4.4.1 Tz. 2 MaRisk beschrieben. Siehe Kapitel 2.3.3.3.2.

2130 Siehe Kapitel 2.3.3.3.2.

2131 Vgl. AT 5 Tz. 3 MaRisk.

2132 Vgl. AT 6 MaRisk und siehe Kapitel 2.3.3.3.2.

2133 Vgl. AT 8.1 Tz. 3 MaRisk und AT 8.3 MaRisk. Es ist somit analog dem entwickelten Prüfungsansatz ein auf das Prüfungsproblem zugeschnittener Kriterienkatalog zu entwickeln und der Überprüfung zugrunde zu legen, um die zukünftige Einhaltung des Rundschreibens MaRisk sicherzustellen.

2134 Gleichwohl ist an dieser Stelle auf die Vorgaben des AT 4.5 MaRisk hinzuweisen, die ein angemessenes und wirksames gruppenweites Risikomanagement sicherstellen sollen, das im § 25a Abs. 1a KWG normiert ist. Siehe Kapitel 2.3.3.1.3.

auf die institutsspezifische Fragestellung dieser Arbeit ist der AT 4.5 MaRisk daher nicht einzubeziehen.

Neben den Anforderungen an die Gesamtheit der Risikosteuerungs- und -controllingprozesse werden im AT auch einzelne Phasen des Regelkreislaufs näher geregelt, sodass sich hieraus ergänzende Anforderungen für die einzelnen Phasen ergeben. Die Anforderungen an die Identifizierung der Risiken sind als Inventurprozess sowie Gesamtrisikoprofil Gegenstand des AT 2.2 MaRisk.[2135] Insofern sind in der Phase der Identifizierung auch die Vorgaben des AT 2.2 MaRisk zu berücksichtigen.

Im Rahmen der Risikotragfähigkeitsbeurteilung sind die Methoden und die Verfahren zur Risikoquantifizierung sowie deren Annahmen als Teil der Beurteilung im AT 4.1 Tz. 8 MaRisk normiert. Außerdem sind als besondere Methode zur Beurteilung des Zinsänderungsrisikos im Anlagebuch Stresstests einzusetzen. Die Anforderungen zu den Stresstests sowie die Definition sind im AT 4.3.3 Tz. 1 und 2 MaRisk geregelt.[2136]

Im Modul BTR[2137] sind im Hinblick auf dessen Unterteilung nach Risikoarten die Anforderungen zum Marktpreisrisiko im BTR 2.1 MaRisk allgemein sowie spezifisch für das Anlagebuch die Anforderungen im Abschnitt BTR 2.3 MaRisk für das Zinsänderungsrisiko im Anlagebuch einschlägig.[2138] Die Pflicht der Institute, die Angemessenheit der zur Beurteilung der Risiken eingesetzten Methoden und Verfahren sowie die Plausibilität der Risikowerte regelmäßig zu überprüfen, ist risikoartenübergreifend im BTR Tz. 2 MaRisk analog der Beurteilung zur Risikotragfähigkeit im AT 4.1 Tz. 8 MaRisk normiert.[2139]

Den herausgearbeiteten Anforderungen des Rundschreibens MaRisk als Auslegung der Anforderungen des § 25a Abs. 1 KWG sind die Prüfungskriterien gegenüberzustellen. Die regelkreisphasenübergreifenden Kriterien, die sich auf die Risikosteuerungs- und -controllingprozesse allgemein und phasenübergreifend beziehen, lassen sich unter Berücksichtigung der Relevanz der Kriterien wie folgt zusammenfassen:[2140]

2135 Vgl. AT 2.2 Tz. 1 MaRisk und Kapitel 2.3.3.3.2. Ferner ist der Überprüfungsprozess zu den Stresstests und deren Annahmen nach AT 4.3.3 Tz. 4 MaRisk einzubeziehen.

2136 Siehe Kapitel 2.3.3.3.2.

2137 Die weiteren Module des BT, wie BTO 1 zu den Kreditprozessen, BTO 2 zu den Handelsprozessen sowie BT 2 zur Internen Revision, sind hingegen grundsätzlich für die Risikosteuerungs- und -controllingprozesse nicht relevant. Siehe Kapitel 2.3.3.3.1.

2138 Siehe Kapitel 2.3.3.3.3.

2139 Vgl. BTR Tz. 2 MaRisk sowie siehe Kapitel 2.3.3.3.3.

2140 Siehe Kapitel 4.2.2.1. bis 4.2.2.4.

Abbildung 33: Regelkreisphasenübergreifende Kriterien

Regelkreisphasenübergreifende Kriterien (einschließlich Prüfungshypothese)	**Relevanz** (MaRisk-Fundstelle)
Eignung des Prozessdesigns: Die Eignung des Prozessdesigns ist nicht erfüllt, da die erforderliche Funktionstrennung fehlt, Kompetenzen oder Verantwortlichkeiten nicht oder nicht eindeutig definiert sind, durch fehlende oder fehlerhafte Kontrollen Daten verfälscht oder unvollständig sind oder die Abfolge von Aktivitäten fehlerhaft ist.	AT 4.3.1 und BTO Tz. 3, 4 MaRisk
Vorhandensein der Dokumentation: Das Vorhandensein der Dokumentation ist nicht erfüllt, da die Dokumentation entweder nicht vorhanden, unvollständig oder fehlerhaft ist.	AT 5 und AT 6 MaRisk
Eignung der Anpassungsgeschwindigkeit: Die Eignung der Anpassungsgeschwindigkeit ist nicht gegeben, da das Institut unter den gegebenen Ressourcen und Anforderungen aus der Anpassung die Änderungen bei Prozessen und Systemen nicht schnellstmöglich umsetzt.	AT 4.3.2 Tz. 7 MaRisk
Eignung der Ausstattung: Die Eignung der Ausstattung ist nicht erfüllt, da die quantitative oder qualitative Personalausstattung oder die technisch-organisatorische Ausstattung im Hinblick auf die Zielsetzung der Prozesse ungeeignet ist.	AT 7.1 und AT 7.2 Tz. 1 MaRisk

Die regelkreisbezogenen Prüfungskriterien gliedern sich in Kriterien zur Identifizierung, Beurteilung sowie Überwachung und Kommunikation.[2141] Die Risikoidentifizierung als erste Phase des Regelkreislaufs spiegelt die Funktion zum frühzeitigen Erkennen der wesentlichen Ausprägungen des Zinsänderungsrisikos wider.[2142]

Abbildung 34: Regelkreisbezogene Kriterien zur Identifizierung

Regelkreisbezogene Kriterien - Identifizierung (einschließlich Prüfungshypothese)	**Relevanz** (MaRisk-Fundstelle)
Eignung der Identiefizierungsmethode: Die Eignung der Identifizierungsmethode ist nicht gegeben, da die Verfahren zur Bestandsaufnahme regelmäßig oder anlassbezogen neue oder veränderte Ausprägungen des Zinsänderungsrisikos nicht ausreichend sicher erkennen können.	AT 2.2 Tz. 1 MaRisk
Vollständigkeit der Einbindung der Organisationseinheiten: Die Vollständigkeit der Einbindung der Organisationseinheiten ist nicht erfüllt, da nicht alle für die Identifizierung notwendigen Einheiten in den Prozess zur Identifizierung eingebunden sind.	AT 2.2 Tz. 1 MaRisk
Vollständigkeit der Risikodefinition: Die Vollständigkeit der Risikodefinition ist nicht gegeben, da nicht alle Ursachen in der Risikodefinition des Zinsänderungsrisikos im Anlagebuch aufgeführt werden.	AT 2.2 Tz. 1 und BTR 2.3 Tz. 5 MaRisk
Eignung der Wesentlichkeitseinstufung: Die zur Einstufung der Wesentlichkeit angewendeten Kriterien des Instituts können wesentliche und unwesentliche Risiken nicht mit hinreichender Sicherheit unterscheiden und führen zur Klassifikation von wesentlichen Risiken als unwesentlich.	AT 2.2 Tz. 1,2 und BTR 2.3 Tz. 5 MaRisk

2141 Siehe Kapitel 4.2.3.

2142 Siehe Kapitel 4.2.3.1.1. bis 4.2.3.1.4.

Die Kriterien zur Risikobeurteilung als weitere Phase des Regelkreislaufs greifen die Funktion der Quantifizierung beziehungsweise Abschätzung des Zinsänderungsrisikos im Anlagebuch auf. Darüber hinaus sind neben den allgemeinen Messverfahren der Phase auch die Stresstests zuzuordnen. Im Einzelnen sind für die Beurteilung die folgenden MaRisk-Anforderungen relevant:[2143]

Abbildung 35: Regelkreisbezogene Kriterien zur Beurteilung

Regelkreisbezogene Kriterien - Beurteilung (einschließlich Prüfungshypothese)	**Relevanz** (MaRisk-Fundstelle)
Eignung der Messmethoden: Die eingesetzte Methode ist ungeeignet, da die vom Institut gewählten Methoden nicht alle identifizierten wesentlichen Ausprägungen des Zinsänderungsrisikos im Anlagebuch vollumfänglich abbilden können.	AT 4.1 Tz. 8, BTR Tz. 2, BTR 2.1 Tz. 3 und BTR 2.3 Tz. 5, 6, 8 MaRisk
Eignung der Annahmen: Die Annahmen zu Produkten mit unbestimmter Zins- beziehungsweise Kapitalbindung sind ungeeignet, da diese im Vergleich zum beobachteten Umfeld des Instituts zu einer wesentlichen Unterschätzung des Zinsänderungsrisikos im Anlagebuch führen.	AT 4.1 Tz. 8, BTR Tz. 2 und BTR 2.3 Tz. 7, 8 MaRisk
Vollständigkeit und Richtigkeit der Parameter: Die Vollständigkeit und die Richtigkeit der Parameter sind nicht gegeben, da die zur Messung des Zinsänderungsrisikos im Anlagebuch verwendeten Parameter unvollständig oder fehlerhaft sind.	AT 4.1 Tz. 8, BTR Tz. 2, BTR 2.1 Tz. 3 und BTR 2.3 Tz. 5, 8 MaRisk
Vollständigkeit und Eignung der Stresstests: Die Vollständigkeit und die Eignung der Stresstests sind nicht gegeben, da nicht für alle Ausprägungen des Zinsänderungsrisikos im Anlagebuch ein Stresstest modelliert wird oder die Änderung der Marktparameter für die Abbildung eines Stresstests nicht ausreichend ist.	AT 4.3.3 Tz. 1, 2, 4 MaRisk

Die Risikoüberwachung und -kommunikation soll den Handlungsrahmen der Risikosteuerung begrenzen und umfasst hierzu Prüfungskriterien zur Angemessenheit und Wirksamkeit des Limitsystems des Zinsänderungsrisikos im Anlagebuch. Ferner ist die Eignung der Überwachungsergebnisse und die Berichterstattung Gegenstand der Kriterien zu dieser Phase. Die MaRisk-Anforderungen, die von den Prüfungskriterien zur Risikoüberwachung und -kommunikation adressiert werden, sind im Einzelnen in der Abbildung 36 dargestellt:[2144]

2143 Siehe Kapitel 4.2.3.2.1. bis 4.2.3.2.4.

2144 Siehe Kapitel 4.2.3.3.1. bis 4.2.3.3.4.

Abbildung 36: Regelkreisbezogene Kriterien zur Überwachung und Kommunikation

Regelkreisbezogene Kriterien - Überwachung und Kommunikation (einschließlich Prüfungshypothese)	**Relevanz** (MaRisk-Fundstelle)
Eignung des Limitsystems: Das Limitsystem ist ungeeignet, da das Limitsystem die geforderte Begrenzungswirkung aufgrung fehlender Synchronität zur Risikotoleranz und zur Risikotragfähigkeit nicht aufweist.	AT 4.1 Tz. 2, AT 4.2 Tz. 2, BTR 2.1 Tz. 1 und BTR 2.3 Tz. 3 MaRisk
Vollständigkeit und Eignung der Ermittlung der Limitauslastungen: Die Vollständigkeit und die Eignung der Ermittlung der Limitauslastungen sind nicht gegeben, da die Ermittlung der Auslastungen unvollständig ist oder zwischenzeitliche Limitüberschreitungen nicht aufgedeckt werden.	AT 4.1 Tz. 2, AT 4.2 Tz. 2, BTR 2.1 Tz. 3, 4 und BTR 2.3 Tz. 3, 4 MaRisk
Eignung der Steuerungsimpulse: Die Steuerungsimpulse sind ungeeignet, da die prognostizierte Änderung durch die Steuerungsmaßnahme im Hinblick auf die Richtung und die Höhe nicht gleichermaßen auf die betroffenen Limitauslastungen des Zinsänderungsrisikos wirkt.	AT 4.1 Tz. 2, AT 4.2 Tz. 2 und BTR 2.1 Tz. 4 MaRisk
Vollständigkeit, Richtigkeit und Eignung der Berichterstattung: Die Vollständigkeit, die Richtigkeit und die Eignung der Berichterstattung sind nicht gegeben, da die notwendigen Informationen zur Risikosituation unvollständig oder fehlerhaft sind, diese für die Ergreifung von Gegenmaßnahmen zu spät erfolgt oder nicht alle erforderlichen Adressaten eingebunden sind.	AT 4.3.2 Tz. 3 bis 6, BTR 2.1 Tz. 5 und BTR 2.3 Tz. 4 MaRisk

Des Weiteren sind im Rahmen der spezifischen Einzelanforderungen ergänzend zu den Prüfungskriterien noch weitere Anforderungen der MaRisk aufgeführt, die eine besondere Interpretation als Prüfungshypothese nicht erfordern. Hinsichtlich des AT greifen die spezifischen Einzelanforderungen des Zinsänderungsrisikos im Anlagebuch die Funktionstrennung im AT 4.4.1 Tz. 1 MaRisk im Rahmen der Risikocontrollingfunktion auf.[2145] Darüber hinaus werden bezogen auf das Modul BTR noch der BTR 2.1 Tz. 2 MaRisk zum freien Limit bei Geschäftsabschluss, der BTR 2.1 Tz. 5 MaRisk zum Mindestturnus und Mindestinhalt der Berichterstattung sowie der BTR 2.3 Tz. 1 und 2 MaRisk zur Bewertung der Positionen und Ermittlung des Ergebnisses des Anlagebuchs als spezifische Einzelanforderung behandelt.[2146]

Für das Modul AT ergibt sich die Gegenüberstellung zur Beurteilung der Vollständigkeit somit wie folgt:[2147]

2145 Ergänzend hierzu sind noch die Vorgaben des BTO Tz. 4 bis 6 und 9 MaRisk zu nennen. Siehe Kapitel 4.2.4.

2146 Siehe Kapitel 4.2.4.

2147 Siehe Kapitel 2.3.3.3.2.

Abbildung 37: Vollständigkeit der Kriterien für das Modul AT

Anforderung an Risikosteuerungs- und -controllingprozesse des Moduls AT der MaRisk	**Regelkreisübergreifende Kriterien**	**Regelkreisbezogene Kriterien**
Risikoinventurprozess AT 2.2 Tz. 1 MaRisk	-	Eignung der Identifizierungsmethode; Vollständigkeit der Einbindung der organisationseinheiten; Vollständigkeit der Risikodefinition; Eignung der Wesentlichkeitseinstufung
Wesentlichkeit der Risiken AT 2.2 Tz. 2 MaRisk	-	Eignung der Wesentlichkeits-einstufung
Einhaltung der Risikotragfähigkeit und der Risikotoleranz AT 4.1 Tz. 2 und AT 4.2 Tz. 2 MaRisk	-	Eignung des Limitsystems; Vollständigkeit und Eignung der Ermittlung der Limitauslastungen; Eignung der Steuerungsimpulse
Methoden und Verfahren, Annahmen AT 4.1 Tz. 8 MaRisk	-	Eignung der Messmethoden; Eignung der Annahmen; Vollständigkeit und Richtigkeit der Parameter
Aufbau- und Ablauforganisation AT 4.3.1 MaRisk sowie ergänzend BTO Tz. 3 und 4 MaRisk	Eignung des Prozessdesigns	-
Regelmäßige und anlassbezogene Berichterstattung AT 4.3.2 Tz. 3 bis 6 MaRisk	-	Vollständigkeit, Richtigkeit und Eignung der Berichterstattung
Zeitnahe Anpassung der Prozesse AT 4.3.2 Tz. 7 MaRisk	Eignung der Anpassungs-geschwindigkeit	-
Stresstests AT 4.3.3 Tz. 1, 2 und 4 MaRisk	-	Vollständigkeit und Eignung der Stresstests
Funktionstrennung Risikocontrolling AT 4.4.1 Tz. 1 MaRisk sowie ergänzend BTO Tz. 4 bis 6 sowie 9 MaRisk	- (spezifische Einzelanforderung)	- (spezifische Einzelanforderung)
Organisationsrichtlinien sowie Dokumentation der Handlungen AT 5 und AT 6 MaRisk	Vorhandensein der Dokumentation	-
Personelle und technisch-organisatorische Ausstattung AT 7.1 und AT 7.2 Tz. 1 MaRisk	Eignung der Ausstattung	-

Damit werden alle relevanten Normen des Moduls AT der MaRisk im Rahmen der Prüfungskriterien sowie ergänzend durch spezifische Einzelanforderungen abgedeckt. Weiterhin ergibt die Gegenüberstellung der relevanten Anforderungen aus dem Modul BTR mit den regelkreisphasenübergreifenden und regelkreisbezogenen Kriterien die folgende Abdeckung:[2148]

2148 Siehe Kapitel 2.3.3.3.3.

Abbildung 38: Vollständigkeit der Kriterien für das Modul BTR

Anforderung an Risikosteuerungs- und -controllingprozesse des Moduls BTR der MaRisk	**Regelkreisübergreifende Kriterien**	**Regelkreisbezogene Kriterien**
Überprüfung Methoden und Verfahren sowie Risikowerte BTR Tz. 2 MaRisk	-	Eignung der Messmethoden; Eignung der Annahmen; Vollständigkeit und Richtigkeit der Parameter
Limitsystem BTR 2.1 Tz. 1 MaRisk	-	Eignung des Limitsystems
Freies Limit bei Geschäftsabschluss BTR 2.1 Tz. 2 MaRisk	- (spezifische Einzelanforderung)	- (spezifische Einzelanforderung)
Überprüfung Verfahren und Methoden BTR 2.1 Tz. 3 MaRisk	-	Eignung der Messmethoden; Vollständigkeit und Richtigkeit der Parameter; Vollständigkeit und Eignung der Ermittlung der Limitauslastungen
Abstimmung Ergebnisse BTR 2.1 Tz. 4 MaRisk	-	Eignung der Steuerungsimpulse; Vollständigkeit und Eignung der Ermittlung der Limitauslastungen
Inhalte der Berichterstattung BTR 2.1 Tz. 5 MaRisk[1)]	-	Vollständigkeit. Richtigkeit und Eignung der Berichterstattung
Vierteljährliche Bewertung und Ergebnisermittlung BTR 2.3 Tz. 1 und 2 MaRisk	- (spezifische Einzelanforderung)	- (spezifische Einzelanforderung)
Ergänzende Maßnahmen zur Limiteinhaltung BTR 2.3 Tz. 3 MaRisk	-	Eignung des Limitsystems; Vollständigkeit und Eignung der Ermittlung der Limitauslastungen
Risikoorientierter Turnus BTR 2.3 Tz. 4 MaRisk	-	Vollständigkeit und Eignung der Ermittlung der Limitauslastungen; Vollständigkeit, Richtigkeit und Eignung der Berichterstattung
Erfassung der Ausprägungen des Zinsänderungsrisikos BTR 2.3 Tz. 5 MaRisk	-	Vollständigkeit der Risikodefinition; Eignung der Wesentlichkeitseinstufung; Eignung der Messmethoden
Methoden zum Zinsänderungsrisiko BTR 2.3 Tz. 6 MaRisk	-	Eignung der Messmethoden
Annahmen zum Zinsänderungsrisiko BTR 2.3 Tz. 7 MaRisk[1)]	-	Eignung der Annahmen
Zinsänderungsrisiken in verschiedenen Währungen BTR 2.3 Tz. 8 MaRisk	-	Eignung der Messmethoden; Eignung der Annahmen; Vollständigkeit und Richtigkeit der Parameter

[1)] Bestimmte Vorgaben zur Berichterstattung und zur Nicht-Berücksichtigung des Eigenkapitals bei den Annahmen sind ergänzend zu den spezifischen Einzelanforderungen zu zählen.

Unter Einbeziehung der spezifischen Einzelanforderungen in der Prüfung werden auch die Anforderungen des BTR zum Zinsänderungsrisiko im Anlagebuch durch den vorgeschlagenen Kriterienkatalog abgedeckt. Der Kriterienkatalog ist daher insgesamt mit den genannten spezifischen Einzelanforderungen als vollständig[2149] anzusehen.[2150]

2149 Siehe Kapitel 4.1.3.5.

2150 Für große international tätige Institute können sich aus den internationalen Vorgaben zum Zinsänderungsrisiko in Verbindung mit dem Proportionalitätsprinzip nach oben weitere Anforderungen, insbesondere an die erweiterten Leitungsebenen, ergeben.

4.3.2 Analyse der Verständlichkeit

Die Umsetzung der Kriterien in der Prüfungsdurchführung basiert auf den Prüfungshypothesen und erfolgt durch Falsifikation mittels geeigneter Prüfungshandlungen bis zum Erreichen des durch den Prüfer im Rahmen des risikoorientierten Prüfungsansatzes festgelegten Sicherheitsniveaus. Eine für die Prüfung notwendige Voraussetzung ist allerdings ein einheitliches Verständnis des Kriterienkatalogs bei den Prüfern, sodass neben der Vollständigkeit ebenfalls die Verständlichkeit der Prüfungskriterien zu beurteilen ist.[2151]

Die Grundlage zur Beurteilung der Verständlichkeit ist der Vergleich der in den Prüfungshypothesen verwendeten zentralen Begriffe, das heißt der Merkmalsausprägungen, mit bekannten Begriffen der Prüfung aus den berufsständischen Vorgaben.[2152] Im Mittelpunkt der folgenden Betrachtungen stehen dabei die Prüfungsstandards des IDW, die sich im Einzelnen mit Fragen zur Prüfung des Risikomanagements sowie allgemein mit der Prüfung im Rahmen des risiko-, prozess- und systemorientierten Prüfungsansatzes befassen.[2153] Ferner ist hinsichtlich der Merkmalsausprägungen sicherzustellen, dass diese überschneidungsfrei zueinander formuliert sind, um Redundanzen oder gar Widersprüche zu vermeiden.[2154] Dazu sind in einem ersten Schritt auf Basis der Prüfungshypothesen die Merkmalsausprägungen herauszuarbeiten und hinsichtlich Dopplungen zu analysieren. Anschließend sind die verschiedenen berufsständischen Vorgaben mit den Merkmalsausprägungen hinsichtlich gleicher oder zumindest ähnlicher Begriffe zu untersuchen.

Im Einzelnen lassen sich für die risikoübergreifenden Prüfungskriterien die folgenden Merkmalsausprägungen aus den aufgestellten Prüfungshypothesen ableiten:[2155]

Siehe Kapitel 2.3.3.3.1. und zu den internationalen Normen siehe Kapitel 2.3.1.2. sowie 2.3.2.2. Im Einzelfall ist daher der Prüfungskatalog weitergehend zu ergänzen, wobei die Ergänzung institutsspezifisch zu erfolgen hat. Vgl. BaFin (Hrsg.) (2012c), o. S. sowie siehe Kapitel 2.3.3.3.1.

2151 Siehe Kapitel 4.1.3.4.

2152 Siehe Kapitel 3.3.1.

2153 Siehe Kapitel 3.3. ff. zu den berufsständischen Vorgaben sowie siehe Kapitel 4.1.2. zum risikoorientierten Prüfungsansatz.

2154 Siehe Kapitel 4.1.3.4.

2155 Siehe Kapitel 4.2.2.1. bis 4.2.2.4.

Abbildung 39: Merkmalsausprägungen der regelkreisphasenübergreifenden Kriterien

Regelkreisphasenübergreifende Kriterien (einschließlich Prüfungshypothese)	**Zu falsifizierende Merkmalsausprägungen**
Eignung des Prozessdesigns: Die Eignung des Prozessdesigns ist nicht erfüllt, da die erforderliche Funktionstrennung fehlt, die Kompetenzen oder die Verantwortlichkeiten nicht oder nicht eindeutig definiert sind, durch fehlende oder fehlerhafte Kontrollen Daten verfälscht oder unvollständig sind oder die Abfolge von Aktivitäten fehlerhaft ist.	• vorhandene Funktionstrennung • eindeutig definierte Kompetenzen • eindeutig definierte Verantwortlichkeiten • funktionsfähige Schnittstellenkontrollen • richtige Aktivitätenabfolge
Vorhandensein der Dokumentation: Das Vorhandensein der Dokumentation ist nicht erfüllt, da die Dokumentation entweder nicht vorhanden, unvollständig oder fehlerhaft ist.	• vorhandene, vollständige und richtige Dokumentation
Eignung der Anpassungsgeschwindigkeit: Die Eignung der Anpassungsgeschwindigkeit ist nicht gegeben, da das Institut unter den gegebenen Ressourcen und Anforderungen aus der Anpassung die Änderungen bei Prozessen und Systemen nicht schnellstmöglich umsetzt.	• schnellstmögliche Prozessänderung • schnellstmögliche Systemänderung
Eignung der Ausstattung: Die Eignung der Ausstattung ist nicht erfüllt, da die quantitative oder qualitative Personalausstattung oder die technisch-organisatorische Ausstattung im Hinblick auf die Zielsetzung der Prozesse ungeeignet ist.	• geeignete quantitative Personalausstattung • geeignete qualitative Personalausstattung • geeignete technisch-organisatorische Ausstattung

Das Prüfungskriterium Eignung des Prozessdesigns umfasst insgesamt fünf einzelne Merkmalsausprägungen zur Aufbau- und Ablauforganisation der Institute. Hierzu sind die Merkmalsausprägungen Vorhandensein der Funktionstrennung, eindeutig definierte Kompetenzen und Verantwortlichkeiten, funktionsfähige Schnittstellenkontrollen sowie die richtige Aktivitätenabfolge zum Kriterium aufzuzählen. Ferner werden in den regelkreisphasenübergreifenden Kriterien auch Merkmale zur Dokumentation, zu Prozess- und Systemänderungen sowie zur Ausstattung des Instituts behandelt, sodass auf Basis dieser Merkmale keine unmittelbaren Überschneidungen zu erkennen sind.

Für die regelkreisbezogenen Prüfungskriterien werden die Merkmalsausprägungen analog dem Vorgehen zur Vollständigkeit nach den Phasen Risikoidentifizierung, Risikobeurteilung sowie Risikoüberwachung und -kommunikation analysiert. Für die Risikoidentifzierung ergeben sich die Merkmalsausprägungen aus den Prüfungshypothesen wie folgt:[2156]

2156 Siehe Kapitel 4.2.3.1.1. bis 4.2.3.1.4.

Abbildung 40: Merkmalsausprägungen der Risikoidentifizierung

Regelkreisbezogene Kriterien - Identifizierung (einschließlich Prüfungshypothese)	**Zu falsifizierende Merkmalsausprägungen**
Eignung der Identifizierungsmethode: Die Eignung der Identifizierungsmethode ist nicht gegeben, da die Verfahren zur Bestandsaufnahme regelmäßig oder anlassbezogen neue oder veränderte Ausprägungen des Zinsänderungsrisikos nicht ausreichend sicher erkennen können.	• ausreichend sicheres Erkennen von Ausprägungen der Identifizierungsmethode
Vollständigkeit der Einbindung der Organisationseinheiten: Die Vollständigkeit der Einbindung der Organisationseinheiten ist nicht erfüllt, da nicht alle für die Identifizierung notwendigen Einheiten in den Prozess zur Identifizierung eingebunden sind.	• vollständig eingebundene Organisationseinheiten in das Identifizierungsverfahren
Vollständigkeit der Risikodefinition: Die Vollständigkeit der Risikodefinition ist nicht gegeben, da nicht alle Ursachen in der Risikodefinition des Zinsänderungsrisikos im Anlagebuch aufgeführt werden.	• vollständige Ursachennennung in der Definition
Eignung der Wesentlichkeitseinstufung: Die zur Einstufung der Wesentlichkeit angewendeten Kriterien des Instituts können wesentliche und unwesentliche Risiken nicht mit hinreichender Sicherheit unterscheiden und führen zur Klassifikation von wesentlichen Risiken als unwesentlich.	• trennscharfe Wesentlichkeitskriterien zur Abgrenzung wesentlicher Risiken

Die Merkmale zur Risikoidentifizierung befassen sich mit dem Erkennen von Risikoausprägungen durch die Identifizierungsmethode, mit der Einbindung der Organisationseinheiten in die Identifizierungsverfahren, mit den in der Risikodefinition aufgeführten Ursachen sowie mit den Wesentlichkeitskriterien des Instituts zur Abgrenzung wesentlicher von unwesentlichen Ausprägungen. Insofern unterscheiden sich die Merkmale von den bereits diskutierten Merkmalen der risikoübergreifenden Prüfungskriterien als auch untereinander.

Abbildung 41: Merkmalsausprägungen der Risikobeurteilung

Regenkreisbezogene Kriterien - Beurteilung (einschließlich Prüfungshypothese)	**Zu falsifizierende Merkmalsausprägungen**
Eignung der Messmethoden: Die eingesetzten Methoden sind ungeeignet, da die vom Institut gewählten Methoden nicht alle identifizierten wesentlichen Ausprägungen des Zinsänderungsrisikos im Anlagebuch vollumfänglich abbilden können.	• vollumfänglich abgebildete Ausprägungen durch die Messmethoden
Eignung der Annahmen: Die Annahmen zu Produkten mit unbestimmter Zins- beziehungsweise Kapitalbindung sind ungeeignet, da diese im Vergleich zum beobachteten Umfeld des Instituts zu einer wesentlichen Unterschätzung des Zinsänderungsrisikos im Anlagebuch führen.	• im Vergleich zum Umfeld nicht unterschätzende Annahmen
Vollständigkeit und Richtigkeit der Parameter: Die Vollständigkeit und die Richtigkeit der Parameter sind nicht gegeben, da die zur Messung des Zinsänderungsrisikos im Anlagebuch verwendeten Parameter unvollständig oder fehlerhaft sind.	• vollständige und richtige Marktparameter • vollständige und richtige Geschäftsdaten
Vollständigkeit und Eignung der Stresstests: Die Vollständigkeit und die Eignung der Stresstests sind nicht gegeben, da nicht für alle Ausprägungen des Zinsänderungsrisikos im Anlagebuch ein Stresstest modelliert wird oder die Änderung der Marktparameter für die Abbildung eines Stresstests nicht ausreichend ist.	• vollständig und ausreichend extrem modellierte Stresstests

Die Risikobeurteilung befasst sich mit der Quantifizierung beziehungsweise Abschätzung des Zinsänderungsrisikos im Anlagebuch, wobei die Prüfungskriterien der Phase die folgenden Merkmalsausprägungen beinhalten:[2157]

Die Merkmale der Prüfungskriterien zur Risikobeurteilung sind die Messmethoden, die Annahmen zur Messung sowie die Marktparameter und die Geschäftsdaten. Darüber hinaus ist auch die Modellierung der Stresstests ein Merkmal in dieser Regelkreisphase. Im Vergleich zu den regelkreisphasenübergreifenden Prüfungskriterien und den Prüfungskriterien der Risikoidentifizierung sowie den Kriterien untereinander sind keine unmittelbaren Überschneidungen bei den Merkmalen festzustellen.

Die Risikoüberwachung und -kommunikation, als Regelkreisphase zur Begrenzung der Steuerungsmaßnahmen und somit zur Einhaltung der Risikotragfähigkeit und der Risikotoleranz, umfasst die folgenden Merkmalsausprägungen:[2158]

Abbildung 42: Merkmalsausprägungen der Risikoüberwachung und -kommunikation

Regelkreisbezogene Kriterien - Überwachung und Kommunikation (einschließlich Prüfungshypothese)	**Zu falsifizierende Merkmalsausprägungen**
Eignung des Limitsystems: Das Limitsystem ist ungeeignet, da das Limitsystem die geforderte Begrenzungswirkung aufgrund fehlender Synchronität zur Risikotoleranz und zur Risikotragfähigkeit nicht aufweist.	• synchron zur Risikotragfähigkeit und Risikotoleranz begrenzendes Limitsystem
Vollständigkeit und Eignung der Ermittlung der Limitauslastungen: Die Vollständigkeit und die Eignung der Ermittlung der Limitauslastungen sind nicht gegeben, da die Ermittlung der Auslastungen unvollständig ist oder zwischenzeitliche Limitüberschreitungen nicht aufgedeckt werden.	• vollständige und ausreichend zeitnahe Ermittlung der Limitauslastungen
Eignung der Steuerungsimpulse: Die Steuerungsimpulse sind ungeeignet, da die prognostizierte Änderung durch die Steuerungsmaßnahme im Hinblick auf die Richtung und die Höhe nicht gleichermaßen auf die betroffenen Limitauslastungen des Zinsänderungsrisikos wirkt.	• im Vergleich zur Steuerungsmaßnahme gleichgerichtete und im gleichen Ausmaß veränderte Limitauslastungen
Vollständigkeit, Richtigkeit und Eignung der Berichterstattung: Die Vollständigkeit, die Richtigkeit und die Eignung der Berichterstattung sind nicht gegeben, da die notwendigen Informationen zur Risikosituation unvollständig oder fehlerhaft sind, diese für die Ergreifung von Gegenmaßnahmen zu spät erfolgt oder nicht alle erforderlichen Adressaten eingebunden sind.	• vollständige, richtige und ausreichend zeitnahe Informationen an die erforderlichen Adressaten

Die Merkmale Limitsystem sowie Limitauslastung, die wiederum auf der Gegenüberstellung der in der Risikobeurteilung ermittelten Risikowerte[2159] mit den Limiten als Teil des Limitsystems basiert, sind nicht vollumfänglich zu trennen.[2160]

2157 Siehe Kapitel 4.2.3.2.1. bis 4.2.3.2.4.

2158 Siehe Kapitel 4.2.3.3.1. bis 4.2.3.3.4.

2159 Siehe Kapitel 4.2.3.2.1. bis 4.2.3.2.3.

2160 So kann beispielsweise eine fehlerhafte Ermittlung der Limitauslastungen neben dem Prüfungskriterium Vollständigkeit und Eignung der Ermittlung der Limitauslastungen auch unmittelbar die Eignung der Steuerungsimpulse in Frage stellen. Ähnliches gilt ebenso für die Kriterien zur Eignung des Limitsystems und zur Eignung der Steu-

Zumindest mittelbar bestehen hier Überschneidungen in der Merkmalshierachie,[2161] wobei aber die Merkmalsausprägungen zur Limitauslastung und zu den Steuerungsimpulsen weitergehende Aspekte der Risikoüberwachung berücksichtigen. Ferner greift das Prüfungskriterium zur Berichterstattung ebenso auf die Ergebnisse der Risikoüberwachung zurück, die sich durch die Funktionen der Risikoüberwachung und -kommunikation voneinander abgrenzen.[2162] Insgesamt ist festzustellen, dass zwischen einzelnen Kriterien Überschneidungen bestehen und die Kriterien nicht vollumfänglich die Eigenschaft der Verständlichkeit erfüllen.

Des Weiteren sind im Zusammenhang mit der Verständlichkeit der Prüfungskriterien die zentralen Begriffe, im Sinne der Merkmalsausprägungen, auf Gleichheit mit den einschlägigen Prüfungsstandards des Berufsstandes zu untersuchen. Dabei lassen sich die Merkmalsausprägungen der regelkreisphasenübergreifenden Prüfungskriterien, wie in der Abbildung 43 dargestellt, insbesondere den jeweiligen Stellen im IDW PS 525 und IDW PS 340 gegenüberstellen.[2163]

Abbildung 43: Regelkreisphasenübergreifende Merkmale und Begriffe des Berufsstandes

	Merkmalsausprägungen zu den Prüfungskriterien	**Gleiche oder ähnliche Begriffe des Berufsstandes (IDW PS)**
Regelkreisphasenübergreifend	• vorhandene Funktionstrennung	• „Funktionstrennung (…) beachtet“ IDW PS 525. Rn. 15 3. Spiegelstrich
	• eindeutig definierte Kompetenzen und Verantwortlichkeiten	• „Kompetenzen. Verantwortlichkeiten (…) klar definiert“ IDW PS 525. Rn. 15 1. Spiegelstrich
	• funktionsfähige Schnittstellen-kontrollen	• „Kontrollen (…) aufeinander abgestimmt“ IDW PS 525, Rn. 15 1. Spiegelstrich; „Kontrollen sollen die Wahrscheinlichkeit für das Auftreten von Fehlern in den Arbeitsabläufen vermindern bzw. aufgetretene Fehler aufdecken (z. B. [sic!] Überprüfung der Vollständigkeit und Richtigkeit von erhaltenen oder weitergehenden Daten, (…))“ IDW PS 261, Rn. 20
	• richtige Aktivitätenabfolge	• „Risikomanagementprozess sowie damit verbundenen Aufgaben (…) aufeinander abgestimmt sind“ IDW PS 525, Rn. 15 1. Spiegelstrich
	• vorhandene, vollständige und richtige Dokumentation	• „Risikomanagementsystem sowie getroffene Maßnahmen und generierten Informationen hinreichend dokumentiert werden“ IDW PS 525, Rn. 15 7. Spiegelstrich
	• schnellstmögliche Prozess- und Systemänderung	• „veränderte externe und interne Rahmenbedingungen zeitnah angepasst (…) wurde“ IDW PS 525, Rn. 15 5. Spiegelstrich
	• geeignete quantitative und qualitative Personalausstattung sowie technisch-organisatorische Ausstattung	• „hinreichende personelle, technische und organisatorische Ressourcen“ IDW PS 525, Rn. 15 6. Spiegelstrich

erungsimpulse. Gleichwohl sind im Hinblick auf die Funktion der Regelkreisphase als auch insbesondere aufgrund der aufsichtlichen Vorgaben, die insbesondere im Rahmen der Relevanz behandelt wurden, die Kriterien durch den Prüfer abzudecken. Vgl. Kapitel 4.2.3.3.1. bis 4.2.3.3.3. Insofern können sich aus den Überschneidungen doppelte Arbeiten ergeben, soweit der Prüfer die Überschneidungen bei der Planung der Prüfungshandlungen unberücksichtigt lässt.

2161 Siehe Kapitel 4.1.3.4.

2162 Siehe Kapitel 4.2.3.3.

2163 Siehe Kapitel 3.3.1.1. und 3.3.1.2.

Darüber hinaus lassen sich auch die regelkreisbezogenen Prüfungskriterien einzelnen Begriffen des Berufsstandes zuordnen.[2164]

Abbildung 44: Regelkreisbezogene Merkmale und Begriffe des Berufsstandes

	Merkmalsausprägungen zu den Prüfungskriterien	**Gleiche oder ähnliche Begriffe des Berufsstandes (IDW PS)**
Risikoidentifizierung	• ausreichend sicheres Erkennen von Ausprägungen der Identifizierungsmethode	• „geeignete Verfahren [sodass die] (...) potenziell wesentlichen Risiken frühzeitig erkannt werden können" IDW PS 525. Rn. 24: „regelmäßigen Bestandsaufnahme (Risikoinventur) und (...) einer anlassbezogenen Untersuchung von Risiken bei sich ändernden Rahmenbedingungen" IDW PS 525, Rn. 25; „im vorhinein definierte Risiken, als auch (...) Risiken, die keinem vorab definierten Erscheinungsbild entsprechen" IDW PS 340. Rn. 9
	• vollständig eingebundene Organisationseinheiten in das Identifizierungsverfahren	• „angemessenen Risikobewußtseins [sic!] aller Mitarbeiter voraus, was in den Bereichen von besonderer Bedeutung ist, die (...) als besonders risikoanfällig eingeschätzt werden" IDW PS 340, Rn. 9
	• vollständige Ursachennennung in der Definition	• „zielführende Kategorisierung der Risiken" IDW PS 525, Rn. 28 1. Spiegelstrich"
	• trennscharfe Wesentlichkeitskriterien zur Abgrenzung wesentlicher Risiken	• „wesentlich eingestufte Risiken" IDW PS 525, Rn. 28 1. Spiegelstrich
Risikobeurteilung	• vollumfänglich abgebildete Ausprägungen durch die Messmethoden	• „Eignung der verwendeter (...) Risikomodelle" IDW PS 525. Rn. 28 4. Spiegelstrich
	• im Vergleich zum Umfeld nicht unterschätzende Annahmen	• „Annahmen konsistent sind (insb. bei der Schätzung zukunftsbezogener Zahlungsströme)" IDW PS 525, Rn. 28 3. Spiegelstrich
	• vollständige und richtige Marktparameter und Geschäftsdaten	• „Geschäftsdaten, Parameter (...) konsistent sind" IDW PS 525, Rn. 28 3. Spiegelstrich
	• vollständig und ausreichend extrem modellierte Stresstests	• „extreme Marktszenarien" IDW PS 525, Rn. 28 7. Spiegelstrich
Risikoüberwachung / -kommunikation	• synchron zur Risikotragfähigkeit und Risikotoleranz begrenzendes Limitsystem	• „Umsetzung der Steuerungsentscheidungen sowie die Einhaltung der Limite angemessen überwacht werden" IDW PS 525, Rn. 45
	• vollständige und ausreichend zeitnahe Ermittlung der Limitauslastungen	• „Umsetzung der Steuerungsentscheidungen sowie die Einhaltung der Limite angemessen überwacht werden" IDW PS 525, Rn. 45
	• im Vergleich zur Steuerungsmaßnahme gleichgerichtete und im gleichen Aumaß veränderte Limitauslastungen	• „Informationen (...) sachgerechte Entscheidungen der (...) Berichtsadressaten unterstützen" IDW PS 525, Rn. 17
	• vollständige, richtige und ausreichend zeitnahe Informationen an die erforderlichen Adressaten	• „Informationen zutreffend und verständlich sind" IDW PS 525, Rn. 17: „Geschäftsleitung und Gremien regelmäßig, vollständig und zeitnah über die aktuelle Risikolage in Kenntnis gesetzt werden" IDW PS 525, Rn. 41 1. Spiegelstrich; „ggf. eine Ad-hoc-Berichterstattung an die Entscheidungsträger erfolgt" IDW PS 525. Rn. 41 2. Spiegelstrich; „zeitlichen Abständen (...) hängt von der Art des Risikos und seiner Bedeutung (...) ab" IDW PS 340, Rn. 12

2164 Siehe Kapitel 3.3.1.1. und 3.3.1.2.

Als Ergebnis der Begriffsanalyse ist festzuhalten, dass unmittelbar gleiche Begriffe in den einschlägigen Prüfungsstandards regelmäßig nicht enthalten sind, sich allerdings durchgängig Parallelen zu ähnlichen Begriffen herstellen lassen.[2165] Insofern sind bei der Umsetzung des Prüfungsansatzes für ein einheitliches Verständnis der Kriterien und der zugehörigen Prüfungshypothesen neben den berufsständischen Vorgaben auch die relevanten Normen der MaRisk heranzuziehen,[2166] um die allgemeine Verständlichkeit des Prüfungskriterienkatalogs sicherzustellen.

2165 Ferner findet sich im Rahmen der berufsständischen Vorgaben zur Abschlussprüfung hinsichtlich des Begriffs Wesentlichkeit eine Definition als Grenzwert oder Eigenschaft, „der/die geeignet ist, das Entscheidungsverhalten … zu beeinflussen.“ IDW PS 250, Rn. 8.

2166 Siehe Kapitel 4.3.1. zu einer Gegenüberstellung der MaRisk-Vorgaben und der Prüfungskriterien.

5. Schlussfolgerungen zum Prüfungsansatz und Ausblick

Der Jahresabschlussprüfer eines Kreditinstituts hat hinsichtlich der Beurteilung der Risikosteuerungs- und -controllingprozesse des Zinsänderungsrisikos im Anlagebuch eine Vielzahl an aufsichtlichen Anforderungen zu beurteilen.[2167] Im Hinblick auf das funktionale Erkenntnisobjekt der Prüfungslehre hat der Prüfer einen adäquaten Prüfungsprozess umzusetzen, der sowohl die aufsichtlichen Anforderungen berücksichtigt als auch ein hinreichend sicheres Erkennen von Fehlern in den vom Institut implementierten Prozessen sicherstellt. Das Ziel dieser Arbeit war es, hierzu ein Prüfungsvorgehen auf Basis vorhandener Prüfungsansätze zu entwickeln und im Detail für die Risikosteuerungs- und -controllingprozesse des Zinsänderungsrisikos im Anlagebuch Prüfungskriterien für dieses Vorgehen abzuleiten.

Entsprechend der zentralen Forschungsziele waren insofern die Grundlagen der Bankbetriebslehre zum Risikomanagement sowie die aufsichtlichen Normen hierzu, insbesondere zum Zinsänderungsrisiko im Anlagebuch, zu untersuchen und einzugrenzen. Um die Prüfungskriterien in den Prüfungsprozess zu integrieren, waren gemäß dem zweiten Ziel der Arbeit die Ansätze der Prüfungslehre hinsichtlich einer Befassung mit dem funktionalen Erkenntnisobjekt, das heißt dem Vergleichs- beziehungsweise Prüfungsprozess, zu vergleichen und bezüglich der Eignung für die Prüfung der Risikosteuerungs- und -controllingprozesse zu analysieren. Im letzten Schritt dieser Arbeit waren die entsprechend dem ersten Ziel herausgearbeiteten Kriterien mit den Eigenschaften der Prüfungslehre für ideale Prüfungskriterien zu vergleichen, um so gegebenenfalls bestehende Hemmnisse für den Prüfungsprozess aufzuzeigen.[2168]

Vorab war es für das Verständnis des Begriffs und der Zielsetzung des Risikomanagements unerlässlich, sich mit den verschiedenen Definitionen zum Risiko auseinanderzusetzen. Im Mittelpunkt stand hierbei ein zielorientierter Risikobegriff, der die unerwarteten negativen Abweichungen von einem Erwartungswert als Risiko auffasst.[2169] Darüber hinaus war zudem die Ursache-Wirkungsbeziehung

2167 Siehe Kapitel 2.2.4.2.1.
2168 Siehe Kapitel 1.2.
2169 Siehe Kapitel 2.1.1.4.

für die Analyse der verschiedenen Ausprägungen des Zinsänderungsrisikos im Anlagebuch hervorzuheben.[2170]

Das Risikomanagement oder auch der Risikomanagementprozess definiert sich über die einzelnen Phasen zur Risikoidentifizierung, Risikobeurteilung, Risikosteuerung sowie Risikoüberwachung und -kommunikation, denen jeweils bestimmte Ziele beziehungsweise Funktionen zuzuordnen sind. Soweit die Regelkreisphasen ihre Funktion unter Beachtung der Vorgaben der Risikotragfähigkeit, der Risikostrategie sowie gegebenenfalls bestehender Risikokonzentrationen erfüllen, ist das Institut in der Lage, Risiken frühzeitig zu erkennen, zu beurteilen, zu steuern und zu überwachen sowie zu kommunizieren.[2171] Insofern bildet ein funktionierender Regelkreis des Risikomanagements ebenso die Basis zur Erfüllung der aufsichtlichen Anforderungen des prinzipienorientierten Ansatzes der Bankenaufsicht.[2172]

Von besonderer Bedeutung für die Beurteilung und Überwachung des in dieser Arbeit untersuchten Zinsänderungsrisikos im Anlagebuch sind die methodischen Ansätze zur Quantifizierung des Zinsänderungsrisikos, die von einfachen Ansätzen, wie der Zinsbindungsbilanz, bis hin zu deutlich fortschrittlicheren Neubewertungsansätzen reichen. Ein Verständnis der verschiedenen Methoden, insbesondere die Differenzierung von ergebnisorientierten und barwertorientierten Ansätzen, ist für die Beurteilung der Risikoquantifizierung eine wesentliche Grundlage.[2173] Zudem werden an die Umsetzung der verschiedenen Messmethoden seitens der internationalen und nationalen aufsichtlichen Regelungen unterschiedliche Anforderungen gestellt, um einzelnen spezifischen Schwächen der Ansätze zu begegnen.[2174]

Als Ergebnis der Analyse zu den verschiedenen aufsichtlichen Vorgaben sind auf internationaler Ebene die „Principles for the Management and Supervision of Interest Rate Risk“ des Baseler Ausschusses sowie das CEBS-Papier „Technical aspects of the management of interest rate risk arising from non-trading activities under the supervisory review process“ von herausgehobener Relevanz für die Arbeit zum Zinsänderungsrisiko im Anlagebuch.[2175] Auf nationaler Ebene sind die Anforderungen zum Zinsänderungsrisiko im

2170 Siehe Kapitel 2.1.3.
2171 Siehe Kapitel 2.1.2.
2172 Siehe Kapitel 2.3.3.3.2. zum AT 4.3.2 Tz. 1 MaRisk als Beispiel hierfür.
2173 Siehe Kapitel 2.1.4. und 4.2.3.2.1.
2174 Siehe Kapitel 2.3.1.2. und 2.3.3.3.3.
2175 Siehe Kapitel 2.3.1.2. und 2.3.2.2.

Anlagebuch im Rundschreiben MaRisk, insbesondere in Teilen des AT und BTR, sowie im Rundschreiben 11 / 2011 (BA) gebündelt.[2176] Die Grundlage der Rundschreiben der BaFin bildet der § 25a KWG, der von allen deutschen Kreditinstituten umzusetzen ist.[2177]

Die MaRisk enthalten eine Vielzahl an Öffnungsklauseln, die dem Prinzip der doppelten Proportionalität des ICAAP Rechnung tragen und eine flexible Umsetzung der aufsichtlichen Anforderungen durch die Institute ermöglichen. Die hierdurch entstehenden Auslegungs- beziehungweise Ermessensspielräume als Teil der qualitativen Bankenaufsicht nach Säule II von Basel II stellen im Rahmen der Prüfung die zentrale Herausforderung an den Jahresabschlussprüfer dar.[2178] Insbesondere ist durch die Verknüpfung der Anforderungen mit der risikoorientierten Öffnungsklausel sowie mit dem Wesentlichkeitsgrundsatz der Prüfungsansatz und vor allem das abzuleitende Soll-Objekt an die institutsindividuelle Situation anzupassen.[2179]

Der zweite Teil der Arbeit griff die verschiedenen theoretischen Ansätze der Prüfungslehre auf, um die Rahmenbedingungen für Prüfungskriterien sowie gegebenenfalls spezifische Anforderungen des Prüfungsvorgehens herauszuarbeiten. Zunächst war hierzu festzustellen, dass eine geschlossene Theorie der Prüfung derzeit nicht existiert, sondern lediglich zentrale Postulate, die von verschiedenen Theorieansätzen aufgegriffen und behandelt werden.[2180]

Hinsichtlich des im Rahmen dieser Arbeit behandelten funktionalen Erkenntnisobjekts sind lediglich die vergleichsbasierten Prüfungsansätze und der hypothesengestützte heuristische Prüfungsansatz, als Sonderform eines verhaltensorientierten Ansatzes, einschlägig.[2181] Die vergleichsbasierten Ansätze beruhen dabei zentral auf einem Vergleich eines Soll-Objekts mit einem Ist-Objekt im Hinblick auf das Vorhandensein gleicher Merkmalsausprägungen, wobei der risikoorientierte Prüfungsansatz am weitesten entwickelt ist.[2182] Im Gegensatz zu den vergleichsbasierten Prüfungsansätzen benötigt der

2176 Siehe Kapitel 2.3.3.3.1. bis 2.3.3.3.3. und 2.3.3.4.

2177 Siehe Kapitel 2.3.3.1.3.

2178 Siehe Kapitel 2.3.3.3.1.

2179 Siehe Kapitel 4.1.2.

2180 Siehe Kapitel 3.1. und 3.1.1.

2181 Siehe Kapitel 3.1.2.1.4. und 3.1.2.3. Die übrigen untersuchten spiel- und verhaltenstheoretischen Ansätze befassen sich hingegen mit der Beziehung zwischen Prüfer und anderen Prozessbeteiligten, wie dem zu prüfenden Institut und den Berichtsadressaten. Siehe Kapitel 3.1.2.2.5.

2182 Siehe Kapitel 3.1.2.1.3.

hypothesengestützte heuristische Prüfungsansatz kein vollumfänglich abgeleitetes Soll-Objekt und umgeht somit das Problem eines an die Risikosituation des Instituts anzupassenden Soll-Objekts.[2183] Stattdessen greift der Ansatz auf Fehlerhypothesen zurück, die aus der Nicht-Funktionsfähigkeit des Regelkreislaufs des Risikomanagements, im Einzelnen der Risikosteuerungs- und -controllingprozesse des Zinsänderungsrisikos im Anlagebuch, abgeleitet wurden.[2184] Der hypothesengestützte heuristische Ansatz, der die Prüfung als hypothesengestützten Untersuchungsprozess auffasst, ermöglicht hingegen keine Beweisführung, dass eine gefundene, aus der Erfahrung abgeleitete Lösung, wie der in dieser Arbeit vorschlagene Katalog von Prüfungskriterien, eine optimale Lösung des Problems darstellt. Allerdings eröffnet der Ansatz die Möglichkeit, Kriterien als Hypothesen geordnet zu falsifizieren und damit die Prüfungshandlungen und Bildung der Einzelurteile zu den Kriterien für Dritte nachvollziehbar zu gestalten.[2185]

Des Weiteren war neben der theoretischen Grundlage der Prüfungslehre auch eine Einordnung der Prüfungskriterien in den Prüfungsprozess vorzunehmen. So sind die Prüfungskriterien als Basis der Auswahl von Prüfungshandlungen[2186] zentraler Bestandteil der sachlichen Prüfungsplanung als Detailplanung, die nach der Risikoanalyse und der Prüfungsstrategie folgt und der Prüfungsdurchführung vorausgeht.[2187]

Für den Jahresabschlussprüfer ergeben sich im Weiteren ebenso faktische Verpflichtungen zur Prüfung aus den Verlautbarungen des Berufsstandes. So sind zu den Risikosteuerungs- und -controllingprozessen des Zinsänderungsrisikos im Anlagebuch insbesondere der IDW PS 340 und IDW PS 525 bei der Ableitung des Prüfungsvorgehens und der Aufstellung der Prüfungskriterien zu berücksichtigen.[2188] Ferner lassen sich aus den internationalen Vorgaben des Berufsstandes, die sich an die einzelnen nationalen Verbände, wie beispielsweise das IDW, richten, grundlegende Eigenschaften von Prüfungskriterien ableiten, die bezogen auf die spezifische Fragestellung der Arbeit eine Analyse der Güte

---

2183 Siehe Kapitel 3.1.2.3.

2184 Siehe Kapitel 4.1.2.

2185 Siehe Kapitel 3.1.2.3.

2186 Siehe Kapitel 3.2.3. zur Prüfungsdurchführung und Urteilsbildung sowie Kapitel 3.2.4. zur abschließenden Berichterstattung und Dokumentation der Prüfung.

2187 Siehe Kapitel 3.2.2. und 3.2.2.3.1. Weitergehende Aspekte zur Planung werden in den Kapiteln 3.2.2.1. bis 3.2.2.3.3. behandelt, wobei insbesondere zur personellen und zeitlichen Planung Interdependenzen bestehen.

2188 Siehe Kapitel 3.3.1.1. und 3.3.1.2.

der Prüfungskriterien ermöglichen und somit einer zentralen Schwäche des hypothesengestützten heuristischen Ansatzes begegnen. Im Einzelnen sind die Eigenschaften die Relevanz, die Konvergenz und die Neutralität der einzelnen Prüfungskriterien sowie die Vollständigkeit und die Verständlichkeit der Gesamtheit der Prüfungskriterien.[2189]

Als Grundlage der Ableitung von Prüfungskriterien war der Zusammenhang zwischen den am Prozess beteiligten Personen beziehungsweise Institutionen herauszuarbeiten, der in Ermangelung einer umfassenden Theorie in einem vereinfachten Bezugsrahmen erfolgt. Dabei waren hinsichtlich der Fragestellung der Arbeit zur Beurteilung der Risikosteuerungs- und -controllingprozesse des Zinsänderungsrisikos im Anlagebuch das Institut mit dem implementierten Prozess, die Bankenaufsicht mit ihren Normen sowie der Wirtschaftsprüfer mit den Prüfungskriterien in die Lösung des Prüfungsproblems einzubeziehen. Während die Normen der Aufsicht Grundlage der implementierten Prozesse sowie mittelbar die Basis der Prüfungskriterien bilden, sind die vom Institut implementierten Prozesse der zu beurteilende Prüfungsgegenstand.[2190] Ergänzend ist der Prüfungsansatz in die übergreifende Prüfung der Risikotragfähigkeit, der Risikostrategie und der Geschäftsorganisation, einschließlich der Gesamtverantwortung der Geschäftsleiter, einzubetten.[2191]

Zentral für alle Prüfungskriterien ist übergeordnet die Beurteilung der Angemessenheit und Wirksamkeit der Risikosteuerungs- und -controllingprozesse zum Zinsänderungsrisiko im Anlagebuch.[2192] Zur Ableitung der einzelnen Kriterien wird im Rahmen des hypothesengestützten heuristischen Prüfungsansatzes auf den Risikomanagementkreislauf mit seinen Funktionen zur Risikoidentifizierung, Risikobeurteilung sowie Risikoüberwachung und -kommunikation abgestellt (regelkreisbezogene Prüfungskriterien), die die Grundlage der einzelnen potentiellen

2189 Siehe Kapitel 3.3.2. sowie zur Umsetzung in den Kapiteln 4.1.3. bis 4.1.3.5.

2190 Siehe Kapitel 4.1.1.

2191 Siehe Kapitel 4.2.1.1. bis 4.2.1.3. Die Formulierung eines umfassenden Ansatzes, einschließlich der weiteren wesentlichen Risikoarten, ist allerdings in weiterführenden Arbeiten erforderlich.

2192 Vor dem Hintergrund des hypothesengestützten heuristischen Ansatzes wird die Differenzierung zwischen einer Prüfung der Angemessenheit und der Wirksamkeit vermieden, die bei einer Ausgestaltung als vergleichsbasierter Prüfungsansatz die Komplexität durch einen Soll-Soll-Ist-Vergleich deutlich erhöht. Siehe Kapitel 4.1.2.

Fehler bilden.[2193] Darüber hinaus werden entsprechend dem Vorgehen der MaRisk auch die Prüfungskriterien übergreifend behandelt, die auf mehr als eine Phase anzuwenden sind beziehungsweise die Funktionsfähigkeit des Regelkreislaufs als Ganzes sicherstellen sollen (regelkreisphasenübergreifende Prüfungskriterien).[2194]

Unmittelbar an die Ableitung der einzelnen Prüfungskriterien schließt sich jeweils die Analyse hinsichtlich der Relevanz, der Konvergenz und der Neutralität an. Die Relevanz als Eigenschaft des einzelnen Prüfungskriteriums muss im Hinblick auf das übergreifende Prüfungsziel Beurteilung der Angemessenheit und Wirksamkeit der Risikosteuerungs- und -controllingprozesse des Zinsänderungsrisikos im Anlagebuch zwingend gegeben sein, da die Relevanz die Verknüpfung der aus dem Risikomanagement abgeleiteten Funktion beziehungsweise des Fehlers hierzu mit der aufsichtlichen Norm aus den MaRisk herstellt.[2195] Insgesamt waren alle Kriterien als relevant einzustufen. Die Konvergenz als Eigenschaft des einzelnen Kriteriums, die bei unterschiedlichen Prüfern zu sich annähernden Prüfungsurteilen beziehungsweise idealerweise sogar zu gleichen Urteilen führt und somit subjektive Ermessensentscheidungen des Prüfers vermeidet,[2196] ist allerdings aufgrund von bestimmten Öffnungsklauseln bei der Mehrheit der Kriterien nur bedingt gegeben.[2197] Ferner bedeutet die Neutralität von Prüfungskriterien, dass das jeweilige Kriterium keine bestimmte Methode oder kein bestimmtes Verfahren einseitig bevorzugt und somit zu einseitigen Prüfungsurteilen führt.[2198] Die Neutraliät berücksichtigt insofern das Prinzip der doppelten Proportionalität und insbesondere die Methodenfreiheit. Im Einzelnen ist lediglich für die

2193 Siehe Kapitel 4.1.2. zum allgemeinen Vorgehen sowie Kapitel 4.2.3.1. zur Risikoidentifizierung, Kapitel 4.2.3.2. zur Risikobeurteilung sowie Kapitel 4.2.3.3. zur Risikoüberwachung und -kommunikation. Die Risikosteuerung wird von den Prüfungskriterien zur Beurteilung der Risikosteuerungs- und -controllingprozesse hingegen nicht erfasst, da diese nicht Bestandteil, sondern Gegenstand der Kontrollprozesse ist. Siehe Kapitel 4.2.3.

2194 Siehe Kapitel 4.2.2. und Kapitel 2.3.3.3.1. zur Gliederung der MaRisk.

2195 Siehe Kapitel 4.1.3.1. Für Übersichten hinsichtlich der Zuordnung einzelner Prüfungskriterien zu den jeweiligen MaRisk-Fundstellen siehe Kapitel 4.3.1.

2196 Siehe Kapitel 4.1.3.2.

2197 Siehe Kapitel 4.1.3.2. Im Einzelnen ist die Konvergenz bei allen regelkreisphasenüber-greifenden Kriterien sowie der Mehrzahl der regelkreisbezogenen Kriterien nur bedingt gegeben, wobei insbesondere die Erfahrung der Prüfer zu vergleichbaren Lösungen von Insituten mit gleicher oder ähnlicher Risikosituation eine herausgehobene Rolle spielt. Siehe zu den Kriterien in den Kapiteln 4.2.2. bis 4.2.3.3.4.

2198 Siehe Kapitel 4.1.3.3.

Kriterien zur Prüfung der Vollständigkeit und Richtigkeit der Parameter, aufgrund der Nicht-Berücksichtigung des Wesentlichkeitsgrundsatzes, sowie zur Eignung der Steuerungsimpulse, wegen der Bevorzugung kohärenter Risikomaße, die Neutralität nicht vollumfänglich gegeben.[2199]

Die Konvergenz und die Neutralität als Eigenschaften idealer Prüfungskriterien sollten aus Sicht der Prüfungslehre weitestgehend oder besser vollumfänglich gegeben sein, sodass die Mehrzahl der Kriterien aufgrund der zu berücksichtigten institutsindividuellen Umstände nicht als ideale, konvergente Prüfungskriterien einzustufen ist. Gleichwohl waren alternative konvergente Kriterien aufgrund der fehlenden Berücksichtigung der Öffnungsklauseln als nicht zielführend abzulehnen. Daher ist die bedingte Konvergenz des Prüfungsansatzes eine Folge der Normen der prinzipiengestützten Aufsicht und somit vom Prüfer bei der Umsetzung zu berücksichtigten.

Die Vollständigkeit als Eigenschaft der Gesamtheit der Prüfungskriterien stellt die vollumfängliche Abdeckung aller MaRisk-Anforderungen hinsichtlich der Risikosteuerungs- und -controllingprozesse zum Zinsänderungsrisiko im Anlagebuch durch die Prüfungskriterien sicher.[2200] Um das Prüfungsziel Beurteilung der Angemessenheit und Wirksamkeit der Risikosteuerungs- und -controllingprozesse zu erfüllen, haben die Prüfungskriterien insgesamt die Eigenschaft Vollständigkeit aufzuweisen. Ergänzend zu den regelkreisphasenübergreifenden und regelkreisbezogenen Kriterien sind zudem die spezifischen Einzelanforderungen der MaRisk hinzuzuziehen, die aufgrund fehlender Öffnungsklauseln keiner weitergehenden Auslegung bedürfen.[2201] Im Ergebnis der Analyse zur Vollständigkeit ist festzustellen, dass die Vollständigkeit der Prüfungskriterien unter Hinzuziehen der spezifischen Einzelanforderungen gegeben ist.[2202]

Darüber hinaus ist neben der Vollständigkeit ebenso die Verständlichkeit des Katalogs der Prüfungskriterien für ideale Prüfungskriterien erforderlich. Um die gleiche Umsetzung der Prüfungskriterien durch verschiedene Prüfer als auch durch die Berichtsadressaten sicherzustellen, muss ein einheitliches Verständnis über die Prüfungskriterien bestehen. Ferner sollten die Kriterien untereinander

---

2199 Siehe Kapitel 4.2.3.2.3. und 4.2.3.3.3. Ferner bleibt es dem Prüfer überlassen, im Rahmen der Bildung des Gesamturteils die Ergebnisse der Prüfung dieser Kriterien entsprechend zu gewichten. Siehe Kapitel 3.2.3.

2200 Siehe Kapitel 4.1.3.5.

2201 Siehe Kapitel 4.2.4.

2202 Siehe Kapitel 4.3.1.

frei von Redundanzen und Überschneidungen sein.[2203] Gleichwohl mit Ausnahme der Kriterien zur Überwachung zumindest keine Überschneidungen oder Redundanzen festzustellen waren, ist hinsichtlich der Begriffe eine Verständlichkeit im Vergleich zu den berufsständischen Vorgaben von vorneherein nicht zu unterstellen. Diesem Problem der herausgearbeiteten Prüfungskriterien kann beispielsweise durch die im Rahmen der Relevanz aufgezeigten Verbindungen zu den MaRisk begegnet werden.[2204]

Insgesamt ist hinsichtlich der Eignung der Prüfungskriterien somit zusammenfassend festzustellen, dass die Kriterien zwar die Mindestanforderungen für einen Prüfungsprozess erfüllen, gleichwohl aber aufgrund der Themenstellung nur bedingten Konvergenz aus Sicht der Prüfungslehre nicht vollständig als ideal einzuschätzen sind. Gegebenenfalls können beispielsweise durch die weitergehende Eingrenzung der Merkmalsausprägungen und durch Branchenvergleiche die Prüfungskriterien die Konvergenz verbessern, sodass der Kriterienkatalog auch entsprechendes Entwicklungspotential aufweist. Weiterer Forschungsbedarf erscheint auch im Hinblick zu dem Aggregationsprozess und der Gesamturteilsbildung erforderlich, da die Prüfungskriterien zwar Einzelurteile auf Basis der falsifizierten Fehlerhypothesen liefern, aber eine Aggregation bislang nicht in diesem Prozess vorgesehen ist.

Des Weiteren sei an dieser Stelle auf die Bedeutung und die Notwendigkeit weiterer Forschungsaktivitäten zu den verhaltenstheoretischen Ansätzen hingewiesen,[2205] zumal die verhaltenstheoretischen Ansätze sowohl das institutionelle als auch funktionale Erkenntnisobjekt der Prüfungslehre behandeln. Nichtzuletzt ist diese Theorie noch durch eine angemessene empirische Fundierung zu unterlegen, wobei im Hinblick auf den Katalog der Prüfungskriterien insbesondere Fallstudien als geeignet erscheinen, die allerdings einen Zugang zu umfangreichen Informationen zu den Risikosteuerungs- und -controllingprozessen des Zinsänderungsrisikos im Anlagebuch erfordern.

Der Katalog der Prüfungskriterien sowie allgemein das vorgeschlagene Vorgehen zur Prüfung als hypothesengestützter Fehlersuchprozess stellt eine deutliche Weiterentwicklung gegenüber den bisherigen vergleichsbasierten Prüfungsansätzen dar. Insbesondere die Vermeidung eines komplexen und institutsindividuellen Soll-Objekts zugunsten von funktionalen Prüfungskriterien ist dabei als wesentliche Fortentwicklung der aufsichtlichen Prüfung anzusehen, die außerdem eine

2203 Siehe Kapitel 4.1.3.4.
2204 Siehe Kapitel 4.3.2.
2205 Vgl. so auch schon die Forderung bei Richter (1999), S. 269.

für Dritte nachvollziehbare Lösung des Prüfungsproblems bietet. Denn nur wenn hinsichtlich des Prüfungsvorgehens ein einheitliches Verständnis und eine Nachvollziehbarkeit der Handlungen des Jahresabschlussprüfers bei allen Beteiligten bestehen, kann die qualitative Bankenaufsicht mit ihrer Prinzipienorientierung ein Erfolgsmodell werden.

Literaturverzeichnis

Ackermann, Josef (2008): Der Beitrag der Banken zur Sicherung der Stabilität des weltweiten Finanzsystems, in: ZfgK, 61. Jg. (2008), Heft 1, S. 20–22.

Ahnert, Sascha (2008): Risikosteuerung und Risikocontrolling, in: Bankrisikomanagement, hrsg. von: Everling, Oliver / Theodore, Samuel S., 1. Aufl., Wiesbaden 2008, S. 49–71.

Albert, Anja (2011): § 35 KWG, in: Kreditwesengesetz (KWG) – Loseblattkommentar für die Praxis nebst sonstigen bank- und sparkassenrechtlichen Aufsichtsgesetzen sowie ergänzenden Vorschriften, begründet von: Reischauer, Friedrich / Kleinhans, Joachim, einschließlich Teilieferung 1/12, Berlin 2011, S. 1–49.

Andrae, Silvio (2006): Die Einführung der Mindestanforderungen an das Risikomanagement, in: MaRisk in der Praxis, hrsg. von: Eller, Roland / Heinrich, Markus / Parrot, René / Reif, Markus, 1. Aufl., Weinheim 2006, S. 13–50.

Apweiler, Herbert (2012): Zinsänderungsrisiken aus der Sicht der Wirtschaftsprüfung, in: Zinsrisikomanagement, hrsg. von: Reuse, Svend, 2. Aufl., Heidelberg 2012, S. 497–539.

Apweiler, Herbert / Theileis, Ulrich / Althoff, Frank / Hörlin, Stephanie (2005): MaRisk: Ein Vergleich des Entwurfs vom 2. Februar 2005 mit den MaK, MaH und MaIR, 1. Aufl., Augsburg u. a. 2005.

Baetge, Jörg / Steenken, Hans-Ulrich (1972): Regelungstheoretischer Ansatz zur operationalen Planung und Überwachung von Produktion und Lagerung, in: zfbf, 24. Jg. (1972), S. 22–69.

Baetge, Jörg / Thiele, Stefan (2002): Prüfungstheorie, regelungstheoretischer Ansatz, in: Handwörterbuch der Rechnungslegung und Prüfung, hrsg. von: Ballwieser, Wolfgang / Coenenberg, Adolf G. / Wysocki, Klaus von, 3. Aufl., Stuttgart 2002, Sp. 1899–1908.

BaFin (Hrsg.) (o. J.): Geschichte der Bankenaufsicht. Online verfügbar unter http://www.bafin.de/cln_042/nn_722836/DE/BaFin/Grundlagen/Geschichte/geschichte__node.html, zuletzt eingesehen am 28.07.2012.

BaFin (Hrsg.) (2009): Begründung zur Verordnung über die Prüfung der Jahresabschlüsse der Kreditinstitute und Finanzdienstleistungsinstitute und sowie die darüber zu erstellenden Berichte (Prüfungsberichtsverordnung – PrüfbV). Online verfügbar unter http://www.bafin.de/SharedDocs/Downloads/DE/Aufsichtsrecht/dl_pruefbv_ab_091126_begrdg_ba.html, zuletzt eingesehen am 03.02.2013.

BaFin (Hrsg.) (2010): Überarbeitung der MaRisk – Übersendung eines ersten Entwurfs, Schreiben vom 9.7.2010. Online verfügbar unter http://www.bundesbank.de/Redaktion/DE/Downloads/Kerngeschaeftsfelder/Bankenaufsicht/Marisk/2010_07_09_ueberarbeitung_uebersendung_entwurf_1.pdf, zuletzt eingesehen am 03.01.2013.

BaFin (Hrsg.) (2011a): Anschreiben zum Rundschreiben 11 / 2011 (BA) – Zinsänderungsrisiken im Anlagebuch, Anschreiben an alle Verbände der Kreditwirtschaft (2011), BaFin. Online verfügbar unter http://www.bafin.de/SharedDocs/Veroeffentlichungen/DE/Anschreiben/sc_rs_1111_ba_anschreiben.html, zuletzt eingesehen am 29.09.2012.

BaFin (Hrsg.) (2011b): Aufsichtliche Beurteilung bankinterner Risikotragfähigkeitskonzepte. Online verfügbar unter http://www.bafin.de/SharedDocs/Downloads/DE/Leitfaden/BA/lf_111212_risikotragfaehigkeit.pdf, zuletzt eingesehen am 19.10.2012.

BaFin (Hrsg.) (2012a): Häufig gestellte Fragen zum Rundschreiben 11 / 2011 (BA) (2012), BaFin. Online verfügbar unter http://www.bafin.de/SharedDocs/Veroeffentlichungen/DE/FAQ/faq_rs_1111_ba_zinsaenderungsrisiken.html?nn=2818068, zuletzt eingesehen am 29.09.2012.

BaFin (Hrsg.) (2012b): 11 Jahresbericht der Bundesanstalt für Finanzdienstleistungsaufsicht. Online verfügbar unter http://www.bafin.de/SharedDocs/Downloads/DE/Jahresbericht/dl_jb_2011.pdf, zuletzt eingesehen am 03.10.2012.

BaFin (Hrsg.) (2012c): MaRisk-Novelle 2012 – Veröffentlichung der Endfassung, Anschreiben an die Verbände. Online verfügbar unter http://www.bafin.de/SharedDocs/Veroeffentlichungen/DE/Rundschreiben/rs_1210_anschreiben_ba.html, zuletzt eingesehen am 02.06.2013.

BaFin / Deutsche Bundesbank (Hrsg.) (2009): Begleitschreiben von der Bundesanstalt für Finanzdienstleistungsaufsicht und der Deutschen Bundesbank für Finanzierungsleasing- und Factoringinstitute zu den Mindestanforderungen an das Risikomanagement (MaRisk). Online verfügbar unter http://www.bundesbank.de/Redaktion/DE/Downloads/Kerngeschaeftsfelder/Bankenaufsicht/Marisk/2009_08_14_begleitschreiben_bafin_mindestanforderungen_risikomanagement.pdf?, zuletzt eingesehen am 29.12.2012.

Bähre, Inge L. (1985): Wirtschaftsprüfer und Bankenaufsicht, in: Beiträge zur Bankaufsicht, Bankbilanz und Bankprüfung, hrsg. von: Forster, Karl-Heinz, Düsseldorf 1985, o. Aufl., S. 35–48.

Balke, Christoph / Bannert, Thomas / Becker, Sabine (2012): Zinsbuchsteuerung mit zeb / ITM, in: Zinsrisikomanagement, hrsg. von: Reuse, Svend, 2. Aufl., Heidelberg 2012, S. 478–490.

Ballwieser, Wolfgang (1989): Auditing in an Agency Setting, in: Agency theory, information, and incentives, hrsg. von: Bamberg, Günter / Spremann, Klaus, Nachdruck 1. Aufl., Berlin / New York 1989, S. 327–346.

Bamberg, Günter / Coenenberg, Adolf G. (2006): Betriebswirtschaftliche Entscheidungslehre, 13. Aufl., München 2006.

Basel Committee on Banking Supervision (Hrsg.) (2004): Principles for the Management and Supervision of Interest Rate Risk. Online verfügbar unter http://www.bis.org/publ/bcbs108.pdf?noframes=1, zuletzt eingesehen am 08.01.2011.

Basel Committee on Banking Supervision (Hrsg.) (2006): International Convergence of Capital Measurement and Capital Standards, A Revised Framework Comprehensive Version. Online verfügbar unter http://www.bis.org/publ/bcbs128.pdf, zuletzt eingesehen am 17.03.2013.

Basel Committee on Banking Supervision (Hrsg.) (2009): History of the Basel Committee and its Membership, Bank for International Settlements. Online verfügbar unter http://www.bis.org/bcbs/history.pdf, zuletzt eingesehen am 11.08.2012.

Basel Committee on Banking Supervision (Hrsg.) (2010): Basel III: Internationale Rahmenvereinbarung über Messung, Standards und Überwachung in Bezug auf das Liquiditätsrisiko. Online verfügbar unter http://www.bis.org/publ/bcbs188_de.pdf, zuletzt eingesehen am 17.03.2013.

Basel Committee on Banking Supervision (Hrsg.) (2011): Basel III: Ein globaler Regulierungsrahmen für widerstandsfähigere Banken und Bankensysteme. Online verfügbar unter http://www.bis.org/publ/bcbs189_de.pdf, zuletzt eingesehen am 17.03.2013.

Baxmann, Ulf G. (2009): „Nach dem Risiko ist vor dem Risiko" – Risikomanagement als permanente Herausforderung für die Kreditwirtschaft, in: Risikomanagement der Kreditwirtschaft, hrsg. von: Baxmann, Ulf G., 1. Aufl., Frankfurt am Main 2009, S. 1–24.

Beck, Andreas / Feix, Martin / Stückler, Ralf (2012): Risikointegration und Fundierung der Risikostrategie unter Einhaltung der Risikotragfähigkeit, in: Handbuch MaRisk und Basel III, hrsg. von: Becker, Axel /

Gruber, Walter / Wohlert, Dirk, 2. Aufl., Frankfurt am Main 2012, S. 345–363.

Becker, Axel (2012): Die Bedeutung der Risikofrüherkennung für die Interne Revision in Kreditinstituten, in: Handbuch MaRisk und Basel III, hrsg. von: Becker, Axel / Gruber, Walter / Wohlert, Dirk, 2. Aufl., Frankfurt am Main 2012, S. 501–521.

Becker, Axel / Gruber, Walter / Wohlert, Dirk (Hrsg.) (2006): Handbuch MaRisk, Mindestanforderungen an das Risikomanagement in der Bankpraxis, o. Aufl., Frankfurt am Main 2006.

Becker, Axel / Gruber, Walter / Wohlert, Dirk (Hrsg.) (2012): Handbuch MaRisk und Basel III, Neue Anforderungen an das Risikomanagement in der Bankpraxis, 2. Aufl., Frankfurt am Main 2012.

Becker, Egon (2011a): § 29 KWG, in: Kreditwesengesetz (KWG) – Loseblattkommentar für die Praxis nebst sonstigen bank- und sparkassenrechtlichen Aufsichtsgesetzen sowie ergänzenden Vorschriften, begründet von: Reischauer, Friedrich / Kleinhans, Joachim, einschließlich Teilieferung 1/12, Berlin 2011, S. 1–26.

Becker, Egon (2011b): § 28 KWG, in: Kreditwesengesetz (KWG) – Loseblattkommentar für die Praxis nebst sonstigen bank- und sparkassenrechtlichen Aufsichtsgesetzen sowie ergänzenden Vorschriften, begründet von: Reischauer, Friedrich / Kleinhans, Joachim, einschließlich Teilieferung 1/12, Berlin 2011, S. 1–8.

Berndt, Michael / Geiersbach, Karsten / Günther, Margit / et al. (Hrsg.) (2008): MaRisk-Öffnungsklauseln, Prüfungsvorbereitende Dokumentation, o. Aufl., Berlin 2008.

Beyer, Matthias / Schäffler, Christian (2012): Liquiditätsrisikosteuerung im Kontext von Basel III und CRD IV, in: Handbuch MaRisk und Basel III, hrsg. von: Becker, Axel / Gruber, Walter / Wohlert, Dirk, 2. Aufl., Frankfurt am Main 2012, S. 31–61.

Bieg, Hartmut / Krämer, Gregor / Waschbusch, Gerd (2011): Bankenaufsicht in Theorie und Praxis, 4. Aufl., Frankfurt am Main 2011.

Bitz, Horst (2000): Abgrenzung des Risiko-Frühwarnsystems i. e. S. nach KonTraG zu einem umfassenden Risiko-Managementsystem im betriebswirtschaftlichen Sinn, in: BFuP, 52. Jg. (2000), Heft 3, S. 231–241.

Blaich, Fritz (1990): Der Schwarze Freitag, Inflation und Wirtschaftskrise, 2. Aufl., München 1990.

Blumer, Andreas (1996): Bankenaufsicht und Bankenprüfung Grundkonzepte, Problembestand und Perspektiven der institutionellen Ausgestaltung ausgewählter Bankenüberwachungssysteme, Bern 1996.

Boegl, Martin (2012): Künftige nationale Aufsichtsstrukturen nehmen Gestalt an, in: die bank, o. Jg. (2012), Heft 8, S. 36–41.

Böhmer, Corinna / Stegner, Philip / Weick, Arne (2011): Stresstests, in: Basel III und MaRisk, hrsg. von: Hofmann, Gerhard, 1. Aufl., Frankfurt am Main 2011, S. 101–118.

Böhnke, Werner (2013): 2013 ff. – die genossenschaftliche Finanzgruppe zwischen Wettbewerb und Überregulierung, in: ZfgK, 66. Jg. (2013), Heft 1, S. 35–37.

Boos, Karl-Heinz (1997): Entwurf einer Sechsten KWG-Novelle, in: die bank, o. Jg. (1997), Heft 2, S. 119–125.

Bott, Claudia / Rönn, Oliver von (2012): Risikotragfähigkeitsanalyse und aktuelle Veränderungen aufsichtlicher Anforderungen vor dem Hintergrund der Finanzmarktkrise, in: Handbuch MaRisk und Basel III, hrsg. von: Becker, Axel / Gruber, Walter / Wohlert, Dirk, 2. Aufl., Frankfurt am Main 2012, S. 419–465.

Braunberger, Gerald (2009): Fünftausend Milliarden Euro, in: Frankfurter Allgemeine Zeitung, Ausgabe 205, 04.09.2009, S. 18.

Bräuning, Michael (2011): Begriffsdefinition und Einordnung von Risikokonzen-trationen, in: Management von Risikokonzentrationen, hrsg. von: Kühn, Stefan / Stegner, Philip, o. Aufl., Heidelberg 2011, S. 3–16.

Bretzke, Wolf-Rüdiger (1972): Zur Terminologie einer Theorie der Prüfung, in: BFuP, 24. Jg. (1972), Heft 5, S. 253–265.

Brösel, Gerrit / Schorcht, Heike (2005): Risiko, Risikomanagement und Risikocontrolling im Lichte des Ertragsmanagements, in: Integriertes Risiko- und Ertragsmanagement, hrsg. von: Keuper, Frank / Roesing, Dirk / Schomann, Marc, 1. Aufl., Wiesbaden 2005, S. 3–33.

Brzozowska, Aneta / Stübner, Peter (2010): Bewertung von Risikokonzentrationen mehr als nur neue Kennzahlen, Risikokumulierung, in: Risiko Manager, o. Jg. (2010), Heft 17, S. 1, 8–16.

Buchner, Robert (1997): Wirtschaftliches Prüfungswesen, 2. Aufl., München 1997.

Budy, Katrin / Cremer, Andreas / Perge, Johanna (2011): Weiterentwicklung der MaRisk für Banken – Die dritte Novelle, in: Basel III und MaRisk, hrsg. von: Hofmann, Gerhard, 1. Aufl., Frankfurt am Main 2011, S. 559–577.

Bürger, Peter (1995): Risikocontrolling – Optimaler Einsatz von Handelslimiten im derivaten OTC-Geschäft, in: Derivate Finanzinstrumente, hrsg. von: Rudolph, Bernd, o. Aufl., Stuttgart 1995, S. 241–259.

Burghardt, Markus (2012): Kapitel J Erläuterungen zu den für Kreditinstitute geltenden ergänzenden Vorschriften zur Rechnungslegung und Prüfung, in: WP Handbuch 2012, hrsg. von: IDW, 14. Aufl., Düsseldorf 2012, S. 929–1193.

Burghof, Hans-Peter / Rudolph, Bernd (1996): Bankenaufsicht, Theorie und Praxis der Regulierung, o. Aufl., Wiesbaden 1996.

Büschgen, Hans E. / Börner, Christoph J. (2003): Bankbetriebslehre, 4. Aufl., Stuttgart 2003.

CEBS (Hrsg.) (2006a): Guidelines on the Application of the Supervisory Review Process under Pillar 2. Online verfügbar unter http://www.cebs.org/ pdfs/ GL03.pdf, zuletzt eingesehen am 30.05.2008.

CEBS (Hrsg.) (2006b): Technical aspects of the management of interest rate risk arising from nontrading activities under the supervisory review process. Online verfügbar unter http://www.eba.europa.eu/getdoc/e3201f46-1650-4433-997c-12e4e11369be/guidelines_IRRBB_000.aspx, zuletzt eingesehen am 17.03.2013.

CEBS (Hrsg.) (2010a): Guidelines on the management of concentration risk under the supervisory review process. Online verfügbar unter http://www.eba.europa.eu/documents/Publications/Standards---Guidelines/2010/Con centration-risk-guidelines/Concentration.aspx, zuletzt eingesehen am 17.03.2013.

CEBS (Hrsg.) (2010b): High level principles for risk management. Online verfügbar unter http://eba.europa.eu/documents/Publications/Standards---Gui delines/2010/Riskmanagement/HighLevelprinciplesonriskmanagement.aspx, zuletzt eingesehen am 03.01.2013.

Churchill, Neil C. / Cooper, William W. / Sainsbury, Trevor (1964): Laboratory and Field Studies of the Behavioral Effects of Audit, in: Management controls, hrsg. von Bonini, Charles P. / Jaedicke / Robert K. / Wagner, Harvey M., o. Aufl., New York u.a. 1964, S. 253–267.

Coenenberg, Adolf G. (2003): Jahresabschluss und Jahresabschlussanalyse, 19. Aufl., Stuttgart 2003.

COSO (Hrsg.) (2004): Enterprise Risk Management – Integrated Framework, Executive Summary. Online verfügbar unter http://www.coso.org/Publi cations/ERM/COSO_ERM_ExecutiveSummary.pdf, zuletzt eingesehen am 16.03.2013.

Crecelius, Jochen (2006): Quantifizierung und Steuerung der Zinsänderungsrisiken des Anlagebuches, in: Handbuch MaRisk, hrsg. von: Becker, Axel / Gruber, Walter / Wohlert, Dirk, o. Aufl., Frankfurt am Main 2006, S. 265–275.

Dahms, Oliva / Grelck, Michael (2004): Umsetzung der dritten Säule nach Basel II, in: ZfgK, 57. Jg. (2004), Heft 3, S. 157–160.

Dauber, Markus (2009): Anpassung der Geschäfts- und Risikostrategien aufgrund der geänderten Rahmenbedingungen, in: MaRisk-Interpretationshilfen, hrsg. von: Pfeifer, Guido, 2. Aufl., Heidelberg 2009, S. 73–124.

Demougin, Dominique / Jost, Peter-Jürgen (2001): Theoretische Grundlage der Prinzipal-Agenten-Theorie, in: Die Prinzipal-Agenten-Theorie in der Betriebswirtschaftslehre, hrsg. von: Jost, Peter-Jürgen, o. Aufl., Stuttgart 2001, S. 45–81.

Denter, Klaus (2012): Die Bedeutung der MaRisk für die Abschlussprüfung, in: Handbuch MaRisk und Basel III, hrsg. von: Becker, Axel / Gruber, Walter / Wohlert, Dirk, 2. Aufl., Frankfurt am Main 2012, S. 555–586.

Deutsche Bundesbank (Hrsg.) (2006a): Die Deutsche Bundesbank, Aufgabenfelder, rechtlicher Rahmen, Geschichte, o. Aufl., Frankfurt am Main 2006.

Deutsche Bundesbank (Hrsg.) (2006b): Protokoll zur 1. Sitzung des Fachgremiums MaRisk am 4.5.2006 in der Bundesanstalt für Finanzdienstleistungsaufsicht, Fachgremium MaRisk. Online verfügbar unter http://www.bundesbank.de/Redaktion/DE/Downloads/Kerngeschaeftsfelder/Bankenaufsicht/Marisk/2006_05_04_protokoll_sitzung_1.pdf, zuletzt eingesehen am 23.12.2012.

Deutsche Bundesbank (Hrsg.) (2006c): Protokoll zur 2. Sitzung des Fachgremiums MaRisk am 17.08.2006 beim Bundesverband Öffentlicher Banken Deutschlands (VÖB). Online verfügbar unter http://www.bundesbank.de/Redaktion/DE/Downloads/Kerngeschaeftsfelder/Bankenaufsicht/Marisk/2006_08_17_protokoll_sitzung_2.pdf, zuletzt eingesehen am 23.12.2012.

Deutsche Bundesbank (Hrsg.) (2007): Protokoll zur 3. Sitzung des Fachgremiums MaRisk am 06.03.2007 beim Deutschen Sparkassen- und Giroverband (DSGV). Online verfügbar unter http://www.bundesbank.de/Redaktion/DE/Downloads/Kerngeschaeftsfelder/Bankenaufsicht/Marisk/2007_03_06_protokoll_sitzung_3.pdf, zuletzt eingesehen am 23.12.2012.

Deutsche Bundesbank (Hrsg.) (2010): Range of Practice zur Sicherstellung der Risikotragfähigkeit bei deutschen Kreditinstituten. Online verfügbar unter http://www.bundesbank.de/download/bankenaufsicht/pdf/marisk/range_of_practice.pdf, zuletzt eingesehen am 20.01.2011.

Deutsche Kreditwirtschaft (Hrsg.) (2012): Stellungnahme der Deutschen Kreditwirtschaft zum Konsultationspapier 01/2012 der Bundesanstalt für Finanzdienstleitungsaufsicht (BaFin), Überarbeitung der MaRisk – Schreiben vom 5. Juni 2012. Online verfügbar unter http://www.bundes bank.de/Redaktion/DE/Downloads/Kerngeschaeftsfelder/Bankenaufsicht/Marisk/2012_06_05_stellungnahme_dk.pdf, zuletzt eingesehen am 24.12.2012.

Dörner, Dietrich (2002): Prüfungsansatz, risikoorientierter, in: Handwörterbuch der Rechnungslegung und Prüfung, hrsg. von: Ballwieser, Wolfgang / Coenenberg, Adolf G. / Wysocki, Klaus von, 3. Aufl., Stuttgart 2002, Sp. 1744–1762.

Drexl, Andreas (1990): Planung des Ablaufs von Unternehmensprüfungen, Stuttgart 1990, zugelassene Habilitationsschrift Technische Hochschule Darmstadt 1988.

DSGV (Hrsg.) (o. J.): Mindestanforderungen an das Risikomanagement Interpretationsleitfaden. Online verfügbar unter http://www.s-wissenschaft.de/doku mente/MaRiskInte_110711173137.PDF, zuletzt eingesehen am 23.12.2012.

EBA (Hrsg.) (2012): EBA European Banking Authority About us. Online verfügbar unter http://www.eba.europa.eu/Aboutus.aspx, zuletzt eingesehen am 25.07.2012.

Egner, Henning (1970): Zum wissenschaftlichen Programm der betriebswirtschaftlichen Prüfungslehre, in: zfbf, 22. Jg. (1970), S. 771–789.

Egner, Henning (1980): Betriebswirtschaftliche Prüfungslehre, Eine Einführung, o. Aufl., Berlin / New York 1980.

Eisele, Burkhard (2004): Value-at-Risk-basiertes Risikomanagement in Banken, 1. Aufl., Wiesbaden 2004.

Eller, Roland / Heinrich, Markus / Parrot, René / Reif, Markus (Hrsg.) (2006): MaRisk in der Praxis, Anforderungen, Methoden, Implementierung, 1. Aufl., Weinheim 2006.

Eller, Roland / Waitz, Daniela / Kurfels, Matthias (2008): Subprime-Krise: Lehren für Banken und Sparkassen, in: Bank Praktiker, o. Jg. (2008), Heft 01, S. 26–33.

Ellrott, Helmut (2012): § 289 HGB, hrsg. von: Ellrott, Helmut / Förschle, Gerhart / Grottel, Bernd / Kozikowski, Michael / Schmidt, Stefan / Winkeljohann, Norbert, in: Beck'scher Bilanzkommentar, 8. Aufl., München 2012.

English, William B. (2002): Zinsänderungsrisiko und Nettozinsmargen der Banken, in: BIZ-Quartalsbericht, Heft Dezember 2002, S. 75–91.

Europäische Kommission (Hrsg.) (2012a): Neue Vorschläge für die Eigenkapitalanforderungen (CRD IV-Paket), Online verfügbar unter http://ec.europa.eu/internal_market/bank/regcapital/new_proposals_de.htm, zuletzt eingesehen am 25.12.2012.
Europäische Kommission (Hrsg.) (2012b): Eigenkapitalrichtlinie: Geltende Rechtsvorschriften (2012). Online verfügbar unter http://ec.europa.eu/internal_mark et/bank/regcapital/legislation_in_force_de.htm, zuletzt eingesehen am 14.09.2012.
Ewert, Ralf (1990): Wirtschaftsprüfung und asymmetrische Information, o. Aufl., Berlin u. a. 1990.
Ewert, Ralf (1999): Wirtschaftsprüfung und ökonomische Theorie, Ein selektiver Überblick, in: Theorie und Praxis der Wirtschaftsprüfung II, hrsg. von: Richter, Martin, o. Aufl., Berlin 1999, S. 35–99.
Ewert, Ralf (2002a): Prüfungstheorie, spieltheoretischer Ansatz, in: Handwörterbuch der Rechnungslegung und Prüfung, hrsg. von: Ballwieser, Wolfgang / Coenenberg, Adolf G. / Wysocki, Klaus von, 3. Aufl., Stuttgart 2002, Sp. 1908–1923.
Ewert, Ralf (2002b): Unabhängigkeit und Unbefangenheit, in: Handwörterbuch der Rechnungslegung und Prüfung, hrsg. von: Ballwieser, Wolfgang / Coenenberg, Adolf G. / Wysocki, Klaus von, 3. Aufl., Stuttgart 2002, Sp. 2386–2395.
Ewert, Ralf (2007a): Prüfungstheorie, spieltheoretischer Ansatz, in: Vahlens großes Auditing Lexikon, hrsg. von: Freidank, Carl-Christian / Lachnit, Laurenz / Tesch, Jörg / Weber, Stefan C., o. Aufl., München 2007, S. 1117–1119.
Ewert, Ralf (2007b): Prüfungstheorien, in: Vahlens großes Auditing Lexikon, hrsg. von: Freidank, Carl-Christian / Lachnit, Laurenz / Tesch, Jörg / Weber, Stefan C., o. Aufl., München 2007, S. 1119–1121.
Ewert, Ralf / Stefani, Ulrike (2001a): Wirtschaftsprüfung, in: Die Prinzipal-Agenten-Theorie in der Betriebswirtschaftslehre, hrsg. von: Jost, Peter-Jürgen, o. Aufl., Stuttgart 2001, S. 145–182.
Ewert, Ralf / Stefani, Ulrike (2001b): Wirtschaftsprüfung, in: Die Spieltheorie in der Betriebswirtschaftslehre, hrsg. von: Jost, Peter-Jürgen, o. Aufl., Stuttgart 2001, S. 175–217.
Fette, Andreas (2012): Erfahrungen aus einer § 44 KWG-Prüfung mit Schwerpunkt Zinsrisiko, in: Zinsrisikomanagement, hrsg. von: Reuse, Svend, 2. Aufl., Heidelberg 2012, S. 540–557.

Financial Stability Board (Hrsg.) (2009): Financial Stability Board Charter. Online verfügbar unter http://www.financialstabilityboard.org/publications/r_090925d.pdf, zuletzt eingesehen am 12.08.2012.
Financial Stability Board (Hrsg.) (2011a): FSB- G20 – MONITORING PROGRESS – Germany September 2011. Online verfügbar unter http://www.financialstabilityboard.org/publications/r_111104g.pdf, zuletzt eingesehen am 12.08.2012.
Financial Stability Board (Hrsg.) (2011b): Handbook for FSB Peer Reviews. Online verfügbar unter http://www.financialstabilityboard.org/publications/r_120201.pdf, zuletzt eingesehen am 12.08.2012.
Financial Stability Board (Hrsg.) (2012): Financial Stability Board History. Online verfügbar unter http://www.financialstabilityboard.org/about/history.htm, zuletzt eingesehen am 12.08.2012.
Fischer-Winkelmann, Wolf F. (1972): Grundlagen und Probleme neuerer Ansätze in der Lehre vom Prüfungswesen, Kritische Vorbemerkungen zu einer (empirischen) Theorie der Prüfung, Nürnberg 1972, zugl. Diss. Univ. Nürnberg 1972.
Fischer-Winkelmann, Wolf F. (1973): Auf dem Weg zu einer brauchbaren Theorie der Prüfung?, in: ZfB, 43. Jg. (1973), S. 527–538.
Flesch, Johann R. (1996): EU, BIZ und IOSCO – Anforderungen und Regulierungs-kosten der Bankenaufsicht, in: ZfgK, 49. Jg. (1996), Heft 21, S. 1042–1051.
Flint, David C. (1988): Philosophy and principles of auditing, o. Aufl., Basingstoke u. a. 1988.
Franke, Günter (1993): Agency-Theorie, in: Handwörterbuch der Betriebswirtschaft, hrsg. von: Wittmann, Waldemar / Kern, Werner / Köhler, Richard / Küpper, Hans-Ulrich / Wysocki, Klaus von, 5. Aufl., Stuttgart 1993, Sp. 37–48.
Fröhlich, Joachim (2012): Aktive Steuerungsansätze des Zinsrisikos, in: Zinsrisikomanagement, hrsg. von: Reuse, Svend, 2. Aufl., Heidelberg 2012, S. 168–217.
Gammelin, Kai / Buchhart, Anton (2004): Die Praxis des Risikomanagements in Finanzdienstleistungsunternehmen, in: Finanzbetrieb, 6. Jg. (2004), Heft 6, S. 178–184.
Gans, Christian (1986): Betriebswirtschaftliche Prüfungen als heuristische Suchprozesse, Der Entwurf einer pragmatisch orientierten Prüfungstheorie auf der Grundlage der angelsächsischen empirischen Prüfungsforschung, Bergisch Gladbach 1986, zugl. Diss. Univ. Freiburg 1986.

Geiersbach, Karsten / Prasser, Stefan (2012): Prüfung und Beurteilung des Zinsrisikomanagements aus Sicht der Internen Revision, in: Zinsrisikomanagement, hrsg. von: Reuse, Svend, 2. Aufl., Heidelberg 2012, S. 558–631.

Gelhausen, Hans F. (2012): Kapitel P Ausgestaltung und Prüfung des Risikofrüherkennungssystems, in: WP Handbuch 2012, hrsg. von: IDW, 14. Aufl., Düsseldorf 2012, S. 1961–2004.

Geschwandtner, Marcus (2005): Staatliche Aufsicht über das genossenschaftliche Kreditwesen, Göttingen 2005, zugl. Diss. Univ. Marburg 2005.

Goldschmidt, Peter (2009): Risikomanagement und Risikoberichterstattung der Banken aus Sicht der Wirtschaftsprüfer, in: Risikomanagement der Kreditwirtschaft, hrsg. von: Baxmann, Ulf G., 1. Aufl., Frankfurt am Main 2009, S. 71–96.

Grob, Andreas / Krob, Bernhard / Volkenner, Thomas / Walter, Karl-Friedrich (2012): Verschärfung der Anforderungen an Zinsänderungsrisiken im Anlagebuch, in: ZfgK, 65. Jg. (2012), Heft 11, S. 539–542.

Gruber, Andreas (1989): Signalling and Market Behavior, in: Agency theory, information, and incentives, hrsg. von: Bamberg, Günter / Spremann, Klaus, Nachdruck 1. Aufl., Berlin / New York 1989, S. 205–227.

Gruber, Ralf / Hümmer, Ulrich (2006): MaRisk – Anforderungen an die Aufbau- und Ablauforganisation, in: Handbuch MaRisk, hrsg. von: Becker, Axel / Gruber, Walter / Wohlert, Dirk, o. Aufl., Frankfurt am Main 2006, S. 137–153.

Gruber, Walter (2006): Regulatorische versus ökonomische Messung von Markt- und Kreditrisiken, in: Handbuch MaRisk, hrsg. von: Becker, Axel / Gruber, Walter / Wohlert, Dirk, o. Aufl., Frankfurt am Main 2006, S. 245–264.

Gruber, Walter (2012): Überblick über die neuen Anforderungen nach Basel III / CRD IV / CRR, in: Handbuch MaRisk und Basel III, hrsg. von: Becker, Axel / Gruber, Walter / Wohlert, Dirk, 2. Aufl., Frankfurt am Main 2012, S. 3–30.

Gschrey, Erhard (2009): Meilensteine der Bankenaufsicht, in: Risikomanagement im Handelsgeschäft, hrsg. von: Ramke, Thomas / Wohlert, Dirk, o. Aufl., Stuttgart 2009, S. 15–24.

Günther, Margit / Serafin, Andreas (2008a): Rechtliche Grundlagen und Konzeption der MaRisk, in: MaRisk-Öffnungsklauseln, hrsg. von: Berndt, Michael, o. Aufl., Berlin 2008, S. 5–32.

Günther, Margit / Serafin, Andreas (2008b): Definition, Abgrenzung und Kategorisierung von Öffnungsklauseln, in: MaRisk-Öffnungsklauseln, hrsg. von: Berndt, Michael, o. Aufl., Berlin 2008, S. 33–46.

Günther, Margit / Serafin, Andreas (2008c): Aufsichtsrechtliche Anforderungen an die Nutzung von Öffnungsklauseln, in: MaRisk-Öffnungsklauseln, hrsg. von: Berndt, Michael, o. Aufl., Berlin 2008, S. 47–53.

Günther, Margit / Serafin, Andreas (2008d): Institutsspezifische Risikoanalyse vor Nutzung von Öffnungsklauseln, in: MaRisk-Öffnungsklauseln, hrsg. von: Berndt, Michael, o. Aufl., Berlin 2008, S. 55–62.

Hanenberg, Ludger (2009): Das neue Konzept einer risikoorientierten Prüfungsberichtsverordnung der Kreditinstitute, in: WPg, 62. Jg. (2009), Heft 14, S. 713–722.

Hanenberg, Ludger / Kleinschmidt, Stefan (2010): Die neue Prüfungsberichtsverordnung (PrüfbV) für Kreditinstitute, Herausforderungen in Zeiten der Finanzkrise, in: Handbuch PrüfbV, hrsg. von: Finanz Colloquium Heidelberg, o. Aufl., Heidelberg 2010, S. 5–30.

Hannemann, Ralf / Schneider, Andreas (2010): Mindestanforderungen an das Risikomanagement (MaRisk), 3. Aufl., Stuttgart 2010.

Hardach, Gerd (1995): Zwischen Markt und Macht: Die deutschen Banken 1908–1934, in: Wirtschaft, Gesellschaft, Unternehmen, hrsg. von: Feldenkirchen, Wilfried, o. Aufl., Stuttgart 1995, S. 914–938.

Hartmann-Wendels, Thomas (1989): Dividend Policy under Asymmetric Information, in: Agency theory, information, and incentives, hrsg. von: Bamberg, Günter / Spremann, Klaus, Nachdruck 1. Aufl., Berlin / New York 1989, S. 229–253.

Hartmann-Wendels, Thomas (2001): Finanzierung, in: Die Prinzipal-Agenten-Theorie in der Betriebswirtschaftslehre, hrsg. von: Jost, Peter-Jürgen, o. Aufl., Stuttgart 2001, S. 117–146.

Hartmann-Wendels, Thomas (2009): Finanzmarktkrise und Bankenaufsicht, in: WISU, 38. Jg. (2009), Heft 4, S. 541–547.

Hartmann-Wendels, Thomas / Pfingsten, Andreas / Weber, Martin (2010): Bank-betriebslehre, 5. Aufl., Berlin / Heidelberg 2010.

Haug, Ingo / Zorn, Daniel (2011): Der risikoorientierte Prüfungsansatz im Mittelstand vor dem Hintergrund der Prinzipal-Agenten-Theorie, in: Die Prinzipal-Agenten-Theorie in der Finanzwirtschaft, hrsg. von: Heyd, Reinhard / Beyer, Michael, o. Aufl., Berlin 2011, S. 149–169.

Helfer, Michael / Geiersbach, Karsten / Prasser, Stefan (2008): Erfüllung der Anforderungen der MaRisk unter Berücksichtigung von Öffnungsklauseln – Allgemeiner Teil (AT 4 – AT 9), in: MaRisk-Öffnungsklauseln, hrsg. von: Berndt, Michael, o. Aufl., Berlin 2008, S. 83–121.

Hellmann, Norbert (2007): Eine Frage des Vertrauens, in: Börsen-Zeitung, Ausgabe 179, 18.09.2007, S. 8.

Heuter, Henning (2012): Strategieprozess als Bestandteil des Risikomanagementkreislaufs, in: Handbuch MaRisk und Basel III, hrsg. von: Becker, Axel / Gruber, Walter / Wohlert, Dirk, 2. Aufl., Frankfurt am Main 2012, S. 365–379.

Heyd, Reinhard / Beyer, Michael (2011): Die Prinzipal-Agenten-Theorie, Eine Einführung mit Anknüpfungspunkten an die finanzwirtschaftliche Praxis, in: Die Prinzipal-Agenten-Theorie in der Finanzwirtschaft, hrsg. von: Heyd, Reinhard / Beyer, Michael, o. Aufl., Berlin 2011, S. 15–41.

Hillen, Karl-Heinz (2011): Von Basel II zu Basel III: Offenlegungsanforderungen der Bankenaufsicht, in: Basel III und MaRisk, hrsg. von: Hofmann, Gerhard, 1. Aufl., Frankfurt am Main 2011, S. 521–556.

Hindelang, Markus (2009): Management des Zinsänderungsrisikos, in: Risikomanagement im Handelsgeschäft, hrsg. von: Ramke, Thomas / Wohlert, Dirk, o. Aufl., Stuttgart 2009, S. 153–175.

Hoeve, Paul / Schweizer, Markus (2001): Vom strategischen Controlling zum integrierten Risikomanagement – alter Wein in neuen Schläuchen?, in: Integriertes Risiko-Management – Perspektiven einer chancenorientierten Unternehmensführung, hrsg. von: Allenspach, Marco, o. Aufl., St. Gallen 2001, S. 103–120.

Hofmann, Gerhard (Hrsg.) (2011): Basel III und MaRisk, Regulatorische Vorgaben, bankinterne Verfahren, Risikomanagement, 1. Aufl., Frankfurt am Main 2011.

Hopt, Klaus J. (2002): Haftung bei Rechnungslegung und Prüfung in Deutschland, in: Handwörterbuch der Rechnungslegung und Prüfung, hrsg. von: Ballwieser, Wolfgang / Coenenberg, Adolf G. / Wysocki, Klaus von, 3. Aufl., Stuttgart 2002, Sp. 1072–1084.

Horn, Christoph (2009): Stellungnahme zum zweiten Entwurf über die Mindestanforderungen an das Risikomanagement vom 24.06.2009. Online verfügbar unter http://www.bundesbank.de/download/bankenaufsicht/pdf/marisk/090715_marisk_stellungnahme_ch.pdf, zuletzt eingesehen am 02.01.2012.

Hortmann, Steffen / Seide, Angelika (2006): Kapitalallokation und Limitsysteme im Kontext der MaRisk, in: Handbuch MaRisk, hrsg. von: Becker, Axel / Gruber, Walter / Wohlert, Dirk, o. Aufl., Frankfurt am Main 2006, S. 299–331.

Hudetz, Thomas / Kaltofen, Robert G. (2009): Operationelle Risiken im Handelsgeschäft und Hintergründe der Manipulation bei der Societe Generale, in: Risikomanagement im Handelsgeschäft, hrsg. von: Ramke, Thomas / Wohlert, Dirk, o. Aufl., Stuttgart 2009, S. 177–198.

Hull, John (2009): Optionen, Futures und andere Derivate, 7. Aufl., München / Boston 2009.

Hull, John (2010): Risikomanagement in Banken und Finanzinstituten, 2. Aufl., München 2010.

Hüther, Michael (2013): Re-Regulierung des Bankensystems – Stand und Perspektiven, in: ZfgK, 66. Jg. (2013), Heft 1, S. 23–29.

Hütz, Gerhard (1990): Die Bankenaufsicht in der Bundesrepublik Deutschland und in den USA, Ein Rechtsvergleich, Berlin 1990, zugl. Diss. Univ. Hagen 1989 / 1990.

IDW (Hrsg.) (2010): IDW PS 525 zur Beurteilung des Risikomanagements von Kreditinstituten verabschiedet. Online verfügbar unter http://www.idw.de/idw/portal/d600494/index.jsp, zuletzt eingesehen am 11.06.2012.

Imboden, Carlo (1983): Risikohandhabung, Ein entscheidbezogenes Verfahren, Bern 1983, zugl. Diss. Univ. Bern 1983.

International Federation of Accountants (Hrsg.) (2010): Handbook of International Quality Control, Auditing, Review, Other Assurance, and Related Services Pronouncements 2010, o. Aufl., New York 2010.

Jahn, Joachim (2008) : BaFin sieht sich als Opfer der Rating-Agenturen, in: Frankfurter Allgemeine Zeitung, Ausgabe 113, 16.05.2008, S. 11.

Johanning, Lutz / Ams, Patrick (2008): Risikomanagementsysteme, in: Wirtschaftsprüfung im Wandel, hrsg. von: Ballwieser, Wolfgang / Grewe, Wolfgang, o. Aufl., München 2008, S. 259–286.

Jost, Peter-Jürgen (2001): Die Prinzipal-Agenten-Theorie im Unternehmenskontext, in: Die Prinzipal-Agenten-Theorie in der Betriebswirtschaftslehre, hrsg. von: Jost, Peter-Jürgen, o. Aufl., Stuttgart 2001, S. 11–43.

Keese, Andreas / Glühmann, Marco / Steiner, Artur (2012): Modellvalidierung im Spannungsfeld von Aufsichtsrecht und Praxis, in: ZfgK, 65. Jg. (2012), Heft 11, S. 549–553.

Kleine, Walter / Nolte, Thomas (2012): MaRisk: Erweiterte Anforderungen an Vorstand und Aufsichtsorgan, in: Handbuch MaRisk und Basel III, hrsg. von: Becker, Axel / Gruber, Walter / Wohlert, Dirk, 2. Aufl., Frankfurt am Main 2012, S. 165–189.

Knoth, Joachim (2002): Progressive und retrograde Prüfung, in: Handwörterbuch der Rechnungslegung und Prüfung, hrsg. von: Ballwieser, Wolfgang / Coenenberg, Adolf G. / Wysocki, Klaus von, 3. Aufl., Stuttgart 2002, Sp. 1722–1731.

Ködel, Wilhelm (1997): Risikoorientierte Abschlußprüfung, Integration in das Risiko-Management von Prüfungsunternehmen, Wiesbaden 1997, zugl. Diss. Univ. München 1996.

Köhler, Annette G. (2012): Internationale Prüfungsforschung – Überblick über aktuelle Entwicklungen im ersten Halbjahr 2012, in: WPg, 65. Jg. (2012), Heft 17, S. 909–912.

Köhler, Annette G. (2013): Internationale Prüfungsforschung – Überblick über aktuelle Entwicklungen im zweiten Halbjahr 2012, in: WPg, 66. Jg. (2013), Heft 1, S. 16–19.

Kolbeck, Rosemarie (1995): Zur Entwicklung der Bankenaufsicht in der Bundesrepublik Deutschland, in: Wirtschaft, Gesellschaft, Unternehmen, hrsg. von: Felden-kirchen, Wilfried, o. Aufl., Stuttgart 1995, S. 993–1027.

König, Elke (2012a): Bankenregulierung: Wege aus der Krise, in: die bank, o. Jg. (2012), Heft 10, S. 14–21.

König, Elke (2012c): Perspektiven der deutschen Finanzaufsicht, in: WPg, 65. Jg. (2012), Heft 19, S. I.

König, Peter (2012b): Herausforderungen im Umgang mit Stresstests, in: ZfgK, 65. Jg. (2012), Heft 11, S. 534–535.

Kretschmer, Joachim / Kuhn, Lukas (2006): Neue Anforderungen an die ganzheitliche Risikosteuerung in Kreditinstituten, in: Handbuch MaRisk, hrsg. von: Becker, Axel / Gruber, Walter / Wohlert, Dirk, o. Aufl., Frankfurt am Main 2006, S. 157–181.

Krümmel, Hans-Jacob (1983): Bankenaufsichtsziele und Eigenkapitalbegriff, o. Aufl., Frankfurt am Main 1983.

Kübler, Bernhard (2012): Statistische Aspekte der Risikotragfähigkeit, in: ZfgK, 65. Jg. (2012), Heft 6, S. 282–284.

Kühn, Stefan (2011): Identifizierung und Kategorisierung von Risikokonzentrationen, in: Management von Risikokonzentrationen, hrsg. von: Kühn, Stefan / Stegner, Philip, o. Aufl., Heidelberg 2011, S. 155–182.

Kupsch, Peter (2002): Mehrjähriger Prüfungsplan, in: Handwörterbuch der Rechnungslegung und Prüfung, hrsg. von: Ballwieser, Wolfgang / Coenenberg, Adolf G. / Wysocki, Klaus von, 3. Aufl., Stuttgart 2002, Sp. 1552–1560.

Lautenschläger, Sabine (2012): Das Grundgesetz der Bankenaufseher, in: die bank, o. Jg. (2012), Heft 10, S. 26–29.

Lautenschläger, Sabine (2013): Bankenaufsicht mit geschärftem Augenmaß, in: Bank Praktiker, o. Jg. (2013), Heft 12-01, S. 448–453.

Leffson, Ulrich (1969): Das betriebswirtschaftliche Prüfungswesen im System der allgemeinen Betriebswirtschaftslehre, in: WPg, 22. Jg. (1969), Heft 14, S. 389–397.

Leffson, Ulrich (1995): Wirtschaftsprüfung, 4. Aufl., Wiesbaden 1995.

Lenz, Hansrudi (2002): Prüfungstheorie, verhaltenorientierter Ansatz, in: Handwörterbuch der Rechnungslegung und Prüfung, hrsg. von: Ballwieser, Wolfgang / Coenenberg, Adolf G./ Wysocki, Klaus von, 3. Aufl., Stuttgart 2002, Sp. 1924–1938.

Loch, Friedemann / Thelen-Pischke, Hiltrud (2004): Basel II: Finales Rahmenwerk veröffentlicht, in: ZfgK, 57. Jg. (2004), Heft 14, S. 732–733.

Loeper, Erich (2004): Aufsichtlicher Überprüfungsprozess im Rahmen des neuen Baseler Akkords, in: Basel II und MaK, hrsg. von: Hofmann, Gerhard, 2. Aufl., Frankfurt am Main 2004, S. 265–283.

Loitlsberger, Erich (1966): Treuhand- und Revisionswesen, 2. Auflage, Stuttgart 1966.

Lorenz, Thomas (2012): Modellierung impliziter Optionen im Kontext der Zinsrisikosteuerung, in: Zinsrisikomanagement, hrsg. von: Reuse, Svend, 2. Aufl., Heidelberg 2012, S. 291–307.

Lorson, Peter / Melcher, Winfried / Pestel, Marcus (2012): Aktuelle Forschungsschwerpunkte auf dem Gebiet der Abschlussprüfung – Ein Ansatz für eine Systematisierung im internationalen Vergleich, in: WPg, 65. Jg. (2012), Heft 8,S. 431–441.

Lubitzsch, Kay (2008): Prüfungssicherheit bei betriebswirtschaftlichen Prüfungen, Eine theoretische und empirische Analyse, Düsseldorf 2008, zugl. Diss. Univ. Berlin 2008.

Lück, Wolfgang (1991): Wirtschaftsprüfung und Treuhandwesen, Institutionelle und funktionale Aspekte der betriebswirtschaftlichen Prüfungslehre, 2. Aufl., Stuttgart 1991.

Lück, Wolfgang (2001): Elemente eines Risikomanagementssystems, in: Risikomanagementsystem und Überwachungssystem, hrsg. von: Lück, Wolfgang, 2. Aufl., Marburg 2001, S. 19–50.

Lücke, Tobias (2011): Bankaufsichtsrechtliche Anerkennung interner Kreditportfoliomodelle, Frankfurt am Main 2011, zugl. Diss. Univ. Lüneburg 2011.

Lüders, Uwe / Maifarth, Michael (2004): Vergessene Aspekte von Basel II, Der Baseler Akkord ist mehr als Rating und Operationelles Risiko, in: Bankinformation, 31. Jg. (2004), Heft 10, S. 28–31.

Luz, Günther / Maaß, Marlon (2011): Der aufsichtliche Überprüfungsprozess auf der Grundlage des Baseler Regelwerks, in: Basel III und MaRisk, hrsg. von: Hofmann, Gerhard, 1. Aufl., Frankfurt am Main 2011, S. 399–432.

Maifarth, Michael (2009): Aufsichtsrechtliche und geschäftspolitische Dimension der Neufassung der MaRisk, in: MaRisk-Interpretationshilfen, hrsg. von: Pfeifer, Guido, 2. Aufl., Heidelberg 2009, S. 9–29.

Manger-Nestler, Cornelia (2012): Rechtsschutz in der europäischen Bankenaufsicht, in: ZfgK, 65. Jg. (2012), Heft 11, S. 528–532.

Marten, Kai-Uwe / Quick, Reiner / Ruhnke, Klaus (2011): Wirtschaftsprüfung, Grundlagen des betriebswirtschaftlichen Prüfungswesens nach nationalen und internationalen Normen, 4. Aufl., Stuttgart 2011.

Mautz, Robert K. / Sharaf, Hussein A. (1982): The philosophy of auditing, 11. Aufl., Sarasota 1982.

Mayer, Volker (2003): Operatives Krisenmanagement, Grundlagen, Methoden und Werkzeuge des ganzheitlichen Risk Management, 1. Aufl., Wiesbaden 2003.

Meister, Edgar (2003): Basel II Auswirkungen in einem veränderten wirtschaftlichen Umfeld für Banken, in: Bankinformation, 30. Jg. (2003), Heft S1, S. 26–31.

Meusel, Steffen G. (2006): Die MaRisk – ein erster Schritt zu Basel II, in: Handbuch MaRisk, hrsg. von: Becker, Axel / Gruber, Walter / Wohlert, Dirk, o. Aufl., Frankfurt am Main 2006, S. 49–60.

Mielke, Frederik (2007): Geschäftsrisikoorientierte Abschlussprüfung, Strukturvorgaben für die Prüfungsplanung und -durchführung sowie Analyse der Einflussfaktoren, Düsseldorf 2007, zugl. Diss. Univ. Berlin 2006.

Morschbach, Marcel (2012): Wege zu einer europäischen Bankenaufsicht und Einlagensicherung, in: ZfgK, 65. Jg. (2012), Heft 14, S. 692–694.

Morschhäuser, Berthold (2008): Sind Banken etwas Besonderes?, in: ZfgK, 61. Jg. (2008), Heft 1, S. 4–5.

Mußler, Hanno (2008): Steuerausfälle, Rettungsschirme und vom Staat garantierte Milliardenrisiken, in: Frankfurter Allgemeine Zeitung, Ausgabe 99, 28.04.2008, S. 14.

Nagel, Thomas (1997): Risikoorientierte Jahresabschlußprüfung, Sternenfels 1997, zugl. Diss. Univ. Marburg 1996.

Naumann, Klaus-Peter (2012a): Kapitel A Der Beruf des Wirtschaftsprüfers, in: WP Handbuch 2012, hrsg. von: IDW, 14. Aufl., Düsseldorf 2012, S. 1–224.

Naumann, Klaus-Peter (2012b): Kapitel C Andere prüfende und beratende Berufe, in: WP Handbuch 2012, hrsg. von: IDW, 14. Aufl., Düsseldorf 2012.

Neubeck, Guido (2003): Die Prüfung von Risikomanagementsystemen, Düsseldorf 2003, zugl. Diss. Univ. Wuppertal 2003.

Niethammer, Thomas (1990): Die Ziele der Bankenaufsicht in der Bundesrepublik Deutschland, Das Verhältnis zwischen „Gläubigerschutz" und „Sicherung der Funktionsfähigkeit des Kreditwesens", Berlin 1990, zugl. Diss. Univ. Tübingen 1988.

Nöll, Boris (2011): Messung des Zinsrisikos in Unternehmen, 1. Aufl., Frankfurt am Main 2011.

Oehler, Andreas / Unser, Matthias (2002): Finanzwirtschaftliches Risikomanagement, 2. Aufl., Berlin 2002.

Österreichische Nationalbank / Finanzmarktaufsicht (Hrsg.) (2008): Guidelines on Managing Interest Rate Risk in the Banking Book. Online verfügbar unter http://www.oenb.at/en/img/lf_e_zrs_screen_tcm16-181331.pdf, zuletzt eingesehen am 26.08.2012.

Ott, Eckhard (2012): Prüferrotation und Beratungsverbot – sinnvolle Fortentwick-lung oder Überregulierung?, in: ZfgK, 65. Jg. (2012), Heft 9, S. 433–436.

o. V. (2004a): Neue Eigenkapitalanforderungen für Kreditinstitute (Basel II), in: Monatsbericht Deutsche Bundesbank, 56. Jg. (2004), Heft September, S. 75–100.

o. V. (2004b): Zusammenhang zwischen Aktien- und Rentenmarktentwicklung, in: Monatsbericht Deutsche Bundesbank, 56. Jg. (2004), Heft Februar, S. 29.

o. V. (2006): Konzentrationsrisiken in Kreditportfolios, in: Monatsbericht Deutsche Bundesbank, 58. Jg. (2006), Heft Juni, S. 35–54.

o. V. (2007a): Run auf Northern Rock geht weiter, in: Börsen-Zeitung, Ausgabe 179, 18.09.2007, S. 4.

o. V. (2007b): Northern Rock: Auf „Bank Run" folgt Börsencrash. Online verfügbar unter http://www.handelsblatt.com/unternehmen/banken/northern-rock-auf-bank-run-folgt-boersencrash/2862254.html, zuletzt eingesehen am 17.03.3013.

o. V. (2007c): § 318 HGB, in: Rechnungslegung und Prüfung der Unternehmen, Kommentar zum HGB, AktG, GmbHG, PublG nach den Vorschriften des Bilanzrichtlinien-Gesetzes, begründet von Adler, Hans / Düring, Walther / Schmaltz, Kurt, 6. Aufl., Stuttgart 2007, Rn. 1–466.

o. V. (2007d): § 317 HGB, in: Rechnungslegung und Prüfung der Unternehmen, Kommentar zum HGB, AktG, GmbHG, PublG nach den Vorschriften des Bilanzrichtlinien-Gesetzes, begründet von Adler, Hans / Düring, Walther / Schmaltz, Kurt, 6. Aufl., Stuttgart 2007, Rn. 1–236.

o. V. (2007e): Beruhigungsversuche nach Panik unter britischen Sparern, in: Frankfurter Allgemeine Zeitung, Ausgabe 216, 17.09.2007, S. 1.

o. V. (2010): Anhang II, Begründung zur Verordnung über die Prüfung der Jahresabschlüsse der Kreditinstitute und Finanzdienstleistungsinstitute sowie die darüber zu erstellenden Berichte (Prüfungsberichtsverordnung – PrüfbV), in: Handbuch PrüfbV, hrsg. von: Finanz Colloquium Heidelberg, o. Aufl., Heidelberg 2010, S. 374–406.

o. V. (2011a): § 30 KWG, in: Kreditwesengesetz (KWG) – Loseblattkommentar für die Praxis nebst sonstigen bank- und sparkassenrechtlichen Aufsichtsgesetzen sowie ergänzenden Vorschriften, begründet von: Reischauer, Friedrich / Kleinhans, Joachim, einschließlich Teilieferung 1/12, Berlin 2011, S. 1–2.

o. V. (2011b): § 44 KWG, in: Kreditwesengesetz (KWG) – Loseblattkommentar für die Praxis nebst sonstigen bank- und sparkassenrechtlichen Aufsichtsgesetzen sowie ergänzenden Vorschriften, begründet von: Reischauer, Friedrich / Kleinhans, Joachim, einschließlich Teilieferung 1/12, Berlin 2011, S. 1–27.

o. V. (2011c): § 32 KWG, in: Kreditwesengesetz (KWG) – Loseblattkommentar für die Praxis nebst sonstigen bank- und sparkassenrechtlichen Aufsichtsgesetzen sowie ergänzenden Vorschriften, begründet von: Reischauer, Friedrich / Kleinhans, Joachim, einschließlich Teilieferung 1/12, Berlin 2011, S. 1–31.

o. V. (2011d): § 33 KWG, in: Kreditwesengesetz (KWG) – Loseblattkommentar für die Praxis nebst sonstigen bank- und sparkassenrechtlichen Aufsichtsgesetzen sowie ergänzenden Vorschriften, begründet von: Reischauer, Friedrich / Kleinhans, Joachim, einschließlich Teilieferung 1/12, Berlin 2011, S. 1–47.

o. V. (2011e): Anhang 1 zu § 25 a, in: Kreditwesengesetz (KWG) – Loseblattkommentar für die Praxis nebst sonstigen bank- und sparkassenrechtlichen Aufsichtsgesetzen sowie ergänzenden Vorschriften, begründet von: Reischauer, Friedrich / Kleinhans, Joachim, einschließlich Teilieferung 1/12, Berlin 2011, S. 1–108.

o. V. (2012a): Die Rolle des „Baseler Zinsschocks“ bei der bankaufsichtlichen Beurteilung von Zinsänderungsrisiken im Anlagebuch, in: Monatsbericht Deutsche Bundesbank, 64. Jg. (2012), Heft Juni, S. 55–65.

o. V. (2012b): Bankenaufsicht Anspruch und Wirklichkeit, in: ZfgK, 65. Jg. (2012), Heft 20, S. 1030.
Paul, Stephan (2004): Basel II im Überblick, in: Basel II und MaK, hrsg. von: Hofmann, Gerhard, 2. Aufl., Frankfurt am Main 2004, S. 5–58.
Paul, Stephan (2011a): Umbruch der Bankenregulierung, Die Entwicklung des Baseler Regelswerks im Überblick, in: Basel III und MaRisk, hrsg. von: Hofmann, Gerhard, 1. Aufl., Frankfurt am Main 2011, S. 9–63.
Paul, Stephan (2011b): Qualitative Bankenaufsicht in der Marktwirtschaft – Theoretische Einordnung und empirische Befunde, in: Basel III und MaRisk, hrsg. von: Hofmann, Gerhard, 1. Aufl., Frankfurt am Main 2011, S. 455–485.
Pegelow, Thorsten (2010): Ausgewählte Themen der neuen PrüfbV aus Sicht der Internen Revision – Impulse für die Revisionsarbeit, II. Wesentlichkeit, in: Handbuch PrüfbV, hrsg. von: Finanz Colloquium Heidelberg, o. Aufl., Heidelberg 2010, S. 255–263.
Perridon, Louis / Steiner, Manfred (2003): Finanzwirtschaft der Unternehmung, 12. Aufl., München 2003.
Pfeifer, Guido (2009): Optimierung krisenresistenter Risikotragfähigkeitskonzepte, in: MaRisk-Interpretationshilfen, hrsg. von: Pfeifer, Guido, 2. Aufl., Heidelberg 2009, S. 33–72.
Pfeifer, Guido (Hrsg.) (2009): MaRisk-Interpretationshilfen, Handlungsbedarf infolge der MaRisk-Novelle, 2. Auflage von „MaRisk-Umsetzungsleitfaden“, 2. Aufl., Heidelberg 2009.
Plendl, Martin (2012): Kapitel Q Das Prüfungsergebnis, in: WP Handbuch 2012, hrsg. von: IDW, 14. Aufl., Düsseldorf 2012, S. 2005–2398.
Popper, Karl R. / Keuth, Herbert (2005): Logik der Forschung, 11. Aufl., Tübingen 2005.
PwC (Hrsg.) (2007): KonTraG und Risikomanagement, Gesetzliche Verpflichtung und betriebswirtschaftlicher Nutzen, o. Aufl., o. O. 2007.
Quick, Reiner (1996): Die Risiken der Jahresabschlußprüfung, Düsseldorf 1996, zugelassene Habilitationsschrift Universität Mannheim 1995.
Quick, Reiner (1999): Prüfungsmethoden im Spiegel der Forschung, in: Theorie und Praxis der Wirtschaftsprüfung II, hrsg. von: Richter, Martin, o. Aufl., Berlin 1999, S. 177–234.
Quick, Reiner (2002): Plausibilitätsbeurteilungen, in: Handwörterbuch der Rechnungslegung und Prüfung, hrsg. von: Ballwieser, Wolfgang / Coenenberg, Adolf G. / Wysocki, Klaus von, 3. Aufl., Stuttgart 2002, Sp. 1685–1693.

Quick, Reiner / Umlauf, Steffen (2012): Besonderheiten der Prüfung von Kreditinstituten, in: die bank, o. Jg. (2012), Heft 4, S. 51–55.

Quick, Reiner / Warming-Rasmussen, Bent (2007): Unabhänigigkeit des Abschlussprüfers – Zum Einfluss von Beratungsleistungen auf Unabhängigkeitswahrnehmungen von Aktionären, in: ZfB, 77. Jg. (2007), Heft 10, S. 1007–1033.

Rader, Andre (2012): Optimierung des Zinsrisikomanagements mit der Integrierten Zinsbuchsteuerung Plus aus Sicht einer Sparkasse, in: Zinsrisikomanagement, hrsg. von: Reuse, Svend, 2. Aufl., Heidelberg 2012, S. 426–458.

Ramke, Thomas (2009): Anforderungen an die personelle und technische Ausstattung im Handelsbereich von Kreditinstituten, in: Risikomanagement im Handelsgeschäft, hrsg. von: Ramke, Thomas / Wohlert, Dirk, o. Aufl., Stuttgart 2009, S. 71–86.

Ramke, Thomas / Wohlert, Dirk (Hrsg.) (2009): Risikomanagement im Handelsgeschäft, MaRisk, § 25a KWG, § 44 KWG-Prüfungen, Umsetzungsspielräume, o. Aufl., Stuttgart 2009.

Rassat, Thomas (2012): Management und Überwachung von Zinsänderungsrisiken aus Sicht der Bankenaufsicht, in: Zinsrisikomanagement, hrsg. von: Reuse, Svend, 2. Aufl., Heidelberg 2012, S. 21–88.

Rätsch, Herbert (1976): Prüfungsanweisungen und Arbeitspapiere, in: Die Praxis des Prüfungswesens, hrsg. von: Wysocki, Klaus von / Hagest, Joachim, 1. Aufl., München 1976, S. 311–318.

Rebhan, Elisabeth (2012): Qualität der Wirtschaftsprüfung – Eine empirische Untersuchung zur Beurteilung, Wahrnehmung und Erwartung von Prüfungsleistungen aus Anbieter- und Nachfragersicht des österreichischen Prüfungsmarktes, in: WPg, 65. Jg. (2012), Heft 3, S. 143–151.

Reitz, Stefan (2012): Stresstests, in: Handbuch MaRisk und Basel III, hrsg. von: Becker, Axel / Gruber, Walter / Wohlert, Dirk, 2. Aufl., Frankfurt am Main 2012, S. 327–343.

Reuse, Svend (2012a): Definition und Ausprägung des Zinsänderungsrisikos, in: Zinsrisikomanagement, hrsg. von: Reuse, Svend, 2. Aufl., Heidelberg 2012, S. 7–20.

Reuse, Svend (2012b): Definition effizienter Benchmarks für die passive Steuerung, in: Zinsrisikomanagement, hrsg. von: Reuse, Svend, 2. Aufl., Heidelberg 2012, S. 159–167.

Reuse, Svend (2012c): Controlling und Reporting des Zinsänderungsrisikos, in: Zinsrisikomanagement, hrsg. von: Reuse, Svend, 2. Aufl., Heidelberg 2012, S. 233–288.

Reuse, Svend (2012d): Das Data Warehouse als Basis für die Zinsbuchsteuerung, in: Zinsrisikomanagement, hrsg. von: Reuse, Svend, 2. Aufl., Heidelberg 2012, S. 421–425.

Richter, Martin (1997): Entwicklungslinien, Nutzen und Grenzen der Forschung im Prüfungswesen, in: Theorie und Praxis der Wirtschaftsprüfung, hrsg. von: Richter, Martin, o. Aufl., Berlin 1997, S. 11–40.

Richter, Martin (1999): Konzeptioneller Bezugsrahmen für eine realwissenschaftliche Theorie betriebswirtschaftlicher Prüfungen, in: Theorie und Praxis der Wirtschaftsprüfung II, hrsg. von: Richter, Martin, o. Aufl., Berlin 1999, S. 263–305.

Richter, Martin (2003): Vorwort des Herausgebers, in: Entwicklungen der Wirtschaftsprüfung, hrsg. von: Richter, Martin, o. Aufl., Berlin 2003, S. 5–9.

Rolfes, Bernd (2008): Gesamtbanksteuerung, Risiken ertragsorientiert steuern, 2. Aufl., Stuttgart 2008.

Romeike, Frank (2005): Risikokategorien im Überblick, in: Modernes Risikomanagement, hrsg. von: Romeike, Frank, 1. Aufl., Weinheim 2005, S. 17–32.

Rudolph, Bernd (1995): Derivative Finanzinstrumente – Entwicklung, Risikomanagement und bankaufsichtsrechtliche Regelungen, in: Derivate Finanzinstrumente, hrsg. von: Rudolph, Bernd (Hrsg.), o. Aufl., Stuttgart 1995, S. 3–41.

Ruhnke, Klaus (1997): Internationale Normen der Abschlussprüfung, in: Theorie und Praxis der Wirtschaftsprüfung, hrsg. von: Richter, Martin, o. Aufl., Berlin 1997, S. 109–152.

Ruhnke, Klaus (2001): Überlegungen zur Prüfung von Ad-hoc-Meldungen auf Basis des International Standard on Assurance Engagements, in: WPg, 54. Jg. (2001), Heft 8, S. 440–452.

Ruhnke, Klaus (2002): Prüfungsnormen, in: Handwörterbuch der Rechnungslegung und Prüfung, hrsg. von: Ballwieser, Wolfgang / Coenenberg, Adolf G. / Wysocki, Klaus von, 3. Aufl., Stuttgart 2002, Sp. 1841–1852.

Ruhnke, Klaus (2003): Nutzen von Abschlussprüfungen, Bezugsrahmen und Einordnung empirischer Studien, in: zfbf, 55. Jg. (2003), Heft 5, S. 250–279.

Sanio, Jochen (2007a): Qualitative Aufsicht und das Prinzip der doppelten Proportionalität Basel II oder die Legende von der Aufsicht ohne Ende, in: Betriebswirtschaftliche Blätter, 56. Jg., Heft 1, S. 6–10.

Sanio, Jochen (2007b): Der Prüfer ist ein wichtiges Bindeglied zwischen Institut und Aufsicht, in: WPg, 60. Jg. (2007), Heft 9, S. I.

Sanio, Jochen (2009): Bankenaufsicht und Systemrisiko, in: Risikomanagement und kapitalmarktorientierte Finanzierung, hrsg. von: Schäfer, Klaus /

Burghof, Hans-Peter / Johanning, Lutz / Wagner, Hannes / Rodt, Sabine, o. Aufl., Frankfurt am Main 2009, S. 15–32.
Schandl, Charles W. (1978): Theory of auditing, o. Aufl., Houston 1978.
Schäuble, Wolfgang (2013): Finanzmarktregulierung: Prinzipien und Maßnahmen der Bundesregierung, in: ZfgK, 66. Jg. (2013), Heft 1, S. 12–14.
Schierenbeck, Henner (2003a): Ertragsorientiertes Bankmanagement, Band 2: Risiko-Controlling und integrierte Rendite-/Risikosteuerung, 8. Aufl., Wiesbaden 2003.
Schierenbeck, Henner (2003b): Grundlagen, Marktzinsmethode und Rentabilitäts-Controlling, 8. Aufl., Wiesbaden 2003.
Schierenbeck, Henner / Lister, Michael / Kirmsse, Stefan (2008): Risiko-Controlling und integrierte Rendite-/Risikosteuerung, 9. Aufl., Wiesbaden 2008.
Schindler, Joachim (1997): Internationale Prüfungsnormen aus Sicht einer internationalen Wirtschaftsprüfungsgesellschaft, in: Theorie und Praxis der Wirtschaftsprüfung, hrsg. von: Richter, Martin, o. Aufl., Berlin 1997, S. 153–166.
Schindler, Joachim (2012): Kapitel R Prüfungstechnik, in: WP Handbuch 2012, hrsg. von: IDW, 14. Aufl., Düsseldorf 2012, S. 2399–2663.
Schneider, Andreas (2008): Modernisierung der Outsourcing-Regelungen und Integration in die Mindestanforderungen an das Risikomanagement (MaRisk), in: WPg, 61. Jg. (2008), Heft 10, S. 435–443.
Schulte, Michael (1997): Bank-Controlling II: Risikopolitik in Kreditinstituten, 2. Aufl., Frankfurt am Main 1997.
Schulte, Michael / Horsch, Andreas (2004): Wertorientierte Banksteuerung II: Risikomanagement, 3. Aufl., Frankfurt am Main 2004.
Schulte-Mattler, Hermann / Gaumert, Uwe (2006): Value-at-Risk – Ein modernes Instrument für die Steuerung der Preisrisiken des Bankbetriebs, in: Handbuch MaRisk, hrsg. von: Becker, Axel / Gruber, Walter / Wohlert, Dirk, o. Aufl., Frankfurt am Main 2006, S. 183–223.
Schulte-Mattler, Hermann / Kenne, Ulrich von (2004): Meilenstein der Bankaufsicht, in: die bank, o. Jg. (2004), Heft 9, S. 37–40.
Schwarzhaupt, Oliver (2006): Anforderungen der MaRisk an die Risikoklassifizierungsverfahren, in: Handbuch MaRisk, hrsg. von: Becker, Axel / Gruber, Walter / Wohlert, Dirk, o. Aufl., Frankfurt am Main 2006, S. 3–8.
Schwirten, Christian / Zattler, Michaela (2007): Die Mindestanforderungen an das Risikomanagement (MaRisk) als Beitrag zur prinzipienbasierten und risikoorientierten Aufsicht, in: Basel II und MaRisk, hrsg. von: Hofmann, Gerhard, 1. Aufl., Frankfurt am Main 2007, S. 445–453.

Seiss, Steffen (2006): Umsetzung der Anforderungen des AT in die Praxis, in: MaRisk in der Praxis, hrsg. von: Eller, Roland / Heinrich, Markus / Parrot, René / Reif, Markus, 1. Aufl., Weinheim 2006, S. 77–166.

Sieben, Günter / Bretzke, Wolf-Rüdiger (1973): Zur Typologie betriebswirtschaftlicher Prüfungssysteme, in: BFuP, 25. Jg. (1973), S. 625–630.

Simon, Herbert A. / Newell, Allen (1982): Heuristic Problem Solving, The next advance in operations research, in: Models of bounded rationality, hrsg. von: Simon, Herbert A., o. Aufl., Cambridge 1982, S. 380–389.

Simons, Dirk / Zein, Nicole (2007): Prüferrotation, in: Vahlens großes Auditing Lexikon, hrsg. von: Freidank, Carl-Christian / Lachnit, Laurenz / Tesch, Jörg / Weber, Stefan C., o. Aufl., München 2007, S. 1070–1071.

Spellmann, Frank (2002): Gesamtrisiko-Messung von Banken und Unternehmen, 1. Aufl., Wiesbaden 2002.

Steden, Philip (2002): Marktorientierte Bankenregulierung, Eine ökonomische Analyse unter besonderer Berücksichtigung der Einlagensicherung, Sternenfels 2002, zugl. Diss. Univ. Potsdam 2001.

Stefani, Ulrike (2002): Vorgehen und Probleme bei Anwendung formalanalytischer Forschungsmethoden im Prüfungswesen, in: Theorie und Praxis der Wirtschaftsprüfung III, hrsg. von: Richter, Martin / Fey, Gerd, o. Aufl., Berlin 2002, S. 209–246.

Stegemeyer, Welf (2002): Der Vergleich von Abschlussprüfung und Unternehmensberatung aus der Perspektive der Agency- und der Signalling-Theorie, Marburg 2002, zugl. Diss. Univ. Marburg 2001.

Stegner, Philip (2011): Quantitative Bewertung der Risikokonzentrationen mithilfe von Konzentrationsmaßen, in: Management von Risikokonzentrationen, hrsg. von: Kühn, Stefan / Stegner, Philip, o. Aufl., Heidelberg 2011, S. 215–239.

Steinwachs, Patrick (2012): Abbildung und Messung von Zinsänderungsrisiken, in: Zinsrisikomanagement, hrsg. von: Reuse, Svend, 2. Aufl., Heidelberg 2012, S. 89–140.

Stickelmann, Karsten (2011): Neue aufsichtliche Anforderungen für Marktrisikopositionen, in: Basel III und MaRisk, hrsg. von: Hofmann, Gerhard, 1. Aufl., Frankfurt am Main 2011, S. 243–284.

Stoever, Uta (2012): MaRisk – Anforderungen an die Aufbau- und Ablauforganisation im Kreditgeschäft, in: Handbuch MaRisk und Basel III, hrsg. von: Becker, Axel / Gruber, Walter / Wohlert, Dirk, 2. Aufl., Frankfurt am Main 2012, S. 191–205.

Storz, Ingo W. (2011): Die Selektion des Abschlussprüfers als Instrumentarium zur Überwindung der Informationsasymmetrien zwischen Eigentümer und Management, in: Die Prinzipal-Agenten-Theorie in der Finanzwirtschaft, hrsg. von: Heyd, Reinhard / Beyer, Michael, o. Aufl., Berlin 2011, S. 133–148.

Struwe, Hans / Thelen-Pischke, Hiltrud (2010a): Bedeutung der PrüfbV für Institute, in: Handbuch PrüfbV, hrsg. von: Finanz Colloquium Heidelberg, o. Aufl., Heidelberg 2010, S. 31–34.

Struwe, Hans / Thelen-Pischke, Hiltrud (2010b): Regelungen der PrüfbV und Auslegungshilfen für ihre Anwendung in der externen Prüfungspraxis, I. Allgemeine Vorschriften, in: Handbuch PrüfbV, hrsg. von: Finanz Colloquium Heidelberg, o. Aufl., Heidelberg 2010, S. 38–55.

Stützle, Wolfgang (2012): Der Prozess der Weiterentwicklung der Mindestanforderungen (MaH, MaIR, MaK) zu den Mindestanforderungen an das Risikomanagement (MaRisk), in: Handbuch MaRisk und Basel III, hrsg. von: Becker, Axel / Gruber, Walter / Wohlert, Dirk, 2. Aufl., Frankfurt am Main 2012, S. 133–163.

Tallau, Christian (2012): Regulatorische Änderungen zum Handelsbuch: Anforderungen an interne Marktrisikomodellierung steigen, in: ZfgK, 65. Jg. (2012), Heft 17, S. 878–883.

Theiler, Ursula (2012): Umsetzung effizienter Risikostrategien im Rahmen des Internal Capital Adequacy Assessment Process (ICAAP), in: Handbuch MaRisk und Basel III, hrsg. von: Becker, Axel / Gruber, Walter / Wohlert, Dirk, 2. Aufl., Frankfurt am Main 2012, S. 287–325.

Thiele, Markus (2010): Integrierende und integrierte Stresstests in Banken, in: Risiko Manager, o. Jg. (2010), Heft 4, S. 1, 8–10.

Thiergard, Jens (2007): Prüfungsstrategie, in: Vahlens großes Auditing Lexikon, hrsg. von: Freidank, Carl-Christian / Lachnit, Laurenz / Tesch, Jörg / Weber, Stefan C., o. Aufl., München 2007, S. 1111–1113.

Tolkmitt, Volker (2007): Neue Bankbetriebslehre, Basiswissen zu Finanzprodukten und Finanzdienstleistungen, 2. Aufl., Wiesbaden 2007.

Treu, Johannes / Rohde, Armin (2007): Regulierung von Banken und mögliche Probleme, in: WiSt, 36. Jg. (2007), Heft 12, S. 578–585.

Treubel, Heiko (2012): Okular ZIRIS der ParcIT aus Sicht einer Genossenschaftsbank, in: Zinsrisikomanagement, hrsg. von: Reuse, Svend, 2. Aufl., Heidelberg 2012, S. 459–477.

Ullrich, Walter (2009): Herausforderungen der MaRisk-Neuregelungen für die Interne Revision, in: MaRisk-Interpretationshilfen, hrsg. von: Pfeifer, Guido, 2. Aufl., Heidelberg 2009, S. 505–579.

Universität Augsburg (Hrsg.) (2012): Richtlinie 2006/48/EG. Online verfügbar unter http://www.kapitalmarktrecht-im-internet.eu/de/Rechtsgebiete/Kapitalmarktrecht/Europaeisches_Recht/76/Richtlinie_2006_48_EG.htm, zuletzt eingesehen am 14.09.2012.

Vogel, Thomas (1990): Bankregulierung, Die Zielsetzungen Einlegerschutz und Stabilität des Bankensystems, Würzburg 1990, zugl. Diss. Univ. Würzburg 1990.

Volk, Tobias / Wiesemann, Bernd (2012): Aufsichtliche Beurteilung bankinterner Risikotragfähigkeitskonzepte, in: ZfgK, 65. Jg. (2012), Heft 6, S. 267–272.

Walter, Bernd (2012): Stresstests des Zinsrisikos als ergänzende Steuerungsmöglichkeit, in: Zinsrisikomanagement, hrsg. von: Reuse, Svend, 2. Aufl., Heidelberg 2012, S. 218–231.

Waschbusch, Gerd (2000): Bankenaufsicht, Die Überwachung der Kreditinstitute und Finanzdienstleistungsinstitute nach dem Gesetz über das Kreditwesen, München 2000, zugelassene Habilitationsschrift Universität Saarbrücken 1997/1998.

Waschbusch, Gerd (2013): Zukunft ohne Banken – Banken ohne Zukunft?, in: ZfgK, 66. Jg. (2013), Heft 2, S. 86–89.

Weber, Axel A. (2008): Die Subprime-Krise. Ursachen und Folgen für das Kreditwesen. FTD-Bankengipfel 2008 in Eltville. Online verfügbar unter http://www.bundesbank.de/Redaktion/DE/Downloads/Presse/Reden/2008/2008_04_25_weber_subprime-krise-ursachen-und-folgen-fuer-kreditwesen.pdf, zuletzt eingesehen am 26.01.2013.

Weimer, Theodor (2013): Level Playing Field – ein Lehrstück von hehrer Theorie und wettbewerbsgetriebener Realität, in: ZfgK, 66. Jg. (2013), Heft 1, S. 38–40.

Wiesemann, Bernd (2012): Leitfaden der Aufsicht – Hintergründe, Motive, Erwartungen. Vortrag vom 4.12.2012 in der Veranstaltung Forum Risikotragfähigkeit bei Kreditinstituten, Bonn 2012.

Willemse, Michael (2012): Entwicklung einer Zinsrisikostrategie, in: Zinsrisikomanagement, hrsg. von: Reuse, Svend, 2. Aufl., Heidelberg 2012, S. 143–158.

Winkeljohann, Norbert / Büssow, Thomas (2012): § 252 HGB Allgemeine Bewertungsgrundsätze, hrsg. von: Ellrott, Helmut / Förschle, Gerhart / Grottel,

Bernd / Kozikowski, Michael / Schmidt, Stefan / Winkeljohann, Norbert, in: Beck'scher Bilanzkommentar, 8. Aufl., München 2012.
Wöhe, Günter / Döring, Ulrich (2008): Einführung in die allgemeine Betriebswirtschaftslehre, 23. Aufl., München 2008.
Wöhe, Günter / Döring, Ulrich (2010): Einführung in die allgemeine Betriebswirtschaftslehre, 24. Aufl., München 2010.
Wohlert, Dirk (2006): MaRisk versus MaH / MaK, in: Handbuch MaRisk, hrsg. von: Becker, Axel / Gruber, Walter / Wohlert, Dirk, o. Aufl., Frankfurt am Main 2006, S. 29–48.
Wohlert, Dirk (2009): Einführung und Überblick über die Inhalte dieses Buches, in: Risikomanagement im Handelsgeschäft, hrsg. von: Ramke, Thomas / Wohlert, Dirk, o. Aufl., Stuttgart 2009, S. 1–13.
Wohlert, Dirk (2012): Überblick über die Regelungsinhalte der MaRisk, in: Handbuch MaRisk und Basel III, hrsg. von: Becker, Axel / Gruber, Walter / Wohlert, Dirk, 2. Aufl., Frankfurt am Main 2012, S. 105–131.
Wolf, Klaus / Runzheimer, Bodo (2003): Risikomanagement und KonTraG, Konzeption und Implementierung, 4. Aufl., Wiesbaden 2003.
Wolz, Matthias (2003): Wesentlichkeit im Rahmen der Jahresabschlussprüfung, Düsseldorf 2003, zugelassene Habilitationsschrift Universität Essen 2002.
Wondrak, Bernhard (2009): Ein ideales Paar: Value at Risk und Barwertbewertung von Finanzinstrumenten. Kommentar zum Beitrag von Henner Schierenbeck und Michael Pohl, in: Risikomanagement und kapitalmarktorientierte Finanzierung, hrsg. von: Schäfer, Klaus / Burghof, Hans-Peter / Johanning, Lutz / Wagner, Hannes / Rodt, Sabine, Frankfurt am Main 2009, S. 531–533.
Wysocki, Klaus von (1988): Grundlagen des betriebswirtschaftlichen Prüfungswesens, 3. Aufl., München 1988.
Wysocki, Klaus von (2002): Prüfungstheorie, messtheoretischer Ansatz, in: Handwörterbuch der Rechnungslegung und Prüfung, hrsg. von: Ballwieser, Wolfgang / Coenenberg, Adolf G. / Wysocki, Klaus von, 3. Aufl., Stuttgart 2002, Sp. 1886–1899.
Zeillinger, Dominik (2012): Messung von Konzentrationsrisiken, in: Handbuch MaRisk und Basel III, hrsg. von: Becker, Axel / Gruber, Walter / Wohlert, Dirk, 2. Aufl., Frankfurt am Main 2012, S. 383–395.
ZKA (Hrsg.) (2009): Stellungnahme zum ersten Entwurf einer Neufassung der Mindestanforderungen an das Risikomanagement (MaRisk) vom 16.

Februar 2009 – Konsultation 03/2009. Online verfügbar unter http://www.bundesbank.de/Redaktion/DE/Downloads/Kerngeschaeftsfelder/Bankenaufsicht/Marisk/2009_03_03_stellungnahme_zka.pdf, zuletzt eingesehen am 23.03.2009.

Rechtsquellenverzeichnis

Aktiengesetz (AktG) in der Fassung der Bekanntmachung vom 06.09.1965, in: BGBl. 1965 Teil I, S. 1089, zuletzt geändert durch Artikel 3 des Gesetzes vom 20.12.2012, in: BGBl. 2012 Teil I, S. 2751.

Aufsichtsrichtlinie (Aufsichts-RL), Richtlinie zur Durchführung und Qualitätssicherung der laufenden Überwachung der Kredit- und Finanzdienstleistungsinstitute durch die Deutsche Bundesbank vom 21.02.2008. Online verfügbar unter http://www.bundesbank.de/Redaktion/DE/Downloads/Kerngeschaeftsfelder/Bankenaufsicht/Gesetze_Verordnungen_Richtlinien/richtlinie_durchfuehrung_qualitaetssicherung.pdf, zuletzt eingesehen am 17.03.2013.

Berufssatzung für Wirtschaftsprüfer/vereidigte Buchprüfer (BS WP/vBP), Satzung der Wirtschaftsprüferkammer über die Rechte und Pflichten bei der Ausübung der Berufe des Wirtschaftsprüfers und des vereidigten Buchprüfers, in der Fassung der Bekanntmachung vom 06.11.2009 in: Bundesanzeiger S. 4021, zuletzt geändert am 12.02.2010, in: Bundesanzeiger S. 453.

Beschluss Nr. 716/2009/EG des Europäischen Parlaments und des Rates vom 16.09.2009 zur Auflegung eines Gemeinschaftsprogramms zur Unterstützung spezifischer Tätigkeiten auf dem Gebiet der Finanzdienstleistungen, der Rechnungslegung und der Abschlussprüfung, in: Amtsblatt L 253 vom 25.09.2009, S. 8–16.

Beschluss Nr. 2009/78/EG der Kommission vom 23.01.2009 zur Einsetzung des Ausschusses der europäischen Bankaufsichtsbehörden, in: Amtsblatt L 25 vom 29.01.2009, S. 23–27.

Bürgerliches Gesetzbuch (BGB) in der Fassung der Bekanntmachung vom 02.01.2002, in: BGBl. 2002 Teil I, S. 42 und BGBl. 2003 Teil I, S. 738, zuletzt geändert durch Artikel 1 des Gesetzes vom 20.02.2013, in: BGBl. 2013 Teil I, S. 277.

…enstleistungsaufsichtsgesetz (FinDAG), Gesetz über die Bundesanstalt …r Finanzdienstleistungsaufsicht, in der Fassung der Bekanntmachung

vom 22.04.2002, in: BGBl. 2002 Teil I, S. 1310, zuletzt geändert durch Artikel 9 des Gesetzes vom 6.12.2011, in: BGBl. 2011 Teil I, S. 2481.
Genossenschaftsgesetz (GenG), Gesetz betreffend die Erwerbs- und Wirtschaftsgenossenschaften, in der Fassung der Bekanntmachung vom 16.10.2006, in: BGBl. 2006 Teil I, S. 2230, zuletzt geändert durch Artikel 10 des Gesetzes vom 25.05.2009, in: BGBl. 2009 Teil I, S. 1102.
Gesetz zur Kontrolle und Transparenz im Unternehmensbereich (KonTraG), in der Fassung der Bekanntmachung vom 01.05.1998, in: BGBl. Teil I. Jg. 1998, S. 768.
Gewerbeordnung (GewO) in der Fassung der Bekanntmachung vom 22.02.1999, in: BGBl. 1999 Teil I, S. 202, zuletzt geändert durch Artikel 1 des Gesetzes vom 4.03.2013, in: BGBl. 2013 Teil I, S. 362.
Handelsgesetzbuch (HGB) in der bereinigten Fassung, in: BGBl. Teil III, Gliederungsnummer 4100-1, zuletzt geändert durch Artikel 1 des Gesetzes vom 20.12.2012, in: BGBl. 2012 Teil I, S. 2751.
Kreditwesengesetz (KWG), Gesetz über das Kreditwesen, in der Fassung der Bekanntmachung vom 09.09.1998, in: BGBl. 1998 Teil I, S. 2776, zuletzt geändert durch Artikel 1 des Gesetzes vom 13.02.2013, in: BGBl. 2013 Teil I, S. 174.
Liquiditätsverordnung (LiqV), Verordnung über die Liquidität der Institute, in der Fassung der Bekanntmachung vom 14.12.2006, in: BGBl. 2006 Teil I, S. 3117, zuletzt geändert durch Artikel 13 des Gesetzes vom 01.03.2011, in: BGBl. 2011 Teil I, S. 288.
Prüfungsberichtsverordnung (PrüfbV), Verordnung über die Prüfung der Jahresabschlüsse der Kreditinstitute und Finanzdienstleistungsinstitute und sowie die darüber zu erstellenden Berichte, in der Fassung der Bekanntmachung vom 23.11.2009, in: BGBl. 2009 Teil I, S. 3793, zuletzt geändert durch Artikel 2 des Gesetzes vom 18.02.2013, in: BGBl. 2013 Teil I, S. 268.
Reichsgesetz über das Kreditwesen vom 5.12.1934, in: RGBl. 1934 Teil I, S. 1203.
Richtlinie 2004 / 39 / EG (Finanzmarktrichtlinie) des Europäischen Parlaments und des Rates vom 21.04.2004 über Märkte für Finanzinstrumente, zur Änderung der Richtlinien 85/611/EWG und 93/6/EWG des Rates und der Richtlinie 2000/12/EG des Europäischen Parlaments und des Rates und zur Aufhebung der Richtlinie 93/22/EWG des Rates, in: Amtsblatt L 145 vom 30.04.2004, S. 1–44.
Richtlinie 2006 / 48 / EG (Bankenrichtlinie) des Europäischen Parlaments und des Rates vom 14.06.2006 über die Aufnahme und Ausübung der Tätigkeit der Kreditinstitute, in: Amtsblatt L 177 vom 30.06.2006, S. 1–200.

Richtlinie 2006 / 49 / EG (Kapitaladäquanzrichtlinie) des Europäischen Parlaments und des Rates vom 14.06.2006 über die angemessene Eigenkapitalausstattung von Wertpapierfirmen und Kreditinstituten, in: Amtsblatt L 177 vom 30.06.2006, S. 201–255.

Richtlinie 2011 / 89 / EU des Europäischen Parlaments und des Rates vom 16.11.2011 zur Änderung der Richtlinien 98/78/EG, 2002/87/EG und 2009/138/EG hinsichtlich der zusätzlichen Beaufsichtigung der Finanzunternehmen eines Finanzkonglomerats, in: Amtsblatt L 326 vom 08.12.2011, S. 113–141.

Rundschreiben 1/2000 Mindestanforderungen an die Ausgestaltung der Internen Revision der Kreditinstitute (MaIR) des BAKred vom 17.01.2000. Abgedruckt in: Apweiler, Herbert / Theileis, Ulrich / Althoff, Frank / Hörlin, Stephanie (2005): MaRisk Ein Vergleich des Entwurfs vom 2. Februar 2005 mit den MaK, MaH und MaIR, 1. Aufl., Augsburg u. a. 2005, S. 483–494.

Rundschreiben 34 / 2002 (BA) Mindestanforderungen an das Kreditgeschäft der Kreditinstitute – (MaK) der Bundesanstalt für Finanzdienstleistungsaufsicht vom 29.12.2002. Online verfügbar unter http://www.bundesbank.de/Redaktion/DE/Downloads/Kerngeschaeftsfelder/Bankenaufsicht/Rundschreiben_Bafin/2002_34_mindestanforderungen_an_das_kredit geschaeft_der_kreditinstitute.pdf, zuletzt eingesehen am 17.03.2013.

Rundschreiben 18 / 2005 (BA) Mindestanforderungen an das Risikomanagement – (MaRisk) der Bundesanstalt für Finanzdienstleistungsaufsicht vom 20.12.2005. Online verfügbar unter http://www.bundesbank.de/Redaktion/DE/Standardartikel/Kerngeschaeftsfelder/Bankenaufsicht/risikomanage ment_marisk_2005_rundschreiben.html, zuletzt eingesehen am 17.03.2013.

Rundschreiben 5 / 2007 (BA) Mindestanforderungen an das Risikomanagement – (MaRisk) der Bundesanstalt für Finanzdienstleistungsaufsicht vom 30.10.2007. Online verfügbar unter http://www.bundesbank.de/Redaktion/DE/Downloads/Kerngeschaeftsfelder/Bankenaufsicht/Ma risk/2007_10_30_rundschreiben_mindestanforderungens_risikoma nagement.pdf, zuletzt eingesehen am 17.03.2013.

Rundschreiben 7 / 2007 (BA) Zinsänderungsrisiken im Anlagebuch der Bundesanstalt für Finanzdienstleistungsaufsicht vom 6.11.2007. Online verfügbar unter http://www.bundesbank.de/Redaktion/DE/Downloads/Kerngeschaeftsfelder/Bankenaufsicht/Rundschreiben_Bafin/2007_07_zinsaenderungsrisiken_im_anlagebuch_ermittlung_der_auswirkungen_einer_ploetzlichen_und_unerwarteten_zinsaenderung.pdf, zuletzt eingesehen am 17.03.2013.

Rundschreiben 15 / 2009 (BA) Mindestanforderungen an das Risikomanagement – (MaRisk) der Bundesanstalt für Finanzdienstleistungsaufsicht vom 14.08.2009. Online verfügbar unter http://www.bundesbank.de/Redaktion/DE/Downloads/Kerngeschaeftsfelder/Bankenaufsicht/Marisk/2009_08_14_rundschreiben_mindestanforderungen_risikomanagement.pdf, zuletzt eingesehen am 17.03.2013.

Rundschreiben 11 / 2010 (BA) Mindestanforderungen an das Risikomanagement – (MaRisk) der Bundesanstalt für Finanzdienstleistungsaufsicht vom 15.12.2010. Online verfügbar unter http://www.bundesbank.de/Redaktion/DE/Downloads/Kerngeschaeftsfelder/Bankenaufsicht/Ma risk/2010_12_15_anlage_1_erlaeuterungen_zu_den_marisk.pdf, zuletzt eingesehen am 17.03.2013.

Rundschreiben 11 / 2011 (BA) Zinsänderungsrisiken im Anlagebuch der Bundesanstalt für Finanzdienstleistungsaufsicht vom 9.112011. Online verfügbar unter http://www.bafin.de/SharedDocs/Veroeffentlichungen/DE/Rundschreiben/rs_1111_ba_zinsaenderungsrisiken_anlagebuch.html, zuletzt eingesehen am 17.03.2013.

Rundschreiben 10 / 2012 (BA) Mindestanforderungen an das Risikomanagement – (MaRisk) der Bundesanstalt für Finanzdienstleistungsaufsicht vom 14.12.2012. Online verfügbar unter http://www.bafin.de/SharedDocs/Downloads/DE/Rundschreiben/dl_rs1210_erlaeuterungen_ba.pdf, zuletzt eingesehen am 02.06.2013.

Solvabilitätsverordnung (SolvV), Verordnung über die angemessene Eigenmittelausstattung von Instituten, Institutsgruppen und Finanzholding-Gruppen, in der Fassung der Bekanntmachung vom 14.12.2006, in: BGBl. 2006 Teil I, S. 2926, zuletzt geändert durch Artikel 2 der Verordnung vom 22.12.2011, in: BGBl. 2011 Teil I, S. 3044 und durch Artikel 1 der Verordnung vom 19.12.2012, in: BGBl. 2012 Teil I, S. 2796.

Verlautbarung über Mindestanforderungen an das Betreiben von Handelsgeschäften der Kreditinstitute (MaH) des BAKred vom 23.10.1995. Abgedruckt in: Apweiler, Herbert / Theileis, Ulrich / Althoff, Frank / Hörlin, Stephanie (2005): MaRisk Ein Vergleich des Entwurfs vom 2. Februar 2005 mit den MaK, MaH und MaIR, 1. Aufl., Augsburg u. a. 2005, S. 465–481.

Verordnung (EU) Nr. 1093 / 2010 des Europäischen Parlaments und des Rates vom 24. November 2010 zur Errichtung einer Europäischen Aufsichtsbehörde (Europäische Bankenaufsichtsbehörde), in: Amtsblatt L 331 vom 15.12.2010, S. 12–47.

Verordnung des Reichspräsidenten über Aktienrecht, Bankenaufsicht und über eine Steueramnestie vom 19.09.1931, in: RGBl. 1931 Teil I, Nr. 63, S. 493–509.

Wertpapierhandelsgesetz (WpHG), Gesetz über den Wertpapierhandel, in der Fassung der Bekanntmachung vom 09.09.1998, in: BGBl. 1998 Teil I, S. 2708; zuletzt geändert durch Artikel 10 Absatz 1 des Gesetzes vom 13.02.2013, in: BGBl. 2013 Teil I, S. 174.

Wirtschaftsprüferordnung (WPO), Gesetz über eine Berufsordnung der Wirtschaftsprüfer, in der Fassung der Bekanntmachung vom 05.11.1975, in: BGBl. 1975 Teil I, S. 2803, zuletzt geändert durch das Gesetz vom 06.12.2011, in: BGBl. 2011 Teil I, S. 2515.

Verzeichnis der Verlautbarungen zur Prüfung und Rechnungslegung

DRS 5–10: Risikoberichterstattung von Kredit- und Finanzdienstleistungsinstituten, Fassung vom 05.01.2010, in der Bekanntmachung der deutschsprachigen Fassung gemäß § 342 Abs. 2 HGB durch das Bundesministerium der Justiz vom 18.02.2010.

DRS 15: Lageberichterstattung, Fassung vom 05.01.2010, in der Bekanntmachung der deutschsprachigen Fassung gemäß § 342 Abs. 2 HGB durch das Bundesministerium der Justiz vom 18.02.2010.

DRS 20: Konzernlagebericht, Fassung vom 02.11.2012, in der Bekanntmachung der deutschsprachigen Fassung gemäß § 342 Abs. 2 HGB durch das Bundesministerium der Justiz vom 04.12.2012. Online verfügbar unter: https://www.bundesanzeiger.de/ebanzwww/wexsservlet?session.sessionid=481ec2332ed2cd1b8cd35c1303a9d020_22ce&page.navid=detailsearchlisttodetailsearchdetail&fts_search_list.selected=93c85bcf2e2779b5&fts_search_list.destHistoryId=64705, zuletzt eingesehen am 02.06.2013.

IDW PS 140: Die Durchführung von Qualitätskontrollen in der Wirtschaftsprüferpraxis, Fassung vom 22.02.2008, in: WPg Supplement, o. Jg. (2008), Heft 2, S. 1–21.

IDW PS 200: Ziele und allgemeine Grundsätze der Durchführung von Abschlussprüfungen, Fassung vom 28.06.2000, in: WPg, 53. Jg. (2000), Heft 15, S. 706–709.

IDW PS 210: Zur Aufdeckung von Unregelmäßigkeiten im Rahmen der Abschlussprüfung, Fassung vom 12.12.2012, in: WPg, 59. Jg. (2006), Heft 22, S. 1422–1432 mit Änderungen in: Fachnachrichten des IDW, o. Jg. (2013), Heft 1, S. 1.

IDW PS 220: Beauftragung des Abschlussprüfers, Fassung vom 09.09.2009, in: WPg, 54. Jg. (2001), Heft 17, S. 895–897 mit Änderungen in: WPg Supplement, o. Jg. (2009), Heft 4, S. 1–13.

IDW PS 230: Kenntnisse über die Geschäftstätigkeit sowie das wirtschaftliche und rechtliche Umfeld des zu prüfenden Unternehmens im Rahmen der Abschlussprüfung, Fassung vom 08.12.2005, in: WPg, 53. Jg. (2000), Heft 17, S. 842–845 mit Änderungen in: WPg, 59. Jg. (2006), Heft 4, S. 218.

IDW PS 240: Grundsätze der Planung von Abschlussprüfungen, Fassung vom 09.09.2010, in: WPg, 53. Jg. (2000), Heft 17, S. 846–849 mit Änderungen in: WPg Supplement, o. Jg. (2011), Heft 1, S. 1–27.

IDW PS 250: Wesentlichkeit im Rahmen der Abschlussprüfung, Fassung vom 12.12.2012, in: WPg Supplement, o. Jg. (2013), Heft 1, S. 1–7.

IDW PS 261: Feststellung und Beurteilung von Fehlerrisiken und Reaktionen des Abschlussprüfers auf die beurteilten Fehlerrisiken, Fassung vom 01.03.2012, in: WPg Supplement, o. Jg. (2012), Heft 2, S. 3–18.

IDW PS 300: Prüfungsnachweise im Rahmen der Abschlussprüfung, Fassung vom 06.09.2006, in: WPg, 59. Jg. (2006), Heft 22, S. 1445–1451.

IDW PS 321: Interne Revision und Abschlussprüfung, Fassung vom 09.09.2010, in: WPg, 55. Jg. (2002), Heft 13, S. 686–689 mit Änderungen in: WPg Supplement, o. Jg. (2010), Heft 4, S. 1–16.

IDW PS 340: Die Prüfung des Risikofrüherkennungssystems nach § 317 Abs. 4 HGB, Fassung vom 11.09.2000, in: WPg, 52. Jg. (1999), Heft 16, S. 658–662.

IDW PS 350: Prüfung des Lageberichts, Fassung vom 09.09.2009, in: WPg, 59. Jg. (2006), Heft 20, S. 1293–1297 mit Änderungen in: WPg Supplement, o. Jg. (2009), Heft 4, S. 1–13.

IDW PS 400: Grundsätze für die ordnungsmäßige Erteilung von Bestätigungsvermerken bei Abschlussprüfungen, Fassung vom 12.12.2012, in: WPg Supplement, o. Jg. (2010), Heft 4, S. 25–53 mit Änderungen in: Fachnachrichten des IDW, o. Jg. (2013), Heft 1, S. 11.

IDW PS 450: Grundsätze ordnungsmäßiger Berichterstattung bei Abschlussprüfungen, Fassung vom 01.03.2012, in: WPg, 59. Jg. (2006), Heft 3, S. 113–132 mit Änderungen in: WPg Supplement, o. Jg. (2012), Heft 2, S. 19–20.

IDW PS 460: Arbeitspapiere des Abschlussprüfers, Fassung vom 28.06.2000, in: WPg, 53. Jg. (2000), Heft 18, S. 916–918.

IDW PS 470: Grundsätze für die Kommunikation des Abschlussprüfers mit dem Aufsichtsorgan, Fassung vom 01.03.2012, in: WPg, 56. Jg. (2003), Heft 11, S. 608–609 mit Änderungen in: WPg Supplement, o. Jg. (2012), Heft 2, S. 19–20.

IDW PS 525: Die Beurteilung des Risikomanagements von Kreditinstituten im Rahmen der Abschlussprüfung, Fassung vom 26.06.2010, in: WPg Supplement, o. Jg. (2010), Heft 3, S. 4–10.

IDW PH 9.140: Checklisten zur Durchführung der Qualitätskontrolle, Fassung vom 12.04.2007, in: WPg Supplement, o. Jg. (2007), Heft 2, S. 29–55.

ISA 330: The Auditor's Procedures in Response to Assessed Risks, in: Handbook of International Quality Control, Auditing, Review, Other Assurance, and Related Services Pronouncements 2010, hrsg. von: International Federation of Accountants, New York 2010, S. 322–345.